Studio Graphique

# Cinema 4D 10

## Initiation et pratique



*Arndt von Koenigsmarck*

CAMPUSPRESS

Publié par CampusPress
47 bis, rue des Vinaigriers
75010 PARIS
Tél. : 01 72 74 90 00

Réalisation PAO : Léa B.

ISBN : 978-2-7440-2164-0


Titre original : *CINEMA 4D 10, Grundlagen und Workshops für Profis*

Traduit de l'allemand par Freenet Sofor ltd

ISBN original -13 : 978-3-8273-2378-1
-10 : 3-8273-2378-9

# Table des matières


**Introduction** . . . . . . . . . . . . . . . . . . . . . 9

**Thèmes du livre** . . . . . . . . . . . . . . . . . . . 11

**Windows et Macintosh** . . . . . . . . . . . . . . 11

**1. Prise en main rapide du logiciel** . . 13

**Vous avez dit 3D ?** . . . . . . . . . . . . . . . . . . 13

Lumières et ombres . . . . . . . . . . . . . . . 15

**Les interfaces de CINEMA 4D** . . . . . . . . 17

Personnalisation . . . . . . . . . . . . . . . . . 17

**Création et manipulation d'objets** . . . . . . 29

Affichage des objets dans les vues de l'éditeur . . . . . . . . . . . 30

Options d'affichage . . . . . . . . . . . . . . . 32

Modes de fonctionnement . . . . . . . . . . 35

Outils et fonctions . . . . . . . . . . . . . . . 35

Poignées de manipulation . . . . . . . . . . 38

Gestionnaires d'objets et d'attributs . . 39

Groupement d'objets . . . . . . . . . . . . . . 43

Contrôle du calcul d'objets paramétriques 44

**Configuration des vues** . . . . . . . . . . . . . 45

Options d'affichage . . . . . . . . . . . . . . . 45

Options de filtrage . . . . . . . . . . . . . . . 46

Affichage frontal d'étiquettes d'information . . . . . . . . . . . . . . . . . . 46

Options d'affichage supplémentaires . . 48

**Les outils de manipulation de polygones : un exemple concret** . . . . . . . . 51

Le boîtier externe . . . . . . . . . . . . . . . . 52

Le boîtier interne . . . . . . . . . . . . . . . . 80

Le bouton marche/arrêt . . . . . . . . . . . 85

Le LED de contrôle . . . . . . . . . . . . . . 96

Les connecteurs . . . . . . . . . . . . . . . . . 97

**Modélisation à l'aide de l'objet HyperNURBS** . . . . . . . . . . . . . . . . . . . 110

Représentation d'un HyperNURBS dans l'éditeur . . . . . . . . . . . . . . . . . . 111

Pondérations HyperNURBS . . . . . . . . 113

Exemples d'application . . . . . . . . . . . 116

**Les autres objets NURBS** . . . . . . . . . . . 122

SweepNURBS . . . . . . . . . . . . . . . . . . 122

Révolution NURBS . . . . . . . . . . . . . . 128

Peau NURBS . . . . . . . . . . . . . . . . . . . 135

**L'aide en ligne** . . . . . . . . . . . . . . . . . . . . 138

**Les gestionnaires** . . . . . . . . . . . . . . . . . . 139


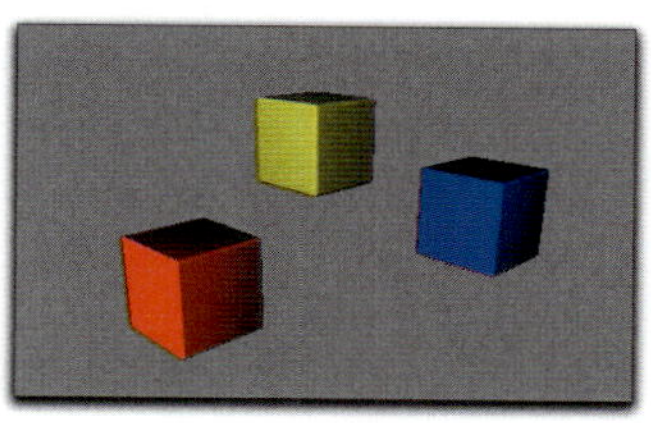

## 2. Surfaces, lumières et rendu ...... 153

**Création de matériaux** .............. **154**

**Édition de matériaux** ............... **154**

Le Modificateur de matériaux....... 155
Paramètres des canaux ........... 155
Le canal Diffusion .............. 159
Le canal Luminescence........... 159
Le canal Transparence ........... 160
Le canal Réflexion .............. 164
Le canal Environnement.......... 165
Le canal Brouillard.............. 165
Le canal Relief ................. 166
Le canal Normales .............. 167
Le canal Alpha ................. 168
Le canal Spécularité ............. 169
Le canal Couleur spéculaire ........ 170
Le canal Lueur ................. 170
Le canal Déplacement............ 172
Les paramètres de texture .......... 175
Les paramètres d'illumination ...... 178

**Application de matériaux** ........... **179**

Coordonnées UV ............... 179
Qualité de représentation d'un objet texturé dans l'éditeur ..... 180
Affectations d'un matériau ......... 181

**Organisation et manipulation de textures** . **182**

Peinture avec BodyPaint 3D ........ 184
Projection de matériaux ........... 193
Manipulation de coordonnées UV ... 200

**Définition de surfaces au moyen de shaders**................ **210**

Texturage d'un CD............... 210
Réfraction et irisation ............ 222

**Calcul de rendu et enregistrement** ..... **236**

Généralités .................... 236
Sortie ........................ 238
Enregistrement ................. 239
Anti-aliasing................... 244
Options....................... 246
Multi-passes ................... 247
Préparation de la scène ........... 248
Déclenchement d'un rendu......... 249

**Un studio photo virtuel** ............. **251**

Déformateurs .................. 251
Caméras ...................... 255
Éclairages de surface............. 257
Occlusion ambiante .............. 263
Finition du studio ............... 266
Optimisation de l'ordinateur........ 267

**Modélisation et texturage d'un palmier**...................... **282**

Création de splines symétriques ..... 282
Duplication le long d'une spline ..... 284
Création du tronc ............... 286
Les frondes du palmier ............ 287
Les matériaux du palmier .......... 292

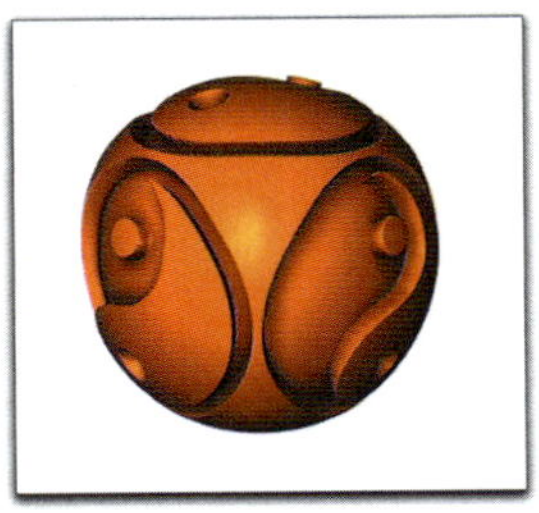

**3. Emploi de modèles de référence** . . 303
L'aile . . . . . . . . . . . . . . . . . . . . . . . . . . . . 306
L'avant de l'aile . . . . . . . . . . . . . . . . . . 313
Les phares et le pare-chocs . . . . . . . . . . . 318
Le pare-chocs . . . . . . . . . . . . . . . . . . . 321
Le clignotant et le feu de brouillard . . 322
Le cadre de la grille . . . . . . . . . . . . . . . 322
Le couvercle du coffre . . . . . . . . . . . . . . 324
L'arceau de sécurité . . . . . . . . . . . . . . . 326
La portière . . . . . . . . . . . . . . . . . . . . . . . 327
Optimisation manuelle d'arêtes et de points . . . . . . . . . . . . . . . . . . . . . 329
L'arceau arrière . . . . . . . . . . . . . . . . . . . 330
La jupe arrière . . . . . . . . . . . . . . . . . . 332
La lunette latérale . . . . . . . . . . . . . . . . . 336
Aplanissement des irrégularités . . . . . . 338
Le hayon . . . . . . . . . . . . . . . . . . . . . . . . 340
Le cache arrière . . . . . . . . . . . . . . . . . . . 345
L'entretoise inférieure . . . . . . . . . . . . . . 348
Les grilles arrière . . . . . . . . . . . . . . . . . 350
Les feux arrière . . . . . . . . . . . . . . . . . . . 352
Les interstices . . . . . . . . . . . . . . . . . . . . 356
Les entrées d'air frontales et le pare-brise 356
Les essuie-glaces . . . . . . . . . . . . . . . . . . 364
La poignée de portière et le rétroviseur extérieur . . . . . . . . . . . . . . . . . . . . . . . . 368
Le toit et la fenêtre . . . . . . . . . . . . . . . . 372
La charnière du hayon . . . . . . . . . . . . . 374
Éléments divers . . . . . . . . . . . . . . . . . . . 376
Les pneus . . . . . . . . . . . . . . . . . . . . . . . 378
Les jantes . . . . . . . . . . . . . . . . . . . . . . . 383

**Les matériaux de la voiture** . . . . . . . . . . . **388**
Surfaces non réfléchissantes . . . . . . . . 390
Application sélective . . . . . . . . . . . . . . 391
Les phares . . . . . . . . . . . . . . . . . . . . . 394
**L'éclairage de la voiture** . . . . . . . . . . . . . . **394**
**Création d'un environnement virtuel** . . . **396**
Création de nuages . . . . . . . . . . . . . . . 399
**Création de fichiers de texture** . . . . . . . . **401**
**Éclairage à l'aide d'images** . . . . . . . . . . . **404**
Illumination globale . . . . . . . . . . . . . . 408

**4. Animation** . . . . . . . . . . . . . . . . . . . . . . . 415

**Notions fondamentales** . . . . . . . . . . . . . **415**
**Le powerslider** . . . . . . . . . . . . . . . . . . . . . **416**
Manipulation des images-clés . . . . . . . 417
Génération de nouvelles images-clés . . 417
Naviguer au sein d'une animation . . . . 418
L'interpolation d'images-clés . . . . . . . . 419
**Modélisation d'un ballon** . . . . . . . . . . . . **420**
**Animation du ballon** . . . . . . . . . . . . . . . . **424**
Modification du timing . . . . . . . . . . . 426
Animation de paramètres . . . . . . . . . . 427
La ligne temporelle . . . . . . . . . . . . . . . . 429
Optimisation d'images-clés et travail avec les courbes F . . . . . . . . . 431
**Calcul et enregistrement de l'animation** . . **433**
Netteté des mouvements . . . . . . . . . . . 434
**Connexion de paramètres avec XPresso** . . **436**
Nœuds XPresso . . . . . . . . . . . . . . . . . . 438
**Animation d'un personnage avec MOCCA** . . . . . . . . . . . . . . . . . . . . **442**
Os et articulations . . . . . . . . . . . . . . . . 442
Création d'un squelette d'articulations 442
Application de pondérations . . . . . . . . 446
Simulation dynamique du vêtement . . 450
Cinématique inverse . . . . . . . . . . . . . . 453
Morphing . . . . . . . . . . . . . . . . . . . . . . 456
Groupement des objets cible . . . . . . . . 461
Le déformateur Peau . . . . . . . . . . . . . . 463
Le Mélangeur de poses . . . . . . . . . . . . 464
Contrôle de connexions XPresso au moyen de données utilisateur . . . . . 466

**Index** . . . . . . . . . . . . . . . . . . . . . . . . . . . . . 469

# Introduction

En octobre 2006, la société MAXON Computer fêtait son 20e anniversaire, presqu'une éternité lorsque l'on sait le rythme frénétique dans ce domaine d'activité. Elle profitait de l'occasion pour introduire la version 10 de CINEMA 4D.

Encore une fois, MAXON s'est distingué en apportant de nombreuses optimisations au fleuron des logiciels 3D. Il a aussi tenu compte des souhaits des utilisateurs en livrant un module d'animation plus puissant. La ligne temporelle a ainsi été totalement repensée et modifiée. Ces nouveautés n'empêcheront pas l'utilisateur de se retrouver rapidement en terrain familier, d'autant qu'elles sont modérées en matière de modélisation, de texturage et de rendu.

La refonte de l'interface demandera en revanche un temps d'acclimatation. Peu avant la mise en production de sa dernière version, MAXON travaillait encore fébrilement à la nouvelle apparence des icônes et à un choix plus fonctionnel de couleurs.

Décision a en outre été prise d'insérer en standard des libellés complémentaires dans les menus d'icônes (voir Figure 1, repère A), une aide certaine pour les débutants, mais qui pourra être perçue par ceux connaissant déjà le logiciel comme un gaspillage de place. Si vous regrettez l'apparence traditionnelle des palettes d'icônes, la procédure suivante vous aidera à la retrouver.

## *Palettes d'icônes traditionnelles*

Sélectionnez Fenêtre > Interface > Modifier les palettes. Une bordure colorée apparaît alors autour des icônes dans la barre supérieure. Cliquez du bouton droit sur le groupe d'icônes que vous souhaitez traiter, comme ici celui des objets NURBS. Dans le menu contextuel qui apparaît, choisissez la fonction Dégrouper pour afficher une fenêtre contenant toutes les icônes du groupe (voir Figure 1, repère B).

Cliquez du bouton droit sur la première icône et sélectionnez dans le menu l'option Texte pour la désactiver. Vous pouvez aussi agir sur l'agencement des icônes au moyen de l'option Rangées/Colonnes ou Transposer. Regroupez-les ensuite en cliquant du bouton droit sur la première icône et en sélectionnant Grouper. Pour supprimer l'ancien groupe – le groupe des NURBS dans mon exemple – de la barre d'icônes, double-cliquez dessus, puis faites glisser le nouveau groupe à l'endroit voulu dans la barre (voir Figure 1, repère D).

Après avoir traité toutes les palettes d'icônes que vous utilisez habituellement, sélectionnez de nouveau Fenêtre > Modifier les palettes pour désactiver cette

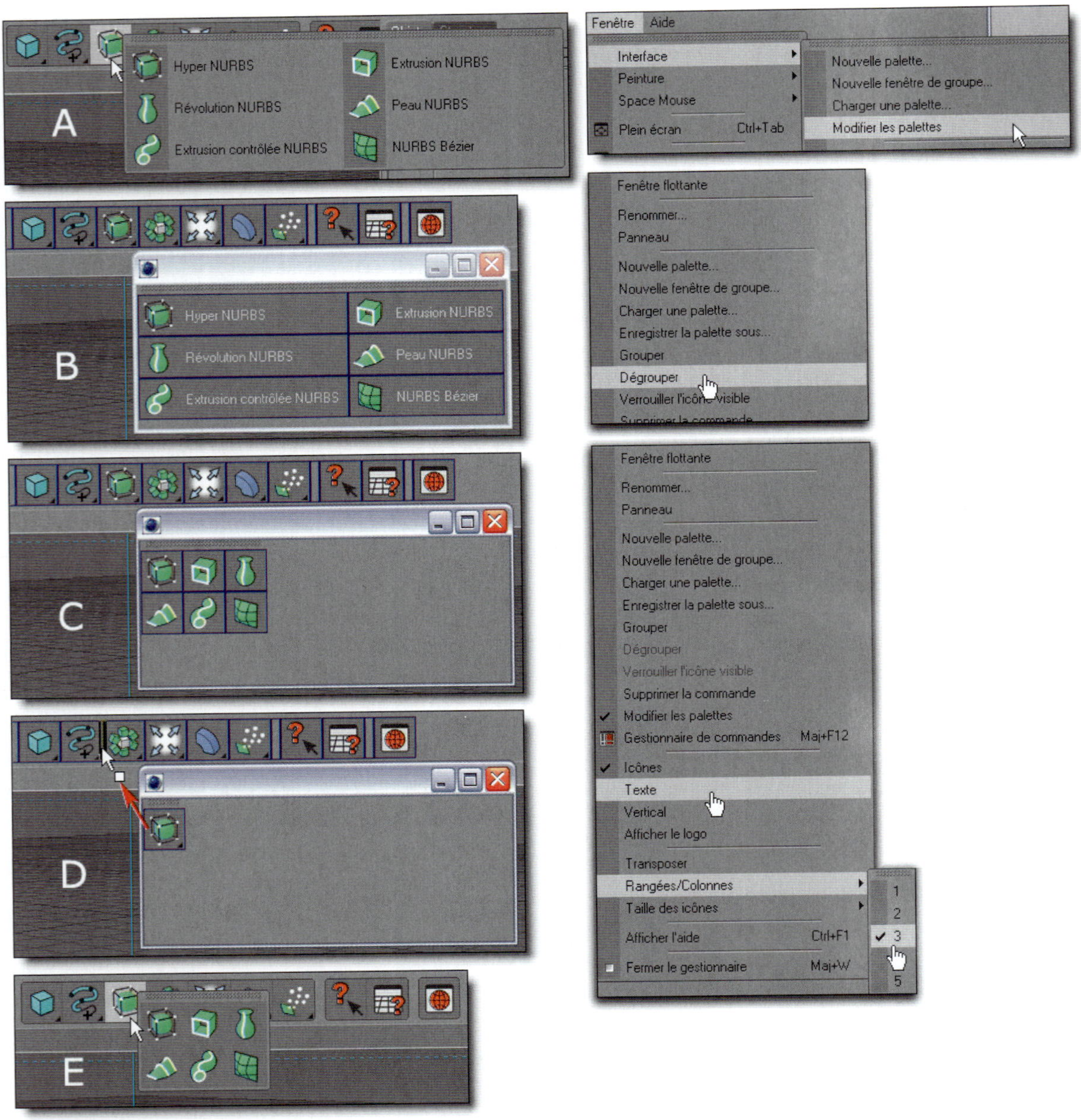
Hyper NURBS
Extrusion NURBS
Révolution NURBS
Peau NURBS
Extrusion contrôlée NURBS
NURBS Bézier
A
B
C
D
E
Fenêtre
Aide
Interface
Peinture
Space Mouse
Plein écran
Ctrl+Tab
Nouvelle palette...
Nouvelle fenêtre de groupe...
Charger une palette...
Modifier les palettes
Fenêtre flottante
Renommer...
Panneau
Enregistrer la palette sous...
Grouper
Dégrouper
Verrouiller l'icône visible
Supprimer la commande
Gestionnaire de commandes
Maj+F12
Icônes
Texte
Vertical
Afficher le logo
Transposer
Rangées/Colonnes
Taille des icônes
Afficher l'aide
Ctrl+F1
Fermer le gestionnaire
Maj+W
1
2
3
5

*Figure 1*

option, ce qui vous fera quitter le mode de modification des palettes. L'apparence traditionnelle des groupes d'icônes est ainsi rétablie. Vous en voyez un exemple dans la Figure 1, repère E.

## Thèmes du livre

Le Chapitre 1 débute par une présentation détaillée de l'interface, des commandes et des gestionnaires les plus importants. Il ne s'agit nullement d'une énumération pure et simple de fonctions, mais de nombreux exemples connexes qui vous permettront de découvrir par la pratique les principaux outils et d'acquérir les techniques de travail essentielles. Vous modéliserez notamment un boîtier d'ordinateur.

Le Chapitre 2 décrit la manipulation de textures et de matériaux, et sera aussi l'occasion d'explorer le module BodyPaint 3D. Nous mettrons immédiatement en pratique les connaissances nouvellement acquises grâce à plusieurs exemples, dont la modélisation et le texturage réalistes d'un compact-disc ainsi que la création d'un palmier avec application de divers matériaux. Nous reprendrons aussi l'ordinateur modélisé dans le Chapitre 1 pour en parfaire l'apparence. Vous apprendrez en outre à travailler avec des sources de lumière et le module Advanced Render. Ce chapitre couvre en fait diverses procédures de travail complètes relatives à la modélisation, la production et l'application de matériaux, l'éclairage et le calcul d'image.

Le Chapitre 3 va plus loin avec un projet nettement plus complexe : la réalisation étape par étape d'une voiture de sport et sa mise en scène. Vous aborderez à cette occasion des méthodes de calcul d'image avancées, telles que les images HDR (*High Dynamic Range*) et la radiosité.

Une surprise vous attend ensuite sur le CD-ROM sous la forme d'un chapitre de bonus au format PDF – entièrement mis en page tels les autres chapitres, le choix de sa forme électronique n'ayant été dicté que par la stratégie pédagogique adoptée et les limites physiques de l'ouvrage. Vous y apprendrez comment incorporer à un autre support, illustration ou photographie, des objets 3D – certains créés par vous dans les chapitres précédents – grâce au plugin PhotoMatch également fourni. Vous vous familiariserez avec ce plugin grâce à un film-atelier vous guidant dans son utilisation sur la base d'un exemple concret.

Si la composition 3D vous intéresse vraiment, vous pouvez bénéficier d'un tarif réduit pour mettre à jour le plugin vers sa version complète. Visitez pour cela la page **www.vreel-3d.de**, et cliquez sur les liens **PlugIns** et **PhotoMatch** pour obtenir une page de présentation du produit.

Dans la deuxième partie du chapitre de bonus, vous découvrirez comment modéliser et texturer un personnage de bande dessinée, que vous retrouverez au Chapitre 4. Ce dernier chapitre traite de l'animation et vous apprend notamment à vous servir du Powerslider, de la ligne temporelle, et des nouvelles fonctions du module MOCCA. Il inclut également un exemple mettant en pratique l'interface XPresso.

Tous les exemples et thèmes du livre ont été choisis pour profiter aux utilisateurs débutants comme aux plus avancés, procurant aux premiers des connaissances suffisamment larges pour une prise en main rapide, et aux seconds, une vue d'ensemble compacte des nouveautés les plus importantes de cette version.

## Windows et Macintosh

Peu importe que vous travailliez sous Windows ou sous Mac OS, l'interface et l'utilisation du logiciel sont identiques, raccourcis clavier y compris.

Il ne me reste plus qu'à vous souhaiter beaucoup de plaisir dans votre lecture et de réussite dans la réalisation des exemples.

# Prise en main rapide du logiciel

Malgré sa convivialité proverbiale grâce à une interface très intuitive et simple d'emploi comparativement à d'autres logiciels 3D, CINEMA 4D n'est pas dénué de complexité. La description seule de tous les outils, options, fonctions et objets pourrait remplir plusieurs livres. L'augmentation constante de la taille des guides d'emploi du logiciel et du nombre des modules externes pouvant venir s'y greffer l'attestent clairement.

Ce livre n'a pas pour vocation de se substituer au manuel d'utilisateur, mais plutôt d'être un livre d'apprentissage rapide, d'entraînement et de perfectionnement. Nous nous concentrerons sur les fonctions les plus importantes pour un travail quotidien et aborderons une foule de thèmes, dont les divers types d'objets, les outils, les matériaux, les sources d'éclairage, sans oublier l'animation et le rendu. Vous serez ensuite prêt à aborder n'importe quelle tâche.

Étant donné que les nouvelles versions de CINEMA 4D s'accompagnent toujours de modifications et d'enrichissements dans nombre de domaines, l'introduction détaillée de cet ouvrage sera également pertinente pour le lecteur disposant déjà d'une certaine expérience, afin d'obtenir une vision d'ensemble des changements intervenus, lesquels concernent dans cette version surtout l'organisation des éléments dans une scène et l'animation.

Pour l'utilisateur d'un ordinateur Apple Macintosh, il est de surcroît intéressant que CINEMA 4D se présente pour la première fois en version *Universal Binary*, ce qui lui permet de fonctionner aussi bien sur les nouveaux systèmes Mac Intel que sur les anciens ordinateurs PowerPC.

J'attire votre attention sur le fait que vos anciens plugins pourraient donc être inopérants avec CINEMA 4D 10. Pour qu'ils puissent fonctionner, ils doivent être exécutés en tant que version *Universal Binary*. Renseignez-vous donc à temps auprès des développeurs de vos plugins pour savoir s'il existe des mises à jour adéquates.

À part cela, vous avez l'assurance, comme à l'accoutumée avec CINEMA 4D, d'une large compatibilité avec l'amont, et pourrez sans problème ouvrir et travailler vos anciennes scènes dans cette nouvelle version. Débutons sans plus tarder notre rapide présentation du logiciel et de ses fonctionnalités les plus importantes.

## Vous avez dit 3D ?

Les tout débutants, même avec une expérience des logiciels graphiques, vivent souvent leurs premiers pas avec un logiciel de 3D comme une douche froide. En effet, il ne s'agit pas seulement d'apprendre de nouveaux termes spécialisés, mais d'adopter aussi de nouvelles méthodes de travail. Alors qu'il est possible avec une tablette graphique d'ébaucher une idée ou un concept avec quelques lignes rapidement jetées, le travail dans un espace tridimensionnel demande à la fois beaucoup plus de préparation et une connaissance du mode de fonctionnement du programme concerné.

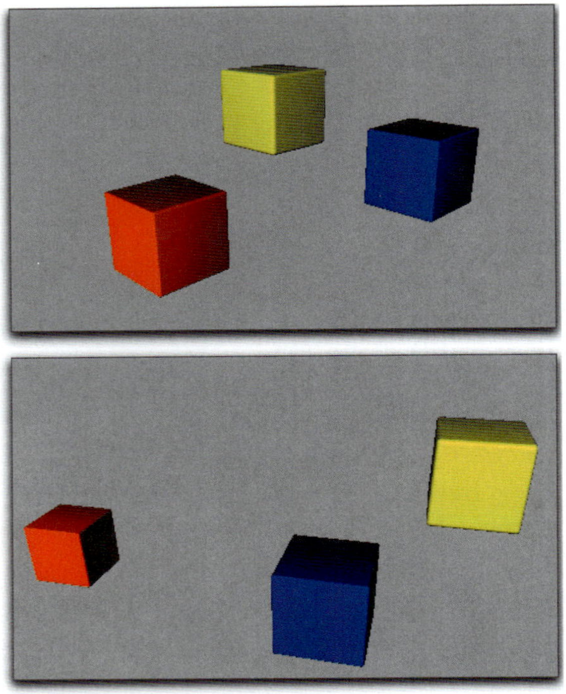

***Figure 1.1 :*** *Des objets identiques observés de deux perspectives différentes.*

***Figure 1.2 :*** *Vues standard sans perspective.*

Essentiellement, tout ce qui doit être présenté au final dans une image ou une animation doit être construit en trois dimensions. Apparaît alors le premier problème : l'écran ne reproduit normalement qu'une image 2D. L'interface utilisateur graphique d'un logiciel 3D doit donc être fondamentalement différente de celle d'un logiciel d'édition graphique.

Pour que des objets puissent être fabriqués dans un espace 3D et visualisés de tous côtés, il faut disposer de plusieurs vues, qui se distinguent de surcroît les unes des autres par le type de représentation. Par exemple, il existe des vues capables de simuler les distorsions dues à la perspective et d'afficher des images semblables à celles que délivre un appareil photo. Elles conviennent très bien pour rendre une impression spatiale des distances entre objets ou pour déterminer une position de caméra appropriée pour le calcul d'image, mais se prêtent moins bien à la construction d'objets en raison de certaines aberrations provoquées par la distorsion, par exemple dans les rapports de grandeurs entre objets.

La Figure 1.1 démontre ce point en présentant les mêmes cubes observés de deux perspectives différentes. Alors que la première vue permettrait de supposer qu'ils sont à peu près de même taille, la vue inférieure introduit un doute quant à leurs dimensions.

Pour éviter ce genre de déformations, on recourt aussi à d'autres types de vues présentant les objets sans perspective, comme dans un dessin technique. La Figure 1.2 en illustre deux exemples. En haut, vous voyez une vue frontale qui permet de constater que les trois objets se situent à une même hauteur, et en bas, une vue de dessus qui complète l'information et nous renseigne sur leur échelonnement dans la profondeur. Cette figure atteste qu'ils diffèrent dans leurs dimensions et que la perception de similitude n'était due qu'à leur position dans l'espace. Travailler avec cette forme de représentation à plat demande quelque peu de s'habituer, mais elle est nécessaire comme vous le constaterez dès votre première réalisation 3D.

Une seconde difficulté du travail en 3D concerne la représentation des surfaces. Tous les objets sont constitués d'une fine enveloppe composée de polygones. Un polygone est une figure géométrique simple, souvent triangulaire ou quadrangulaire, avec un point dans chaque angle. Chaque segment reliant deux points d'angle forme une arête. Lorsqu'une surface présente une courbure, elle doit alors être constituée de plusieurs polygones, et plus elle aura de subdivisions polygonales, plus elle sera lisse.

Une autre conséquence de cette structuration en polygones est que tous les objets 3D sont creux, c'est-à-dire uniquement constitués de cette fine enveloppe. Vous pouvez vérifier cela en supprimant un polygone de la surface d'un objet, l'intérieur sera visible.

Il existe une autre variété de polygones appelée n-gones, pouvant comporter autant de points d'angle que nécessaire. La génération contrôlée de ces structures peut cependant être quelque peu problématique, surtout lorsqu'il faut façonner des surfaces courbes. Pour la création manuelle, les polygones triangulaires et quadrangulaires conviennent généralement mieux.

## *Lumières et ombres*

Une fois l'objet créé, il faut le recouvrir d'un matériau pour lui donner une certaine rugosité, une couleur, et d'autres caractéristiques visuelles. Ce thème est en lui-même très complexe, surtout lorsqu'il s'agit de simuler des surfaces réalistes, et nous y reviendrons ultérieurement.

Après l'application d'un matériau, on place généralement des sources d'éclairage capables de simuler différents types de lumière, tel celui d'un spot ou du soleil, afin de recréer une ambiance lumineuse. Pour cela, le logiciel analyse la position des sources de lumière et la direction des rayons lumineux de la perspective des surfaces éclairées. Il peut ainsi calculer la luminosité des surfaces et les ombres projetées.

Dans ce processus, le programme prend en compte, pour un polygone considéré, l'angle de la lumière incidente et celui de la normale. Une normale est la représentation à l'écran d'un vecteur (la description mathématique d'une direction), et tant que son orientation n'a pas été changée suite à l'application d'un matériau spécifique, elle reste perpendiculaire à la face du polygone.

Il y a à ce sujet un petit piège à éviter car la représentation d'un polygone en 3D possède deux faces alors qu'il n'y a qu'une normale, sur la face externe, celle qui doit être visible. Il faudra donc veiller à ce qu'elle soit

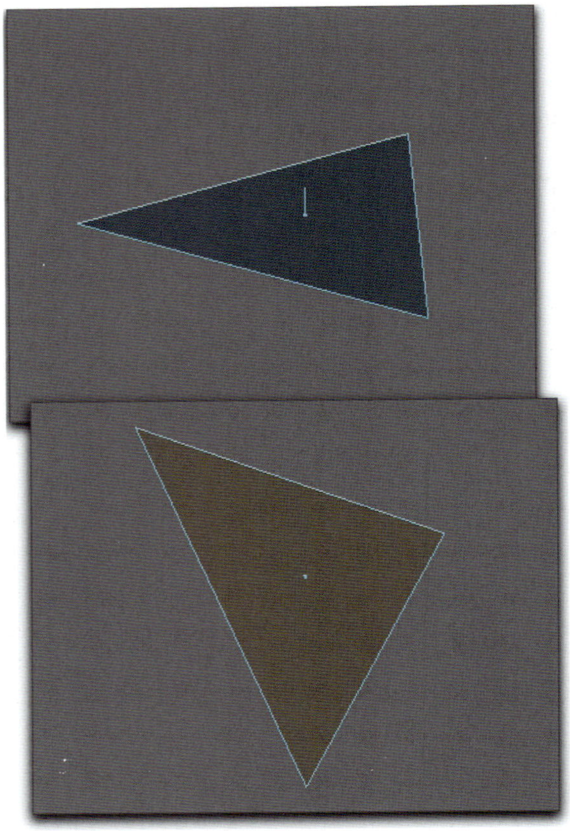

***Figure 1.3 :*** *Représentation différente des deux faces d'un polygone.*

bien orientée. Visuellement, une normale apparaît sous forme d'une courte ligne se terminant par un petit point lorsque son polygone est sélectionné. Comme le montre la Figure 1.3, CINEMA 4D fournit une aide visuelle supplémentaire en colorant différemment les deux faces d'un polygone. La face interne est jaunâtre dans la configuration standard du logiciel, et la face externe, bleue. Dans les exemples des Figures 1.3 et 1.4, les couleurs ont été configurées autrement, mais la présence des normales confirme l'orientation.

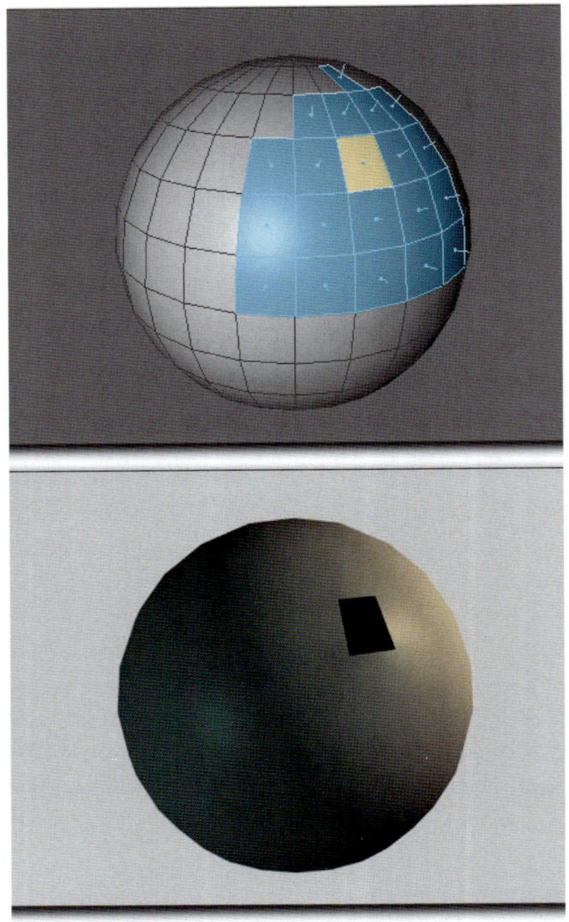

***Figure 1.4 :*** *Un polygone mal orienté à la surface d'une sphère.*

La bonne orientation d'un polygone est importante comme nous le démontre la Figure 1.4. Nous y voyons une sphère – comme déjà introduit plus haut, la densité de polygones influe sur la rondeur d'une forme – avec une zone colorée représentant une sélection. Il y a cependant un polygone d'une couleur différente, mal orienté. Cela ne change rien à la forme de la sphère, mais les conséquences sur l'éclairage et le rendu du modèle sont bien visibles dans la partie inférieure de la figure. Sa face n'est pas éclairée et génère dans le résultat final une tâche sombre.

Comme vous le constatez, un débutant est dès le départ confronté à nombre de difficultés. Résumons-les brièvement :

- Toutes les surfaces sont composées de polygones, et une forme complexe, telle une courbure, en nécessite davantage.
- Pour travailler en 3D, plusieurs vues sont nécessaires, certaines avec des distorsions de perspective, et d'autres sans, ressemblant plutôt à un dessin technique. Les premières donnent une vision tridimensionnelle plus naturelle des objets et sont utilisées, par exemple, pour choisir la position optimale d'une caméra intervenant dans le calcul d'une scène. Les secondes sont principalement employées pour la construction des objets et leur placement dans l'espace tridimensionnel.
- Puisque l'orientation des normales est décisive dans le calcul de l'influence de la lumière sur les objets, il faut veiller à un alignement uniforme des polygones.

## Les interfaces de CINEMA 4D

Laissons un peu de côté la théorie et intéressons-nous à l'apparence de CINEMA 4D. Lors de l'installation, il vous est demandé plusieurs numéros de série dont le nombre varie selon celui des modules externes que vous ajoutez au logiciel de base. N'oubliez pas que ces numéros sont temporaires et perdent leur validité après une certaine période. Contactez l'éditeur à temps pour obtenir les numéros permanents, vous vous épargnerez la mauvaise surprise de ne plus pouvoir un jour démarrer votre logiciel.

### *Personnalisation*

Nombre d'aspects de CINEMA 4D se laissent facilement adapter par rapport à vos habitudes de travail ou à votre équipement. Vous pouvez assigner un raccourci clavier à pratiquement toutes les commandes, personnaliser les couleurs de l'interface, ou répartir l'affichage sur plus d'un écran. Vous avez même la liberté de choisir comment accéder aux différentes fonctions. Vous pouvez ainsi passer par les menus disponibles ou utiliser des palettes d'icônes que vous aurez vous-même générées et organisées.

L'interface idéale ne se révèlera à vous qu'après un certains temps de travail intensif avec le logiciel. Par exemple, si vous êtes exclusivement intéressé par la construction d'objets, peut-être renoncerez-vous à toutes les commandes et fenêtres relatives à d'autres aspects du logiciel, telle l'animation.

Peut-être que la réalisation de vos projets suit une organisation très structurée : vous modélisez les objets, les texturez ensuite, puis animez vos scènes. Il pourrait alors être sensé de créer plusieurs interfaces adaptées à chaque phase de votre flux de travail et d'y recourir successivement.

Au lieu de vous présenter une interface idéale dans l'abstrait, je préfère vous apporter les connaissances qui vous permettront au fil du temps de développer vous-même celle, ou celles, qui vous conviendront le mieux.

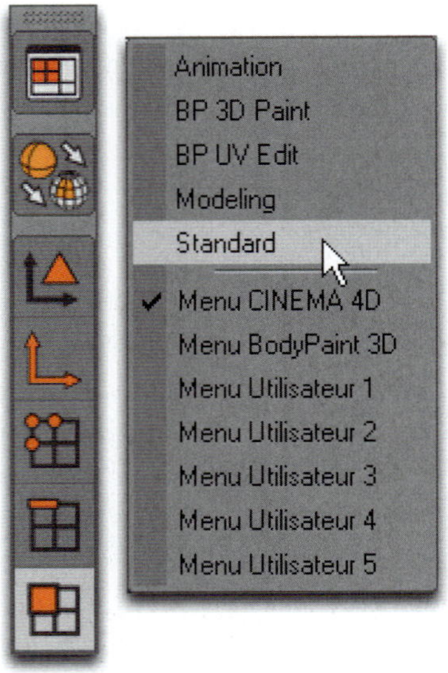


***Figure 1.5 :*** *Les interfaces standard.*

## ➤ Activation et modification d'une interface

CINEMA 4D contient déjà un jeu d'interfaces intégrées que vous pouvez sélectionner en cliquant sur l'icône des interfaces qui est située en haut à gauche après le démarrage (voir Figure 1.5). L'interface standard chargée lors de la première exécution du logiciel contient déjà toutes les fenêtres de représentation et de configuration importantes. J'en garderai d'ailleurs moi-même une grande partie lors de la description des exemples.

N'hésitez pas à tester les autres interfaces proposées. Vous constaterez que certaines afficheront des palettes et des fenêtres qui ne sont pas disponibles au départ. Il existe différents schémas intégrés qui sont aussi visuellement intéressants. Pour les invoquer, sélectionnez Édition > Préférences générales > Généralités > Schéma d'interface.

Vous pouvez activer à tout moment n'importe quelle fenêtre à partir du menu Fenêtre de CINEMA 4D. Il en va autrement des commandes et des fonctions qui, en raison de leur nombre, ne sont pas toutes accessibles par voie de menus. Vous pouvez le constater, par exemple, lorsque vous basculez vers l'une des interfaces de BodyPaint (BP 3D Paint ou BP UV Edit). D'autres options de menus apparaissent alors.

Au sein de chaque interface, vous constaterez à différents endroits des fenêtres groupées sous forme d'onglets, telle celle du gestionnaire d'objets ou du gestionnaire de structure (voir Figure 1 6). Pour activer une fenêtre et la faire apparaître au premier plan, cliquez sur son nom. Si vous devez souvent accéder à des fenêtres de ce type et disposez de suffisamment de place sur l'écran, il peut être intéressant de les dissocier les unes des autres. Pour cela, cliquez dans le petit carré en pointillé en regard de la barre de menus de l'onglet. Dans le menu contextuel qui s'affiche, sélectionnez Fenêtre flottante. Vous obtenez une fenêtre individuelle que vous pouvez déplacer ou même mettre sur un autre écran (voir Figure 1.6).

Une autre option de ce menu contextuel, Nouvelle fenêtre de groupe, permet le contraire, c'est-à-dire de créer une fenêtre pour recevoir un groupe d'onglets. Il suffit ensuite de cliquer sur le petit carré en pointillé d'une fenêtre de gestionnaire et de la tirer à l'intérieur de la fenêtre de groupement. Selon l'endroit où vous amenez les fenêtres tirées, elles peuvent se placer côte à côte ou se superposer en onglets. La Figure 1.7 illustre la réintégration de l'onglet précédemment détaché dans la Figure 1.6, non pas dans une fenêtre flottante, mais à l'endroit où il se trouvait auparavant dans l'interface.

Notez que vous pouvez à tout moment retrouver l'interface originale en sélectionnant l'option Standard de la liste des interfaces disponibles.

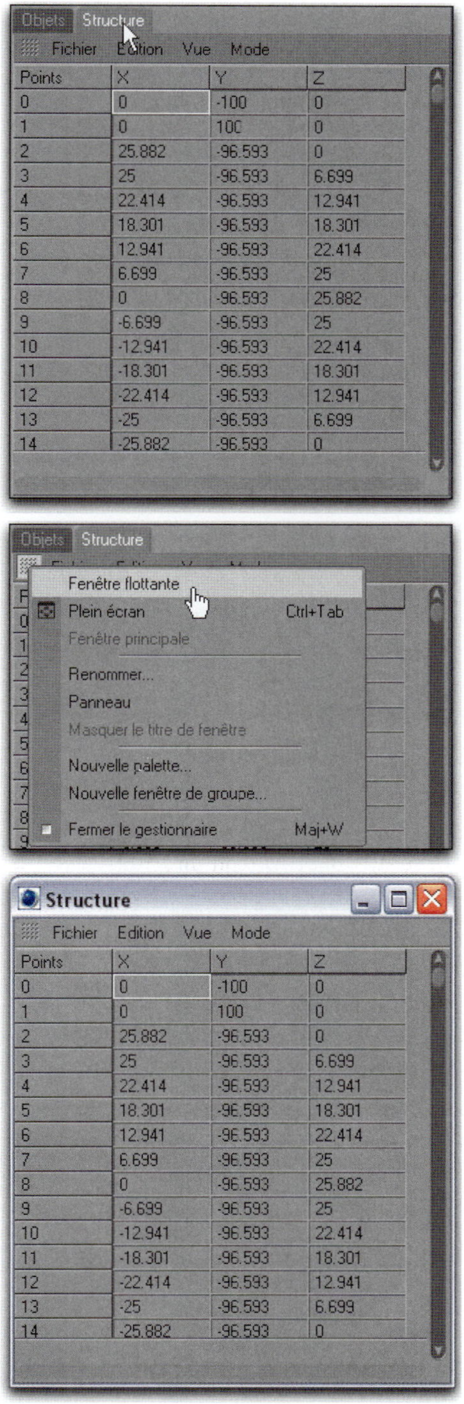


***Figure 1.6 :** Dissociation d'un onglet.*

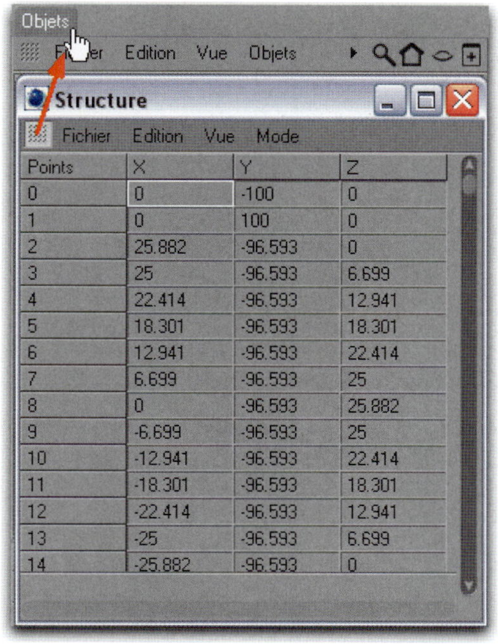


***Figure 1.7 :** Intégration d'une fenêtre à un groupe d'onglets.*

Si une interface que vous avez vous-même modifiée vous convient au point de vouloir la réutiliser en permanence, enregistrez-la. Sinon, le logiciel basculera à nouveau vers l'interface standard après sa fermeture. Pour cela, sélectionnez Fenêtre > Interface > Enregistrer l'interface sous. Donnez au fichier un nom explicite et enregistrez-le dans le chemin `Library\Layout` du répertoire d'installation de CINEMA 4D, là où se trouvent déjà les interfaces intégrées.

Dès lors, vous pourrez invoquer votre interface directement par l'intermédiaire de l'icône des interfaces ou en sélectionnant Fenêtre > Interfaces. Si vous souhaitez plutôt qu'une interface soit chargée lors du démarrage du logiciel, sélectionnez Fenêtre > Interface > Enregistrer comme interface par défaut.

## ➤ Affichage plein écran

L'espace d'affichage est souvent insuffisant, surtout lorsque l'on a qu'un écran. Il devient alors difficile de garder une bonne visibilité de toutes les fenêtres utiles, et c'est particulièrement dérangeant lorsque la vue active dans l'éditeur se retrouve fortement réduite en raison des fenêtres et palettes environnantes. Dans ce cas, basculez dans le mode plein écran, qui vous permettra d'afficher temporairement la fenêtre active sur toute la surface de l'écran et de jouir au maximum de l'espace disponible.

Ce mode est activable de plusieurs façons : au moyen de la combinaison Ctrl + Tab ; en cliquant sur la petite icône d'agrandissement située sur la droite au sommet de l'écran, juste sous le cadre de la fenêtre ; ou en sélectionnant l'option Plein écran du menu contextuel qui s'affiche lorsque vous cliquez sur le petit carré en pointillé.

Il est disponible à partir de pratiquement toutes les fenêtres, mais son emploi est surtout pratique lors de la modélisation, c'est-à-dire durant un travail dans l'une des vues de l'éditeur. Toutefois, avant de pouvoir réellement en profiter, vous devrez connaître au minimum les combinaisons clavier de navigation au sein de l'éditeur et celles de manipulation des objets car son activation entraîne le masquage des icônes.

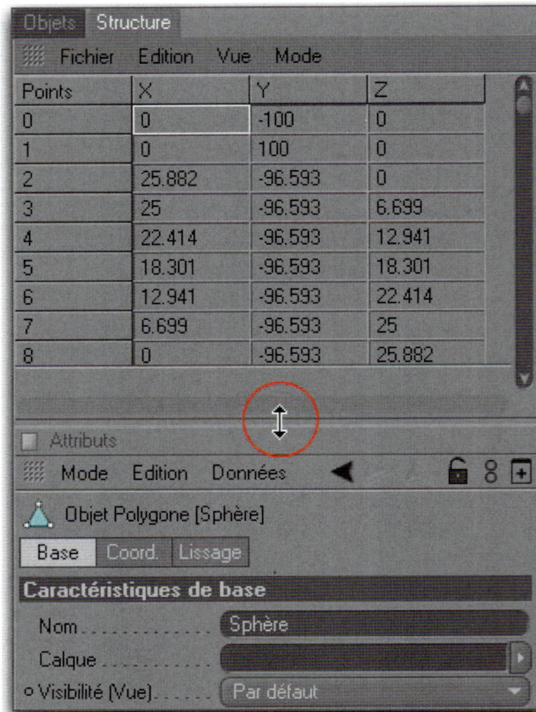


*Figure 1.8 : Modification du rapport de grandeur entre deux fenêtres.*

## ➤ Dimensionnement des fenêtres

Les diverses fenêtres de l'interface ont chacune un rôle distinct. Par exemple, il y a une fenêtre qui ne sert qu'à indiquer la position des éléments actifs dans l'espace 3D, une autre qui donne un aperçu des objets disponibles dans la scène ouverte, ou encore une autre qui informe sur l'appartenance des objets relativement aux différents plans – à l'aide de laquelle vous pouvez d'ailleurs structurer des modèles complexes tout en gardant une bonne visibilité.

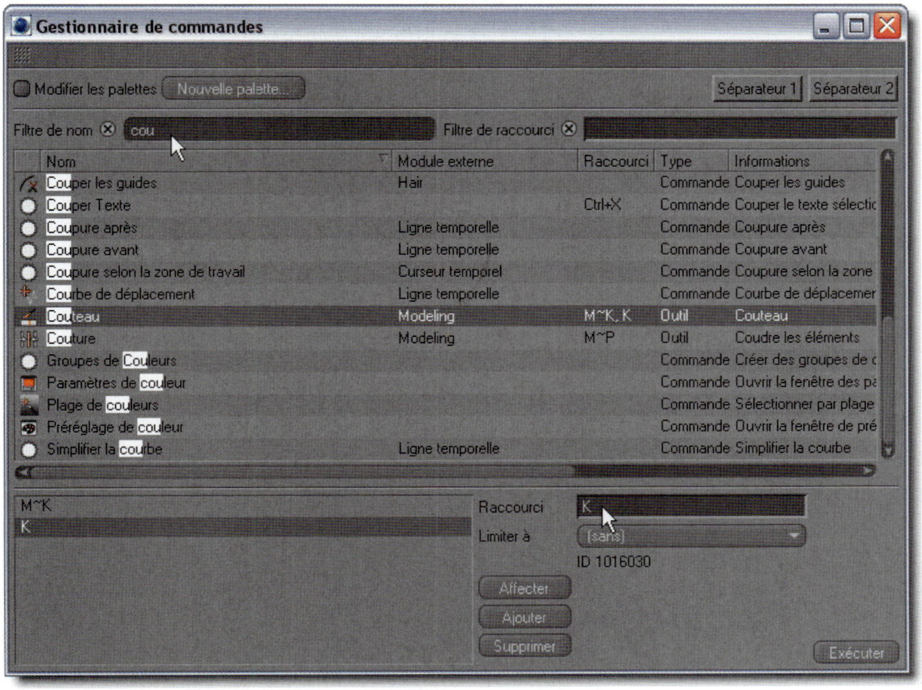


***Figure 1.9 :*** *Recherche de commande et assignation de raccourci.*

Selon la phase de travail dans laquelle vous vous trouvez, certaines fenêtres sont plus importantes que d'autres et méritent davantage d'espace. Il n'est pas nécessaire de modifier l'organisation de l'interface pour cela. Si vous placez le curseur de la souris à la frontière entre deux fenêtres, il se transformera en une flèche à double pointe, verticale ou horizontale selon la frontière visée. Il suffira de cliquer en maintenant la pression et de déplacer la souris pour agrandir la fenêtre voulue (voir Figure 1.8).

Si le pointeur se trouve à l'intersection de plusieurs fenêtres, comme cela peut se produire au centre de l'éditeur, vous pourrez modifier à la fois leur hauteur et leur largeur. La flèche ne montre alors pas deux pointes mais quatre.

## ➤ Raccourcis clavier

CINEMA 4D possède déjà par défaut de nombreux raccourcis clavier pour les commandes et fonctions les plus courantes, qui peuvent, selon vos habitudes de travail, compléter utilement les barres de menus et d'outils. Si vous avez déjà en mémoire des raccourcis d'autres programmes, vous pouvez aussi adapter la configuration standard pour les reprendre. Pour cela, sélectionnez Fenêtre > Interface > Gestionnaire de commandes (voir Figure 1.9).

Saisissez les premières lettres de la commande voulue dans le champ Filtre de nom. Vous obtenez alors une liste de noms de commandes commençant par le critère saisi, avec leurs raccourcis. Il est possible qu'une

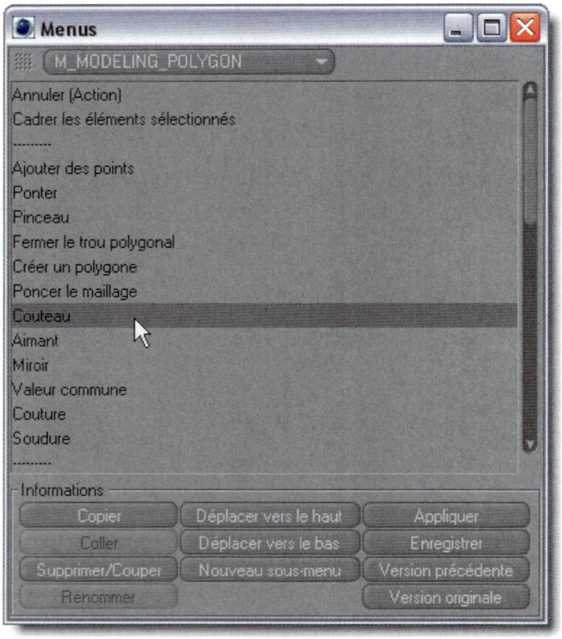


***Figure 1.10 :*** *Personnalisation d'un menu.*

commande possède plus d'un raccourci, par exemple, un associé au clavier et un autre, au bouton central de la souris. Pour assigner un raccourci, sélectionnez la commande dans la liste et activez le champ Raccourci au bas de la fenêtre en cliquant dedans. Dès lors, toute combinaison exécutée sera reprise dans ce champ. Lorsque vous cliquez sur le bouton Affecter, le programme vérifie qu'elle n'a pas déjà été assignée et vous demande le cas échéant si vous souhaitez écraser le raccourci existant.

## ➤ Adaptation de menus

Si vous trouvez que les raccourcis de commandes sont encombrants et confondants, surtout lorsque vous devez travailler avec plusieurs applications et avez déjà mémorisé de nombreuses combinaisons, vous jugerez alors peut-être plus intéressant de personnaliser certains menus. Pour cela, sélectionnez Fenêtre > Interface > Gestionnaire de menus (voir Figure 1.10).

Par l'intermédiaire de la liste de sélection en haut du gestionnaire, vous pouvez examiner les menus de CINEMA 4D et leur composition. Si vous vous apercevez avec le temps que certaines commandes ne sont que rarement utilisées, vous pouvez modifier leur position ou même les retirer du menu. Utilisez pour cela les boutons prévus à cet effet et n'oubliez pas d'enregistrer vos modifications.

## ➤ Le menu popup

Le menu popup offre une solution intermédiaire entre les raccourcis et l'arrangement de menus. Il s'affiche à côté du curseur de la souris lorsque vous appuyez sur la touche [V] et évite de devoir passer par le processus habituel de sélection d'option de menu ou de sous-menu plus long, offrant ainsi un accès direct plus rapide à des commandes importantes.

Ce menu est aussi particulièrement précieux puisqu'il peut être personnalisé par l'intermédiaire du gestionnaire de menus. Vous trouverez ses entrées réunies sous le mot-clé M_GLOBAL_POPUP (voir Figure 1.11).

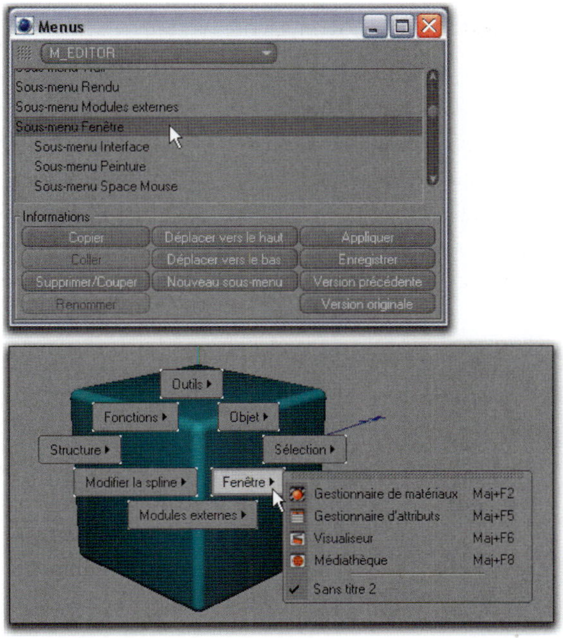


*Figure 1.11 :* Le menu popup.

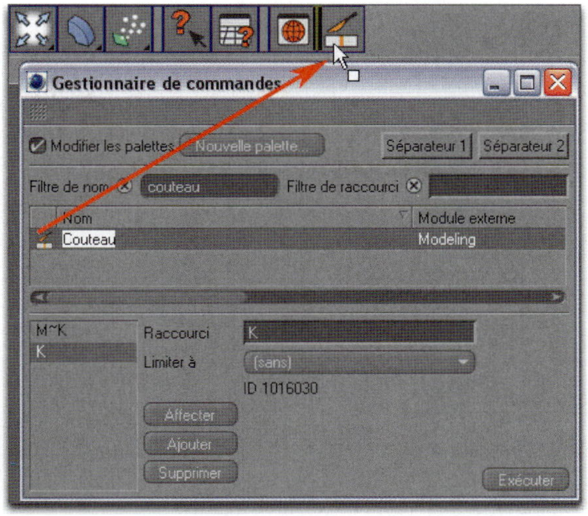


*Figure 1.12 :* Ancrage d'icônes dans l'interface.

Pour faire apparaître les options d'un sous-menu, double-cliquez sur l'entrée concernée. Vous pouvez ainsi ajouter de nouveaux sous-menus ou en supprimer, par exemple, lorsque vous n'avez besoin que de peu de commandes.

Pour intégrer une nouvelle option de commande à un menu, ouvrez en même temps le gestionnaire de commandes. Recherchez-y la commande voulue et amenez-la par un glisser-déposer à l'endroit souhaité dans le gestionnaire de menus.

## ➤ Intégration et organisation d'icônes

Les icônes se laissent aussi manipuler de manière conviviale. Le gestionnaire de commandes permet à cet effet de faire glisser une commande ou une fonction de la liste directement dans l'interface, comme illustré Figure 1.12. Ceci n'est cependant utile que si l'élément choisi dispose d'une icône. Lorsque vous cochez l'option MODIFIER LES PALETTES au sommet du gestionnaire, toutes les icônes dans les palettes deviennent modifiables. Elles peuvent alors être déplacées ou éliminées à l'aide d'un double clic.

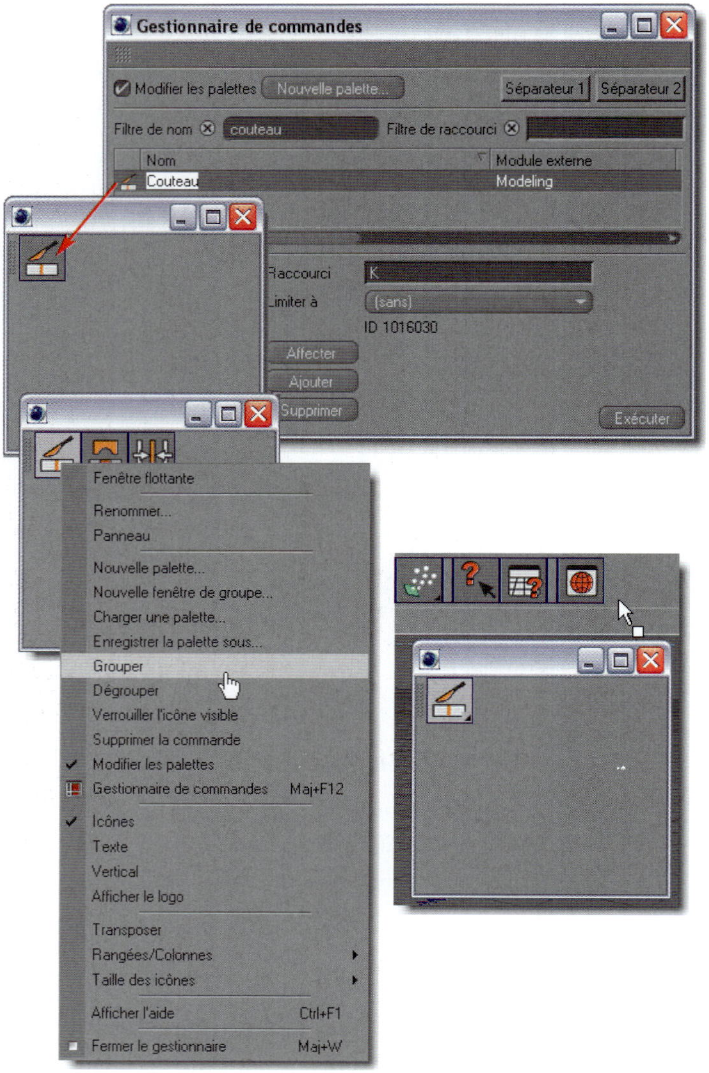


***Figure 1.13 :***
*Groupement d'icônes et intégration du groupe à l'interface.*

## ➤ Groupement d'icônes

Certaines icônes présentent un triangle noir dans le coin inférieur droit. Ce sont des groupes d'icônes. Pour les ouvrir, cliquez en maintenant la pression sur le bouton de la souris. Un groupe permet de rassembler des fonctions appartenant à une même famille thématique. Pour en générer un soi-même, il faut d'abord créer une nouvelle palette d'icônes. Sélectionnez pour cela Fenêtre > Interface > Nouvelle palette..., et placez-y les commandes voulues en les faisant glisser depuis le gestionnaire de commandes.

Cliquez ensuite du bouton droit sur la première icône placée pour afficher le menu contextuel et sélectionnez l'option Grouper (voir Figure 1.13).

Cette fonction unit toutes les icônes et génère le petit triangle noir indicateur d'un groupe. Vous pouvez ensuite ancrer l'icône du groupe dans l'interface comme s'il s'agissait d'une icône de fonction individuelle. Il faut pour cela activer au préalable l'option Modifier les palettes dans le gestionnaire de commandes.

Lorsque vos modifications d'icônes sont terminées, désactivez l'option Modifier les palettes et enregistrez l'interface avec un nouveau nom, ou éventuellement comme interface de départ, comme déjà expliqué plus haut.

## ➤ Identifiants de commandes

Avant de changer de thème, j'attire votre attention sur une autre information intéressante fournie par le gestionnaire de commandes, lorsque vous sélectionnez une commande après avoir effectué une recherche. Il s'agit de l'identifiant de commande, repéré par le sigle ID, qui apparaît dans la partie inférieure de la boîte de dialogue.

Si un jour vous vous adonnez à l'écriture de programmes ou de macros avec le langage de script de CINEMA 4D, vous constaterez l'intérêt de cet identifiant car il vous permettra de vous référer directement aux commandes à partir de votre code. Gardez à l'esprit qu'il est possible de le récupérer à l'aide de ce gestionnaire.

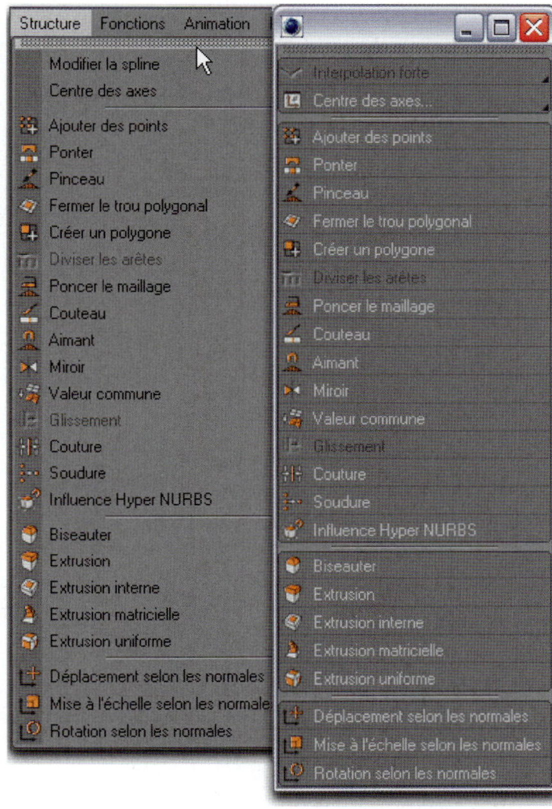


***Figure 1.14 :*** *Un menu détaché de l'interface.*

## ➤ Menus flottants

Vous avez la possibilité de détacher n'importe quel menu en sélectionnant la barre en pointillé qui apparaît à son sommet lorsque vous cliquez dessus. Le menu se transforme alors en une fenêtre distincte avec des options visibles en permanence. La Figure 1.14 illustre cela avec le menu Structure. Le menu original ne disparaît pas pour autant et vous pouvez à tout moment refermer la fenêtre.

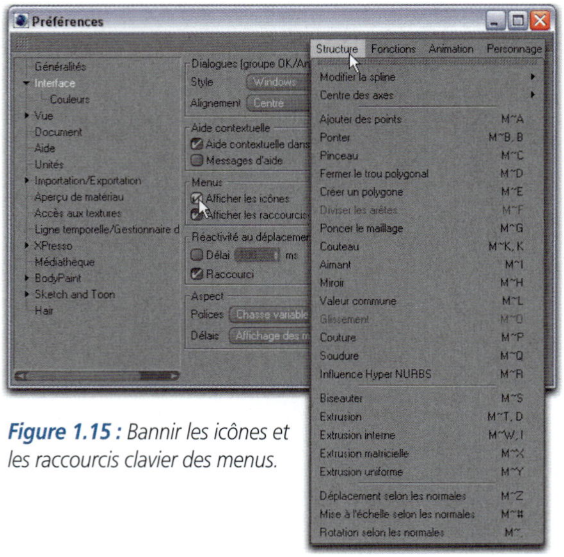


*Figure 1.15 : Bannir les icônes et les raccourcis clavier des menus.*

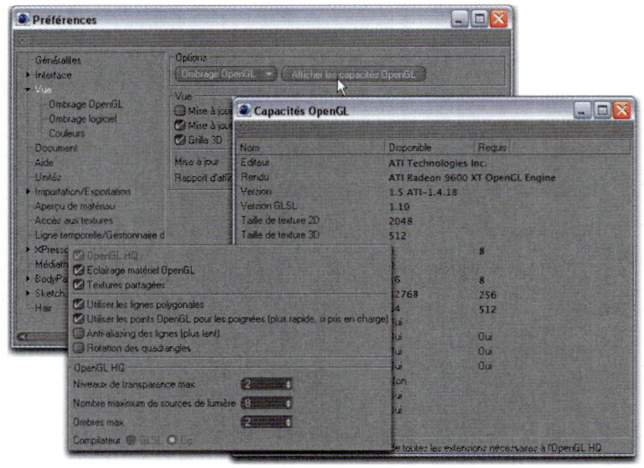


*Figure 1.16 : Test et configuration d'OpenGL.*

## ➤ Options d'affichage pour les menus

Outre les modifications d'icônes, d'entrées de menu, ou de raccourcis clavier, vous pouvez aussi personnaliser l'interface en sélectionnant l'option Préférences générales du menu Édition.

Nous n'examinerons dans cette section que les réglages les plus importants. Par exemple, vous trouverez dans la rubrique Interface des options contrôlant l'affichage des icônes et des raccourcis clavier dans les menus. Si vous préférez des menus moins encombrants n'affichant que des entrées textuelles, vous pouvez désactiver ces deux options (voir Figure 1.15).

## ➤ OpenGL

Plus les objets travaillés sont complexes, c'est-à-dire plus il y a de polygones à afficher simultanément, plus vous apprécierez la moindre possibilité d'accélération de l'affichage dans l'éditeur.

CINEMA 4D mise à cet effet sur le standard OpenGL et gère dans la version actuelle plusieurs attributs de surface, comme le mapping de relief, ou de normales, connu sous le nom de *Bump mapping*, et la représentation d'ombres projetées.

Pour savoir si votre carte graphique est en mesure de gérer de façon optimale CINEMA 4D, vous pouvez réaliser un petit test figurant dans la rubrique Vue des préférences générales. Cliquez sur le bouton Afficher les capacités OpenGL, comme illustré Figure 1.16.

Il entraîne l'affichage d'une fenêtre avec les valeurs résultant du test et les valeurs requises.

Si les résultats sont équivalents ou supérieurs aux valeurs requises, vous pouvez activer l'option d'extension OpenGL HQ située dans la rubrique Vue > Ombrage OpenGL. Vous devrez sinon vous contenter de l'ombrage OpenGL normal.

L'option Ombrage logiciel de la rubrique Vue est la plus lente car elle désactive pratiquement toute accélération de la part de la carte graphique. Elle ne sert que dans les cas extrêmes, par exemple, si vous travaillez avec une carte graphique ancienne provoquant des erreurs dans l'affichage des objets ou le plantage de CINEMA 4D.

Si vous constatez un problème de ce genre et l'attribuez à la configuration d'OpenGL, démarrez CINEMA 4D tout en appuyant simultanément sur [Maj]. Cela désactivera l'accélération OpenGL, même en cas d'indication contraire par d'autres options dans les préférences générales, et permettra le démarrage du logiciel malgré les problèmes posés par la carte graphique.

D'une manière générale, plus vous activerez d'options OpenGL, plus il y aura de caractéristiques d'affichage dans l'éditeur qui pourront être accélérées. Dans le meilleur des cas, vous pourrez même économiser beaucoup de temps en évitant des calculs superflus lors de l'exécution de tests, par exemple lorsque vous vérifiez une ombre qui peut être affichée directement à l'aide d'OpenGL.

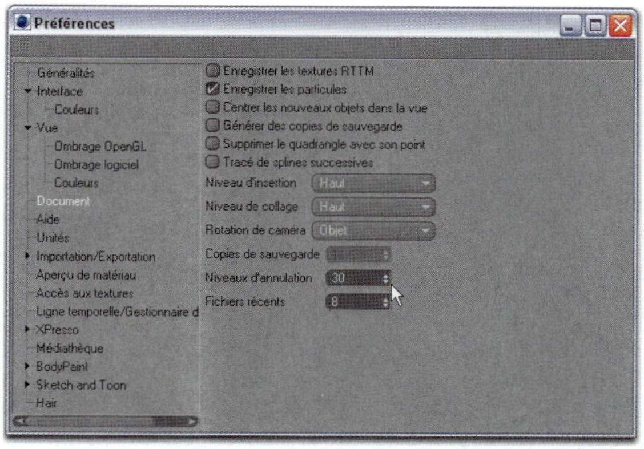


***Figure 1.17 :*** *Spécification du nombre maximal d'actions à mémoriser.*

## ➤ Spécification du nombre d'actions annulables

CINEMA 4D offre la possibilité de revenir sur les actions réalisées, ce qui est appréciable lorsque l'on ne maîtrise pas bien certaines fonctions ou que l'issue d'une action est incertaine. Cette fonction nécessitant de mémoriser des données, vous pouvez indiquer un nombre maximal d'étapes à conserver dans la rubrique Document des préférences générales (voir Figure 1.17) afin de limiter l'espace consommé à cet effet.

Si vous débutez avec le logiciel, vous pouvez augmenter la valeur par défaut, en commençant par exemple avec 30 étapes, puis la réduire progressivement au fil du temps. Outre cette fonction, vous pouvez enregistrer à intervalles réguliers des copies de sauvegarde de vos projets pour pouvoir, en cas d'impasse, rétablir un état antérieur de votre scène.

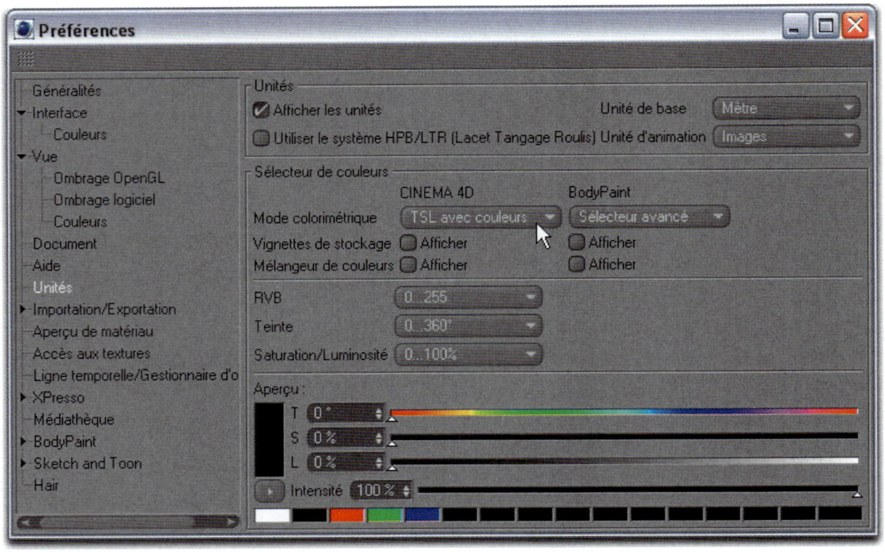


***Figure 1.18 :*** *Spécifications des unités de mesure.*

## ➤ Unités de mesure et systèmes de couleur

Lors des exercices de modélisation, nous citerons des valeurs numériques pour indiquer des dimensions ou des distances par rapport à un système de coordonnées. Nous parlerons à ces occasions d'unités, de manière abstraite, car nous ne travaillerons pas dans un espace physique réaliste mesurable. Ne vous laissez donc pas irriter par le symbole d'unité de mesure affiché par le logiciel à la suite des valeurs saisies, ce sont ces dernières qui importent. Ceci dit, si vous en avez besoin, l'unité qui apparaît peut être choisie dans la rubrique Unités des préférences générales (voir Figure 1.18).

Le symbole de l'unité de mesure n'est qu'une aide visuelle, au cas où vous souhaiteriez reprendre des valeurs de référence, par exemple, en provenance d'un dessin technique. En effet, un objet modélisé avec une hauteur de 16 kilomètres dans une scène sera aussi gros qu'un objet de 16 millimètres dans une autre scène.

Un autre aspect du logiciel qui demandera éventuellement de s'accoutumer au départ est le système de couleur que vous pouvez aussi choisir dans cette section Unités. En ce qui me concerne, je travaille volontiers dans le mode TSL avec couleurs car il me permet de rapidement contrôler les valeurs de teinte, de saturation et de luminosité. Vous pouvez cependant préférer le système RVB pour d'autres raisons.

Une chose importante à savoir – et cela vaut particulièrement si vous travaillez dans le milieu de la préimpression ou êtes tout simplement habitué à travailler avec des valeurs exactes – est qu'une couleur n'apparaît pratiquement jamais telle que spécifiée une fois l'image calculée. En effet, un objet apparaît pratiquement toujours sous l'influence d'une source de lumière virtuelle, provoquant des changements de luminosité à sa surface dus à l'effet de spécularité. À cela peuvent s'ajouter d'autres effets susceptibles de modifier la coloration originale, tels que la réflexion ou la transparence.

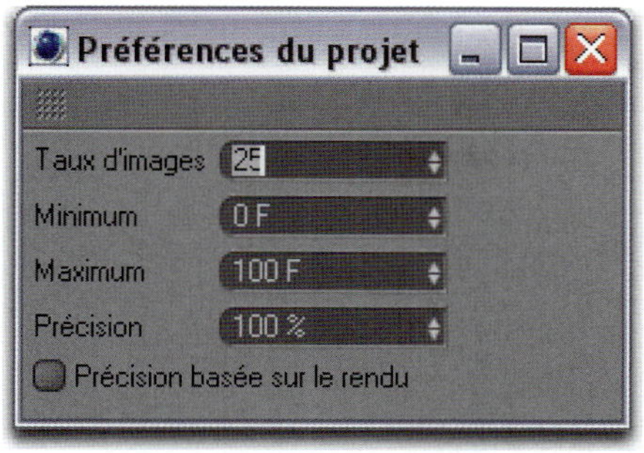


*Figure 1.19 : Préférences du projet.*

Choisissez donc dans cette rubrique un système de couleur se prêtant bien à une approche intuitive plutôt qu'un système reposant sur la saisie de valeurs exactes. Indépendamment de votre choix, vous obtenez dans la zone inférieure de la rubrique UNITÉS un aperçu du sélecteur de couleur tel que vous l'aurez configuré et qu'il se présentera dans l'interface de CINEMA 4D.

### ➤ Configuration du projet en cours

Outre ces paramètres généraux du logiciel, qui sont automatiquement enregistrés et rétablis lors de chaque démarrage, il existe des préférences de projet accessibles en sélectionnant ÉDITION > PRÉFÉRENCES DU PROJET.

Dans la boîte de dialogue qui s'affiche (voir Figure 1.19), la seule valeur intéressante est le nombre d'images par seconde, TAUX D'IMAGES, lorsque vous avez l'intention de créer une animation. Cette valeur devrait être alignée dès le début du travail sur le taux d'images du média pour lequel l'animation est prévue. Indiquez dans ce champ 25 pour un DVD ou une vidéo au format PAL, 24 pour une production cinématographique, ou 30 pour le format NTSC.

Une modification de cette valeur postérieurement au début du travail est certes possible, mais elle peut entraîner certains problèmes ou demander au minimum quelques rectifications. Pensez-y donc suffisamment tôt.

*Figure 1.20 : Menu des objets paramétriques.*

Voilà qui met fin à cette brève présentation des paramètres sous-jacents les plus importants. Nous pouvons maintenant commencer le travail réel avec le logiciel.

## Création et manipulation d'objets

La façon la plus simple de créer un objet est d'en invoquer un déjà terminé. CINEMA 4D offre une vaste palette de formes géométriques accessibles au moyen de l'icône figurant un cube bleu (voir Figure 1.20). Il s'agit d'objets de base, appelés aussi objets paramétriques, ou encore primitives.

Ce menu offre une grande variété d'objets aux formes diverses, des plus basiques, tels les objets SPHÈRE ou CYLINDRE, aux plus exotiques, tel l'objet TERRAIN. Nous reviendrons plus loin sur les avantages qu'ils offrent, outre leur disponibilité immédiate.

Intéressons-nous pour l'instant sur la façon dont CINEMA 4D gère les objets et sur les possibilités d'interaction qui nous sont offertes. Choisissez dans ce menu l'objet CUBE. Une autre possibilité est de sélectionner OBJETS > PRIMITIVE.

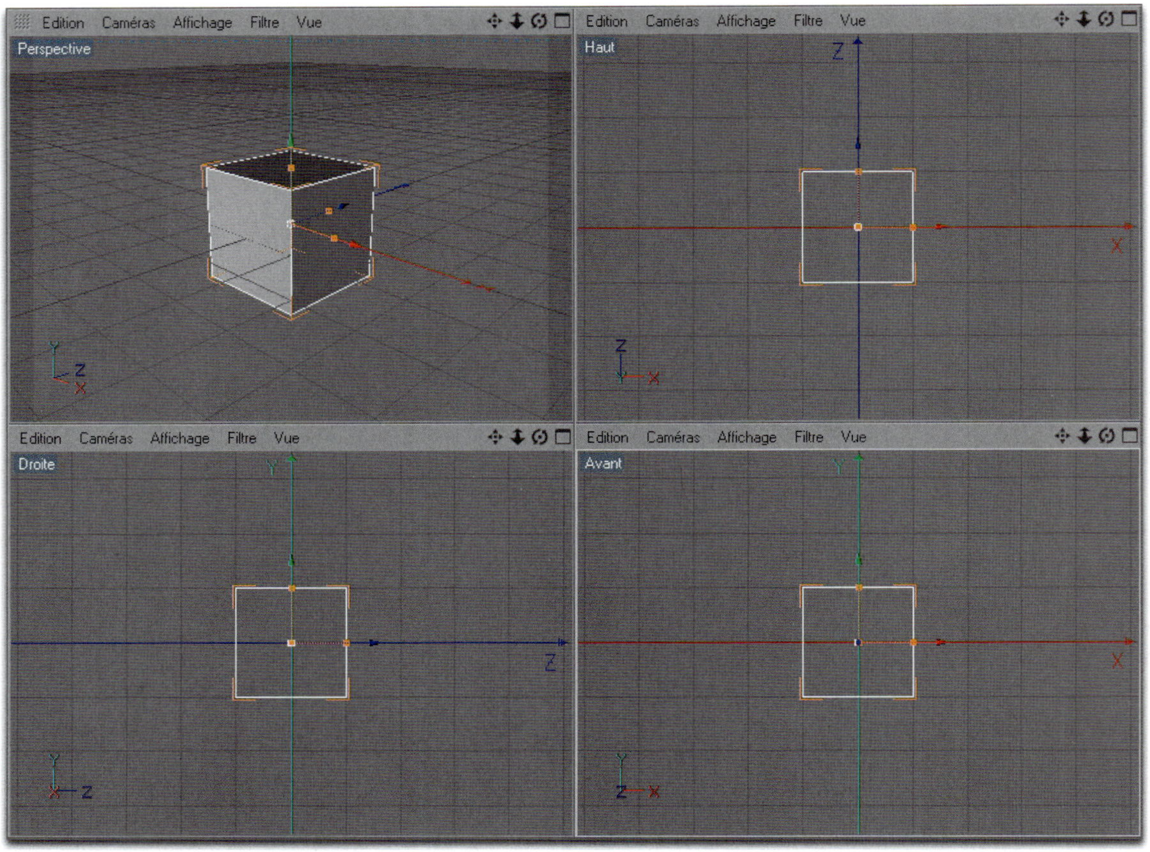


**Figure 1.21 :** *Les vues de l'éditeur.*

## *Affichage des objets dans les vues de l'éditeur*

L'objet choisi apparaît dans l'éditeur dans une ou plusieurs vues, selon l'état courant de l'affichage. La Figure 1.21 illustre l'affichage du cube dans les quatre vues standards.

### ➤ Choix et agrandissement des vues

Le nombre de vues visibles dans l'éditeur est variable, et chacune d'elles peut être temporairement agrandie au maximum jusqu'à couvrir les autres vues. Les différentes options liées à l'affichage sont activables à l'aide des quatre icônes présentes dans la barre d'en-tête de chaque vue. Si vous ne voyez actuellement qu'une vue dans votre logiciel, cliquez sur l'icône située à l'extrême droite, figurant une fenêtre. Cette icône permet de passer d'une vue unique à l'arrangement standard avec les quatre vues, et vice versa. Testez-la avec les différentes vues. Elle est très pratique lorsque l'on travaille précisément sur une forme, car elle permet de choisir à tout moment la vue la plus appropriée à agrandir.

## ➤ Navigation dans une vue

Pour utiliser les autres icônes de la barre d'en-tête, vous devez maintenir le bouton de la souris lors de son déplacement.

La première icône, figurant quatre flèches, est l'outil de déplacement. Son utilisation semble provoquer le déplacement du cube, qui peut même sortir du cadre. Il s'agit en réalité de votre déplacement en tant qu'observateur, l'objet gardant la même position dans l'espace. Cette icône possède une deuxième fonction si vous utilisez le bouton droit de la souris, et provoque alors un rapprochement ou un éloignement de l'objet.

La deuxième icône, figurant une flèche à deux pointes, active la fonction de zoom. Au premier abord, elle semble avoir le même effet que la première icône utilisée avec le bouton droit, mais sa différence est évidente dans la vue en perspective (voir Figure 1.21). Son action se fonde sur un changement de la focale servant au calcul de l'affichage en perspective. Elle n'entraîne donc pas seulement un rapprochement ou un éloignement, mais peut provoquer aussi, dans les cas extrêmes, une distorsion due à la perspective, à l'instar de ce qu'un objectif grand-angle d'appareil photo peut produire. Dans la vue en perspective, il peut alors être préférable d'utiliser uniquement l'icône de déplacement pour agrandir un objet.

Puisque les trois autres vues de l'éditeur ne sont pas en perspective, l'emploi de l'icône de zoom n'y pose pas de problème. Sa fonction correspond alors à celle de l'icône de déplacement utilisée avec le bouton droit.

Vous pouvez aussi recourir à la fonction de zoom au moyen de la molette de la souris. Dans ce cas, chaque vue simule simplement un déplacement de la caméra, vers l'avant ou l'arrière, c'est-à-dire sans modification de focale.

La troisième icône n'est active que dans la vue en perspective et permet de tourner autour d'un élément sélectionné. Associée au bouton droit de la souris, elle permet même d'effectuer une rotation autour de l'axe de la caméra et de retourner tête-bêche le contenu de la vue.

S'il vous arrivait de vous perdre dans l'espace de travail d'une vue au point de ne plus connaître exactement votre position d'observateur relativement aux objets, vous pouvez utiliser les diverses options de cadrage du menu ÉDITION de chaque vue, par exemple, pour centrer l'élément sélectionné dans la vue ou rendre visible l'ensemble de la scène.

L'option CADRAGE PAR DÉFAUT rétablira la vue dans son état original, c'est-à-dire telle qu'elle se présente après le démarrage du logiciel. Au centre de cette vue initiale, figure le système de coordonnées Monde dans lequel vous travaillerez.

Seule la vue en perspective affiche les éléments relativement aux trois axes du Monde : X (rouge), Y (vert) et Z (bleu), les trois autres vues ne montrant la scène que sous un seul angle. Ainsi, dans la vue frontale, votre point de vue se situe le long de l'axe Z, et vous voyez donc la scène relativement aux axes X et Y. Chaque vue est identifiée par une étiquette dans le coin supérieur gauche.

Dans le coin inférieur gauche de chaque vue, vous voyez de plus un symbole situant votre position par rapport au système Monde, ou si vous préférez, la position du système par rapport à vous. Puisque vous ne pouvez pas utiliser l'icône de rotation dans les vues sans perspective, vous ne pouvez pas non plus y modifier l'angle de vue. La seule exception est offerte par la rotation à 180°. Par exemple, dans la vue frontale, vous pouvez avoir un point de vue le long de l'axe Z du côté des valeurs positives, ou du côté des valeurs négatives, ce qui vous permettra de voir l'arrière d'un objet. Sélectionnez pour cela CAMÉRAS > DOS.

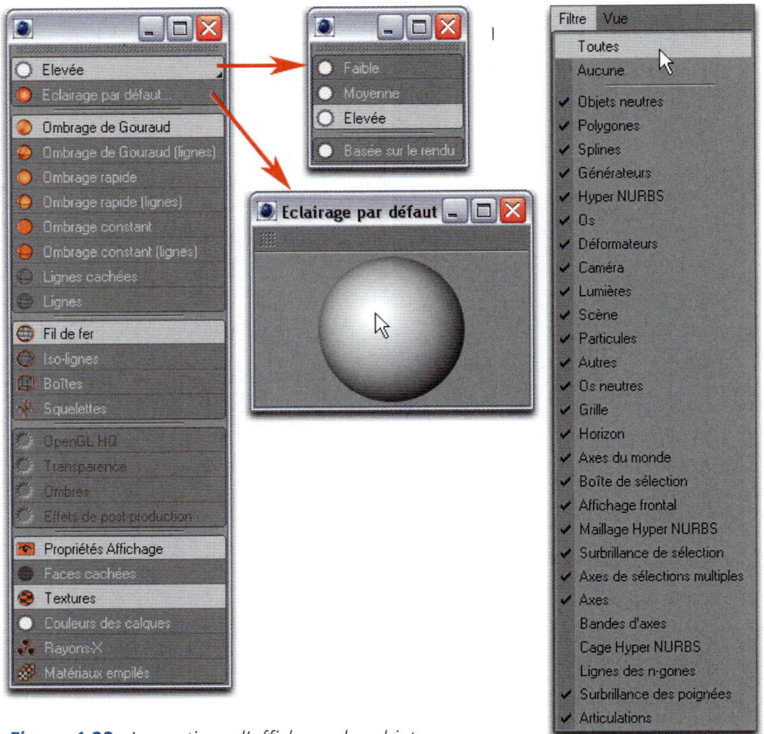


***Figure 1.22 :*** *Les options d'affichage des objets.*

Ce menu permet en fait d'adapter toutes les vues actives. Vous pouvez ainsi orienter toutes les vues dans la même direction ou utiliser plusieurs vues en perspective. Dans ce cas, sélectionnez CAMÉRAS > PERSPECTIVE.

### *Options d'affichage*

Avec le travail en trois dimensions, vous comprendrez vite l'utilité de pouvoir choisir entre différentes possibilités d'affichage de vos objets. Par exemple, pour déplacer un objet entier ou examiner l'effet de la lumière à sa surface, il est préférable de le voir dans son état le plus naturel possible. En revanche, s'il s'agit de travailler sur un élément constitutif de sa surface, il faudra privilégier un affichage précis de l'élément. Les menus AFFICHAGE et FILTRE offrent à cet effet divers modes pour indiquer au programme ce qu'il faut afficher et de quelle façon (voir Figure 1.22).

Les deux options en tête du menu AFFICHAGE méritent une courte explication. La première, PRÉCISION, définit le nombre de polygones constitutifs des objets paramétriques et des NURBS. En général, vous pouvez laisser l'option sur ÉLEVÉE pour éviter toute confusion, par exemple, quant à la qualité de vos arêtes arrondies.

Une précision plus basse offre une résolution plus grossière qui n'est utile que lorsque la scène comprend plusieurs occurrences du même objet provoquant un ralentissement lors du travail dans l'éditeur.

La deuxième option, Éclairage par défaut, spécifie la direction de la source de lumière existant par défaut, même si vous n'en avez pas encore générée vous-même. Elle provoque l'apparition d'une petite fenêtre affichant une boule ombrée. D'un clic maintenu sur cette boule, déplacez le curseur pour contrôler la direction de la lumière incidente.

Cette fonction n'a pas pour objet de générer un éclairage final de votre scène. Il lui manque, par exemple, la possibilité de projeter une ombre. Elle n'offre pas non plus plusieurs sources de lumière pour simuler des situations d'éclairage complexes.

Les divers types d'objets et entrées du menu Filtre permettent de masquer temporairement certains éléments (voir Figure 1.22). Par exemple, si vous décochez l'option Générateurs, le cube ne sera plus visible dans l'éditeur car il appartient au groupe des objets générateurs. Cette possibilité se révélera utile dans les scènes complexes, pour bannir de l'affichage les objets sans importance dans une certaine phase de travail ou déjà terminés.

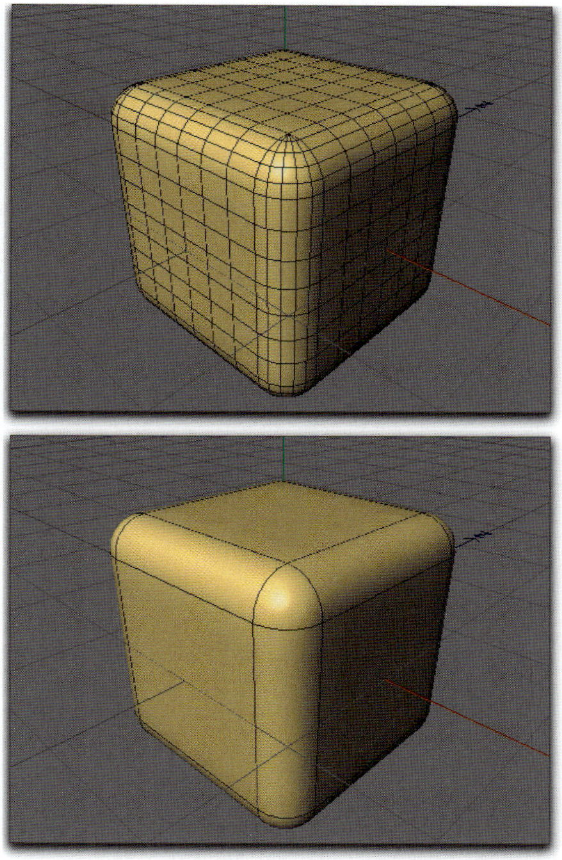

***Figure 1.23 :*** *Ombrage de Gouraud avec fils de fer et isolignes.*

## ➤ Ombrage de Gouraud

Le mode d'affichage Ombrage de Gouraud offre la meilleure qualité de représentation des objets sans avoir à déclencher un long calcul de scène tout en prenant en compte les diverses sources de lumière. Si vous avez choisi le mode Ombrage de Gouraud (lignes), vous pouvez demander la superposition de fils de fer ou d'isolignes en sélectionnant l'option appropriée dans la troisième section du menu Affichage.

L'option Fil de fer affiche les arêtes qui délimitent les polygones. L'option Isolignes suit également les arêtes, mais en masque certaines, laissant ainsi davantage de surface libre. La Figure 1.23 illustre ces deux modes.

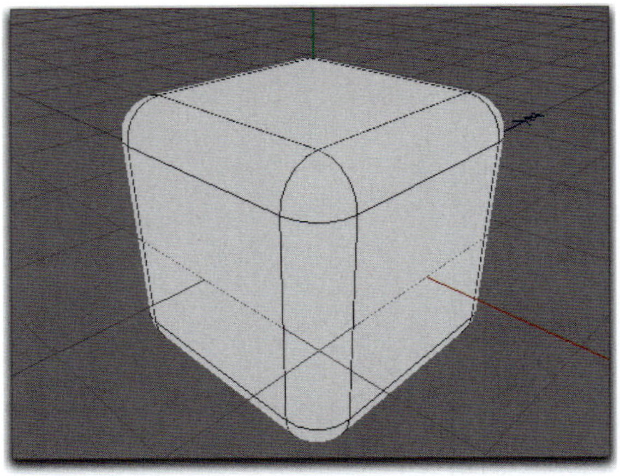

*Figure 1.24 : Ombrage constant avec superposition d'isolignes.*

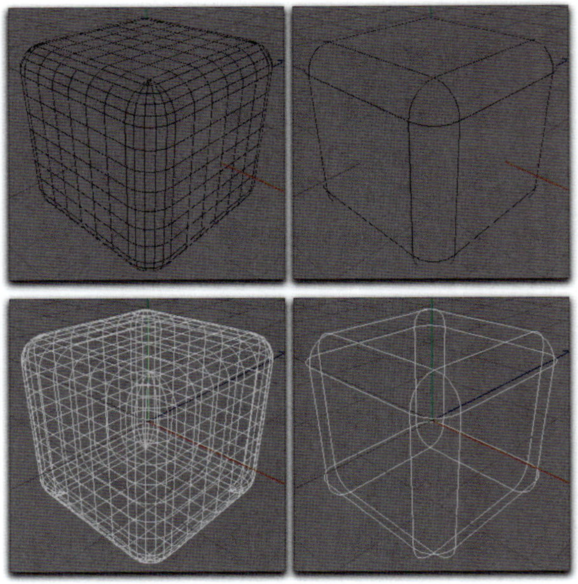

*Figure 1.25 : Les modes Lignes cachées et Lignes.*

## ➤ Ombrage rapide

Le mode Ombrage rapide offre un niveau de qualité moindre pour la représentation des surfaces et possède aussi une variante acceptant la superposition de fils de fer ou d'isolignes.

Il se contente d'analyser la direction de l'éclairage standard et ignore les autres sources de lumière de la scène, leur intensité et leur couleur. Il offre l'avantage d'un calcul plus rapide tout en donnant, malgré son imprécision, une bonne impression de tridimensionnalité des structures.

## ➤ Ombrage constant

Le mode Ombrage constant ignore l'ensemble des effets et des sources de lumière et remplit simplement les polygones avec la couleur de surface des objets. Utilisez-le au moins dans sa variante Ombrage constant (lignes) pour avoir au moins une idée de la structure des surfaces (voir Figure 1.24).

## ➤ Les modes Lignes cachées et Lignes

Les modes Lignes cachées et Lignes n'affichent plus aucune surface et superposent seulement les fils de fer ou les isolignes. La Figure 1.25 illustre cela dans les modes Lignes cachées (partie supérieure) et Lignes. Vous pouvez constater que le mode Lignes permet de voir l'arrière de l'objet.

## ➤ Boîtes

Le mode Boîtes représente les objets sous forme d'un cube. Il ne laisse donc rien deviner de leur forme réelle, mais renseigne néanmoins sur leur taille et leur position dans l'espace tridimensionnel. Cela peut être utile dans les scènes complexes, par exemple pour déterminer un mouvement aérien de caméra.

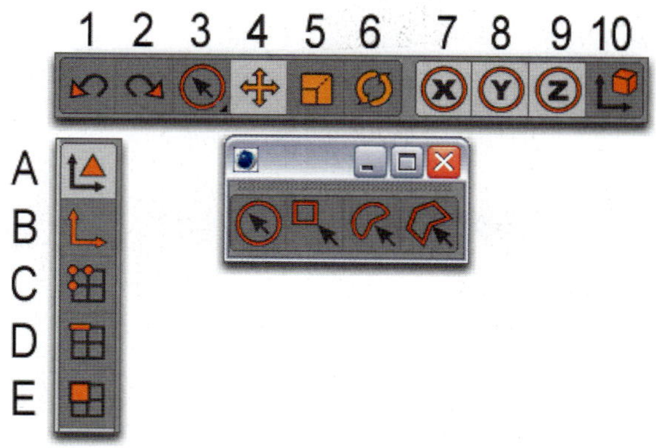


*Figure 1.26 : Les modes de fonctionnement et les outils.*

### ➤ Squelette

Le mode SQUELETTE réduit les objets à leur point central et représente les relations hiérarchiques entre éléments sous forme de lignes. On perd alors toute idée de la forme ou de la taille des objets.

## *Modes de fonctionnement*

Les objets se composent d'éléments qui se laissent manipuler individuellement. Vous connaissez déjà les polygones à partir desquels sont composées les surfaces d'objets.

Chaque polygone est délimité par des arêtes, chacune d'elles reliant deux points. Une surface est donc formée de points, d'arêtes et de polygones. Outre ces éléments, chaque objet possède un système de coordonnées local définissant la position de chaque élément. Si vous déplacez ce système, le faites pivoter, ou le redimensionnez, votre action porte sur l'ensemble de l'objet. Sa position peut aussi changer relativement aux points, aux arêtes et aux polygones.

Avant de pouvoir agir sur un élément constitutif d'un objet, vous devez d'abord sélectionner le mode de fonctionnement approprié. Chaque mode est représenté sous forme d'une icône dans la barre d'outils sur le côté gauche (voir Figure 1.26, repères Ⓐ à Ⓔ).

Le repère Ⓐ désigne le mode Modèle. S'il est actif, l'action exercée porte sur l'ensemble de l'objet. Le repère Ⓑ désigne le mode Axes d'objet. Il permet de déplacer le système de coordonnées local indépendamment des points, arêtes et polygones de l'objet. Cela n'est possible que dans le cas d'objets formés de polygones ou de points, pas avec les objets paramétriques non encore convertis.

Les repères Ⓒ à Ⓔ désignent respectivement les modes Points, Arêtes et Polygones. Là aussi, ces modes ne sont utilisables qu'avec des objets contenant ces éléments dans une forme modifiable, ce qui exclut encore une fois les objets paramétriques.

## *Outils et fonctions*

### ➤ Sélection d'éléments

Une fois le mode de fonctionnement choisi pour une action donnée, il faut indiquer au logiciel l'élément ou les éléments sur lesquels celle-ci portera. Pour cela, il faut procéder à une sélection à l'aide de l'un des outils du groupe repéré par le chiffre ❸ dans la Figure 1.26.

Outre le pointeur de sélection traditionnel (localisé par PINCEAU DE SÉLECTION), certains de ces outils vous seront probablement déjà familiers, tels que le rectangle ou le lasso que l'on trouve aussi dans d'autres logiciels graphiques. Une fois l'outil choisi, sélectionnez en pointant, en encadrant ou en entourant les éléments sur lesquels vous voulez travailler. Selon le mode de fonctionnement choisi, il s'agira donc de points, d'arêtes ou de polygones, ou même d'objets entiers.

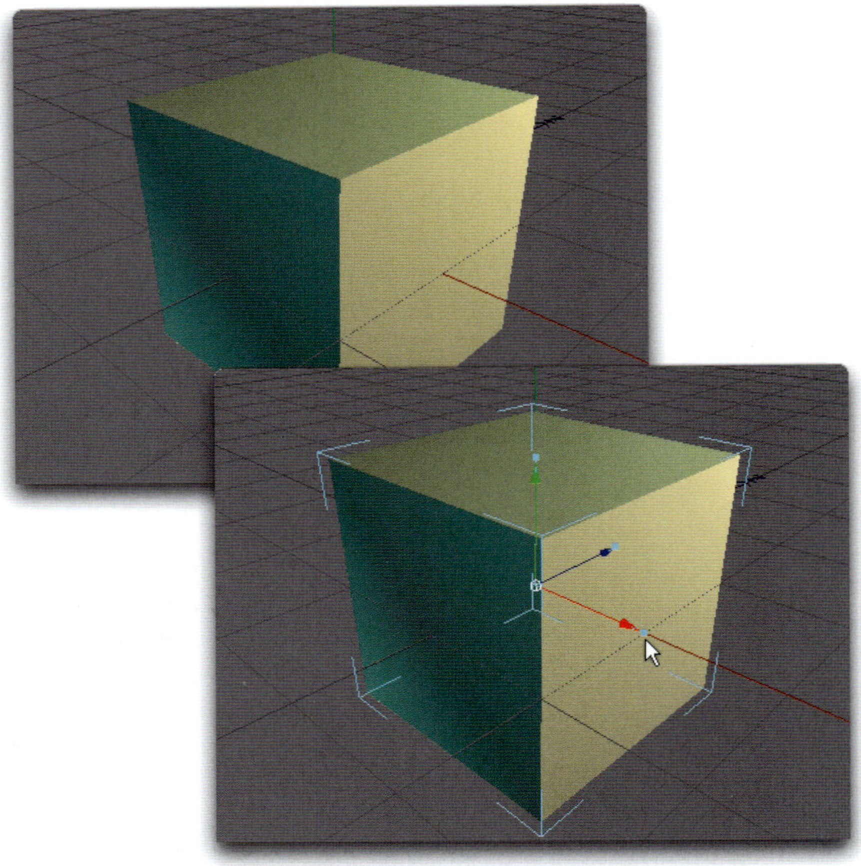

**Figure 1.27 :** *Sélection du cube.*

Chaque outil de sélection possède également des options modifiables par l'intermédiaire du gestionnaire d'attributs. Vous pouvez ainsi spécifier, par exemple, le rayon d'action du pointeur de la souris, ou si seuls les éléments de l'avant-plan doivent être sélectionnés ou également ceux qui sont masqués, c'est-à-dire situés à l'arrière d'un objet. Nous reviendrons plus loin sur ces options.

Une fois que vous avez sélectionné les éléments appropriés, choisissez l'action voulue parmi les outils de déplacement, de dimensionnement (localisé par outil de mise à l'échelle) ou de rotation, repérés respectivement par les chiffres ❹, ❺ et ❻ dans la Figure 1.26.

Expérimentez ces actions avec le cube créé. Si vous souhaitez le déplacer, il faut d'abord sélectionner le mode Modèle. Vérifiez ensuite que le cube est bien sélectionné en cliquant dessus avec le pointeur de sélection (voir Figure 1.27).

Vous pouvez cliquer n'importe où à la surface du cube. Des coins supplémentaires apparaissent autour, c'est ainsi que sont affichés les objets sélectionnés. Le système de coordonnées de l'objet, appelé aussi système local, s'affiche également.

## ➤ Déplacement, dimensionnement et rotation

Vous devez maintenant choisir l'action à exécuter parmi les icônes ❹ à ❻. Par exemple, cliquez sur l'outil de déplacement, repéré par le chiffre ❹. Cliquez ensuite n'importe où dans la vue de l'éditeur en maintenant la pression et déplacez le pointeur. Le cube entier bouge. Vous pouvez vous ménager un peu plus de place dans la vue à l'aide des outils de zoom ou de navigation. Les autres outils fonctionnent de la même façon. Il n'est pas nécessaire de positionner le pointeur directement sur le cube pour le manipuler, l'important étant de maintenir la pression sur le bouton de la souris. Pour désélectionner le cube, il suffit de cliquer une fois n'importe où à côté du cube.

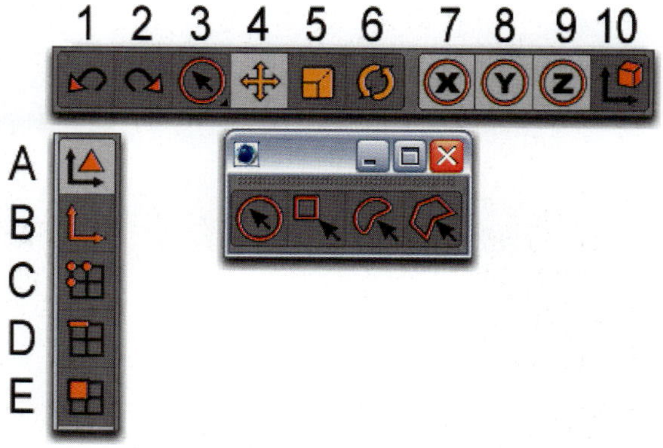


*Figure 1.28 : Les modes de fonctionnement et les outils.*

Ce type de manipulation est simple. Il est généralement utile d'avoir un contrôle plus grand sur l'action, surtout lors d'un déplacement ou d'une rotation. Imaginez, par exemple, que notre cube doive représenter une porte. Son angle d'ouverture devrait alors non seulement être limité, mais surtout son sens de rotation en raison des charnières.

Ce type de limitation est réalisable de différentes façons. Il y a d'abord la possibilité de choisir l'axe selon lequel une action est permise au moyen des icônes repérées par les chiffres ❼, ❽ et ❾ dans la Figure 1.28. Pour faciliter la lecture, nous avons répété ici l'illustration de la Figure 1.26. Ces icônes fonctionnent tel un commutateur et peuvent être sélectionnées individuellement ou combinées. Par exemple, si seule l'icône X est activée, elle apparaît alors en blanc, l'action ne pourra être entreprise que le long de l'axe X.

Vous pouvez obtenir le même effet directement dans la vue. Pour cela, cliquez sur la pointe d'un axe du système local et maintenez la pression en déplaçant la souris. L'objet ne pourra être manipulé que selon cet axe. Un double-clic sur une pointe verrouille l'axe en permanence, ce qui est visible à la couleur jaune de son extrémité, même si le pointeur de la souris ne se trouve plus sur l'axe pendant la manipulation. Il suffit de double-cliquer à nouveau n'importe où au sein de l'enveloppe de sélection pour déverrouiller l'axe.

## ➤ Système Monde et système local

Il existe un autre moyen d'imposer une contrainte de direction. Vous connaissez maintenant les deux systèmes de coordonnées, Monde et local. À l'aide de l'icône de commutation de système, repérée par le chiffre ❿ dans la Figure 1.28, vous pouvez définir d'un clic le système à utiliser. Un objet peut ainsi être manipulé selon l'axe X du Monde, représenté par un globe, ou selon l'axe X du système local, représenté par un cube, ces axes n'étant pas forcément orientés de la même manière.

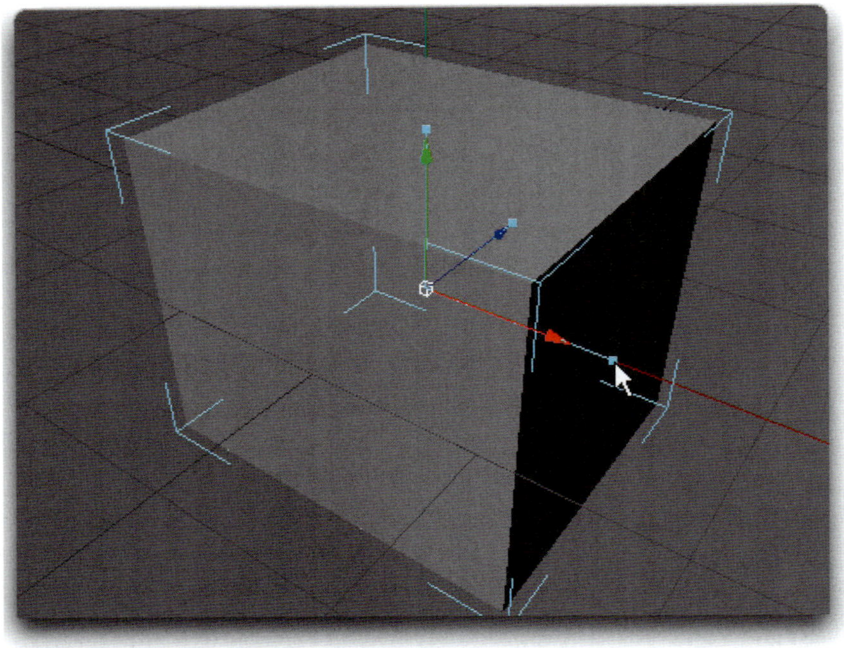

*Figure 1.29 : Poignées de manipulation d'un cube.*

## Poignées de manipulation

Vous avez probablement constaté la présence de petits points sur les axes du cube. Il s'agit de poignées de manipulation qui permettent de modifier directement la forme du cube (voir Figure 1.29).

Ces poignées ne sont visibles que lorsque le cube est sélectionné dans le mode Modèle. À l'aide d'un clic maintenu sur l'une d'elles, vous pouvez modifier la forme de l'objet le long de l'axe de la poignée. Si cela ne fonctionne pas, vérifiez que l'axe concerné n'est pas verrouillé.

Ces poignées sont une caractéristique des objets paramétriques de base et permettent, outre la simple manipulation d'une forme, de contrôler directement d'autres paramètres, telle la taille d'un rayon de courbure. Il faut savoir que les objets paramétriques se basent sur des formules qui décrivent la forme de l'objet. L'avantage est de pouvoir créer des objets complexes, telle une sphère, sans avoir à créer manuellement des centaines de polygones pour y parvenir. Il suffit d'indiquer le rayon voulu et le logiciel se charge du placement optimal des points, des arêtes et des polygones.

Étant donné que le placement de ces éléments constitutifs est contrôlé au moyen de formules, il n'est pas possible d'agir directement sur eux individuellement, par exemple pour supprimer quelques polygones et provoquer un trou dans l'objet. C'est aussi en raison de cet arrangement automatique que nous n'avons pas pu utiliser de façon sensée les divers modes de fonctionnement : Axes, Points, Arêtes et Polygones. En contrepartie, les objets paramétriques nous offrent des avantages que nous allons détailler ci-après.

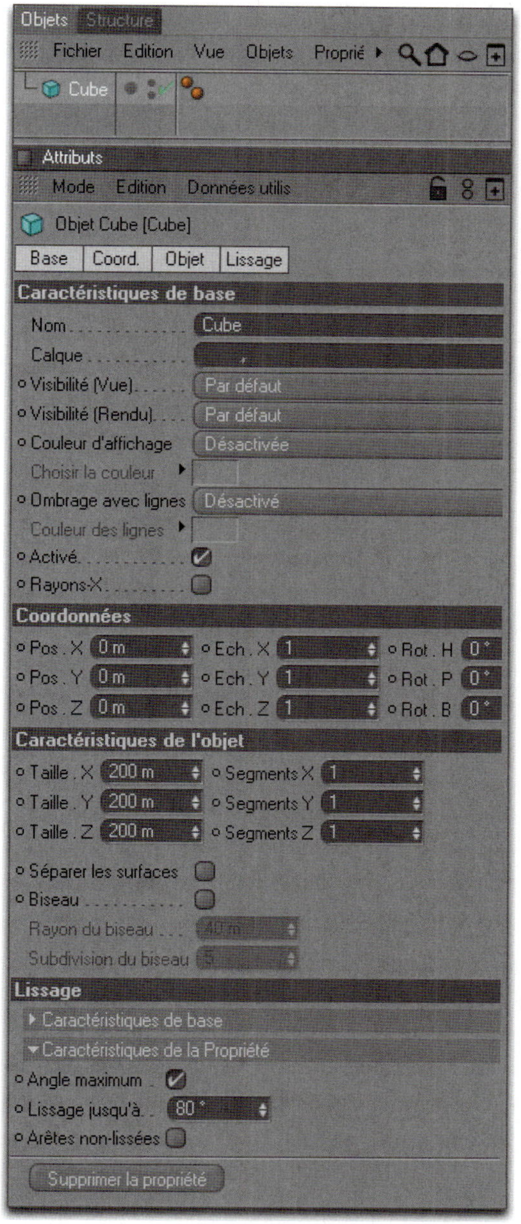


***Figure 1.30 :*** *Le gestionnaire d'objets et le gestionnaire d'attributs.*

## *Gestionnaires d'objets et d'attributs*

Nous changeons de thème et nous déplaçons plus à droite dans l'interface standard de CINEMA 4D. Nous y voyons deux encadrés représentant le gestionnaire d'objets, et au-dessous, le gestionnaire d'attributs (voir Figure 1.30).

Le gestionnaire d'objets donne une vision d'ensemble de tous les constituants de la scène en cours sous forme d'une liste d'éléments. Pour l'instant, seul notre cube y figure. Vous pouvez aussi sélectionner un objet en cliquant sur son nom dans cette zone. Le nom change alors de couleur. Pour changer le nom attribué par défaut, double-cliquez dessus. L'attribution de noms explicites aux objets facilitera ensuite leur localisation au sein d'une scène.

Le gestionnaire d'attributs remplit plusieurs fonctions. Par exemple, il affiche les options disponibles pour un outil sélectionné ou les paramètres d'un objet de base. Ces différents attributs sont généralement arrangés par thème sous forme d'onglets sur lesquels il suffit de cliquer pour afficher leur contenu (voir Figure 1.30).

Dans la rubrique Base d'un objet, vous trouvez entre autres, le nom de l'objet, le calque auquel il appartient, et d'autres options d'affichage, lesquelles sont plus significatives pour l'éditeur.

Dans l'onglet Coord., la première colonne donne les valeurs de position de l'objet sur les trois axes. La deuxième indique la longueur des axes du système local. Par défaut, c'est la valeur 1 dans les trois directions. La troisième affiche l'angle de rotation dans le système HPB (*Heading, Pitch, Bank*) – cap, roulis, tangage.

Ce mode de spécification des valeurs de rotation convient mieux pour les systèmes d'animation que des indications d'angle distinctes pour les axes X, Y et Z d'un objet, car les valeurs d'angle HPB sont indépendantes de l'ordre dans lequel les mouvements de rotation se succèdent.

*Figure 1.31 : Rotations successives dans un ordre axial différent pour chaque cube.*

Un petit test permettra d'éclaircir ce point. Dans la Figure 1.31, vous pouvez voir deux cubes colorés qui ont été générés à l'origine sur la même position et avec la même orientation. Le cube bleu a subi deux rotations successives, d'abord autour de l'axe X, puis autour de l'axe Y. Le même angle de rotation a été utilisé pour l'autre cube, mais l'ordre axial pour les deux actions a été interverti. La position finale est totalement différente.

Avec le système HPB, l'ordre dans lequel les rotations sont appliquées n'a pas d'incidence sur le résultat. Son inconvénient est le manque de clarté en raison de la conversion. Il n'est plus possible de lire directement de combien de degrés un objet aura été pivoté.

L'onglet Objet contient tous les paramètres pris en compte dans le calcul et les formules de conception de l'objet. Certains d'entre eux se laissent aussi contrôler dans l'éditeur au moyen des poignées de manipulation. Il est toutefois plus difficile de parvenir à un réglage précis, cette possibilité convenant plutôt dans les situations où il est possible de procéder visuellement sans tenir compte de valeurs exactes. Si vous souhaitez plutôt qu'un objet prenne une dimension précise, entrez la valeur voulue dans le champ Taille de l'axe approprié.

Les valeurs des champs Segments définissent le nombre de subdivisions polygonales de l'objet. Vous le constaterez mieux en sélectionnant dans la vue le mode d'affichage avec fil de fer. La forme de l'objet ne change pas, vous modifiez simplement le nombre de polygones générés.

L'option Séparer les surfaces n'est pratiquement jamais utilisée. Elle sert seulement à la création de côtés indépendants lors de la conversion de l'objet paramétrique en objet à base de polygones, une action sur laquelle nous reviendrons plus tard.

L'option Biseau est plus intéressante, elle permet d'arrondir les arêtes de notre cube, et provoque aussi l'apparition de poignées de manipulation supplémentaires. La valeur Rayon du biseau spécifie la taille de l'arrondi, et le champ Subdivision du biseau, le nombre de polygones créés pour former la courbure. Comme vous le savez déjà, celui-ci influe sur la qualité des surfaces présentant une courbure.

Il convient ici de jauger visuellement le résultat et de faire un usage parcimonieux des polygones pour ne pas en générer trop. Le moindre polygone coûte de l'espace. Dans les cas extrêmes, il peut s'ensuivre un ralentissement du travail dans l'éditeur et un rallongement des temps de calcul. Comme vous le constatez dans la Figure 1.32, seulement 5 segments permettent déjà d'obtenir une bonne qualité.

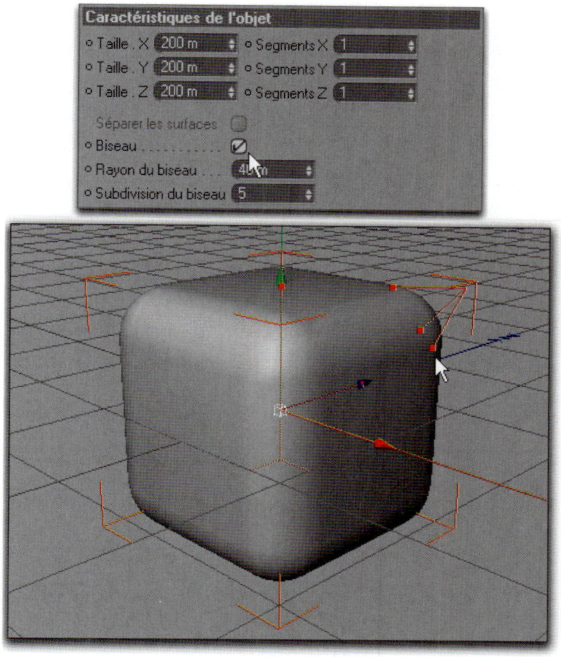


***Figure 1.32 :*** *Un cube avec des arêtes arrondies.*

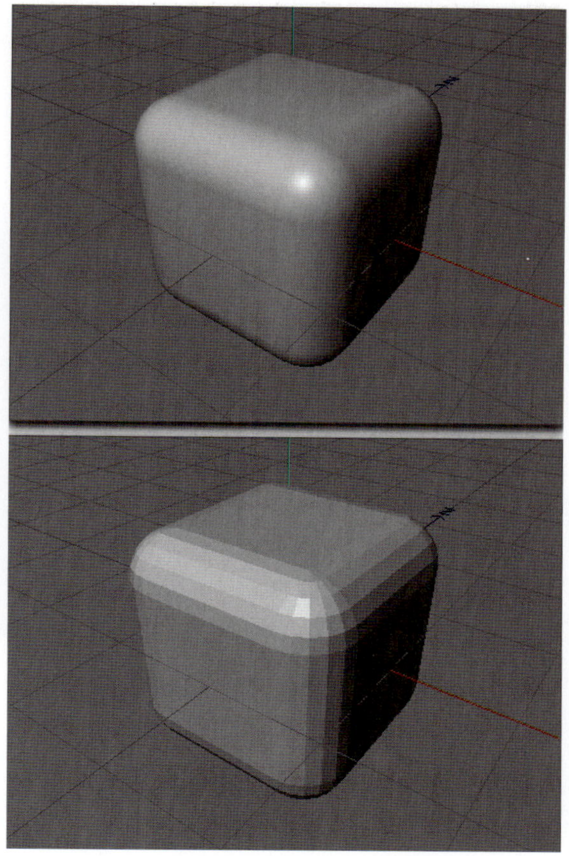

***Figure 1.33 :*** *Une valeur de lissage appropriée et une valeur insuffisante.*

## ➤ Ombrage de Phong

Le dernier onglet, Lissage, concerne les propriétés du réputé ombrage de Phong qui définissent l'apparence d'un objet. Il est responsable de l'ombrage des surfaces. Avec un réglage adéquat, les surfaces arrondies apparaissent beaucoup plus détaillées que ne le laisserait supposer le nombre réel de polygones les composant.

Pour tester cela, diminuez exagérément la valeur du champ Lissage jusqu'à. Les limites des polygones apparaissent alors très prononcées (voir Figure 1.33). Cette fonction s'appuie sur une différence angulaire des normales de polygones voisins. Si cette différence se situe au-dessous de la valeur indiquée dans cet onglet, un ombrage est calculé entre les polygones. Il s'ensuit un lissage des arêtes qui seraient sinon plus prononcées.

Si au contraire, la différence angulaire est supérieure à cette valeur, l'arête entre les faces reste visible. Cela peut aussi être l'effet recherché, comme dans le cas d'une pierre précieuse ou d'une arête très visible de pièce mécanique.

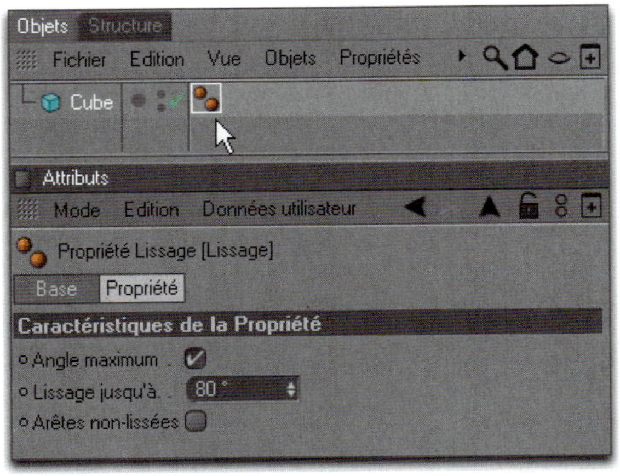


*Figure 1.34 : Les propriétés de l'onglet Lissage.*

Les attributs sont aussi souvent représentés sous forme d'un symbole placé en regard des éléments listés dans le gestionnaire d'objets. Si vous cliquez sur un symbole, même pour un objet non sélectionné, les propriétés concernées s'affichent dans le gestionnaire d'attributs. Par exemple, les propriétés de Lissage sont représentées dans la Figure 1.34 par un symbole figurant deux petites boules de couleur marron, entouré ici du cadre blanc de sélection.

## ➤ Structuration des objets et contrôle de la visibilité

Pour explorer davantage les possibilités offertes par le gestionnaire d'objets, nous devons créer un autre objet. Dans le menu des objets de base, choisissez l'objet Sphère. Vérifiez que le mode Modèle est activé et déplacez le cube et la sphère pour obtenir une meilleure visibilité (voir Figure 1.35). Pour cela, cliquez sur le cube dans le gestionnaire d'objets et activez l'icône de déplacement. Placez le cube à l'endroit voulu et répétez l'opération pour la sphère.

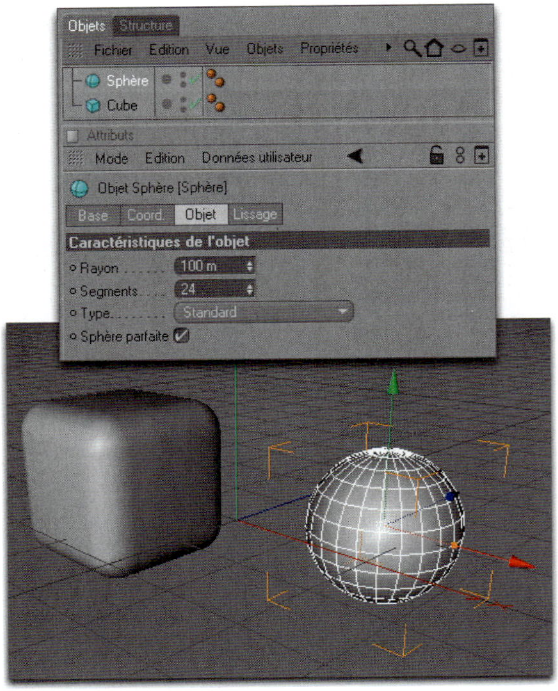


*Figure 1.35 : Création d'un second objet.*

La sphère étant sélectionnée, examinez le contenu du gestionnaire d'attributs. L'onglet Objet présente les paramètres associés à l'objet, dont le Rayon que vous pouvez aussi modifier directement dans l'éditeur par l'intermédiaire d'une poignée, et le champ Segments déterminant le nombre de polygones à utiliser.

Le menu Type permet de sélectionner le mode d'arrangement des polygones à la surface de la sphère. Pour avoir une idée de l'effet des différents modes, sélectionnez-les à tour de rôle et observez le résultat dans l'éditeur. Choisissez pour cela l'affichage avec fil de fer.

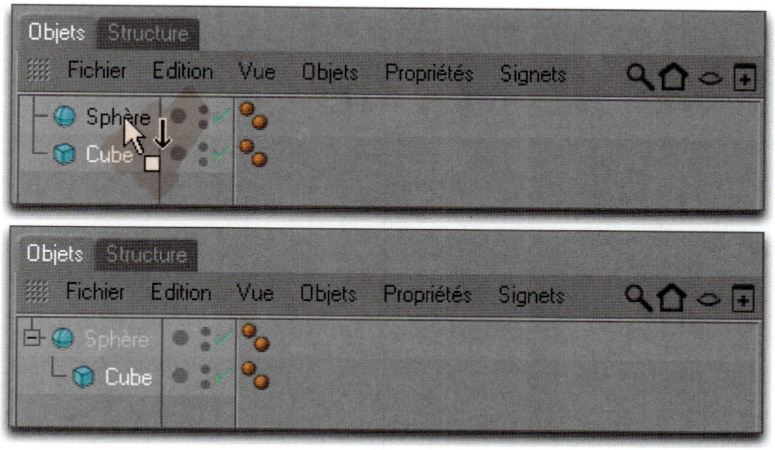


***Figure 1.36 :*** *Groupement d'objets.*

Avec une forme comme la sphère, les irrégularités et les imprécisions sont rapidement visibles. Le nombre de subdivisions devrait alors être très élevé pour pouvoir obtenir une belle forme arrondie, même lors d'un fort grossissement. C'est pour éviter cette subdivision extrême que l'option SPHÈRE PARFAITE a été prévue. Si elle est active, la sphère est alors calculée avec une courbure parfaite même avec un nombre de polygones réduit. L'effet ne sera toutefois visible que lors du rendu. Vous apprendrez plus loin comment cela fonctionne.

## Groupement d'objets

Imaginons que nos deux objets soient des éléments constitutifs d'un modèle complexe. Il serait pratique de pouvoir les lier afin de les manipuler conjointement. Cette fonction de groupement existe. Pour réaliser cela, exercez un clic maintenu sur le nom du cube dans le gestionnaire d'objets et par un glisser-déposer, amenez le curseur au-dessus du nom de la sphère. Durant l'action, le curseur de la souris change et affiche un petit carré blanc surmonté d'une flèche pointant vers le bas. Le cube apparaît maintenant décalé sous la sphère, et un symbole de branche hiérarchique a été ajouté en regard de la sphère (voir Figure 1.36).

Dans un tel groupe, l'objet supérieur possède un certain contrôle sur les objets qui lui sont subordonnés. Il suffit maintenant de déplacer ou de faire pivoter la sphère pour que l'action porte aussi sur le cube. Ce type de hiérarchie est aussi qualifié de relation parent/enfant. Profitez de cette possibilité dès que vous le pouvez pour améliorer l'organisation de vos objets et la visibilité de vos scènes. Il suffit de cliquer sur le petit carré en regard de l'objet supérieur pour fermer ou ouvrir une hiérarchie.

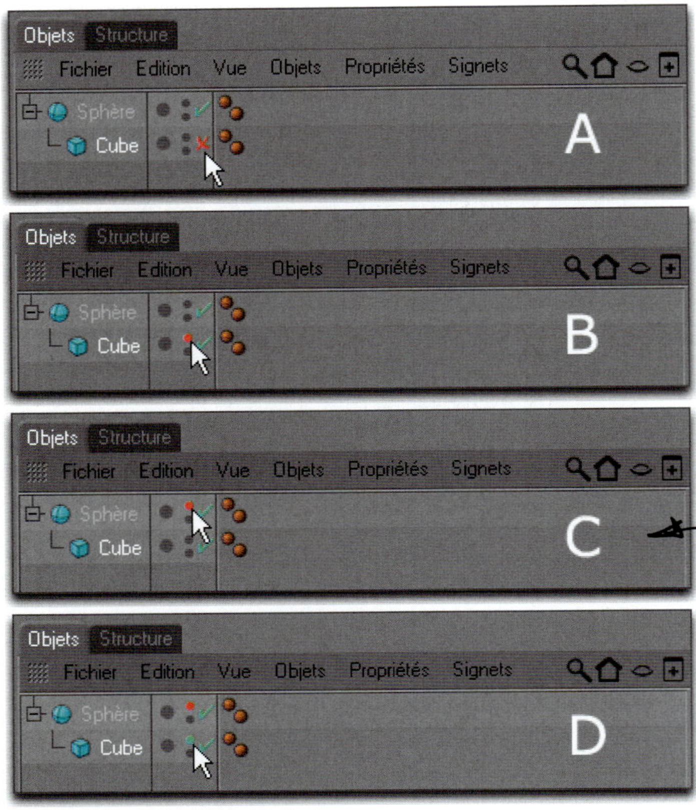


*Figure 1.37 : Contrôle de l'affichage des objets.*

## Contrôle du calcul d'objets paramétriques

Comme déjà introduit précédemment, de nombreux calculs sont réalisés en arrière-plan pour afficher les objets selon les paramètres saisis dans le gestionnaire d'attributs. La petite marque de sélection verte qui apparaît à la suite des éléments dans le gestionnaire d'objets sert justement à définir si le calcul doit être actif ou non pour un objet. Un clic sur cette marque la transforme en une croix rouge (voir Figure 1.37, repère Ⓐ), ce qui désactive le calcul et masque l'objet dans la vue. Seul le système de coordonnées local reste visible et manipulable. Un clic sur la croix rouge réactive le calcul.

Les deux petits points gris à la suite des objets dans le gestionnaire fonctionnent de la même façon. Ils changent de couleur à chaque clic, passant du gris au vert, du vert au rouge et du rouge au gris. Le point supérieur contrôle la visibilité de l'objet dans l'éditeur, et le point inférieur la contrôle pendant le calcul effectif de l'image. La couleur gris représente un état neutre, le vert signifie une visibilité permanente de l'objet, et le rouge, son masquage.

Cliquez à deux reprises sur le point supérieur du cube pour qu'il devienne rouge. Le cube disparaît de l'éditeur (voir Figure 1.37, repère Ⓑ).

Ce contrôle est plus complexe à l'intérieur d'une hiérarchie de groupement. Rétablissez la visibilité du cube

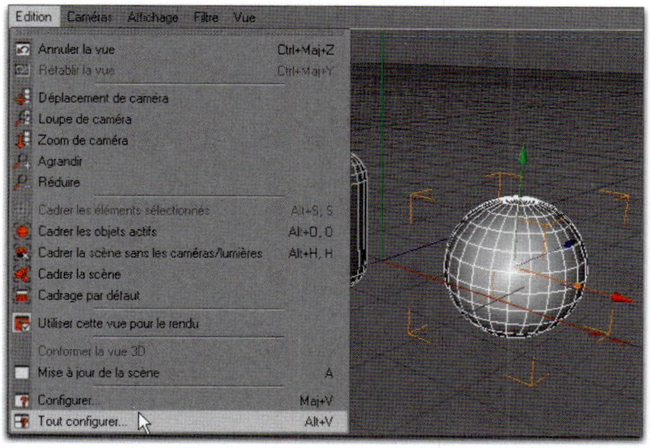


**Figure 1.38 :** *Configuration des vues de l'éditeur.*

puis cliquez maintenant deux fois sur le point supérieur de la sphère pour qu'il devienne rouge. L'objet supérieur de la hiérarchie contrôlant aussi les objets subordonnés, les deux objets disparaissent (voir Figure 1.37, repère **C**).

Cela est possible car le point de contrôle de visibilité du cube est gris, dans un état neutre. Il est donc sous l'influence de l'objet parent. Vous pouvez changer ce comportement en cliquant sur ce point pour qu'il soit vert (voir Figure 1.37, repère **D**). Un point d'une couleur autre que gris supplante toute autre spécification provenant d'un niveau supérieur dans la hiérarchie.

# Configuration des vues

Vous avez déjà fait connaissance avec de nombreuses possibilités de modification de l'interface et de l'affichage des objets. Il existe d'autres options qui peuvent être utilisées pour l'ensemble des vues ou pour une vue individuelle. Nous abordons ici brièvement ce sujet car certaines de ces options sont aussi accessibles dans d'autres endroits du programme. De plus, un grand nombre d'entre elles n'ont qu'un effet cosmétique de peu d'importance. Dans l'une des vues de l'éditeur, sélectionnez Edition > Tout configurer (voir Figure 1.38).

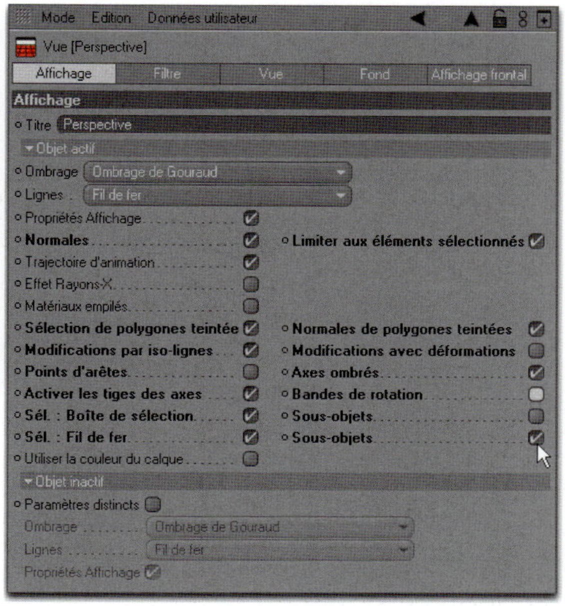


**Figure 1.39 :** *Les options d'affichage.*

Toutes les fonctions décrites sont accessibles par l'intermédiaire des onglets du gestionnaire d'attributs.

## *Options d'affichage*

L'onglet Affichage permet de contrôler l'affichage de tous les objets. Certaines de ces options apparaissent aussi directement dans le menu Affichage des vues.

Je ne commenterai ici que les options Sél. : Boîte de sélection et Sél. : Fil de fer. Elles concernent l'affichage des objets sélectionnés. La première se rapporte aux petits coins qui apparaissent autour d'un objet lorsqu'il est sélectionné (voir Figure 1.39), et que nous avons déjà évoqués dans la section relative à la sélection d'éléments. L'option Sous-objets placée à la suite, étend l'effet de l'option à tous les objets subordonnés. Je ne la trouve pas nécessairement utile et vous recommande de la désactiver.

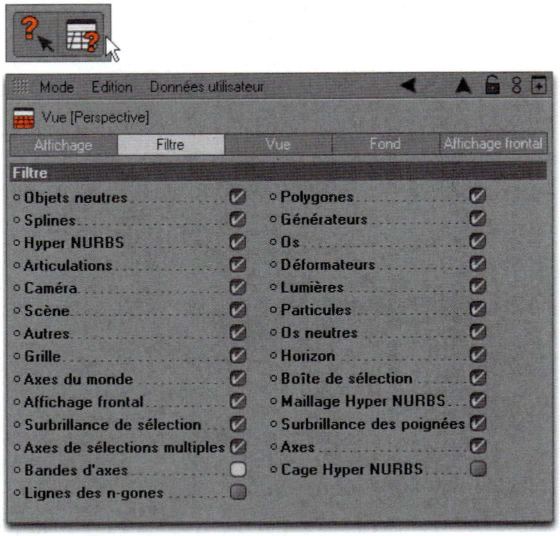


*Figure 1.40 : Les options de filtrage.*

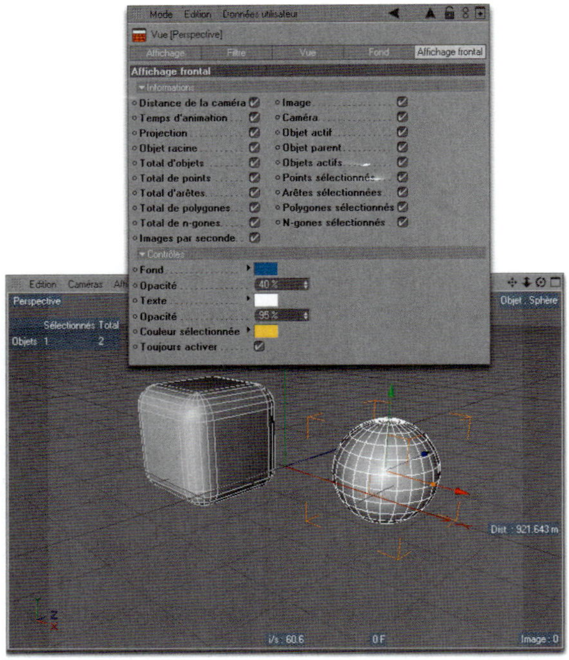


*Figure 1.41 : L'affichage frontal d'informations.*

La seconde option, Sél. : Fil de fer, superpose automatiquement le treillis de fils de fer aux objets sélectionnés, même si l'option d'affichage de la vue ne le prévoit pas. Vous déciderez à l'usage s'il est utile ou non de l'ajouter. Comme précédemment, l'option Sous-objets placée à la suite de l'option étend son effet aux objets subordonnés, à condition qu'ils soient polygonaux.

## Options de filtrage

Les options de groupes d'objets de l'onglet Filtre figurent également dans le menu Filtre de chaque vue de l'éditeur. Si une option n'est pas sélectionnée ici, elle ne l'est pas non plus dans le menu de la vue. Le même menu est aussi accessible par l'intermédiaire de l'icône illustrée Figure 1.40.

## Affichage frontal d'étiquettes d'information

CINEMA 4D offre la possibilité d'afficher au premier plan des étiquettes d'information. Elles sont regroupées dans l'onglet Affichage frontal (voir Figure 1.41). Vous avez déjà fait connaissance sans le savoir avec cette fonction avec les étiquettes d'intitulé qui apparaissent dans le coin gauche de chaque vue de l'éditeur. Il est aussi possible, par exemple, d'afficher le numéro de l'image courante d'une animation ou le nom d'un objet venant d'être sélectionné.

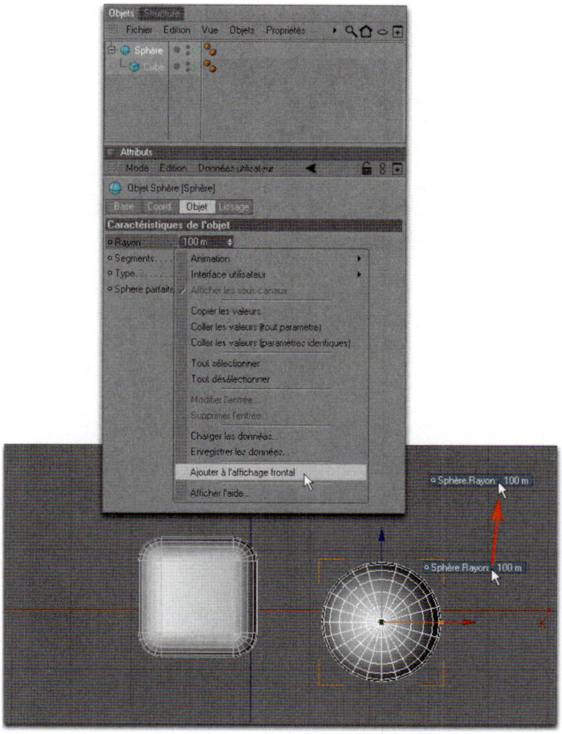


***Figure 1.42 :*** *Affichage frontal de paramètres d'objets.*

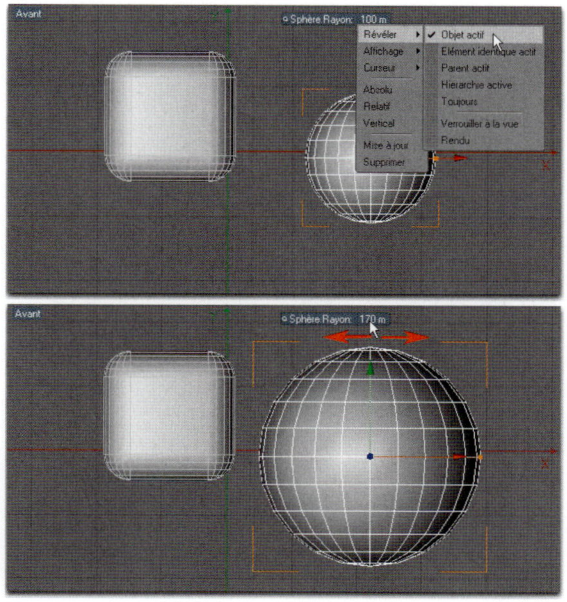


***Figure 1.43 :*** *Configuration et contrôle des étiquettes d'information.*

Pour intéressante que soit cette fonction, essayez de limiter ces informations au minimum utile pour ne pas surcharger l'affichage.

Outre les éléments d'information standards, il est possible d'intégrer d'autres paramètres à partir du gestionnaire d'attributs. Pour tester cela, sélectionnez la sphère en cliquant sur son nom dans le gestionnaire d'objets. Dans l'onglet Objet du gestionnaire d'attributs, cliquez du bouton droit sur l'intitulé Rayon, puis sélectionnez dans le menu contextuel Ajouter à l'affichage frontal (voir Figure 1.42).

Vous pouvez déplacer une étiquette d'information avec la souris en appuyant simultanément sur la touche Ctrl (voir au bas de la Figure 1.42).

Si vous cliquez du bouton droit sur une étiquette, un menu contextuel apparaît avec d'autres options d'affichage. L'option Relative permet de forcer l'étiquette à suivre l'objet s'il est déplacé, et l'option Révéler > Objet actif n'autorise l'affichage d'une information que si l'objet concerné est sélectionné (voir Figure 1.43).

Ces étiquettes ne servent en fait pas seulement à informer, mais autorisent, dans le cas d'un paramètre, la modification de sa valeur. Dans notre exemple, vous pouvez, à l'aide d'un clic maintenu et d'un déplacement de la souris vers la gauche ou la droite, diminuer ou augmenter la valeur du paramètre Rayon. L'effet sera identique à celui du déplacement de la poignée de manipulation de la sphère dans l'éditeur (voir Figure 1.43, vue inférieure).

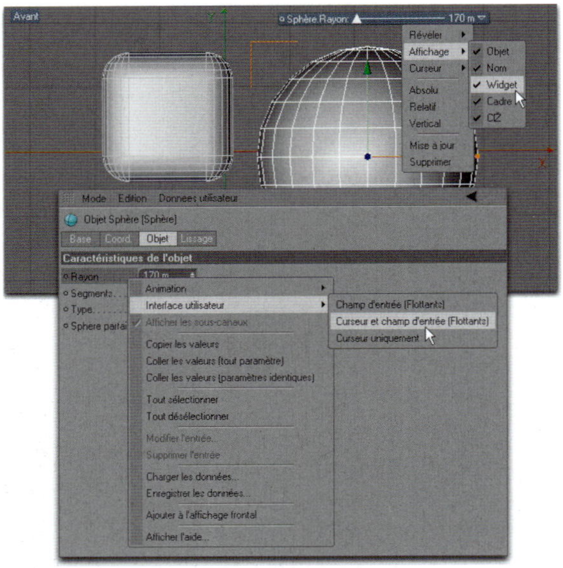


***Figure 1.44 :*** *Sélection d'un curseur de réglage de paramètre.*

Si vous le souhaitez, vous pouvez aussi faire apparaître un curseur de réglage. Cliquez du bouton droit sur l'étiquette du paramètre et sélectionnez Affichage > Widget. Apparaît alors une petite flèche à la suite du paramètre, sur laquelle il suffit de cliquer pour afficher le curseur. Le déplacement du triangle permettra de choisir une valeur de paramètre dans la plage autorisée.

J'ai pu constater à l'usage que la modification d'une valeur sans curseur est plus précise car la plage proposée étant très grande, le moindre petit déplacement entraîne un changement énorme. Si vous ne vous sentez pas à l'aise avec la manipulation de ces étiquettes, passez alors par le gestionnaire d'attributs.

Comme l'illustre la Figure 1.44, vous pouvez aussi cliquer du bouton droit sur un paramètre et sélectionner dans le menu contextuel l'option Interface utilisateur pour afficher un curseur de réglage.

## *Options d'affichage supplémentaires*

Revenons au menu Tout configurer des vues et examinons dans l'onglet Vue du gestionnaire d'attributs l'option Cadres de sécurité. Cette option se réfère aux zones assombries de la vue en perspective, qui limitent par la suite les parties visibles dans l'image calculée. La taille des zones visibles dans la vue est alignée sur la résolution de rendu de l'image à calculer. Vous apprendrez dans le prochain chapitre comment la configurer.

Outre l'option Cadre de rendu, il est possible de faire apparaître d'autres lignes de délimitation par l'intermédiaire des options Cadre de titre et Cadre d'action. Les distances entre ces cadres et les bords externes de l'image peuvent être contrôlées par l'intermédiaire du champ Taille.

Ces cadres supplémentaires peuvent être intéressants lors de la création d'animations pour le cinéma ou la télévision. En effet, ce type de médias tend à couper les bords dans certaines situations, ce qui diminue les dimensions de l'image. Lorsqu'un titre ou que des objets doivent absolument être visibles en totalité, il est conseillé de prévoir une distance de sécurité avant le bord de l'image. Les options Cadre de titre et Cadre d'action peuvent alors se révéler utiles. Ces cadres ne sont toutefois visibles que dans la vue en perspective et seront par la suite automatiquement masqués lors du calcul de l'image ou de l'animation.

### ➤ Bandes de rotation

L'onglet Vue du gestionnaire d'attributs contient également les options associées aux bandes de rotation (voir Figure 1.45).

Les bandes de rotation sont ces anneaux colorés qui apparaissent en plus lorsque vous cliquez sur l'outil de rotation. À l'aide d'un clic maintenu sur une bande, vous pouvez contrôler la rotation en déplaçant

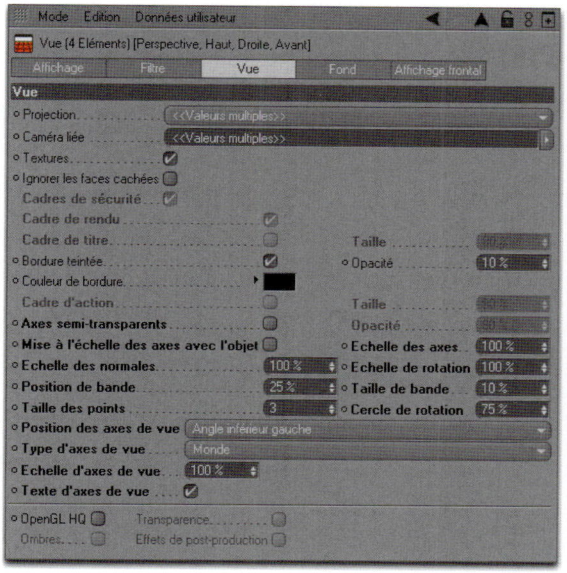


*Figure 1.45 : Les options de l'onglet Vue.*

le curseur. La taille de ces bandes peut être modifiée dans le champ de pourcentage de l'outil de rotation intitulé Échelle de rotation. Les valeurs supérieures à 100 % sont aussi autorisées.

Si vous préférez, vous pouvez aussi complètement désactiver ces bandes en décochant l'option Bandes de rotation de l'onglet Affichage. Seuls les axes apparaîtront alors, comme dans le cas des outils de déplacement et de dimensionnement (voir Figure 1.46).

## OpenGL HQ

Nous avons déjà introduit les possibilités d'accélération et d'amélioration qualitative de l'affichage par l'intermédiaire d'OpenGL. Dans la partie inférieure de l'onglet Vue, vous devez activer l'option OpenGL HQ en plus des options du menu Préférences générales de CINEMA 4D pour que toutes les vues puissent bénéficier de ces améliorations.

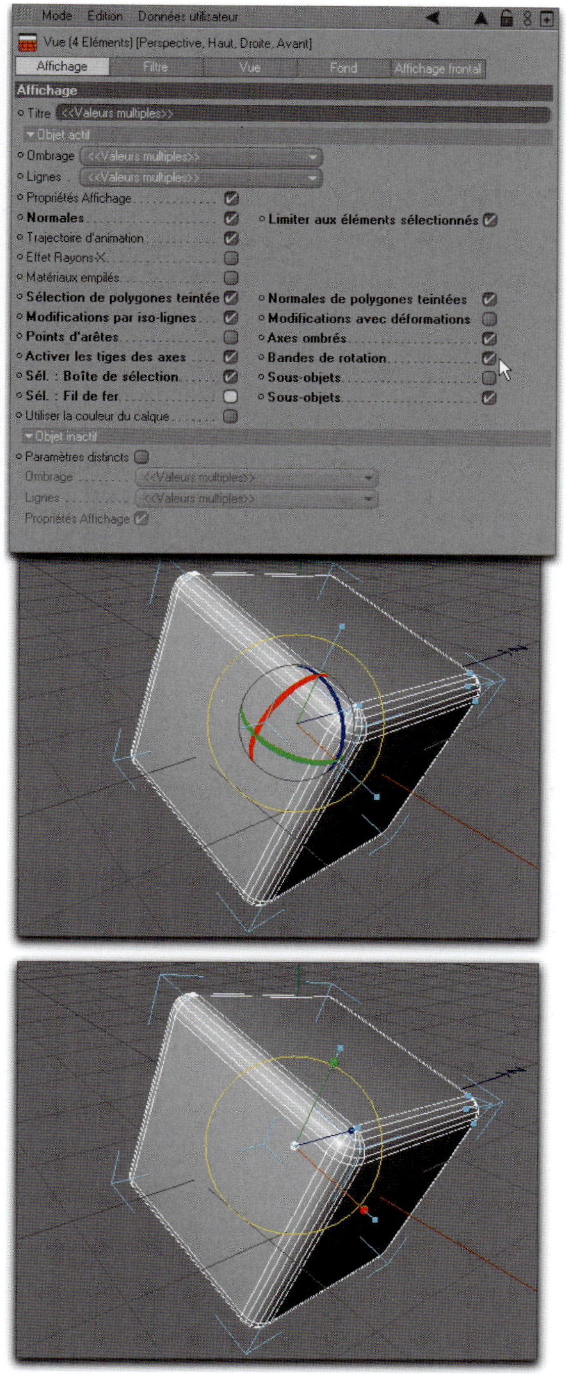


*Figure 1.46 : Désactivation des bandes de rotation.*

Les effets d'ombrage, de transparence et de post-production peuvent être activés en plus. Vous pouvez sinon les configurer individuellement dans le menu Affichage des vues.

## ➤ Taille des points

Lorsque vous travaillerez sur des polygonaux ou des splines, vous trouverez peut-être utile de modifier la taille des points. Modifiez pour cela le champ Taille des points de l'onglet Vue du gestionnaire d'attributs (voir Figure 1.45).

## ➤ Affichage d'images dans l'éditeur

Toujours dans le cadre de la configuration des vues, étudions maintenant l'onglet Fond du gestionnaire d'attributs. Pour utiliser de façon sensée les paramètres qui nous intéressent, nous invoquerons cette fois le menu Configurer d'une vue sans perspective. Avec le menu Tout configurer, il n'est pas possible d'accéder à toute les options car elles ne fonctionnement pas toutes dans la vue en perspective.

Dans la partie inférieure de cet onglet, vous pouvez contrôler l'espacement des lignes de la grille qui peut être affichée (voir Figure 1.47).

La grille est d'une aide particulièrement utile dans la vue en perspective pour renforcer l'impression de tridimensionnalité dans un espace qui serait sinon vide. Ce n'est cependant qu'une aide visuelle. Vous pouvez placer les objets comme bon vous semble relativement à cette grille.

Lorsque vous souhaitez modéliser un sujet à partir d'une image ou d'une esquisse, l'idéal est de charger le modèle directement dans les vues de l'éditeur.

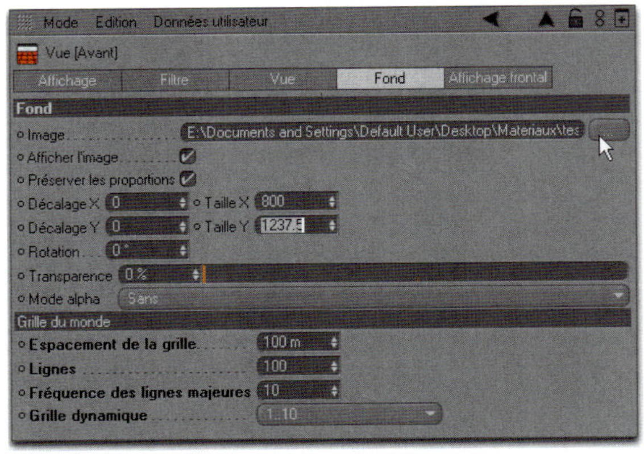


*Figure 1.47 : Espacement des lignes de la grille et affichage d'images d'arrière-plan.*

Vous disposez à cet effet d'un bouton figurant trois points de suspension, situé à la suite du champ Image.

Un clic sur ce bouton fait apparaître une boîte de dialogue à partir de laquelle vous pouvez sélectionner un fichier d'image à charger, ou même une animation. Les valeurs des champs Décalage permettent de déplacer l'image horizontalement ou verticalement dans la vue. Les valeurs des champs Taille autorisent le dimensionnement de l'image.

Vous pouvez charger une image différente dans chaque vue sans perspective. Pour cela, invoquez dans chacune le menu Configurer et chargez-y l'image voulue. Seule la vue en perspective ne bénéficie pas de cette fonction.

Nous découvrirons plus tard un autre moyen de charger des images qui fonctionne aussi dans la vue en perspective.

## Les outils de manipulation de polygones : un exemple concret

Jusqu'à présent, nous avons vu essentiellement comment invoquer et paramétrer des primitives et comment les déplacer, les dimensionner et les faire pivoter. Nous abordons maintenant un palier de complexité supérieure avec la présentation des divers outils de manipulation de polygones à notre disposition. J'utiliserai pour cela un exemple pratique.

Au fil de l'exercice, vous remarquerez parfois des différences de couleurs par rapport à celles que possèdent normalement les polygones et les points. Mon but était ici d'améliorer le contraste des images. Vous pouvez si vous le souhaitez faire de même en modifiant les préférences générales de CINEMA 4D (rubriques Interface > Couleurs et Vue > Couleurs).

Pour cet exemple, je n'ai pas toujours choisi le chemin le plus court ou le plus simple, ceci afin de vous présenter les différentes techniques possibles et les problèmes que vous pouvez être amené à rencontrer. Vous vous familiariserez de toute façon plus rapidement avec les outils de CINEMA 4D que si j'en avais donné une énumération pure et simple.

Comme objet à modéliser, j'ai opté pour le boîtier d'un vieux Power Macintosh dont la forme possède une structure simple mais contient aussi suffisamment de détails pour rendre le travail intéressant.

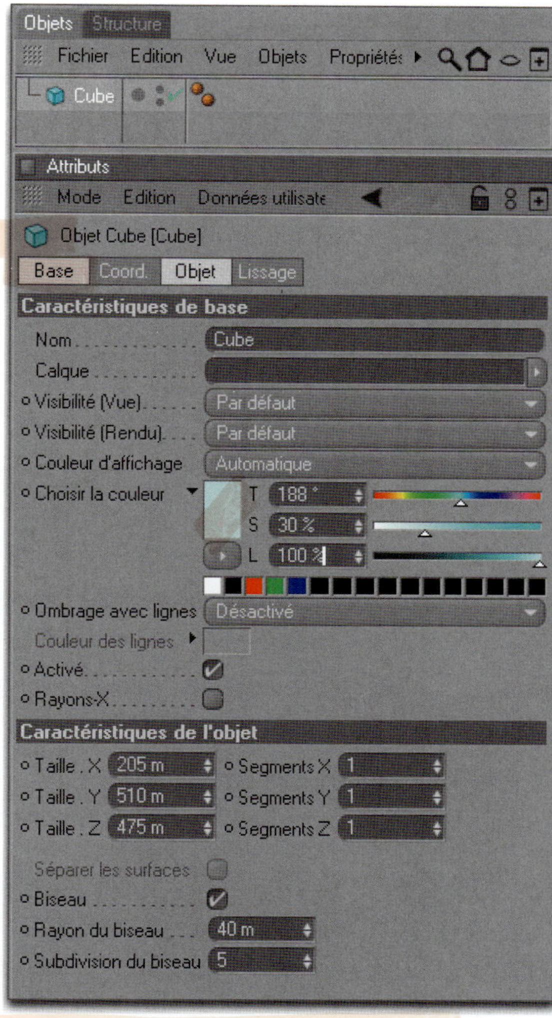


**Figure 1.48 :** *Paramètres de l'objet Cube de départ.*

## Le boîtier externe

Pour réaliser la forme de départ, nous pouvons utiliser un objet CUBE, comme c'est d'ailleurs souvent le cas en modélisation. Invoquez cet objet et spécifiez les tailles suivantes : 205 dans la direction X pour la largeur, 510 dans la direction Y pour la hauteur, et 475 dans la direction Z pour la profondeur.

Vous pouvez aussi lui donner comme moi une couleur plus agréable *via* l'option CHOISIR LA COULEUR dans l'onglet BASE du gestionnaire d'attributs. Définissez également le paramètre COULEUR D'AFFICHAGE avec la valeur AUTOMATIQUE de sorte que cette couleur puisse être désactivée lors de l'application ultérieure de matériaux. La Figure 1.48 illustre cette configuration.

Le cube possède maintenant les dimensions extérieures requises pour représenter le boîtier de l'ordinateur. Pour l'instant, il n'est pas nécessaire de modifier sa position dans l'espace. Étant donné que les nouveaux objets sont placés par défaut à l'origine du

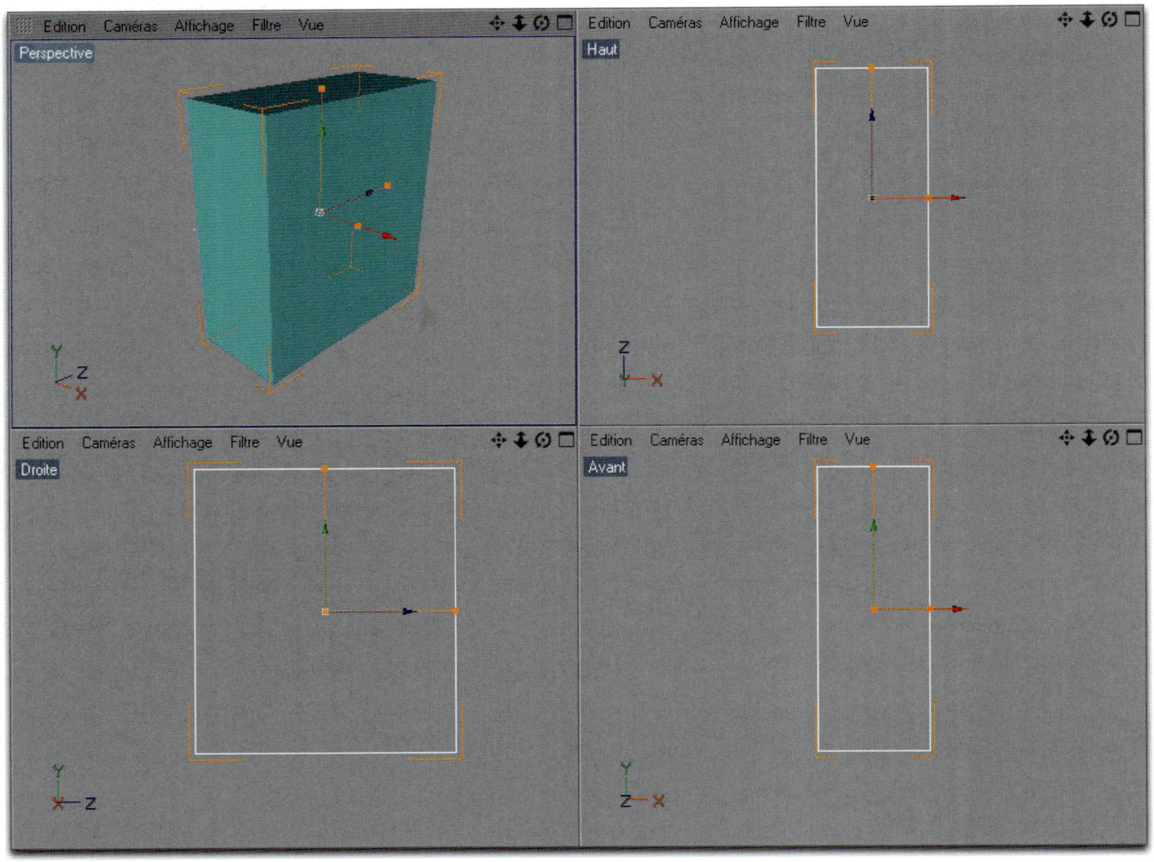


**Figure 1.49 :** *Le cube dans les différentes vues de l'éditeur.*

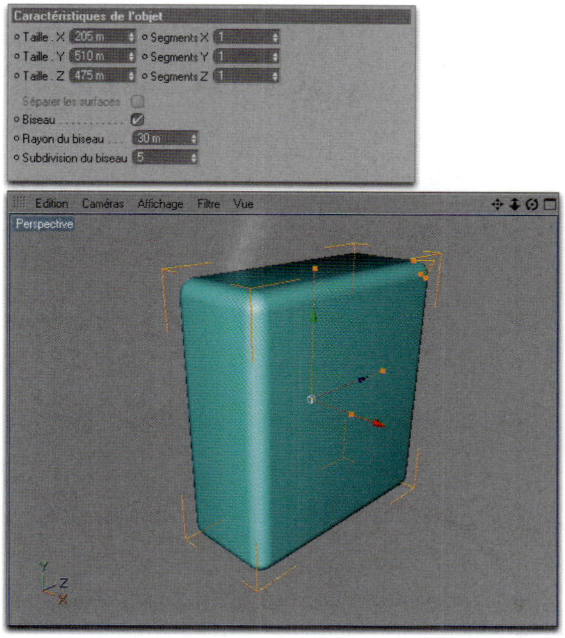


*Figure 1.50 : Arrondissement du cube par l'intermédiaire de ses paramètres.*

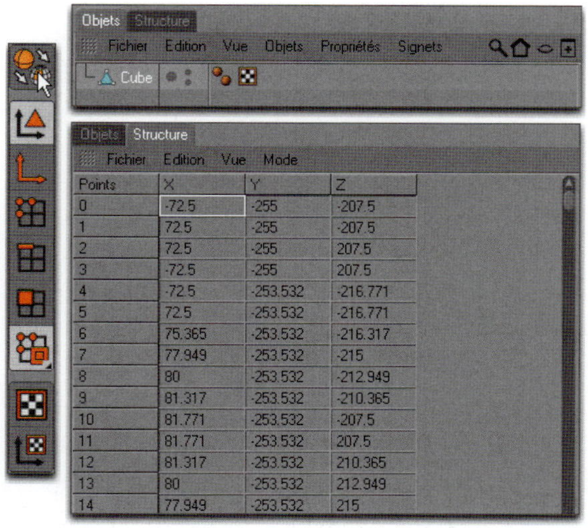


*Figure 1.51 : Conversion d'une primitive en objet polygonal.*

système Monde, la symétrie du boîtier y est plus facile à exploiter. La Figure 1.49 illustre la forme et la position du cube.

Pour ressembler à un Power Macintosh, le boîtier doit ensuite être arrondi et se voir ajouter des poignées. L'arrondissement des arêtes peut se faire simplement par le biais des paramètres du cube. Activez l'option Biseau avec un rayon de 30 et laissez le nombre de subdivisions par défaut à 5. Le résultat est donné à la Figure 1.50.

## ➤ Conversion d'une primitive

Nous avons à présent épuisé les possibilités offertes par l'objet paramétrique. Pour pouvoir travailler la forme plus en détail, nous devons accéder aux polygones et aux points de l'objet. La commande qui permet cela se nomme Autoriser les modifications et peut être invoquée de trois manières : *via* l'icône située en haut de la barre d'icônes verticale et représentant deux sphères, *via* le menu Fonctions de CINEMA 4D, ou *via* la touche [C]. L'important ici est que le cube soit sélectionné.

Lorsque le cube est converti en objet polygonal, il subit toutes sortes de modifications qui sont illustrées Figure 1.51. Vous pouvez y voir également l'icône susmentionnée. Notez que le cube est maintenant symbolisé par un triangle dans le gestionnaire d'objets. Ce symbole est le même pour tous les objets polygonaux et signifie qu'ils peuvent être manipulés directement dans le mode Points, Arêtes ou Polygones.

Un coup d'œil dans le gestionnaire d'attributs révèle le deuxième changement : tous les paramètres ont disparu. À partir de maintenant, il n'est par exemple plus possible de modifier l'arrondi des arêtes ou même de le désactiver. Il faut donc bien réfléchir avant de procéder à une telle conversion. Seule la fonction d'annulation permet de revenir à la primitive.

## ➤ Le gestionnaire de structure

La Figure 1.51 illustre aussi les changements observables dans le gestionnaire de structure. Vous avez ici une liste de données relatives à l'objet polygonal actif. Vous spécifiez le type des données à afficher par le biais du menu Mode de ce gestionnaire. Le mode Points énumère les coordonnées de tous les points de l'objet. Lorsque vous double-cliquez sur une coordonnée, vous pouvez la modifier et donc positionner très précisément un point.

Les numéros dans la colonne de gauche identifient chaque point individuellement. Lorsque vous cliquez sur l'un d'eux, le point correspondant dans l'éditeur est sélectionné et marqué en couleur. Vous devez naturellement vous trouver dans le mode Points.

Le mode Polygones n'affiche lui pas de coordonnées. Les numéros dans la colonne de gauche identifient chaque polygone individuellement. Lorsque vous cliquez sur l'un d'eux, le polygone correspondant est sélectionné et marqué en couleur dans l'éditeur, à condition de vous trouver dans le mode Polygones de ce dernier. Les autres colonnes contiennent les numéros des points qui constituent les coins de chaque polygone. Selon que le polygone a trois ou quatre coins, chaque ligne inclura trois ou quatre valeurs dans ces colonnes.

Le mode N-gones fonctionne selon le même principe, sauf qu'il englobe aussi les polygones possédant plus de quatre coins. Les deux autres modes, UVW et Zone d'influence (pondération), renseignent respectivement sur les coordonnées UV de chaque polygone, s'il y en a de disponibles, et sur l'intensité des maps de vertex appliquées. Nous reviendrons sur ces dernières plus tard. Les coordonnées UV servent à l'application de matériaux et déterminent précisément quelles portions d'un matériau appliquer aux différents points de l'objet. Ces coordonnées ne sont pas créées ni manipulées sous forme numérique mais à l'aide du module BodyPaint 3D.

## ➤ Informations sur la sélection/structure

Si vous avez besoin de davantage d'informations et de statistiques, invoquez la commande Infos sur la sélection/structure du menu Fenêtre de CINEMA 4D. Apparaît alors dans le gestionnaire d'attributs de nouvelles rubriques sur la structure de l'objet.

La rubrique Objets indique le nombre de points et de polygones que contient l'objet sélectionné. Si l'option Calculer les sous-objets est cochée, les sous-objets seront également pris en compte dans le calcul. Est même indiquée en fin de rubrique la quantité de mémoire requise.

La rubrique Sélection indique le nombre de points et de polygones sélectionnés. Certains éléments pouvant être éventuellement masqués, leur nombre est également donné. La colonne Total donne le nombre de tous les éléments et est donc quelque peu redondante avec la rubrique Objets.

Le contenu de la rubrique STRUCTURE varie selon le mode dans lequel vous travaillez. La Figure 1.52 illustre cette rubrique dans le mode Points de CINEMA 4D. Vous pouvez donc voir combien de points sont reliés à combien de polygones. Ici, 240 points sont reliés chacun à 4 polygones, et 8 points sont reliés à plus de 4 polygones. À la base, sachez qu'un simple cube comprend 8 points et que chacun appartient à 3 polygones. Les boutons plus et moins servent à sélectionner/désélectionner ces éléments dans l'éditeur. Dans le mode Polygones, cette rubrique renseigne sur le nombre de triangles, de quadrangles et de n-gones. Elle permet aussi de rechercher les polygones déformés ou cachés, comme ceux dont les coins ne se trouvent pas sur un plan bidimensionnel.

La rubrique TEXTURES n'a d'intérêt qu'en rapport avec l'emploi de matériaux et d'images chargées. Elle énumère le chemin de toutes les images utilisées et vérifie qu'il correspond à l'emplacement indiqué dans le matériau correspondant. Les images manquantes peuvent provoquer des erreurs de calcul ou même rendre impossible tout calcul. Les boutons situés en bas de la rubrique permettent de les marquer et de les recharger.

Après cette courte immersion dans les statistiques, revenons à la modélisation de notre cube.

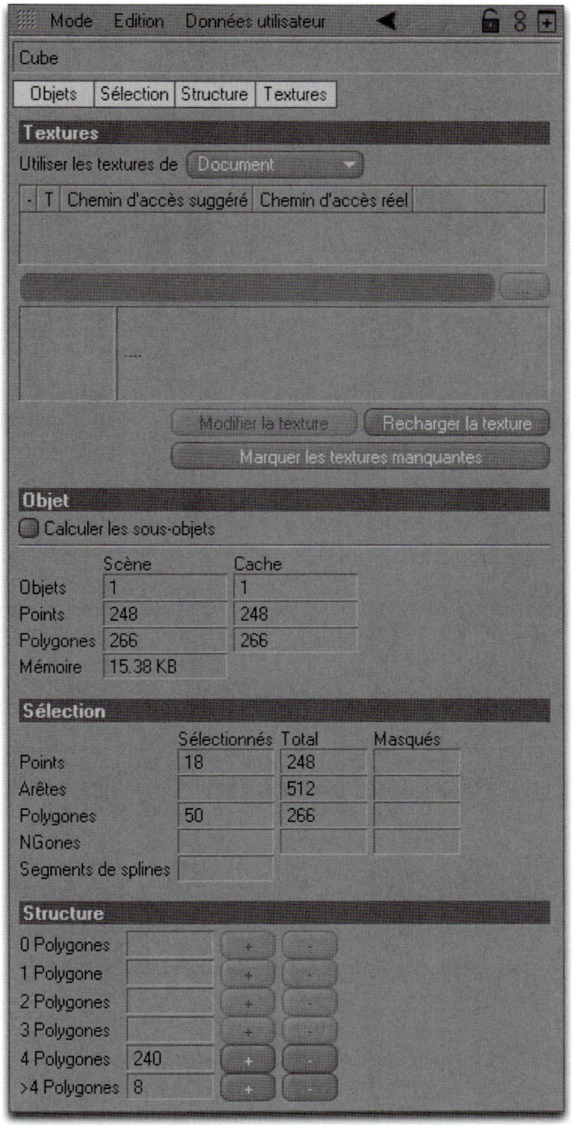


*Figure 1.52 : Informations sur la sélection/structure.*

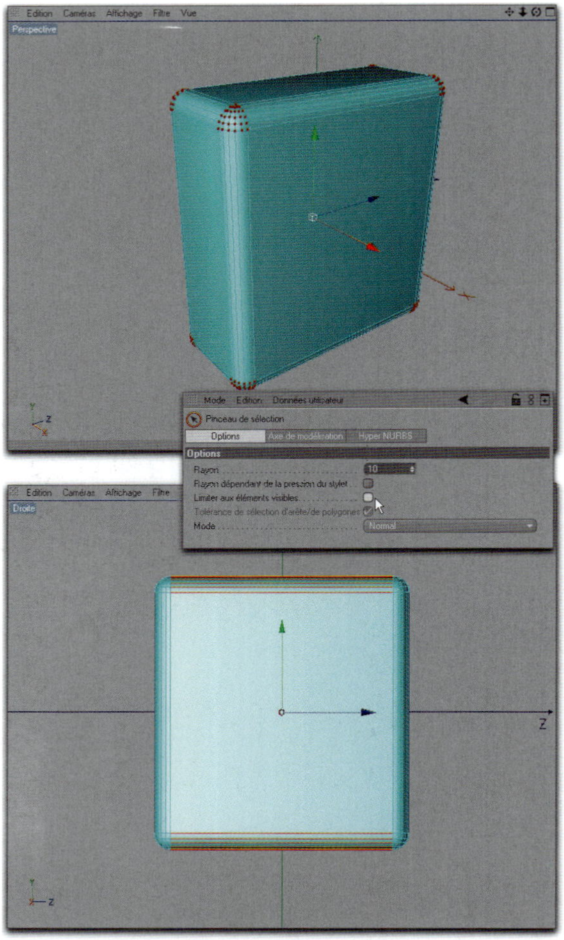


***Figure 1.53 :*** *Notre cube dans le mode Points avec ses arêtes sélectionnées.*

## ➤ Le pointeur de sélection

Le mode Points donne ici à voir les points qui sont particulièrement nombreux sur les coins arrondis du cube. Pour pouvoir créer des poignées sur le dessus et au-dessous du boîtier, nous avons besoin de nouvelles subdivisions.

Une possibilité est de diviser les arêtes. Il nous faut tout d'abord basculer dans le mode Arêtes et choisir le pointeur de sélection (localisé par Pinceau de sélection dans le logiciel). Souvenez-vous de l'icône représentant un pointeur de souris cerclé de rouge dans la barre d'icônes horizontale de CINEMA 4D. Dans les paramètres de cet outil, veillez à ce que l'option Limiter aux éléments visibles soit décochée car nous voulons également sélectionner les arêtes situées à l'arrière du cube.

Placez ensuite l'objet en vue latérale et sélectionnez toutes ses arêtes horizontales en une passe de souris à partir du haut ou du bas. Les arêtes sélectionnées apparaissent alors en rouge (voir Figure 1.53). Assurez-vous de n'en avoir oublié aucune. Pour inclure des arêtes omises, cliquez dessus en maintenant la touche Maj enfoncée. Pour en retirer de la sélection, cliquez dessus avec la touche Ctrl enfoncée. Dans la vue en perspective, faites tourner le cube pour vérifier votre sélection de l'autre côté.

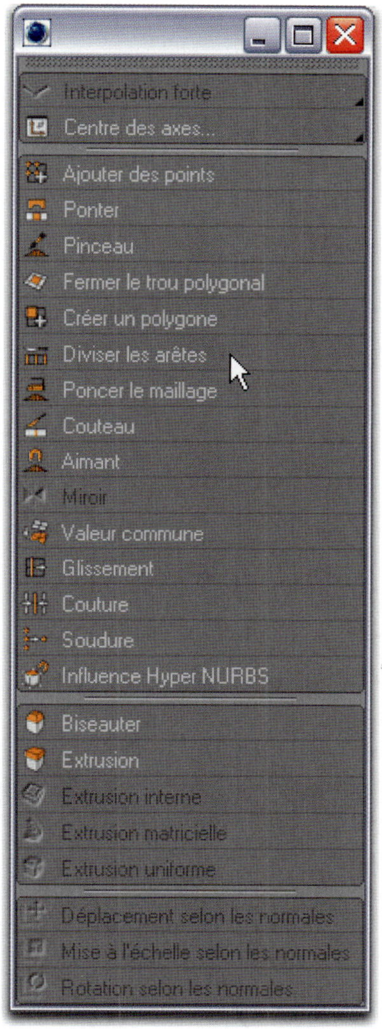


***Figure 1.54 :*** *Le menu Structure.*

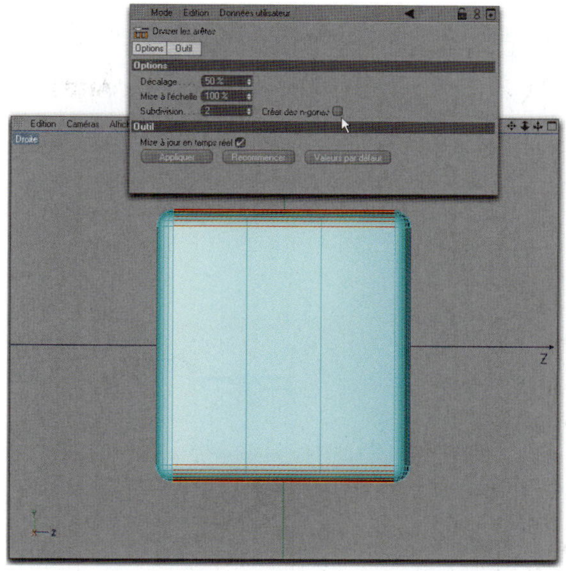


***Figure 1.55 :*** *Ajout de subdivisions au moyen de l'outil Diviser les arêtes.*

## ➤ Division d'arêtes

Nous allons maintenant utiliser l'outil Diviser les arêtes pour subdiviser verticalement les arêtes du cube et générer ainsi de nouveaux points et polygones. Comme bon nombre des outils qu'il nous reste encore à examiner, cette commande est accessible *via* le menu Structure de CINEMA 4D qui est présenté sous forme flottante Figure 1.54.

La Figure 1.55 montre les paramètres de cet outil dans le gestionnaire d'attributs. Vous pouvez spécifier, entre autres, le nombre de subdivisions à créer. Celles-ci possèdent par défaut un écartement identique. Les options Décalage et Mise à l'échelle ne sont malheureusement pas fiables avec tous les objets et doivent donc être employées avec précaution. Elles sont prévues pour contrôler l'écart entre les subdivisions et la distance par rapport aux extrémités des arêtes sectionnées.

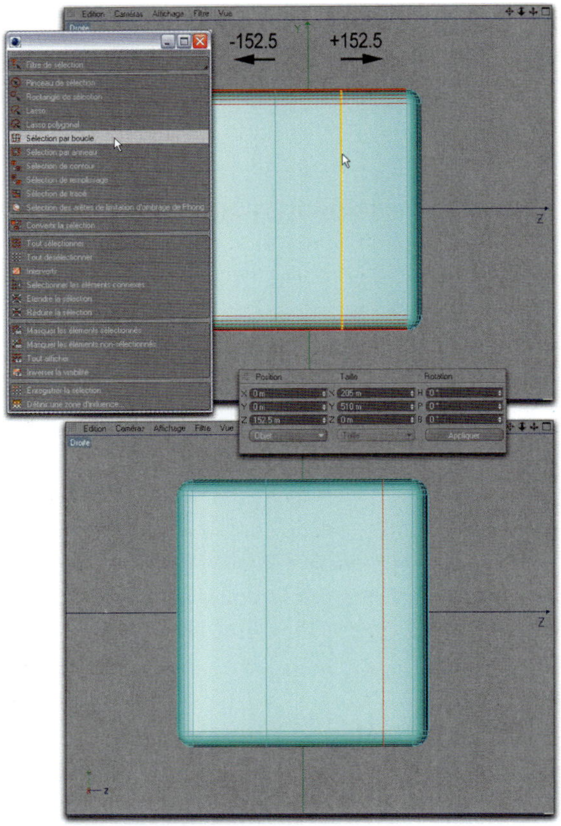


*Figure 1.56 : Sélection par boucle.*

Les valeurs par défaut de 50 % pour la première et de 100 % pour la seconde fonctionnent néanmoins sans problème et ont pour effet de centrer les coupes.

Nous avons besoin de deux subdivisions qui deviendront de nouvelles arêtes. Désactivez pour cela l'option Créer des n-gones et indiquez la valeur 2 pour l'option Subdivision. Exécutez l'opération en cliquant sur le bouton Appliquer. Lorsque l'option Mise à jour en temps réel est activée, les modifications subséquentes apportées aux paramètres de l'outil sont observables instantanément dans l'éditeur sans qu'il soit nécessaire de recliquer sur Appliquer. Ceci fonctionne tant que le même outil reste sélectionné.

Le bouton Recommencer exécute de nouveau l'action. Vous pouvez ainsi opérer plusieurs divisions consécutives avec un paramétrage différent de l'outil. Le bouton Valeurs par défaut rétablit sa configuration standard.

Pratiquement tous les outils disposent de ces trois boutons et suivent la même logique d'utilisation. Vous sélectionnez d'abord les éléments concernés, puis activez l'outil approprié, configurez ses paramètres et déclenchez son action en cliquant sur Appliquer. Si le résultat ne vous satisfait pas complètement, rectifiez simplement les valeurs utilisées. Pour permettre cela, l'option de mise à jour en temps réel doit être activée.

## ➤ Sélection par boucle

L'étape suivante consiste à positionner les nouvelles arêtes aux endroits appropriés. Ce sera pour nous l'occasion d'introduire l'outil Sélection par boucle. Celui-ci évite d'avoir à sélectionner manuellement, par exemple au moyen du pointeur de sélection, les points, arêtes ou polygones formant une ligne circulaire. Vous le trouvez avec de nombreux autres outils du même type dans le menu Sélection de CINEMA 4D (voir Figure 1.56).

Une fois l'outil activé, survolez avec la souris une des deux nouvelles arêtes. Lorsqu'il rencontre une arête en boucle, il la met en évidence avec une couleur différente. Il ne vous reste plus qu'à cliquer dessus pour créer une sélection. Nous utilisons le gestionnaire de coordonnées pour repositionner l'arête (voir Figure 1.56). Celui-ci ne montre pas seulement les positions, tailles et rotations actuelles de l'objet mais aussi celles des points, arêtes ou polygones sélectionnés.

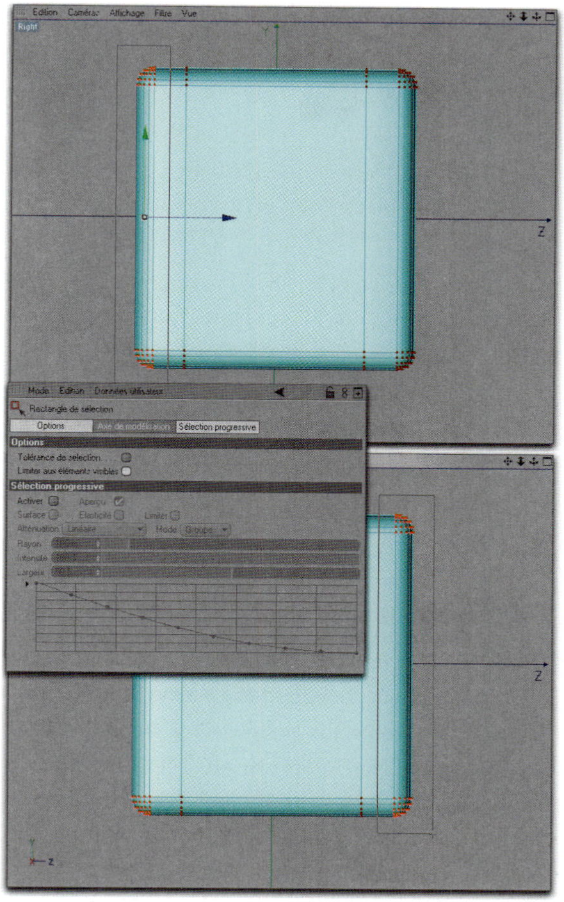


***Figure 1.57 :*** *Sélection de points avec l'outil Rectangle de sélection.*

Spécifiez la valeur +152.5 ou –152.5 pour la position Z dans le gestionnaire de coordonnées et cliquez sur Appliquer pour assigner cette coordonnées à l'arête sélectionnée. La première valeur vaut pour l'arête droite et la seconde, pour l'arête gauche. Il reste ainsi 55 unités jusqu'à l'arrondi des bords, ce qui correspond à la largeur souhaitée pour les poignées du boîtier. Le bas de la Figure 1.56 illustre la nouvelle position de l'arête droite.

## ➤ Suppression d'éléments sélectionnés

Il est bien sûr également possible de supprimer des points, des arêtes et des polygones. Nous allons ici éliminer les polygones formant les arrondis à l'avant et à l'arrière du boîtier. Comme ces polygones sont très proches les uns des autres, le risque est d'en omettre certains lors de la sélection. Pour éviter cela, nous passons dans le mode Points et activons l'outil Rectangle de sélection. Veillez à ce que la sélection des éléments cachés soit autorisée et tracez un cadre de sélection autour des points à l'avant du cube. Maintenez la touche [Maj] enfoncée et opérez la même sélection à l'arrière (voir Figure 1.57).

Étant donné que ce ne sont pas des points que nous voulons supprimer – tous les polygones en liaison avec ces points le seraient sinon également – mais des polygones, il faut convertir cette sélection en une sélection de polygones. Pour cela, maintenez la touche [Ctrl] enfoncée et passez du mode Points au mode Polygones. Apparaissent maintenant sélectionnés uniquement les polygones situés entre les points. Nous aurions pu utiliser à la place la fonction Convertir la sélection du menu Sélection de CINEMA 4D, mais c'était plus rapide ainsi.

Vous pouvez à présent supprimer les polygones sélectionnés directement avec la touche [Suppr] car le focus du logiciel est sur eux. Des polygones qui ont été sélectionnés avec, par exemple, le pointeur de sélection peuvent aussi être supprimés de la sorte. En revanche, si vous cliquez dans le gestionnaire d'objets juste après avoir effectué la sélection et appuyez sur [Suppr], c'est l'objet entier qui sera éliminé.

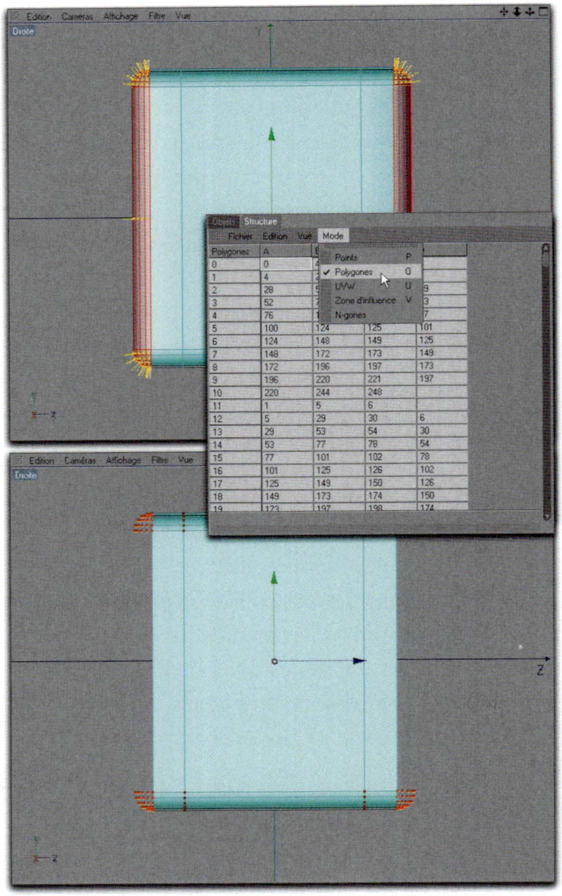

*Figure 1.58 : Suppression de polygones à l'aide du gestionnaire de structure.*

Pour ne pas avoir à vous soucier du mode dans lequel vous travaillez ou du gestionnaire qui est actif lors de la suppression d'éléments, employez dans ce cas le gestionnaire de structure. Activez-y le mode dans lequel les éléments ont été sélectionnés, ici Polygones, et exécutez la commande Supprimer du menu Édition de ce gestionnaire (voir Figure 1.58).

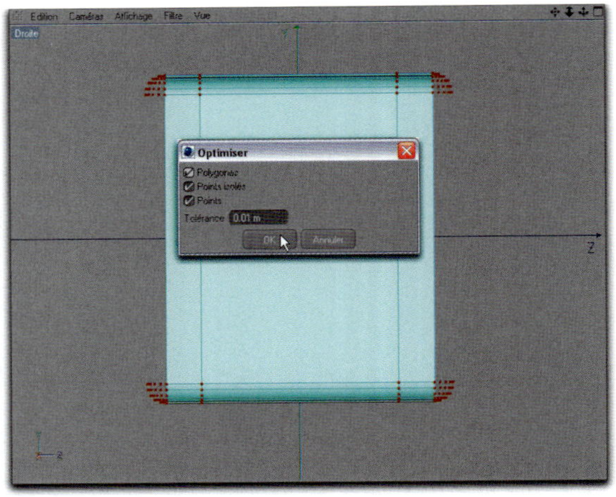

*Figure 1.59 : Optimisation de l'objet.*

### ➤ Optimisation d'un objet

Les points sont les seuls éléments qui peuvent exister indépendamment du reste. Les arêtes et les polygones ne peuvent quant à eux pas exister sans points. C'est pourquoi après avoir supprimé nos polygones, tous les points du cube subsistent encore à cet endroit (voir Figure 1.59). Passez dans le mode Points pour le constater par vous-même.

Pour éliminer ces points inutiles, nous allons recourir à la fonction Optimiser du menu Fonctions de CINEMA 4D. Pour appliquer celle-ci à tout l'objet et pas seulement aux éléments sélectionnés, il convient avant de l'invoquer de désélectionner tous les points. Nous utilisons à cet effet la commande Tout désélectionner du menu Sélection.

Les options de la fonction Optimiser sont visibles à la Figure 1.59 et permettent essentiellement d'indiquer les éléments concernés par l'optimisation. L'option Polygones indique de rechercher les polygones qui sont identiques et de supprimer les doublons inutiles.

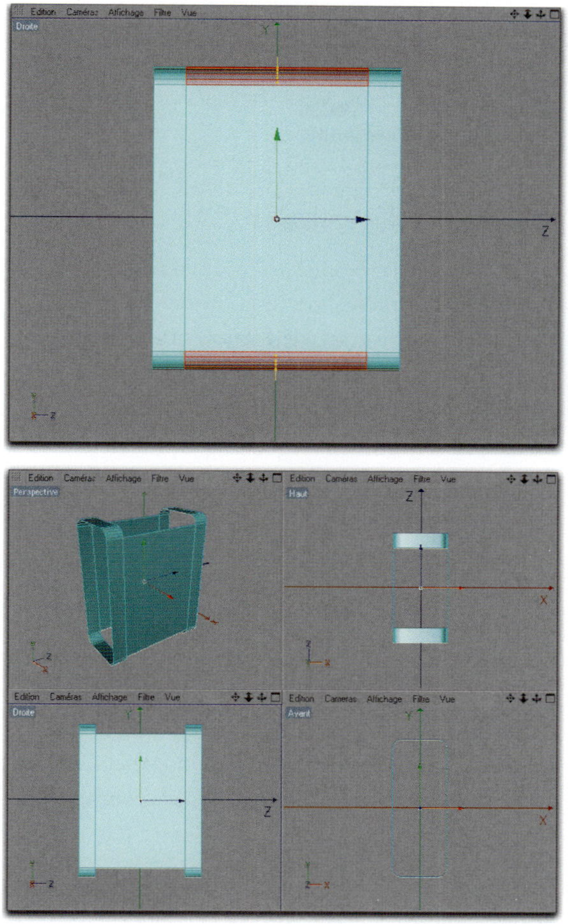

*Figure 1.60 : Suppression d'éléments additionnels au sommet et à la base du boîtier.*

L'option Points isolés supprime les points qui ne sont reliés à aucun polygone ; c'est exactement la fonction qu'il nous faut. L'option Points fusionne les points dont l'espacement est inférieur au paramètre Tolérance.

Vous pouvez généralement laisser toutes les options cochées. Cela ne peut pas faire de mal d'éliminer toutes les sources d'erreur et d'avoir des objets optimisés.

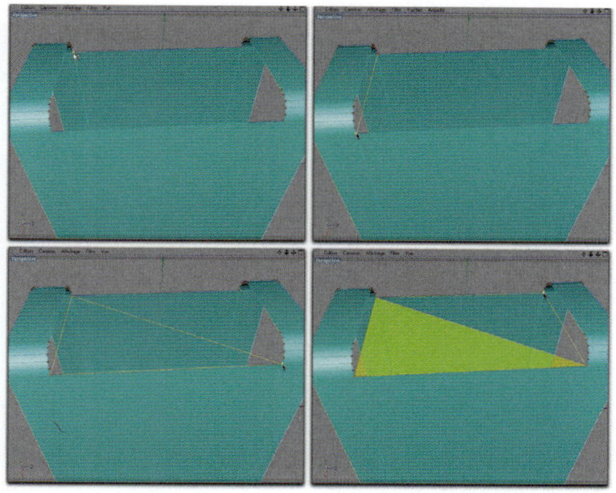

*Figure 1.61 : Création manuelle d'un polygone.*

Vous devez seulement faire particulièrement attention à la valeur de tolérance lorsque, par exemple, vous modélisez des objets à une très petite échelle car leurs points sont du coup très rapprochés. De telles situations sont néanmoins très rares.

Après avoir cliqué sur OK, tous les points isolés devraient avoir disparu du cube. Nous allons maintenant supprimer les polygones situés entre les poignées. Retournez dans le mode Polygones, sélectionnez ces éléments avec le pointeur de sélection et appuyez sur Suppr. Le résultat est illustré au bas de la Figure 1.60.

## ➤ Création manuelle de polygones

L'espace laissé par les polygones supprimés entre les poignées doit être refermé. Passez dans le mode Points et invoquez la fonction Créer un polygone à partir du menu Structure. Cliquez ensuite un à un sur les points entre lesquels le polygone doit être formé (voir Figure 1.61).

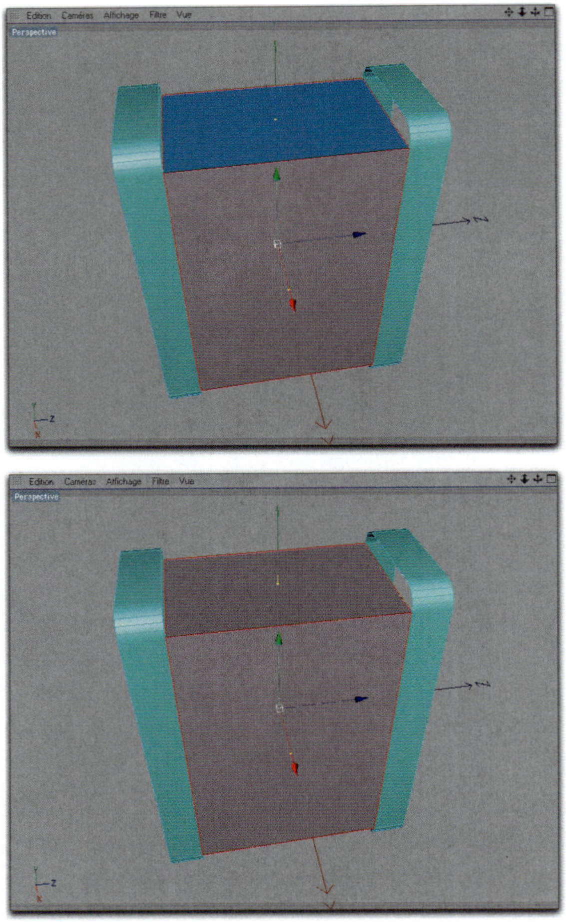

*Figure 1.62 : Vérification de l'orientation des normales.*

Si vous ne voyez pas bien tous les points, n'hésitez pas à changer de perspective entre les clics. Au fur à mesure que vous cliquez, des lignes apparaissent entre les points, représentant les arêtes du polygone. Celui-ci n'est complètement formé qu'après avoir double-cliqué sur le dernier point. C'est donc vous qui décidez du nombre de points : trois, quatre, ou plus. Faites attention également à leur succession. Suivez le sens horaire ou contra-horaire lorsque vous cliquez pour éviter que des arêtes ne se chevauchent. Procédez de même en dessous du boîtier.

## ➤ Correction des normales

Nous avons déjà évoqué les normales de la surface d'un objet et leur rôle. Lors de la création manuelle d'un polygone, il arrive souvent que l'orientation de sa normale ne s'intègre pas parfaitement aux polygones existants. Pour vérifier cela, sélectionnez les nouveaux polygones et quelques autres faces de l'objet d'origine avec le pointeur de sélection.

Votre sélection pourrait ressembler à celle de la Figure 1.62. Vous pouvez voir ici que la couleur du polygone créé manuellement diffère de celle du polygone latéral existant. Cela signifie que sa normale n'est pas orientée dans la bonne direction, ce qui doit être corrigé. Une solution simple est la commande Aligner les normales du menu Fonctions. Son action consiste à vérifier les normales des polygones sélectionnés et à rectifier automatiquement celles dont l'orientation est incorrecte.

Pour que la fonction porte sur l'objet tout entier, il faut soit sélectionner soit désélectionner tous ses polygones, ce que vous pouvez faire par le biais du menu Sélection. L'effet est le même dans les deux cas. Pour les désélectionner, vous pouvez sinon cliquer en dehors de l'objet dans l'éditeur avec un outil comme le pointeur de sélection ou celui de déplacement. Si vous savez exactement quel polygone est mal orienté, vous pouvez le sélectionner directement et exécuter la commande Fonctions > Inverser les normales.

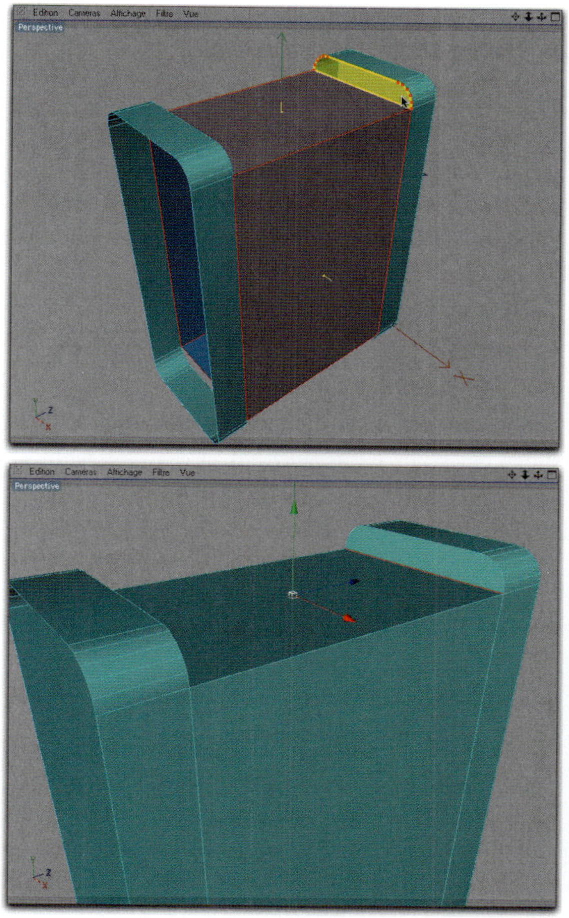

*Figure 1.63 : Fermeture automatique de trous.*

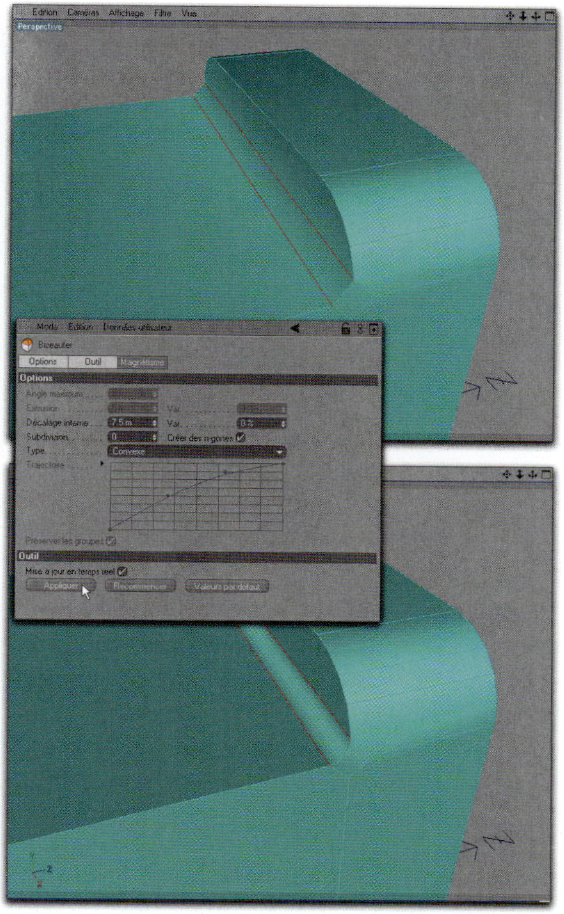

*Figure 1.64 : Arrondissement d'une arête.*

## ➤ Fermeture d'un trou polygonal

La transition entre les poignées et les faces fermantes produites par les nouveaux polygones devrait être progressive et non angulaire telle qu'elle se présente actuellement. Pour pouvoir l'arrondir, il faut d'abord fermer les ouvertures au niveau des poignées. Ces zones apparaissent en jaune dans la Figure 1.63. Activez pour cela l'outil Fermer le trou polygonal du menu Structure. Placez ensuite le pointeur de la souris sur une des ouvertures et, dès qu'elle change de couleur, cliquez dessus. Faites de même pour l'autre ouverture sur le dessus du boîtier.

## ➤ Arrondissement d'arêtes

Basculez dans le mode Arêtes et sélectionnez l'arête intérieure à la base d'une des poignées. Celle-ci apparaît en rouge au bas de la Figure 1.63. Nous allons l'arrondir au moyen de la fonction Biseauter du menu Structure (voir Figure 1.64).

L'outil Biseauter permet, entre autres, de biseauter et d'arrondir des arêtes. Le rayon de l'arrondi est indiqué par l'option Décalage interne. L'option Subdivision sert à introduire des segments additionnels pour produire un arrondi suffisant. Ces options correspondent aux paramètres de biseau d'une primitive Cube.

***Figure 1.65 :*** *Les diverses splines disponibles.*

L'option Créer des n-gones réunit en un seul polygone les éléments utilisés pour former l'arrondi. Le menu Type permet de spécifier la forme du biseau, par exemple Linéaire, Concave ou Convexe. J'ai choisi ici un rayon de 7.5 et une forme convexe. Après avoir cliqué sur Appliquer, vous pouvez observer l'effet de biseau et, si besoin était, modifier les valeurs si le résultat ne vous convient pas.

L'arrondi part du boîtier d'origine et devrait courir idéalement jusqu'à l'arête supérieure de la poignée, mais l'outil Biseauter ne permet pas cela. Le rayon maximal acceptable ici permet seulement d'atteindre la partie inférieure de la poignée. Au-delà, le biseau empiète sur les polygones latéraux de la poignée. Cette commande doit donc disposer de suffisamment de place latéralement pour pouvoir arrondir selon le rayon spécifié. Cliquez sur l'icône Annuler pour défaire le biseau. Nous allons recourir à une approche plus personnalisée qui s'appuie sur des splines et sur les propriétés de magnétisme de l'outil Déplacement.

## ➤ Emploi de splines comme aide à la modélisation

Les objets de type spline, plus simplement dénommés splines, sont des séquences de points reliés par des lignes droites ou courbes. Vous pouvez en créer vous-même en positionnant leurs points selon la forme voulue ou bien faire votre choix parmi celles prédéfinies. Toutes sont accessibles *via* l'icône qui suit celle des primitives dans la palette horizontale de CINEMA 4D (voir Figure 1.65).

Les splines des deux premières rangées représentent différents types d'interpolation et activent le mode manuel. Il suffit de sélectionner l'une d'elles et de dessiner son tracé en cliquant avec la souris point par point dans l'éditeur. La première spline, Forme libre, constitue une exception puisqu'elle vous permet de dessiner une forme d'un seul trait, c'est-à-dire sans relâcher la souris. Elle peut par exemple être utilisée pour tracer sur une tablette graphique des contours qui seront ensuite convertis en une spline.

Nous utiliserons ici des splines prédéfinies. Ces objets fonctionnent comme des primitives paramétriques sauf qu'ils ne se laissent, entre autres, pas dimensionner ni arrondir dans le gestionnaire d'attributs. Celle qui nous intéresse est la spline Rectangle, désignée par le pointeur de la souris dans la Figure 1.65. Après l'avoir invoquée, il convient de la faire pivoter dans la direction appropriée et de la dimensionner.

Le but de l'opération est d'établir une référence pour la taille de notre boîtier. Depuis la suppression des bords arrondis à l'avant et à l'arrière, ses dimensions extérieures ont considérablement changé et ne correspondent plus vraiment à la réalité.

Nous voulons orienter la spline pour qu'elle soit visible de côté, ce qui implique de la placer dans le plan constitué par les axes Z et Y du système Monde.

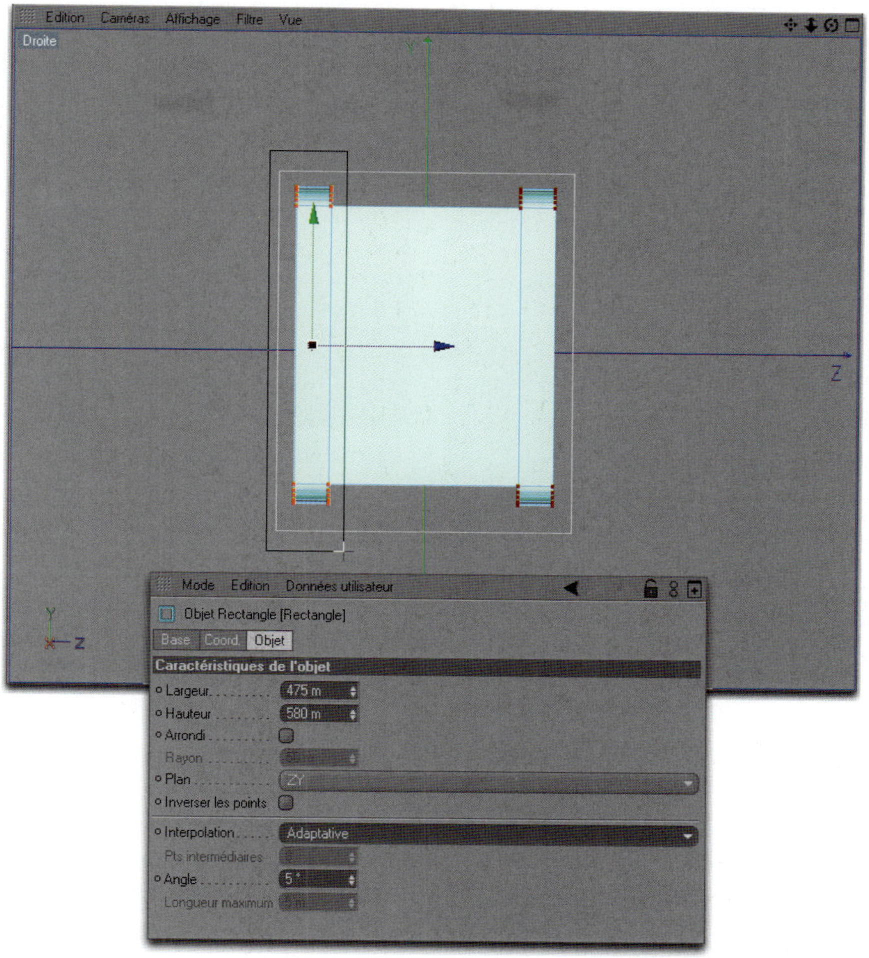


***Figure 1.66 :*** *Paramétrage de la spline.*

Choisissez par conséquent l'option ZY à partir du menu Plan dans ses paramètres. La largeur du cadre qu'elle forme devrait être de 475 unités pour correspondre à la profondeur du boîtier. Nous avions également assigné cette valeur au cube initial. Pour la hauteur, spécifiez une valeur qui permette d'englober entièrement le boîtier. J'ai choisi ici 580. Étant donné que nous n'avons pas encore modifié la position de la spline, le boîtier est normalement centré à l'intérieur (voir Figure 1.66).

Passez dans le mode Points et activez l'outil Rectangle de sélection. Sélectionnez tous les points à l'avant du boîtier, comme le montre la Figure 1.66. Nous allons les déplacer pour qu'ils se retrouvent sur la ligne verticale de la spline, de façon à redonner à la partie avant du boîtier ses dimensions initiales.

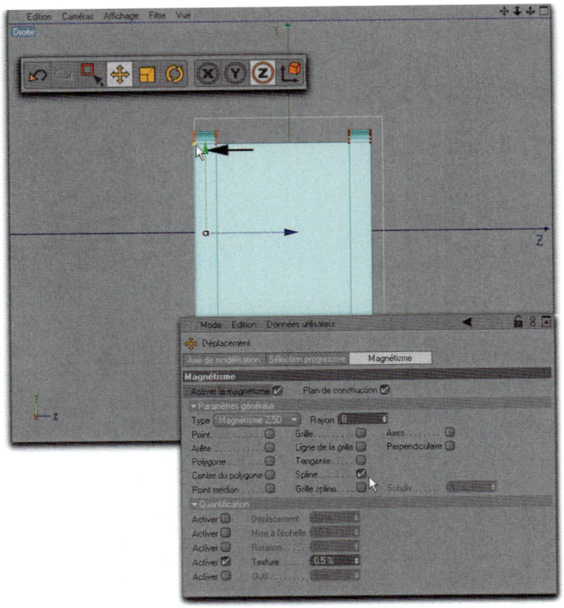


*Figure 1.67 : Points collés à une spline par magnétisme.*

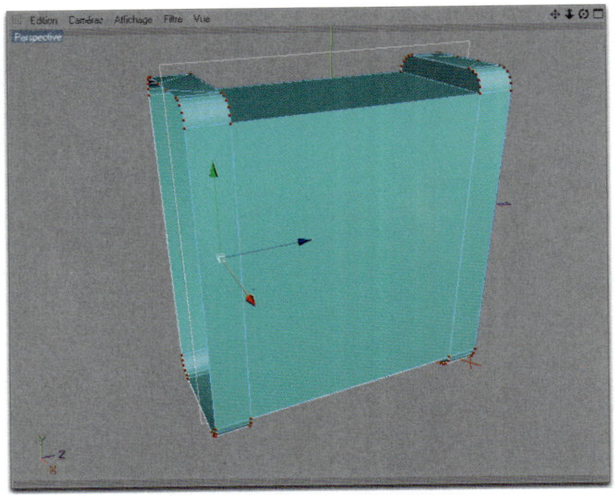


*Figure 1.68 : Le boîtier correctement dimensionné.*

## ➤ Magnétisme

Pour réaliser notre opération, les propriétés de magnétisme de CINEMA 4D vont nous être très utiles. Elles apparaissent dans le gestionnaire d'attributs sous la rubrique MAGNÉTISME dès que certains outils sont activés, tels ceux de déplacement, de dimensionnement et de rotation. Activez justement l'outil DÉPLACEMENT et affichez ses paramètres de magnétisme. L'option ACTIVER LE MAGNÉTISME parle d'elle-même et doit bien entendu être cochée.

Le menu TYPE offre le choix entre trois types de magnétisme. Dans le mode 2D, l'élément déplacé et celui cible doivent se trouver sur un même plan, ce qui est plutôt rare. Le mode 2.5D est un peu moins restrictif puisque l'élément déplacé doit simplement se trouver à proximité de celui cible dans la vue courante. Il est donc déplacé uniquement dans la perspective choisie. Pour un véritable magnétisme dans l'espace 3D, optez pour le mode 3D.

L'option RAYON indique le périmètre d'action du magnétisme, et les autres options permettent de spécifier le type de l'élément cible. Comme nous voulons coller les points sélectionnés à la spline rectangulaire, l'option SPLINE doit être cochée. Choisissez aussi le mode 2.5D. Le mode 3D ne convient ici pas car le boîtier serait alors également déplacé sur l'axe X. Verrouillez tous les axes sauf Z et faites glisser les points latéralement en direction de la spline jusqu'à ce qu'ils soient magnétisés (voir Figure 1.67).

Opérez la même sélection et le même déplacement pour les points situés à l'arrière du boîtier, ce qui terminera de redimensionner notre modèle. La vue en perspective devrait confirmer que les points ont été déplacés uniquement latéralement et non en profondeur lorsque vus de droite (voir Figure 1.68). La spline est toujours centrée autour du cube.

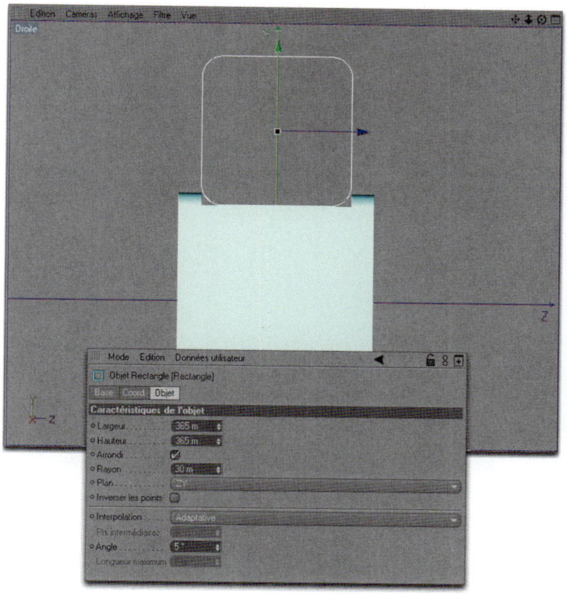


*Figure 1.69 : Arrondissement et déplacement de la spline.*

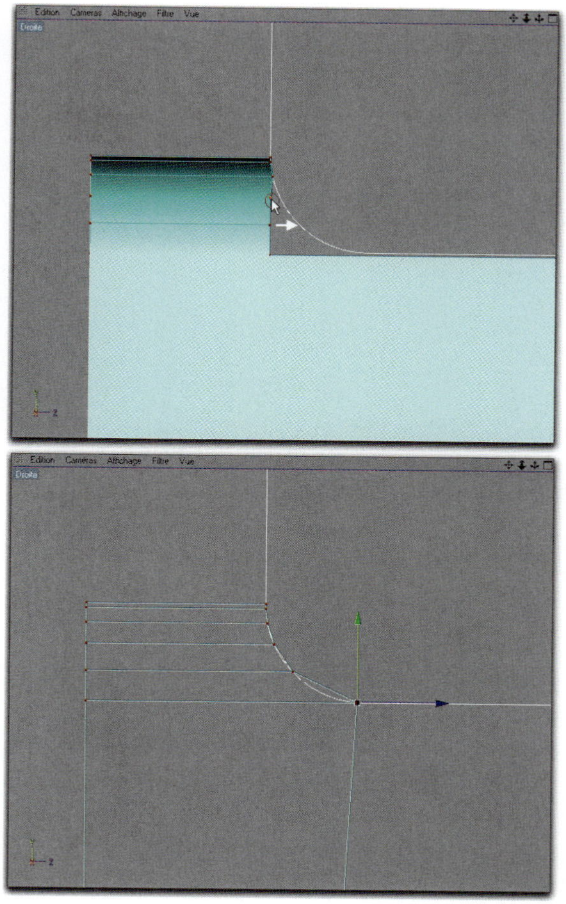


*Figure 1.70 : Déplacement de points.*

Nous pouvons maintenant revenir à ce qui nous préoccupait : arrondir les poignées au niveau de leur transition avec le sommet du boîtier. Notre première tentative avec l'outil Biseauter ayant échoué, nous allons poursuivre avec les propriétés de magnétisme.

Dans le gestionnaire d'attributs, activez l'option Arrondi de la spline et spécifiez la valeur 365 à la fois pour la largeur et la hauteur. Réglez le rayon sur 30, comme nous l'avons fait au tout début pour le cube. Déplacez ensuite la spline arrondie vers le haut le long de l'axe Y jusqu'à ce qu'elle repose sur le sommet du boîtier vu de côté (voir Figure 1.69). Zoomez au besoin pour plus de précision.

Activez le pointeur de sélection et autorisez la sélection des éléments cachés. Commencez par sélectionner sur le bord interne de la poignée le premier point qui présente un écartement par rapport à la spline. Activez l'outil de déplacement et veillez à ce que le type de magnétisme 2.5D soit sélectionné. Déplacez le point jusqu'à ce qu'il se colle à la spline. Procédez ainsi pour les autres points de la poignée afin d'obtenir le résultat illustré à la Figure 1.70.

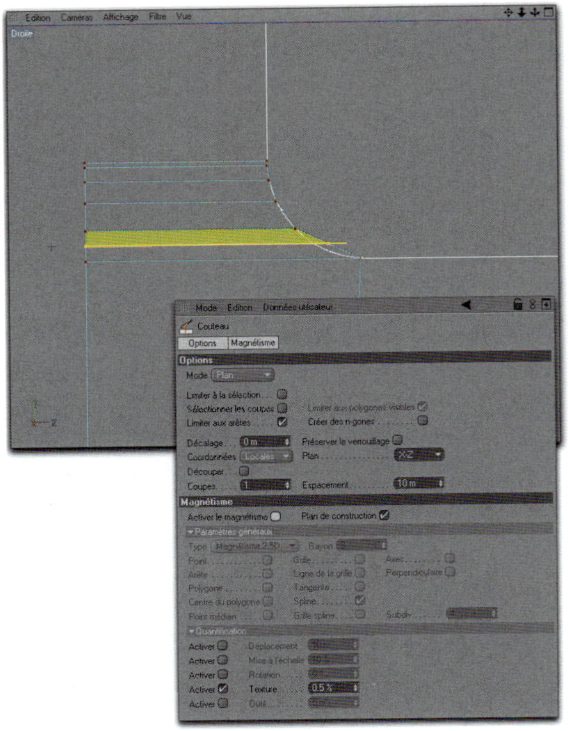


*Figure 1.71 : Ajout d'arêtes avec l'outil Couteau.*

Vous pouvez constater que les éléments cachés, c'est-à-dire les points situés de l'autre côté de la poignée, ont également été sélectionnés et déplacés. Comme précédemment, la position des points en profondeur (lorsque vus de droite) n'a pas changé. L'arrondi obtenu correspond déjà mieux à nos attentes. Seule la transition au bas de la poignée reste encore un peu abrupte, ce à quoi nous allons remédier de ce pas.

## ➤ L'outil Couteau

Adoucir cette transition ne devrait pas poser de difficulté particulière. Nous avons déjà vu avec l'outil Diviser les arêtes qu'il était relativement simple d'insérer de nouvelles subdivisions. Nous en profiterons ici pour présenter un autre outil, accessible également *via* le menu Structure, et qui offre davantage de fonctions, comme la possibilité de tracer soi-même les coupes. Il s'agit de l'outil Couteau. On peut en outre l'utiliser directement, sans avoir à effectuer de sélection préalable.

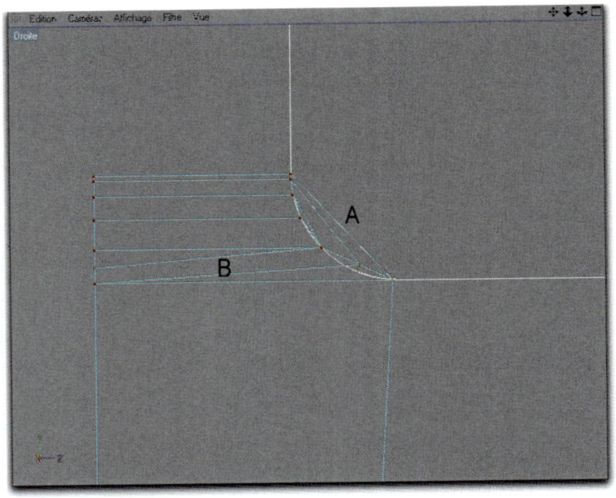


*Figure 1.72 : Problèmes potentiels avec l'outil Couteau.*

Cet outil peut fonctionner dans différents modes selon le type de coupe que vous voulez réaliser, le mode Plan étant celui qui nous intéresse ici. La coupe court alors parallèle au système d'axes choisi en partant de la position du pointeur de la souris. L'avantage est que les deux poignées peuvent être coupées en même temps. Choisissez le plan X-Y pour que la coupe soit parallèle au sol. Spécifiez la valeur 1 pour le paramètre Coupes et désactivez l'option Créer des n-gones. Positionnez votre pointeur au-dessus du polygone situé à la base de la poignée jusqu'à ce que l'outil vous propose une coupe identique à celle de la Figure 1.71. Un clic de souris suffit à exécuter l'action. La Figure 1.72 présente le résultat.

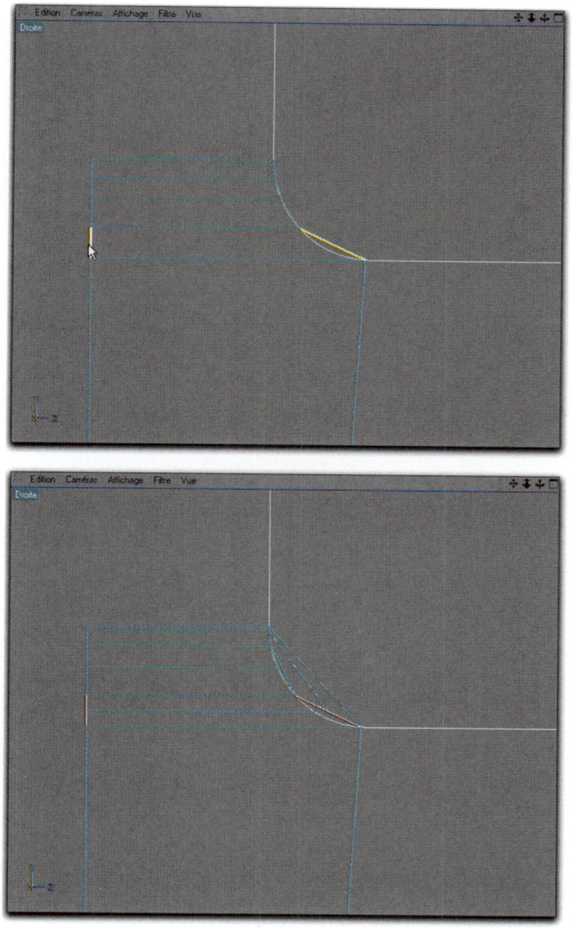


***Figure 1.73 :*** *Résultat obtenu avec l'outil Diviser les arêtes.*

Comme vous pouvez le voir, les nouvelles arêtes ne ressemblent pas à ce que l'outil proposait, et nous nous retrouvons maintenant avec des triangles inutiles à la place du polygone. Ils sont identifiés par la lettre Ⓑ dans la Figure 1.72. Notez également que le polygone généré par l'outil FERMER LE TROU POLYGONAL lors d'une étape précédente ne suit plus l'arrondi de la poignée. Ce défaut est identifié par la lettre Ⓐ dans la figure.

Tout ce dont cet outil a été capable ici est de générer des triangles et des quadrangles supplémentaires au lieu de découper proprement le n-gone. Les nouveaux polygones qui relient la base de la poignée à son sommet éliminent de plus l'arrondi. Ce problème est commun à tous les outils de découpe employés en conjonction avec des n-gones. Annulez par conséquent l'opération et sélectionnez cette fois les arêtes concernées avec l'outil SÉLECTION PAR ANNEAU du menu SÉLECTION. Cet outil est analogue à une sélection par boucle sauf qu'il prend en compte les éléments situés les uns à côté des autres et non les uns derrière les autres.

Basculez dans le mode Arêtes et placez votre pointeur de souris sur une des arêtes verticales au bas de la poignée pour obtenir la sélection illustrée en haut de la Figure 1.73. Validez-la d'un clic et invoquez l'outil DIVISER LES ARÊTES pour subdiviser en deux les arêtes sélectionnées. Le résultat, qui est présenté au bas de la figure, est nettement plus acceptable.

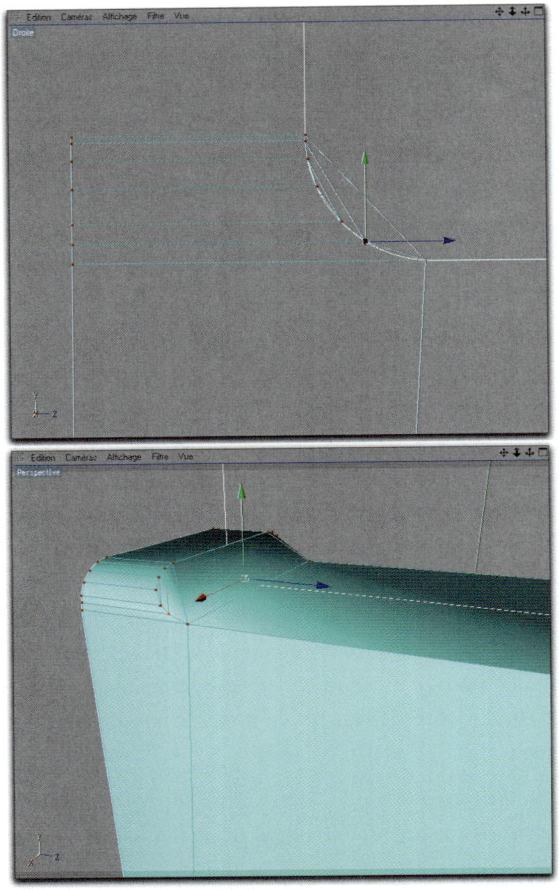

*Figure 1.74 :* *L'arrondi terminé.*

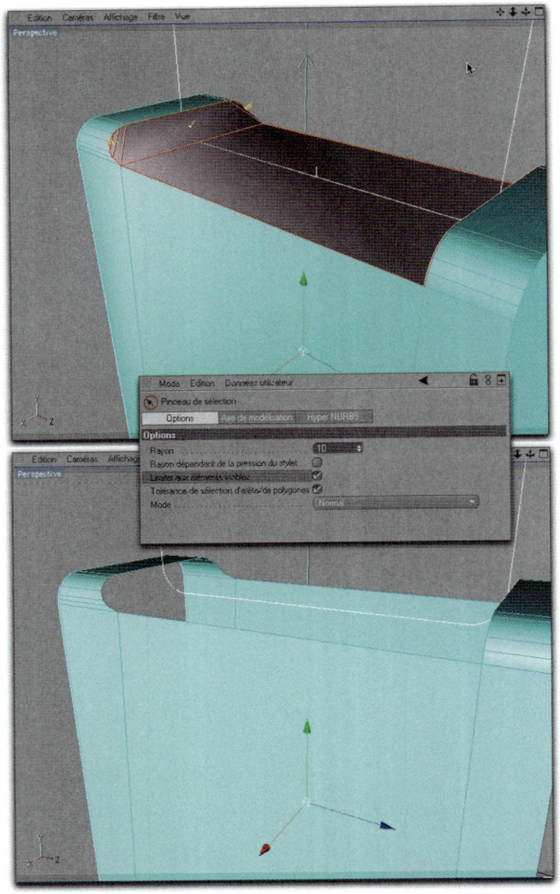

*Figure 1.75 :* *Suppression des polygones inutiles.*

Il ne faut pas pour autant condamner l'outil COUTEAU qui dispose de fonctions très utiles dont est dépourvu l'outil DIVISER LES ARÊTES. N'hésitez pas à l'utiliser; et à en essayer simplement un autre en cas de problème. Pour en terminer avec les poignées, sélectionnez et déplacez les points nouvellement introduits pour les coller à la spline comme les autres. La Figure 1.74 illustre le résultat sous différents angles.

Rappelons que nous avons créé la partie supérieure du boîtier et les faces internes des poignées dans le but de pouvoir appliquer la fonction BISEAUTER à l'arête située à la base de ces dernières, avec le peu de succès que nous savons. Ces éléments peuvent donc à présent être supprimés. Utilisez pour cela le pointeur de sélection en veillant cette fois à désactiver la sélection des éléments cachés. Vous pouvez voir les parties sélectionnées en haut de la Figure 1.75. Notre modèle à l'issue de l'opération apparaît au bas de la figure.

**Figure 1.76 :** *Division séparée des arêtes à l'arrière.*

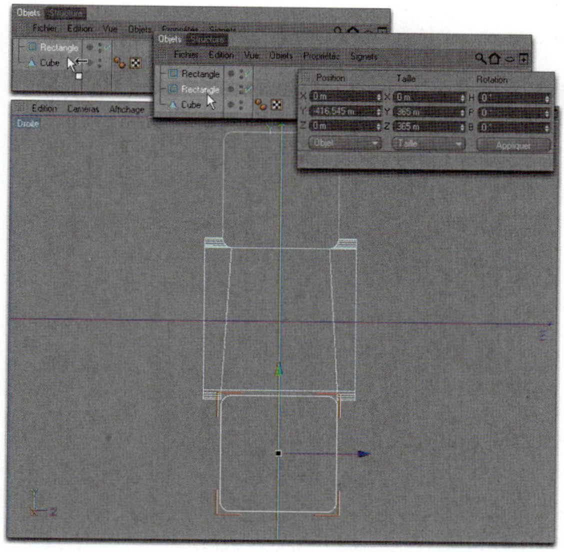


**Figure 1.77 :** *Copie et déplacement d'une spline.*

Il faut maintenant s'occuper des poignées restantes et les arrondir selon le même principe. Commençons par l'autre poignée du sommet. Dans la vue latérale, sélectionnez et collez un à un ses points à la spline. Il convient ici aussi de subdiviser la base de la poignée pour pouvoir travailler l'arrondi avec la précision voulue. Dans la même vue, sélectionnez les arêtes concernées avec l'outil Sélection par anneau et appliquez l'outil Diviser les arêtes. Collez ensuite les nouveaux points à la spline.

Le haut de la Figure 1.76 illustre la surprise qui vous attend. Vous pouvez voir que les arêtes correspondantes à l'arrière de la poignée n'ont pas été divisées. Comme nous avons supprimé les éléments liants de la partie interne de la poignée, l'outil de sélection s'est arrêté à la limite de l'ouverture et n'a donc tenu compte que des arêtes avant. Dans la vue en perspective, par exemple, sélectionnez les deux arêtes arrière et répétez l'opération précédente jusqu'à coller à la spline les points résultants.

L'arrondissement des poignées situées au-dessous du boîtier implique la même procédure d'ensemble. Dupliquez d'abord la spline existante et positionnez sa copie sous le boîtier. Le moyen le plus rapide d'obtenir une copie est de cliquer sur la spline dans le gestionnaire d'objets et de faire glisser la souris en maintenant la touche Ctrl enfoncée (voir Figure 1.77).

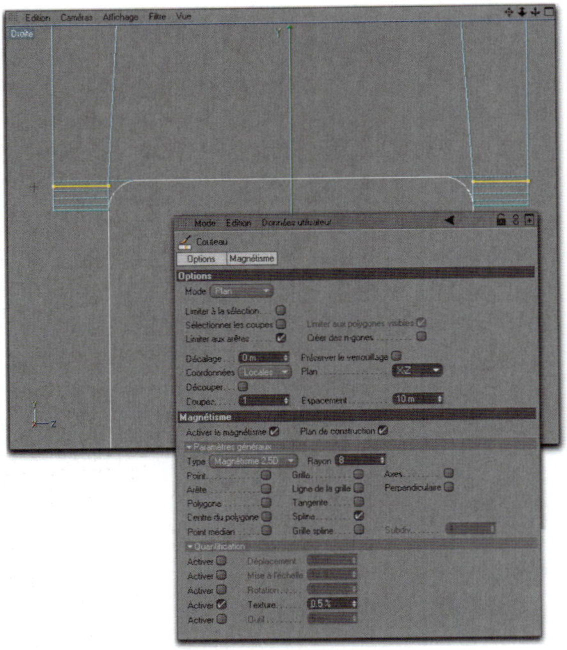

*Figure 1.78 : Coupe réalisée avec l'outil Couteau.*

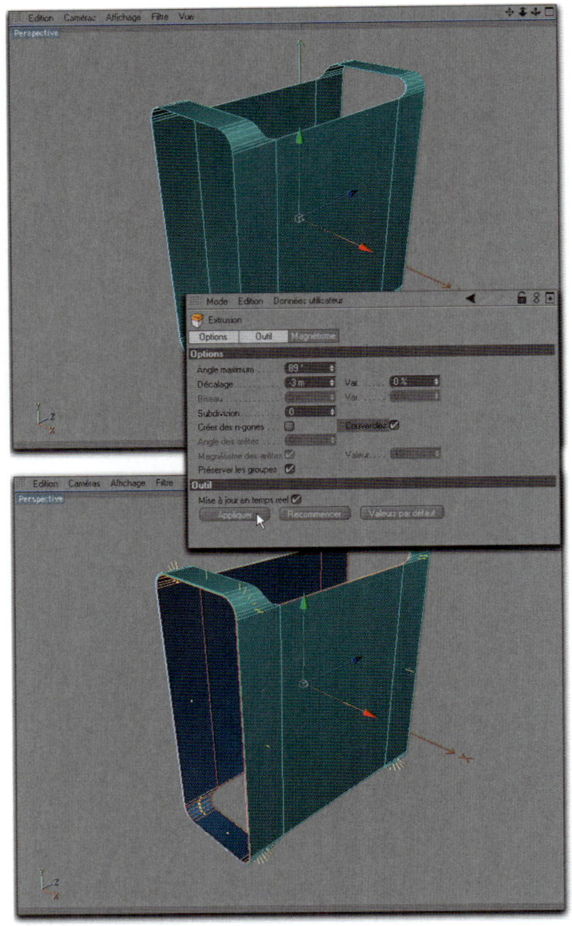

*Figure 1.79 : Épaississement du boîtier.*

Dans le gestionnaire de coordonnées, insérez simplement un signe négatif devant la valeur de position Y de la nouvelle spline et cliquez sur Appliquer. La spline est automatiquement déplacée à l'endroit approprié. Pour ajouter des points au bas des poignées, nous allons redonner une chance à l'outil Couteau. Comme lors de notre première utilisation, nous choisissons le plan X-Z et désactivons la création de n-gones. La coupe est illustrée à la Figure 1.78.

L'outil fonctionne ici normalement et crée une coupe propre sans générer de triangles. Il présente l'avantage de découper simultanément les deux poignées à l'avant et à l'arrière. Après avoir collé les nouveaux points à la spline, désactivez le magnétisme dans le gestionnaire d'attributs.

## ➤ Extrusion

L'étape suivante consiste à épaissir le boîtier au moyen de la commande Extrusion du menu Structure (voir Figure 1.79). Cet outil fait partie des plus utilisés dans la modélisation à base de polygones. Il étend les polygones sélectionnés le long de leurs normales et crée de nouvelles faces au niveau de leurs arêtes extérieures. Cela permet de modéliser, par exemple, des zones saillantes ou des ramifications.

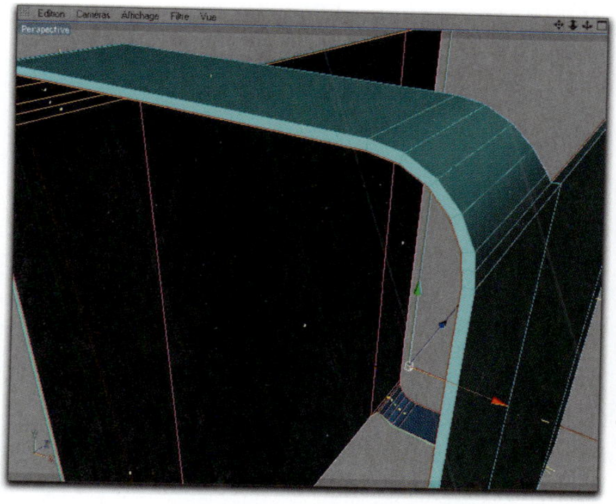


*Figure 1.80 : Le boîtier épaissi vu de près.*

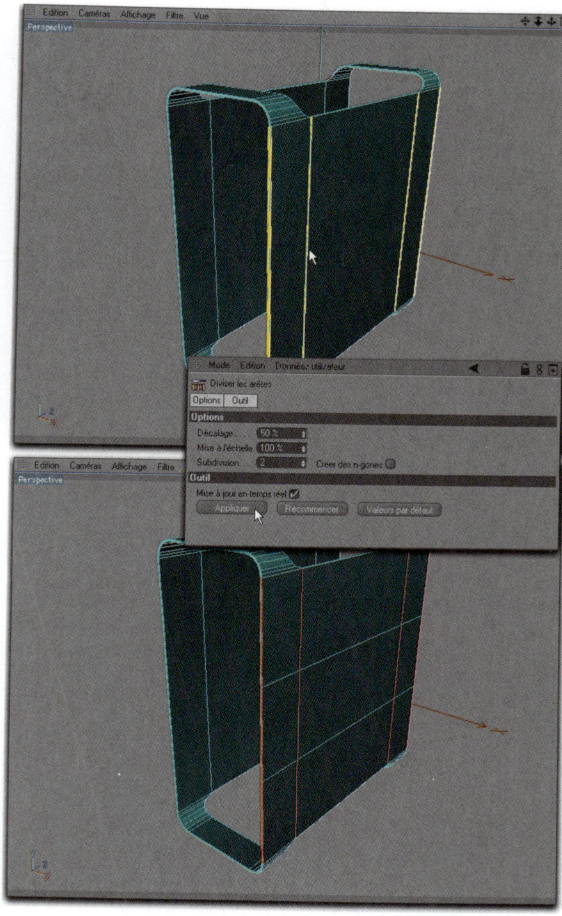


*Figure 1.81 : Ajout de subdivisions pour créer le panneau latéral.*

Lorsque l'option de faces fermantes (localisée par Couvercles dans le logiciel) est activée, les faces d'origine sont dupliquées et l'opération d'extrusion produit alors un volume fermé. Pour extruder plusieurs polygones à la fois, l'option Préserver les groupes doit être cochée afin d'éviter qu'ils ne soient traités individuellement. Malgré cette option, les polygones ayant entre eux un écart d'angle supérieur au paramètre Angle maximum ne seront pas extrudés ensemble.

Le paramètre Décalage définit la longueur de l'extrusion. Dans le cas d'une valeur négative, l'extrusion ne se fait pas le long des normales mais dans le sens inverse. C'est ce que nous recherchons ici afin de conserver les dimensions extérieures du boîtier. Spécifiez un décalage négatif de –3 et activez les options Couvercles et Préserver les groupes. Pour que toutes les faces soient extrudées, assurez-vous qu'aucun polygone n'est sélectionné puis cliquez sur Appliquer. La Figure 1.80 illustre le boîtier résultant avec une épaisseur de trois unités.

## ➤ Séparation de polygones

Le boîtier du Power Macintosh possède un panneau latéral dont nous allons nous occuper maintenant. Effectuez une sélection par anneau des arêtes verticales sur un des côtés puis utilisez la fonction Diviser les arêtes pour créer deux subdivisions, comme le montre la Figure 1.81.

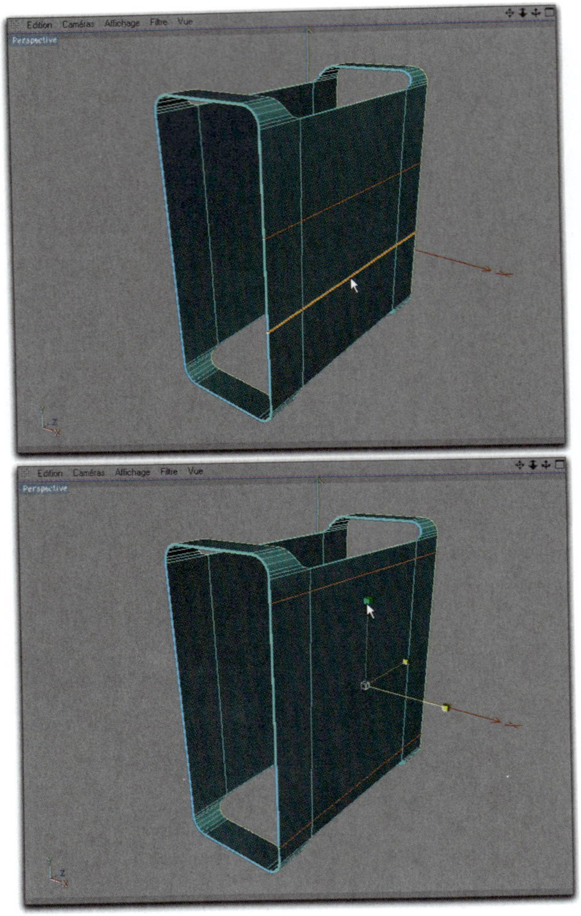

Figure 1.82 : *Éloignement des deux arêtes avec l'outil de dimensionnement.*

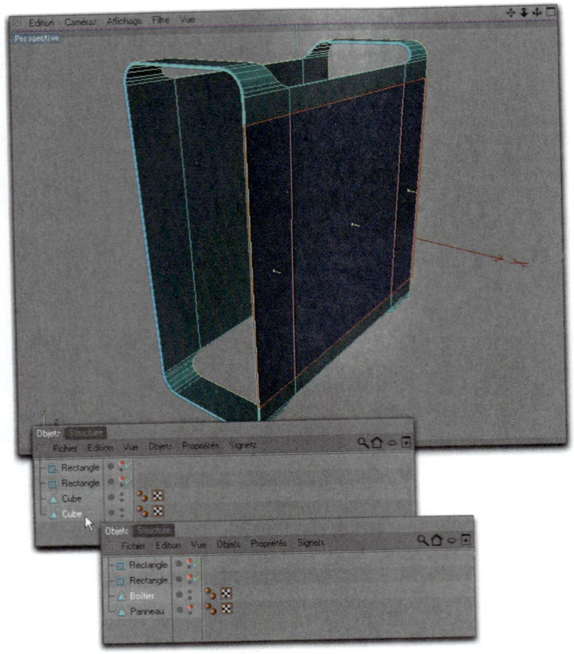

Figure 1.83 : *Séparation des polygones sélectionnés.*

Ce panneau occupe une bonne partie du boîtier latéralement et débute sous les poignées. Les deux nouvelles arêtes ayant été créées pour le délimiter, nous devons les espacer davantage l'une de l'autre et employons à cet effet l'outil de dimensionnement (localisé par MISE À L'ÉCHELLE dans le logiciel) le long de l'axe Y.

Dans le mode Arêtes, effectuez une sélection par boucle d'une des deux arêtes puis sélectionnez la seconde en maintenant la touche Maj enfoncée. Verrouillez tous les axes sauf Y ou bien cliquez directement sur cet axe dans le système de coordonnées local du boîtier pour écarter les arêtes. L'opération et son résultat sont exposés à la Figure 1.82.

Basculez dans le mode Polygones et effectuez une sélection par anneau des polygones compris entre les deux arêtes. Pour créer le panneau à partir de cette sélection, invoquez la commande FONCTIONS > SCISSION. Un nouvel objet apparaît dans le gestionnaire d'objets, contenant les polygones séparés. Lors de l'opération,

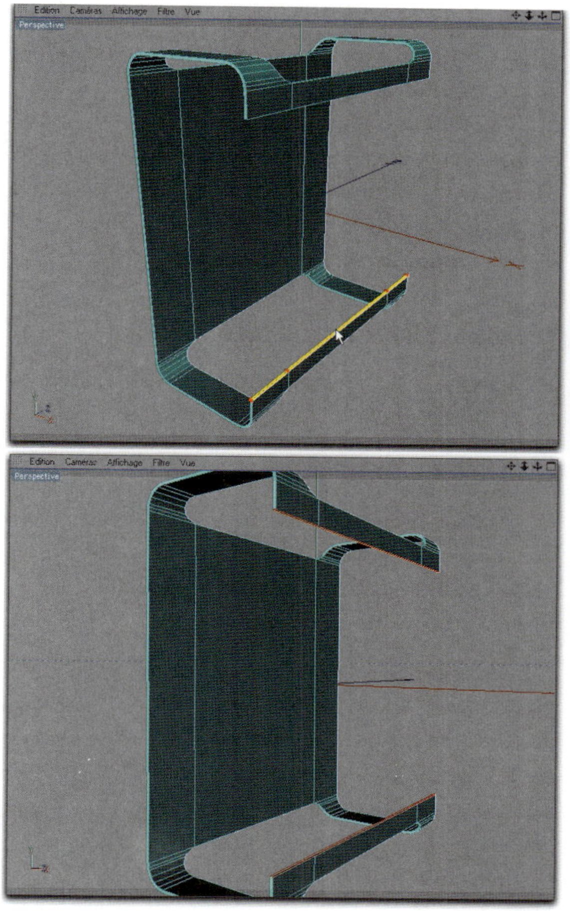


*Figure 1.84 : Fermeture des ouvertures et sélection des arêtes d'extrémité.*

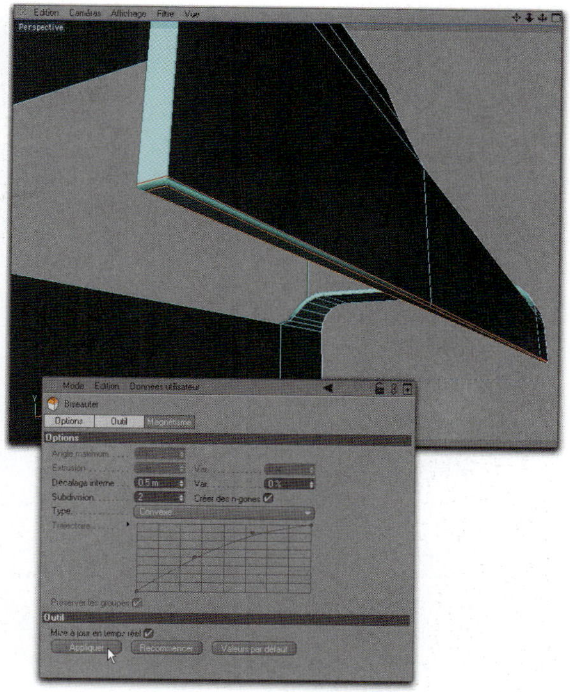


*Figure 1.85 : Arrondissement des arêtes d'extrémité du boîtier.*

ces polygones n'ont pas été supprimés du boîtier et doivent donc l'être manuellement car ils ne servent plus rien. Lorsque vous avez terminé, attribuez un nom distinctif au boîtier et au panneau pour pouvoir les identifier plus facilement par la suite.

La Figure 1.83 illustre cette étape. Remarquez que le panneau a été masqué dans l'éditeur, ceci afin de faciliter notre travail sur les arêtes ouvertes. Utilisez l'outil Fermer le trou polygonal pour fermer à tour de rôle les extrémités ouvertes du boîtier au niveau de la transition avec le panneau (voir Figure 1.84 en haut).

Repassez dans le mode Arêtes car nous voulons arrondir les faces qui viennent d'être créées. Si nécessaire, effectuez une sélection par boucle des arêtes à ces extrémités. Les arêtes sélectionnées sont marquées en rouge dans la seconde vue de la Figure 1.84. Invoquez pour finir l'outil Biseauter et appliquez aux arêtes un arrondi convexe avec 2 subdivisions et un rayon de 0.5. Voyez le résultat à la Figure 1.85.

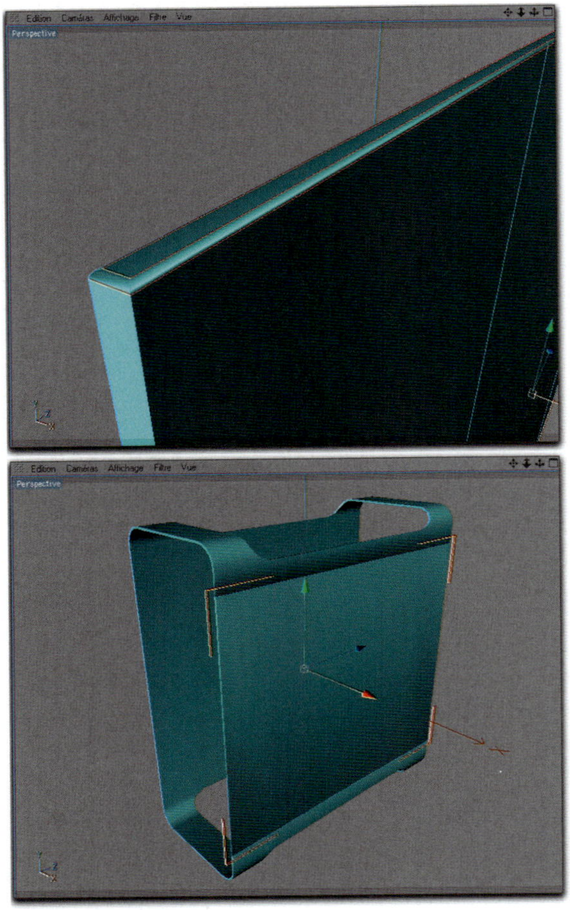

*Figure 1.86 : Arrondissement des arêtes du panneau.*

Inversez la visibilité du boîtier et celle du panneau pour qu'on ne voie que ce dernier. Apportez les mêmes finitions à ses arêtes ouvertes en fermant d'abord les ouvertures puis en arrondissant les nouvelles arêtes avec les mêmes paramètres que précédemment. Rétablissez ensuite la visibilité du boîtier (voir Figure 1.86). Les arrondis côté boîtier et côté panneau produisent la séparation visuelle requise pour notre modèle.

## ➤ Amélioration de l'ombrage de Phong

Vous avez peut-être remarqué par moment une répartition inesthétique de la luminosité à la surface de l'objet, donnant l'impression sous certains angles que le boîtier et le panneau sont éclairés (voir Figure 1.86 en bas). Ce problème survient fréquemment lorsque des zones finement subdivisées sont adjacentes à des polygones plus grands, et ne peut pas toujours être corrigé en ajustant l'angle de la propriété Phong (localisé par Lissage).

Pour améliorer dans une certaine mesure cet ombrage aux endroits critiques, une solution consiste à subdiviser les grands polygones là où ils sont attenant aux zones plus détaillées. Au lieu d'utiliser de nouveau le couteau ou l'outil de division des arêtes, nous allons en profiter pour vous faire découvrir l'outil Extrusion interne qui fonctionne de manière analogue à la fonction Extrusion, sauf qu'il n'étend pas les polygones sélectionnés le long de leur normales mais perpendiculairement à celles-ci. Les faces résultantes sont plus petites ou plus grandes selon le signe qui précède la valeur du paramètre Décalage. Cet outil est commode pour opérer rapidement des subdivisions et est d'ailleurs très souvent employé en modélisation. Ses paramètres ressemblent pour beaucoup à ceux de la fonction d'extrusion simple.

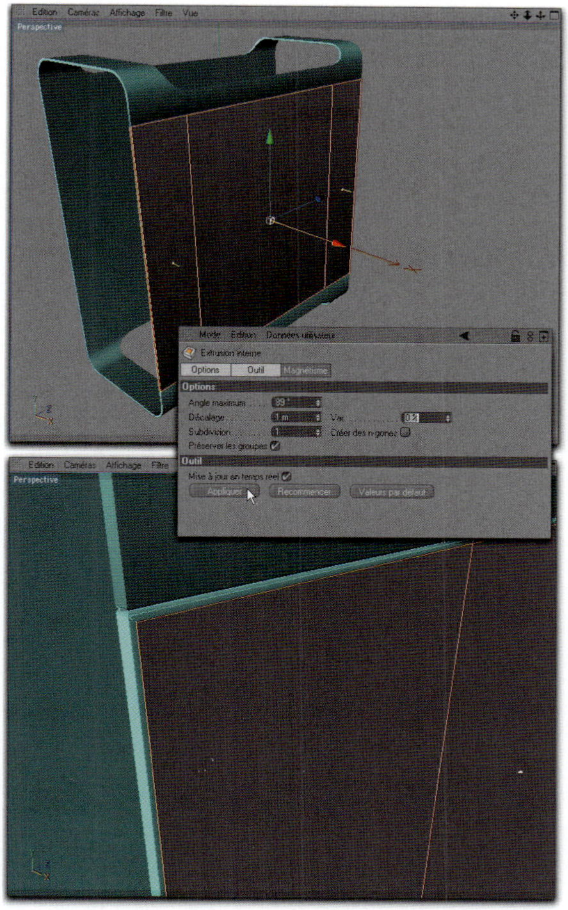


***Figure 1.87 :*** *Extrusion interne des polygones du panneau.*

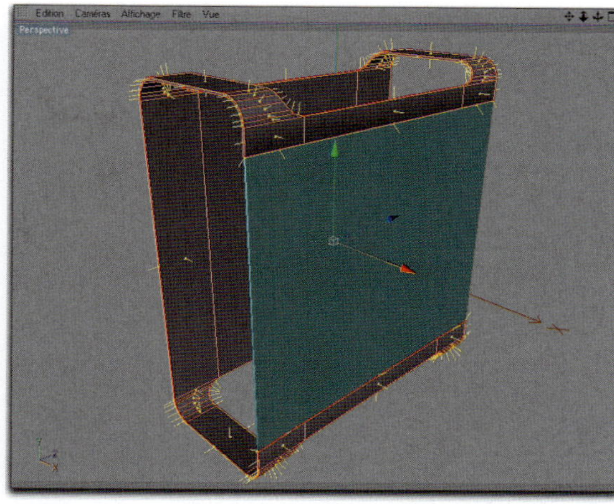


***Figure 1.88 :*** *Les polygones du boîtier sélectionnés.*

Attaquons nous d'abord au panneau. Dans la vue latérale, sélectionnez ses trois gros polygones, de préférence avec le pointeur de sélection, en activant la sélection des éléments cachés (voir Figure 1.87 en haut). Invoquez ensuite l'outil EXTRUSION INTERNE et spécifiez un décalage de 1. La taille des nouvelles faces sera inférieure d'une unité par rapport à celle des faces existantes, et leur espacement sera comblé par des quadrangles. Il importe en outre d'activer l'option PRÉSERVER LES GROUPES puisque nous manipulons plusieurs polygones à la fois. L'option CRÉER DES N-GONES peut en revanche être décochée. Après avoir cliqué sur APPLIQUER, vous devriez obtenir le résultat illustré au bas de la Figure 1.87.

Le même travail doit être accompli avec le boîtier, mais la sélection initiale des polygones est ici un peu plus compliquée. À la place du pointeur de sélection, nous utiliserons d'autres méthodes pour changer un peu, ainsi que la touche Ctrl. Activez l'objet Boîtier, vérifiez que vous êtes bien dans le mode Polygones, et exécutez la commande TOUT SÉLECTIONNER du menu SÉLECTION pour sélectionner tous ses polygones (voir Figure 1.88). Masquez temporairement le panneau dans l'éditeur afin de mieux voir tous les éléments du boîtier.

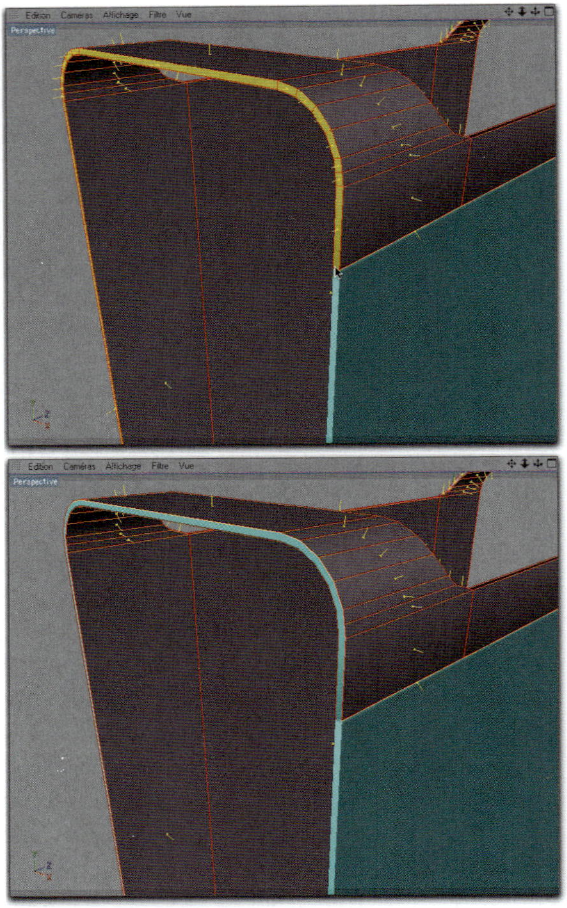

*Figure 1.89 : Désélection des polygones sur les tranches avant et arrière.*

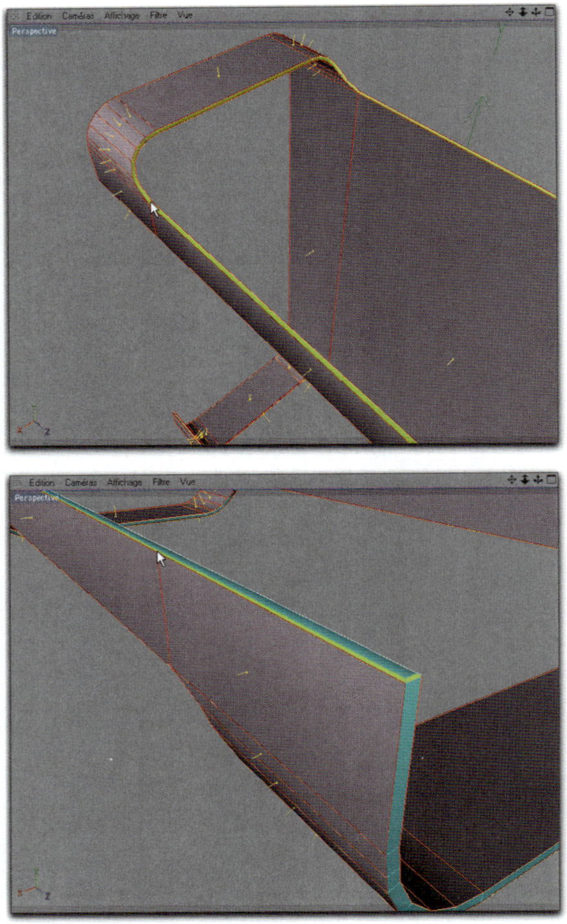

*Figure 1.90 : Désélection d'autres boucles de polygones.*

Invoquez ensuite l'outil Sélection par boucle et placez votre souris sur un des polygones de la tranche avant du boîtier. En maintenant la touche Ctrl enfoncée, cliquez sur la boucle proposée pour la retirer de la sélection existante (voir Figure 1.89). Procédez de même pour les autres boucles de polygones, comme celle située entre les poignées et celle générée par le biseau (voir Figure 1.90).

Lorsque vous avez terminé, appliquez de nouveau l'outil Extrusion interne avec les mêmes paramètres que précédemment. Le boîtier se retrouve avec une boucle de polygones complète au niveau de ses bords.

## ➤ Enregistrement d'une sélection

Comme vous l'avez constaté, les sélections complexes peuvent être longues à créer. Lorsque vous savez qu'une même sélection sera requise pour plusieurs étapes, vous pouvez l'enregistrer et la réactiver ensuite au moyen d'un simple clic.

Nous examinons ici cette fonction avec notre sélection de polygones encore active sur le boîtier. Invoquez la commande Enregistrer la sélection du menu Sélection. Une nouvelle icône de propriété apparaît sur la ligne de l'objet Boîtier dans le gestion-

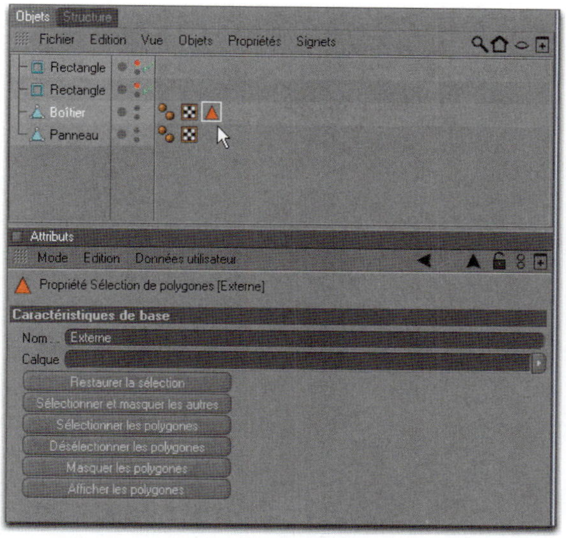


**Figure 1.91 :** *Enregistrement d'une sélection de polygones.*

naire d'objets. Il s'agit d'une propriété SÉLECTION DE POLYGONES. Si vous cliquez dessus, son nom et quelques boutons deviennent accessibles dans le gestionnaire d'attributs (voir Figure 1.91). Lorsque vous voulez enregistrer plusieurs sélections, veillez à leur donner des noms parlants. Sachez qu'il est également possible d'enregistrer des sélections de points ou d'arêtes.

Voyons maintenant à quoi servent les différents boutons. RESTAURER LA SÉLECTION annule la sélection courante et rétablit celle enregistrée. Celle courante doit être du même type que celle restaurée. Par exemple, une sélection de points ne sera pas annulée au profit d'une sélection d'arêtes.

Les boutons SÉLECTIONNER/DÉSÉLECTIONNER LES POLYGONES servent à ajouter la sélection courante à celle enregistrée ou, au contraire, à la retrancher. À l'instar des objets, les polygones aussi peuvent être masqués temporairement, permettant par exemple de travailler à l'intérieur d'un objet. Utilisez pour cela les boutons MASQUER/AFFICHER LES POLYGONES.

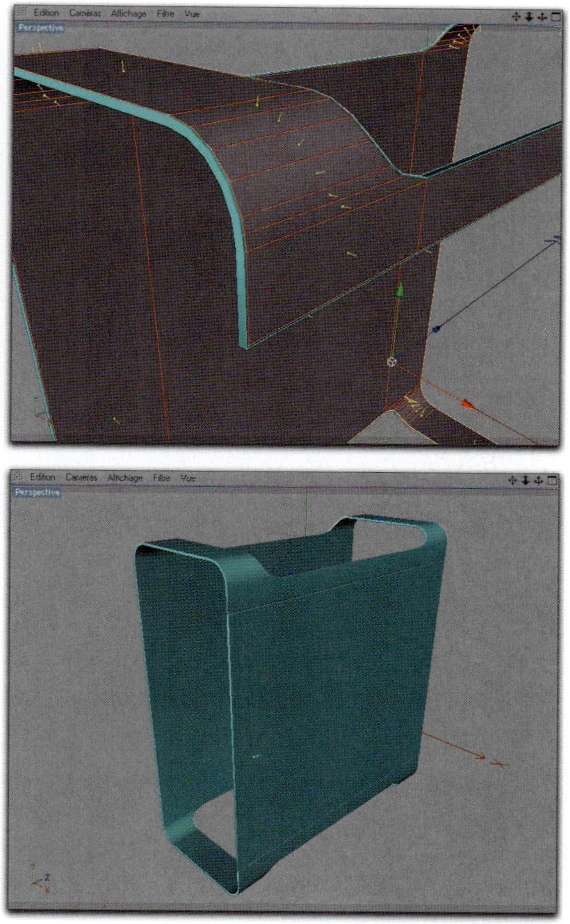

**Figure 1.92 :** *Le boîtier externe terminé.*

Nous aborderons en détail une autre possibilité offerte par les sélections enregistrées lorsqu'il sera question des matériaux. Vous découvrirez alors comment limiter un matériau à une sélection enregistrée par le biais de la propriété SÉLECTION DE POLYGONES correspondante. Raison de plus pour nommer clairement vos sélections.

La Figure 1.92 donne à voir notre boîtier terminé. Si vous effectuez une comparaison avec la Figure 1.86, vous verrez que l'extrusion interne a amélioré considérablement l'ombrage de la surface. Le panneau s'intègre parfaitement au boîtier tout en restant reconnaissable en tant qu'objet séparé grâce à ses bords supérieur et inférieur arrondis.

## *Le boîtier interne*

Maintenant que nous avons la structure externe du Power Macintosh, il faut lui ajouter un boîtier interne. Nous débutons là encore notre travail de modélisation avec une primitive Cube. Invoquez un nouveau cube et attribuez-lui les tailles 205, 450 et 470 dans les directions X, Y et Z, respectivement. Définissez également un biseau de rayon 30 avec 5 subdivisions.

Le cube résultant est maintenant trop étroit en raison de l'effet de biseau. Sa taille doit donc être agrandie dans la direction X d'une valeur égale au double du rayon du biseau (voir Figure 1.93). Le calcul est simple et nous pourrions simplement saisir la valeur 265 dans le champ Taille.X. Nous allons cependant en profiter pour exploiter une autre possibilité.

Tous les champs numériques acceptent également des opérateurs mathématiques. Vous pouvez ainsi saisir de simples formules qui sont calculées automatiquement par CINEMA 4D. Indiquez ici +60 pour la taille X et appuyez sur [↵Retour].

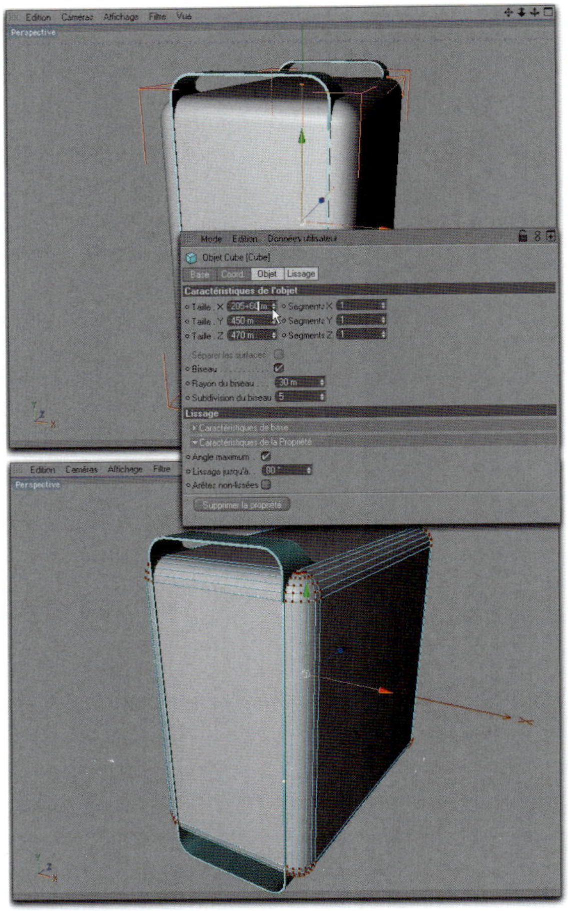


***Figure 1.93 :*** *Le boîtier interne.*

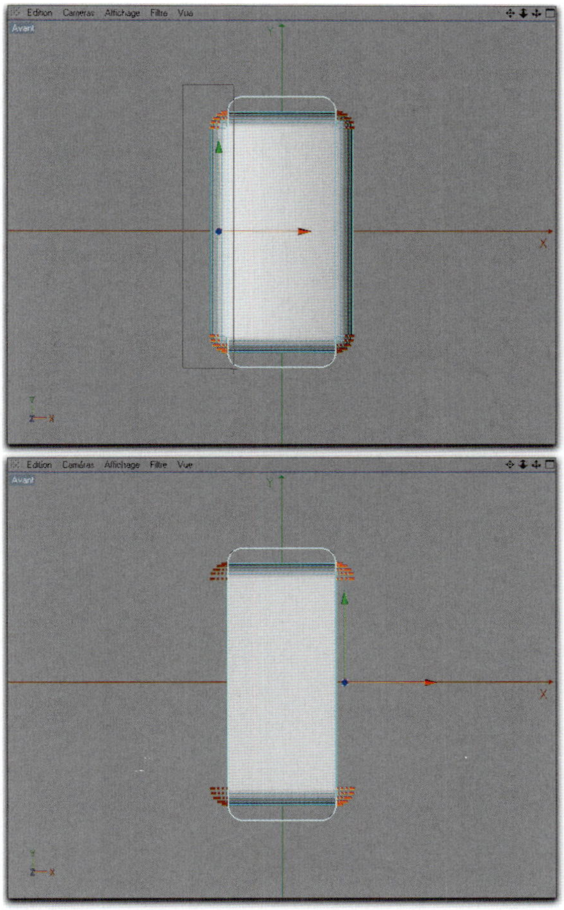


*Figure 1.94 : Suppression des côtés du cube dans la vue frontale.*

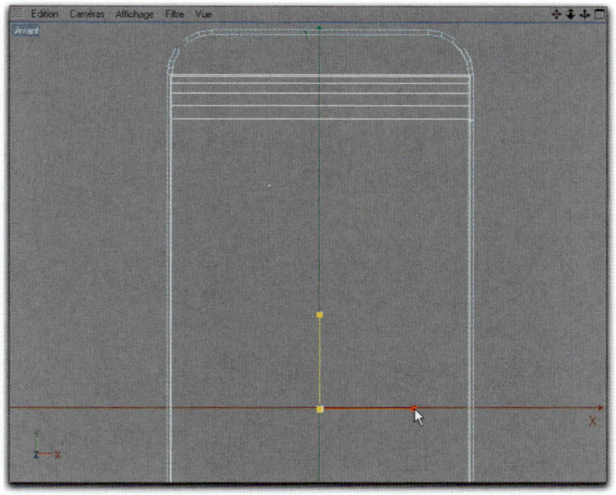


*Figure 1.95 : Redimensionnement du cube intérieur.*

Comme seuls les arrondis situés à l'avant et à l'arrière du boîtier interne nous intéressent, nous allons supprimer ceux sur les côtés. Pour cela, basculez dans le mode Points et tracez dans la vue frontale un cadre de sélection englobant tous les points d'un des côtés du cube. Passez ensuite dans le mode Polygones en maintenant la touche Ctrl enfoncée et supprimez la sélection de polygones issue de la sélection de points. Revenez dans le mode Points et procédez de la même manière pour l'autre côté (voir Figure 1.94).

Nous avons déjà vu que les polygones supprimés laissent derrière eux tous les points préexistants, lesquels peuvent être éliminés en optimisant l'objet. Vérifiez que tous les points sont désélectionnés et exécutez la commande OPTIMISER du menu FONCTIONS. Basculez pour finir dans le mode Modèle et réduisez légèrement la taille du cube intérieur le long de l'axe X (voir Figure 1.95) pour qu'aucune de ses parties n'empiète sur le boîtier extérieur.

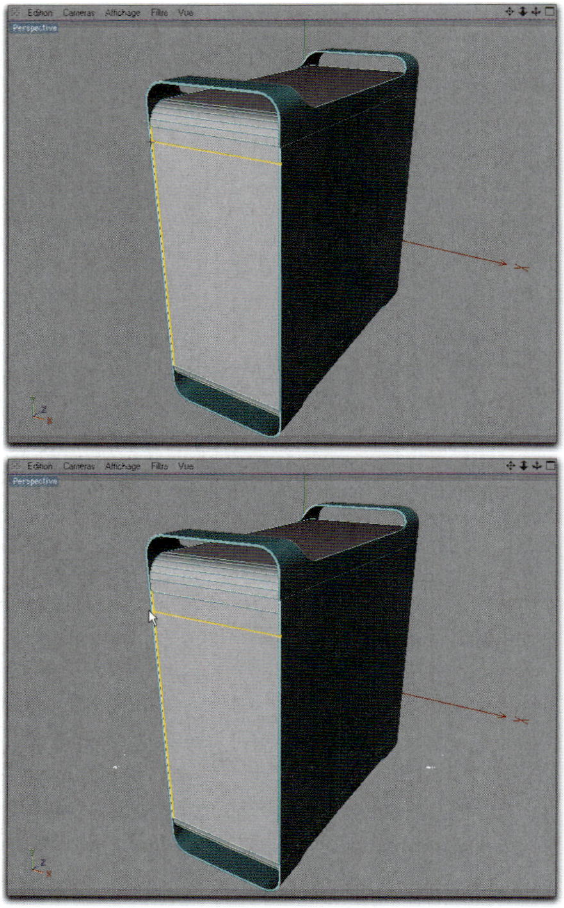

*Figure 1.96 : Insertion de nouvelles arêtes pour le lecteur de CD/DVD.*

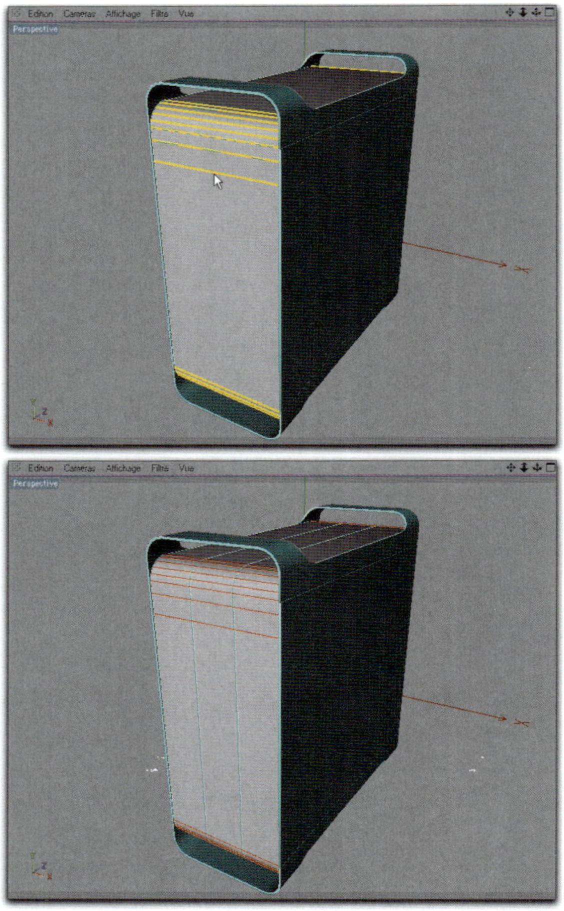

*Figure 1.97 : Ajout de deux subdivisions verticales.*

## ➤ La baie du lecteur de CD/DVD

Avant de créer les connecteurs et les boutons de l'ordinateur, nous allons créer la baie du lecteur de CD/DVD sur la face avant. Insérez au moyen de l'outil Couteau deux coupes horizontales dans la partie supérieure de la façade (voir Figure 1.96). L'outil doit se trouver dans le mode Boucle, et les options Limiter à la sélection et Créer des n-gones doivent être décochées.

Nous avons ensuite besoin de deux arêtes verticales pour délimiter les côtés du lecteur. Dans le mode Arêtes, effectuez d'abord une sélection par anneau de toutes les arêtes horizontales à l'avant du boîtier interne. Celles-ci apparaissent en jaune en haut de la Figure 1.97. La seconde vue de la figure illustre les deux coupes réalisées par l'outil Diviser les arêtes.

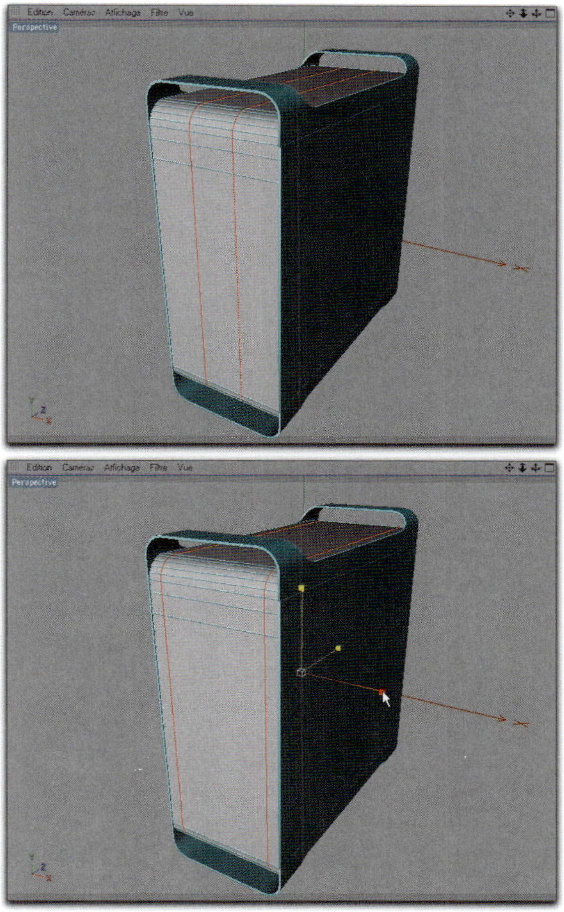

Figure 1.98 : *Éloignement des deux nouvelles arêtes.*

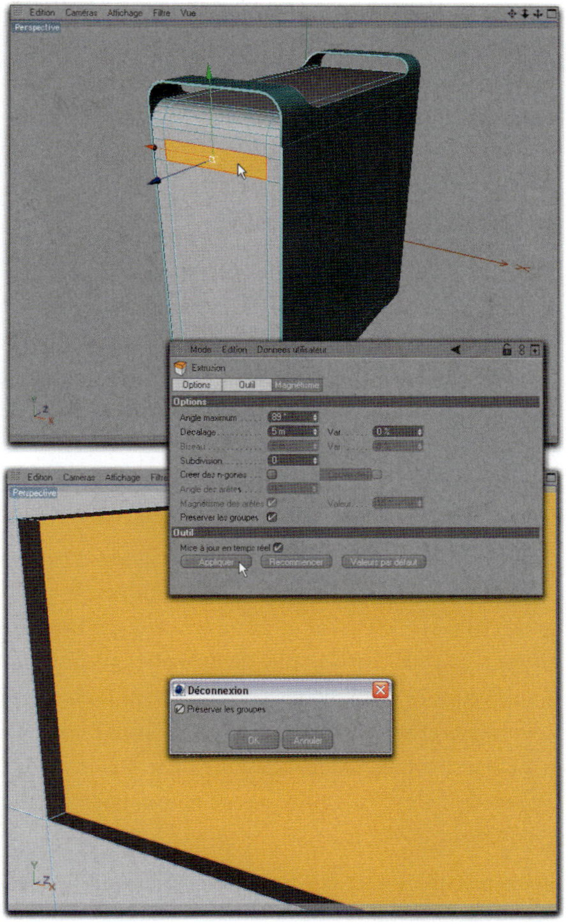


Figure 1.99 : *Extrusion de la baie du lecteur.*

Sélectionnez les deux nouvelles arêtes et utilisez l'outil de dimensionnement pour les écarter l'une de l'autre jusqu'à obtenir un espacement correspondant à la largeur du lecteur. Gardez en même temps un œil sur le gestionnaire de coordonnées pour vous arrêter environ à 160 unités pour la taille X. Pour plus de précision, saisissez directement cette valeur dans le champ correspondant. La Figure 1.98 montre l'état des arêtes avant et après leur déplacement.

Sélectionnez l'arête horizontale supérieure créée par le couteau et rectifiez sa position Y dans le gestionnaire de coordonnées en spécifiant 410 unités. Faites de même pour l'arête inférieure en spécifiant 390 unités. La baie du lecteur fait maintenant 20 unités de haut et est éloignée de 40 unités du sommet du boîtier.

Dans le mode Polygones, sélectionnez le polygone situé entre ces deux arêtes et extrudez-le au moyen de la fonction Extrusion (voir Figure 1.99). Spécifiez la valeur –2 pour le paramètre Décalage afin que l'extrusion se fasse vers l'intérieur de la façade. Veillez à ce que l'option Couvercles soit décochée. Vous obtiendriez sinon un effet de saillie et non de renfoncement.

## ➤ La commande Déconnexion

Derrière cette baie encore fermée se trouve normalement le tiroir du lecteur. Même si nous ne savons pas encore si nous allons ou non animer notre modèle, il convient de détacher cet élément. Cela nous permettra plus tard, si nécessaire, d'en faire un objet distinct. Le principe est ici identique à celui de la commande Scission utilisée pour le panneau latéral du boîtier externe.

Nous employons cette fois la commande Déconnexion du menu Fonctions. Sélectionnez le polygone qui cache le lecteur et invoquez cette commande. Cliquez sur OK dans la boîte de dialogue qui apparaît. Le polygone se retrouve détaché du reste de l'objet avec ses propres arêtes et points, lesquels n'y sont plus reliés d'aucune manière. Mais contrairement à la fonction Scission, celle-ci ne génère pas de nouvel objet dans le gestionnaire d'objets.

Pour revenir à des considérations plus esthétiques, nous allons arrondir les arêtes intérieures de la baie avec l'outil Biseauter (voir Figure 1.100). Après avoir effectué une sélection par anneau de ces quatre arêtes dans le mode Arêtes, paramétrez l'outil comme illustré dans la figure et appliquez-le. Vous pouvez néanmoins spécifier un nombre de subdivisions inférieur à 3 si vous le souhaitez. L'option Créer des n-gones permet de préserver la clarté visuelle du modèle.

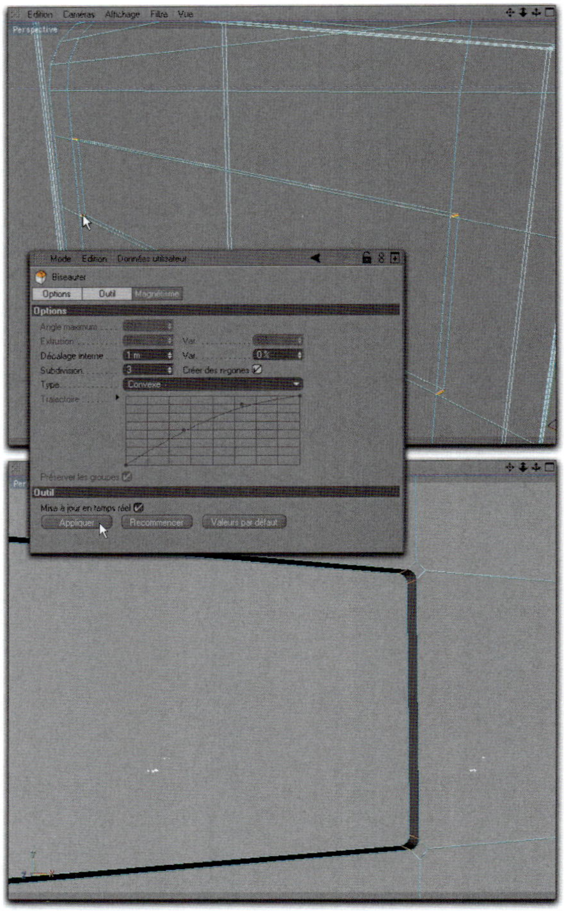


**Figure 1.100 :** *Arrondissement des arêtes intérieures de la baie.*

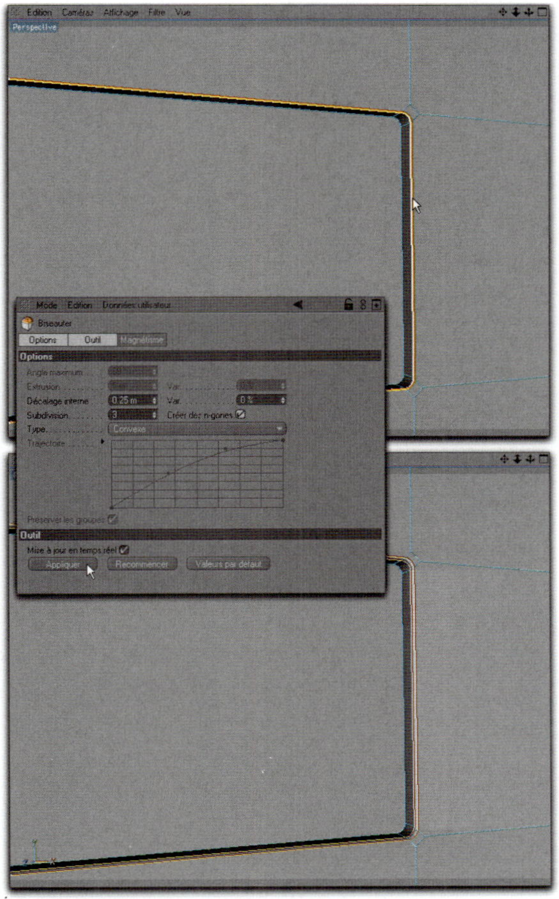

*Figure 1.101 : Arrondissement des arêtes extérieures de la baie.*

Toujours dans le mode Arêtes, réalisez cette fois une sélection par boucle des arêtes du pourtour extérieur de la baie. Nous utilisons également l'outil BISEAUTER pour les arrondir, mais avec un décalage interne de 0.25. Les autres paramètres sont identiques à précédemment (voir Figure 1.101). La baie est à présent modélisée et nous pouvons donc passer aux éléments de la façade situés dessous, à savoir le bouton marche/arrêt et divers connecteurs.

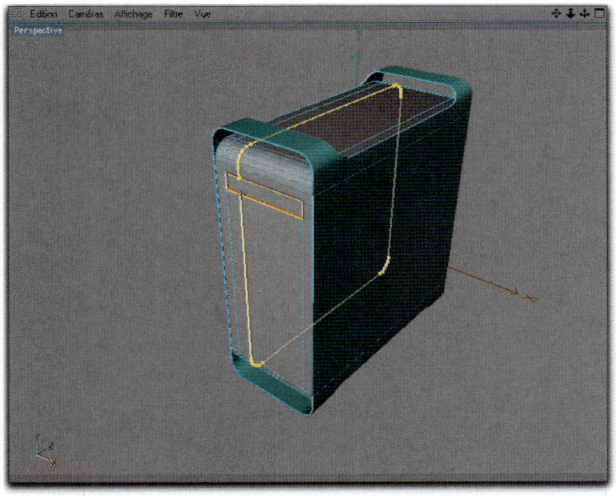

*Figure 1.102 : Coupe en boucle au moyen de l'outil Couteau.*

## Le bouton marche/arrêt

Pour positionner ces éléments additionnels, nous disposons déjà de l'arête de délimitation nécessaire à gauche de la baie. Il nous manque en revanche une arête à droite. Pour la créer, utilisez l'outil COUTEAU dans le mode BOUCLE. Faites en sorte que la boucle encercle entièrement le boîtier interne comme illustré en jaune dans la Figure 1.102. Il faut également positionner le pointeur de la souris dans le mode Arêtes exactement sur l'arête qui marque la limite inférieure du polygone détaché précédemment.

### ➤ Adaptation de l'angle de l'ombrage de Phong

Vous aurez sans doute remarqué le changement de luminosité provoqué au-dessus de la baie par la coupe en boucle (voir Figure 1.103). Il s'agit là d'un cas typique qui requiert de rectifier la valeur du paramètre LISSAGE JUSQU'À de la propriété Phong. Comme le montre

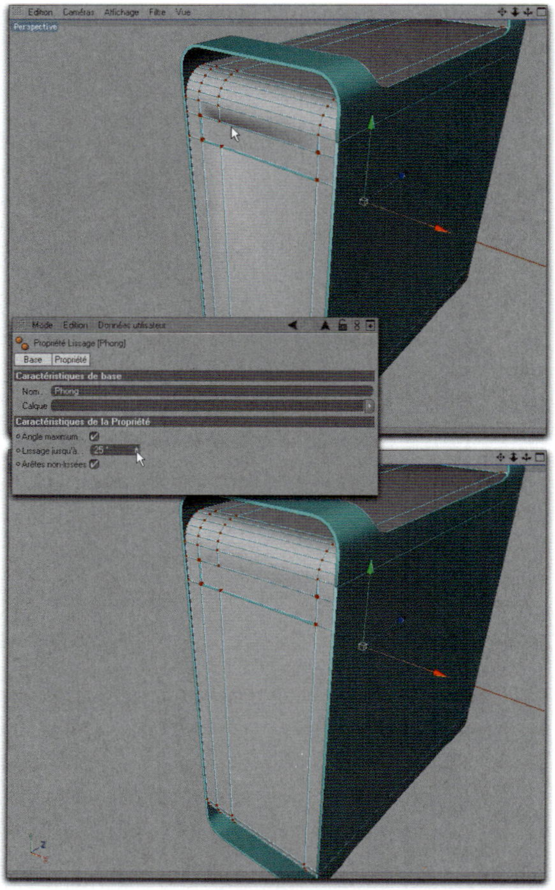


*Figure 1.103 : Correction de l'angle de la propriété Phong.*

la seconde vue de la figure, le fait de ramener cette valeur à environ 25° produit le résultat escompté. Le problème d'ombrage est corrigé sans que le lissage du modèle n'en souffre.

## ➤ Axe de modélisation

Pour obtenir l'espacement voulu entre les deux arêtes, nous pourrions simplement le calculer et spécifier la nouvelle position de l'arête droite dans le gestionnaire de coordonnées. Une alternative est d'utiliser l'outil de

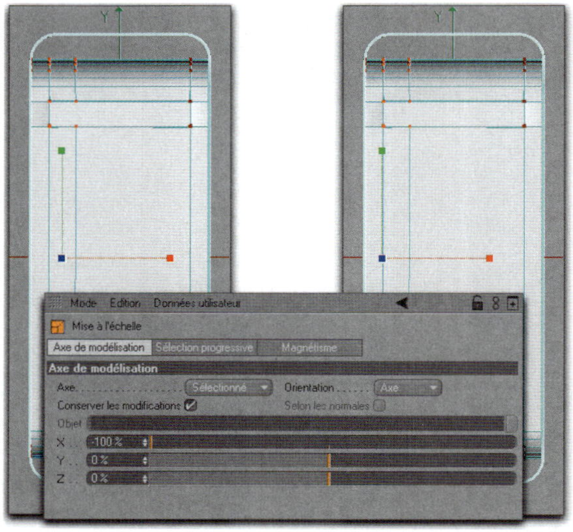


*Figure 1.104 : Déplacement du système de coordonnées local au sein d'une sélection.*

dimensionnement, mais l'inconvénient est qu'il déplacerait les deux arêtes alors que celle de gauche est déjà correctement positionnée.

La solution dans ce cas est d'utiliser la rubrique Axe de modélisation de cet outil, qui apparaît dans le gestionnaire d'attributs lorsque vous le sélectionnez. Sachez qu'elle est disponible aussi pour les outils de déplacement et de rotation. Elle vous permet de déplacer comme bon vous semble le système d'axes qui est sinon toujours centré au sein d'une sélection.

Dans le mode Points, sélectionnez les points des deux arêtes et, avec l'outil de dimensionnement activé, faites glisser le curseur X de la rubrique Axe de modélisation complètement à gauche. Le système de coordonnées local de l'objet est alors déplacé à l'extrémité gauche de la sélection courante, soit exactement sur les points dont la position ne doit pas changer (voir Figure 1.104).

Si vous ajustez maintenant l'écartement des deux séries de points, celle de gauche ne bougera pas. Suivez la progression dans le gestionnaire de coordon-

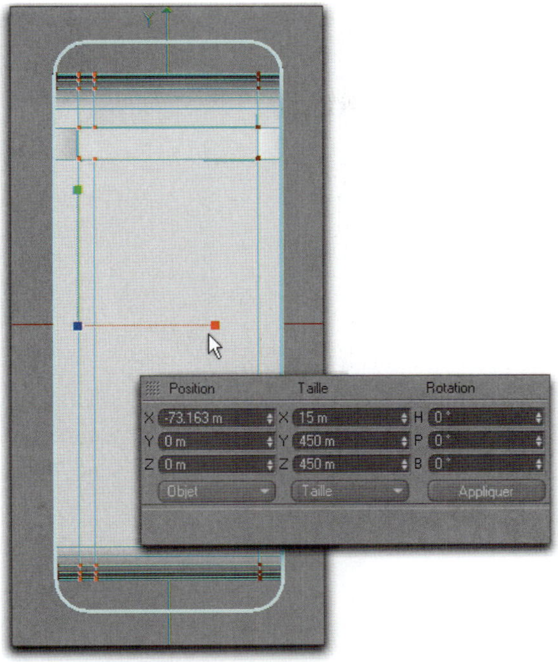


*Figure 1.105 : Réduction de l'écartement entre deux séries de points.*

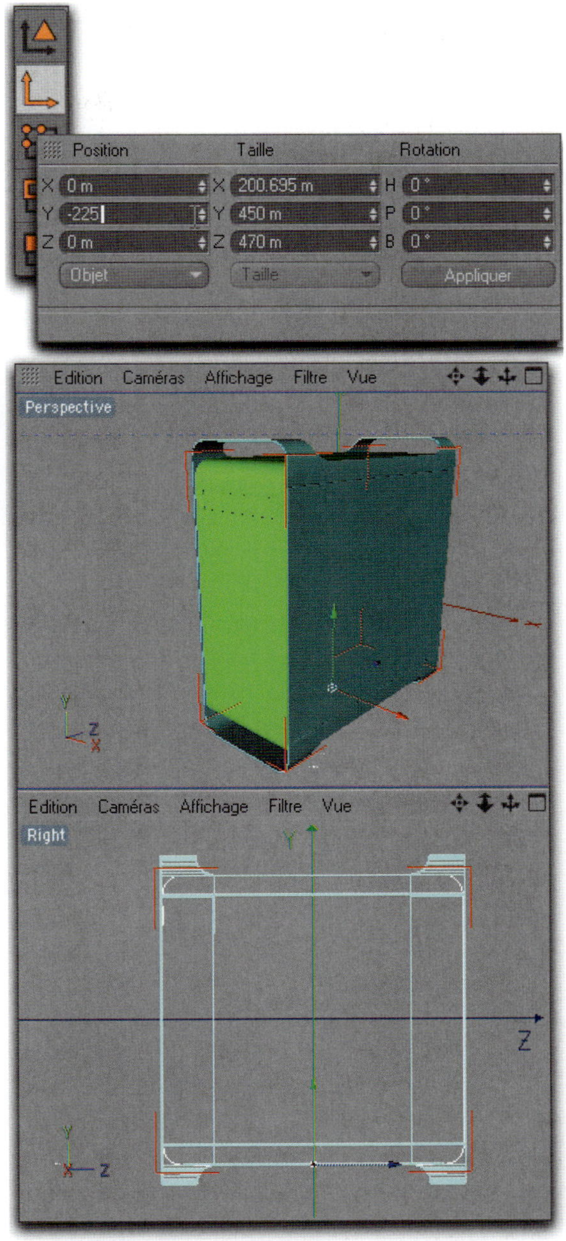


*Figure 1.106 : Déplacement du système de coordonnées local indépendamment de toute sélection.*

nées jusqu'à atteindre environ la valeur 15 pour la taille X (voir Figure 1.105). Ne saisissez pas directement cette valeur car les deux séries de points seraient alors déplacées.

## ➤ Déplacement du système d'axes local

La rubrique Axe de modélisation ne permet pas de déplacer pour de bon le système d'axes local d'un objet. Elle n'a d'effet que sur le système d'axes qui apparaît au sein d'une sélection de points, d'arêtes ou de polygones, lequel est séparé de celui de l'objet. Nous allons voir ici comment manipuler le véritable système local.

Basculez dans le mode Axes d'objet en cliquant sur l'icône qui apparaît sélectionnée en haut de la Figure 1.106. Ce mode permet d'utiliser les outils de déplacement et de rotation comme à l'accoutumée, sachant qu'ils s'appliquent alors uniquement au système d'axes de l'objet, la position de l'objet restant inchangée. Les objets paramétriques constituent une exception car la position du système d'axes en leur centre sert de référence pour les calculer. Ils sont donc déplacés en même temps que leur système d'axes. Mais cela ne nous concerne pas puisque nous manipulons des objets convertis.

Dans le gestionnaire de coordonnées, spécifiez la valeur –225 pour la position Y du système d'axes du boîtier interne, après avoir vérifié qu'aucun élément n'était sélectionné. Comme l'objet ne possède qu'un seul système d'axes, celui-ci est d'emblée actif lorsque vous passez dans le mode Axes d'objet et que l'objet apparaît sélectionné dans le gestionnaire d'objets.

Le système d'axes se retrouve placé tout en bas du boîtier, sur sa base. L'avantage est que nous pouvons maintenant spécifier directement dans le gestionnaire de coordonnées la distance des éléments sélectionnés à positionner. Pour tester cela, passez dans le mode Arêtes et activez l'outil Couteau dans le mode Boucle. Insérez à peu près au milieu de la façade une coupe horizontale comme celle marquée en jaune dans la Figure 1.107.

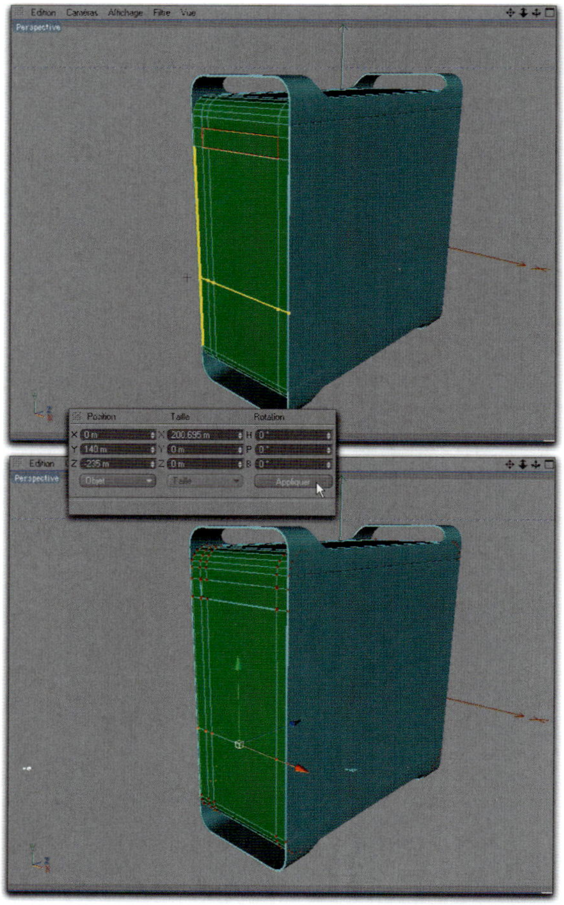


**Figure 1.107 :** *Positionnement précis d'une coupe horizontale.*

Sélectionnez la nouvelle arête, si nécessaire, et jetez un œil dans le gestionnaire de coordonnées. Lorsque celui-ci opère dans le mode Objet, le champ de position Y indique la distance exacte de l'arête par rapport à la base du boîtier. Remplacez la valeur existante par 140 (voir Figure 1.107). Cette nouvelle valeur correspond à la distance entre le milieu du panneau de contrôle et la base du boîtier. Le panneau de contrôle doit faire 90 unités de haut et nous avons besoin dedans de quatre zones distinctes pour les divers connecteurs et boutons.

Les subdivisions requises peuvent être créées en une seule fois à l'aide de l'outil Biseauter. Spécifiez la valeur 45 pour Décalage interne et 3 pour Subdivisions, et conservez l'option Linéaire du menu Type. Lorsqu'il est appliqué à une arête, cet outil travaille pareillement de part et d'autre, introduisant ici deux arêtes de chaque côté sur une surface totale de 90 unités, soit précisément la hauteur dont nous avons besoin.

***Figure 1.108 :*** *Subdivisions parallèles pour créer le panneau de contrôle.*

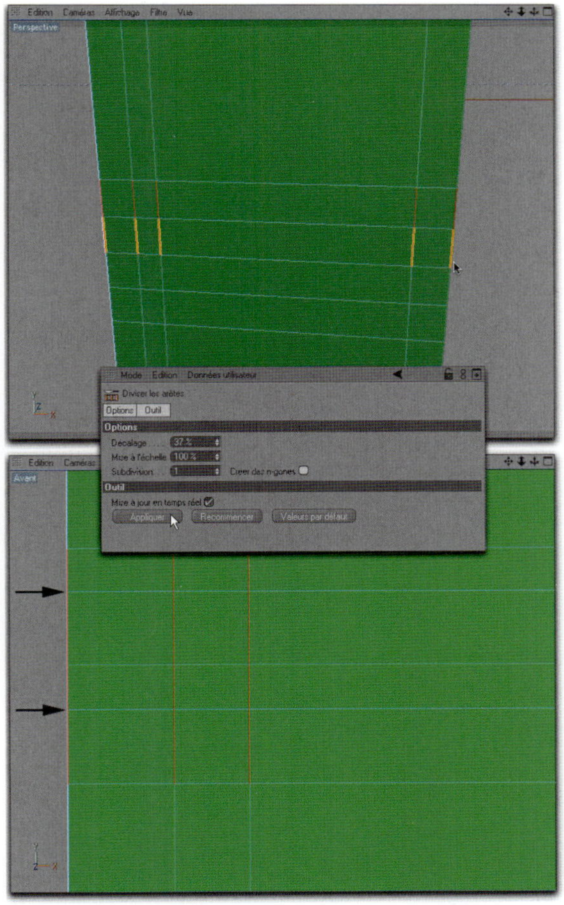


***Figure 1.109 :*** *Ajout de subdivisions pour le panneau de contrôle.*

Étant donné que les arêtes occupent le même plan que les éléments sous-jacents, le résultat est satisfaisant (voir Figure 1.108).

## ➤ Déplacement d'arêtes

Le premier polygone du panneau de contrôle en partant du haut est censé contenir un bouton rond et le polygone suivant, un connecteur rond. Pour créer ces structures, il est en fait commode de partir de polygones carrés. Sélectionnez les deux anneaux d'arêtes correspondants et appliquez l'outil Diviser les arêtes (voir Figure 1.109).

Vous pouvez ensuite ajuster dynamiquement la position des nouvelles arêtes au moyen du paramètre Décalage. Faites en sorte que les deux nouveaux polygones situés directement sous ces arêtes soient carrés. Il suffit pour cela de procéder visuellement. La position finale des arêtes est indiquée par des flèches dans la Figure 1.109.

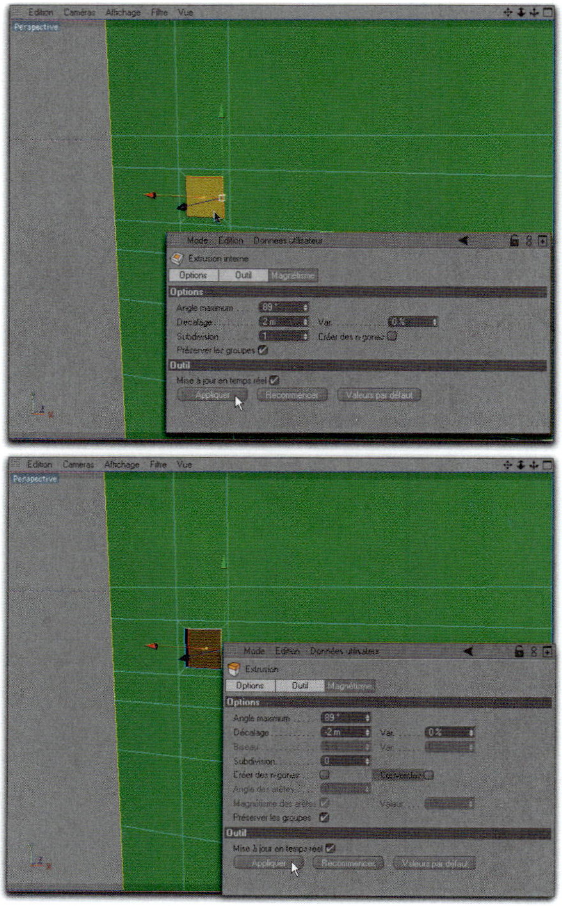

*Figure 1.110 : Préalables à la modélisation du bouton.*

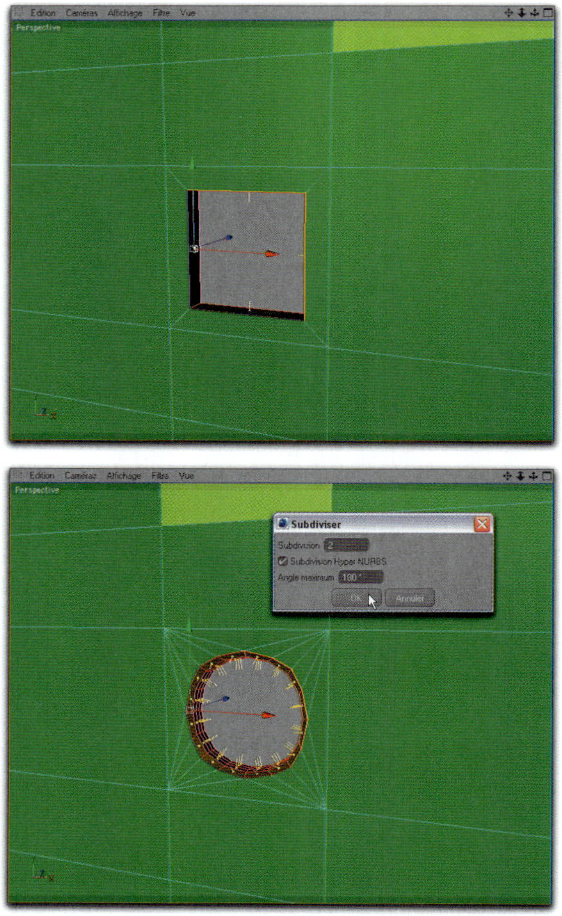

*Figure 1.111 : Arrondissement par ajout de subdivisions.*

Occupons-nous pour commencer du polygone carré du haut. Basculez dans le mode Polygones et sélectionnez-le. Extrudez-le une première fois de 2 unités vers son centre avec la fonction Extrusion interne, puis une seconde fois de 2 unités également, mais cette fois vers l'intérieur du boîtier avec la fonction Extrusion normale (voir Figure 1.110). Supprimez ensuite le polygone intérieur (voir Figure 1.111, en haut).

## ➤ Arrondissement de polygones par l'ajout de subdivisions

Nous allons maintenant recourir à une petite astuce pour subdiviser et arrondir en même temps l'anneau de polygones formé par le renfoncement. Effectuez une sélection par anneau de ces polygones et invoquez la fonction Subdiviser du menu Fonctions (voir Figure 1.111, en bas). Spécifiez la valeur 2 dans le champ Subdivision et cochez l'option Subdivision Hyper NURBS si elle ne l'est pas déjà.

Cette fonction divise une fois chaque arête de chaque polygone par étape de subdivision. Son paramètre SUBDIVISIONS correspond donc au nombre d'étapes et non au nombre de subdivisions. Lorsqu'il possède la valeur 1, un simple quadrangle est divisé en quatre polygones. Comme nous avons spécifié la valeur 2, chaque polygone sélectionné se retrouve au final divisé en 16 éléments. Le nombre de polygones augmentant très rapidement, il faut être prudent avec ce paramètre. Lorsque l'option SUBDIVISION HYPER NURBS est désactivée, la forme de l'objet reste inchangée.

Le lissage HyperNURBS utilise les arêtes des éléments sélectionnés comme des tangentes pour les formes courbes résultantes. Les quatre arêtes d'un carré sont ainsi transformées de manière à former un cercle. Pour cette raison, il était important de corriger la forme du polygone avant l'opération. Nous reviendrons sur ce thème lorsque nous étudierons l'objet HYPERNURBS.

Une telle ouverture conviendrait en l'état pour de nombreuses utilisations, mais comme ce genre de trou circulaire intervient assez souvent, par exemple dans la modélisation de composants de machines, j'aimerais vous présenter quelques techniques complémentaires utiles.

## ➤ Enregistrement de scènes et d'objets

Faisons ici un bref aparté pour enregistrer notre modèle. Employez à cet effet la commande ENREGISTRER SOUS du menu FICHIER de CINEMA 4D. Une boîte de dialogue apparaît vous invitant à spécifier le nom et le chemin de votre projet.

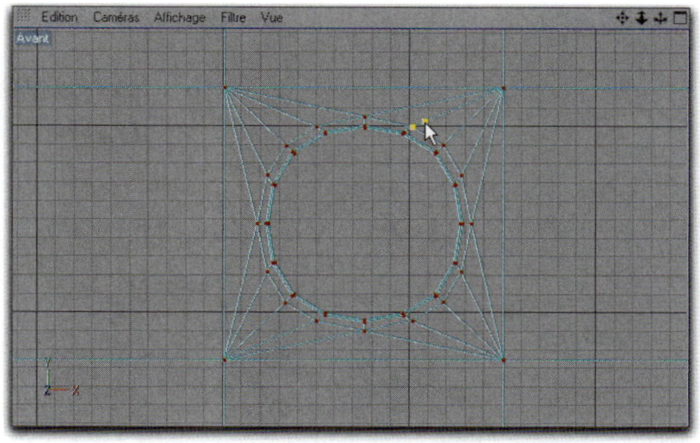


***Figure 1.112 :*** *Déplacement de points sur des arêtes.*

## ➤ Déplacement de points sur des arêtes

Partons du principe que l'ouverture inclut suffisamment de points pour pouvoir, par exemple, être arrondie davantage. Nous pouvons dans ce cas utiliser la fonction STRUCTURE > GLISSEMENT pour déplacer des points sur ses arêtes (voir Figure 1.112). Un des avantages de cette fonction est qu'elle peut être employée sans problème également dans la vue en perspective. Le déplacement ne pouvant se faire que vers des arêtes adjacentes, l'effet est le même que si un axe était verrouillé.

Pour contrôler précisément le rayon de déplacement, on pourrait utiliser, par exemple, une spline CERCLE et y coller les points par magnétisme, comme nous l'avons fait pour arrondir les poignées du boîtier. Mais cela demande de la patience, surtout si les points sont nombreux.

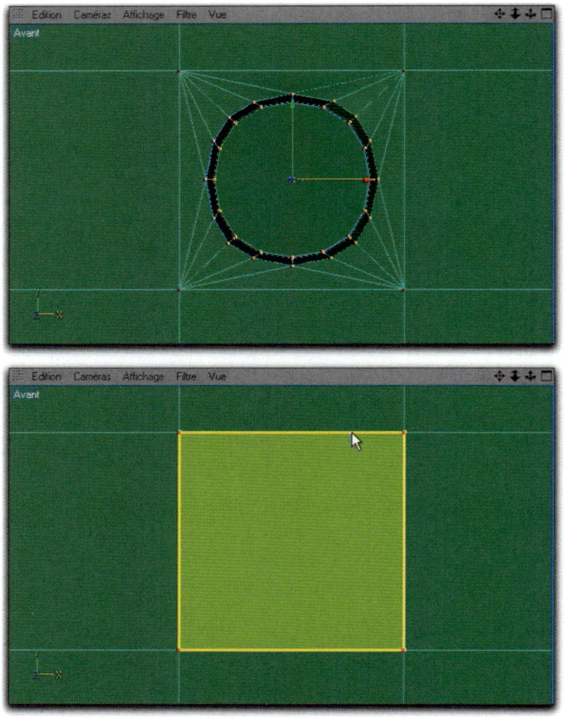


*Figure 1.113 : Suppression de l'ouverture ronde et fermeture du trou carré résultant.*

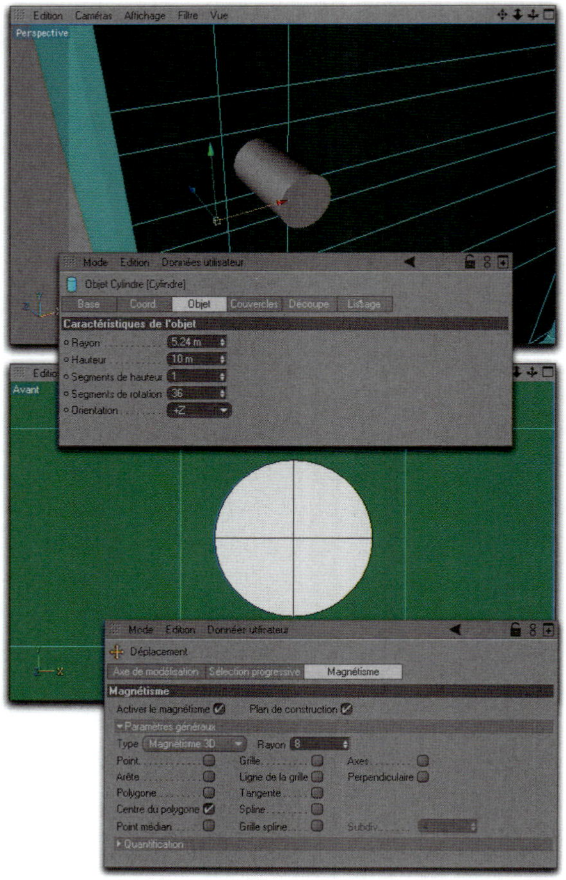


*Figure 1.114 : Placement du cylindre au centre du polygone.*

J'aimerais vous présenter une autre approche qui permet de créer en principe toutes sortes de formes, y compris des arrondis parfaits. Avant cela, sélectionnez et supprimez tous les points qui constituent l'ouverture ronde sur le boîtier interne. Subsiste une ouverture carrée qu'il convient de fermer avec l'outil FERMER LE TROU POLYGONAL (voir Figure 1.113).

Créez une primitive CYLINDRE et configurez son paramètre ORIENTATION dans l'onglet OBJET avec la valeur +Z. Cela a pour effet de le positionner perpendiculairement à la façade. Indiquez un rayon de 5.24. La hauteur n'a ici pas beaucoup d'importance, aussi une valeur de 10 unités et un seul segment suffisent. Activez l'outil DÉPLACEMENT avec un magnétisme de type 3D et l'option CENTRE DU POLYGONE (voir Figure 1.114). Dans la vue frontale, faites glisser le cylindre sur l'ouverture polygonale fermée précédemment jusqu'à ce qu'il soit magnétisé, puis désactivez le magnétisme.

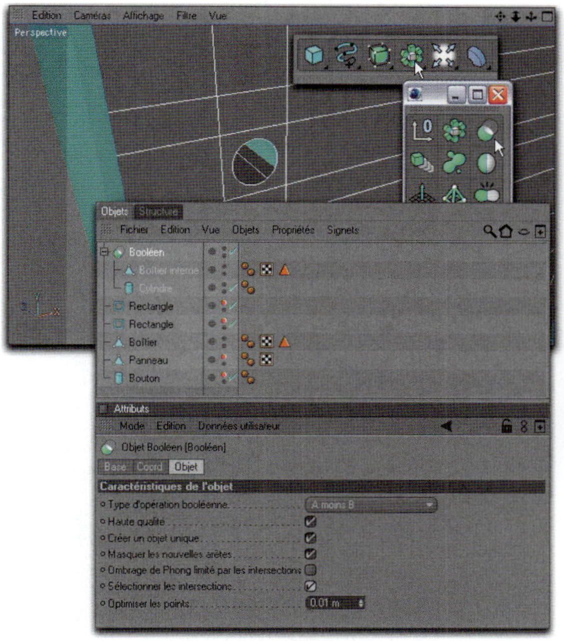


*Figure 1.115 : L'objet Booléen.*

## ➤ Combinaison d'objets avec l'objet Booléen

Nous voulons ici combiner le boîtier et le cylindre de manière à enfoncer ce dernier dans la façade du premier pour y créer un trou circulaire. Pour ce genre d'opération, l'objet BOOLÉEN convient parfaitement. Il est accessible dans la barre d'icônes de CINEMA 4D, comme illustré Figure 1.115.

Cet objet possède plusieurs modes que vous pouvez contrôler par le biais du gestionnaire d'attributs. Le mode qu'il faut utiliser ici est A MOINS B, les lettres A et B représentant les deux objets. A est le premier objet subordonné à l'objet BOOLÉEN et B vient en second.

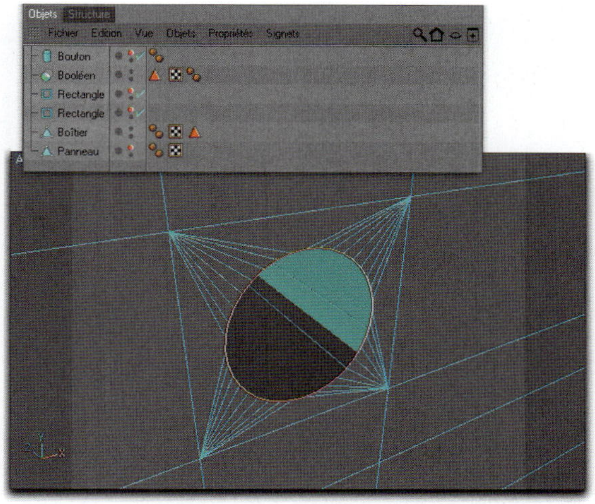


*Figure 1.116 : Conversion d'un objet Booléen.*

Pour pouvoir réutiliser ultérieurement le cylindre, faites en une copie dans le gestionnaire d'objets et nommez-la, par exemple, Bouton. Ordonnez ensuite le boîtier interne et le cylindre original sous l'objet BOOLÉEN comme le montre la Figure 1.115.

Cette figure donne également à voir l'effet de l'objet BOOLÉEN : le cylindre a produit l'ouverture circulaire voulue dans la façade. Étant donné que le cylindre reste un objet à part entière malgré sa subordination à l'objet BOOLÉEN, il est possible de modifier à souhait sa position et ses paramètres, ou bien sa forme une fois qu'il a été converti en objet polygonal. Ce qui compte surtout c'est qu'il continue d'exister en tant que corps volumétrique. Si vous supprimez par exemple ses couvercles, le calcul de l'opération booléenne ne pourra plus s'effectuer correctement. L'objet BOOLÉEN fonctionne lui comme un objet paramétrique et peut donc être converti, comme le montre la Figure 1.116, ce qui va nous permettre de modifier les arêtes en bordure de l'ouverture.

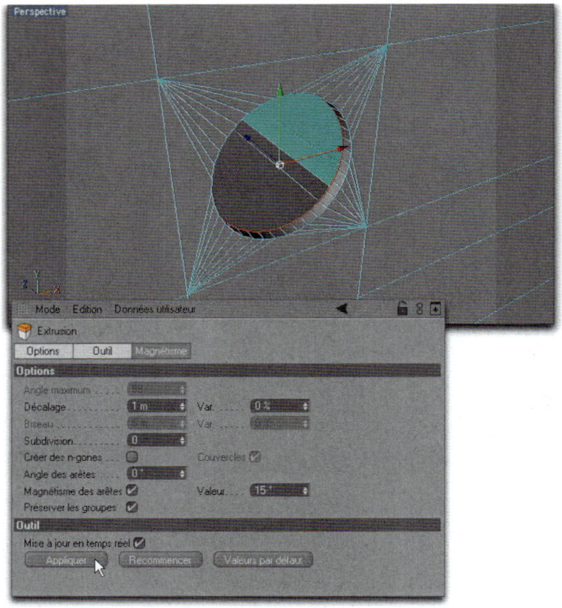


***Figure 1.117 :*** *Extrusion d'arêtes.*

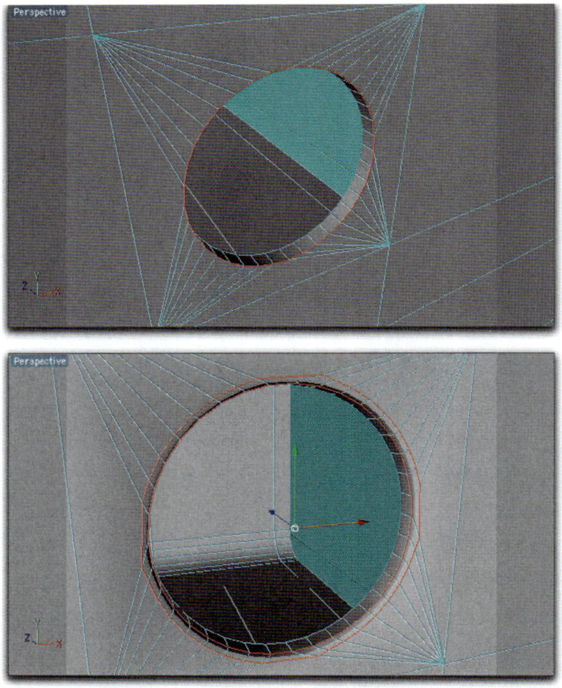


***Figure 1.118 :*** *Arrondissement des arêtes à l'avant de l'ouverture.*

## ➤ Extrusion d'arêtes

Pour améliorer la transition sur les bords de l'ouverture, passez d'abord dans le mode Arêtes et effectuez une sélection par boucle de toutes les arêtes qui s'y trouvent ; une alternative est d'activer l'option Sélectionner les intersections de l'objet booléen avant sa conversion. Invoquez ensuite l'outil Extrusion, qui s'applique également aux arêtes.

Le paramètre Angle des arêtes sert à spécifier la direction des arêtes extrudées par rapport aux polygones adjacents. Dans notre cas, une valeur de –90 pour ce paramètre et une valeur de 1 pour le paramètre Décalage permettent de simuler un épaississement vers l'intérieur de la façade du boîtier (voir Figure 1.117).

## ➤ Arrondissement des arêtes d'une ouverture

Sélectionnez la boucle d'arêtes située sur le devant de l'ouverture et appliquez-lui l'outil Biseauter avec un faible rayon (voir Figure 1.118). Le résultat n'est pas vraiment satisfaisant puisque les arêtes de la boucle extérieure résultante ne possèdent pas la même longueur, produisant de ce fait un arrondi irrégulier. Ce défaut est particulièrement apparent sur les côtés de l'ouverture ainsi qu'au-dessus et en dessous (voir bas de la figure). Annulez par conséquent l'opération. Pour que cet outil soit efficace, les arêtes perpendiculaires à celles à arrondir doivent également former un angle droit avec celles résultant de l'arrondissement. Vous allez voir que c'est moins compliqué qu'il n'y paraît.

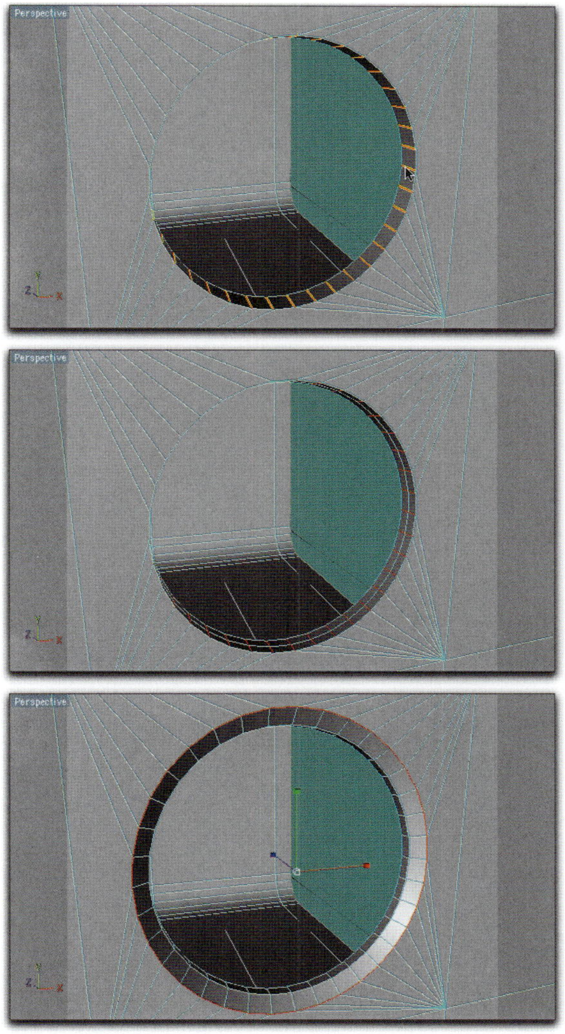


*Figure 1.119 : Préalables à l'arrondissement de l'ouverture.*

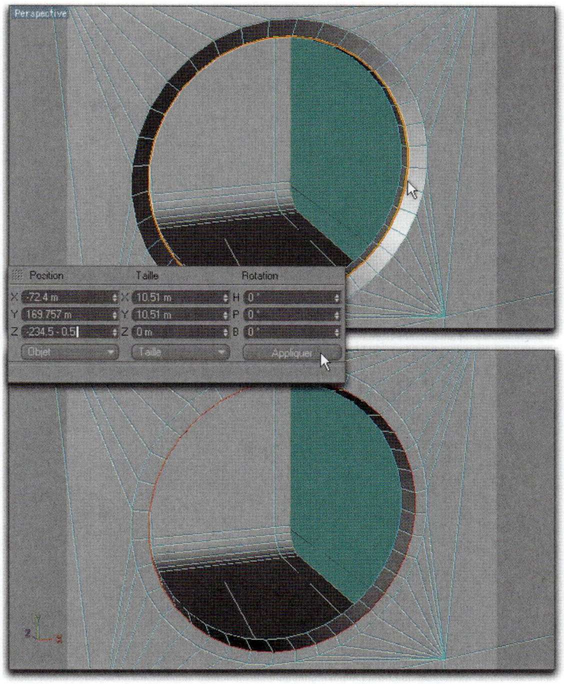


*Figure 1.120 : Déplacement vers l'avant de la boucle d'arêtes du milieu.*

Commencez par effectuer une sélection par anneau des arêtes situées sur la tranche de l'ouverture (voir Figure 1.119, en haut), puis coupez-les en deux en leur milieu avec l'outil DIVISER LES ARÊTES. Effectuez ensuite une sélection par boucle de la boucle d'arêtes extérieure et agrandissez-la au moyen de l'outil de dimensionnement jusqu'à disposer de suffisamment de place pour l'arrondissement de l'ouverture. La dernière vue de la figure montre un résultat possible.

Réalisez une sélection par boucle de la boucle d'arêtes produite par l'outil DIVISER LES ARÊTES, puis soustrayez la valeur 0.5 de la valeur de sa position Z dans le gestionnaire de coordonnées (voir Figure 1.120) pour la placer également sur le devant de l'ouverture. Nous avons maintenant à cet endroit deux boucles parallèles dont les arêtes sont perpendiculaires à celles qui partent vers l'intérieur de l'ouverture.

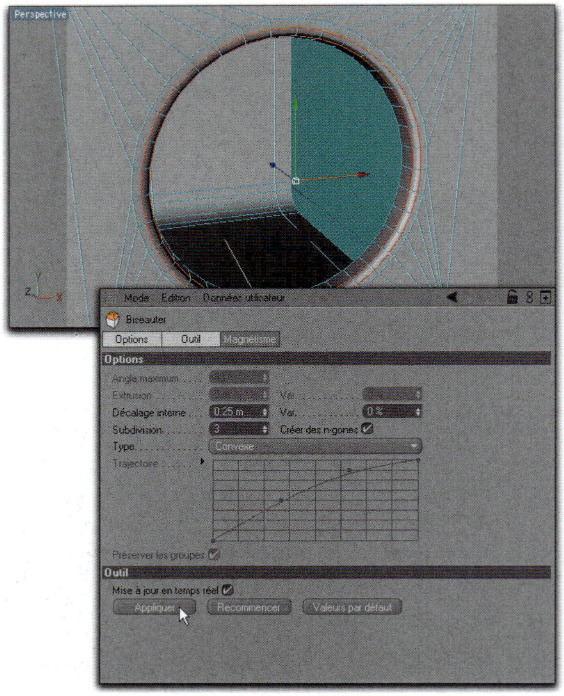


***Figure 1.121 :*** *L'ouverture parfaitement arrondie.*

Si nous appliquons de nouveau l'outil Biseauter à la boucle d'arêtes extérieure, nous obtenons cette fois un arrondi parfait, comme illustré à la Figure 1.121. Cette figure présente également un paramétrage possible de l'outil.

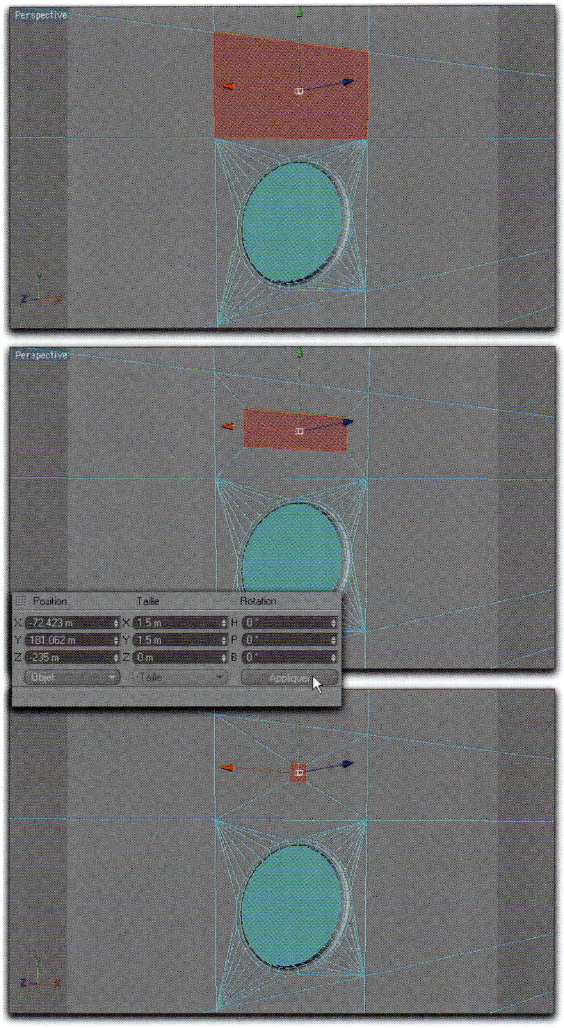


***Figure 1.122 :*** *Modélisation du LED de contrôle.*

## *Le LED de contrôle*

La technique illustrée précédemment fonctionne si bien que nous allons procéder de la même manière pour modéliser le LED de contrôle (voir Figure 1.122). Dans le mode Polygones, sélectionnez la zone rectangulaire située au-dessus du bouton marche/arrêt et exécutez la fonction Extrusion interne pour réduire sa taille. Les valeurs que vous choisissez importent peu.

Nous avons vu que le gestionnaire de coordonnées ne sert pas seulement à visualiser des positions ou des dimensions mais permet aussi, entre autres choses, de modifier directement la taille des polygones sélectionnés. Spécifiez la valeur 1.5 pour la taille X et la taille Y et validez votre saisie en cliquant sur Appliquer ou en appuyant sur ↵Retour. Vous obtenez au centre de la zone un polygone parfaitement carré.

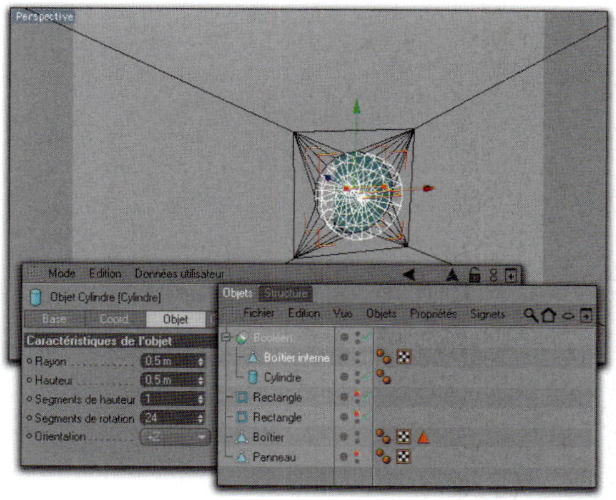


***Figure 1.123 :*** *Subordination du cylindre et du boîtier interne au booléen.*

Invoquez un objet CYLINDRE et donnez-lui une hauteur et un rayon de 0.5. Ses segments de hauteur peuvent se limiter à 1 et ceux de pourtour (localisés par SEGMENTS DE ROTATION) peuvent être ramenés au minimum à 24. Activez ensuite l'outil de déplacement avec magnétisme 3D et l'option CENTRE DU POLYGONE et positionnez le cylindre au centre du petit polygone. Vous devez pour cela opérer dans le mode Modèle.

Regroupez ce cylindre ainsi que le boîtier interne sous un nouvel objet BOOLÉEN en choisissant là encore le mode de soustraction (voir Figure 1.123). Dans le gestionnaire d'objets, il importe que le boîtier interne apparaisse en premier sous l'objet BOOLÉEN, suivi du cylindre. Au besoin, rectifiez cet ordre en faisant simplement glisser l'un des deux objets vers l'emplacement voulu.

Si nous avons auparavant réduit la taille du polygone sous-jacent au cylindre c'est parce que les opérations booléennes peuvent générer de nombreux petits polygones dont la position et l'agencement risquent d'altérer l'ombrage de la surface. Il est donc préférable de limiter autant que possible le champ d'action d'un booléen. Le plus simple est de restreindre son effet à un seul polygone de sorte que les polygones créés lors de l'opération y restent confinés, comme le montre la Figure 1.123. Les zones adjacentes sont ainsi protégées.

## *Les connecteurs*

Nous allons maintenant créer les connecteurs sur la façade du boîtier. Nous utiliserons principalement des splines, l'occasion pour vous de découvrir les possibilités qu'elles offrent pour la modélisation d'objets.

### ➤ Création d'objets à partir de splines

Nous nous sommes déjà servis de splines comme d'une aide à la modélisation. Sachez qu'elles peuvent également servir à générer directement des objets, ce qui demande de faire intervenir des objets NURBS, comme nous le verrons dans l'exemple qui va suivre.

Nous utilisons ici une spline CERCLE pour la prise du casque et deux splines RECTANGLE, la première pour le port USB et la seconde pour la prise FireWire. Ces splines sont accessibles *via* l'icône habituelle dans la palette verticale de CINEMA 4D. Nous allons examiner plusieurs techniques, certaines fonctionnant mieux que d'autres selon les situations. Avant de commencer, profitez-en pour enregistrer votre scène.

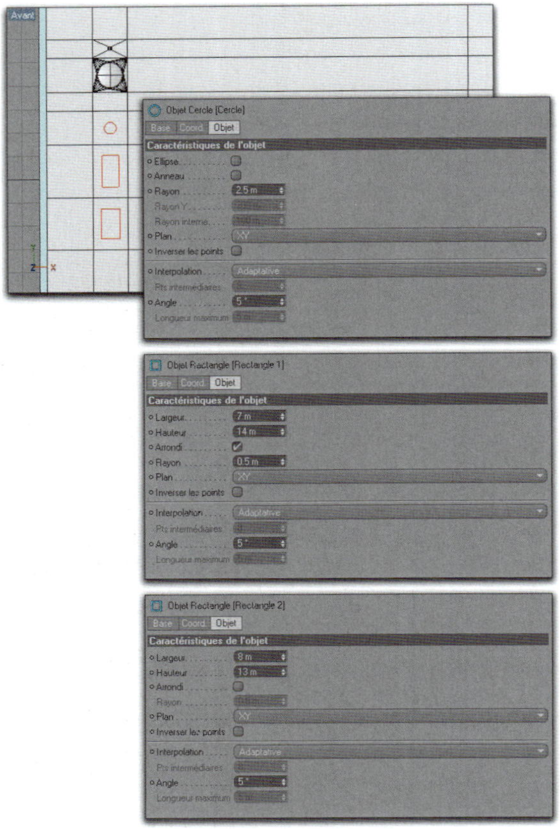


***Figure 1.124 :*** *Les trois splines correspondant aux trois connecteurs.*

Choisissez pour les trois splines le plan XY. Définissez un rayon de 2.5 pour le cercle. Le premier rectangle doit avoir une largeur de 7 et une hauteur de 14 et posséder un arrondi de rayon 0.5. Le second rectangle doit avoir une largeur de 8 et une hauteur de 13, mais ne doit pas être arrondi car il faut encore modifier sa forme. Dans le mode Modèle, activez l'outil de déplacement avec magnétisme 3D et l'option CENTRE DU POLYGONE et positionnez chacune des trois splines au centre de leur polygone respectif (voir Figure 1.124).

## ➤ Conversion de splines et mise en forme individuelle

Jusqu'à présent, la forme de base paramétrique des splines nous suffisait. Mais pour modéliser la prise FireWire, nous devons cette fois convertir la spline correspondante afin d'adapter plus précisément sa forme. Avec la spline en question active, appuyez sur la touche [C] ou exécutez la commande AUTORISER LES MODIFICATIONS du menu FONCTIONS.

Maintenant que notre seconde spline RECTANGLE est convertie, nous pouvons manipuler ses points. Le côté inférieur de cette prise doit être légèrement bombé, ce que nous allons modéliser en ajoutant un nouveau point à la spline. Dans le mode Points, invoquez la commande AJOUTER DES POINTS du menu STRUCTURE et cliquez au milieu de l'arête inférieure. Un nouveau point apparaît sur le tracé de la spline.

Vérifiez que le gestionnaire de coordonnées opère dans le mode OBJET et spécifiez la valeur 0 pour la position X afin que le nouveau point se retrouve exactement au milieu de l'arête. Sélectionnez ensuite les deux coins inférieurs de la spline et déplacez-les de 2 unités vers le haut en restant bien dans l'axe. Veillez à ce que le magnétisme de l'outil de déplacement soit désactivé. Cette étape est illustrée Figure 1.125.

## ➤ La commande Chanfreiner

Pour aplatir la pointe résultante au bas de la spline, nous allons utiliser la commande CHANFREINER du menu STRUCTURE > MODIFIER LA SPLINE. Cette fonction est comparable à l'outil BISEAUTER appliqué à des arêtes en ce qu'elle permet d'arrondir les points d'une spline. Sélectionnez le point nouvellement introduit et invoquez cette commande. Dans le gestionnaire d'attributs, cochez l'option CHANFREIN LINÉAIRE pour obtenir un chanfrein rectiligne. Un rayon de 2.5 suffit ici (voir Figure 1.126).

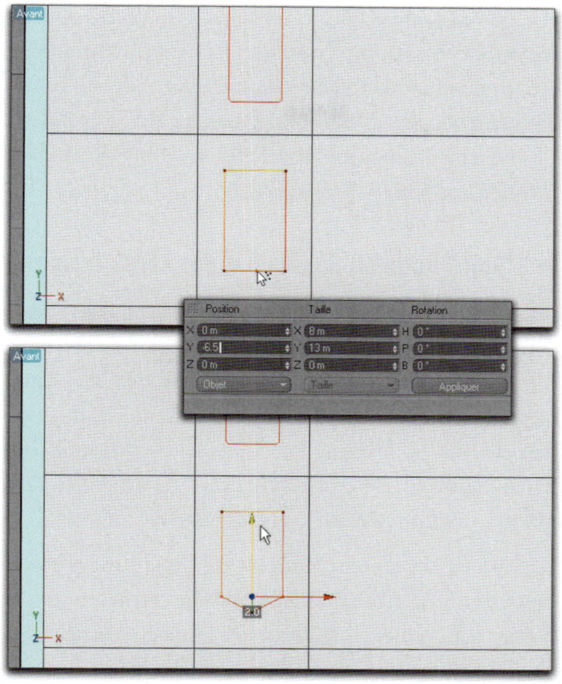


*Figure 1.125 : Insertion et déplacement de points.*

À l'aide du pointeur de sélection, sélectionnez ensuite les quatre coins de la spline et appliquez de nouveau la commande CHANFREINER, avec cette fois l'option CHANFREIN LINÉAIRE désactivée et un rayon de 0.5. Vous obtenez ainsi une spline légèrement arrondie.

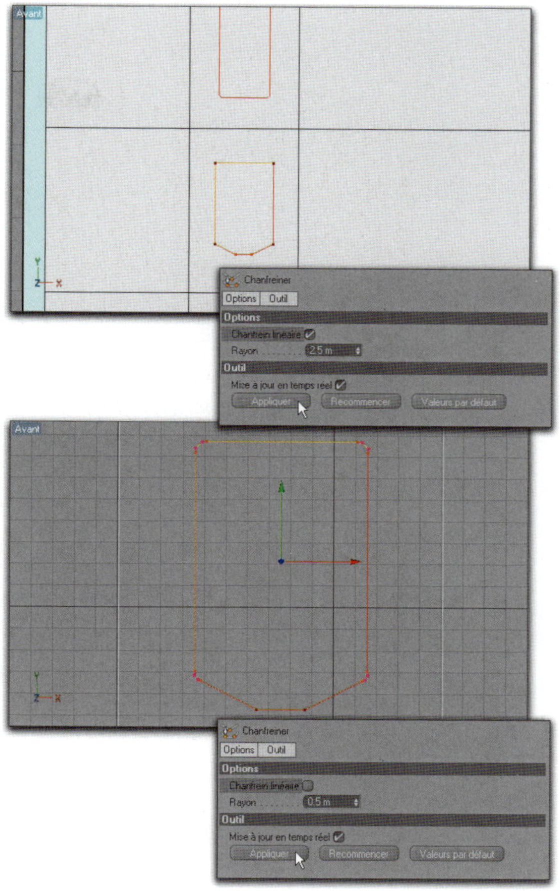


*Figure 1.126 : L'outil Chanfreiner appliqué à une spline.*

## ➤ L'objet Extrusion NURBS

Pour pouvoir créer des objets polygonaux volumétriques à partir de splines existantes, nous disposons de plusieurs objets NURBS, EXTRUSION NURBS étant celui qui nous intéresse ici. Cet objet étend en plusieurs étapes la spline qui lui est subordonnée dans la direction spécifiée et recouvre le volume ainsi créé d'une «peau» de polygone. Il permet de créer très facilement du texte 3D, entre autres choses. L'icône des NURBS se trouve à droite de celle des splines dans la palette d'icônes verticale.

À l'instar des autres NURBS, celui-ci doit se voir subordonner une ou plusieurs splines. Dans le gestionnaire d'objets, placez les trois splines créées plus haut sous la dépendance d'un nouvel objet EXTRUSION NURBS, leur ordre étant sans importance.

Lorsqu'une seule spline est rattachée à un objet EXTRUSION NURBS et que l'option HIÉRARCHIQUE de celui-ci est désactivée dans le gestionnaire d'attributs, le système d'axes de l'objet est utilisé. En revanche, si cette option est activée c'est le système d'axes de la

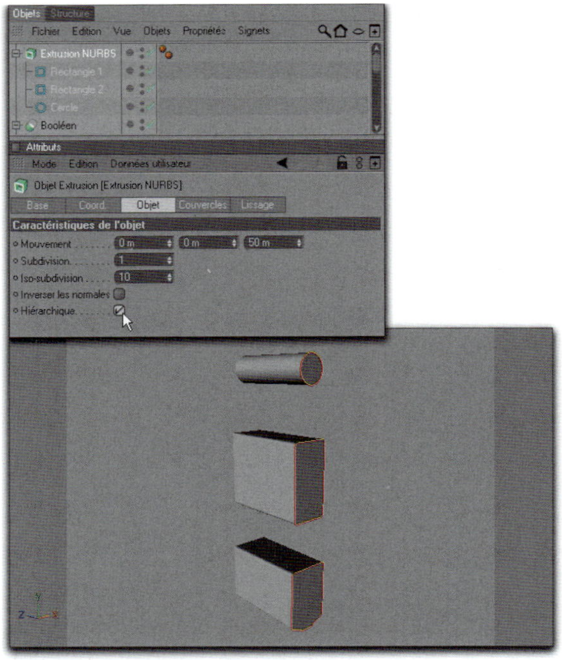


***Figure 1.127 :*** *Effet de l'objet Extrusion NURBS.*

spline qui est utilisé. Lorsque plusieurs splines sont rattachées au NURBS, cette option doit dans tous les cas être cochée pour que celles-ci puissent être prises en compte et traitées correctement.

Le paramètre Subdivisions indique le nombre de copies devant être créées pour une spline. Par exemple, la valeur 1 indique d'en créer une seule. La distance de cette copie par rapport à la spline d'origine est déterminée par les trois champs du paramètre Mouvement, lesquels correspondent respectivement aux axes X, Y et Z. Dans notre exemple, les valeurs 0, 0 et 50 pour ce paramètre ainsi que l'option Hiérarchique activée ont pour effet d'étendre chaque spline de 50 unités dans la direction Z, comme le montre la Figure 1.127. Le boîtier a été masqué dans l'éditeur, vous permettant de mieux apprécier le résultat.

## ➤ L'objet Booléen appliqué à des corps fermés

Pour l'instant, nous avons vu l'effet de l'objet Booléen lors de la combinaison d'un corps non fermé et d'un corps fermé, en l'occurrence le modèle de boîtier interne et un cylindre. Le résultat était un simple trou dans le boîtier. Lorsque les objets combinés sont tous deux volumétriques, c'est-à-dire fermés, on obtient à la place un renfoncement, comme vous allez le voir.

L'action de cet objet se limitant ici à une zone relativement petite, il n'est pas nécessaire de fermer exprès le boîtier tout entier. Il suffit que la zone concernée fasse partie d'un corps fermé. La fonction Extrusion va nous être utile puisque son option de faces fermantes (localisée par Couvercles) permet justement de créer des objets fermés. Souvenez-vous que cette option nous a servi à épaissir le boîtier externe et ses poignées.

Commencez par sélectionner les trois polygones sous-jacents aux trois spline extrudées et invoquez la commande Extrusion à partir du menu Structure. Une profondeur de 10 unités est suffisante pour ces connecteurs. Pour que les polygones sélectionnés s'enfoncent dans la façade, le paramètre Décalage doit posséder la valeur –10. Cochez également les options Préserver les groupes et Couvercles, puis cliquez sur Appliquer.

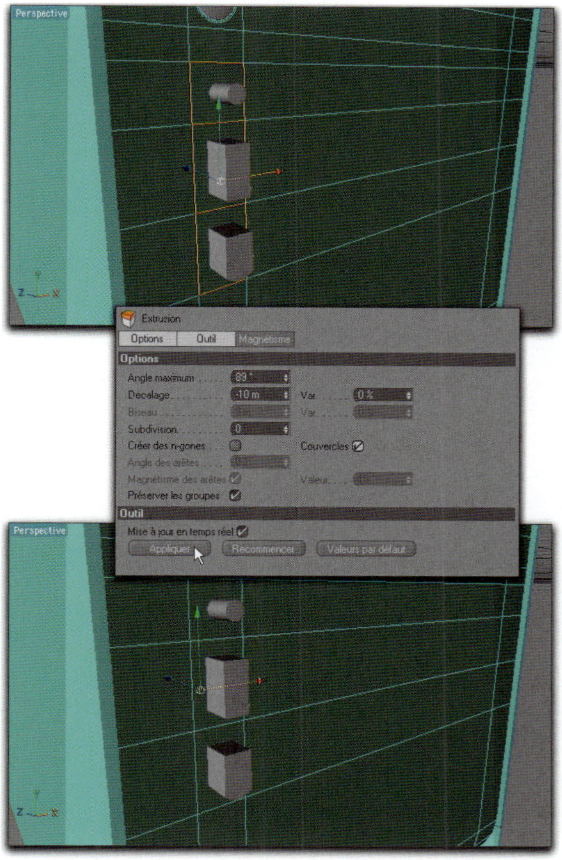


***Figure 1.128 :*** *Création d'un volume interne.*

Bien qu'invisible extérieurement, des volumes rectangulaires ont bien été créés sous les polygones sélectionnés. Pour finir, tirez un peu plus les trois splines en dehors de la façade, soit le long de l'axe Z, comme illustré Figure 1.128.

Pour soustraire à présent de la façade du boîtier les volumes représentant les futurs connecteurs, nous pouvons utiliser l'objet booléen existant. Rappelons que cet objet regroupe actuellement le boîtier interne et un cylindre. Rattachez-y simplement l'objet EXTRUSION NURBS ; il sera alors pris en compte comme un objet B supplémentaire dans l'opération A MOINS B.

Vous pouvez constater dans la Figure 1.129 le succès de l'opération. Nous avons maintenant à l'avant du boîtier trois renfoncements, et non de simples trous. Si ce n'est pas votre cas, vous devez extraire davantage de la façade les volumes subordonnés à l'objet EXTRUSION NURBS ou bien réduire la valeur correspondant à l'axe Z dans le paramètre MOUVEMENT. Une fois soustraits, les volumes subordonnés à l'objet EXTRUSION NURBS ne doivent pas dépasser le fond des volumes internes qu'ils occupent, autrement ces derniers ne pourront pas être fermés.

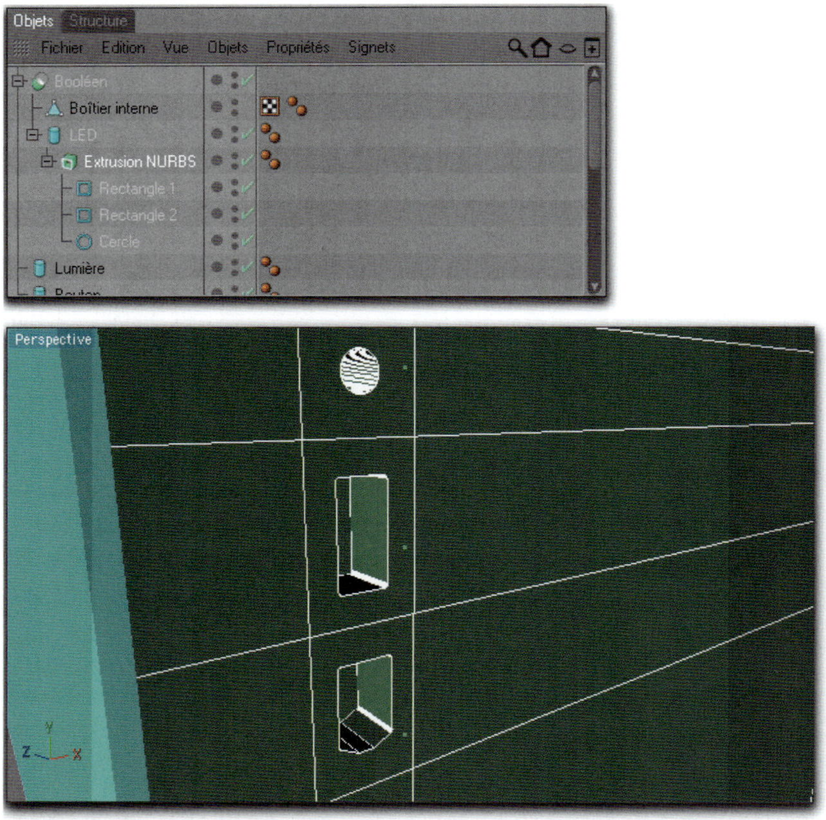


*Figure 1.129 : Soustraction de l'objet Extrusion NURBS.*

## ➤ Interpolation

En observant de plus près les ouvertures ainsi créées, on constate un très grand nombre de subdivisions sur la tranche de celle cylindrique et sur les coins arrondis des deux autres. Nous allons optimiser cela. Les subdivisions utilisées par un objet NURBS dépendent très souvent de la configuration du paramètre INTERPOLATION des splines qui lui sont subordonnées (voir Figure 1.130).

Le sous-paramètre PTS INTERMÉDIAIRE détermine le nombre de points qui doivent être insérés entre ceux existants pour représenter la forme de la spline.

Comme évoqué en début de chapitre, CINEMA 4D ne sait gérer que des points et des polygones et construit par conséquent les courbes et les surfaces arrondies en utilisant davantage de segments et de polygones.

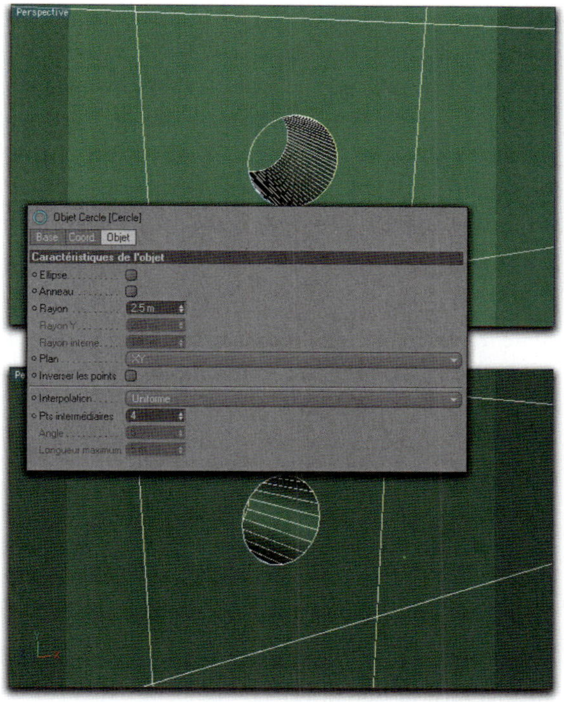


*Figure 1.130 : Optimisation du nombre de points intermédiaires.*

Cela concerne également les courbes à base de splines. Leur tracé doit être subdivisé en segments plus petits pour pouvoir, par exemple, générer des volumes par le biais d'un objet EXTRUSION NURBS.

Nous pouvons voir qu'une grande quantité de points intermédiaires a été utilisée pour former la spline circulaire représentant la prise du casque. Si cela a son utilité pour des cercles de gros diamètre, plus le cercle est petit et plus il est possible d'économiser des points sans perte visible de qualité.

Il est généralement préférable de limiter autant que possible le nombre de points et de polygones de façon à réduire la mémoire et le temps de calcul nécessaires au final. Les objets de faible résolution peuvent en outre être manipulés plus rapidement dans l'éditeur et facilitent les actions spéciales, telles qu'un arrondissement des arêtes après coup.

Les splines sont configurées par défaut avec le mode d'interpolation ADAPTATIVE et un angle de 5°. Après analyse de la courbe, un point additionnel est inséré pour chaque variation de direction excédant cet angle. Étant donné que notre spline circulaire décrit un cercle de 360°, cela donne 360 divisé par 5, soit 72 points. Sur ces 72 points, 68 sont des points intermédiaires puisque la forme circulaire est établie à partir de 4 points, comme vous pouvez le voir après la conversion de la spline.

Pour réduire le nombre de points intermédiaires, on peut donc soit augmenter la valeur de l'angle soit choisir un autre mode d'interpolation. Pour une spline circulaire, vous disposez par exemple du mode UNIFORME qui maintient la même distance entre chaque point introduit et ceux existants. En supposant que le paramètre PTS INTERMÉDIAIRE possède la valeur 4, comme dans notre exemple, cela donne un total de 20 points : 4 segments de courbe de 90° multipliés par la valeur 4 de ce paramètre, plus les 4 points existants (voir Figure 1.130). En dépit de la réduction importante du nombre de points, la forme de la prise ne change quasiment pas.

Pour les splines représentant les deux autres prises, vous pouvez conserver le mode d'interpolation ADAPTATIVE mais augmenter l'angle en spécifiant 11.25 voire 22.5. Le nombre de points s'en trouve allégé notamment au niveau des coins arrondis, mais l'effet est à peine visible en raison du faible rayon de ces derniers.

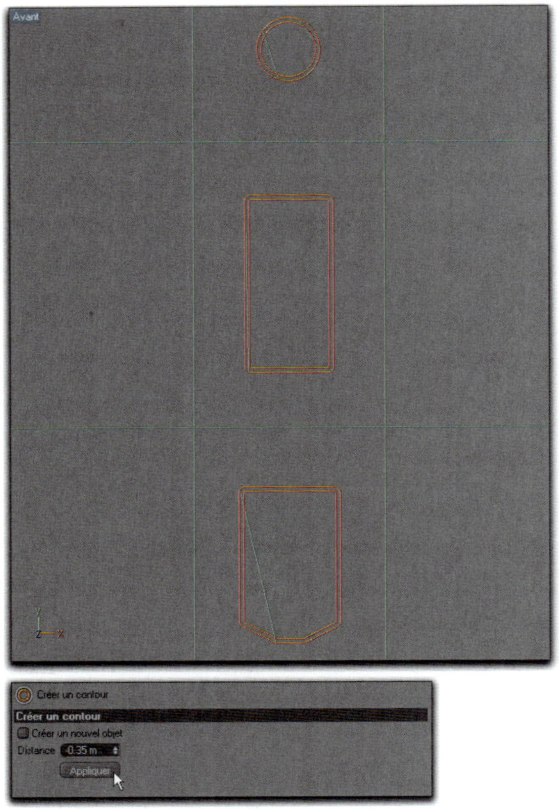


*Figure 1.131 : Splines doubles.*

## ➤ Doublement de splines

Il importe que les connecteurs soient isolés électriquement du boîtier. Nous allons créer cette couche isolante directement à partir des trois splines subordonnées à l'objet Extrusion NURBS. Dans le gestionnaire d'objets, sélectionnez-les et opérez un glisser-déposer vers un autre emplacement en maintenant la touche C enfoncée pour les dupliquer. Utilisez sinon les commandes Copier et Coller du menu Edition du gestionnaire d'objets.

La commande que nous allons employer maintenant demande de convertir auparavant ces copies en objets normaux. Une fois cela fait, sélectionnez les trois copies et choisissez Structure > Modifier la spline > Créer un contour. Lorsque cette fonction est active, vous pouvez doubler les splines sélectionnées directement dans l'éditeur à l'aide de la souris ou bien dans le gestionnaire d'attributs en définissant le paramètre Distance.

Cette fonction est malheureusement dépourvue de mode live, vous obligeant à annuler son action et à recommencer l'opération si son résultat ne vous convient pas. Vous êtes également limité quant à l'épaisseur du contour des splines rectangulaires. Une valeur trop élevée pour le paramètre Distance peut en effet provoquer un chevauchement des arêtes au niveau des coins arrondis. Nous avons choisi ici une faible valeur négative (voir Figure 1.131).

Nous décrivons plus loin une autre approche qui offre un peu plus de souplesse. Le doublement doit dans tous les cas s'effectuer vers l'intérieur des splines initiales. Invoquez un nouvel objet Extrusion NURBS et rattachez-y les splines doubles. Sachez que les NURBS qui utilisent des splines reconnaissent également celles qui sont doubles. Les formes fermées contenues entièrement dans des splines fermées sont alors interprétées comme des trous, rendant inutile l'emploi d'un objet Booléen.

Assurez-vous que l'option Hiérarchique de l'objet Extrusion NURBS soit cochée et déplacez les trois splines doubles de sorte que leur face fermante avant dépasse légèrement de la façade du boîtier. Pour ce qui est de la profondeur de l'extrusion, spécifiez 6 unités dans la direction Z. La couche isolante ne doit pas atteindre le fond des prises.

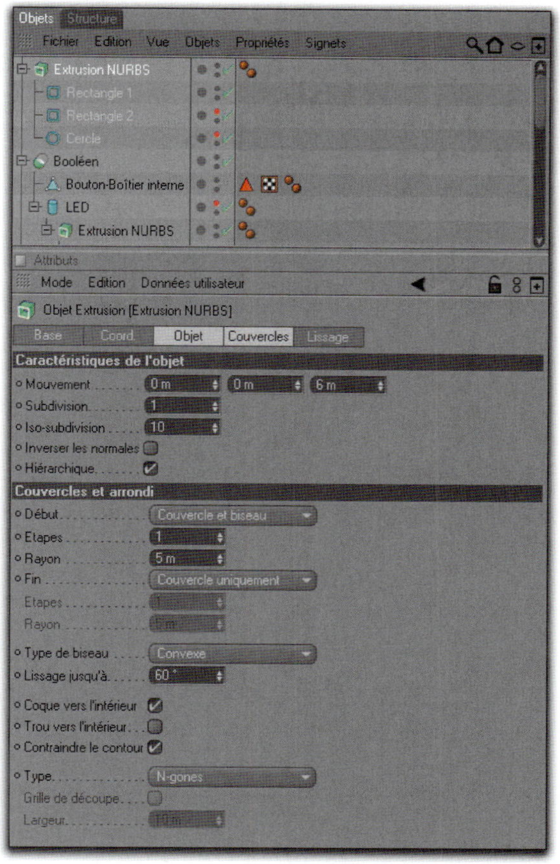


***Figure 1.132 :*** *Arrondissement des faces fermantes des splines.*

## ➤ Arrondissement de faces fermantes

L'onglet Couvercles du NURBS sert à contrôler l'apparence des faces fermantes. Le menu Début correspond aux faces fermantes situées au même endroit que les splines initiales et le menu Fin, à celles situées à l'autre extrémité de l'objet.

Choisissez l'option Sans dans le menu Fin pour désactiver les faces fermantes à l'arrière de l'objet. Cette extrémité n'étant pas visible, nous économisons ainsi quelques polygones. Dans le menu Début, sélectionnez l'option Couvercle et biseau pour arrondir les faces fermantes. Le menu Type de biseau permet de spécifier la forme de l'arrondi. Pour un arrondi simple, choisissez l'option Convexe.

Le nombre de subdivisions de l'arrondi est donné par le paramètre Étapes et sa taille, par le paramètre Rayon. En raison de la faible épaisseur de nos splines, nous disposons de très peu de place. J'ai donc opté pour un rayon de 0.05 et 3 subdivisions. Remarquez que la forme des splines grossit sous l'effet d'arrondi des faces fermantes. Pour qu'elle reste inchangée, vous devez cocher l'option Contraindre le contour. L'arrondissement se fera alors vers l'intérieur. La Figure 1.132 présente tous ces paramètres ainsi que la structure du NURBS dans le gestionnaire d'objets.

*Figure 1.133 : La couche isolante des prises.*

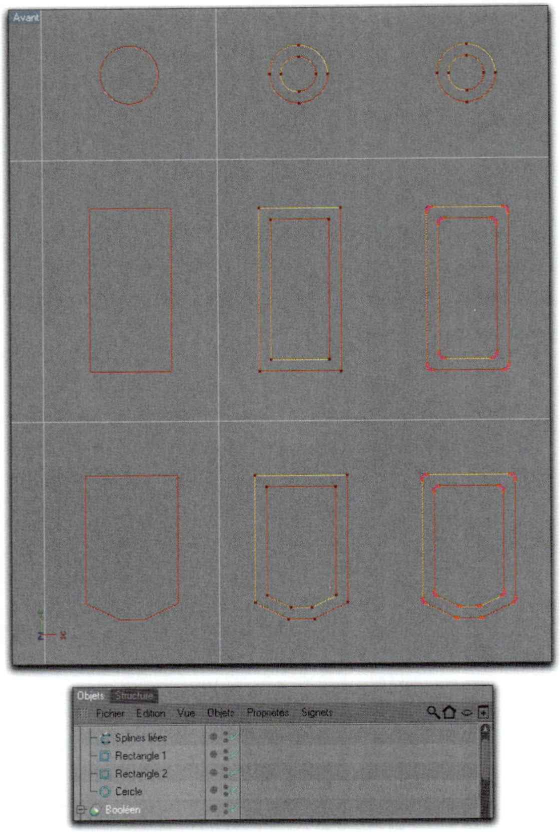


*Figure 1.134 : Optimisation de l'épaisseur des splines.*

La Figure 1.133 présente le résultat dans l'éditeur. On constate que les splines doubles s'intègrent parfaitement dans les prises existantes. Nous sommes malheureusement limités quant à l'épaisseur de la couche isolante en raison des problèmes que peut poser la fonction Créer un contour avec des coins arrondis. Nous devons donc trouver une meilleure solution.

Revenez à une étape antérieure de la modélisation où les trois splines représentant les prises n'étaient pas encore arrondies mais déjà converties. Si vous n'avez pas enregistré cette étape, utilisez le fichier correspondant sur le CD du livre ou bien recréez rapidement les splines. Les trois formes étaient de toute façon très simples (voir Figure 1.134, à gauche).

Donnez d'abord aux splines l'épaisseur voulue (voir Figure 1.134, au milieu) avec la fonction Créer un contour. Celle-ci ne pose maintenant aucun problème puisque les splines rectangulaires sont dénuées d'arrondi. Dans le mode Points, sélectionnez ensuite tous les coins qui doivent être arrondis et choisissez Structure > Modifier la spline > Chanfreiner. Un rayon de 0.5 suffit ici.

## ➤ Connexion de splines

L'autre possibilité évoquée précédemment consiste à utiliser l'option Connecter du menu Fonctions. Sélectionnez d'abord les trois splines doubles et appliquez-leur cette fonction. Une nouvelle spline est créée contenant les trois autres. Vous pouvez ensuite supprimer les trois splines d'origine pour ne garder que celle liante et subordonner celle-ci à l'objet EXTRUSION NURBS. Étant donné que les points des trois splines sont modifiables également au sein de la spline liante, vous pouvez changer leur forme extérieure ou la forme des trous. Cette fonction facilite la manipulation de formes complexes élaborées à partir de nombreuses splines.

Pensez ensuite à vérifier l'état des points intermédiaires. Comme le montre la Figure 1.135, un angle de 22.5° permet une réduction suffisante du nombre de points sans perte manifeste de qualité.

Pour l'étape suivante, nous avons besoin d'une subdivision additionnelle au niveau la couche isolante dans le sens de l'extrusion. Dans les attributs de l'objet EXTRUSION NURBS, réglez le paramètre SUBDIVISION à 1. La boucle d'arêtes résultante est visible à la Figure 1.135.

*Figure 1.135 : Optimisation des points intermédiaires.*

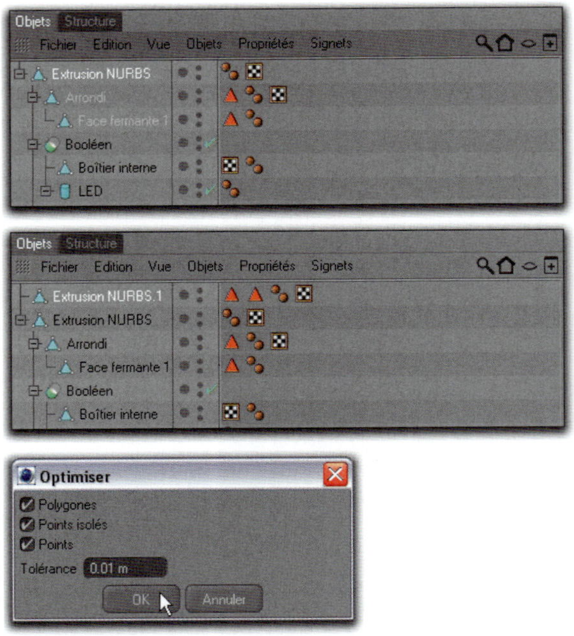


***Figure 1.136 :*** *Conversion et optimisation de l'objet Extrusion NURBS.*

Pour recouvrir d'un revêtement métallique une partie de la couche isolante, il faut pouvoir accéder aux polygones de l'objet Extrusion NURBS. Sélectionnez cet objet et appuyez sur la touche [C] ou invoquez la commande Fonctions > Autoriser les modifications. Vous obtenez une nouvelle hiérarchie d'objets polygonaux (voir Figure 1.136, en haut).

Une fois l'objet Extrusion NURBS converti, il est inutile de conserver ses propriétés sous la forme d'objets individuels. Sélectionnez les trois objets polygonaux et après avoir choisi Fonctions > Connecter, supprimez-les. Reste à optimiser le nouvel objet car les arêtes de bordure des trois objets ont été conservées et existent par conséquent en double (voir Figure 1.136, en bas).

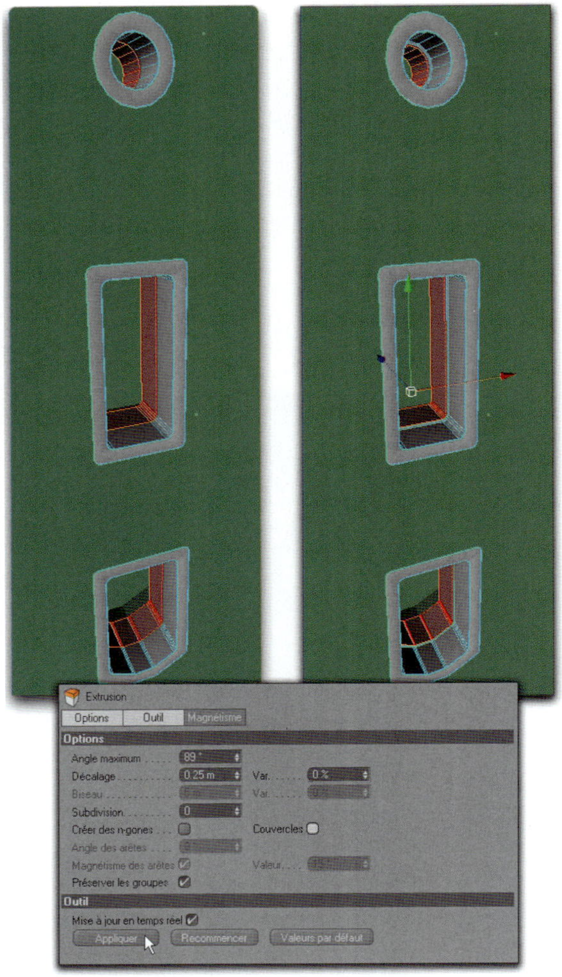


***Figure 1.137 :*** *Extrusion d'une sélection par anneau.*

Passez dans le mode Polygones et sélectionnez l'anneau de polygones arrière de chaque connecteur. Exécutez ensuite la commande Extrusion avec un décalage de 0.25 pour épaissir ces polygones. L'option Couvercles doit être désactivée (voir Figure 1.137). Le résultat est illustré en haut à gauche de la Figure 1.138 pour le troisième connecteur.

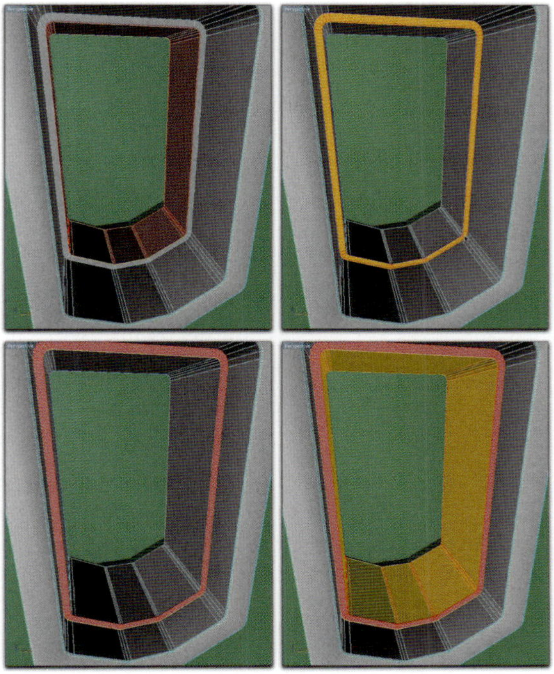

***Figure 1.138 :*** *Extension de l'anneau de polygones arrière.*

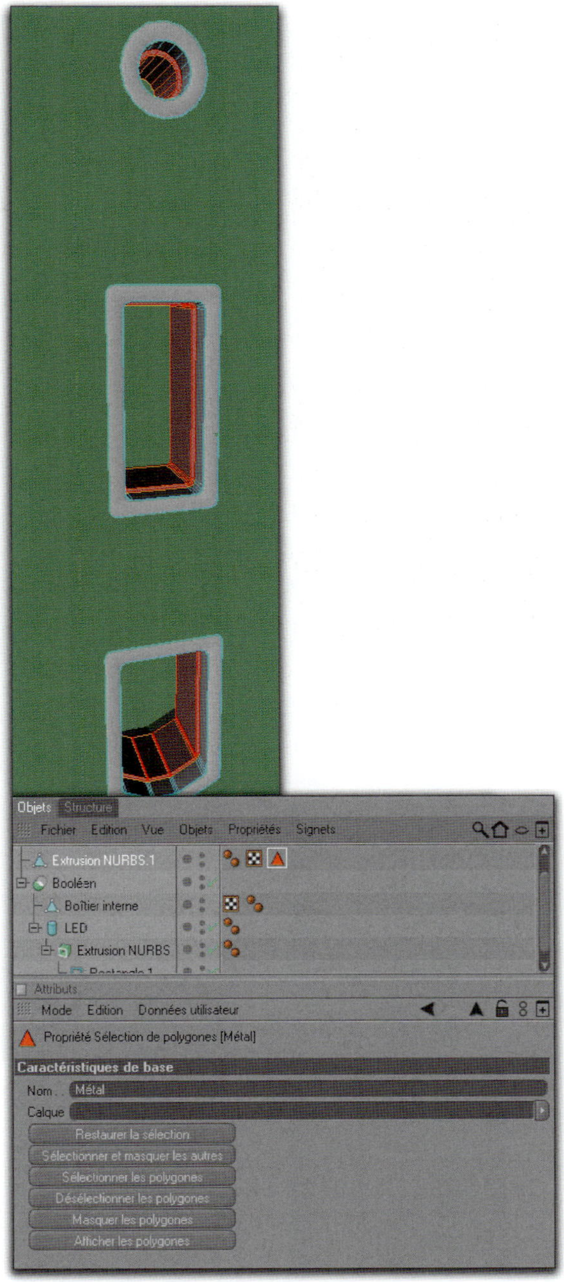


***Figure 1.139 :*** *Enregistrement d'une sélection de polygones.*

Appliquez l'outil Sélection par boucle à la bordure avant des polygones extrudés et faites glisser cette sélection vers l'avant le long de l'axe Z pour donner au revêtement métallique la taille voulue. Ce revêtement apparaît légèrement décalé par rapport à la bordure avant de la couche isolante. Activez ensuite l'outil Sélection par anneau et, en maintenant la touche [Maj] enfoncée, ajoutez à la sélection les faces internes du revêtement. Ces étapes sont détaillées à la Figure 1.138.

Étant donné que ces polygones doivent se voir appliquer ultérieurement un matériau, enregistrez la sélection *via* la commande du menu Sélection prévue à cet effet. Dans le gestionnaire d'attributs, attribuez le nom de Métal à la nouvelle propriété Sélection de polygones (voir Figure 1.139). Cela facilitera l'attribution de propriétés de surface.

*Figure 1.140 : Représentation des contacts internes.*

Comme touche finale, nous allons ajouter à chaque connecteur rectangulaire du panneau de contrôle un contact métallique consistant en une simple primitive CUBE légèrement arrondie (voir Figure 1.140). Après avoir créé les deux cubes, activez l'outil de déplacement avec le magnétisme 3D et l'option CENTRE DU POLYGONE. Collez-les ensuite au fond de leurs prises respectives et dimensionnez-les correctement dans le gestionnaire d'attributs. Vous devez ensuite désactivez le magnétisme 3D pour pouvoir décaler les cubes sur le côté, comme le montre la figure.

Nous en avons à présent terminé avec cet exemple qui a passé en revue une bonne partie des fonctions, commandes et outils les plus importants pour la manipulation de polygones. Il nous reste néanmoins encore à examiner un objet de la famille des NURBS qui peut grandement faciliter le travail de modélisation, notamment lorsqu'il s'agit d'objets avec de nombreuses courbures ou de surfaces organiques. Voyons donc quels sont les avantages et inconvénients de l'objet HYPERNURBS.

## Modélisation à l'aide de l'objet HyperNURBS

L'objet HYPERNURBS intervient toujours lorsqu'il est question de surfaces organiques, telles qu'un visage, mais on l'emploie aussi pour réaliser des objets manufacturés aux formes fluides, comme un capot de voiture ou un flacon de parfum. La forme est d'abord modélisée à partir de polygones puis lissée avec l'HYPERNURBS. Celui-ci a pour effet de subdiviser l'objet polygonal et de l'arrondir en même temps, le principe étant identique au fonctionnement de la commande SUBDIVISER évoquée précédemment.

Dans la pratique, vous pourriez choisir d'utiliser presque exclusivement des HYPERNURBS car pratiquement toutes les formes ont avantage à être arrondies et subdivisées. Il convient néanmoins d'être prudent car cet objet opère de façon quasiment inverse à la modélisation à base de polygones. Tandis que pour arrondir une arête d'un objet polygonal il faut y introduire de nombreuses subdivisions, la subdivision d'un HYPERNURBS produit toujours des arêtes plus saillantes. L'effet d'arrondi est donc optimal seulement lorsque les subdivisions sont en nombre limité.

Une forme modélisée pour le lissage HyperNURBS est donc souvent grossière et informe, ce qui peut surprendre au départ, mais l'on s'y habitue. Pour vous permettre de bien saisir le fonctionnement de cet objet, nous allons modéliser quelques formes par son intermédiaire. Vous découvrirez ainsi tous les avantages et inconvénients de cette technique.

### *Représentation d'un HyperNURBS dans l'éditeur*

Créez un objet Cube et un objet HyperNURBS et subordonnez le premier au second. Vous trouverez l'HyperNURBS dans le même menu que l'objet Extrusion NURBS utilisé précédemment. L'icône correspondante et le groupement de nos deux objets dans le gestionnaire d'objets sont illustrés à la Figure 1.141.

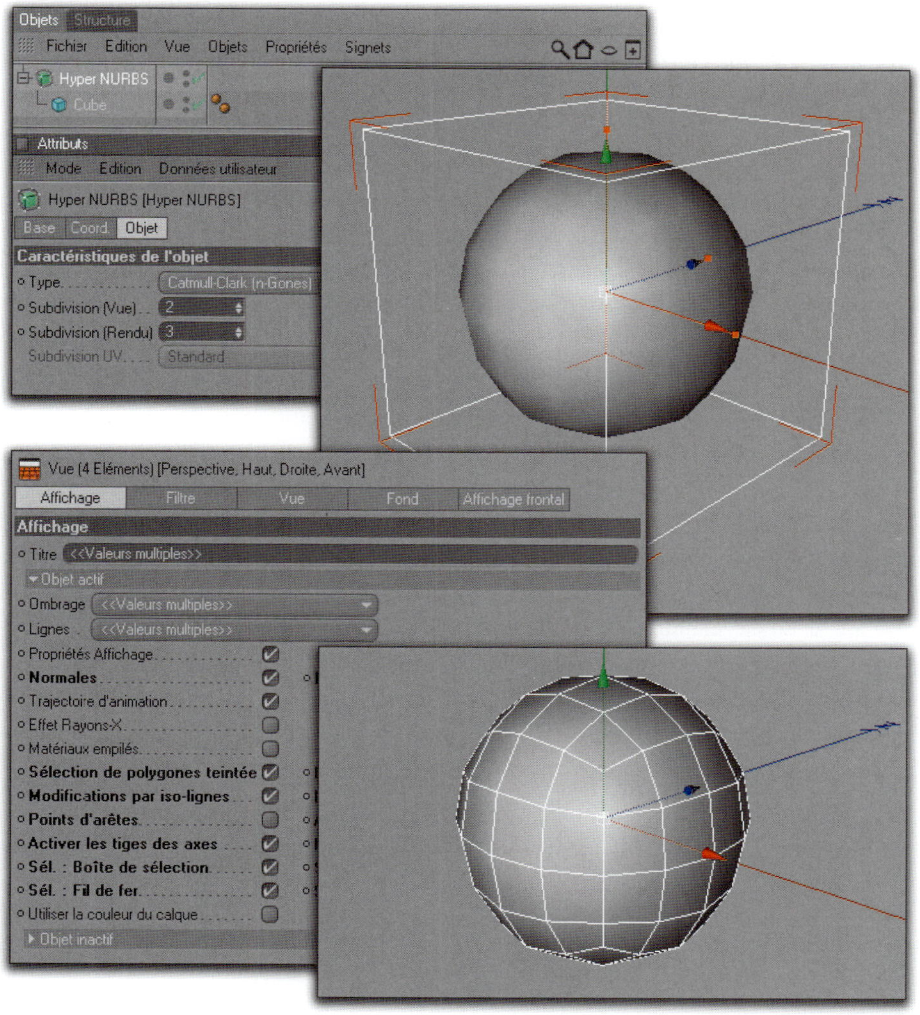


*Figure 1.141 : Différents types de représentation.*

Le cube est devenu quasiment sphérique sous l'effet de l'HyperNURBS car ce dernier lisse automatiquement toutes les arêtes. Pour aboutir à cette forme lissée, les arêtes de l'objet subordonné sont en fait utilisées comme des tangentes. C'est vous qui définissez le degré de subdivision de l'objet *via* les paramètres de l'HyperNURBS dans le gestionnaire d'attributs.

Le paramètre Subdivision (Vue) contrôle le nombre de subdivisions pour la représentation dans l'éditeur. Sa valeur est généralement inférieure à celle du paramètre Subdivision (Rendu) qui contrôle le nombre de subdivisions pour le calcul ultérieur de l'image. De même que pour la fonction Subdiviser, les valeurs de ces paramètres peuvent très rapidement conduire à la génération d'un grand nombre de polygones. Une seule subdivision produit quatre nouveaux polygones pour une face quadrangulaire et trois polygones pour une face triangulaire. Essayez donc de vous en tenir à de petites valeurs. Nous examinerons plus loin d'autres approches permettant de simuler de fins détails avec peu de subdivisions.

L'objet HyperNURBS possède aussi un menu Type offrant le choix entre plusieurs méthodes de calcul. Ce menu sert avant tout à assurer la compatibilité avec les scènes créées dans d'anciennes versions de CINEMA 4D, par exemple la 7 ou la 8. Comme ces versions ne gèrent pas les n-gones, l'HyperNURBS ne fonctionne pas tout à fait de la même manière. Les différences sont néanmoins souvent minimes, comme vous pouvez en juger par vous-même en testant ces divers modes dans l'éditeur. Pour les objets créés directement dans CINEMA 4D, conservez l'option par défaut de ce menu.

Le menu Subdivision UV joue un rôle lorsque vous souhaitez appliquer des matériaux en les adaptant très précisément à la surface lissée. Vous découvrirez ultérieurement comment procéder quand nous étudierons les matériaux de CINEMA 4D. Pour le moment, sachez que les matériaux appliqués à un objet qui se trouve sous l'effet d'un HyperNURBS sont déformés par le lissage et l'arrondi de la surface. Les options Délimitation et Arêtes de ce menu servent justement à y remédier. À vous de les tester pour savoir laquelle des deux produit le meilleur résultat.

Avant de passer à la pratique, il importe que vous connaissiez les différentes possibilités de représentation d'un objet HyperNURBS dans l'éditeur. Vous pouvez soit opter pour un affichage conjoint de l'objet polygonal initial et du résultat lissé, comme illustré dans la partie supérieure de la Figure 1.141, soit ne conserver que la projection des points, arêtes et polygones sur la surface de l'HyperNURBS, auquel cas vous pouvez modifier la forme de ce dernier par un simple déplacement de ses points, par exemple.

Le mode de représentation est configurable par le biais de l'onglet Affichage qui apparaît dans le gestionnaire d'attributs après avoir sélectionné Édition > Tout configurer dans l'éditeur. L'option concernée se nomme Modifications par isolignes (voir Figure 1.141). Nous la laisserons désactivée dans les exemples suivants pour pouvoir visualiser simultanément la forme polygonale de départ et le résultat lissé. Il est très utile d'activer cette option lorsque vous travaillez avec des HyperNURBS car la représentation dans l'éditeur s'en trouve ainsi simplifiée.

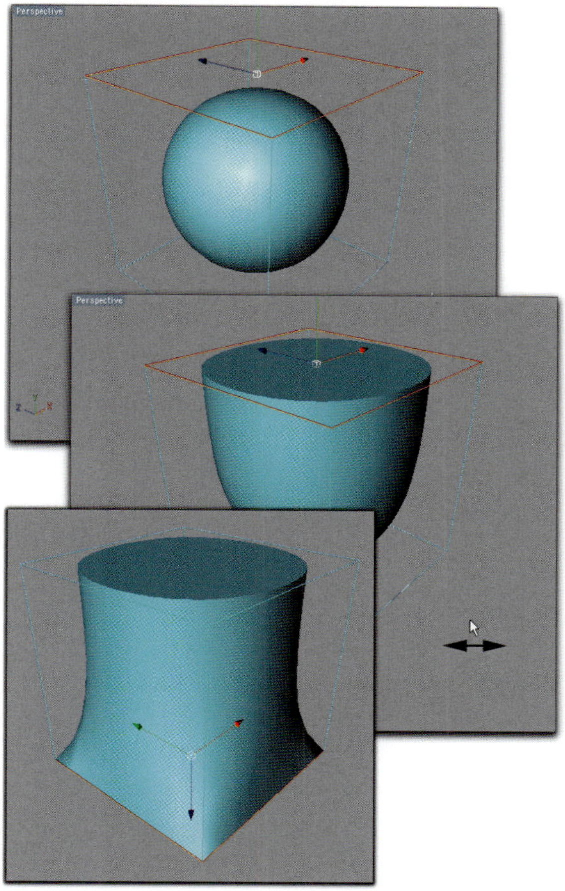


*Figure 1.142 : Pondérations HyperNURBS appliquées à des arêtes et des polygones.*

## *Pondérations HyperNURBS*

Les objets HyperNURBS possèdent des fonctions additionnelles quelque peu cachées, parmi lesquelles les pondérations ou influences HyperNURBS que vous activez dans l'éditeur en maintenant enfoncée la touche [.] du pavé numérique.

Pour tester cette fonction, convertissez le cube rattaché à l'HyperNURBS et sélectionnez les quatre arêtes du dessus dans le mode Arêtes. Cela va très vite avec l'outil

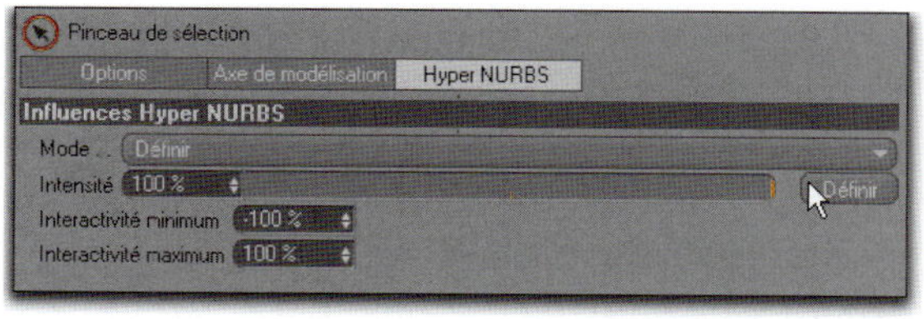


*Figure 1.143 : Configuration des pondérations HyperNURBS.*

Sélection par boucle. En maintenant la touche [.] enfoncée, cliquez en dehors de l'objet et faites glisser lentement le pointeur vers la gauche et vers la droite. Observez la déformation que subit l'HyperNURBS lorsque ses arêtes sont tirées d'un côté et de l'autre. Choisissez des pondérations qui transforment la face supérieure du cube en un cercle.

Passez dans le mode Polygones, sélectionnez le polygone situé en dessous du cube et répétez la même opération. Vous pouvez voir cette fois que la base de l'HyperNURBS ne se transforme pas en cercle mais en carré (voir Figure 1.142). La raison est que les points sont également soumis aux pondérations HyperNURBS. Pour mieux contrôler l'effet, vous pouvez régler les pondérations séparément pour les arêtes et les points.

Pour une précision maximale, utilisez le paramètre Intensité dans l'onglet HyperNURBS de l'outil de sélection, quelle que soit la fonction ayant servi à sélectionner les éléments à pondérer. Les paramètres Interactivité définissent les limites des pondérations interactives appliquées avec la touche [.] (voir Figure 1.143).

Il faut aussi spécifier le mode de calcul de l'intensité *via* le menu Mode. L'option Définir remplace les pondérations actuelles des éléments sélectionnés par la valeur du paramètre Intensité. Les options Ajouter et Soustraire additionnent et soustraient respectivement la valeur de ce paramètre. Une fois celui-ci défini, n'oubliez pas de cliquer sur le bouton Définir pour actualiser l'HyperNURBS. Comme le montre la Figure 1.143, des valeurs négatives sont également acceptées, permettant d'éloigner encore davantage l'HyperNURBS des arêtes ou des points.

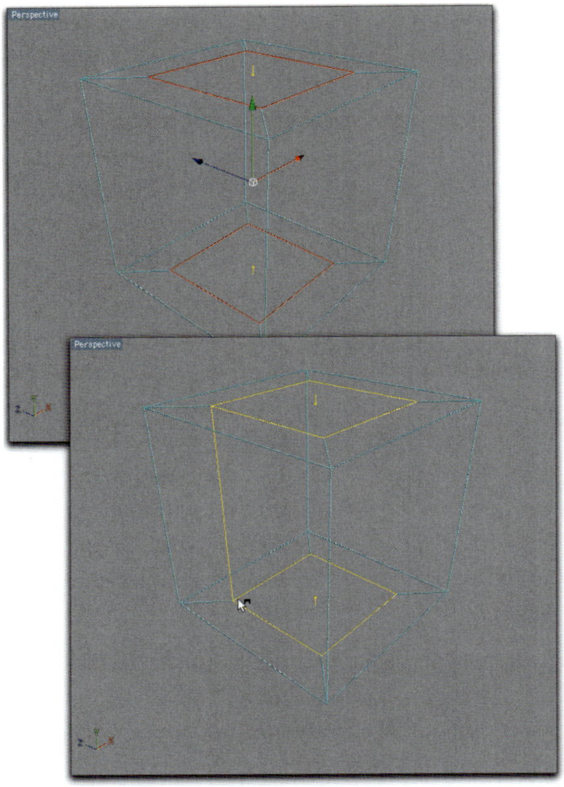


**Figure 1.144 :** *Liaison de polygones.*

## ➤ L'outil Ponter

Sélectionnez à présent les polygones situés sur le dessus et au-dessous du cube et appliquez-leur la fonction Extrusion interne pour réduire leur taille. Activez ensuite l'outil Ponter du menu Structure. Cet outil permet de relier des points, des arêtes et des polygones, et nous allons l'utiliser pour relier les deux polygones résultant de l'extrusion. Pour cela, l'option Supprimer les polygones originaux doit être activée.

Choisissez dans l'éditeur un mode de représentation transparent, tel l'affichage Fil de fer, pour que les deux polygones sélectionnés soient visibles. Cliquez sur un des coins du polygone supérieur et faites glisser le pointeur jusqu'au coin correspondant du polygone inférieur, comme illustré Figure 1.144. Vous voyez apparaître une ligne entre les deux coins. Veillez à ce qu'elle soit droite pour éviter toute torsion des arêtes de liaison.

Lorsque vous relâchez la souris, de nouveaux polygones sont créés à l'intérieur du cube et ceux sélectionnés initialement sont supprimés, ce qui a pour effet de modifier les pondérations HyperNURBS. L'insertion d'éléments nouveaux dans un objet soumis à des pondérations HyperNURBS est à éviter autant que possible car les pondérations enregistrées ne se laissent pas modifier sans erreur.

Vous pouvez corriger ces erreurs en pondérant de nouveau à 100 % les arêtes extérieures sur le dessus et en-dessous ainsi que les points correspondants en-dessous. Pour les bords des éléments nouvellement introduits, procédez à l'opposé. Pondérez en haut les arêtes et les points et en bas, les arêtes seulement (voir Figure 1.145).

La base du cube est maintenant carrée avec un trou circulaire et le dessus est cylindrique avec un trou carré. La transition entre les deux extrémités est lissée par l'HyperNURBS. Si l'on considère l'objet de départ, un simple cube, le résultat produit par l'HyperNURBS est assez impressionnant. Vous l'aurez peut-être remarqué, l'inconvénient est que le nombre de subdivisions de l'HyperNURBS doit être très élevé pour obtenir un arrondi satisfaisant. De plus, les pondérations ne sont convaincantes que poussées à leurs extrêmes.

En fait, il ne se crée pas de subdivisions supplémentaires autour des pondérations. Les subdivisions existantes sont simplement déplacées en direction ou à l'opposé des éléments pondérés. Avec cette technique, il est donc difficile de spécifier des rayons d'arrondi individuels. Pour représenter les zones pondérées avec plus de détails, il faut donc augmenter les valeurs de subdivision de l'objet HyperNURBS tout entier, ce qui constitue un gaspillage évident de polygones.

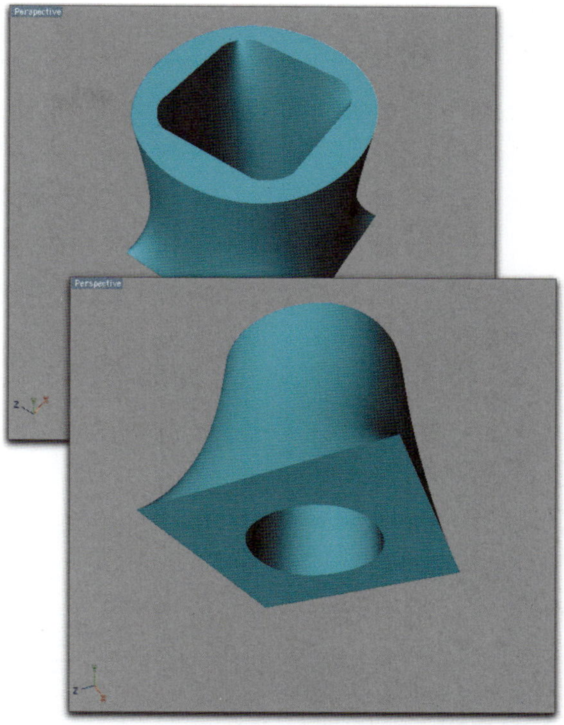

***Figure 1.145 :*** *L'objet soumis aux pondérations HyperNURBS.*

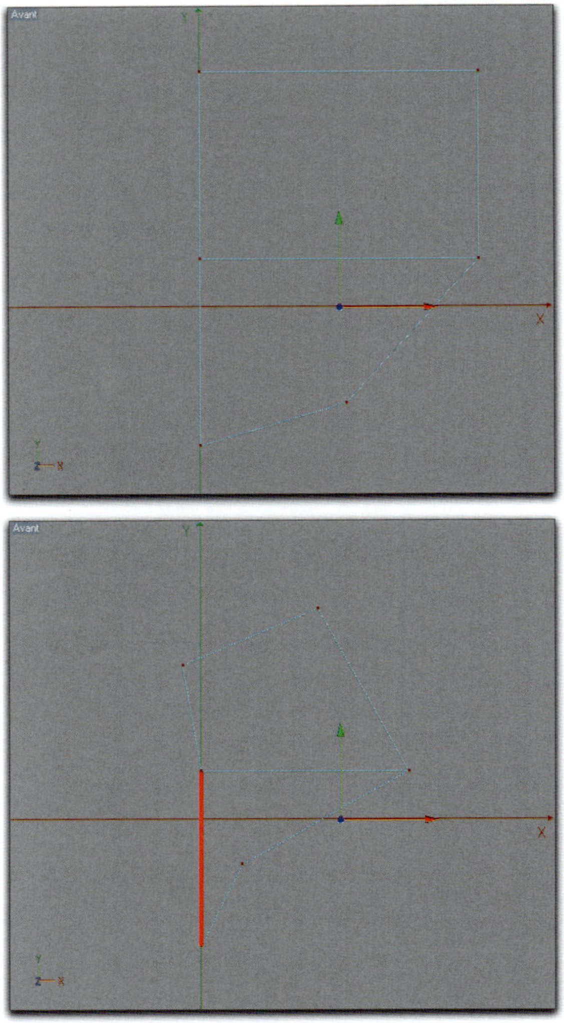


*Figure 1.146 : Un cube déformé.*

Aussi intéressante que puisse être cette fonction, elle est en conséquence rarement employée. Il existe d'autres approches plus souples pour donner à un HyperNURBS la forme voulue.

## Exemples d'application

Pour mettre en évidence les réels avantages de l'objet HyperNURBS, nous allons étudier quelques exemples en commençant pas la modélisation d'un cœur. Vous serez étonné de voir combien cette forme est simple à réaliser à l'aide de ce NURBS.

Débutez avec une nouvelle scène en choisissant Fichier > Nouveau dans la barre de menus de CINEMA 4D ou en supprimant tous les objets qui se trouvent dans la scène courante. Vous pouvez aussi travailler sur plusieurs projets en même temps, que vous aurez ouverts *via* la commande Fichier > Ouvrir. Pour passer d'une scène à une autre, utilisez le menu Fenêtre.

Créez un cube avec deux segments dans la direction Y. Dans le mode Modèle, déplacez ensuite sa position X de 100 unités. Saisissez simplement cette valeur dans le gestionnaire de coordonnées et validez en cliquant sur Appliquer. Étant donné qu'un cube standard possède une longueur d'arête de 200 unités, le côté gauche du cube se retrouve ainsi à l'origine du système Monde, ce qui est très utile pour le travail qui va suivre.

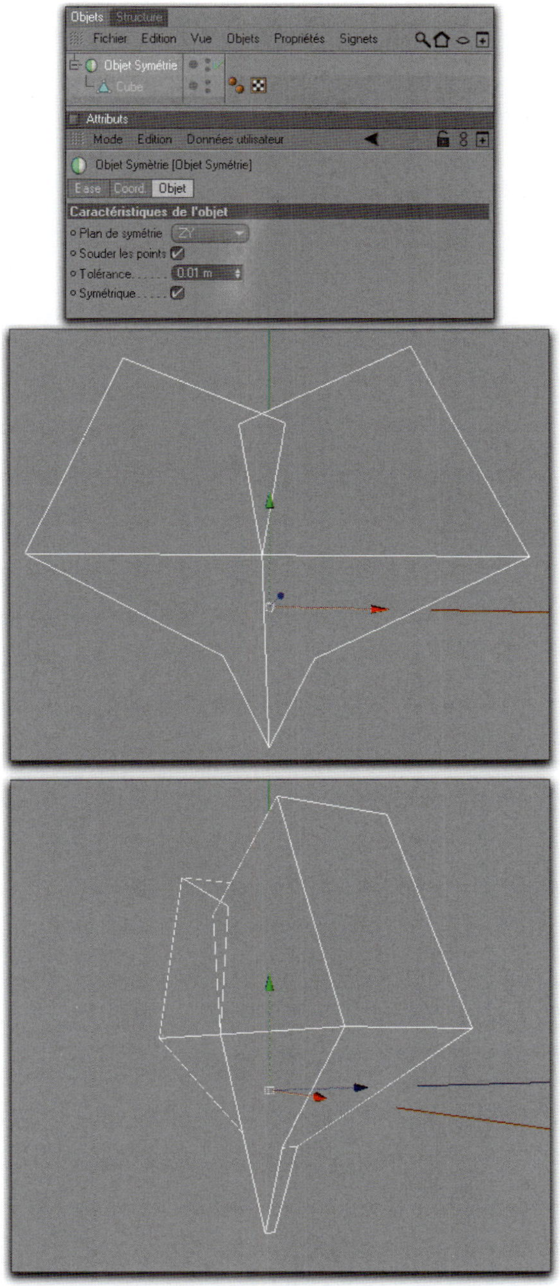


**Figure 1.147 :** *Mise en miroir d'un objet avec l'objet Symétrie.*

Convertissez le cube en appuyant sur la touche [C] et déplacez ses points en deux étapes comme dans la Figure 1.146. Supprimez ensuite l'élément marqué en rouge au bas de la figure et positionné perpendiculairement en vue frontale. Comme l'objet va être mis en miroir, cela évitera que cet élément ne se retrouve au milieu et en double. Nous n'avons pas besoin de toucher à la partie supérieure de l'objet car elle n'occupe pas le plan de mise en miroir.

## ➤ L'objet Symétrie

À partir de cette forme grossière d'une moitié de cœur, nous allons créer l'autre moitié. L'objet Symétrie est très efficace pour cela puisqu'il crée une copie miroir de l'objet qui lui est subordonné. Il est accessible dans le même menu que l'objet Booléen et est représenté par une sphère bicolore.

Vous indiquez l'axe sur lequel s'effectue la mise en miroir *via* le menu Plan de symétrie de l'objet Symétrie dans le gestionnaire d'attributs. Dans notre cas, choisissez le plan ZY. L'option Souder les points activée a pour effet d'optimiser tous les points de l'objet subordonné se trouvant dans le rayon spécifié par le paramètre Tolérance. Après avoir rattaché le cube à l'objet Symétrie, vous devriez obtenir un modèle analogue à celui de la Figure 1.147.

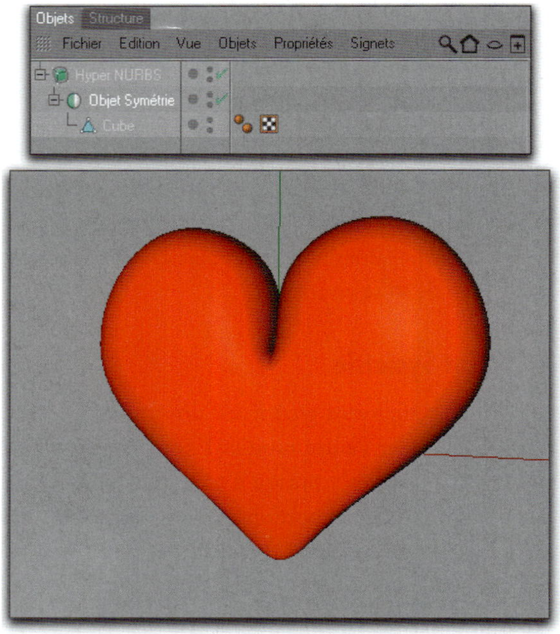


*Figure 1.148 :* *Le modèle de cœur terminé.*

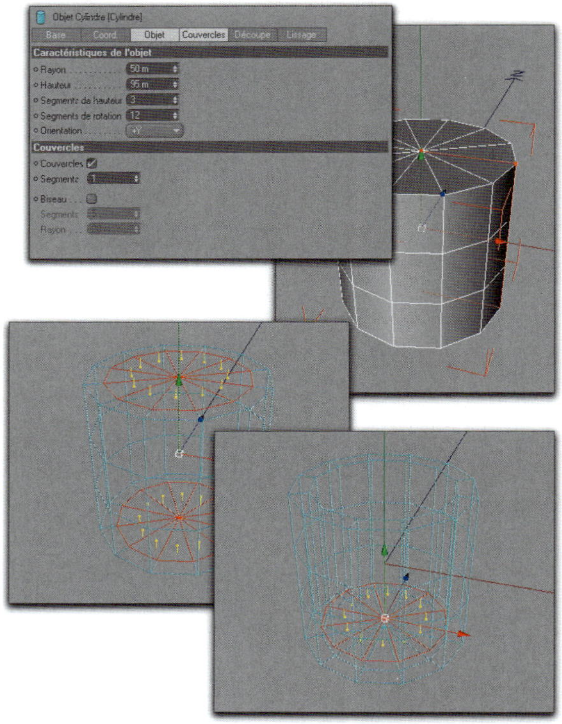


*Figure 1.149 :* *Une primitive Cylindre.*

Vous pouvez voir également que j'ai réduit la profondeur du cube sur l'axe Z pour former la pointe du cœur. Toutes les modifications apportées à la moitié initiale de l'objet sont automatiquement reportées sur l'autre moitié par le biais de l'objet Symétrie. Il suffit ensuite de placer ce dernier sous la dépendance d'un objet HyperNURBS pour lisser le cœur.

Il faut seulement veiller à ce que les points situés à la jointure de l'original et de la copie dans l'HyperNURBS demeurent sur l'axe de mise en miroir. Si nécessaire, replacez à 0 la position X des points concernés dans le gestionnaire de coordonnées. Ce type de modélisation avec mise en miroir et lissage intervient très souvent. La création d'une voiture ou d'un personnage demande ainsi de ne modéliser qu'une moitié. La Figure 1.148 présente le résultat final.

## ➤ Modélisation d'une tasse

Le travail de modélisation ne débute pas toujours avec un cube. Si l'objet à modéliser ressemble davantage à un cylindre, comme c'est le cas dans l'exemple suivant, il vaut mieux utiliser une primitive Cylindre pour gagner du temps. Nous l'emploierons ici pour créer une simple tasse (voir Figure 1.149).

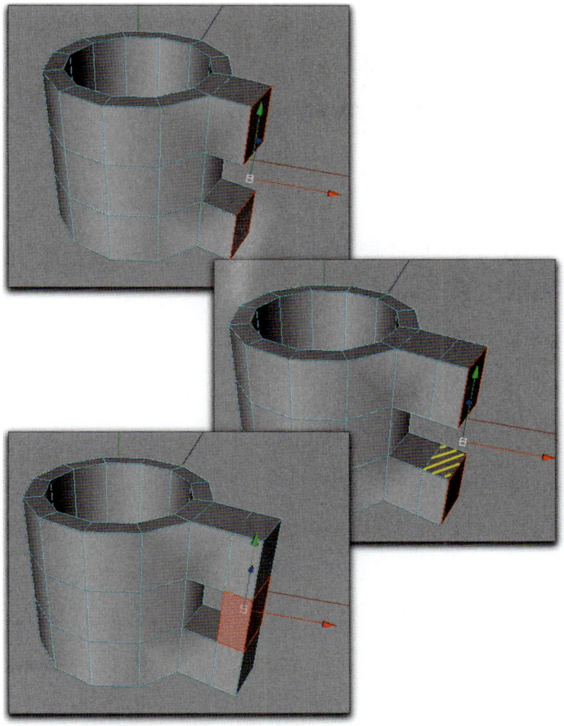

***Figure 1.150 :*** *Modélisation de l'anse.*

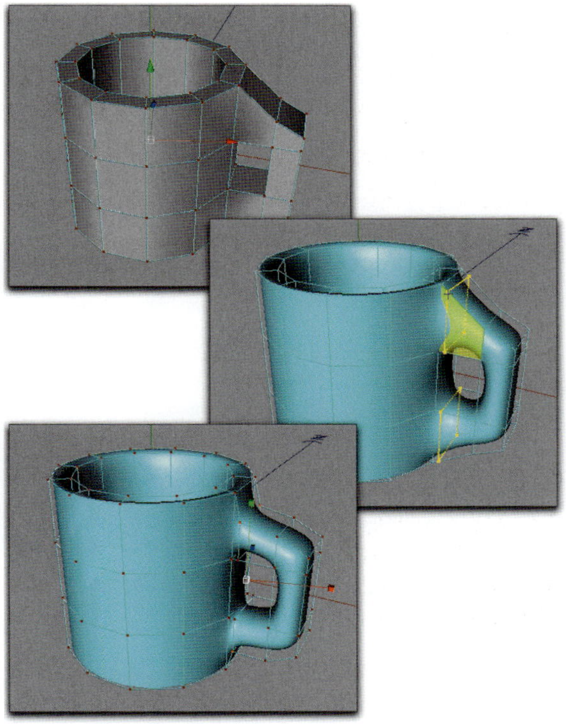

***Figure 1.151 :*** *La tasse arrondie.*

Étant donné que l'objet sera arrondi plus tard par lissage HyperNURBS, il importe de conserver un faible nombre de subdivisions. Choisissez ici 12 segments de pourtour (localisés par Segments de rotation), 3 segments de hauteur, et 1 segment pour les faces fermantes (onglet Couvercles). Convertissez le cylindre.

Sélectionnez les deux faces fermantes et rapetissez-les avec la fonction Extrusion interne. Extrudez ensuite les polygones résultants sur la face supérieure vers le bas du cylindre avec la fonction Extrusion simple. L'écart entre la base du cylindre et les polygones extrudés vers le bas forme le fond de la tasse.

Poursuivons sur les côtés du cylindre. Choisissez une colonne de polygones et sélectionnez ceux du haut et du bas en excluant celui du milieu. Extrudez-les vers l'extérieur en deux étapes ; la valeur du paramètre Décalage doit être légèrement inférieure la seconde fois. Le résultat est donné Figure 1.150.

Un polygone important pour l'étape suivante est marqué en jaune dans la Figure 1.150. Sélectionnez ce polygone et celui qui lui fait face au-dessus et reliez-les à l'aide de l'outil Ponter pour créer l'anse de la tasse. Rattachez ensuite le modèle à un HyperNURBS et déplacez les points de l'anse pour améliorer sa forme. Pour affiner le raccord entre l'anse et la tasse, activez l'outil Couteau dans le mode Boucle et insérez dans l'anse une subdivision un peu avant chaque point de contact avec la tasse (voir Figure 1.151).

*Figure 1.152 : Optimisation de la tasse.*

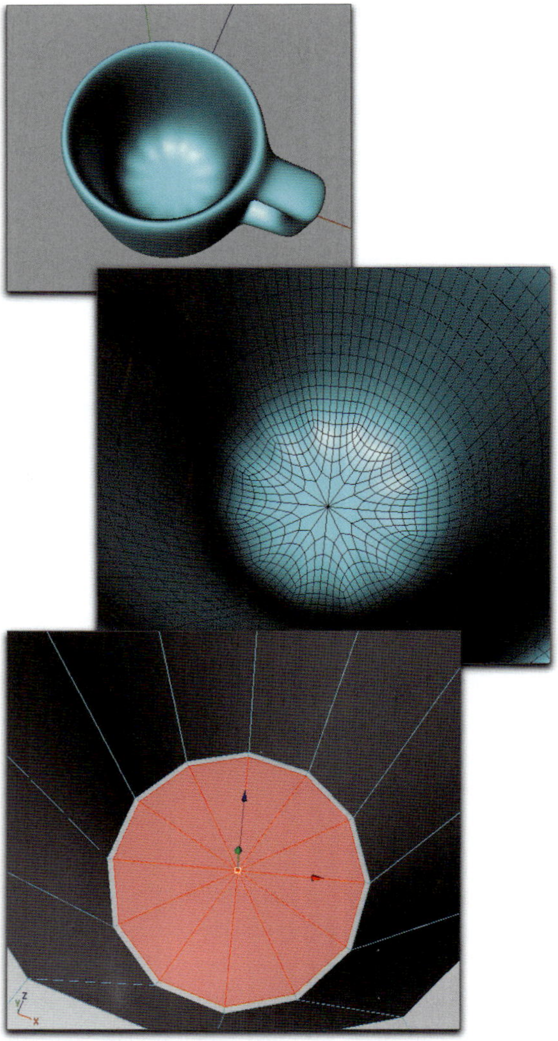

*Figure 1.153 : Lissage imparfait de polygones triangulaires.*

Du fait des nouvelles subdivisions, l'objet HYPERNURBS dispose de moins de place pour le raccord. Du coup la surface lissée se rapproche davantage des arêtes et des polygones à ces endroits, ce qui était l'effet recherché.

### Optimisation du cylindre

Si vous jetez un œil au-dessous du cylindre, vous pouvez voir que la transition avec les côtés est plutôt abrupte, ce qui est atypique pour un objet lissé. La raison en est que ses faces fermantes n'ont pas été optimisées après sa conversion en objet polygonal. Les arêtes en bordure des faces fermantes existent dès lors en double. À cet endroit, l'HYPERNURBS voit donc deux objets distincts qu'il lisse séparément. Rectifiez cela en exécutant la fonction OPTIMISER. Son résultat est visible à la Figure 1.152.

Vous devez faire attention à ne pas limiter cette fonction aux éléments sélectionnés. Lorsque vous travaillez dans le mode Polygones, il convient par conséquent de désélectionner tous les éléments pour être certain que l'objet entier soit traité.

### Optimisation du lissage

Le fond de la tasse vu de dessus présente aussi un problème (voir Figure 1.153). Bien que la surface soit lissée à cet endroit, elle est irrégulière. Cela est dû à la présence de polygones triangulaires qui sont inévitablement lissés différemment de ceux quadrangulaires environnants. Leur intégration dans un HyperNURBS au niveau de courbures est toujours délicate. Le fond du cylindre a donc beau être plat, l'HyperNURBS l'arrondit quand même.

En faisant en sorte de maintenir le fond dans un seul plan, le problème devrait en toute logique être résolu. Pour y parvenir, on peut par exemple réduire sa taille à l'aide de la fonction Extrusion interne. Les arêtes en bordure du fond se trouvent alors proches les unes des autres, empêchant un arrondissement excessif de la surface (voir Figure 1.154).

Évitez autant que possible d'employer des polygones triangulaires dans vos objets si vous prévoyez un lissage HyperNURBS. Si vous n'avez d'autre choix que d'en utiliser, faites en sorte qu'ils ne s'arrêtent pas au niveau de courbures.

**Figure 1.154 :** *Correction du lissage.*

# Les autres objets NURBS

Cette section passe en revue les autres objets NURBS disponibles. Outre l'HyperNURBS, vous connaissez également l'objet Extrusion NURBS qui a pour fonction d'extruder les splines qui lui sont subordonnées afin de créer des volumes très simples. Étant donné qu'il peut lier plusieurs splines entre elles et créer ainsi des inclusions, l'emploi d'un objet Booléen n'est pas une obligation. Voyons donc quels sont ces autres NURBS.

## *SweepNURBS*

L'objet SweepNURBS (localisé par Extrusion contrôlée NURBS dans le logiciel) requiert deux splines subordonnées pour fonctionner, l'une définissant une section et l'autre, un chemin ou guide. La section est étendue le long du chemin pour créer des objets de forme tubulaire, tels que des tuyaux, des câbles et même des ressorts.

Pour l'exemple qui va suivre, nous avons besoin d'un objet Cube et d'un objet Tore ainsi que d'une spline Linéaire à quatre points. Celle-ci est censée représenter le tracé d'un câble ou d'une corde. À une extrémité de la spline, le cube servira à représenter un point d'attache à un mur et à l'autre extrémité, le tore servira de bobine d'enroulement. La disposition de ces trois objets est présentée Figure 1.155. Leur rapport de taille est ici sans importance.

Invoquez la spline linéaire à partir de l'icône des splines de CINEMA 4D et créez le tracé voulu dans la vue frontale de l'éditeur. Le nombre de points importe moins que la forme de la spline, mais si vous reproduisez le tracé de la Figure 1.155 vous obtenez de toute façon quatre points. Nous arrondirons les coins de la spline un peu plus tard.

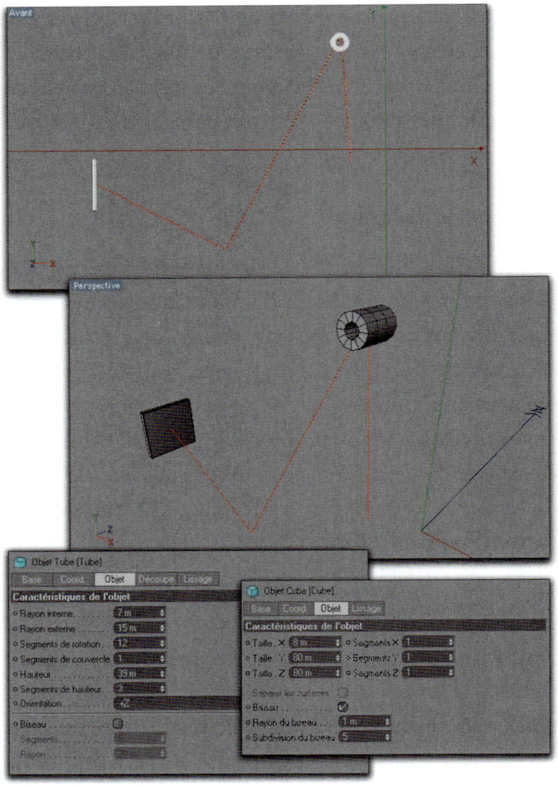


*Figure 1.155 : La scène initiale.*

### ➤ Modélisation d'une bobine

Occupons-nous d'abord de la bobine encore très rudimentaire à ce stade. Convertissez le tube et sélectionnez l'anneau de polygones extérieurs du milieu dans le mode Polygones. Élargissez ensuite cette portion avec l'outil de dimensionnement. La largeur devrait correspondre au diamètre du câble ou de la corde à enrouler.

Créez un objet HyperNURBS et rattachez-y le tore. Là encore, vous pouvez constater que les faces fermantes du tore ont été traitées comme des éléments séparés lors de la conversion. Optimisez-le pour éliminer les

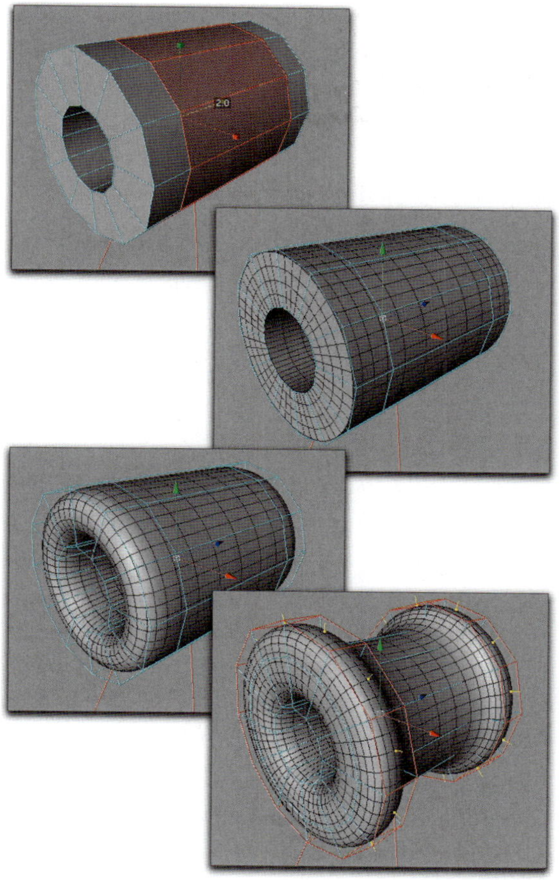

*Figure 1.156 : La bobine d'enroulement.*

points et arêtes en double. Sélectionnez ensuite les deux anneaux de polygones aux extrémités et extrudez-les vers l'extérieur. Il se forme ainsi un creux qui accueillera le câble. Cette étape est illustrée Figure 1.156.

## ➤ Contrôle du tracé d'une spline

Nous allons maintenant modéliser en détail le tracé de la spline. Sélectionnez-la et attribuez-lui le type BÉZIER pour qu'elle soit automatiquement arrondie par des tangentes (voir Figure 1.157).

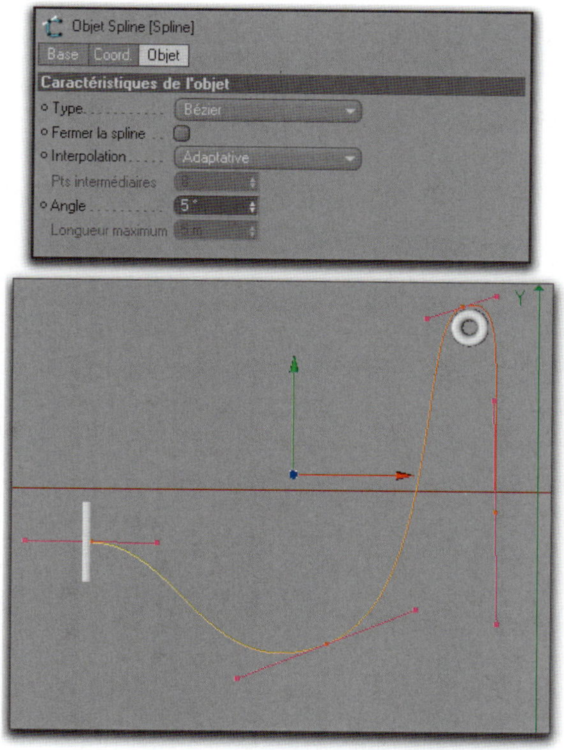


*Figure 1.157 : Arrondissement de la spline.*

### Manipulation des tangentes

Les tangentes apparaissent seulement lorsque vous sélectionnez les points de la spline. Vous contrôlez leur longueur et leur orientation au moyen des poignées situées à leurs extrémités. Ajustez-les de manière que la spline soit perpendiculaire au cube aplati, qu'elle pende ensuite en formant une courbe, puis qu'elle suive la forme de la bobine. Ne collez pas la spline à la bobine car elle sera épaissie pour modéliser la corde.

Sachez que vous pouvez rompre une tangente pour contrôler séparément ses deux bras. Il suffit pour cela d'appuyer sur la touche [Maj] en même temps que vous déplacez ses poignées, mais c'est inutile ici.

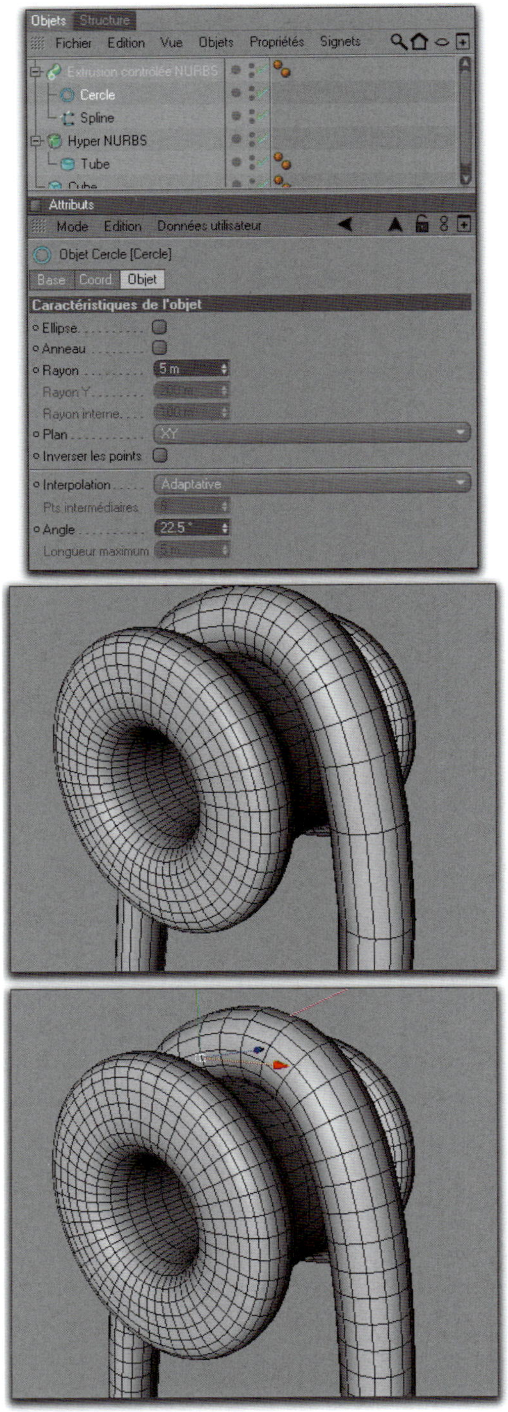


***Figure 1.158 :*** *Optimisation des points intermédiaires.*

Les options Tangentes de longueurs égales et Tangentes de directions égales du menu Structure > Modifier la spline permettent de les rétablir dans leur état initial.

## ➤ Optimisation des subdivisions

Créez une spline Cercle et placez-la dans le plan XY pour adapter son orientation à la spline linéaire. Rattachez les deux splines à l'objet SweepNURBS. Étant donné que la spline circulaire servira de profil, elle doit figurer en premier (voir Figure 1.158). Ajustez son rayon par rapport aux dimensions de la scène et de la bobine.

Examinons à présent l'état des points intermédiaires pour les deux splines. Pour la spline circulaire, vous pouvez conserver l'interpolation par défaut Adaptative, mais devez augmenter considérablement l'angle en indiquant par exemple 22.5. Cela suffit généralement pour obtenir une forme lissée. Pour une modélisation très rapprochée, cette valeur peut être réduite de moitié.

Pour la spline linéaire, l'interpolation Uniforme est requise afin que les points intermédiaires soient répartis régulièrement. Ce mode convient pour toutes les formes constituées de courbes continues sans segments droits. Il permet également une torsion propre du profil autour de la spline linéaire, comme nous le verrons plus loin. Spécifiez un nombre de points suffisamment élevé pour produire un tracé bien arrondi. La Figure 1.158 propose une comparaison des interpolations adaptative et uniforme.

## ➤ Création d'un profil complexe

Nous allons utiliser comme base une spline Fleur, accessible à partir de la palette de splines. Pour cette spline, vous pouvez configurer entre autres le nombre de pétales ainsi que les rayons interne et externe. Les valeurs que j'ai choisies sont données à la Figure 1.159.

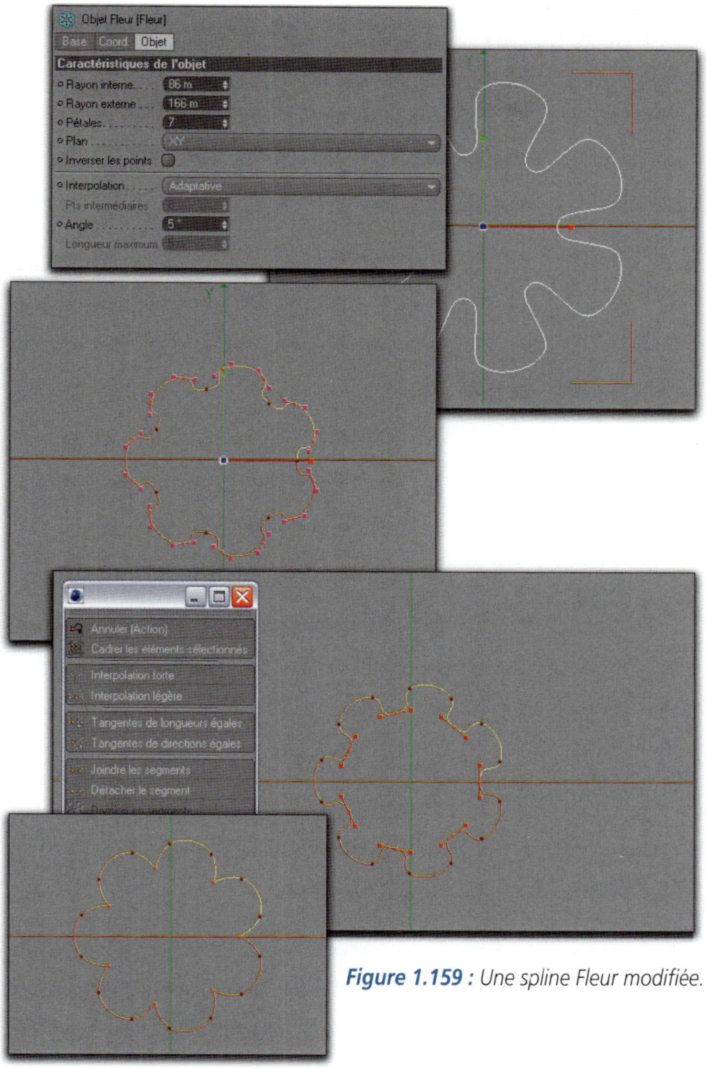


***Figure 1.159 :*** *Une spline Fleur modifiée.*

Il convient pour notre exemple d'adoucir le tracé de la spline. Convertissez-la en appuyant sur la touche [C] et sélectionnez tous les points extérieurs dans le mode Points. Avec l'outil de dimensionnement, faites glisser ces points jusqu'à obtenir un contour ressemblant à celui d'une corde constituée de plusieurs fils.

Exécutez ensuite la commande Intervertir du menu Sélection pour sélectionner cette fois les points intérieurs. Cliquez du bouton droit dans la vue courante de l'éditeur et choisissez la commande Interpolation forte à partir du menu contextuel. Cette commande est également accessible *via* Structure > Modifier la spline. Elle a pour effet de réduire à 0 la longueur des tangentes des points sélectionnés, produisant des coins angulaires à cet endroit (voir Figure 1.159, en bas).

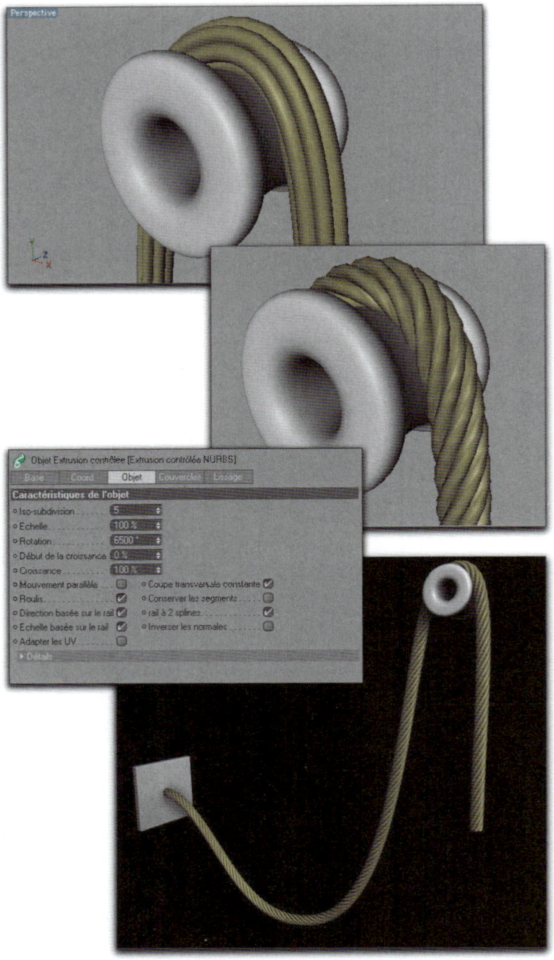


**Figure 1.160 :** *La corde terminée.*

Retirez la spline circulaire du groupe SweepNURBS. Insérez à la place la spline Fleur et adaptez sa taille à la bobine d'enroulement. Le résultat est illustré en haut de la Figure 1.160. Mais notre corde ne reflète pas encore tout à fait la réalité puisqu'elle devrait être torsadée. Nous allons améliorer cela grâce aux propriétés de l'objet SweepNURBS.

Les paramètres Rotation et Croissance servent respectivement à faire pivoter et à grossir le profil entre le premier et le dernier point de la spline linéaire. La section de la corde doit ici rester inchangée, aussi laissez la valeur de croissance à 100 %. Augmentez en revanche la valeur de rotation jusqu'à atteindre un effet de torsion réaliste.

C'est ici que l'on constate l'avantage de l'interpolation uniforme de la spline linéaire puisque le profil peut être torsadé uniquement au niveau des points intermédiaires, produisant une torsion régulière et indépendante de la courbure du tracé de la spline guide. La Figure 1.160 montre le résultat sous plusieurs angles.

Les paramètres Début de la croissance et Croissance trouvent en fait leur utilité davantage dans le domaine de l'animation. Ils permettent de définir la portion de la spline guide qui doit être utilisée par l'objet SweepNURBS. Avec une valeur de croissance de 50 %, par exemple, la corde ne couvrirait qu'une moitié de la spline guide en longueur.

Dans le cas d'une spline de profil fermée, comme ici, le SweepNURBS peut créer des faces fermantes aux deux extrémités de la spline guide. Les paramètres contrôlant cela se trouvent dans l'onglet Couvercles du NURBS et sont identiques à ceux de l'objet HyperNURBS.

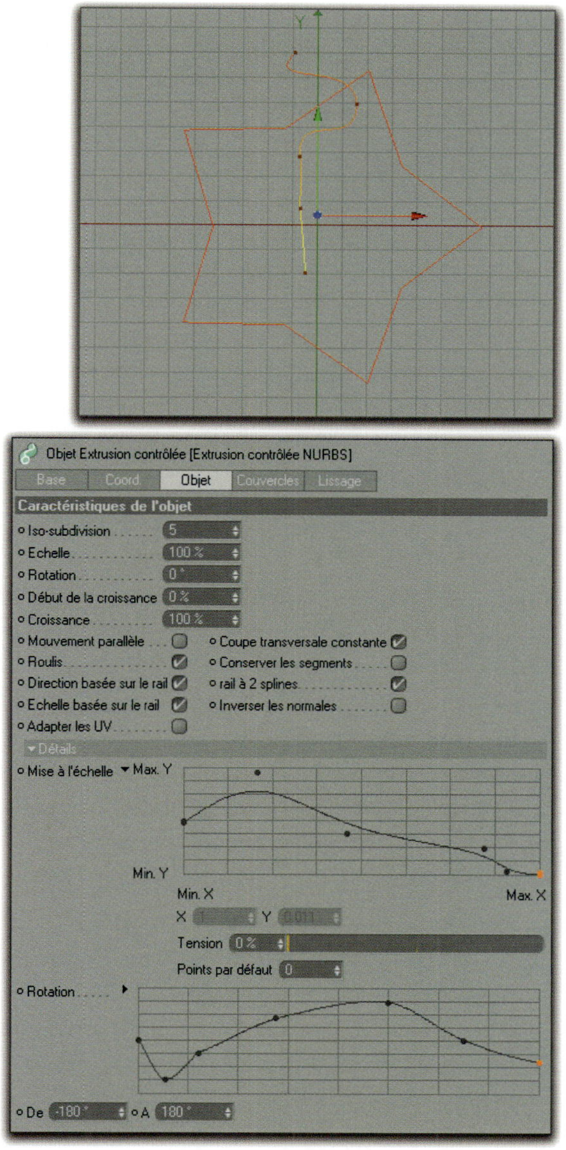


*Figure 1.161 :* *Paramètres de l'objet SweepNURBS.*

Le SweepNURBS dispose également de paramètres pour des splines faisant office de rails. Il s'agit de splines additionnelles pouvant être subordonnées à la spline guide afin de contrôler séparément la rotation et le grossissement du profil. Une alternative est d'utiliser les courbes de la rubrique Détails qui offrent le même degré de contrôle (voir Figure 1.161), comme exposé dans l'exemple qui va suivre.

Invoquez une spline Étoile et réduisez la valeur du paramètre Points à 5. Veillez à ce qu'elle occupe le plan XY. Utilisez ensuite une spline Bézier simple pour former un tracé vertical analogue à celui de la Figure 1.161 en haut. Regroupez les deux splines dans un SweepNURBS avec en première position le profil, c'est-à-dire la spline étoilée.

Les deux courbes de la rubrique Détails ne sont pas propres au SweepNURBS et vous les retrouvez à différents endroits dans l'interface de CINEMA 4D. Pour insérer de nouveaux points, il suffit de cliquer aux emplacements voulus dans le graphique. Ceux existants peuvent être déplacés en cliquant dessus et en les faisant glisser. Lorsque vous cliquez sur la petite flèche noire en regard du nom de chaque graphique, apparaît entre autres un paramètre Tension qui permet de contrôler la façon dont la position des points influence la courbe correspondante.

Un clic droit sur un graphique provoque l'affichage d'un menu contextuel proposant diverses formes de courbes courantes et quelques fonctions telles que Intervertir et Refléter. Le paramètre Points par défaut détermine le nombre de points affichés par défaut.

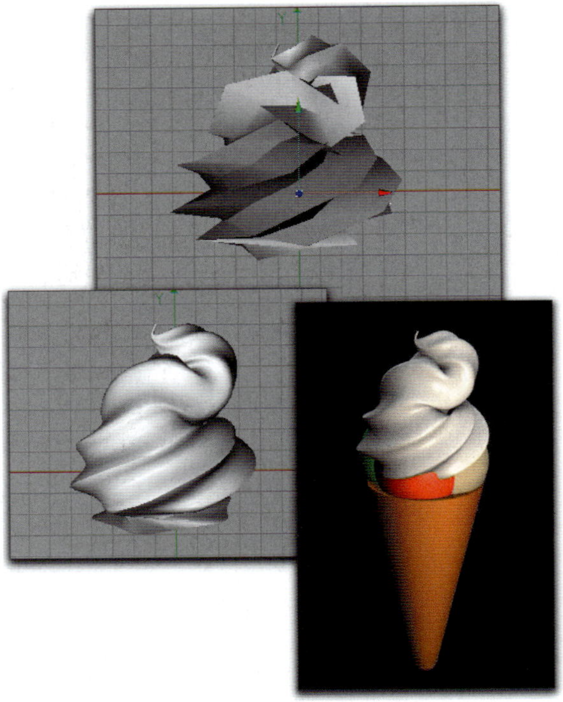

*Figure 1.162 : Le SweepNURBS résultant.*

Le graphique Mise à l'échelle, lu de gauche à droite, contrôle la taille de la spline de profil autour de la spline guide. Lorsque la courbe atteint la bordure supérieure du graphique, le profil possède une taille de 100 %. Lorsqu'elle se rapproche de la bordure inférieure, la taille du profil est proche de 0 %. Le graphique Rotation opère dans les limites des paramètres De et À, situés en bas de la fenêtre. Lorsque la courbe atteint la bordure supérieure du graphique, le degré de rotation indiqué par le paramètre À est appliqué et lorsqu'elle touche la bordure inférieure, c'est la valeur du paramètre De qui est appliquée. Vous pouvez ainsi régler comme bon vous semble le grossissement et la rotation du profil à n'importe quel endroit de la spline guide.

Les paramètres et courbes de la Figure 1.161 produisent le résultat illustré à la Figure 1.162. La forme en elle-même n'a rien de très esthétique, mais une fois lissée au moyen d'un HyperNURBS elle peut devenir aussi appétissante que de la chantilly servie sur des boules de glace et un objet cône retourné. Veillez à agencer uniformément les points intermédiaires de la spline guide pour que la rotation soit correctement calculée. Le lissage intervient lorsque vous subordonnez le SweepNURBS à un HyperNURBS. Tous les éléments restent ainsi modifiables.

## Révolution NURBS

L'objet Révolution NURBS, ou LatheNURBS, nécessite au minimum une spline pour générer une forme géométrique. Il fonctionne en fait comme un tour de potier en ce qu'il fait tourner la spline subordonnée pour créer un objet symétrique. Nous allons étudier ici un exemple qui fait appel à plusieurs splines. Vous verrez qu'il est possible de relier plusieurs splines et de former ainsi des guides complexes à partir de formes de base simples.

Invoquez une spline Cercle et une spline Rectangle à partir de la palette habituelle. Réduisez la hauteur de la spline rectangulaire jusqu'à obtenir une simple bande et placez la spline circulaire à son extrémité droite. L'agencement et le rapport de taille des deux splines sont visibles à la Figure 1.163.

Convertissez-les et passez dans le mode Points. Pour les relier, il faut auparavant leur ajouter des points. Vous avez le choix entre la fonction Ajouter des points du menu Structure et l'outil Couteau. J'ai opté pour ce dernier en raison de ses propriétés de magnétisme.

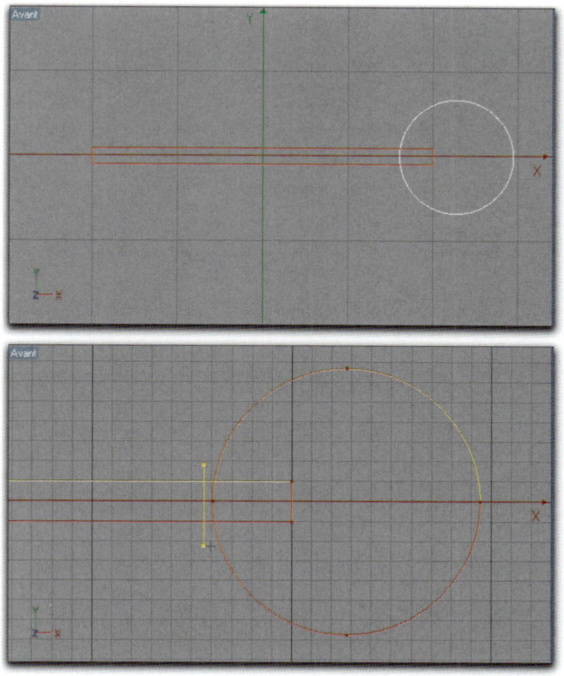


*Figure 1.163 :* Combinaison d'une spline Cercle et d'une spline Rectangle.

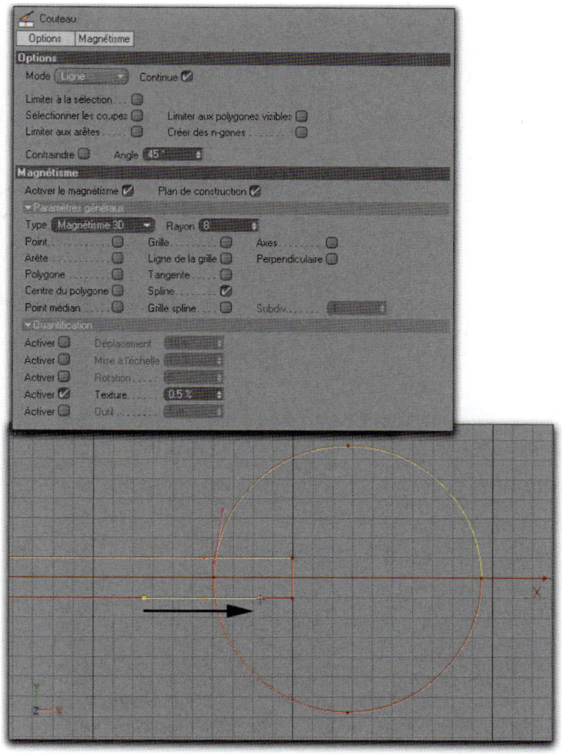


*Figure 1.164 :* Application du Couteau avec magnétisme 3D.

Sélectionnez les deux splines et activez l'outil Couteau dans le mode Ligne. Effectuez une coupe verticale dans celle rectangulaire juste avant sa jonction à celle circulaire. Cette coupe apparaît en jaune au bas de la Figure 1.163. Pour qu'elle soit parfaitement verticale, appuyez sur la touche [Maj] en même temps que vous faites glisser la souris. Cela a pour effet de contraindre l'angle de la ligne de coupe à la valeur du paramètre Angle, qui est par défaut de 45°.

Dans les paramètres de l'outil, activez le magnétisme 3D avec l'option Spline (voir Figure 1.164). Insérez deux coupes le long des arêtes horizontales de la spline rectangulaire, à cheval entre celle-ci et la spline circulaire. Une des coupes est marquée en jaune au bas de la figure en plus d'être désignée par une flèche. Étant donné que ces coupes sont parallèles à la spline rectangulaire en raison du magnétisme, seule la spline circulaire est coupée, donnant lieu à deux nouveaux points au niveau de l'intersection des splines.

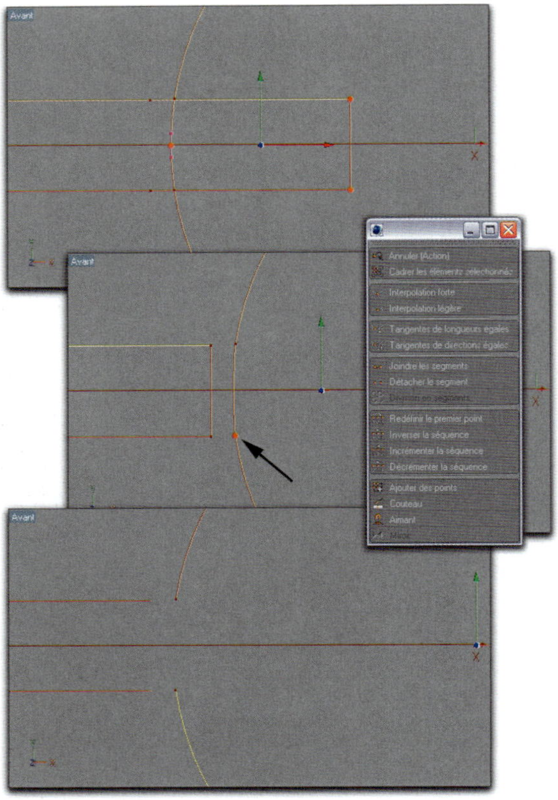


*Figure 1.165 : Modification de la séquence de points d'une spline.*

## ➤ Modification de la séquence de points d'une spline

Sachez que l'extrémité jaune, ou blanche dans votre cas, d'une spline convertie correspond à son début, et que l'extrémité rouge, ou bleue, correspond à la fin. Selon qu'elle est activée ou non, l'option Fermer la spline permet justement d'ouvrir ou de fermer une spline au niveau de ses deux extrémités. Une spline aux extrémités ouvertes peut ainsi être raccordée à une autre spline, comme nous allons le voir sous peu.

Supprimez pour commencer les points du rectangle qui se trouvent à l'intérieur du cercle et le point du cercle qui se trouve entre les deux points d'intersection des splines. Ces trois points apparaissent sélectionnés en haut de la Figure 1.165.

Sélectionnez le point d'intersection inférieur sur le cercle et cliquez du bouton droit dans l'éditeur. Dans le menu contextuel qui s'affiche, choisissez l'option Redéfinir le premier point pour que le point sélectionné devienne le premier point de la spline. Décochez ensuite l'option Fermer la spline de cette spline pour créer une ouverture entre les deux points d'intersection.

Ouvrez également la spline rectangulaire en décochant l'option Fermer la spline. Notez qu'il n'est pas nécessaire de changer au préalable la séquence de points de cette spline. Toutes ces étapes sont détaillées à la Figure 1.165.

## ➤ Connexion de segments

L'étape suivante consiste à combiner les deux splines en une. Pour cela, sélectionnez-les dans le gestionnaire d'objets en maintenant la touche Ctrl enfoncée et choisissez Fonctions > Connecter. Vous pouvez ensuite supprimer les deux splines initiales et ne travailler qu'avec la spline liante.

Sélectionnez sur cette nouvelle spline les deux points supérieurs à la hauteur desquels le rectangle et le cercle se rapprochent. Cette sélection est présentée en haut de la Figure 1.166. Cliquez du bouton droit dans l'éditeur et choisissez l'option Joindre les segments. Les deux points se retrouvent reliés par une courbe.

Remarquez aussi que le tracé complet de la spline a changé de couleur, signifiant qu'il s'agit maintenant d'une spline continue et non plus de deux éléments réunis au sein d'une même spline. Mais la jonction du rectangle au cercle est loin d'être optimale puisque la spline devrait être droite à cet endroit.

## ➤ Contrôle numérique des tangentes

Nous allons réduire à 0 la longueur de la tangente correspondante sur le cercle pour obtenir une transition angulaire. Ceci ne s'applique qu'au bras le plus court de la tangente, l'autre devant rester intact pour que la forme du cercle ne soit pas affectée. Le gestionnaire de structure convient parfaitement pour cette tâche. Passez dans le mode Points et cliquez successivement sur les numéros de la colonne Points. Pour chaque numéro, le point correspondant dans l'éditeur est sélectionné. Procédez ainsi pour sélectionner le point du cercle dont nous voulons modifier la tangente.

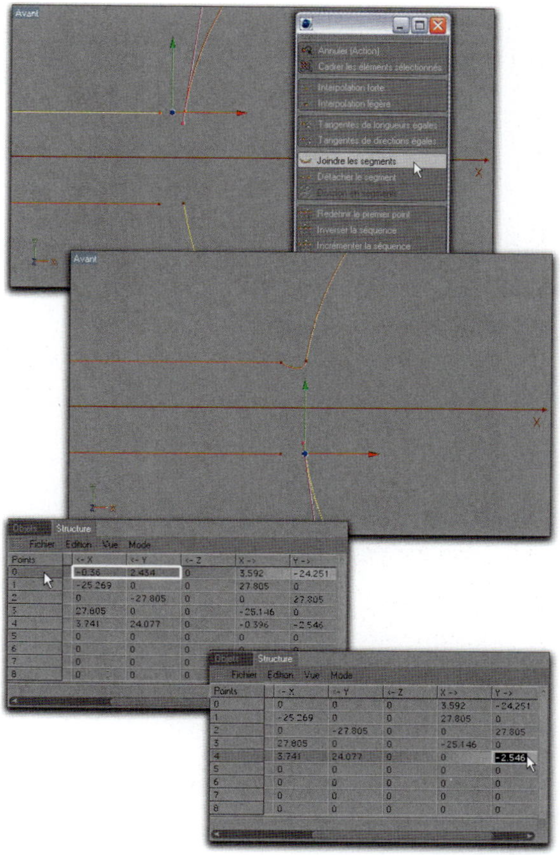

*Figure 1.166 : Contrôle manuel des tangentes.*

Les colonnes <–X, <–Y et <–Z représentent les composantes vectorielles du bras gauche de la tangente et les colonnes X–>, Y–> et Z–>, les composantes vectorielles du bras droit. Le bras le plus court est facilement identifiable grâce à ses faibles valeurs (voir Figure 1.166). Double-cliquez sur chacune de ces valeurs pour les mettre à 0 et faites de même pour la tangente de l'autre point de jonction sur le cercle.

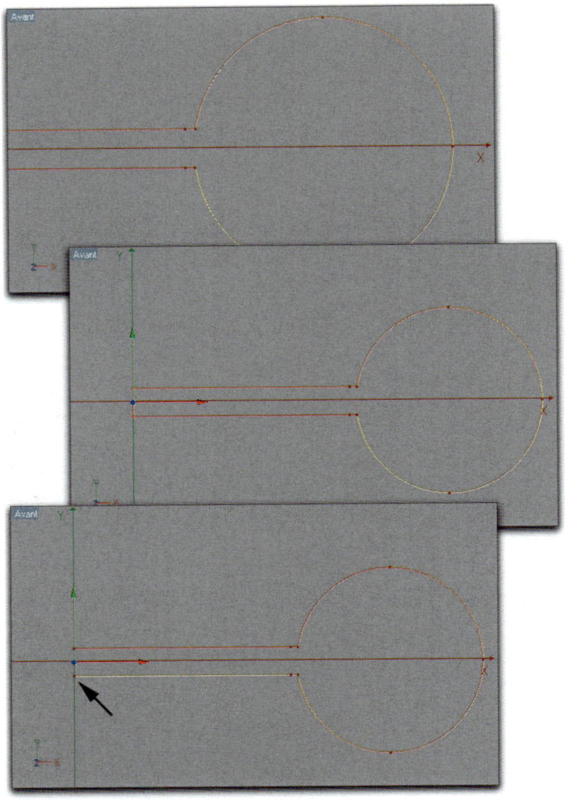


*Figure 1.167 : Ouverture de la spline.*

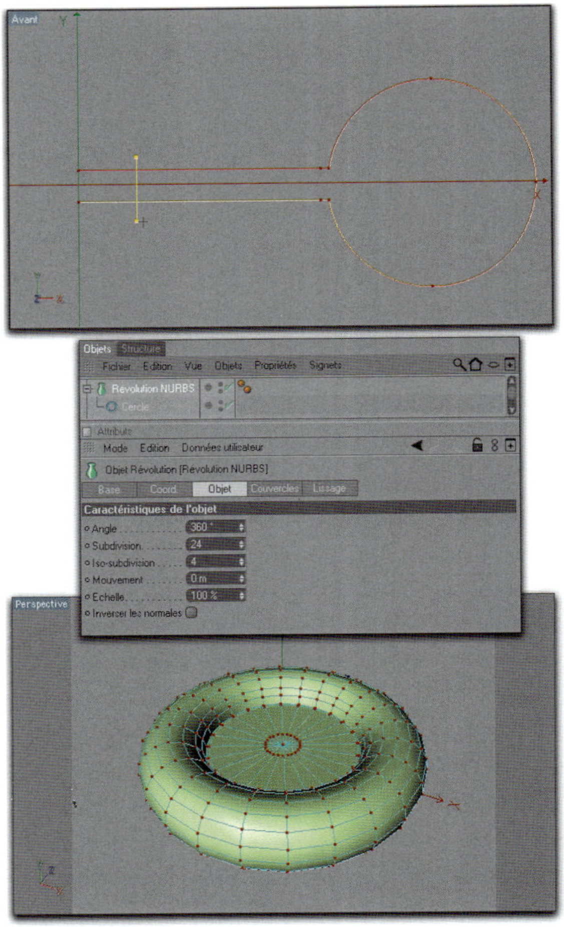


*Figure 1.168 : L'objet Révolution NURBS.*

Si vous vous y êtes pris correctement, votre spline devrait ressembler à celle du haut de la Figure 1.167 après activation de l'option Fermer la spline. La transition entre le rectangle et le cercle suit maintenant un angle droit.

La rotation de la spline autour de l'axe Y du Monde au moyen d'un objet Révolution NURBS requiert quelques préalables. D'abord, les points situés sur l'extrémité gauche de l'ancien rectangle doivent être placés à la position X 0. Utilisez pour cela le gestionnaire de coordonnées après les avoir sélectionnés.

Ensuite, comme la spline doit être ouverte à cet endroit pour éviter un doublement de l'arête lors de la rotation, sélectionnez le coin inférieur gauche et invoquez la commande Redéfinir le premier point à partir du menu contextuel. Ce point est indiqué par une flèche dans la Figure 1.167. Vous pouvez à présent décocher l'option Fermer la spline pour ouvrir la spline à cet endroit.

Pour une étape ultérieure, nous avons également besoin d'une subdivision verticale additionnelle près de l'axe Y du Monde. Insérez cette coupe au moyen de l'outil Couteau, puis placez la spline sous la dépendance d'un objet Révolution NURBS (voir Figure 1.168). Observez la façon dont la spline pivote autour de l'axe Y du NURBS pour former un objet circulaire.

Le nombre de copies de la spline subordonnée nécessaires pour créer l'objet en question est défini par le paramètre Subdivisions du NURBS. Le paramètre Angle indique le degré de rotation autour de l'axe Y du NURBS. La valeur 360° correspond à un tour complet. Comme dans l'exemple précédent, il convient de vérifier l'état des points intermédiaires et de réduire leur nombre le cas échéant. J'ai adapté ici leur répartition en spécifiant un angle de 22.5. La configuration que j'ai utilisée et le résultat sont donnés à la Figure 1.168.

Nous allons entreprendre une dernière modification pour rendre le modèle plus intéressant. Étant donné que l'objet Révolution NURBS doit être manipulé dans le mode Polygones, sélectionnez-le et convertissez-le. Dans la vue de haut, sélectionnez un polygone sur deux au cœur de l'objet. Employez pour cela le pointeur de sélection en laissant activée la sélection des éléments cachés. La Figure 1.169 montre cette sélection sur la face supérieure du modèle.

Activez l'affichage Fil de fer dans la vue en perspective et utilisez l'outil Ponter vu précédemment pour relier les polygones sélectionnés sur la face supérieure à ceux sélectionnés sur la face inférieure. Vous devez relier séparément chaque paire de polygones. Cette étape est illustrée au milieu et en bas de la Figure 1.169. Le résultat est un simple pneu muni de jantes.

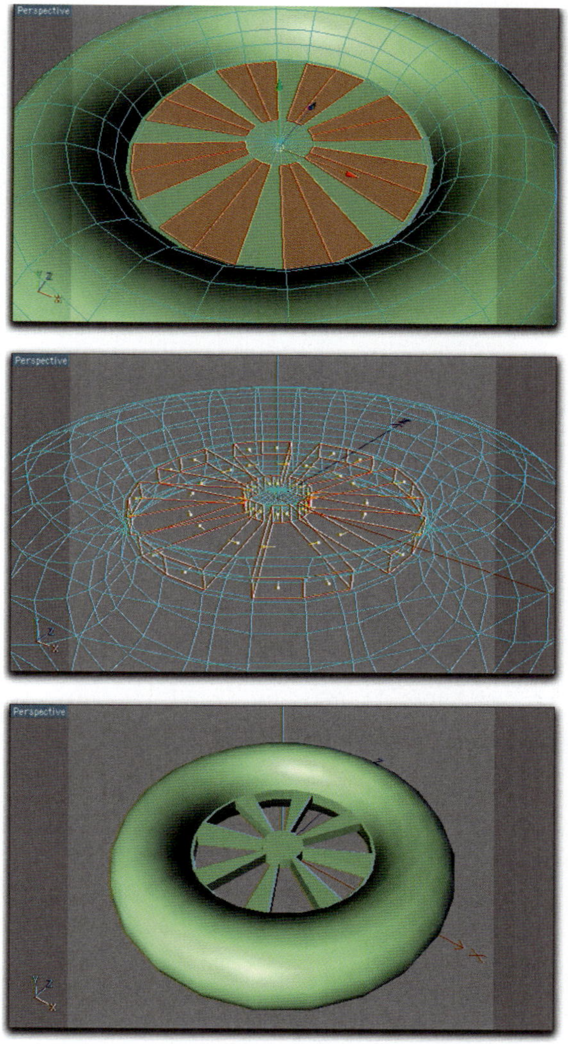


**Figure 1.169 :** *Création d'ouvertures avec l'outil Ponter.*

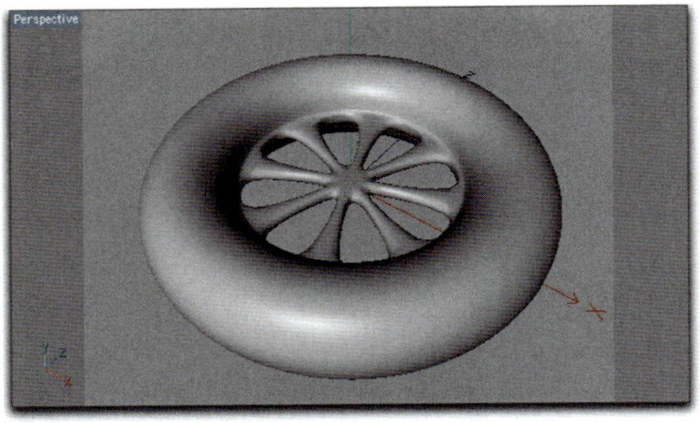


*Figure 1.170 : Le pneu lissé.*

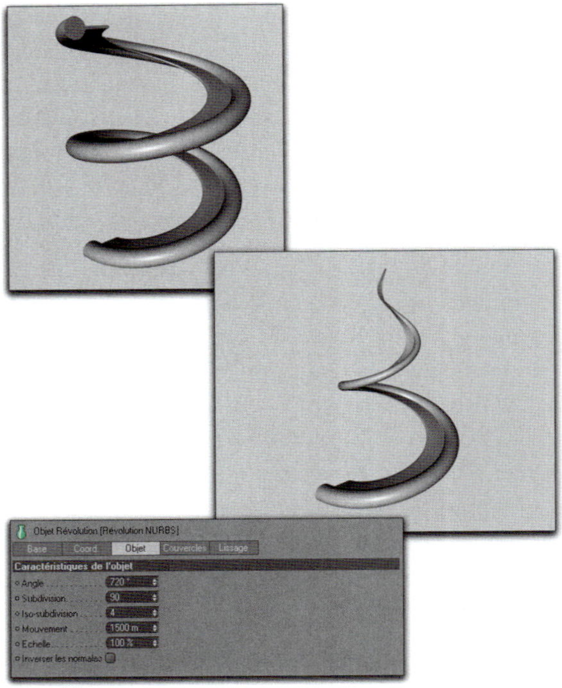


*Figure 1.171 : Autres modes de l'objet Révolution NURBS.*

Subordonnez pour finir le modèle de pneu à un HyperNURBS pour lisser l'objet de manière qu'il soit plus réaliste et utilisable (voir Figure 1.170). Ce procédé permet de créer rapidement des bouteilles, des verres ou des vases. Dès lors que les points de début et de fin des splines utilisées se trouvent sur l'axe de rotation de l'objet Révolution NURBS, on obtient toujours des objets fermés.

Revenons brièvement à notre spline avant sa rotation. L'objet Révolution NURBS offre d'autres modes permettant de créer des formes utiles. La Figure 1.171 illustre ce qui se produit lorsque nous éloignons latéralement la spline de l'axe de rotation en spécifiant des valeurs élevées pour les paramètres Angle et Mouvement.

Le paramètre Mouvement autorise le déplacement des copies de la spline pendant la rotation, donnant lieu à des formes en vis ou en spirale. Le paramètre Angle permet de répéter la rotation autant de fois que vous le souhaitez. Il convient alors d'augmenter la valeur du paramètre Subdivisions pour que le pourtour de l'objet soit correctement arrondi.

Si l'extrémité de la spirale doit subir un rétrécissement, réduisez simplement la valeur du paramètre Échelle. Cela s'impose notamment pour créer des formes en tire-bouche ou en coquillage. L'objet Révolution NURBS est lui aussi capable de créer des faces fermantes, à condition que la spline subordonnée soit fermée. Cette option est automatiquement désactivée dans le cas d'une rotation de 360° sans paramètre Mouvement ou Échelle.

## *Peau NURBS*

Le dernier NURBS dont il sera question ici se nomme Peau NURBS, ou LoftNURBS, et requiert au minimum deux splines subordonnées. Les splines sont en fait reliées les unes aux autres par le biais de leurs points correspondants, à savoir que le premier point de chaque spline est relié au premier point de la spline suivante, et ainsi de suite. Il importe de respecter cet ordonnancement lorsque vous manipulez les splines d'un objet Peau NURBS. Leur dégradé de couleur constitue une aide visuelle précieuse et évite d'avoir à consulter le gestionnaire de structure.

Contrairement aux NURBS décrits jusqu'à présent et qui utilisaient aussi des splines, l'objet Peau NURBS ne s'appuie pas sur la configuration des points intermédiaires des splines subordonnées pour calculer les polygones liants. Comme chacune d'elle peut avoir des paramètres différents, cela pourrait rapidement conduire au chaos. Il emploie à la place les paramètres Subdivisions du maillage U et Subdivisions du maillage V, où U correspond au pourtour de la section et V, aux segments liants, c'est-à-dire aux subdivisions entre les différentes splines.

Rien de tel qu'un exemple pour mieux comprendre le fonctionnement de ce NURBS. Commencez par créer un nombre quelconque de splines simples dans la vue frontale, représentant par exemple des vaguelettes, comme dans la Figure 1.172. Éloignez-les les unes des autres de sorte qu'elles forment comme des tranches le long de l'axe Z. Invoquez ensuite un objet Peau NURBS à partir de la palette des NURBS et placez les splines sous sa dépendance. Celles-ci seront reliées dans l'ordre qui est le leur au sein du NURBS.

**Figure 1.172 :** *Splines en forme de vaguelettes dans un objet Peau NURBS.*

Comme le montre la Figure 1.172, cette technique permet de modéliser très rapidement des paysages vallonnés, mais aussi des plis de vêtement ou même un capot de moteur. L'emploi de ce NURBS est indiqué pour tous les objets pouvant être générés à partir de sections. Le seul inconvénient est qu'il ne permet pas de créer d'embranchements. Par exemple, vous ne pouvez pas débuter avec la section d'une main et ajouter ensuite les cinq doigts. Il faut pour cela recourir à la modélisation à base de polygones et à l'objet HyperNURBS.

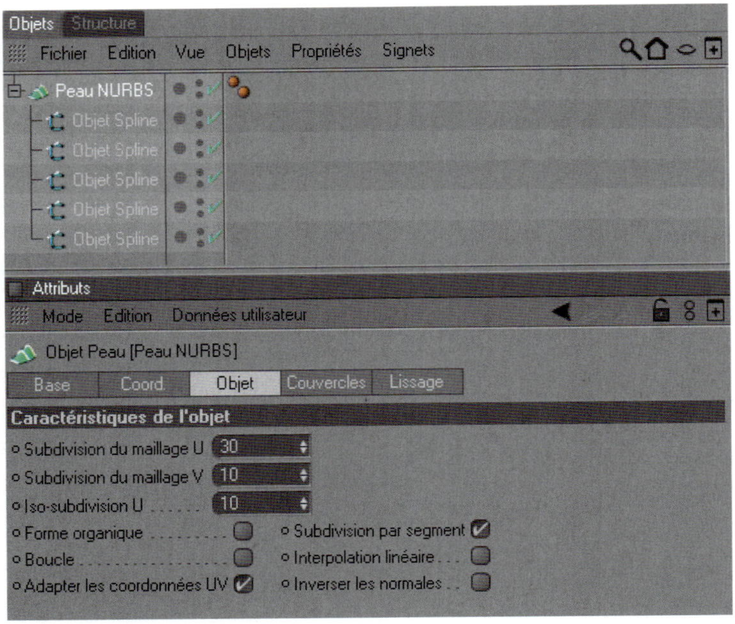


***Figure 1.173 :*** *Ordonnancement des splines dans le NURBS.*

Lorsqu'il doit représenter des sections rectangulaires, l'objet Peau NURBS nécessite en outre un grand nombre de polygones. La raison en est que les subdivisions sur le pourtour sont toujours réparties uniformément au lieu de se concentrer sur les zones fortement arrondies ou angulaires comme c'est le cas lors de l'adaptation des points intermédiaires. Poursuivons avec un autre exemple pour illustrer ce point.

Invoquez deux splines Cercle et deux splines Rectangle, et disposez-les parallèlement. Les deux premières vues de la Figure 1.174 présentent cet agencement ainsi que l'effet de l'objet Peau NURBS sur ces splines. On peut voir que les formes rectangulaires ont été excessivement arrondies. Cela est dû au faible nombre de segments de pourtour, comme l'indique la valeur 0 du paramètre Subdivisions du maillage U dans la Figure 1.173. Si vous augmentez cette valeur, le résultat est déjà plus satisfaisant (voir Figure 1.174, troisième vue).

Vous pouvez en revanche réduire la valeur du paramètre Subdivisions du maillage V car les splines sont très proches les unes des autres. L'option Subdivisions par segment détermine si les subdivisions V valent pour l'objet tout entier ou pour les splines prises deux à deux. Le paramètre Iso-subdivisions U n'a en fait rien à voir avec la forme de l'objet, mais spécifie le nombre de lignes dans le mode Isolignes de l'éditeur.

Notre objet présente aussi un rétrécissement indésirable entre le cercle et le rectangle du milieu. Les splines étant reliées entre elles par l'intermédiaire de leurs points correspondants, le premier point du cercle semble ne pas être positionné idéalement par rapport au

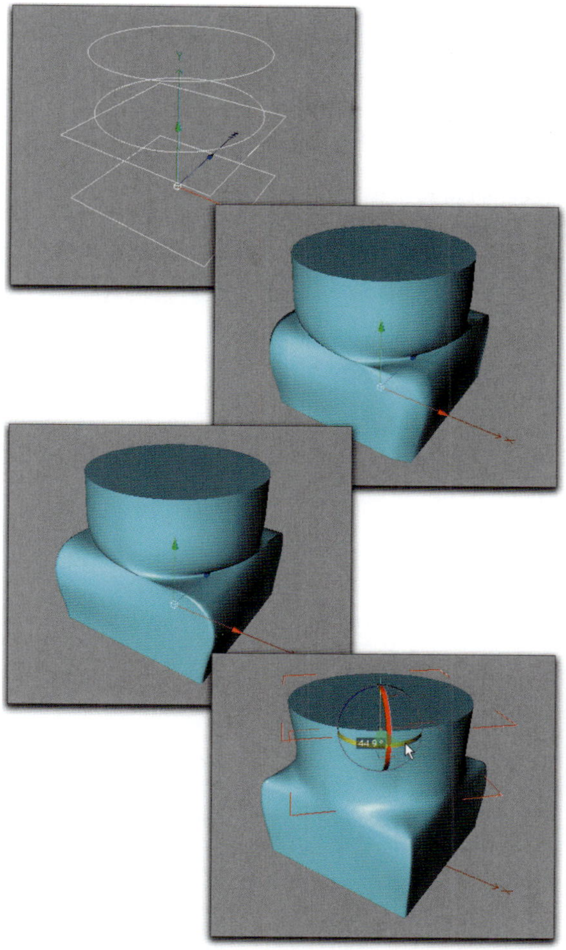

*Figure 1.174 : Splines Cercle et Rectangle reliées par le NURBS.*

premier point du rectangle. Une solution simple est de faire pivoter les deux cercles sur le plan horizontal, comme illustré au bas de la Figure 1.174. La surface devient tout de suite plus régulière.

Il faut donc faire particulièrement attention à la succession des points correspondants de chaque spline et faire en sortie qu'ils soient correctement positionnés les uns par rapport aux autres pour éviter des déformations involontaires. Grâce au menu STRUCTURE > MODIFIER LA SPLINE, vous pouvez à tout moment redéfinir le premier point d'une spline ou inverser la séquence de points, si nécessaire.

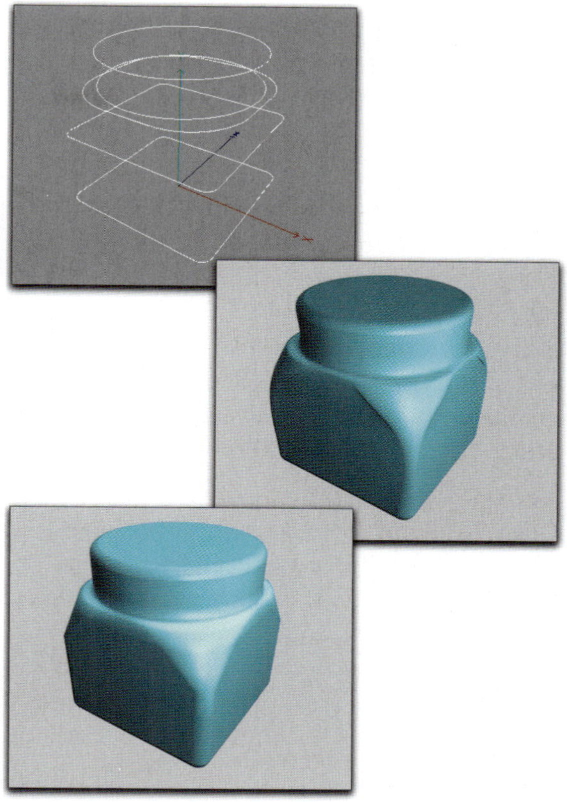

*Figure 1.175 : Création de formes complexes à partir d'un petit nombre de sections.*

Vous pouvez sinon utiliser un nombre différent de points pour chaque spline et même mélanger des splines ouvertes et fermées. N'oubliez pas que la création de faces fermantes est possible seulement avec des splines fermées. Les paramètres prévus à cet effet sont ici identiques à ceux des autres NURBS.

La Figure 1.175 illustre la différence entre un calcul de l'objet avec et sans l'option INTERPOLATION LINÉAIRE activée. Vous pouvez constater au milieu la présence d'une spline rectangulaire additionnelle aux coins fortement arrondis. Les coins des deux splines rectangulaires préexistantes ont eux aussi été légèrement arrondis. Ceci est facile à réaliser dans le gestionnaire d'attributs puisqu'aucune spline n'a encore été convertie.

Lorsque l'option Interpolation linéaire est activée, les splines sont reliées de manière parfaitement linéaire, c'est-à-dire que la surface de l'objet suit précisément le tracé des sections. Cela convient par exemple pour des pièces mécaniques. Lorsqu'elle est décochée, la transition entre les sections est plus douce même si celles-ci ont des formes très variées, ce qui convient pour des surfaces organiques courbes.

L'option Forme organique s'inscrit dans la même logique. Lorsqu'elle est cochée, la surface générée est moins dépendante des points des splines. Elle ne colle pas à leur tracé et peut ainsi atténuer les différences importantes de forme entre les splines. Pour créer des objets en forme d'anneau ou de tube, vous pouvez activer l'option Boucle afin de relier automatiquement la première et la dernière spline.

Nous en avons à présent terminé avec les groupes d'objets et les outils les plus importants. Il n'était bien sûr pas possible de détailler tous les domaines et commandes comme le ferait un manuel d'utilisation. Je m'en suis donc tenu aux fonctions permettant de se lancer rapidement et efficacement dans la pratique. Si vous avez besoin d'en savoir plus sur certaines options d'un objet ou fonctions d'un outil, consultez l'aide en ligne.

***Figure 1.176 :*** *L'aide en ligne.*

## L'aide en ligne

Pour pouvoir utiliser l'aide, vous devez auparavant installer les fichiers d'aide dans le répertoire `Help` de CINEMA 4D. Si vous les avez placés ailleurs, il faut dans ce cas indiquer leur chemin dans la fenêtre des préférences générales du logiciel, qui comporte une rubrique Aide à cet effet.

Vous pouvez invoquer l'aide en ligne par un simple clic droit sur le nom d'un paramètre ou d'une option dans le gestionnaire d'attributs. Choisissez alors l'option Afficher l'aide dans le menu contextuel. Utilisez sinon le menu Aide de CINEMA 4D (voir Figure 1.176).

La partie gauche de la fenêtre d'aide inclut deux onglets, TABLE DES MATIÈRES et RÉSULTATS. Le premier contient la table des matières complète de l'aide. Il suffit de cliquer sur une des entrées pour afficher les informations correspondantes dans la partie droite. Des liens apparaissent par endroits dans le texte, comme dans un navigateur Web.

L'icône symbolisant une maison en haut à gauche conduit à la page d'accueil de l'aide. Les deux flèches qui précèdent permettent de naviguer en arrière et en avant dans les pages visitées. Pour effectuer une recherche sur un terme particulier, utilisez le champ RECHERCHER en haut à droite. Les entrées trouvées sont affichées dans l'onglet RÉSULTATS et il suffit de cliquer sur celle qui vous intéresse plus précisément.

Vous pouvez contrôler le niveau de détail de la fonction de recherche au moyen du curseur DÉTAILS situé à droite du champ RECHERCHER. Lorsque ce curseur est positionné complètement à droite, la recherche porte sur l'aide tout entière et lorsqu'il est positionné à l'extrême gauche, seuls sont affichés les thèmes principaux dans lesquels apparaît le terme recherché.

# Les gestionnaires

Nous avons déjà utilisé à de nombreuses reprises le gestionnaire d'attributs et le gestionnaire d'objets. Tous deux offrent d'autres modes moins apparents d'emblée ainsi que des options additionnelles que nous allons examiner maintenant. Commençons par le gestionnaire d'attributs.

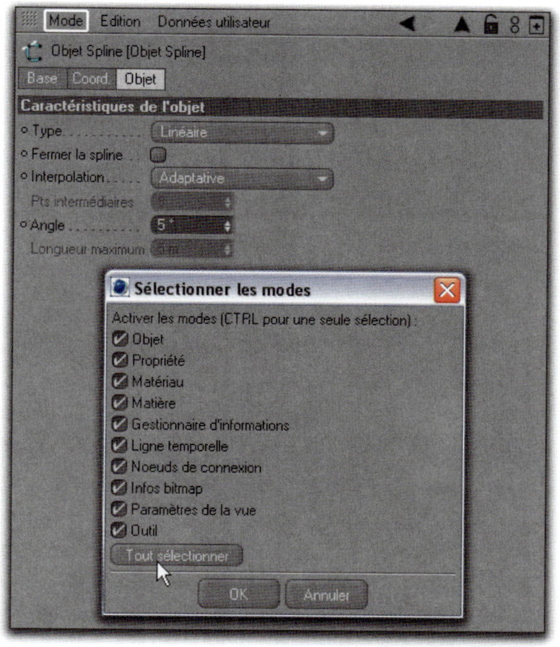


*Figure 1.177 : Les divers modes du gestionnaire d'attributs.*

### ➤ Modes du gestionnaire d'attributs

Vous avez déjà eu un aperçu des nombreuses facettes de ce gestionnaire. Il peut afficher aussi bien les caractéristiques d'une propriété que celles d'un objet ou d'un outil, pour ne citer que ces possibilités. Vous pouvez déterminer les modes supportés en choisissant MODE > CONFIGURER LES MODES à partir de sa barre de menus (voir Figure 1.177).

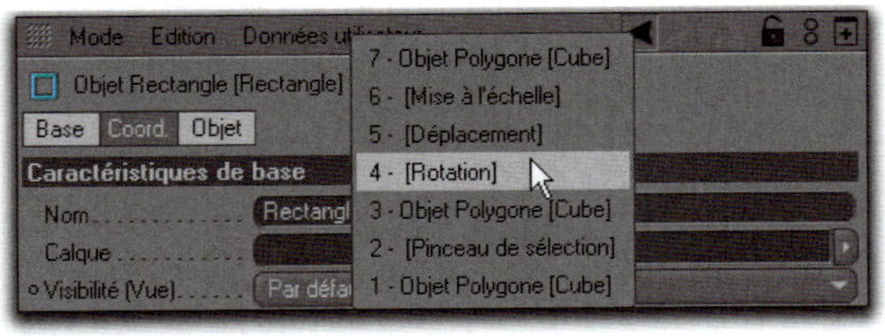


*Figure 1.178 : Navigation dans l'historique.*

La boîte de dialogue qui apparaît vous permet d'activer les modes devant être supportés par cette occurrence du gestionnaire. Vous pouvez en effet invoquer plusieurs occurrences et configurer chacune de sorte qu'elle supporte un mode différent. Tout dépend bien entendu de la place dont vous disposez à l'écran. Pour ouvrir un nouveau gestionnaire d'attributs, utilisez la combinaison Maj+F5 ou bien le menu FENÊTRE de CINEMA 4D.

## ➤ La fonction d'historique

En accomplissant les exercices de ce chapitre, vous avez certainement trouvé incommode, lorsque vous activez par exemple un outil, que le gestionnaire d'attributs affiche automatiquement ses paramètres, faisant disparaître ceux de l'objet sélectionné. Pour faire réapparaître ces derniers, vous n'avez pas besoin de sélectionner de nouveau l'objet et pouvez simplement utiliser les flèches situées en haut à droite dans le menu du gestionnaire.

Les flèches vers la gauche et la droite permettent de naviguer entre les différents paramètres affichés au cours de votre travail. Un clic droit sur une flèche provoque l'affichage de l'historique correspondant, à partir duquel vous pouvez sélectionner directement l'étape désirée (voir Figure 1.178). La flèche vers le haut fait passer l'affichage un niveau hiérarchique au-dessus de l'élément sélectionné, ce qui est très pratique lorsque vous manipulez des shaders et des matériaux.

*Figure 1.179 : Verrouillage de l'affichage.*

## ➤ Verrouillage de l'affichage

Lorsque vous voulez copier des paramètres entre plusieurs gestionnaires ou conserver tout simplement l'affichage courant, verrouillez celui-ci en cliquant sur le symbole de verrou à droite dans la barre de menus du gestionnaire. L'affichage reste alors inchangé lorsque vous sélectionnez, par exemple, un autre objet ou outil (voir Figure 1.179).

Le symbole représentant deux anneaux chaînés fonctionne de façon analogue en ce qu'il permet de verrouiller le mode courant du gestionnaire (voir Figure 1.180). Par exemple, lorsque les paramètres de

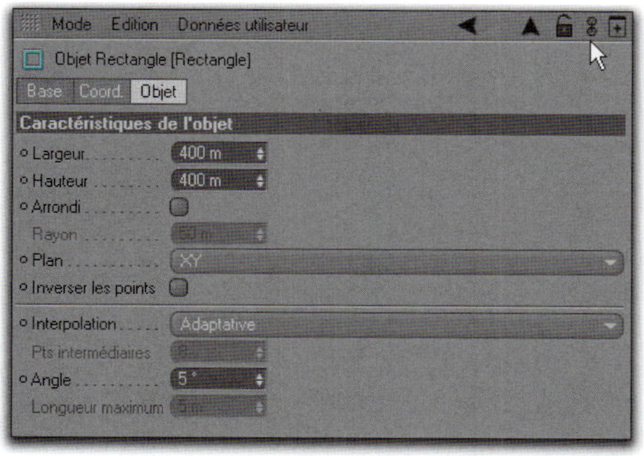


***Figure 1.180 :*** *Verrouillage du mode courant.*

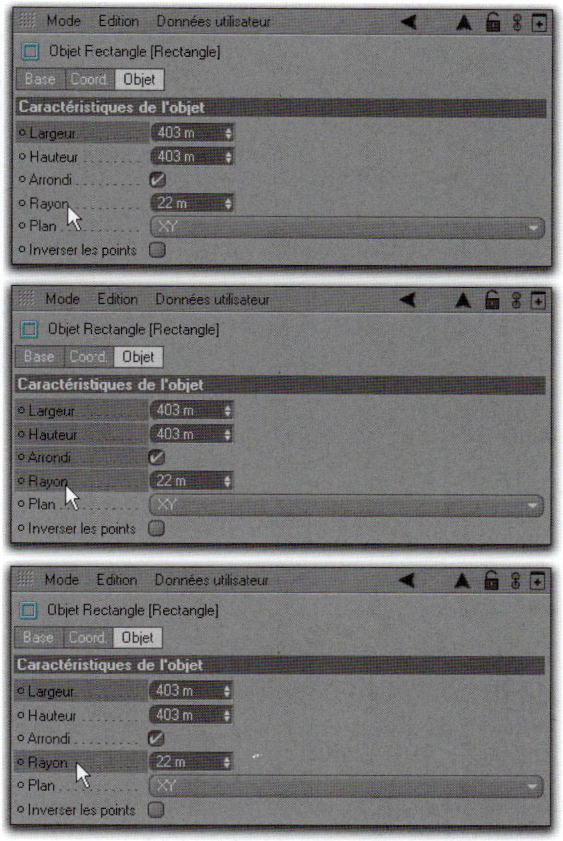


***Figure 1.181 :*** *Diverses méthodes de sélection.*

l'objet actif sont affichés et que vous cliquez sur ce symbole, le gestionnaire n'affichera plus que des paramètres d'objets. Il n'affichera par exemple pas ceux des outils que vous sélectionnez. Cela vous évite notamment d'avoir à changer la configuration des modes du gestionnaire.

## ➤ Méthodes de sélection

Pour sélectionner des paramètres, il suffit de cliquer sur leur nom dans le gestionnaire d'attributs. Pour sélectionner des paramètres qui se suivent, cliquez sur le premier puis sur le dernier en maintenant la touche [Maj] enfoncée (voir Figure 1.181). Lorsqu'ils ne se suivent pas, cliquez sur ceux qui vous intéressent en maintenant la touche [Ctrl] enfoncée.

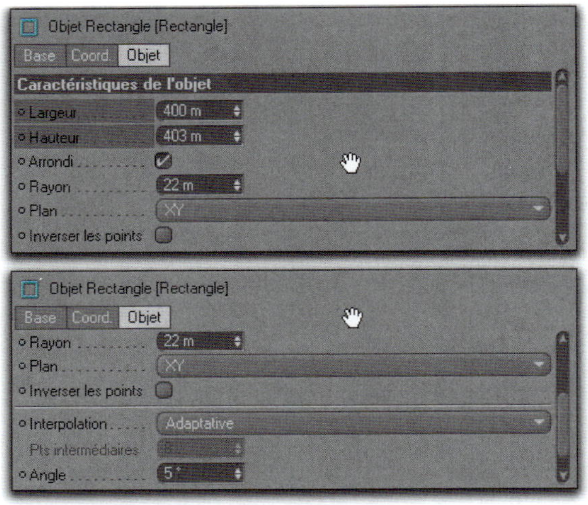


*Figure 1.182 : Modification simultanée de plusieurs paramètres.*

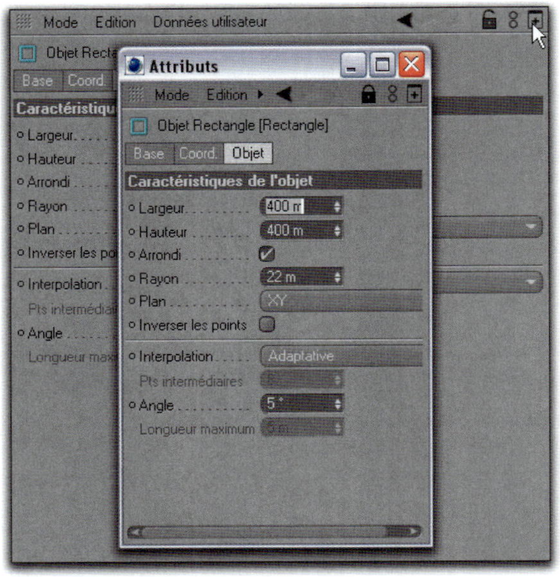


*Figure 1.183 : Invocation d'une version verrouillée du gestionnaire d'attributs.*

## ➤ Modification conjointe de plusieurs paramètres

Le but d'une telle sélection est de pouvoir modifier conjointement des paramètres. Lorsque vous changez la valeur d'un des paramètres sélectionnés et validez votre modification en maintenant la touche [Ctrl], ils prennent tous la même valeur. Bien entendu, cela ne peut fonctionner que s'ils acceptent une même plage de valeurs. Dans la Figure 1.182 par exemple, le paramètre Rayon ne peut pas être configuré avec une valeur aussi élevée que celle du paramètre Largeur, même si vous utilisez la touche [Ctrl].

Vous pouvez de plus augmenter ou réduire certaines valeurs d'un même nombre d'unités en maintenant les touches [Maj]+[Ctrl] enfoncées au moment de valider votre saisie. C'est ainsi que j'ai procédé dans la Figure 1.182 pour augmenter initialement les valeurs des paramètres Largeur et Hauteur de 3 unités.

## ➤ Défilement du contenu

Le pointeur en forme de main dans la Figure 1.182 illustre une autre fonctionnalité. Lorsque le contenu du gestionnaire d'attributs dépasse de la zone d'affichage disponible, des barres de défilement apparaissent automatiquement. Au lieu d'utiliser ces barres, cliquez simplement à un endroit vide et faites glisser la main pour faire défiler le contenu.

## ➤ Ouverture d'une occurrence verrouillée du gestionnaire d'attributs

Outre les méthodes déjà évoquées pour ouvrir un nouveau gestionnaire d'attributs, vous disposez d'une fonctionnalité supplémentaire accessible *via* le symbole de fenêtre contenant un signe plus en haut à droite (voir Figure 1.183). Lorsque vous cliquez dessus, le contenu du gestionnaire courant apparaît dans une nouvelle fenêtre verrouillée.

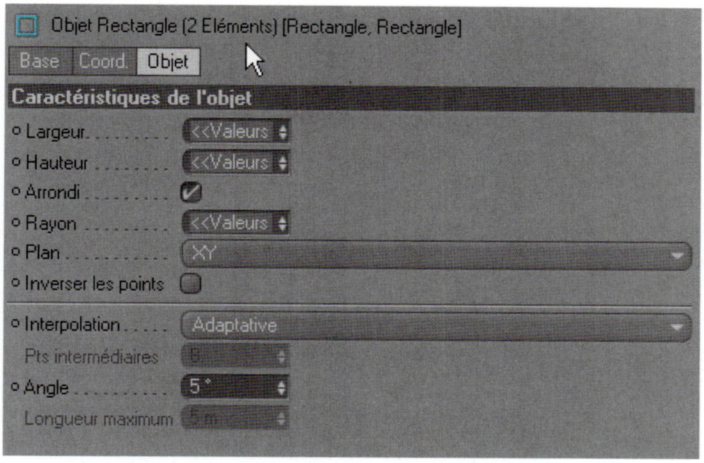


*Figure 1.184 : Modification simultanée de plusieurs éléments.*

## ➤ Modification conjointe de plusieurs éléments

Vous avez également la possibilité de modifier plusieurs éléments en même temps, ce qui peut être très commode. Vous pouvez par exemple sélectionner plusieurs splines dans le gestionnaire d'objets et modifier une fois dans le gestionnaire d'attributs la configuration des points intermédiaires ou l'option Fermer la spline ; ces modifications s'appliqueront alors à toutes les splines. La Figure 1.184 illustre cela pour deux splines rectangulaires. L'intitulé du gestionnaire indique que plusieurs éléments ont été sélectionnés, qui sont ici de même type.

Remarquez que certains champs affichent l'entrée <<Valeurs..., signifiant que les objets sélectionnés possèdent des valeurs différentes pour ces paramètres. Vous pouvez néanmoins saisir une valeur qui sera alors appliquée à tous ces objets. Lorsqu'un champ affiche une vraie valeur, vous savez que le paramètre correspondant est configuré à l'identique pour tous les éléments sélectionnés.

Il est également possible de copier et de coller des paramètres entre plusieurs objets, par exemple. Ces deux commandes sont accessibles *via* le menu contextuel qui apparaît lorsque vous cliquez du bouton droit sur le nom du paramètre dans gestionnaire d'attributs. Elles sont surtout très utiles pour copier des valeurs vectorielles, des couleurs ou même des splines entières comme dans le cas d'un NURBS.

## ➤ Sélection dans le gestionnaire d'objets

Vous disposez aussi de diverses méthodes pour sélectionner plusieurs objets ou propriétés dans le gestionnaire d'objets. Pour sélectionner une suite continue d'éléments, tracez simplement un cadre de sélection autour en commençant en haut ou en bas à gauche du nom ou du symbole du premier élément et en ne relâchant la souris qu'après avoir inclus le dernier. Le même effet peut être obtenu avec la touche [Maj].

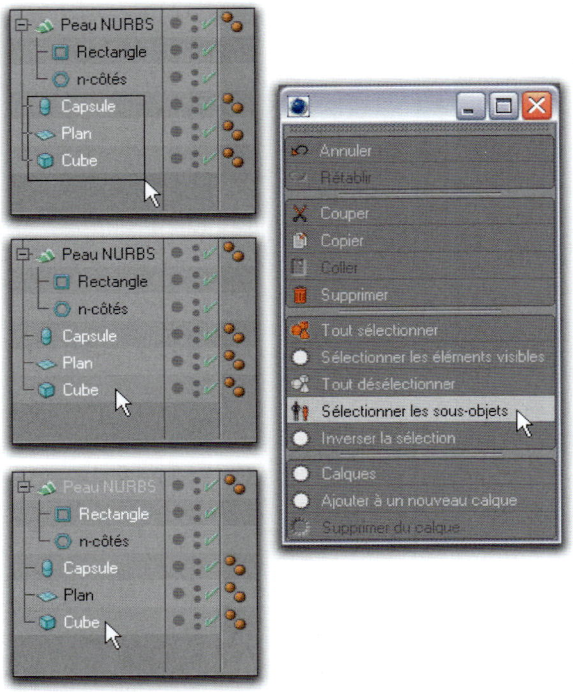


*Figure 1.185 : Différentes méthodes de sélection.*

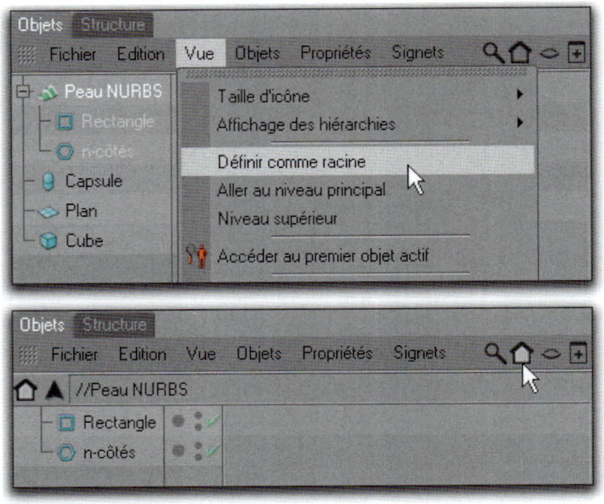


*Figure 1.186 : Filtrage de l'affichage dans le gestionnaire d'objets.*

Maintenez-la enfoncée en cliquant sur le premier et le dernier élément. Pour sélectionner des éléments non contigus dans la hiérarchie, maintenez la touche Ctrl enfoncée. Ces méthodes de sélection sont illustrées Figure 1.185.

La dernière vue de la Figure 1.185 présente une commande intéressante, SÉLECTIONNER LES SOUS-OBJETS, accessible entre autres par le biais du menu ÉDITION du gestionnaire d'objets. Elle permet de sélectionner tous les sous-objets d'un élément, à condition que celui-ci soit actif au moment où elle est invoquée.

## ➤ Filtres d'affichage

Dans le cas de scènes complexes, naviguer à travers les multiples niveaux de la hiérarchie d'éléments dans le gestionnaire d'objets peut se révéler difficile. L'affichage sélectif de certains groupes d'objets peut alors vous aider à y voir plus clair. Pour cela, cliquez du bouton droit sur l'élément de niveau supérieur du groupe que vous voulez manipuler et choisissez l'option DÉFINIR COMME RACINE dans le menu contextuel. Tous les objets n'appartenant pas à ce groupe disparaissent automatiquement de l'affichage (voir Figure 1.186).

Lorsque vous cliquez sur le symbole de maison à droite dans la barre de menus du gestionnaire d'objets, apparaît une nouvelle barre de navigation avec deux icônes et un champ indiquant le niveau hiérarchique actif (voir Figure 1.186). La flèche vers le haut permet de

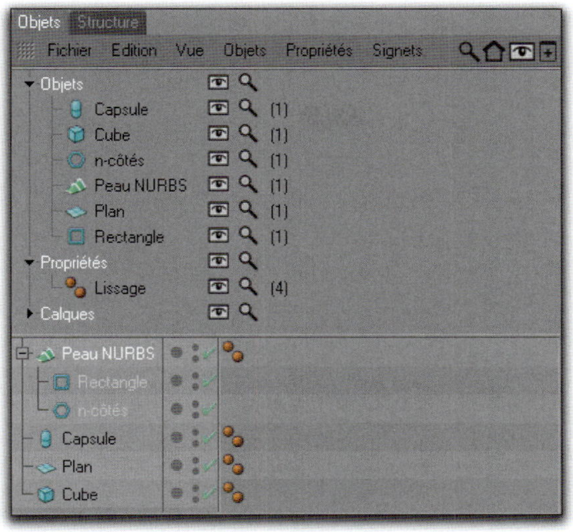


*Figure 1.187 : Filtres avancés.*

passer au niveau hiérarchique supérieur, réaffichant ainsi davantage d'objets. Pour rétablir l'affichage d'origine, cliquez sur le symbole de maison en regard de la flèche. Tous les objets de la scène sont alors de nouveau listés.

## ➤ Filtrage avancé

Lorsque vous cliquez sur le symbole d'œil à droite dans la barre de menus, le gestionnaire ne liste plus seulement les objets, mais aussi les différentes catégories de composants de la scène : objets, propriétés et calques (voir Figure 1.187). Il indique en outre le nombre d'éléments dans chacune. En supposant que votre scène contienne trois primitives de type cube, une seule entrée Cube apparaitrait dans la catégorie Objets avec entre parenthèses le nombre d'occurrences. Dans notre exemple, vous pouvez voir qu'il existe quatre occurrences de la propriété Phong.

Les symboles d'œil au sein de la liste de catégories permettent de contrôler la visibilité des éléments dans le gestionnaire d'objets. Les éléments masqués dans le gestionnaire restent visibles dans l'éditeur. Les symboles de loupe indiquent si les éléments des catégories correspondantes peuvent être localisés par la fonction de recherche. Vous verrez ci-après comment rechercher des objets ou d'autres éléments. Pour désactiver l'affichage des catégories, cliquez de nouveau sur le symbole d'œil dans la barre de menus.

## ➤ Modes d'affichage des propriétés

Vous avez déjà fait connaissance avec quelques propriétés. Sachez qu'il existe de nombreuses autres fonctions contrôlables par le biais de propriétés. Le nombre de propriétés d'un objet peut d'ailleurs augmenter très rapidement au point de devoir faire défiler latéralement la fenêtre du gestionnaire d'objets pour pouvoir y accéder. Dans ce cas, il peut être utile d'activer l'affichage vertical des propriétés *via* la commande de même nom dans le menu Vue du gestionnaire (voir Figure 1.188). Les propriétés sont alors ordonnées de façon hiérarchique sous les objets et visibles seulement lorsque vous développez la hiérarchie.

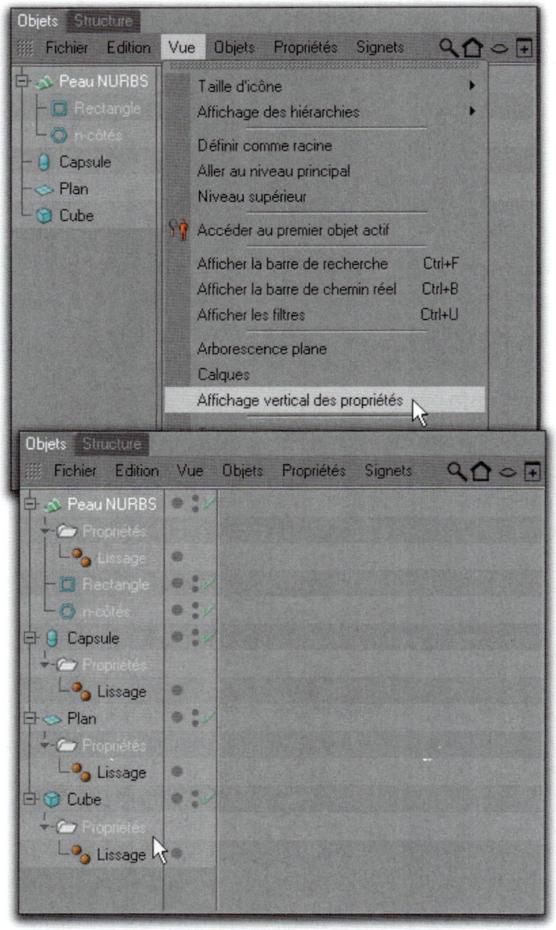


*Figure 1.188 : Affichage vertical des propriétés.*

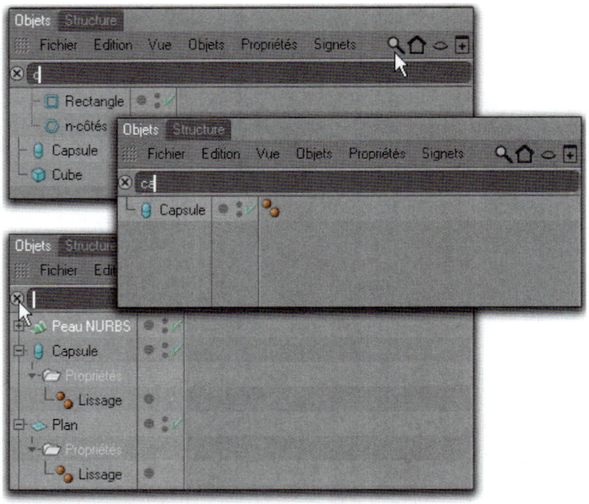


*Figure 1.189 : Recherche d'après le nom.*

## ➤ Recherche d'objets

Lorsque vous cliquez sur le symbole de loupe à droite dans la barre de menus du gestionnaire d'objets, apparaît un champ de recherche vous permettant de saisir le nom d'un objet. Si un objet portant ce nom est trouvé, il est affiché seul dans le gestionnaire. Vous pouvez également effectuer une recherche à partir des premières lettres du nom. Seront alors affichés tous les objets commençant par ces lettres (voir Figure 1.189). Notez que seuls les objets dont le symbole de loupe est actif sont pris en compte lors de la recherche.

Un clic sur la croix au début du champ de recherche efface le résultat de la recherche et rétablit l'affichage de tous les objets. Cliquez une nouvelle fois sur le symbole de loupe dans la barre de menus pour désactiver la fonction de recherche.

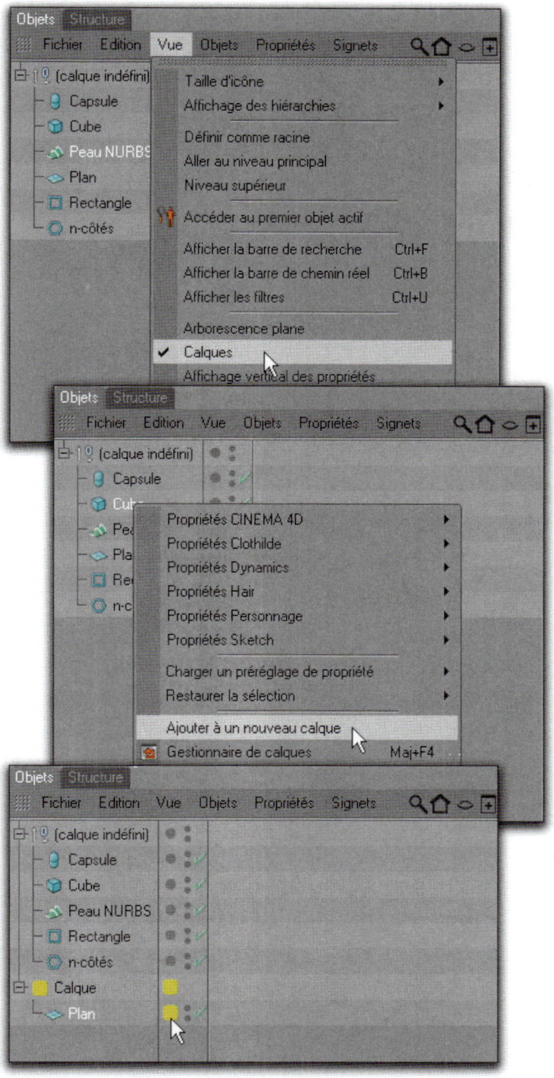


*Figure 1.190 : Utilisation de calques.*

## ➤ Emploi de calques

Le menu Vue du gestionnaire d'objets inclut une option Calques qui permet de configurer l'affichage des éléments de la scène en fonction de leur appartenance à des calques. Les calques sont des groupes d'objets ou de propriétés qui présentent l'intérêt de pouvoir être organisés entièrement différemment des niveaux hiérarchiques du gestionnaire. Ils représentent en fait un moyen de classifier les éléments selon leur fonction.

Les éléments d'un calque peuvent par exemple être masqués temporairement dans l'éditeur ou pour le rendu. Vous disposez ainsi d'un outil précieux pour simplifier la visibilité de projets complexes. Comme le montre la Figure 1.190, tous les objets sont placés par défaut dans un calque indéfini et y demeurent tant qu'ils n'ont pas été placés dans un autre calque.

Pour placer un objet ou une propriété dans un nouveau calque, cliquez sur l'élément en question avec le bouton droit et choisissez l'option Ajouter à un nouveau calque. Apparaît alors un nouveau calque dans lequel l'élément est placé. Cela ne change rien à l'ordre des objets qui restent dans le calque indéfini. Vous pouvez ensuite ajouter d'autres éléments au nouveau calque par simple glisser-déposer ou en utilisant l'option Ajouter au calque du menu contextuel.

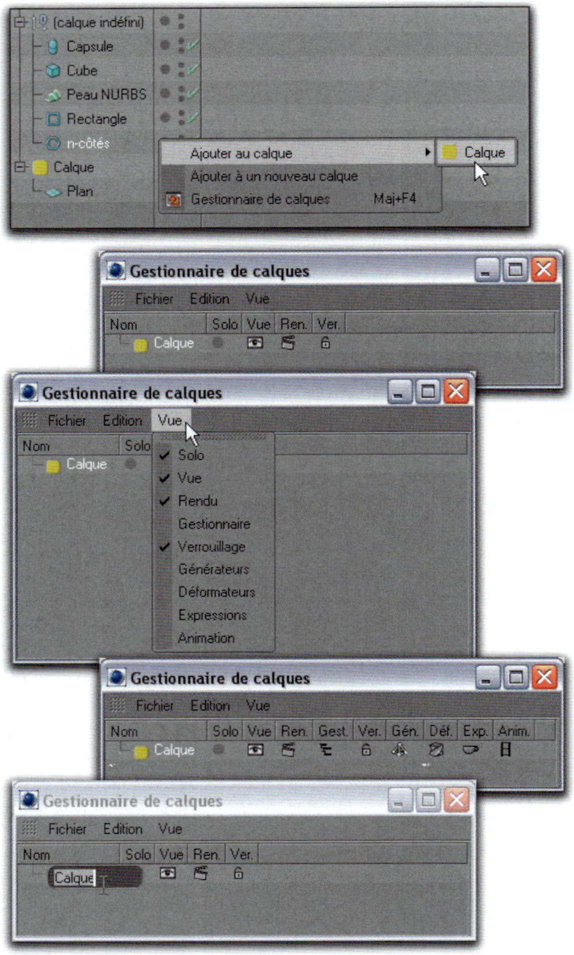


***Figure 1.191 :*** *Le gestionnaire de calques.*

Vous pouvez aussi d'un simple clic en regard des points contrôlant la visibilité d'un objet ou d'une propriété invoquer un petit menu dédié aux calques (voir Figure 1.191, en haut). La fenêtre des caractéristiques de base d'un objet inclut également un menu CALQUE.

Pour changer le nom d'un calque, il suffit de double-cliquer dessus. Chaque calque possède en outre une couleur propre permettant de déterminer visuellement l'appartenance des éléments aux différents calques dans le gestionnaire.

## ➤ Le gestionnaire de calques

Pour configurer les propriétés des calques, vous devez utiliser le gestionnaire de calques. Celui-ci est accessible *via* le menu dédié aux calques évoqué précédemment ou *via* le menu FENÊTRE de CINEMA 4D. Ce gestionnaire énumère tous les calques définis. Vous pouvez là aussi modifier leur nom en double-cliquant dessus.

Ce qui est intéressant ici ce sont les différentes icônes à droite du nom de chaque calque. Elles permettent de contrôler, par exemple, la visibilité du calque dans l'éditeur et si les éléments de ce groupe doivent être évalués pour le rendu ou pour les animations. Ces propriétés sont activables/désactivables par un simple clic. À vous de définir celles disponibles pour l'ensemble des calques par le biais du menu VUE du gestionnaire (voir Figure 1.191, au milieu).

Les propriétés VUE et RENDU contrôlent respectivement la visibilité de tous les éléments d'un calque dans l'éditeur et leur prise en compte lors du rendu. La propriété GESTIONNAIRE permet de masquer les éléments du calque dans le gestionnaire. La propriété VERROUILLAGE les verrouille de sorte qu'ils ne puissent pas être malencontreusement sélectionnés ou déplacés. L'option SOLO masque tous les éléments n'appartenant pas au calque et cela, dans le gestionnaire, dans l'éditeur et pour le rendu. Les propriétés restantes ont trait au calcul de générateurs, d'expressions XPresso, de déformateurs et d'animations.

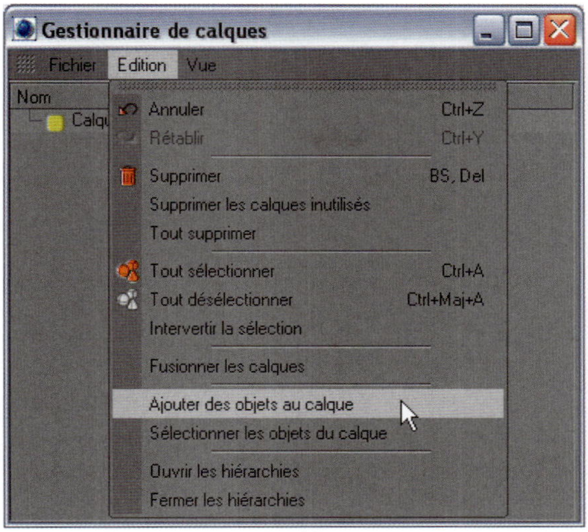


*Figure 1.192 : Autres fonctions de manipulation de calques.*

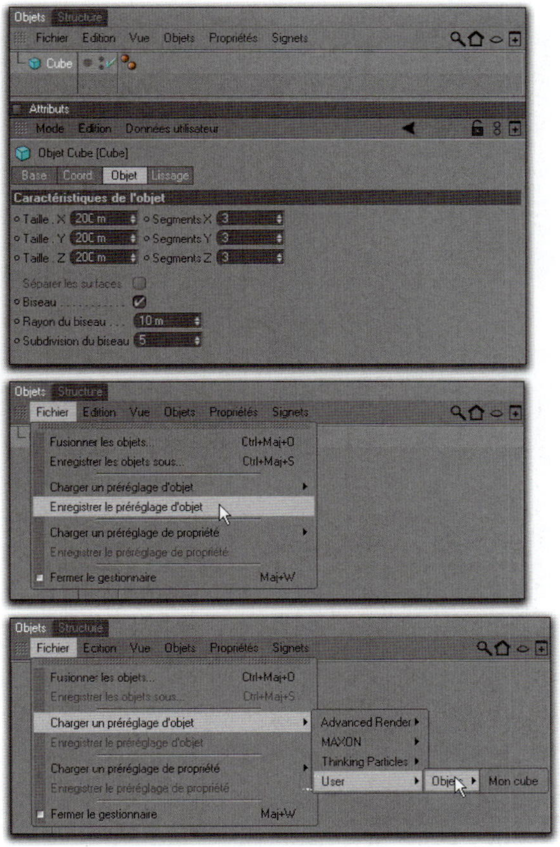


*Figure 1.193 : Utilisation de préréglages.*

Pour réorganiser les éléments de scènes existantes dans des calques, vous pouvez par exemple sélectionner tous les objets devant appartenir à un calque, vérifier que celui-ci est activé dans le gestionnaire de calques, puis choisir l'option AJOUTER DES OBJETS AU CALQUE du menu ÉDITION de ce dernier. Vous disposez également d'une option SÉLECTIONNER LES OBJETS DU CALQUE pour sélectionner tous les éléments d'un calque, et d'une option FUSIONNER LES CALQUES qui parle d'elle-même (voir Figure 1.192).

## ➤ Préréglages

Avec le temps, il se peut que vous configuriez toujours de la même manière certains objets ou propriétés. Pour économiser des polygones avec les primitives CYLINDRE, par exemple, il peut être préférable de renoncer aux triples subdivisions de leurs faces fermantes et de limiter leurs segments de hauteur à 1. CINEMA 4D offre à cet effet la possibilité d'enregistrer des préréglages pour des objets et des propriétés, lesquels peuvent ensuite être chargés lorsque nécessaire, vous évitant d'avoir à modifier chaque fois la configuration standard.

Voici comment procéder. Invoquez l'objet voulu, modifiez ses paramètres, puis choisissez l'option ENREGISTRER LE PRÉRÉGLAGE D'OBJET à partir du menu FICHIER du gestionnaire d'objets. L'objet personnalisé peut ensuite être chargé à tout moment *via* l'option CHARGER UN PRÉRÉGLAGE D'OBJET de ce même menu (voir Figure 1.193). Vous pouvez de cette manière créer des préréglages pour tous les objets.

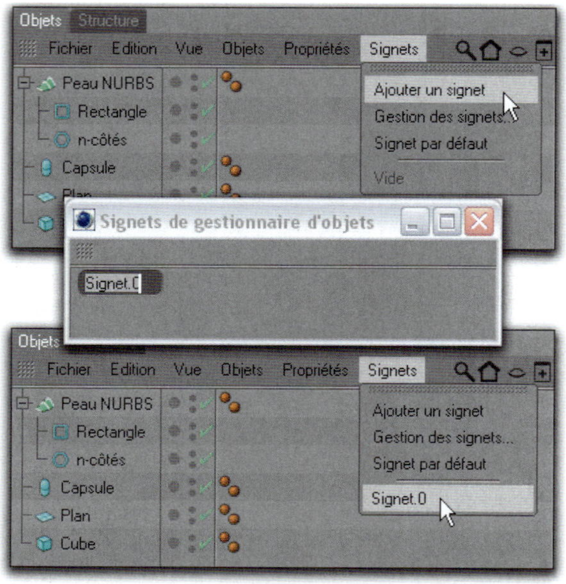


*Figure 1.194 : Utilisation de signets.*

Cette fonction n'enregistre pas seulement la géométrie d'un objet, mais également ses paramètres et ses éventuelles propriétés. Vous pouvez selon le même principe enregistrer des propriétés personnalisées et les recharger quand bon vous semble à l'aide des commandes Enregistrer le préréglage de propriété et Charger un préréglage de propriété.

## ➤ Signets

Si vous modifiez souvent l'apparence du gestionnaire d'objets, vous pouvez enregistrer sous forme de signets les configurations les plus utilisées. La Figure 1.194 illustre l'enregistrement *via* le menu Signets d'une version du gestionnaire avec de grandes icônes et un champ de recherche. Les signets enregistrés sont listés à la fin de ce menu. Vous pouvez par la suite les renommer ou les supprimer directement avec la touche [Suppr] dans le gestionnaire de signets.

## ➤ La Médiathèque

Lorsque vous travaillez pendant un certain temps avec CINEMA 4D, vous enregistrez inévitablement de très nombreuses scènes et accédez aussi souvent à des fichiers externes, tels que des images, des animations et des fichiers 3D d'autres programmes. Pour vous y retrouver plus facilement, vous devriez utiliser la Médiathèque de CINEMA 4D (voir Figure 1.195).

La Médiathèque apparaît lorsque vous cliquez sur la dernière icône de la barre d'icônes horizontale de CINEMA 4D. Vous pouvez sinon l'invoquer *via* le menu Fenêtre du logiciel. Parmi les modes qu'elle propose, le mode Médiathèque simplifiée affiche seulement la structure de répertoires du disque dur ainsi que les fichiers de préférences, de catalogues et de résultats de recherche. Il suffit de cliquer du bouton droit dans la fenêtre pour qu'apparaisse un menu contextuel vous permettant entre autres de désactiver ce mode. Vous obtenez alors une fenêtre divisée en trois parties offrant davantage de confort.

La partie supérieure gauche contient divers dossiers, notamment un pour votre ordinateur et plusieurs pour les paramètres de CINEMA 4D. Lorsque vous sélectionnez l'un d'eux, son contenu est affiché dans le panneau droit. Si vous sélectionnez, par exemple, le dossier Préréglages\User\Objets, apparaissent à droite tous les objets enregistrés en tant que préréglages. Il suffit de double-cliquer sur un objet ou de le faire glisser dans l'éditeur pour l'y charger. Procédez de façon analogue pour explorer votre disque dur et chargez des fichiers dans la scène courante. À cet égard, la Médiathèque fonctionne comme un explorateur de fichiers.

Les icônes situées en haut à droite permettent d'accéder directement à certains dossiers spécifiques. La première icône correspond au Bureau de votre ordinateur, celle en forme de maison représente votre dossier utilisateur, la troisième conduit aux préréglages de CINEMA 4D, et la dernière renvoie au dossier de catalogues. C'est très pratique car vous n'avez ainsi pas besoin de copier vos fichiers à différents endroits pour pouvoir y accéder. Le dossier CATALOGUES ne contient en fait que des liens vers les emplacements de votre disque dur où sont stockés les fichiers physiques.

Vous créez un catalogue en choisissant FICHIER > NOUVEAU CATALOGUE dans la vue normale de la Médiathèque. Dans la boîte de dialogue qui apparaît, saisissez un nom et laissez l'autre champ vide. Ce champ n'a d'utilité que lorsque vous voulez graver le catalogue sur CD-ROM ou le transmettre à un collaborateur. Consultez l'aide en ligne pour en savoir plus sur l'utilisation de catalogues. Étant donné que vous pouvez avoir plusieurs Médiathèque ouvertes à la fois, la constitution d'un catalogue est un jeu d'enfant puisqu'il suffit de faire glisser les fichiers voulus vers son nom.

La fonction de recherche de la Médiathèque représente une autre possibilité de localiser et d'organiser vos données. Elle est accessible *via* le symbole de loupe en haut à droite de la barre de menus. Cliquez d'abord sur le dossier dans lequel la recherche doit s'effectuer; puis sur la loupe. Apparaissent alors deux menus servant à préciser la portée de la recherche, et un champ de saisie. Pour localiser par exemple toutes les entrées incluant le terme saisi, choisissez comme critères NOM CONTIENT.

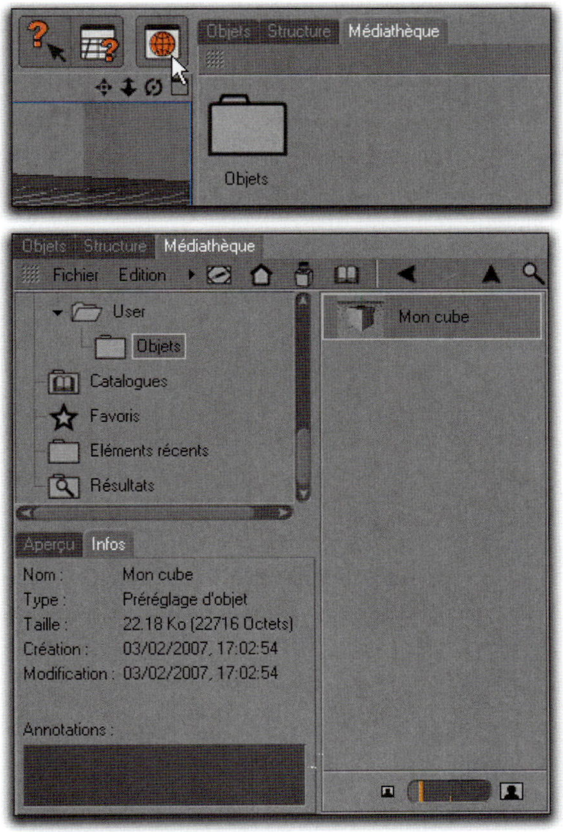


***Figure 1.195 :*** *La Médiathèque.*

Pour lancer la recherche, cliquez sur le bouton Rechercher. Les résultats sont affichés en dessous ainsi que dans le dossier Résultats avec une horodate. Ces résultats restent accessibles par la suite, vous évitant d'avoir à relancer la même recherche chaque fois que vous avez besoin de ces données. Comme son nom l'indique, la fenêtre Aperçu donne un aperçu agrandi du fichier sélectionné. La fenêtre Infos renseigne, entre autres, sur la taille du fichier et sa résolution s'il s'agit d'une image.

Le menu Affichage de la Médiathèque permet de spécifier les types de fichiers qui seront affichés et recherchés (voir Figure 1.196). Vous pouvez par exemple exclure de l'affichage les films ainsi que les fichiers non reconnus par CINEMA 4D. Les flèches de déplacement en haut à droite servent à naviguer entre les contenus affichés successivement. Celle dirigée vers le haut renvoie au niveau hiérarchique supérieur. Pour finir, le curseur situé au bas du panneau droit contrôle la taille des icônes qui y sont listées.

Nous en avons terminé avec ce chapitre et allons maintenant aborder d'autres thèmes tout aussi passionnants, à savoir les matériaux, l'éclairage et le calcul d'image.

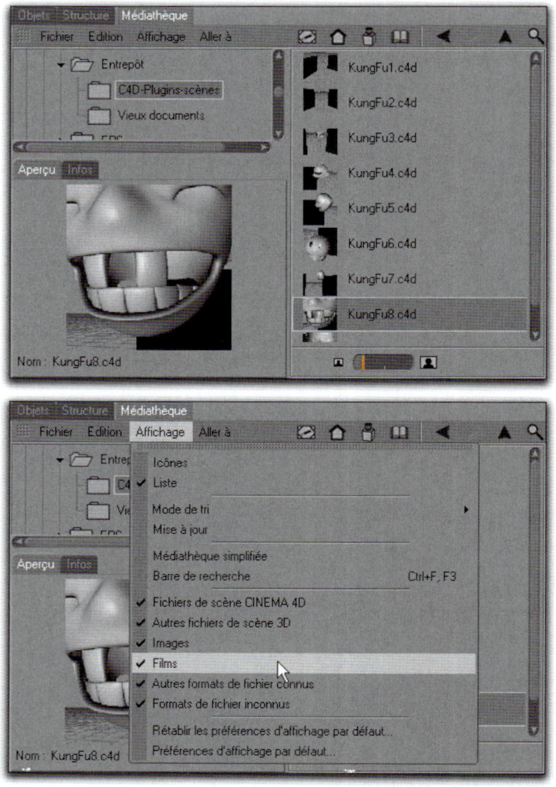


***Figure 1.196 :*** *Options d'affichage de la Médiathèque.*

# Surfaces, lumières et rendu

Une fois qu'un objet a été créé, il convient généralement de le texturer, c'est-à-dire d'attribuer des propriétés à sa surface. Ce thème étant très riche et très complexe, nous nous en tiendrons comme dans le chapitre précédent aux étapes et techniques essentielles. Cela inclut, entre autres, la manipulation de matériaux, de textures bitmap et de textures procédurales ou shaders, et l'application de matériaux.

Un autre thème tout aussi délicat est l'éclairage d'un objet. Nous aborderons ici l'éclairage traditionnel, mais également le calcul de la radiosité qui prend en compte la distribution de la lumière dans une scène. Tout cela à l'aide d'exemples. Rien de tel en effet que la pratique pour se familiariser avec les avantages et les inconvénients de chaque technique.

Nous étudierons aussi les options qui influent sur le calcul d'image. Vous souhaitez au final pouvoir admirer votre œuvre non seulement à l'écran, mais aussi éventuellement sous forme d'animation, de fichier prêt à imprimer, ou de première version de postproduction. Certaines des options et fonctions exposées dans ce chapitre ne sont disponibles qu'avec un module d'extension des capacités de calcul d'image nommé Advanced Render. On peut néanmoins obtenir des résultats tout à fait remarquables sans ce module.

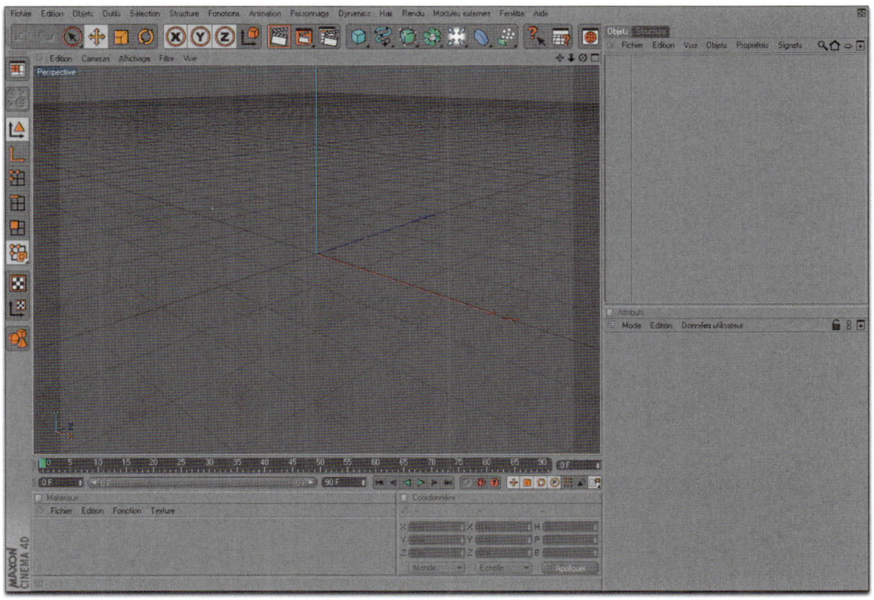

***Figure 2.1 :*** *L'emplacement du gestionnaire de matériaux dans l'interface standard.*

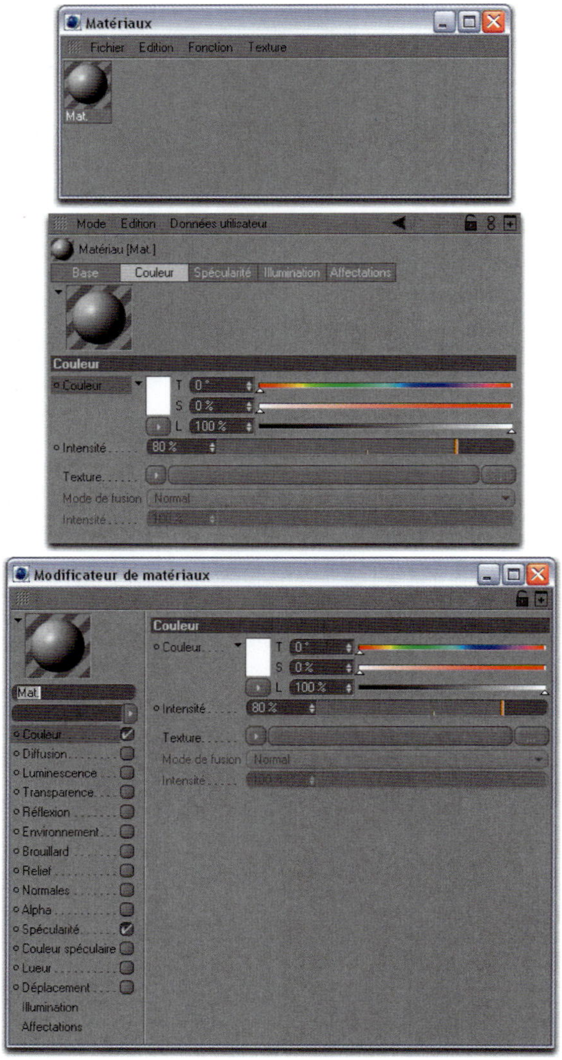


***Figure 2.2 :*** *Le gestionnaire de matériaux et différentes possibilités d'édition.*

# Création de matériaux

CINEMA 4D est organisé de telle manière que vous pouvez créer et modifier des matériaux séparément des objets, puis les lier à ces derniers par l'intermédiaire de propriétés du gestionnaire d'objets. La création et la structuration de matériaux se font à l'aide du gestionnaire de matériaux situé dans la partie inférieure gauche de l'interface standard (voir Figure 2.1). Ce gestionnaire possède différents modes, à l'instar de celui d'objets. Ne changez pour l'instant pas son mode par défaut et invoquez simplement la commande Nouveau matériau à partir de son menu Fichier.

Ce menu inclut entre autres une commande Charger les matériaux pour récupérer des matériaux à partir d'une scène enregistrée. Elle très commode puisqu'elle vous permet de réutiliser dans de nouveaux projets des matériaux existants.

# Édition de matériaux

Une sphère grise apparaît dans le gestionnaire de matériaux pour représenter le nouveau matériau. Étant donné qu'un matériau ne peut exister seul dans l'espace 3D, une sphère lui est associée par défaut. Pour changer son nom, vous pouvez soit double-cliquer directement dessus sous la sphère ou bien utiliser l'onglet Base du gestionnaire d'attributs à condition que le matériau soit actif.

Le gestionnaire d'attributs donne aussi accès aux propriétés du nouveau matériau, lesquelles sont organisées en canaux, par exemple Couleur, Spécularité et Transparence pour ne citer que ceux-là. Vous n'emploierez que très rarement tous les canaux d'un matériau à la fois, et avez d'ailleurs la possibilité de les activer séparément dans le gestionnaire. Seuls ceux actifs sont pris en compte lors du calcul du matériau et peuvent être modifiés dans le gestionnaire. La Figure 2.2 (au milieu) illustre les paramètres du canal Couleur.

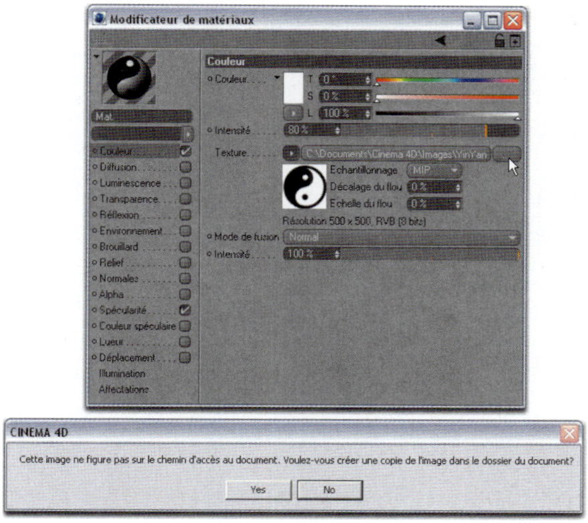


***Figure 2.3 :*** *Chargement d'une image dans un matériau.*

## *Le Modificateur de matériaux*

En raison du nombre important de canaux disponibles et de la complexité parfois très grande des possibilités de paramétrage, il peut arriver que vous vous sentiez un peu à l'étroit dans le gestionnaire d'attributs. Vous pouvez dans ce cas utiliser le Modificateur de matériaux (voir Figure 2.2 en bas). Étant donné qu'il s'ouvre dans une fenêtre distincte, il peut être dimensionné et positionné comme bon vous semble, indépendamment de l'interface de CINEMA 4D. Les options de configuration qu'il offre sont sinon identiques à celles du gestionnaire d'attributs. Pour l'invoquer, il suffit de double-cliquer dans le gestionnaire de matériaux sur la sphère qui symbolise le matériau que vous voulez modifier.

## *Paramètres des canaux*

Nombre des canaux d'un matériau sont structurés de la même manière et beaucoup de paramètres, tels que la couleur, la possibilité de charger des images ou des shaders ou encore la combinaison de couleurs et d'images, sont carrément identiques. Pour étudier ces paramètres, nous prendrons comme exemple le canal COULEUR.

La colonne de gauche du Modificateur de matériaux contient la liste de tous les canaux du matériau actif. Lorsque vous sélectionnez l'un d'eux, les paramètres correspondants apparaissent dans la partie droite de la fenêtre.

Sélectionnez le canal COULEUR, s'il ne l'est pas déjà, et examinez ses paramètres. Sachez tout d'abord que ce canal a pour fonction de colorer la surface d'un objet et que ses paramètres seront influencés par d'autres facteurs, par exemple les sources de lumière virtuelles, dont il sera question ultérieurement. Ainsi, un objet auquel vous avez appliqué une couleur rouge vif au moyen des curseurs de réglage du Modificateur de matériaux pourra sembler par la suite beaucoup plus sombre ou, au contraire, beaucoup plus clair.

Selon le sélecteur de couleurs que vous avez choisi, par exemple RVB ou TSL, apparaissent ici des curseurs de réglage vous permettant de spécifier les valeurs souhaitées. Le curseur Intensité sert à assombrir ou à éclaircir ces valeurs. Notez que la saisie directe d'une valeur dans ce champ permet d'aller au-delà de 100 %.

Vient ensuite l'option TEXTURE qui permet, entre autres, de charger des shaders et des fichiers d'image. Les shaders étant traités plus loin, nous commencerons par le chargement d'images (voir Figure 2.3).

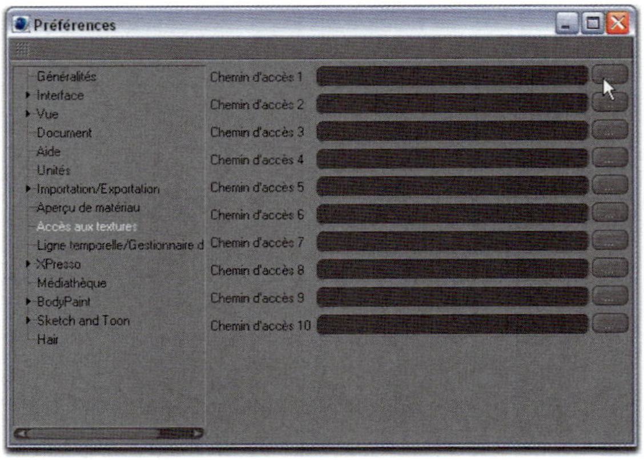


*Figure 2.4 : Chemins d'accès aux textures dans les préférences de CINEMA 4D.*

*Figure 2.5 : Fusion de la couleur et de l'image.*

Cliquez sur le bouton avec trois points de suspension, comme indiqué par le pointeur de la souris dans la figure. La fenêtre système qui apparaît vous laisse sélectionner l'image de votre choix ou même un film. Vous trouverez sur le CD-ROM du livre l'image YinYang.tif utilisée pour cet exemple.

Ne soyez pas surpris par le message qui s'affiche après avoir sélectionné l'image à charger. CINEMA 4D s'attend à trouver les fichiers externes utilisés dans des matériaux à des endroits précis du disque dur, en premier lieu dans son répertoire de base. Pour plus de clarté, il vaut mieux placer les images nécessaires dans un autre dossier, en l'occurrence celui qui contient les fichiers de la scène, le second choix du programme.

Autrement, vous disposez d'une rubrique Accès aux textures dans les préférences générales du logiciel pour désigner les dossiers contenant vos images (voir Figure 2.4). Cliquez sur le bouton avec des points de suspension en regard de chaque ligne pour éviter d'avoir à saisir les chemins d'accès.

Pour notre exemple, répondez simplement par Non au message de la Figure 2.3 de sorte que l'image chargée ne soit pas copiée dans le répertoire de CINEMA 4D.

Vous devriez voir apparaître sous le menu Texture une miniature de l'image avec des informations de résolution et de profondeur de couleur. Notez également que l'aperçu du matériau a changé. L'image a été projetée sur la surface de la sphère, vous donnant une idée de la déformation que subit l'image sur une surface arrondie.

Vous remarquerez peut-être aussi dans l'aperçu du matériau que les curseurs de réglage de la couleur semblent avoir perdu de leur effet. Il se trouve que les paramètres Couleur et Texture du canal sont gérés comme deux calques séparés, le second étant superposé au premier et masquant de ce fait les valeurs de couleur. Cela est dû au mode de fusion par défaut, Normal (voir Figure 2.5). À la place, vous pourriez choisir par exemple Produit ou Addition pour laisser interagir la couleur et l'image. Le curseur Intensité associé sert à régler le degré de transparence du calque Texture.

La Figure 2.6 illustre l'emploi du mode de fusion Produit. Dans ce mode, les valeurs de couleur de l'image sont multipliées par les valeurs de couleur des curseurs.

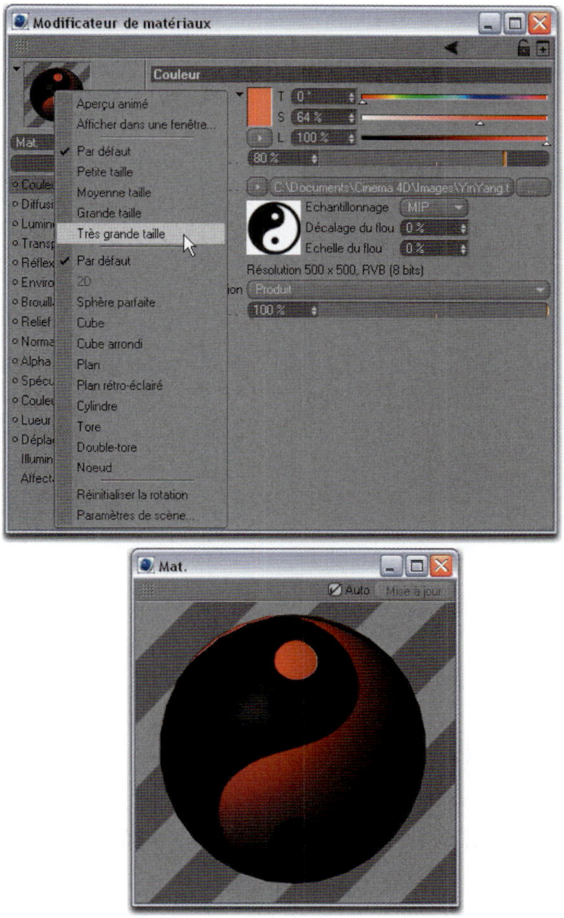


*Figure 2.6 : Personnalisation de l'aperçu du matériau.*

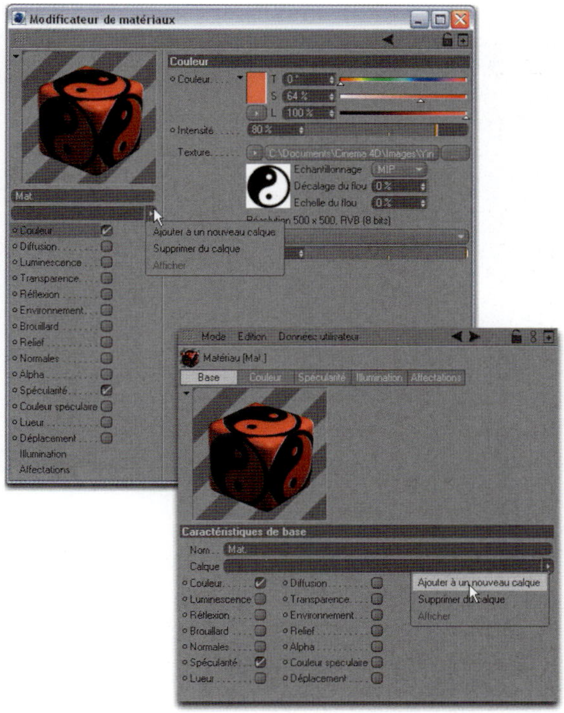


*Figure 2.7 : Organisation de matériaux dans des calques.*

C'est par exemple un moyen simple de colorer l'image chargée sans modifier l'original.

La taille et la forme de l'objet d'aperçu peuvent aussi être modifiées *via* un menu contextuel qui apparaît lorsque vous cliquez du bouton droit sur l'aperçu. Comme le montre la Figure 2.6, ce menu propose plusieurs tailles standards, de Petite taille à Très grande taille.

Pour plus de précision, vous pouvez ouvrir l'aperçu dans une fenêtre séparée dimensionnable à souhait en choisissant l'option contextuelle Afficher dans une fenêtre. Selon la complexité du matériau, un aperçu de grande taille peut être long à calculer. Dans ce cas, décochez l'option Auto au sommet de la fenêtre et utilisez à la place le bouton Mise à jour lorsque vous avez besoin d'actualiser l'aperçu.

Sous le nom du matériau dans le Modificateur de matériaux se trouve un menu permettant de placer le matériau dans un calque. Ce menu est également présent dans le gestionnaire d'attributs (voir Figure 2.7).

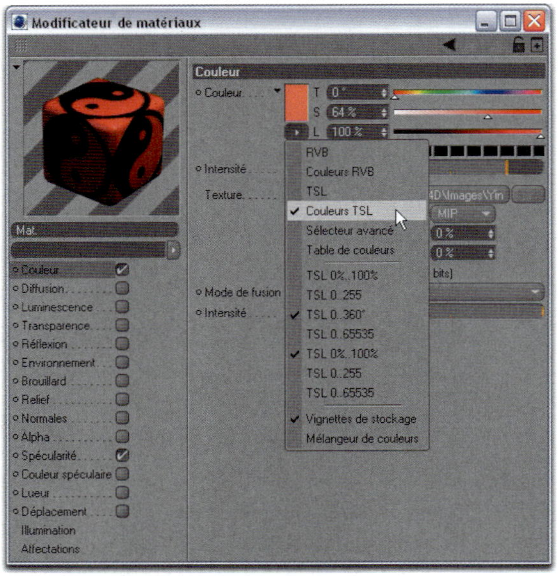


*Figure 2.8 : Changement de système de couleur.*

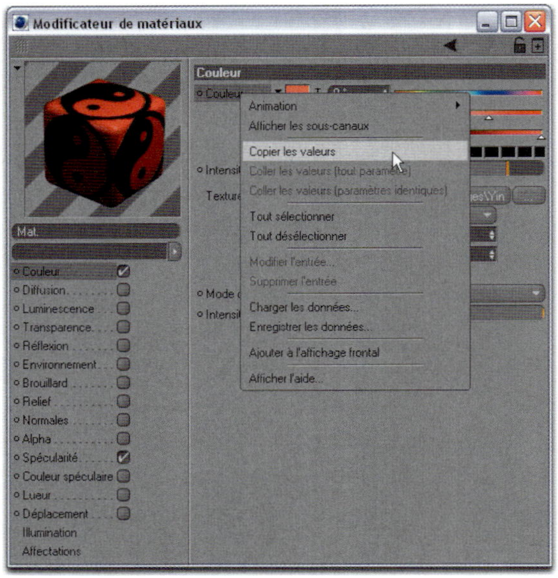


*Figure 2.9 : Le menu contextuel du paramètre Couleur.*

Vous pouvez également voir dans cette figure que j'ai choisi la taille d'aperçu Très grande taille et la forme Cube arrondi. Le motif de l'image se laisse ainsi mieux examiner.

Les bords arrondis donnent également une meilleure idée de la brillance du matériau. Il n'y a donc ici aucun inconvénient à changer de forme d'objet.

## ➤ Systèmes de couleur

Le bouton fléché situé sous le champ de couleur (voir Figure 2.8) fait apparaître une liste des systèmes de couleur et des plages de valeurs disponibles. Il vous permet de changer à tout moment le système de couleur du sélecteur, indépendamment des préférences du programme. Si vous préférez utiliser celui de votre système d'exploitation, cliquez simplement dans le champ de couleur.

## ➤ Copie de paramètres

Lorsque vous avez besoin de copier des données complexes, telles que des couleurs, entre différents canaux ou matériaux, l'emploi des commandes Copier et Coller est tout à fait indiqué. Ces commandes ainsi que d'autres se trouvent dans le menu contextuel qui s'affiche lorsque vous cliquez du bouton droit sur le nom d'un paramètre. La Figure 2.9 illustre le menu contextuel du paramètre Couleur.

Voilà pour notre tour d'horizon de la structure d'un matériau. Le plus difficile pour créer des matériaux convaincants ne réside pas dans l'utilisation du Modificateur de matériaux, mais dans la combinaison des différents canaux et dans l'assignation de propriétés individuelles car cela demande de savoir quels canaux influencent quelles propriétés d'une surface. Nous allons donc examiner maintenant chaque canal en détail.

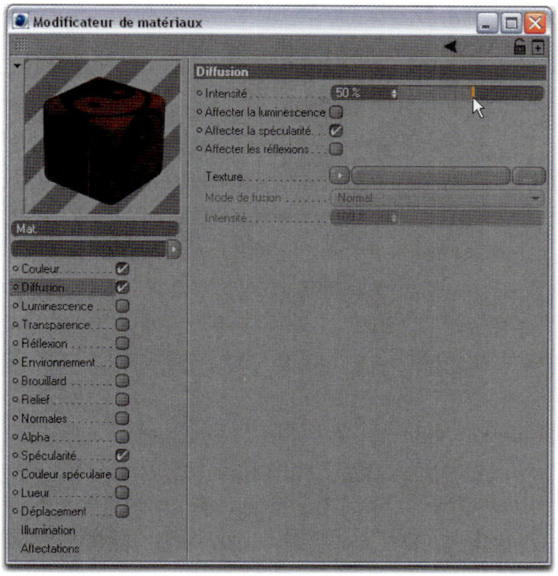


*Figure 2.10 : Le canal Diffusion.*

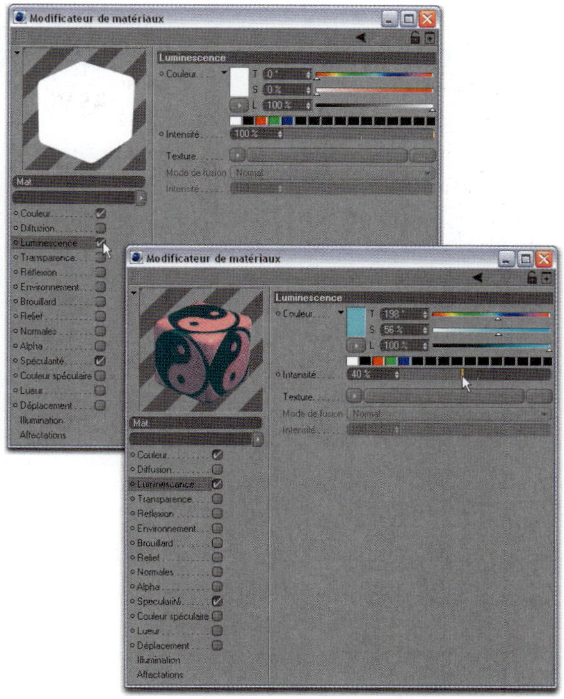


*Figure 2.11 : Le canal Luminescence.*

## Le canal Diffusion

Ce canal a pour rôle d'atténuer différentes propriétés d'un matériau. C'est vous qui définissez les propriétés concernées à l'aide des options Affecter la luminescence, Affecter la spécularité et Affecter les réflexions. Il influe dans tous les cas également sur le canal Couleur même si celui-ci n'est ici pas représenté ici par une option (voir Figure 2.10).

Le curseur Intensité sert à réduire l'intensité lumineuse des canaux qui ont été sélectionnés *via* les options précitées. Le même effet peut être obtenu en réglant l'intensité directement au niveau de ces canaux. Ce curseur est donc surtout utile lorsque, par exemple, des images sont chargées dans la section Texture, pour appliquer cet effet à des aspects spécifiques du matériau.

Il peut notamment servir à rendre une surface sale ou à assombrir des stries. Seule l'intensité de l'image chargée est alors analysée. Les caractéristiques de couleur du matériau restent inchangées et sont simplement assombries. Le menu Mode de fusion est identique à celui du canal Couleur et vous permet, par exemple, de multiplier l'image ou le shader chargé par la valeur du curseur Intensité associé.

## Le canal Luminescence

Désactivez le canal Diffusion et sélectionnez le canal Luminescence. La surface du cube d'aperçu devient complètement blanche (voir Figure 2.11).

La raison est que les valeurs de couleur de ce canal sont additionnées à tous les points du matériau. Il importe donc peu que les endroits correspondants de l'objet se retrouvent par la suite dans l'ombre ou dans la lumière. Avec cet effet, l'ombrage de l'objet perd en tridimensionnalité. Dans des situations extrêmes, l'impression spatiale du modèle est complètement perdue et seuls ses contours sont visibles.

Vous devez par conséquent veiller à modérer l'intensité de ce canal. Il convient également d'appliquer cet effet de manière sélective uniquement. Plus loin, vous découvrirez par exemple divers shaders qui permettent de limiter l'effet à des régions spécifiques de l'objet.

Lorsque vous employez le calcul de la radiosité du module Advanced Render, ce canal prend une autre fonction. Son intensité sert alors à produire de la lumière dans la scène. Les objets qui utilisent des matériaux avec ce canal activé peuvent ainsi devenir des sources de lumière et éclairer d'autres objets.

En fait, ce canal est intéressant pour tous les matériaux qui doivent paraître très chauds, auto-illuminés ou transparents. Ne perdez pas de vue que des paramètres excessifs peuvent détériorer considérablement l'ombrage de la surface d'un objet, lequel semblera alors bidimensionnel.

La Figure 2.11 (en bas) illustre l'emploi d'une intensité faible pour simuler un éclairage diffus de la surface. On dirait alors que l'objet est éclairé de toutes parts. Vous pourriez employer cet effet pour simuler un éclairage diffus à travers un ciel, par exemple.

## Le canal Transparence

Désactivez le canal Luminescence et activez le canal Transparence. Notez que le cube d'aperçu devient invisible ou presque. On ne distingue plus que ses reflets (voir Figure 2.12).

Ce canal simule la transparence d'un matériau et fait intervenir quelques grandeurs physiques. Si vous avez à cœur de simuler très exactement un matériau précis, vous pouvez tirer d'un livre de physique la valeur de l'option Réfraction, soit l'indice de réfraction du matériau.

Pour vous donner un ordre d'idées, sachez que l'eau possède un indice de réfraction de 1,333 et que le verre se situe entre 1,5 et 1,6. Dans une pièce, l'air ambiant est généralement à 1 et, s'il est chauffé, cette valeur augmente. Pensez au miroitement de l'air observable dans le désert ou sur de l'asphalte chauffé par le soleil.

Testez l'effet de réfraction en spécifiant la valeur 1.5. À l'issue d'un rapide calcul, la forme du cube réapparaît dans l'aperçu. Vous pouvez également voir aux rayures d'arrière-plan comment le matériau se détache de son environnement.

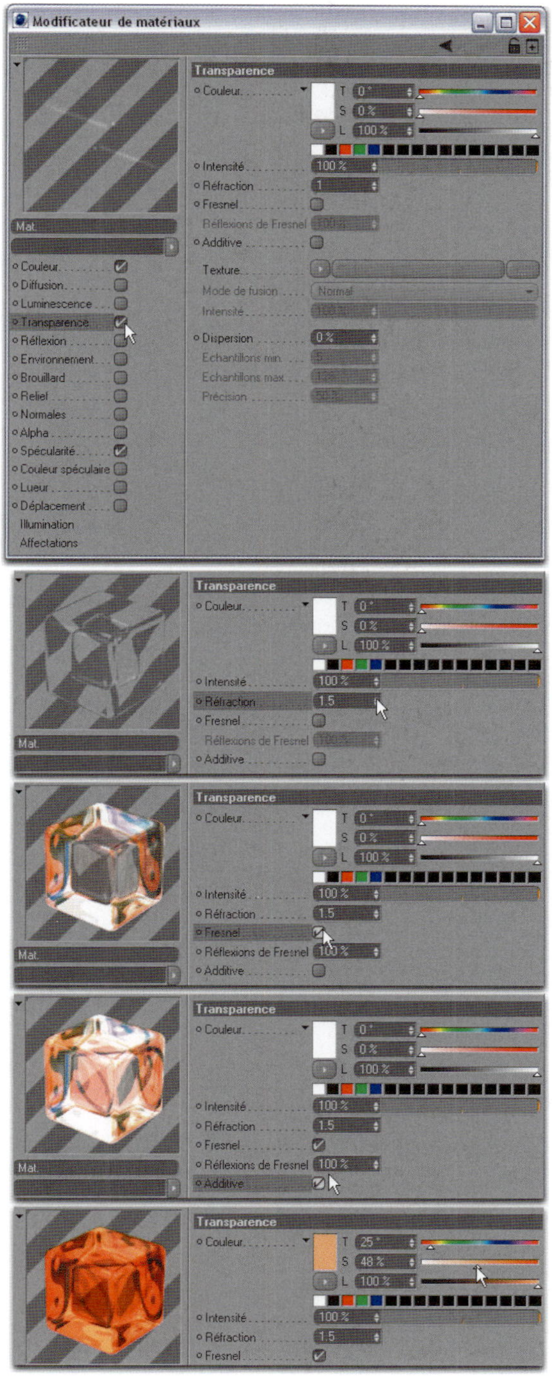


*Figure 2.12 : Le canal Transparence.*

## ➤ L'effet de Fresnel

Toutes les surfaces transparentes ou réfléchissantes présentent une particularité, à savoir que l'effet de réfraction change selon l'angle d'observation. Vous pouvez constater cela lorsque vous vous trouvez face à une vitre. Si vous regardez au travers, vous ne remarquez même plus son existence et voyez seulement ce qui se trouve derrière. Maintenant, si vous vous rapprochez de la vitre et la regardez non plus de face, mais de biais horizontalement, vous ne distinguez plus rien au travers et voyez seulement ce qu'elle reflète.

On peut donc en conclure que la transparence diminue avec l'angle entre l'observateur et la surface observée. Cet effet peut être activé dans le canal TRANSPARENCE au moyen de l'option FRESNEL. Lorsqu'il l'est, le cube perd en transparence aux endroits vus sous un angle réduit et les paramètres du canal COULEUR réapparaissent à l'avant-plan.

Vous pouvez renforcer l'influence du canal COULEUR en cochant l'option ADDITIVE. Le résultat est souvent une illumination excessive de la surface car les intensités lumineuses des canaux COULEUR et TRANSPARENCE sont combinées.

Le degré de transparence peut être réglé *via* l'intensité de la couleur ou l'intensité de l'image ou shader chargé. Les valeurs de couleur seront alors de nouveau évaluées. Vous pouvez par exemple créer toutes sortes de verres colorés en utilisant l'intensité de la couleur pour contrôler le degré de transparence. La Figure 2.12 présente les diverses possibilités de configuration évoquées.

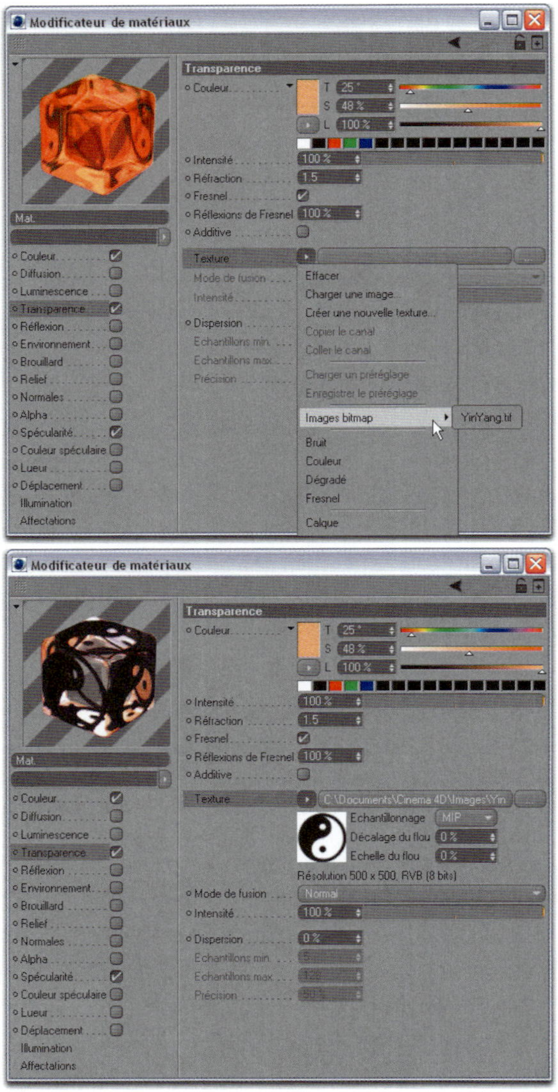


*Figure 2.13 : Chargement d'une image ou d'un shader dans le canal Transparence.*

Comme le canal Transparence accepte aussi le chargement d'images et de shaders, voyons comment procéder. Si vous souhaitez réutiliser ici une image chargée précédemment dans un autre canal, il n'est pas nécessaire de cliquer sur le bouton avec trois points de suspension pour indiquer son chemin. Il suffit d'utiliser le bouton fléché dans la section Texture du canal (voir Figure 2.13).

Outre des options pour effacer et charger une image, le menu qui s'affiche inclut aussi une entrée Images bitmap qui liste tous les films ou images qui ont été chargés. Sélectionnez le fichier `YinYang.tif` que nous avons utilisé dans le canal Couleur.

Vous pouvez voir dans l'aperçu de quelle façon le canal Transparence gère les images. Plus certaines zones d'une image ou d'un shader sont sombres, plus le matériau sera opaque à cet endroit. À l'inverse, les zones blanches de l'image apparaissent entièrement transparentes sur le matériau, comme le montre la Figure 2.13. Les valeurs de couleur sont là encore évaluées et la transparence est colorée en conséquence. Il est également possible d'utiliser des dégradés de luminosité pour augmenter progressivement la transparence.

Les paramètres Couleur et Texture se laissent ici aussi fusionner. Un exemple est lorsque vous voulez employer une image noir et blanc juste pour régler le degré de transparence, puis colorer le matériau à l'aide du paramètre Couleur.

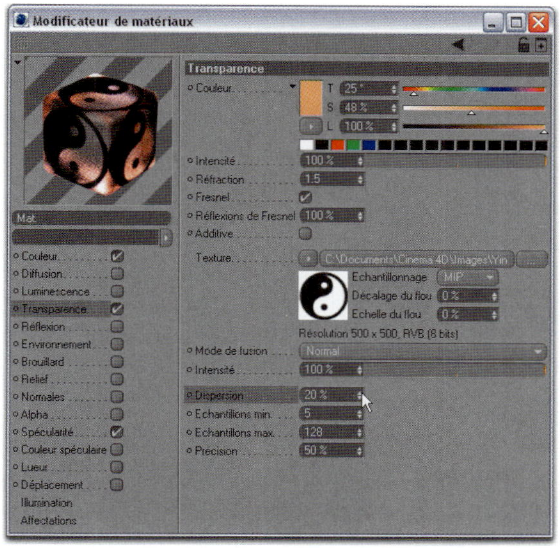


***Figure 2.14 :*** *L'effet de dispersion du canal Transparence.*

Une option que nous n'avons pas encore rencontrée est DISPERSION. Elle permet de contrôler la dispersion du rayonnement lumineux au sein du matériau transparent. Le résultat ressemble à une surface rêche ou trouble comme de l'eau gelée par exemple. Les irrégularités de la surface déforment également les éléments situés derrière l'objet transparent. Des valeurs élevées éliminent toute transparence.

## ➤ L'effet de dispersion

La puissance de cet effet est contrôlée au moyen du curseur DISPERSION. La valeur 0 % le désactive complètement, auquel cas les options qui l'accompagnent sont grisées. Plus la valeur est élevée, plus la perturbation de la transparence est importance. Une valeur entre 5 et 30 % suffit généralement pour obtenir un matériau avec une apparence naturelle.

Les options associées servent à régler la précision de calcul de l'effet et ont une répercussion directe sur la qualité de représentation du matériau et sur le temps nécessaire à son calcul. Des rayons supplémentaires devant être projetés dans le matériau, vous définissez leur nombre avec les options ÉCHANTILLONS MIN et ÉCHANTILLONS MAX (voir Figure 2.14).

CINEMA 4D vérifie d'abord la forme de la surface de l'objet et choisit ensuite un nombre d'échantillons. Si la surface se trouve sur un plan, la valeur de ÉCHANTILLONS MIN est utilisée. Pour les parties plus sinueuses qui requièrent davantage d'étapes de calcul, c'est la valeur de ÉCHANTILLONS MAX qui est prise en compte.

La valeur de l'option PRÉCISION fonctionne comme un facteur multiplicateur pour les échantillons. Une fois que vous avez établi un rapport équilibré entre les deux valeurs d'échantillonnage, vous pouvez ajuster la qualité de calcul au moyen de cette option. Étant donné que le temps de calcul augmente avec chaque échantillon additionnel, il est inutile de spécifier d'emblée des valeurs élevées dans l'espoir d'aboutir à un résultat parfait. Il est préférable de procéder par optimisation.

Nous aurons l'occasion de revenir plusieurs fois sur cette approche, notamment lorsqu'il sera question du calcul de la radiosité.

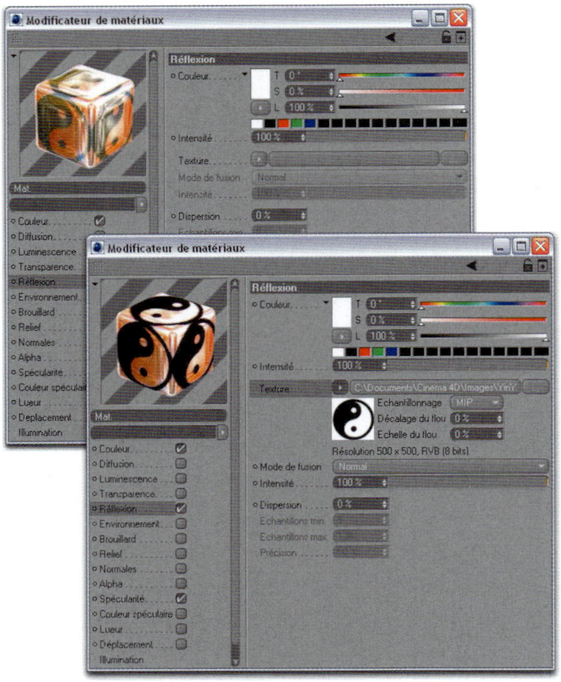


Figure 2.15 : Le canal Réflexion.

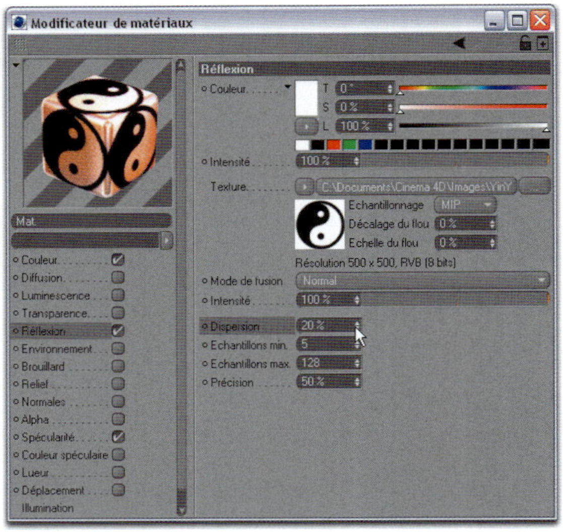


Figure 2.16 : L'effet de dispersion du canal Réflexion.

## Le canal Réflexion

Sélectionnez le canal Réflexion après avoir désactivé le canal Transparence. Remarquez à quel point les paramètres de ces deux canaux se ressemblent. L'intensité de coloration des réflexions sur la surface peut ici aussi être contrôlée *via* les valeurs de couleur ou une image chargée.

Comme le montre la Figure 2.15, le chargement de notre image yin-yang dans ce canal fait que les parties sombres ne sont plus du tout réfléchies tandis que les parties claires le sont elles au maximum. Ce canal inclut aussi une option Dispersion qui opère selon le même principe que celle du canal Transparence. Ici, elle a pour effet de rendre la réflexion moins nette (voir Figure 2.16).

Il existe un lien entre les canaux Réflexion et Transparence qui passe par la valeur de l'option Réflexions de Fresnel de ce dernier. Souvenez-vous qu'une vitre perd en transparence et gagne par conséquent en réflexion à mesure que l'angle d'observation diminue.

Lorsque ces deux canaux sont activés, vous pouvez utiliser l'option Réflexions de Fresnel pour contrôler le degré de réflexion de l'objet aux endroits vus sous un angle réduit et, par conséquent, la transition entre la transparence et la réflexion. Cet effet est calculé immédiatement lorsque seul le canal Transparence est activé. Il existe en effet des matériaux transparents et réfracteurs, mais dépourvus de propriétés de réflexion.

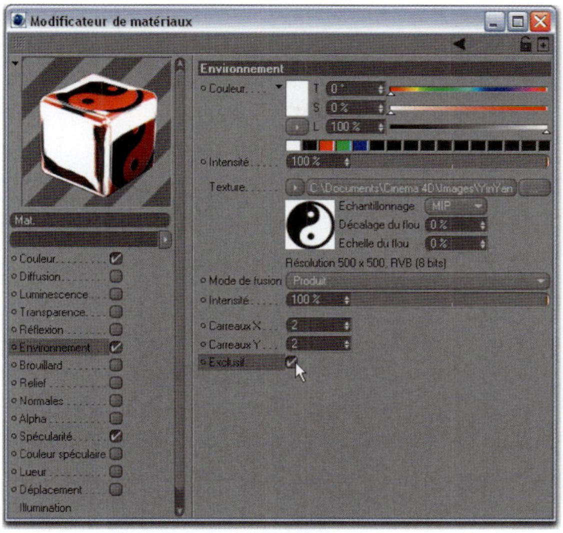


*Figure 2.17 :* *Le canal Environnement.*

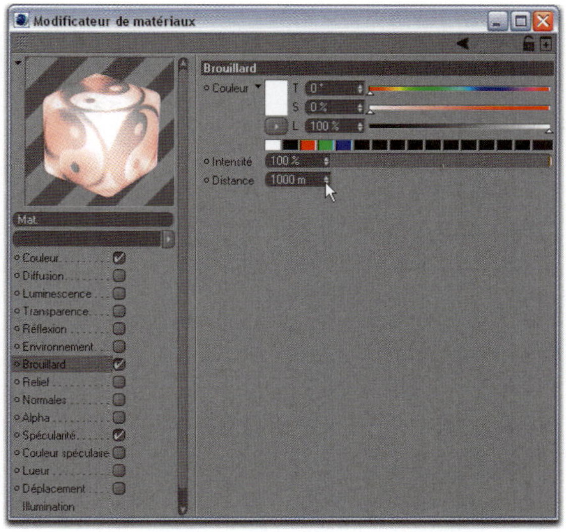


*Figure 2.18 :* *Le canal Brouillard.*

## *Le canal Environnement*

Ce canal représente une alternative aux véritables caractéristiques de réflexion du canal RÉFLEXION. Lorsqu'une une image y est chargée, elle vient envelopper l'objet comme si celui-ci la reflétait. Si vous chargez par exemple un paysage, la surface des objets recouverts de ce matériau renverra cette image. Un objet peut ainsi en réfléchir d'autres sans que ceux-ci soient présents dans la scène.

Le nombre d'applications de l'image à l'objet est défini à l'aide des options CARREAUX X et CARREAUX Y, respectivement pour les axes X et Y. C'est surtout utile pour les motifs vraiment abstraits dont la répétition ne choque pas l'œil.

Pour combiner l'effet de ce canal et une véritable réflexion, laissez l'option EXCLUSIF cochée (voir Figure 2.17). Ce canal sera alors automatiquement désactivé aux endroits où le matériau doit réfléchir de véritables objets. En l'absence de cette option, les deux types de réflexion sont calculés l'un au-dessus de l'autre, produisant un résultat irréaliste.

## *Le canal Brouillard*

Ce canal permet de créer des objets qui semblent remplis de brouillard. Cet effet entraînant la perte ou l'atténuation de nombreuses autres propriétés du matériau, ce canal est souvent utilisé seul. L'intérêt est que le brouillard est confiné dans les limites de l'objet. L'emploi de ce canal convient donc pour des objets censés représenter de la brume ou des nuages de gaz.

L'épaisseur du brouillard est gérée par l'option DISTANCE (voir Figure 2.18). Il définit l'étendue de brouillard au-delà de laquelle les objets situés derrière ne seront plus visibles. Cela suppose bien entendu que l'objet qui recevra ce matériau possède des dimensions appropriées. Un brouillard avec une distance de 1000 ne pourra pas être appliqué correctement à un cube possédant une taille d'arête de 10. La distance dépend donc étroitement des mesures de l'objet.

Les paramètres COULEUR et INTENSITÉ peuvent servir à colorer le brouillard. En réglant ce dernier à 0 %, vous pouvez même obtenir un brouillard noir.

## *Le canal Relief*

Vous avez découvert dans le chapitre précédent combien le processus de modélisation pouvait être long. Imaginez que vous vouliez réaliser un objet en très gros plan ou une impression d'une surface en très grand format. Vous échineriez-vous à modéliser toutes les veines d'une planche de bois, tous les pores d'un visage ou tous les sillons d'un CD-ROM ?

Outre les difficultés qu'éprouveraient même les ordinateurs les plus modernes, il serait impossible de modifier de tels objets. Par ailleurs, l'attention portée à de tels détails serait totalement disproportionnée par rapport à la petite taille de l'objet.

Il existe heureusement plusieurs méthodes pour introduire de fins détails dans un matériau, l'une d'elles étant le canal Relief. Ce canal analyse la luminosité de l'image ou du shader chargé et modifie ensuite les normales qui, comme vous l'avez appris au premier chapitre, sont responsables de l'ombrage de la surface.

Lorsqu'un pixel d'une image possède une luminosité inférieure à celle de ses pixels voisins, cet endroit de l'objet semble renfoncé. Inversement, si le pixel est plus clair, on dirait qu'il ressort. L'effet est dû aux transitions de luminosité. Une zone noire et une zone blanche situées côte à côte produiront un effet très faible sur la surface en raison de l'absence de valeurs de luminosité intermédiaires entre ces deux couleurs.

C'est notamment la raison pour laquelle j'ai augmenté considérablement l'intensité de l'effet au moyen du curseur Intensité du canal Relief pour notre image yin-yang (voir Figures 2.19 et 2.20). À l'instar de nombreux autres curseurs, celui-ci accepte des valeurs bien supérieures à 100 % lorsqu'elles sont saisies manuellement.

Comme vous pouvez le voir dans l'aperçu grossi du cube, les zones sombres apparaissent incrustées. La spécularité qui est activée par défaut dans le matériau accentue cet effet en faisant ressortir davantage le pourtour des motifs noirs à certains endroits.

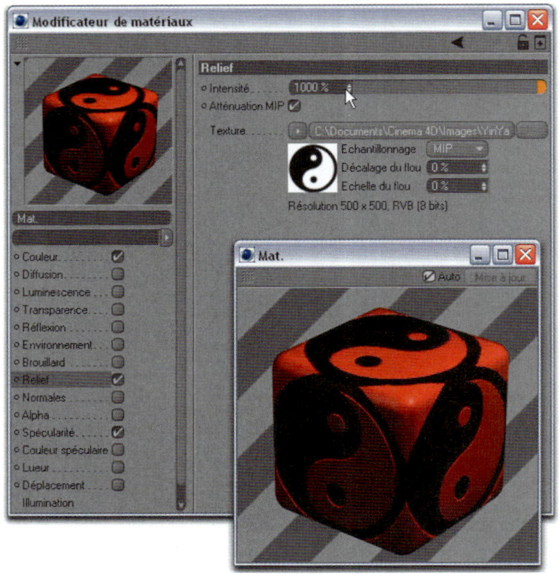


**Figure 2.19 :** *L'effet de relief.*

Retenez que cet effet porte uniquement sur la direction des normales, modifiant de ce fait le comportement de la lumière au niveau de la surface. La forme de la surface reste quant à elle inchangée. Veillez à toujours modérer la puissance de cet effet pour éviter des indentations excessives, sachant que le contour de l'objet ne sera pas affecté. Ce canal est typiquement utilisé avec des structures fines dont les dimensions et la portée ne peuvent de toute façon avoir aucun effet visible sur le contour de l'objet.

L'impact de l'image chargée peut être inversé en ramenant le curseur Intensité vers la gauche ou en saisissant directement une valeur négative. Les zones claires s'enfonceront alors dans la surface tandis que celles foncées seront plus proéminentes.

Cet effet est applicable à pratiquement tous les objets dans la mesure où il n'existe dans la réalité aucune surface parfaitement lisse.

**Figure 2.20 :** *Un autre exemple.*

## *Le canal Normales*

Ce canal (voir Figure 2.21) assure la même fonction que le canal Relief en donnant un aspect encore plus réaliste aux détails d'une surface. Il utilise pour cela des images couleur spéciales, appelées cartes de normales (*normal map*), pour déterminer exactement la nouvelle orientation des normales selon les trois axes.

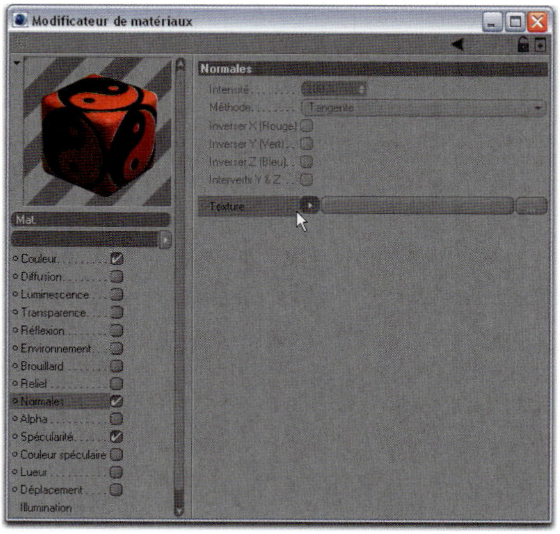


**Figure 2.21 :** *Le canal Normales.*

Le canal Relief se fonde uniquement sur la luminosité et doit calculer la direction des normales à partir de la luminosité des pixels voisins. La liberté de mouvement de chaque normale est donc très restreinte. L'approche du canal Normales représente aussi son principal inconvénient puisque les images qu'il requiert doivent être spécialement créées et calculées au préalable. L'avantage du canal Relief est qu'il accepte des images en niveaux de gris que vous pouvez dessiner vous-même. Nous reviendrons sur le canal Normales plus tard.

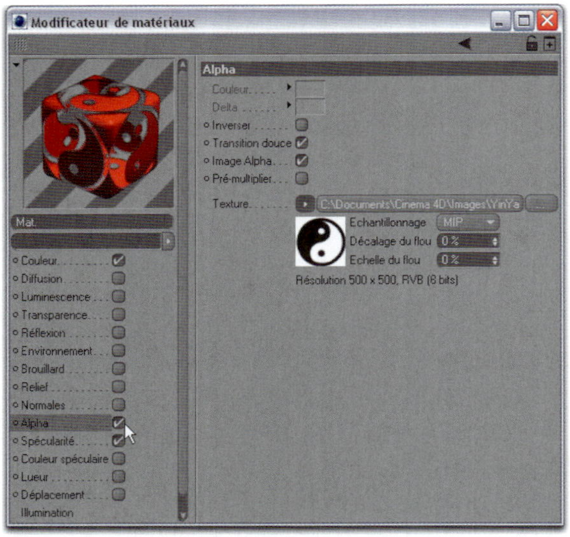


***Figure 2.22 :*** *Le canal Alpha.*

## *Le canal Alpha*

Il existe plusieurs situations dans lesquelles un matériau ne doit pas couvrir la surface entière d'un objet, auquel cas certaines parties doivent être retranchées. On emploie à cet effet le canal Alpha. Les images qui y sont chargées peuvent alors être utilisées comme des masques alpha. Cette fonctionnalité correspond, entre autres, à la fameuse couche alpha de Photoshop.

Ce canal analyse une image de manière opposée au canal Transparence, c'est-à-dire que les zones blanches restent visibles et les zones noires deviennent invisibles (voir Figure 2.22). Les niveaux de gris sont autorisés et introduisent alors une transition dans la visibilité du matériau. L'option Inverser permet d'inverser les valeurs de luminosité de l'image chargée et, par conséquent, les zones visibles et invisibles du matériau.

Même si cela arrive rarement, il se peut que vous ne disposiez d'aucune image alpha spécifique. Il vous faut alors extraire les informations de détourage du matériau à partir d'une image couleur normale. Dans ce cas, désactivez l'option Transition douce pour pouvoir accéder aux options Couleur et Delta.

L'option Couleur vous permet de sélectionner la couleur qui doit devenir transparente. Étant donné que presque toutes les couleurs possèdent des variantes, il convient d'utiliser également l'option Delta pour indiquer l'écart maximal autorisé par rapport à la valeur de Couleur.

À titre d'exemple, avec un blanc de 100 % pour Couleur et des valeurs RVB de 25 % pour Delta, les pixels dont les valeurs RVB se situent entre 100 et 75 % seront pris en compte. Pour un contrôle plus précis, il est recommandé d'employer des images alpha. Lorsque vous avez chargé une image qui inclut une couche alpha, activez l'option Image Alpha.

Si vous cochez l'option Pré-multiplier, le masque alpha chargé sera multiplié par les couleurs de la surface. L'image alpha doit alors avoir été conçue spécialement dans ce but pour obtenir le résultat escompté. Vous n'aurez typiquement pas besoin de cette option.

## *Le canal Spécularité*

A l'instar du canal Couleur, le canal Spécularité est activé par défaut, aussi avez-vous pu profiter de son effet depuis le début de notre présentation des canaux. Ce canal ajoute un reflet à la surface, son emplacement dépendant de l'angle entre les normales de la surface et les rayons lumineux incidents.

Étant donné que les canaux Relief et Normales ont une influence sur les normales de la surface, ils influent également sur la position et la taille du reflet.

Les quatre curseurs du canal Spécularité définissent l'apparence du reflet spéculaire. L'option Largeur correspond à l'ouverture de l'angle entre les normales et la lumière incidente. Un large reflet produit une surface plutôt matte ou rugueuse tandis qu'un reflet étroit donne une surface polie.

L'option Hauteur représente l'intensité du reflet. Avec une valeur supérieure à 100 %, vous pouvez par exemple augmenter artificiellement l'action d'une source de lumière blafarde. Une valeur basse réduit l'intensité lumineuse et affaiblit le reflet.

L'option Atténuation affecte la transition entre le centre du reflet et ses bords. Une valeur très faible produit une courbe de luminosité en forme d'aiguille et l'intensité du reflet augmente alors très rapidement. Avec une valeur supérieure à 0 %, la luminosité du reflet reste constante jusqu'aux bords. L'option Largeur interne sert à définir une zone au centre du reflet où l'intensité ne change pas.

Comme ces paramètres sont de nature très théorique, la représentation graphique en forme de courbe du reflet est très utile. Le point situé au milieu à la base de cette représentation correspond à l'endroit de la surface où la lumière vient frapper perpendiculairement. Plus la courbe s'éloigne de ce point verticalement, plus le reflet est intense. Et plus elle s'en éloigne horizontalement, plus le reflet est large.

Ce canal propose en outre trois types de reflets accessibles *via* le menu Mode (voir Figure 2.23).

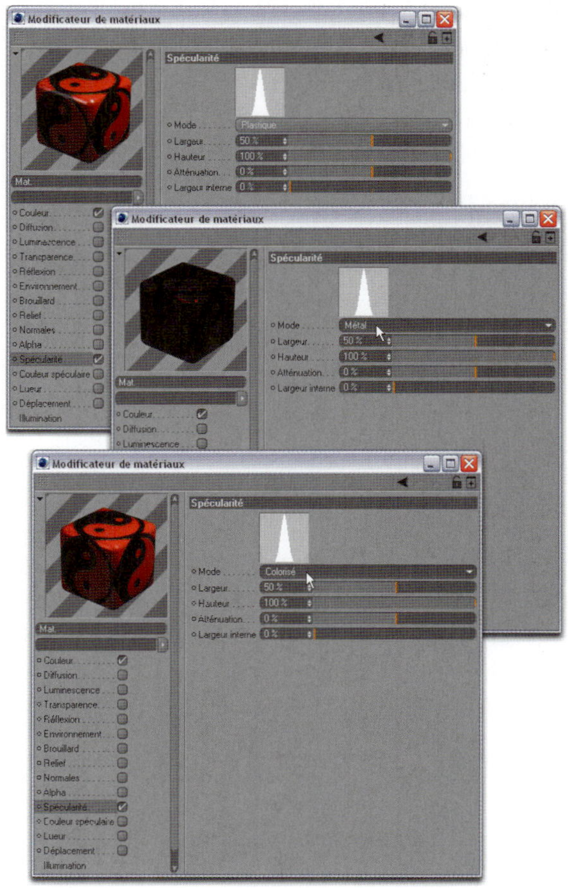


**Figure 2.23 :** *Les trois modes du canal Spécularité.*

Le mode par défaut est Plastique. Il peut être utilisé pour quasiment toutes les surfaces et produit un reflet que vous pouvez gérer indépendamment des paramètres des autres canaux. L'intensité du reflet est additionnée à la luminosité existante de la surface.

Le mode Métal agit très différemment. Il assombrit l'objet tout entier et produit un reflet vraiment très faible. Pour compenser cela, il est souvent nécessaire de configurer l'option Hauteur avec une valeur bien supérieure à 100 %.

Ce comportement tient au fait que l'aspect métallique d'un matériau découle principalement de ses propriétés de réflexion. Du coup, la couleur de la surface est fortement obscurcie. Je vous conseille donc d'utiliser le mode Plastique également pour les matières métalliques. La couleur et la luminosité de la surface seront ainsi plus prévisibles.

Dans le mode Colorisé, la couleur du reflet est adaptée à la surface de l'objet, permettant au reflet de mieux s'intégrer à cette dernière. Il existe d'autres moyens de colorer un reflet, comme nous allons le voir de suite.

***Figure 2.24 :*** *Le canal Couleur spéculaire.*

## *Le canal Couleur spéculaire*

Ce canal permet de colorer un reflet soit dans sa totalité en spécifiant des valeurs de couleur soit partiellement en utilisant une texture. Étant donné que les parties sombres de la texture chargée peuvent même éliminer tout reflet lorsqu'elles sont appliquées à des zones pâles ou noires, ce canal est idéal pour créer des variations dans le reflet d'un matériau. Par exemple, notre image yin-yang chargée dans ce canal fait disparaître le reflet des motifs noirs de la surface (voir Figure 2.24).

## *Le canal Lueur*

Pour les situations qui demandent de créer des surfaces extrêmement rayonnantes ou extrêmement chaudes, nous disposons d'un canal permettant d'irradier le matériau et portant le timide nom de Lueur (voir Figure 2.25).

L'action de ce canal fait partie de ce que l'on nomme les effets postérieurs (*post-effect*). De tels effets ont pour particularité de ne pas être calculés en même temps que les autres propriétés du matériau. Ils sont de ce fait très rapides à calculer, mais ils ne peuvent ensuite souvent plus interagir avec les autres canaux. Ainsi, l'effet d'irradiation ne peut par exemple pas être réfléchi par d'autres objets ou être visible derrière des objets transparents.

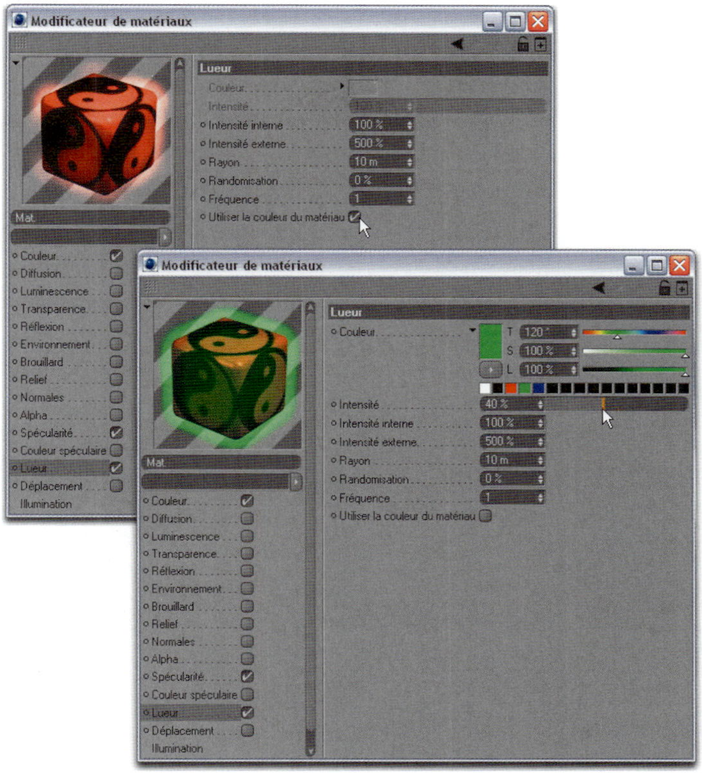


***Figure 2.25 :*** *L'effet du canal Lueur.*

Ce rayonnement peut être coloré manuellement au moyen du sélecteur de couleur disponible dans le canal ou bien automatiquement en sélectionnant l'option Utiliser la couleur du matériau. Cette dernière option présente l'intérêt de ne pas modifier la couleur de l'objet, comme illustré en haut de la Figure 2.25. Le bas de la figure montre l'emploi d'une irradiation de couleur différente.

La portée de l'effet au-delà des limites de l'objet est spécifiée à l'aide du curseur Rayon. Elle est mesurée à partir de sa surface. La puissance du rayonnement est calculée séparément pour l'intérieur et pour l'extérieur de l'objet. L'intensité interne, définie à l'aide du curseur de même nom, est habituellement inférieure à l'intensité externe afin de préserver la couleur de la surface.

Si vous prévoyez d'utiliser cet effet dans une animation, vous pouvez faire varier l'intensité du rayonnement grâce au curseur Randomisation. Le curseur Fréquence contrôle la rapidité de variation. Comme en physique, la fréquence correspond ici au nombre de variations par seconde. La valeur 1 produit donc un

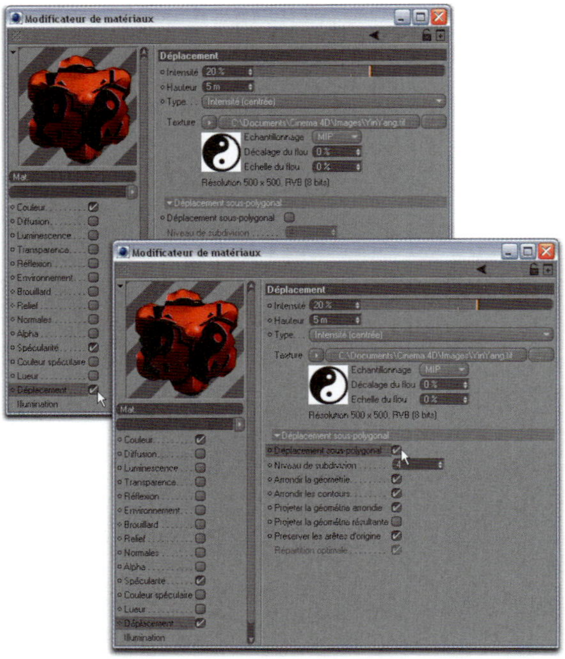


*Figure 2.26 : Le canal Déplacement.*

effet assez lent puisque l'intensité changera seulement toutes les secondes. En supposant que votre film ait une cadence de 24 images par seconde, vous indiqueriez ici une fréquence de 24 pour que l'objet semble chatoyer. L'effet est calculé pour chaque image.

## Le canal Déplacement

Ce canal semble à première vue analogue au canal Relief ou Normales, mais il diffère en fait grandement en ce que la surface peut être déformée par l'intensité de l'image ou du shader chargé.

Dans le mode normal, les points disponibles sur l'objet recouvert du matériau sont déplacés. L'amplitude de ce déplacement est obtenue en multipliant la valeur du curseur Intensité par celle du curseur Hauteur. Lorsque ces deux valeurs sont positives, un point le long des normales de la surface est tiré vers l'extérieur dans les zones claires de l'image chargée. À l'inverse, les zones foncées sont poussées vers l'intérieur de l'objet (voir Figure 2.26).

Vous choisissez la façon dont les points doivent être déplacés par rapport à leur position d'origine *via* le menu Type. Dans le mode Intensité, les points du modèle dont la texture est noire ne sont pas du tout déplacés et les points blancs sont déplacés au maximum. Dans le mode Intensité (centrée), les points sombres sont déplacés vers le bas et ceux clairs, vers le haut le long de la normale, comme évoqué précédemment.

Les autres modes sont plus complexes et sont d'ailleurs rarement utilisés car il est très difficile de créer les images requises. Dans le mode Rouge/Vert, seules les zones rouges et vertes de l'image sont concernées. Plus la proportion de rouge est élevée dans un pixel, plus celui-ci est enfoncé dans l'objet. Si la proportion de vert est plus importante, le pixel est déplacé vers l'extérieur le long de la normale.

Les modes RVB(XYZ Local) et RVB(XYZ Monde) fonctionnent de la même manière, mais sont simplement employés dans des contextes différents. Le premier indique d'utiliser le système de coordonnées de l'objet et le second, le système de coordonnées absolu du monde. Ces deux modes tiennent compte des trois composantes de couleur d'un pixel. Le rouge provoque un déplacement du point dans la direction X, le vert, dans la direction Y et le bleu, dans la direction Z. L'orientation des normales ne joue ici aucun rôle.

Tous les modes ont ceci de commun qu'un déplacement ne peut survenir qu'au niveau des points de l'objet. Plus celui-ci est subdivisé, plus cette technique donnera à voir des détails fins. Avec les canaux Relief et Normales, la structure de l'objet est sans importance.

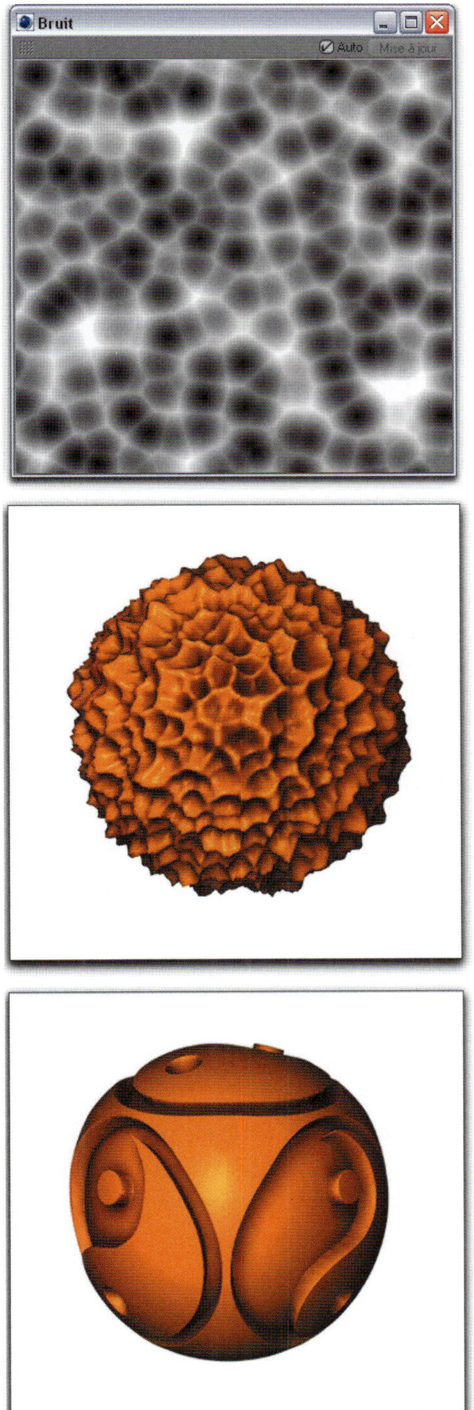


*Figure 2.27 : Effet du déplacement sous-polygonal.*

## ➤ Déplacement sous-polygonal

Nous nous trouvons ici face à un dilemme. Nous aimerions pouvoir utiliser le canal Déplacement comme alternative avantageuse au canal Relief, mais cela nécessiterait de subdiviser l'objet au point que nous ne pourrions plus travailler efficacement avec.

Si vous avez installé le module Advanced Render, votre canal Déplacement devrait inclure une rubrique Déplacement sous-polygonal qui représente la solution au problème. Lorsque cette option est activée, vous pouvez augmenter la résolution de l'objet au moyen de l'option Niveau de subdivision. Cette dernière fonctionne de manière identique au paramètre Subdivision d'un objet HyperNURBS.

Cette rubrique peut même permettre de remplacer complètement des objets HyperNURBS existants puisque l'option Arrondir la géométrie agit aussi sur les nouveaux polygones introduits par la subdivision. Il ne s'agit toutefois que d'une propriété du matériau puisque l'effet de déplacement devient visible lors du rendu de l'objet seulement.

La Figure 2.27 illustre en haut une structure chargée et, au milieu, la façon dont un simple cube est arrondi et déformé sous son effet. En bas de la figure, on peut voir la même configuration, mais avec le symbole yin-yang chargé à la place.

Sachez que les subdivisions d'un objet HyperNURBS et celles d'un matériau avec déplacement sous-polygonal peuvent s'additionner. Pour cette raison, vous devriez éviter de rattacher à un HyperNURBS un objet texturé de la sorte. Le nombre de nouvelles subdivisions deviendrait rapidement absurde.

***Figure 2.28 :*** *Déplacement sous-polygonal sans effet d'arrondi.*

Lorsque l'option Arrondir la géométrie est sélectionnée, vous pouvez y ajouter l'option Arrondir les contours pour que l'effet d'arrondi s'applique également aux arrêtes ouvertes, par exemple aux bords d'une ouverture de l'objet. Dans le cas d'un objet fermé, tel un cube ou une sphère, cette option ne fait aucune différence.

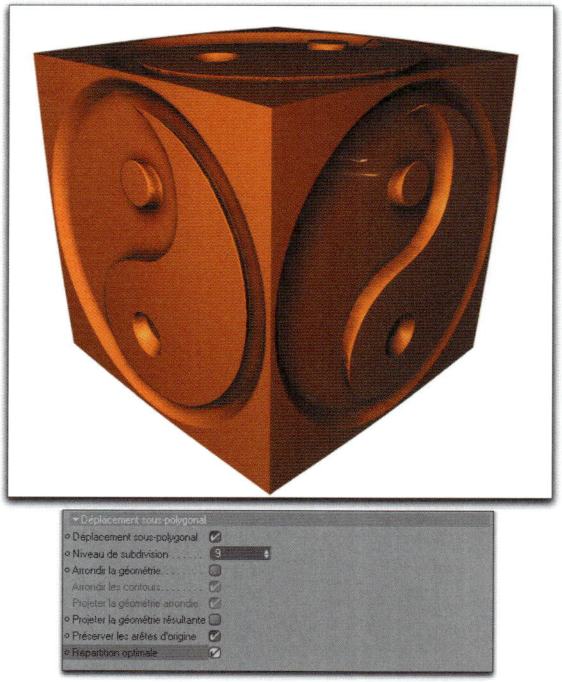


***Figure 2.29 :*** *Effet de l'option Répartition optimale.*

L'option Projeter (sur) la géométrie arrondie fait que les autres canaux du matériau sont appliqués à la surface de l'objet seulement après que l'effet de déplacement sous-polygonal a été calculé. Elle devrait toujours être activée pour éviter les distorsions de la texture sur la surface.

Bien entendu, il est également possible de ne pas arrondir l'objet et de n'utiliser les subdivisions supplémentaires que pour la représentation de l'image chargée. La Figure 2.28 illustre l'aspect résultant et la Figure 2.29, l'effet de l'option Répartition optimale. Pour que cette dernière soit disponible, l'option Arrondir la géométrie doit être désactivée.

En l'absence de l'option Répartition optimale, les arêtes du cube apparaissent légèrement biseautées, comme dans la Figure 2.28. Cela est dû au fait qu'aucune interpolation de Phong n'intervient ici entre les normales lors du déplacement.

Dans la Figure 2.29, la même scène est représentée avec cette option activée. Le déplacement suit cette fois les normales interpolées, éliminant toute transition visible au niveau des arêtes. Vous remarquerez dans les deux cas que le signe yin-yang est déplacé obliquement vers l'extérieur, produisant un effet grossissant.

L'option Projeter (sur) la géométrie résultante détermine à quel moment les autres canaux du matériau sont appliqués à l'objet. Lorsqu'elle est désactivée, le matériau est calculé avant le déplacement des points de l'objet. La couleur et la structure de l'image chargée risquent alors d'être altérées et déformées par le déplacement.

Si cette option est sélectionnée, les propriétés du matériau sont appliquées après que la surface a été formée. Le résultat dépend étroitement de la méthode de projection de la texture. Les matériaux qui utilisent des coordonnées UV ne sont pas du tout affectés par l'état de cette option car le programme sait dans ce cas précisément quelle partie de la texture appliquer à chaque point de l'objet. Nous reviendrons ultérieurement sur les méthodes de projection disponibles et sur leur utilisation.

L'option Préserver les arêtes d'origine veille à ce que les arêtes de l'objet d'origine au niveau desquelles l'ombrage de Phong a été interrompu ne soient pas non plus adoucies ici. L'angle maximal de la propriété Phong (localisée dans le logiciel par Lissage) de notre cube étant de 80°, ses arêtes sont très saillantes. Elles le resteront si vous sélectionnez cette option, mais l'effet sera néanmoins atténué par l'arrondissement de la géométrie.

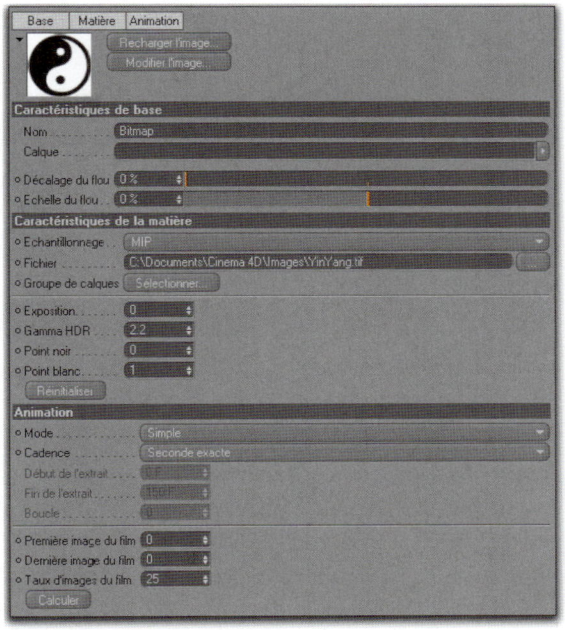


***Figure 2.30 :*** *Paramètres de l'image ou du shader chargé.*

## *Les paramètres de texture*

Vous avez certainement déjà remarqué la présence de paramètres de flou et d'échantillonnage en regard de la vignette de l'image chargée (voir Figure 2.30). Ces paramètres sont identiques dans tous les canaux qui utilisent des textures. Étant donné que la taille de l'image initiale change généralement lorsque celle-ci est appliquée à un objet, ces paramètres permettent de spécifier, entre autres, la méthode d'interpolation à utiliser.

Cette figure présente la liste détaillée de tous les paramètres de l'image chargée. Vous y accédez en cliquant simplement sur sa vignette. Comme vous pouvez le voir, ils sont répartis en trois groupes. Le groupe Base inclut un nom et un menu Calque ainsi que deux curseurs.

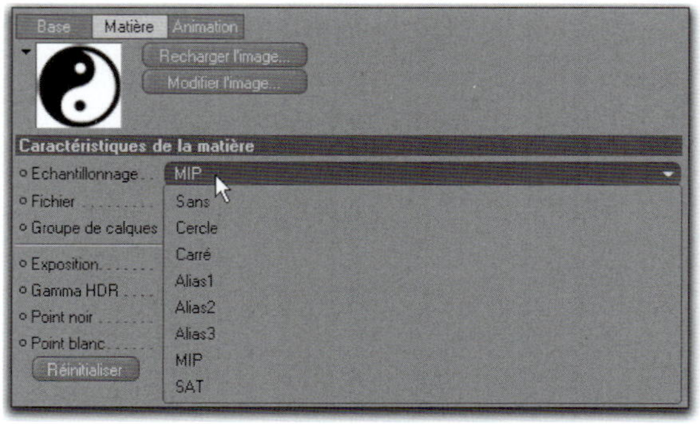


*Figure 2.31 : Les paramètres de la rubrique Matière.*

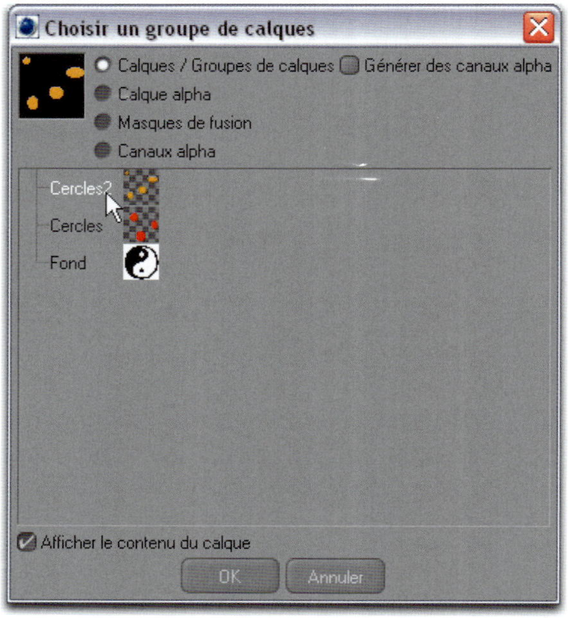


*Figure 2.32 : Un groupe de calques.*

Le curseur Décalage du flou sert à atténuer la netteté de l'image. La précision de calcul est contrôlée au moyen du curseur Échelle du flou, qui influe sur l'interpolation de l'image dans les modes MIP et SAT. Lorsque ce dernier possède une valeur négative, l'image est plus nette, et avec une valeur supérieure à 0 %, elle est plus floue. Il permet de flouter l'image même lorsque le curseur Décalage du flou indique 0 %.

Les options d'interpolation précitées sont listées, parmi d'autres, dans le menu Échantillonnage de la rubrique Matière (voir Figure 2.31). Seuls les modes MIP et SAT donnent accès aux options de flou. Le mode SAT produit un résultat de meilleure qualité, mais requiert aussi beaucoup plus de mémoire. Il peut par exemple être utile de flouter les images d'une animation pour éviter que les fines structures qu'elles contiennent ne scintillent.

Les différences entre les autres modes sont souvent négligeables et visibles seulement lors d'un agrandissement extrême de l'image. Pour en savoir plus, consultez l'aide en ligne. Le mode Sans désactive toute interpolation des pixels de l'image et convient, par exemple, lorsque celle-ci doit être présentée dans une très grande résolution.

Le menu Groupe de calques fait apparaître une fenêtre permettant d'activer ou de désactiver des canaux ou calques alpha individuels dans un fichier BodyPaint ou Photoshop chargé. Cela vous évite ainsi de devoir passer plusieurs fois d'un programme à l'autre (voir Figure 2.32).

Le mode Calques/Groupe de calques donne à voir tous les calques contenus dans l'image chargée. Lorsque l'option Afficher le contenu du calque est cochée, le nom du calque est accompagné d'une icône représentant son contenu. Pour sélectionner le calque que vous voulez utiliser dans le matériau, il suffit de cliquer dessus. Maintenez la touche Ctrl enfoncée pour une sélection multiple.

Le mode Calque alpha transforme le calque sélectionné en masque alpha. Les parties transparentes revêtent alors une couleur noire et les autres parties, une couleur blanche. Le mode Masques de fusion, lorsqu'il est disponible, montre le masque du calque sélectionné. Le mode Canaux alpha montre les masques alpha enregistrés sous forme de canaux séparés. Ceux-ci peuvent être créés dans Photoshop en enregistrant par exemple une sélection.

L'option Générer des canaux alpha n'a de sens que combinée à un shader Calque. Nous aborderons ce shader plus en détail lorsqu'il sera question des autres également. Cette option transforme l'image chargée en un masque alpha pour d'autres images ou shaders au sein du shader Calque. Après avoir sélectionné le mode approprié et les calques souhaités, cliquez sur OK.

La luminosité et le contraste de l'image chargée peuvent être réglés directement dans CINEMA 4D sans que cela affecte le fichier d'origine. Pour cela, on emploie respectivement les curseurs Exposition et Gamma HDR. Le second sert à régler le gamma de l'écran. Il possède par défaut la valeur 1.8 pour un système Macintosh et 2.2 pour Windows.

Les paramètres Point noir et Point blanc définissent la plage de valeurs de luminosité de l'image chargée. Vous devriez idéalement spécifier pour le premier une valeur représentant un point noir de l'image et, pour le second, une valeur représentant un point blanc. CINEMA 4D répartit ensuite les valeurs disponibles dans l'image de façon à maximiser cette plage. Vous pouvez bien sûr réaliser cela dans un logiciel de traitement d'image. L'image sera alors modifiée et devra être enregistrée, puis chargée dans CINEMA 4D.

Vous pouvez tester ici toutes sortes de valeurs sans que l'image ne soit réellement modifiée. Le bouton Réinitialiser permet de rétablir à tout moment les paramètres par défaut et donc l'apparence initiale de l'image.

## ➤ Animation

Si le fichier chargé n'est pas une image mais une animation, telle qu'un film au format QuickTime ou AVI, interviennent les paramètres de la rubrique Animation. Ils sont utiles uniquement si vous voulez calculer une animation également dans CINEMA 4D.

Le menu Mode sert à déterminer le nombre de lectures de l'animation. L'option Simple correspond à une seule lecture, l'option Boucle à une lecture continue, et l'option Ping-Pong à une lecture continue, mais avec alternance avant-arrière.

Le menu Cadence détermine la vitesse de lecture. Avec l'option Seconde exacte, une seconde de votre film correspond exactement à une seconde de l'animation dans CINEMA 4D. Cela garantit que l'animation ne subira pas d'accélération ou de ralentissement soudain si le nombre d'images par seconde diffère entre votre film et le logiciel. Si vous êtes certain que le nombre d'images par seconde est identique, vous pouvez utiliser l'option Image exacte de sorte que chaque fois que CINEMA 4D avance d'une image dans le calcul de l'animation, l'image suivante du film soit chargée.

L'option Extrait permet de spécifier à quel moment de l'animation de CINEMA 4D le film doit débuter et à quelle vitesse il doit être lu. Les paramètres Début et Fin indiquent respectivement l'image de départ et l'image de l'animation où le film doit s'arrêter. Un film de 50 images dont seules les images 0 à 25 doivent être lues défilera deux fois plus vite. L'option Boucle détermine le nombre de répétitions du film.

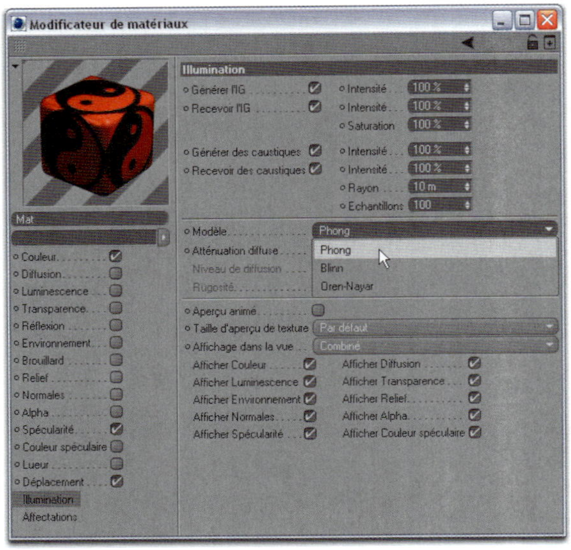


***Figure 2.33 :*** *Sélection d'un modèle d'ombrage.*

Pour ses calculs, le programme se fonde sur le nombre d'images du film chargées ainsi que sur le nombre d'images par seconde. Ces informations sont le plus souvent affichées automatiquement dans les champs Première image du film, Dernière image du film et Taux d'images du film. Vous pouvez naturellement modifier ces valeurs afin, par exemple, de n'utiliser qu'une seule image d'un film comme image fixe dans un matériau. Les champs de première et de dernière image du film doivent alors avoir la même valeur.

Après avoir passé en revue tous les canaux ainsi que le chargement d'images, de shaders et de films, nous allons terminer cette section par une présentation des derniers paramètres du Modificateur de matériaux.

## *Les paramètres d'illumination*

Une fois que vous avez défini un matériau par le biais de ses différents canaux, reste à configurer certaines caractéristiques de base dans la rubrique Illumination du Modificateur de matériaux (voir Figure 2.33). La première série d'options détermine le comportement du matériau sous l'influence du calcul de la radiosité, ou illumination globale (IG). Vous spécifiez ici si de la lumière doit être générée et reçue et en quelle quantité. Vous pouvez également contrôler la saturation de la lumière globale.

Viennent ensuite les paramètres de caustiques qui servent à contrôler les effets de réfraction et de concentration visibles de la lumière sur les surfaces transparentes et réfléchissantes. Les options de radiosité et de caustiques sont disponibles uniquement si le module Advanced Render a été installé. Notez qu'elles n'affectent pas l'ombrage du matériau résultant des sources de lumière normales de CINEMA 4D. Pour cela, vous devez utiliser les options du menu Modèle qui elles permettent d'influencer le comportement de la lumière sur la surface.

Le modèle Phong fait partie des plus utilisés car il offre un rapport équilibré entre lumière, ombres et reflets. Le modèle Blinn ombre la surface de la même manière, mais produit des reflets plus puissants et plus grands. Le modèle Oren-Nayar convient surtout pour les surfaces mates ou rugueuses car l'ombrage et la spécularité qui en résultent sont moins contrastés.

Ces effets peuvent être contrôlés avec davantage de précision au moyen des paramètres Niveau de diffusion et Rugosité. Le premier règle la luminosité de l'ombrage dans son ensemble et le second, le degré de rugosité. Des valeurs élevées accentuent la dispersion de la lumière sur la surface et rendent l'objet encore plus mat. Pour les trois modes, l'option ATTÉNUATION DIFFUSE permet d'accentuer la perte de luminosité de l'ombrage aux endroits obliques par rapport à la source lumineuse.

Si le matériau inclut un film dans un de ses canaux, activez l'option APERÇU ANIMÉ pour animer le matériau dans l'éditeur. Vous devez également lancer l'animation dans CINEMA 4D. Toutes les informations nécessaires à ce sujet sont données dans un chapitre subséquent.

Le menu TAILLE D'APERÇU DE TEXTURE permet de choisir la résolution d'affichage du matériau dans l'éditeur. Ce paramètre peut être important, notamment lorsque vous utilisez une image censée servir de référence pour un travail de modélisation. Il contient un grand choix d'options, avec pour chacune l'espace requis. Ce paramètre est sans effet sur la qualité de rendu du matériau et sert uniquement à sa représentation dans l'éditeur.

Le menu AFFICHAGE DANS LA VUE sert à indiquer quel canal du matériau doit absolument être visible dans l'éditeur. Là encore, ce paramètre ne joue pas sur le calcul de la surface, seulement sur sa représentation. Si vous sélectionnez par exemple le canal COULEUR, les autres canaux seront absents de la représentation. Cela peut être utile notamment pour observer l'effet de la lumière sur une seule propriété du matériau. L'option COMBINÉ de ce menu calcule tous les canaux actifs et représente les propriétés correspondantes. Utilisez les options situées en dessous afin d'activer/désactiver les canaux de votre choix pour l'éditeur.

***Figure 2.34 :*** *Application d'un matériau à un objet.*

## Application de matériaux

Un matériau ne peut pas être utilisé tel quel dans l'espace 3D et doit d'abord être appliqué à un objet pour devenir visible. Il existe pour cela un moyen commode supporté par toutes les primitives et tous les NURBS à base de splines et qui consiste à simplement faire glisser le matériau sur l'objet dans le gestionnaire d'objets (voir Figure 2.34).

### *Coordonnées UV*

Les NURBS à base de splines et les primitives possèdent par défaut ce que l'on appelle des coordonnées UV. Celles-ci permettent d'enregistrer précisément pour chaque point de l'objet quelle partie du matériau lui est appliquée. Le gros avantage est que le matériau peut de cette manière suivre les distorsions de l'objet. Par exemple, les expressions du visage texturé d'un personnage lorsqu'il ouvre la bouche ou tourne la tête sont ainsi beaucoup plus naturelles.

L'inconvénient est que leur application et leur adaptation à la forme de l'objet demandent du temps. Sont concernés aussi bien les NURBS que les primitives dès que des modifications sont entreprises. Ces modifications incluent tout ajout ou suppression de points, d'arêtes ou de polygones. Ces objets ne possèdent des coordonnées UV utilisables que dans leur forme initiale et doivent donc en recevoir de nouvelles à l'issue de la modélisation.

Sachez par ailleurs que la propriété UVW qui apparaît dans le gestionnaire d'objets en regard d'un objet converti indique simplement que celui-ci possède des coordonnées UV. Rien ne dit qu'elles sont à jour. Les données de cette propriété ne sont en effet pas actualisées automatiquement lorsque vous utilisez les outils de manipulation de polygones.

Si vous vous demandez ce que représente la composante W, sachez qu'elle indique la distance des coordonnées UV par rapport à la surface de l'objet. Elle peut être modifiée dans le gestionnaire de structure, mais n'est d'aucune utilité pour la plupart des matériaux. Seules certains shaders spéciaux qui pénètrent dans un objet avec une profondeur croissante la prennent en compte, comme ceux qui simulent les veines du bois ou l'aspect marbré de la pierre. Nous nous limiterons donc aux coordonnées UV bidimensionnelles.

## *Qualité de représentation d'un objet texturé dans l'éditeur*

Nous avons déjà évoqué à plusieurs reprises l'intérêt que présente OpenGL pour l'accélération de la représentation dans l'éditeur. L'option OpenGL HQ, accessible à la fois dans les préférences générales de CINEMA 4D et dans le menu Affichage des vues, va encore plus loin puisqu'elle permet de représenter directement dans l'éditeur nombre des propriétés d'un matériau sans nécessiter de calcul d'image. Selon l'option activée, sont même incluses les ombres projetées et les transparences.

La qualité de représentation d'un matériau peut également être contrôlée, bien que partiellement, par le biais de la rubrique Illumination de celui-ci (voir Figure 2.35). Comme il a été dit, le menu Affichage dans la vue liste tous les canaux importants et permet de sélectionner celui dont l'éditeur doit tenir compte, ce qui est utile pour tester les caractéristiques de canaux individuels.

Rappelons que seule la représentation dans l'éditeur est concernée. Le calcul de l'image pour le rendu inclut dans tous les cas toutes les propriétés du matériau. Sachez aussi qu'OpenGL n'est pas capable de simuler et de représenter parfaitement toutes les propriétés. Aussi devrez-vous procéder à des tests pour l'optimisation des matériaux et des paramètres de lumière.

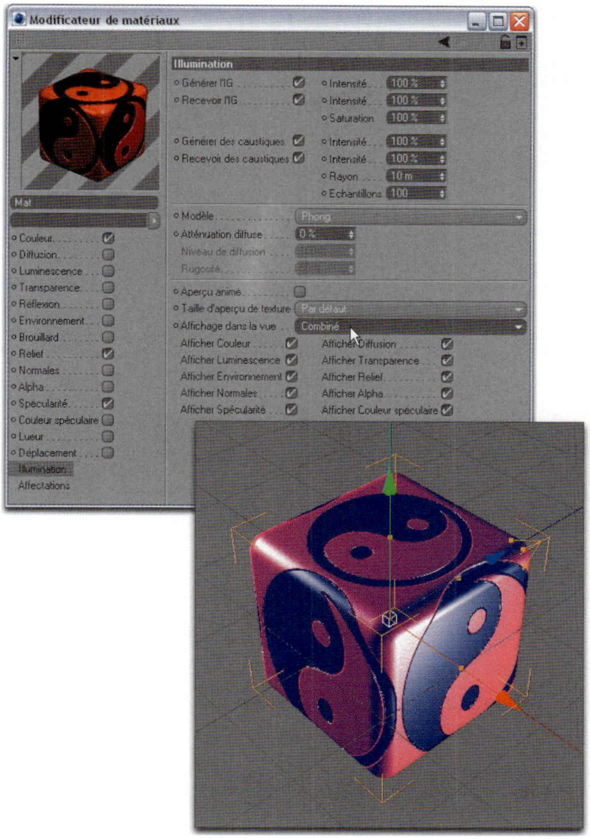


Figure 2.35 : *Représentation d'un objet texturé dans l'éditeur.*

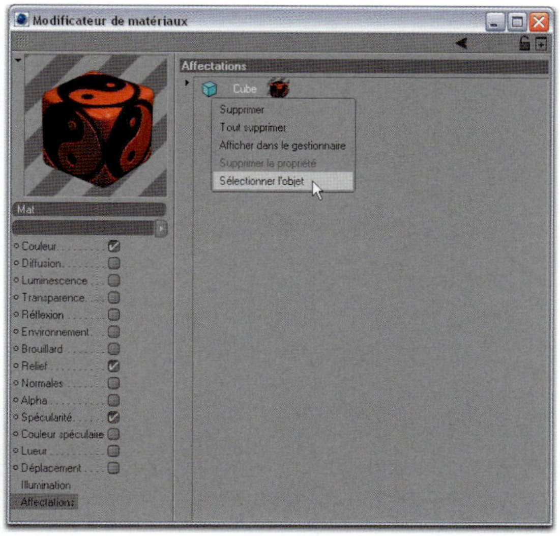


Figure 2.36 : *La rubrique Affectations d'un matériau.*

## *Affectations d'un matériau*

À mesure que la complexité d'une scène et le nombre de matériaux augmentent, il devient parfois difficile de reconnaître d'emblée où un matériau est utilisé. Aidez-vous dans ce cas de la rubrique AFFECTATIONS du matériau (voir Figure 2.36).

Vous disposez ici d'une liste de tous les objets auxquels le matériau a été directement appliqué. Les sous-objets d'un objet n'apparaissent néanmoins pas, bien qu'ils héritent également du matériau. Un clic droit sur un objet donne accès à des fonctions qui permettent, par exemple, de le sélectionner ou de le localiser dans le gestionnaire d'objets et dans l'éditeur.

Le menu FONCTIONS du gestionnaire de matériaux offre aussi des commandes pouvant vous aider à simplifier la gestion des matériaux de votre scène, telles que SUPPRIMER LES MATÉRIAUX INUTILISÉS et SUPPRIMER LES MATÉRIAUX EN DOUBLE.

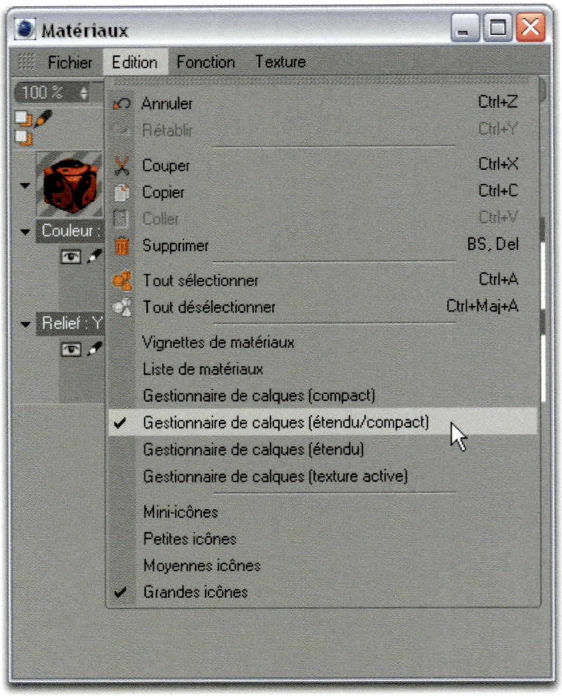


***Figure 2.37 :*** *Les différents modes du gestionnaire de matériaux.*

# Organisation et manipulation de textures

Outre le fait de lister les matériaux existants, le gestionnaire de matériaux propose des fonctions supplémentaires. Vous pouvez par exemple organiser différemment leur présentation selon vos besoins par le biais du menu ÉDITION (voir Figure 2.37).

Le mode VIGNETTES DE MATÉRIAUX, qui est celui par défaut, affiche côte à côte tous les matériaux de la scène. Le mode LISTE DE MATÉRIAUX les affiche dans une colonne les uns en dessous des autres. Vous avez aussi le choix entre diverses tailles d'icônes dans la dernière portion du menu.

Le mode GESTIONNAIRE DE CALQUES (COMPACT) présente également tous les matériaux les uns en dessous des autres, mais pas seulement. Notez la présence d'une croix rouge à droite de chaque icône. Lorsque vous cliquez dessus, apparaissent dans la partie droite de la fenêtre tous les fichiers bitmap chargés dans le matériau. Dans notre exemple, l'image yin-yang apparaît en double car elle a été chargée à la fois dans le canal COULEUR et le canal RELIEF, ce qui est indiqué au-dessus de chaque occurrence (voir Figure 2.38).

Dans ce mode, le gestionnaire de matériaux fonctionne presque comme un logiciel de dessin puisque vous pouvez employer les fonctions de peinture de BodyPaint 3D pour dessiner directement sur les images chargées. Vous pouvez même créer de nouveaux calques, comme illustré au bas de la Figure 2.38, en passant par le menu TEXTURE du gestionnaire.

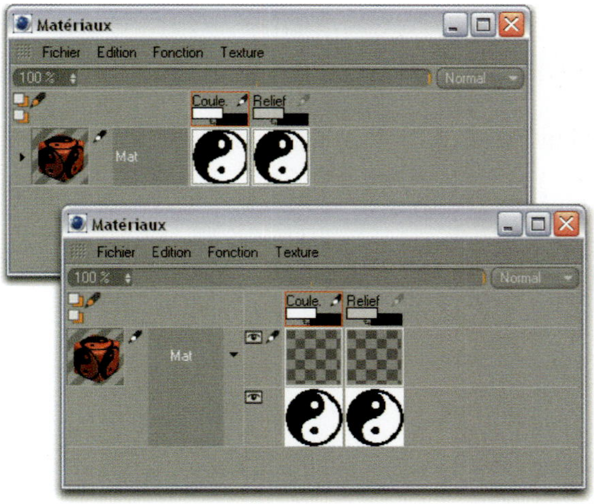


*Figure 2.38 :* Emploi de calques.

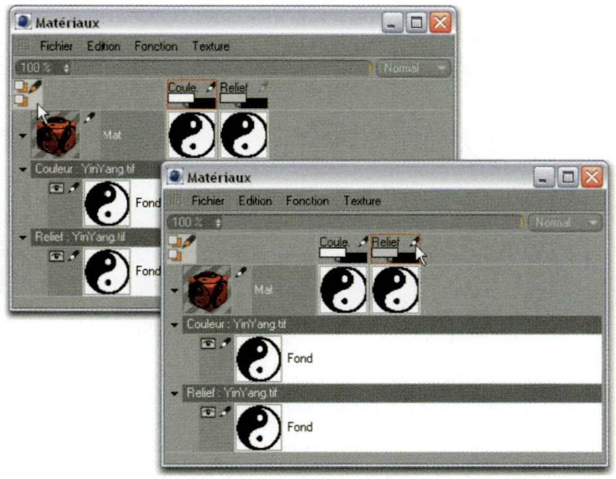


*Figure 2.39 :* Le mode Gestionnaire de calques (étendu/compact).

Pour obtenir une présentation encore mieux adaptée au système de calques, utilisez le mode Gestionnaire de calques (étendu). Le mode (étendu/compact) regroupe les deux variantes (voir Figure 2.39).

Pour indiquer à CINEMA 4D sur quelle image ou quel calque de quel canal peindre, cliquez simplement dans la vignette de l'image ou du calque correspondant. Son cadre devient alors jaune Normalement, vous ne pouvez peindre que sur une seule image à la fois.

Il existe cependant des situations où il est souhaitable de peindre sur plusieurs calques en même temps. De cette façon, vous pouvez par exemple modifier une couleur dans le canal Couleur et obtenir simultanément un effet de creux ou de saillie au même endroit dans le canal Relief. L'avantage est évident : coloration et relief se combinent très bien.

Pour activer ce mode, cliquez sur l'icône située en haut à gauche du gestionnaire (voir Figure 2.39). Sa couleur de fond devient alors plus claire et vous pouvez ensuite cliquer sur plusieurs symboles de crayon dans les indicateurs de canaux situés sur la même ligne. Les champs de couleur dans ces indicateurs permettent de définir les couleurs d'avant-plan et d'arrière-plan. Lorsque vous cliquez dessus, un sélecteur de couleurs apparaît (voir Figure 2.40).

Le bouton fléché dans la rubrique Papier peint de cette fenêtre sert à charger une image. Le curseur et le menu situés dessous permettent de combiner l'image et la couleur de différentes manières, comme dans un canal de matériau. Pour basculer entre la couleur d'avant-plan et celle d'arrière-plan, il suffit de cliquer sur les icônes correspondantes dans les indicateurs de canaux de la rubrique Canaux.

Nous allons maintenant passer de l'interface standard de CINEMA 4D à celle de BodyPaint 3D.

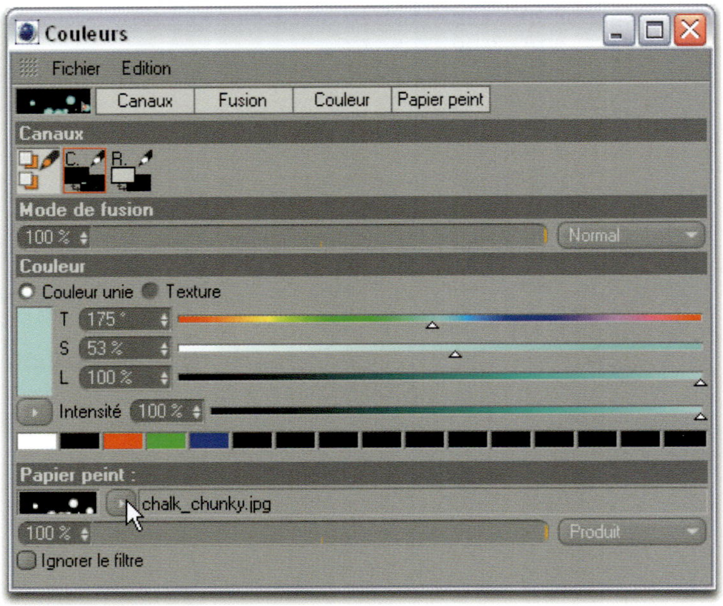


**Figure 2.40 :** *Définition des paramètres de peinture.*

## *Peinture avec BodyPaint 3D*

BodyPaint 3D est le module intégré de CINEMA 4D pour la peinture d'objets et la manipulation de textures. Cette intégration permet de peindre directement sur des objets et d'observer immédiatement le résultat. Ce module offre en outre une série d'outils pour manipuler la position de textures sur un objet et les coordonnées UV de celui-ci. Nous reviendrons sur ce point plus tard.

Nous commencerons par une présentation des outils de peinture de BodyPaint 3D, que l'on retrouve également pour la plupart dans d'autres programmes de dessin, tel le pinceau ou le doigt. La manipulation de textures bitmap suit aussi une approche standard, comme nous en avons eu un aperçu avec le gestionnaire de matériaux.

Entrons dans le vif du sujet en modifiant notre matériau yin-yang de sorte que l'image du symbole ne soit multipliée avec aucune couleur dans le canal Couleur. Désactivons aussi complètement la luminescence. Comme nous allons peindre directement sur l'objet, nous voulons obtenir un résultat aussi fiable que possible.

L'interface standard de CINEMA 4D n'inclut aucun élément de BodyPaint 3D, aussi devons-nous basculer dans l'interface de ce module. Il existe en fait deux modes : BP 3D Paint et BP UV Edit. Nous utiliserons le premier qui contient tous les gestionnaires, menus et icônes requis pour peindre et texturer des objets. Le second se destine davantage à la manipulation de coordonnées UV et à la projection de matériaux. La Figure 2.41 illustre notre matériau modifié appliqué à un cube arrondi et le menu d'accès aux différentes interfaces.

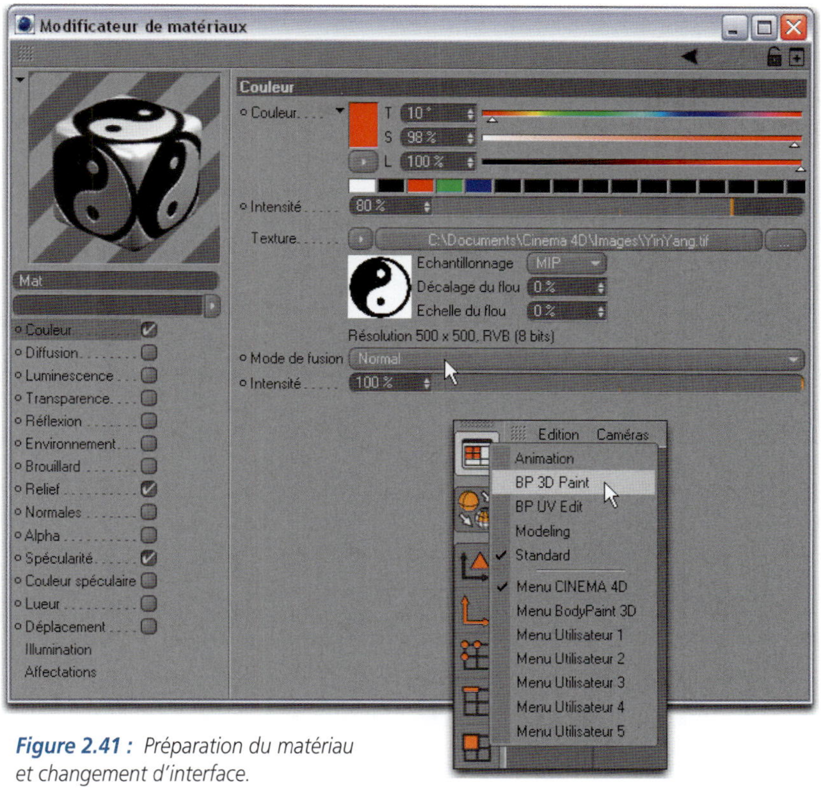


***Figure 2.41 :*** *Préparation du matériau et changement d'interface.*

Dans le gestionnaire de matériaux, veillez à ce qu'un calque soit présent au-dessus de l'image yin-yang car nous allons peindre dessus. Nous pourrions peindre directement sur l'image, mais cela la modifierait et nous n'aurions alors plus la possibilité de changer l'opacité des motifs peints, entre autres choses.

Vous pouvez créer un calque par le biais du menu Texture du gestionnaire. Le matériau concerné doit bien sûr être actif. Si ce n'est pas encore le cas, cliquez sur la croix rouge en regard de la vignette du matériau dans le mode Gestionnaire de calques et sélectionnez le canal auquel le nouveau calque doit être ajouté. Ici, peu importe que ce soit le canal Couleur ou Relief car tous deux contiennent la même image bitmap. Nous ajouterons donc un calque aux deux de sorte que lorsque nous peindrons dans le premier, le second sera automatiquement modifié.

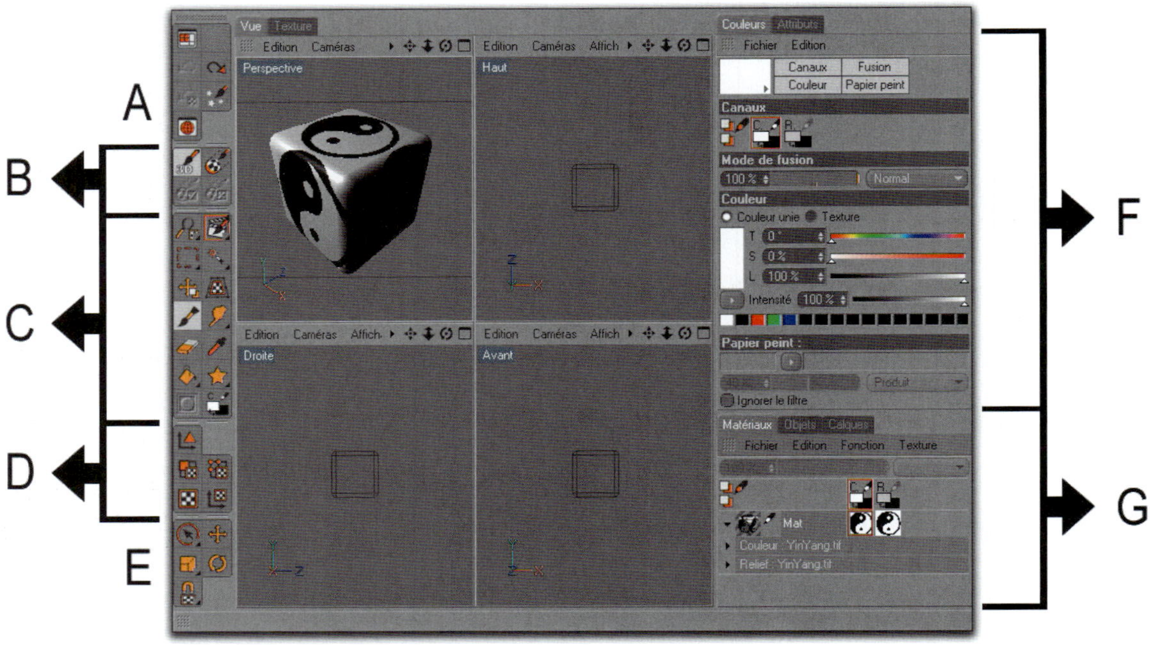


*Figure 2.42 : L'interface de BodyPaint 3D.*

## ➤ L'interface de peinture de BodyPaint 3D

Pour vous simplifier le travail dans l'interface de BodyPaint 3D, nous allons présenter brièvement les principaux groupes de commandes et gestionnaires disponibles (voir Figure 2.42). Les icônes du groupe Ⓐ vous sont en partie déjà connues. Vous y trouverez le menu des interfaces ainsi que les fonctions classiques ANNULER et RÉTABLIR, qui sont complétées ici par une fonction spéciale d'annulation des opérations de peinture. Vous disposez aussi d'un assistant de définition des paramètres de peinture qui prépare automatiquement les objets à peindre et leurs matériaux.

Les icônes du groupe Ⓑ fonctionnent comme des modes. L'icône de pinceau active le mode de peinture 3D et celle à côté, le mode de peinture par projection. Ce dernier permet de projeter des traits de pinceau et des images sur les objets en s'adaptant à leur forme. Les deux icônes suivantes servent respectivement à confirmer ou à annuler une projection, ce qui permet d'en superposer plusieurs.

Les icônes du groupe Ⓒ donnent accès aux outils du module, par exemple un pinceau, une pipette, un outil de remplissage de sélection ou encore un outil pour créer des formes polygonales. Celles du groupe Ⓓ interviennent lors de la manipulation de coordonnées UV et de la projection de textures. Vous pouvez, par exemple, choisir de travailler sur les coordonnées UV d'un polygone ou bien d'un point seulement.

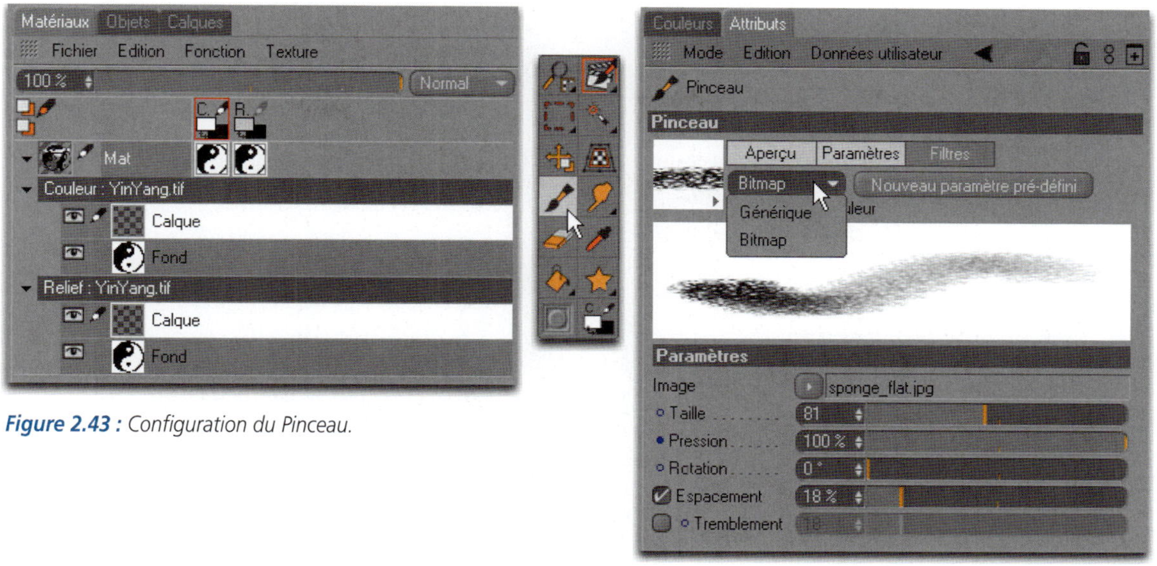


*Figure 2.43 : Configuration du Pinceau.*

Les icônes du groupe **E** ressemblent à celles de sélection et de manipulation que vous connaissez déjà. Par exemple, en activant l'outil de déplacement ou de rotation, vous pouvez influer sur les coordonnées UV d'un objet. Étant donné que ces coordonnées sont entièrement indépendantes de celles des points de l'objet, sa forme reste inchangée.

Le groupe **F** contient le sélecteur de couleurs habituel, sauf que vous pouvez aussi charger des structures complexes en tant que pointes de pinceau. Également inclus est le gestionnaire d'attributs pour vous permettre de contrôler les paramètres des outils sélectionnés. Dans le groupe **G**, vous avez les gestionnaires de matériaux, d'objets et de calques. Ce dernier n'affiche que les images et les calques qui ont été sélectionnés dans le gestionnaire de matériaux.

Au milieu, se trouvent la vue de l'éditeur et la fenêtre de texture. Dans cette dernière est affichée l'image bitmap sélectionnée et ses calques éventuels. Ces deux fenêtres vous autorisent à peindre directement sur des objets. Avant de pouvoir peindre, vous devez d'abord activer le mode de peinture 3D dans le groupe B ainsi que le Pinceau dans le groupe C. Les deux icônes représentent le même pinceau stylisé.

Indiquez ensuite les caractéristiques du Pinceau dans le gestionnaire d'attributs. Selon le mode dans lequel vous vous trouvez, les options de configuration ne sont pas tout à fait les mêmes. Vous disposez de deux modes principaux : Générique, pour des pointes rondes ou rectangulaires, et Bitmap, pour des pointes structurées de manières très variées (voir Figure 2.43). Dans le second mode, cliquez sur le bouton fléché en regard du paramètre Image pour choisir parmi une liste de fichiers préinstallés.

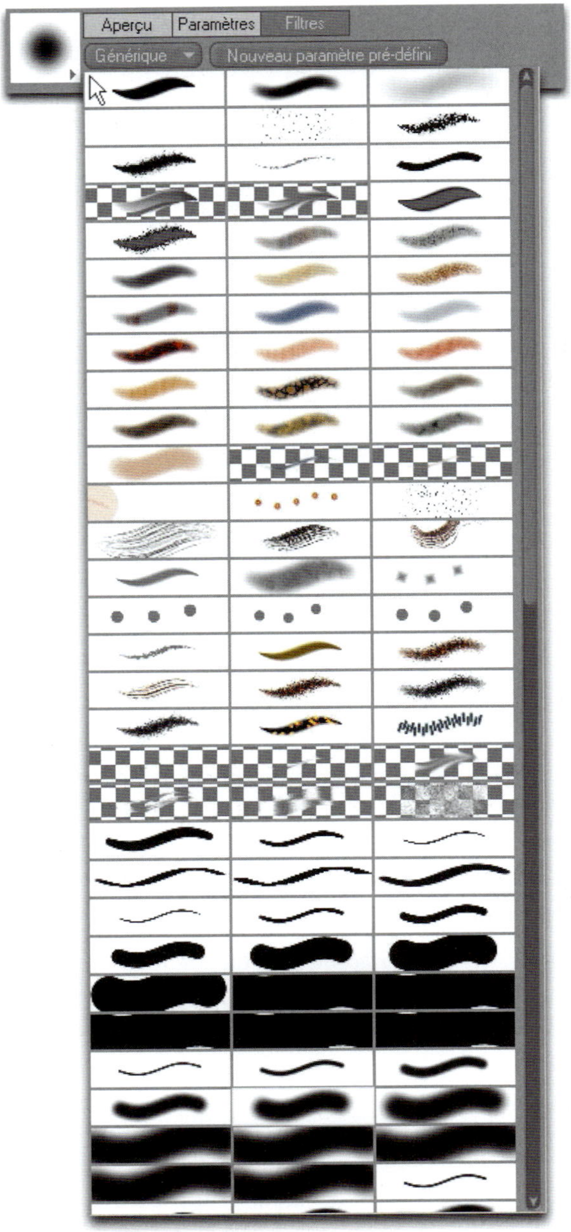


*Figure 2.44 : Styles de pointes prédéfinies.*

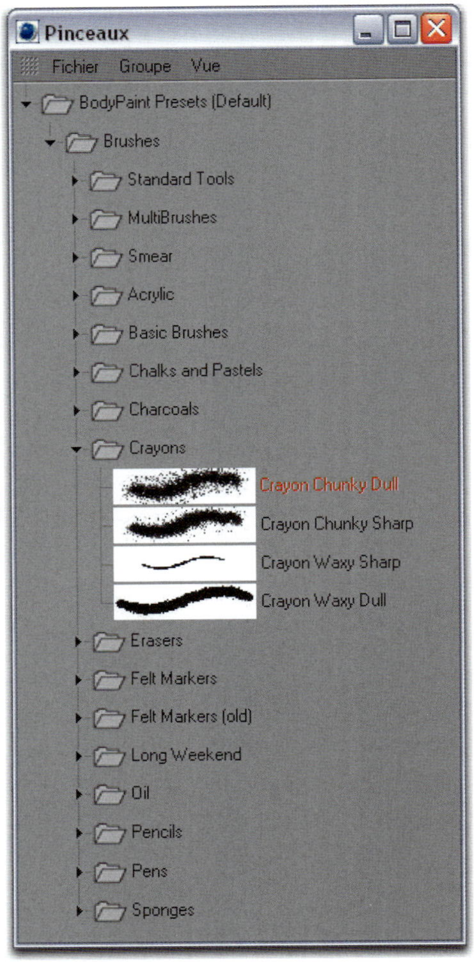


*Figure 2.45 : Préréglages de pinceau.*

## ➤ Formes de pinceau prédéfinies

Pour vous simplifier la tâche, une liste de pointes prédéfinies de toutes sortes, certaines générées par le logiciel et d'autres bitmap, est proposée lorsque vous cliquez sur la vignette d'aperçu en haut à gauche dans le gestionnaire (voir Figure 2.44). Certaines sont même déjà colorées ou combinées à des filtres. Comme vous pouvez le voir, elles ne servent pas toutes non plus seulement à peindre.

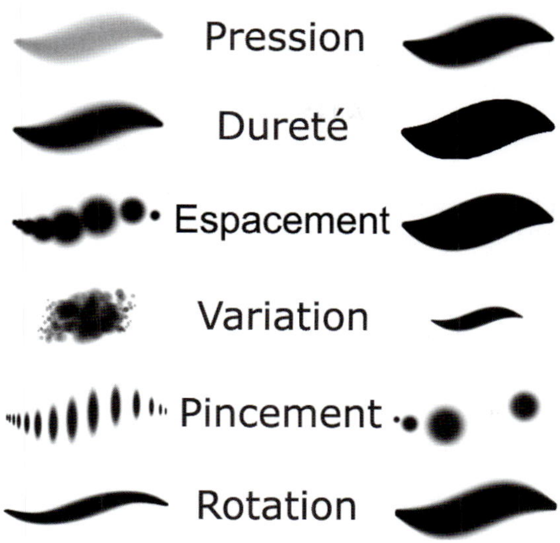


Figure 2.46 : *Effet des paramètres du Pinceau.*

Un autre aperçu des pointes prédéfinies est accessible *via* l'option Préréglages de pinceau du menu Fenêtre de BodyPaint (voir Figure 2.45). Cette énumération est un peu plus ordonnée et un double-clic sur l'aperçu d'une pointe suffit à afficher ses paramètres dans le gestionnaire d'attributs.

## ➤ Paramètres du Pinceau

Vous pouvez dimensionner, faire pivoter et varier la pression des pointes de pinceau comme vous le feriez avec un véritable pinceau. Vous disposez d'un aperçu de la pointe et d'un exemple de trait. L'effet des divers paramètres est illustré Figure 2.46, à l'exception de Forme, Profil et Taille qui parlent d'eux-mêmes. Deux configurations opposées sont présentées pour chacun.

Le (premier) paramètre Pression définit l'intensité du trait tandis que le paramètre Dureté contrôle la densité entre le milieu et les bords du trait. Chaque trait consiste en fait en une succession de pointes individuelles, leur espacement étant contrôlé par le paramètre de même nom. Le paramètre de variation (localisé par Tremblement) fait varier les pointes dans l'espace et en taille.

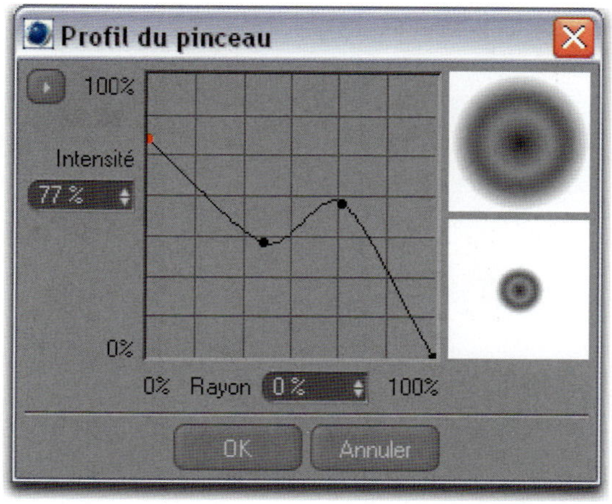


Figure 2.47 : *Profil personnalisé.*

Le paramètre de pincement (localisé par Pression également) resserre les pointes. Pour rendre son effet plus évident, la valeur d'espacement a été augmentée dans la Figure 2.46. Enfin, vous pouvez faire pivoter comme bon vous semble les pointes du trait à l'aide du paramètre Rotation, bien qu'en pratique il soit difficile d'adapter le trait à l'angle spécifié pour obtenir le résultat voulu.

### Pointes personnalisées

Vous avez aussi la possibilité de modifier la densité au sein des pointes elles-mêmes par le biais du menu Profil. Outre quelques profils prédéfinis, l'option Personnalisé permet d'invoquer un éditeur de profil en cliquant sur le point bleu en regard du menu (voir Figure 2.47). Vous y définissez le profil du pinceau à l'aide d'une courbe.

La boîte de dialogue Paramètres de l'effecteur, qui apparaît lorsque vous cliquez sur le nom d'un paramètre, fonctionne selon le même principe (voir

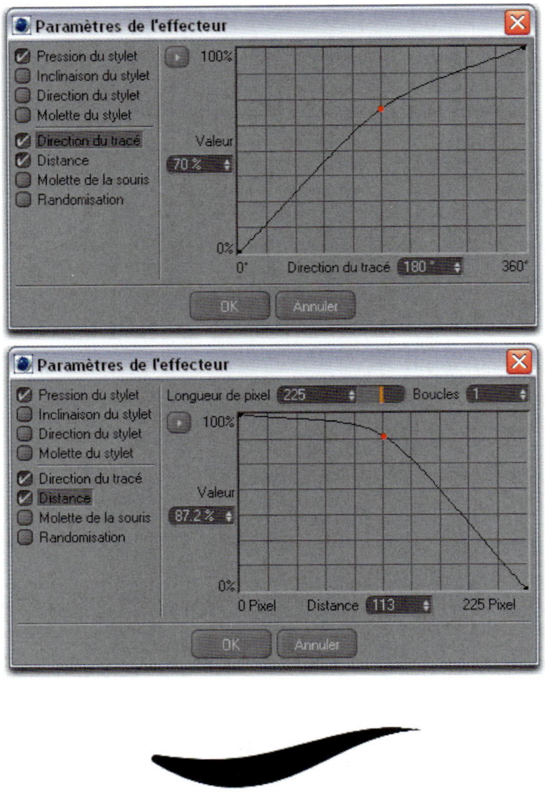


***Figure 2.48 :*** *Paramètres de l'effecteur pour le Pinceau.*

Figure 2.48). Si vous avez activé l'utilisation d'une tablette graphique dans les préférences de CINEMA 4D, vous pouvez utiliser, par exemple, les paramètres de pression et d'inclinaison du stylet pour contrôler la pointe du pinceau.

Mais ces courbes sont utiles même en l'absence de tablette. Elles peuvent être définies pour chaque paramètre individuellement. Le point bleu en regard du nom des paramètres indique ceux qui disposent de telles courbes. La courbe DIRECTION DU TRACÉ pour le paramètre ROTATION, par exemple, permet de faire en sorte que la pointe du pinceau soit automatiquement orientée en fonction de la forme du tracé. Si vous combinez cela à une valeur d'espacement élevée et à une pointe angulaire, vous pouvez peindre entre autres une fermeture éclair ou une couture.

La courbe DISTANCE sert à atténuer la couleur du trait à mesure que sa longueur augmente, permettant ainsi de simuler une application naturelle des couleurs. La Figure 2.48 illustre de quelle manière ces courbes influent sur l'apparence du trait. Grâce au paramètre de répétition (localisé par BOUCLE), le trait peut être répété autant de fois que nécessaire lorsque la valeur du paramètre LONGUEUR DE PIXEL (comprendre longueur en pixels) est inférieure à la longueur du trait peint.

N'hésitez pas à consulter l'aide pour connaître toutes les possibilités de configuration du PINCEAU. La simple énumération des options et fonctions disponibles prendrait ici trop de place, et rien ne vaut de toute façon un exemple pratique. Sélectionnez une couleur de premier plan quelconque pour la pointe de pinceau dans le canal COULEUR ainsi qu'une forme de pinceau de votre choix.

## ➤ Peinture sur un objet avec le Pinceau

Dans la vue de l'éditeur, le pointeur de la souris prend la forme d'un pinceau lorsqu'il se trouve au-dessus d'un objet recouvert du matériau actif (voir Figure 2.49). Il suffit de maintenir la pression sur le bouton gauche pour appliquer à l'objet la couleur choisie avec la forme choisie. Un aperçu stylisé de la taille de la pointe est également projetée sur l'objet, vous permettant de contrôler précisément vos coups de pinceau.

Remarquez que le pinceau est appliqué à plusieurs endroits du cube et pas seulement là où vous positionnez le pointeur de la souris. Cela vient du fait que le matériau utilise actuellement les coordonnées UV du cube. Les coordonnées UV par défaut d'un cube font qu'une copie du matériau est projetée sur chaque côté, c'est pourquoi le symbole yin-yang se retrouve automatiquement sur toutes les faces. Nous reviendrons plus tard en détail sur les types de projection disponibles et les coordonnées UV.

*Figure 2.49 : Peinture sur un objet.*

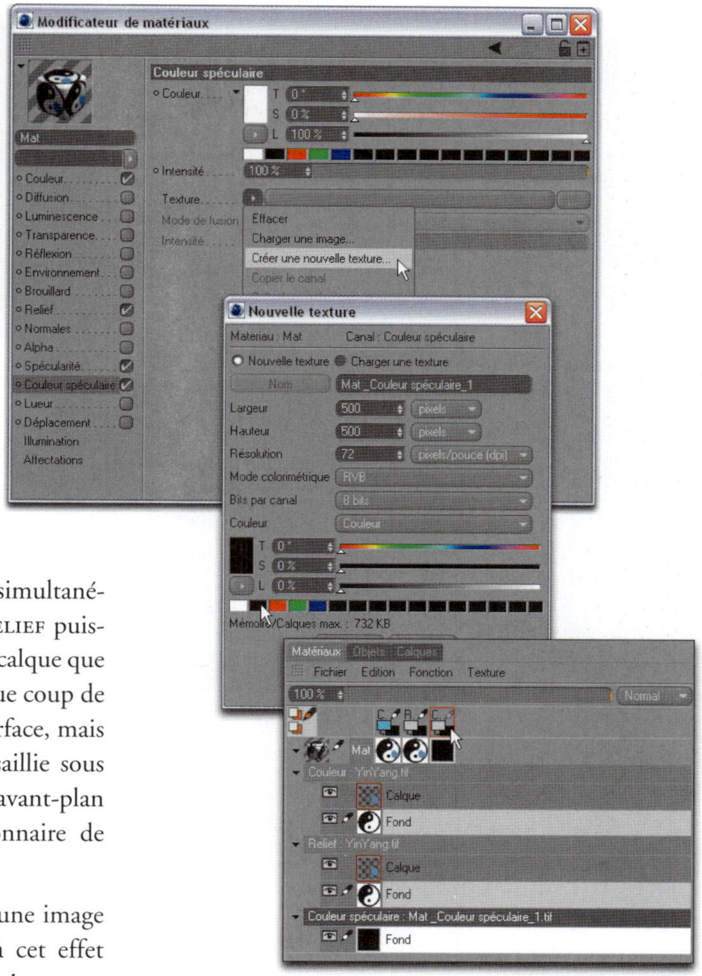


*Figure 2.50 : Création d'une texture.*

Comme déjà évoqué, nous allons peindre simultanément dans le canal COULEUR et le canal RELIEF puisqu'ils contiennent la même image, et sur un calque que nous aurons placé dans chaque canal. Chaque coup de pinceau ne colorie alors pas seulement la surface, mais provoque aussi un renfoncement ou une saillie sous l'effet du canal RELIEF, selon la couleur d'avant-plan sélectionnée pour ce canal dans le gestionnaire de matériaux.

Pour pouvoir peindre dans un autre canal, une image doit s'y trouver au préalable. Employez à cet effet l'option CRÉER UNE NOUVELLE TEXTURE du menu TEXTURE du canal (voir Figure 2.50). Testez-cela avec le canal COULEUR SPÉCULAIRE, par exemple. Activez-le dans le Modificateur de matériaux et sélectionnez cette option. Dans la fenêtre qui apparaît, vous devez spécifier, entre autres, la taille et la couleur de la texture. Cette couleur doit être choisie avec précaution selon le canal dans lequel elle est utilisée.

Pour le canal RELIEF, vous pourriez choisir un gris de 50 %, cette valeur représentant la frontière entre les zones blanches et noires. Comme vous le savez, les couleurs claires sont interprétées comme une élévation du relief et les couleurs sombres, comme un abaissement. Pour le canal COULEUR SPÉCULAIRE, il convient de choisir comme couleur le noir. L'objet perd ainsi en brillance et ne réagit que d'autant mieux aux valeurs de couleur peintes.

Après avoir cliqué sur OK dans cette boîte de dialogue, la nouvelle texture apparaît dans le gestionnaire de matériaux et peut être activée par un simple clic (voir Figure 2.50). Sélectionnez une pointe de pinceau

*Figure 2.51 : Peinture dans le canal Couleur spéculaire.*

quelconque et une couleur de peinture rouge, puis appliquez le pinceau aux arêtes du cube, comme dans la Figure 2.51.

Lorsque la lumière par défaut possède un angle approprié, des reflets apparaissent uniquement aux endroits peints. Ils sont en outre teintés avec la couleur que nous avons choisie. Si nécessaire, déplacez la position de la lumière *via* l'option Éclairage par défaut du menu Affichage de l'éditeur pour mettre en valeur les reflets.

Maintenant que vous savez appliquer des matériaux et peindre des textures, nous allons aborder le fonctionnement des coordonnées UV et les modes de projection.

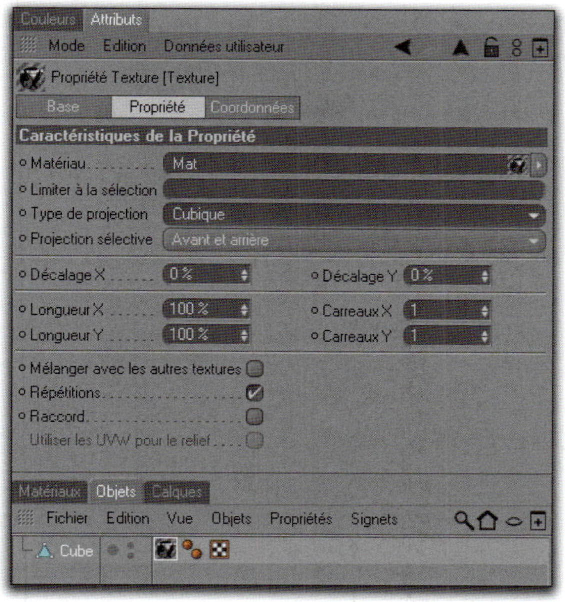


***Figure 2.52 :*** *La propriété Texture.*

## *Projection de matériaux*

Jusqu'à présent, vous n'avez pas eu à vous soucier de la projection des matériaux utilisés. Ils étaient simplement appliqués à un objet et s'y adaptaient automatiquement. C'est l'avantage des coordonnées UV que possèdent par défaut les primitives et les objets NURBS à base de splines. Toutefois, lorsqu'un matériau n'est pas appliqué comme nous le pensions ou lorsqu'il s'agit de manipuler des primitives ou des NURBS modifiés par nos soins, nous devons alors nous intéresser à cet aspect.

Il existe plusieurs approches permettant de projeter un matériau de façon sphérique ou cylindrique, par exemple, ou même à plat. Vous pouvez vous représenter cela comme une sorte de projecteur de diapos ou vidéo qui projetterait le matériau sur la surface de l'objet. L'inconvénient de ces projections est que le matériau peut se déformer là où la surface n'est pas perpendiculaire au sens de projection.

Pour les surfaces complexes qui impliquent une grande exactitude dans l'application de matériaux, ces projections standards servent uniquement à générer de nouvelles coordonnées UV que vous pouvez ensuite ajuster. Elles présentent néanmoins l'avantage de vous laisser définir très facilement leur position et leur taille. C'est notamment très utile pour placer précisément un autocollant ou un logo sur un objet. Passons en revue les différents types de projection disponibles.

### ➤ La propriété Texture

Après avoir appliqué un matériau à un objet, apparaît derrière ce dernier dans le gestionnaire d'objets une nouvelle propriété dont le symbole est une version miniature du matériau. Il s'agit d'une propriété TEXTURE qui sert à contrôler la projection (voir Figure 2.52).

Dans le gestionnaire d'attributs, vous avez sous le champ MATÉRIAU de l'onglet PROPRIÉTÉ un champ LIMITER À LA SÉLECTION. Faites-y glisser une propriété SÉLECTION DE POLYGONES depuis le gestionnaire d'objets pour restreindre le matériau à la sélection enregistrée. En dessous se trouve le menu TYPE DE PROJECTION qui offre le choix entre plusieurs sens de projection. Enfin, le menu PROJECTION SÉLECTIVE permet de spécifier si le matériau doit être projeté seulement à l'avant ou à l'arrière du polygone, ou des deux côtés à la fois.

En règle générale, dès que vous ne pouvez ou ne voulez pas utiliser de coordonnées UV, vous devez adapter la projection à la forme de l'objet. Pour un visage, vous utiliseriez par exemple une projection sphérique ou cylindrique, pour un boîtier d'ordinateur ou un frigidaire, une projection plutôt cubique, et pour un poster, une projection planaire. Il y en a d'autres, comme vous allez le voir.

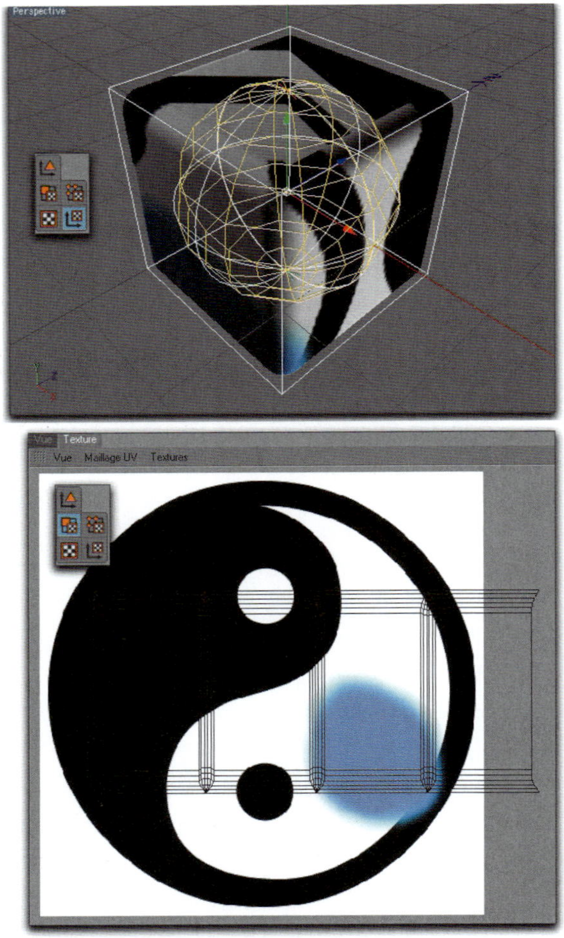


*Figure 2.53 : La projection sphérique.*

## ➤ Projection sphérique

Commencez par sélectionner le type de projection SPHÉRIQUE dans la propriété TEXTURE du matériau. Pour pouvoir observer cette projection dans l'espace 3D, activez le mode Axes de texture. L'icône correspondante est présentée en haut de la Figure 2.53. La sphère jaune qui apparaît représente la forme de la projection calculée pour le cube.

La forme de la sphère indique bien que ce type de projection pose problème au niveau des pôles, d'où une forte déformation du matériau à cet endroit. Pour savoir quelles parties du matériau sont appliquées à quelles parties du cube, passez dans le mode Texture de BodyPaint en cliquant sur l'onglet correspondant dans l'éditeur, à côté de l'onglet VUE.

Vous obtenez un aperçu agrandi du bitmap ou du calque actif. Pour ajouter à cela une représentation des polygones UV du cube, activez le mode Polygones UV ou Points UV. L'icône du premier apparaît sélectionnée en bas de la Figure 2.53. Les quatre faces latérales du cube et les arrondis intermédiaires sont bien visibles, contrairement aux faces supérieure et inférieure. Cela est dû à la forme de la sphère au niveau des pôles et explique pourquoi le symbole yin-yang y est si déformé.

La projection sphérique convient surtout pour les matériaux qui ne possèdent pas de structure très apparente. Lorsque des images sont utilisées dans de tels matériaux, elles doivent être adaptées au type de projection et disposer par exemple de coordonnées polaires. Les photos de paysages ou d'intérieurs à 360° entrent dans cette catégorie.

*Figure 2.54 : Manipulation de la projection.*

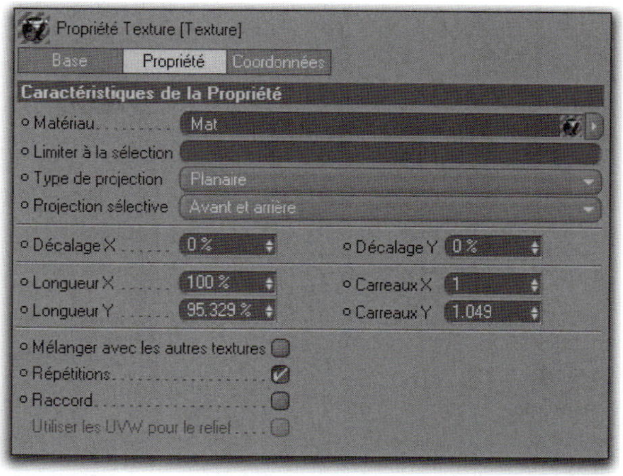


*Figure 2.55 : La projection planaire.*

Sachez que vous n'êtes aucunement forcé d'accepter la projection telle qu'elle se présente, et pouvez la déplacer, la dimensionner et la faire pivoter à souhait. Il faut pour cela basculer dans le mode Axes de texture et activer l'outil voulu. La sphère de projection jaune se laisse alors déplacer comme un objet à part entière, indépendamment du cube. Dans la Figure 2.54, vous pouvez voir que je l'ai faite pivoter. Le matériau appliqué au cube suit automatiquement cette rotation, laquelle est parfaitement observable dans la fenêtre TEXTURE en mode Polygones UV, comme illustré au bas de la figure.

## ➤ Projection planaire

La projection planaire (voir Figure 2.55) fonctionne comme un projecteur de diapos, c'est pourquoi le sens de la projection est ici encore plus important que pour les autres méthodes. L'intérêt est clairement qu'elle offre une très grande exactitude lorsqu'il s'agit d'appliquer des matériaux à des surfaces planes.

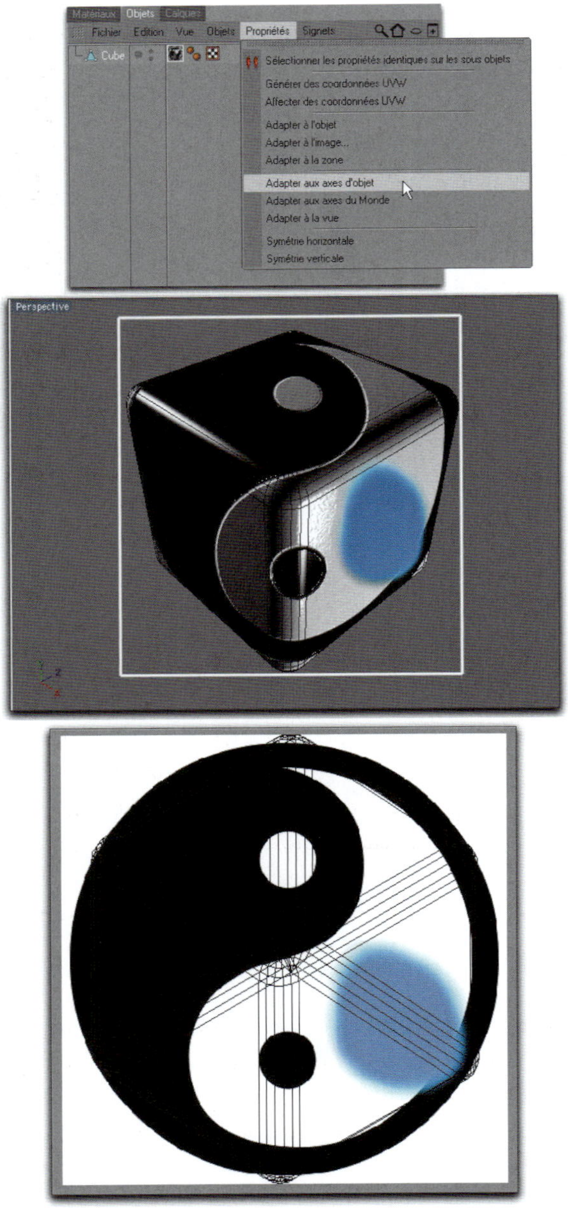


***Figure 2.56 :*** *Orientation de la projection.*

Un matériau ne doit pas forcément recouvrir l'objet tout entier. Il est donc possible de ne texturer que certaines parties, pour y représenter par exemple une étiquette ou un logo. Outre la manipulation manuelle de projections, le menu Propriétés du gestionnaire d'objets inclut des options supplémentaires utiles, permettant par exemple d'adapter le système d'axes de la projection à l'objet (voir Figure 2.56, en haut). Une autre option sert à dimensionner la projection de manière qu'elle couvre complètement l'objet.

L'option qui nous intéresse plus particulièrement ici est Adapter à la zone. Après l'avoir activée, vous pouvez tracer un cadre dans la vue en perspective de l'éditeur. Le matériau est alors adapté à la taille de ce cadre et positionné parallèlement à la caméra. Un résultat possible est illustré Figure 2.56. Cela vous évite d'avoir à déplacer, dimensionner ou faire pivoter manuellement la projection.

Il vous faut simplement trouver le bon angle de caméra, puis tracer un cadre autour de la zone où le matériau doit apparaître. La représentation UV des faces du cube dans la fenêtre Texture de l'éditeur montre que le symbole yin-yang tient parfaitement dans cette zone.

Sachez néanmoins que ce type projection entraîne une déformation extrême du matériau aux endroits qui sont perpendiculaires au plan de projection. Dans la vue en perspective, le matériau semble parfaitement adapté. Il suffit toutefois de tourner un peu autour pour s'apercevoir du problème.

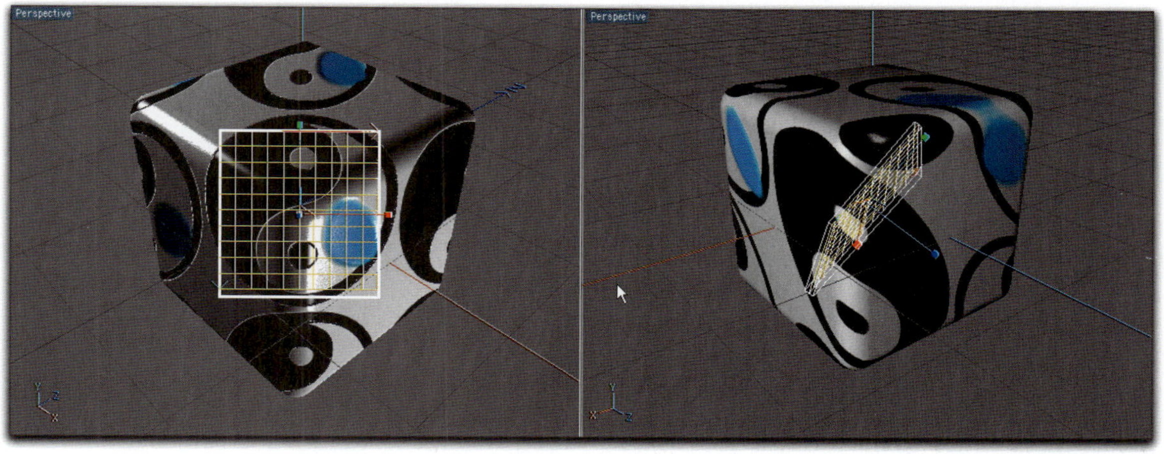


*Figure 2.57 : Répétition du matériau.*

#### Répétition du matériau

Dans certains cas, cet effet indésirable peut être atténué en reproduisant le matériau sur toute la surface, comme des carreaux. L'option Répétitions est activée par défaut dans la propriété Texture, garantissant que l'objet sera entièrement recouvert même si la projection n'est pas adaptée à sa taille. Vous pouvez tester cette fonction en réduisant progressivement la taille de la projection planaire avec l'outil de dimensionnement dans le mode Axes de texture (voir Figure 2.57).

Apparaissent alors de nouvelles copies du matériau, ce qui est très utile pour représenter des motifs. Prenez par exemple une carte perforée. Vous n'avez pas besoin de créer d'emblée une image avec le nombre de trous requis. Il suffit d'une image carrée avec un seul trou que vous appliquez de manière répétée.

Dans ce contexte, l'option Raccord de la propriété Texture peut se révéler utile en ce qu'elle active la mise en miroir des copies du matériau. Cela convient notamment pour les images ou structures qui rendent mal lorsque répétées. Les raisons possibles sont que leurs bords gauche et droit ne peuvent être proprement raccordés ou que leur bordure est très apparente. Cette option met en miroir un carreau sur deux et raccorde par conséquent toujours des bords qui vont ensemble.

Vous pouvez aussi spécifier le nombre exact de carreaux dans chaque direction à l'aide des paramètres Carreaux X et Carreaux Y, et utiliser le paramètre Décalage pour décaler si vous le souhaitez le premier carreau.

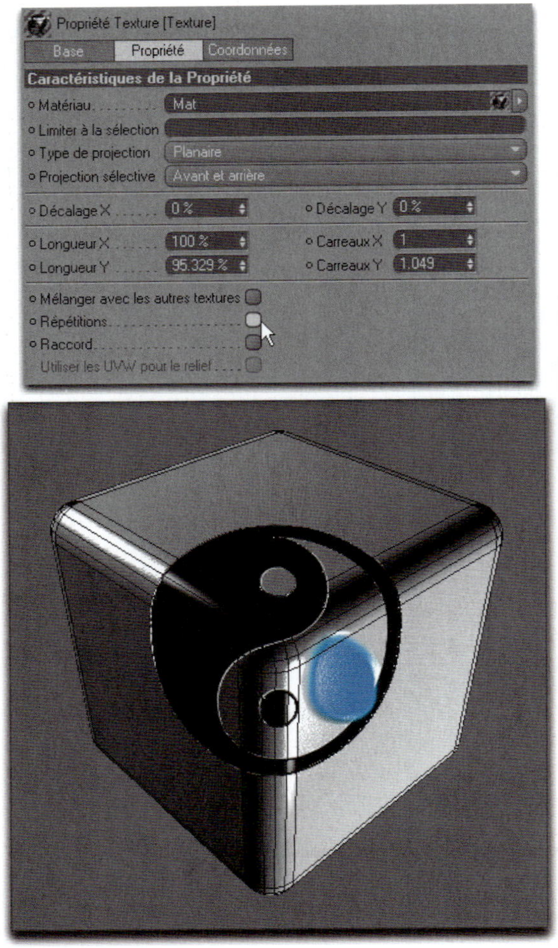


*Figure 2.58 : Désactivation des répétitions.*

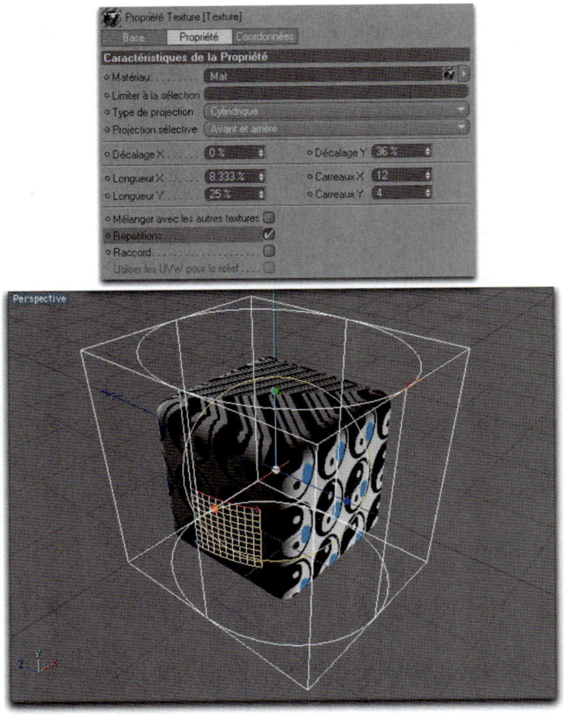


*Figure 2.59 : La projection cylindrique.*

Cette fonction peut être désactivée en décochant l'option RÉPÉTITIONS. Elle est par exemple inutile pour un logo puisque celui-ci ne doit généralement apparaître qu'une seule fois à un endroit précis de l'objet. Le matériau est alors visible seulement à l'emplacement couvert directement par la projection (voir Figure 2.58).

## ➤ Projection cylindrique

Comme son nom l'indique, cette projection applique le matériau sous forme de cylindre. Elle convient idéalement pour le texturage de canettes, de bouteilles ou même de bras par exemple. Au besoin, utilisez l'option ADAPTER AUX AXES D'OBJET du menu PROPRIÉTÉS du gestionnaire d'objets pour ajuster la projection aux axes de l'objet. À l'instar de la projection sphérique, celle-ci pose problème au niveau des faces supérieure et inférieure du cylindre, déformant considérablement la texture.

Comme le montre la Figure 2.59, l'option RÉPÉTITIONS est ici aussi active. Pour toutes les projections en forme de cercle ou d'anneau, il faut néanmoins veiller à n'utiliser que des valeurs entières pour les

*Figure 2.60 :* *La projection cubique.*

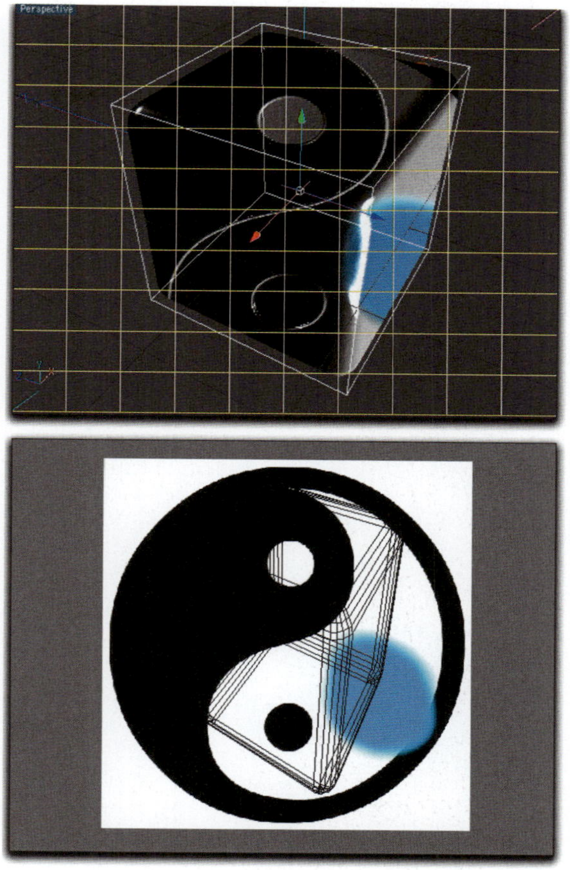


*Figure 2.61 :* *La projection frontale.*

paramètres Carreaux. Cela vous évitera d'obtenir seulement des bouts de carreau à la jonction du début et de la fin de la projection.

## ➤ Projection cubique

Avec ce type de projection, une copie du matériau est appliquée à chacune des six faces du cube. Vous pouvez voir dans la Figure 2.60 que le résultat est identique à celui de la projection UVW. La fenêtre Texture n'affiche qu'une seule face arrondie du cube, les autres étant couvertes de la même manière.

## ➤ Projection frontale

À première vue, la projection frontale ressemble à la projection planaire, mais la grande différence est qu'il n'existe ici aucun lien entre le matériau et l'objet. La position du matériau dépend entièrement de l'angle de la caméra par rapport à l'objet (voir Figure 2.61), celle-ci faisant office de projecteur.

Le type de projection Caméra opère de façon analogue, sauf qu'un objet Caméra distinct peut être utilisé pour projeter la texture sur l'objet. Il est par exemple possible de définir plusieurs objets Caméra, certains

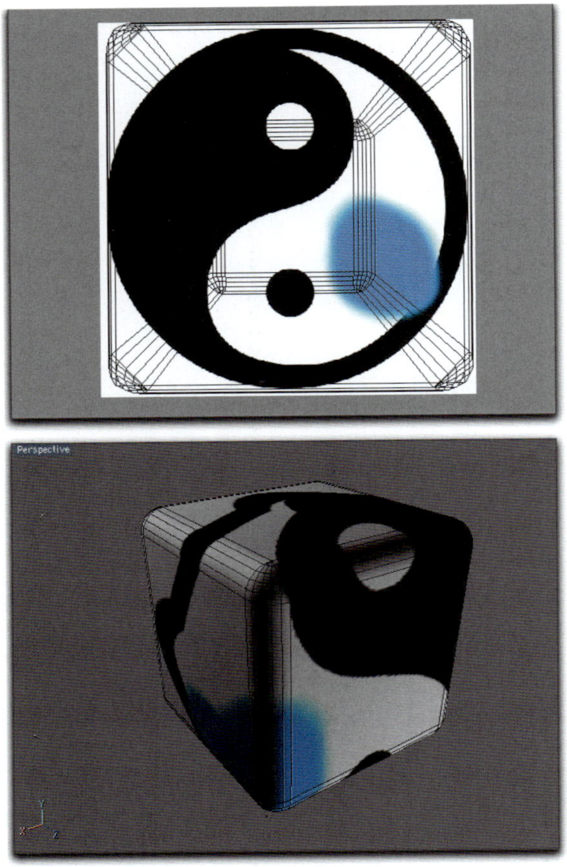


**Figure 2.62 :** *La projection polaire.*

servant à la projection de textures et d'autres, au calcul de l'image. L'avantage est que les caméras prises en compte pour le calcul de l'image peuvent être manipulées librement sans provoquer le déplacement des textures.

### ➤ Projection polaire

Avec ce type de projection, le matériau est appliqué à l'objet comme une peau élastique (voir Figure 2.62), ce qui peut conduire à des déformations extrêmes et produire des résultats très inattendus. Cette projection est rarement utilisée car on part généralement du principe que les matériaux doivent être déformés le moins possible lors de leur application.

Nous allons décrire maintenant comment appliquer manuellement des matériaux à des objets, ce qui implique de manipuler les coordonnées UV de ces derniers et d'utiliser des propriétés SÉLECTION DE POLYGONES.

## Manipulation de coordonnées UV

Comme il a été dit à plusieurs reprises, toutes les primitives et tous les objets NURBS à base de splines possèdent par défaut des coordonnées UV même si celles-ci ne sont pas d'emblée visibles sous la forme d'une propriété UVW dans le gestionnaire d'objets. L'avantage est que les matériaux appliqués s'adaptent alors automatiquement à la surface.

De nombreuses situations demandent toutefois d'ajuster plus précisément la projection à la forme de l'objet. Une option est de recourir aux types de projection standards, telles que la projection sphérique, cubique ou planaire, comme nous venons de le voir. Une autre approche consiste à adapter les coordonnées UV existantes.

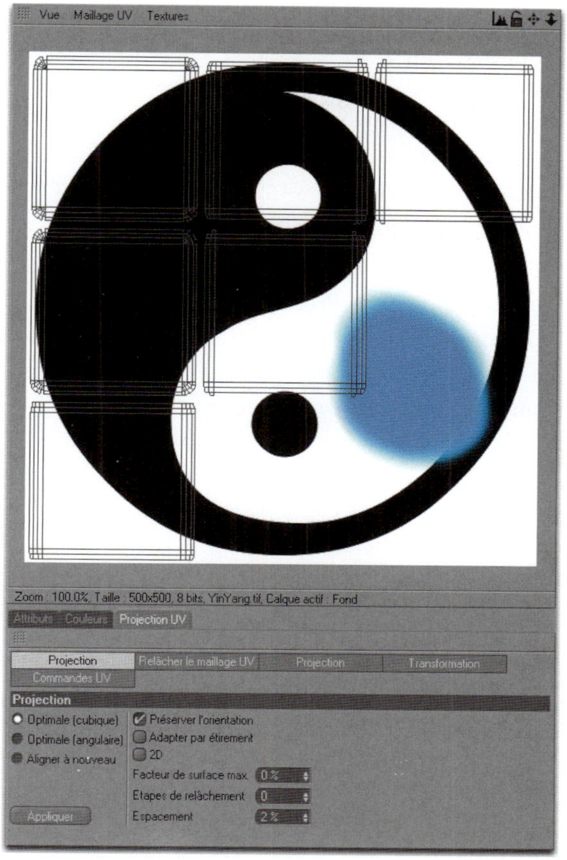


**Figure 2.63 :** *Traitement automatique des coordonnées UV.*

Tant que les propriétés paramétriques de la primitive ou du NURBS sont actives, nous ne pouvons pas manipuler ses coordonnées UV. Convertissez par conséquent le cube et passez dans le mode BP UV EDIT. Dans ce mode, l'interface est agencée de manière à faciliter l'utilisation des outils de manipulation de coordonnées UV.

Comme vous avez pu le voir précédemment, la projection cubique applique une copie du matériau à chacune des six faces du cube. Pour faire varier quelque peu cette projection, nous allons ici appliquer un second matériau aux bords arrondis latéraux seulement. Cet exemple simple vous permettra de vous familiariser avec la manipulation de coordonnées UV.

Exécutez pour commencer la fonction OPTIMALE (CUBIQUE) dans la première rubrique PROJECTION de l'onglet PROJECTION UV (voir Figure 2.63). Le cube est traité et vous obtenez ses six faces dans des groupes de coordonnées UV séparés. Vous pouvez aussi tester la fonction OPTIMALE (ANGULAIRE). Celle-ci analyse les normales des polygones voisins et génère des groupes de coordonnées UV cohérents dès lors que les angles ne divergent pas trop. Pour notre exemple, la différence entre ces deux fonctions est minime. Seul l'arrangement des polygones UV dans la fenêtre de texture varie un peu.

Ces deux fonctions, quelle que soit celle que vous choisissez, présentent l'intérêt d'offrir une représentation distincte de chaque polygone UV. Vous pouvez maintenant utiliser n'importe quelle méthode de sélection dans la fenêtre de texture pour déplacer, dimensionner ou faire pivoter les polygones UV de manière à les positionner comme vous le souhaitez par rapport à l'image sous-jacente.

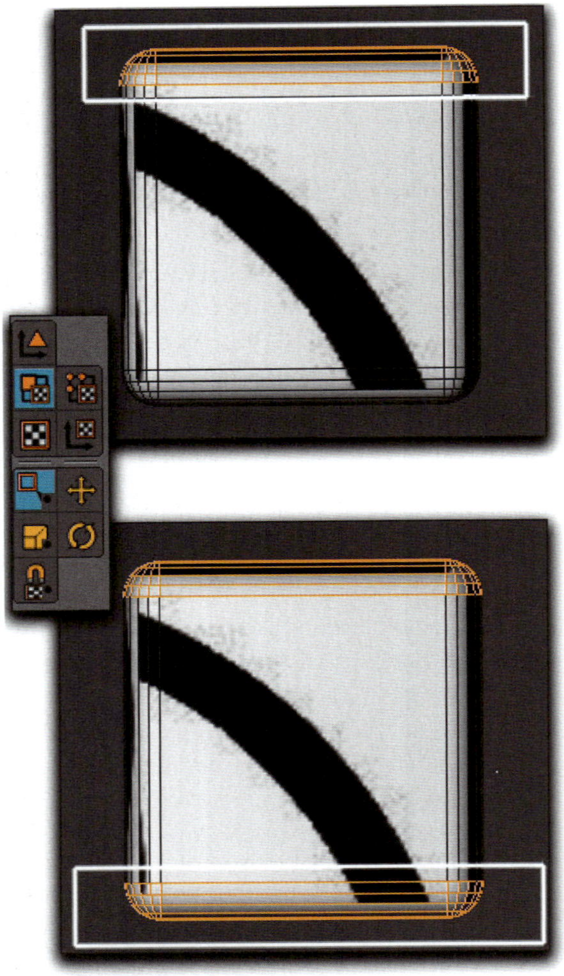

*Figure 2.64 : Sélection de polygones UV.*

Pour vous épargner une partie du travail de sélection manuelle, vous pouvez indiquer à BodyPaint 3D les coordonnées UV concernées en les sélectionnant directement dans l'éditeur (voir Figure 2.64). Pour cela, activez si nécessaire le mode Polygones UV et, par exemple, le rectangle de sélection. Les deux icônes correspondantes sont indiquées dans la figure.

Dans le gestionnaire d'attributs, désactivez l'option TOLÉRANCE pour ne sélectionner que les polygones UV entièrement contenus dans la sélection. Tracez d'abord un cadre autour des polygones UV de la face supérieure du cube puis, en maintenant la touche Maj enfoncée, faites de même pour la face inférieure. Ne perdez pas de vue que vous travaillez ici avec des polygones UV et non avec les polygones normaux qui forment la surface du modèle.

L'étape suivante consiste à arranger les polygones UV sélectionnés pour les adapter comme nous l'entendons à l'image d'arrière-plan dans la fenêtre de texture, chaque face devant normalement contenir une copie entière du matériau. Pour l'heure, cette fenêtre donne à voir chaque polygone UV individuel, mais ceux qui nous intéressent sont répartis sur l'ensemble de l'image sans connexion (voir Figure 2.65). Pour remédier à cela, une solution est d'utiliser un autre type de projection pour les faces sélectionnées.

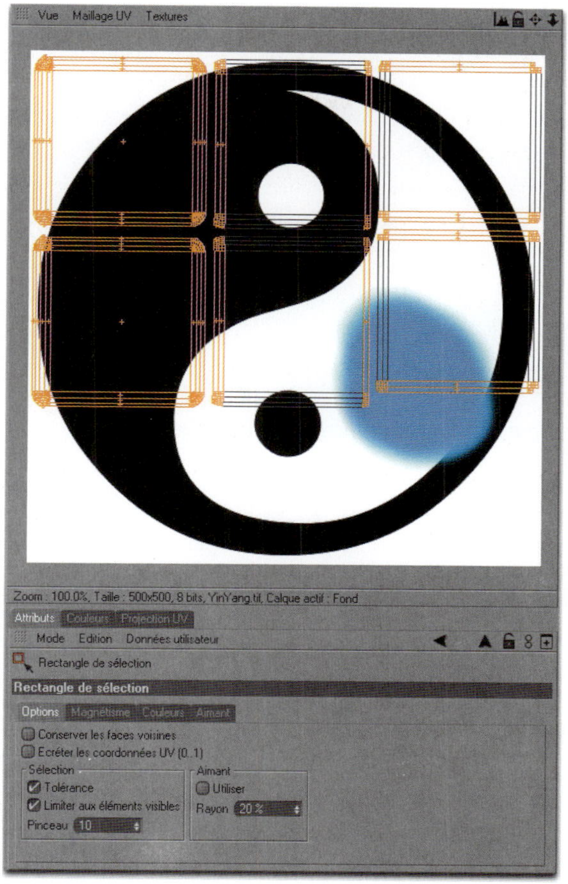


*Figure 2.65 : Les polygones sélectionnés dans la fenêtre de texture.*

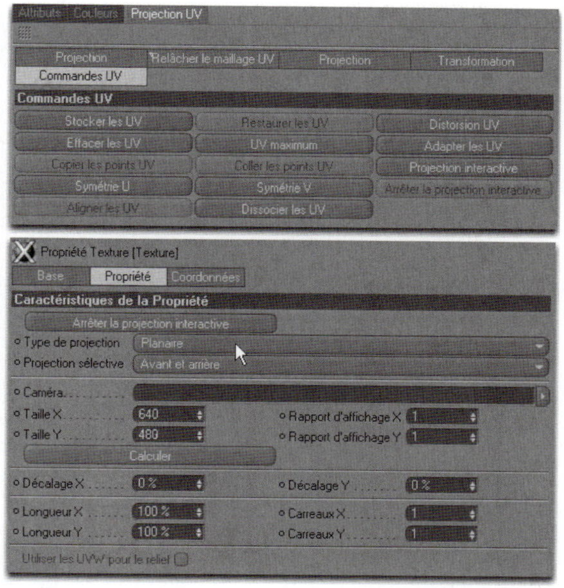


*Figure 2.66 : Projection interactive.*

## ➤ Projection interactive

N'importe quelle projection standard peut heureusement être convertie en coordonnées UV. Il est ainsi possible d'utiliser, par exemple, une projection cylindrique pour une partie d'un objet et une projection planaire pour une autre partie. Vous invoquez cette fonction en cliquant sur le bouton PROJECTION INTERACTIVE dans la rubrique COMMANDES UV de l'onglet PROJECTION UV (voir Figure 2.66).

Une propriété TEXTURE un peu différente de celle classique apparaît dans le gestionnaire d'attributs. Choisissez ici la projection PLANAIRE car elle permet d'appliquer très simplement le symbole yin-yang à la face supérieure du cube. Étant donné que sa face inférieure est parallèle au sommet, elle est également prise en compte dans la projection.

Figure 2.67 : Adaptation de la projection planaire.

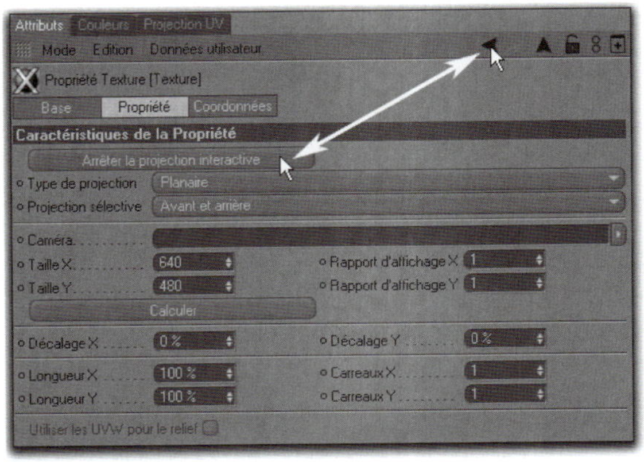


Figure 2.68 : Fin de la projection interactive.

Pour s'assurer que la projection planaire est parallèle aux polygones sélectionnés, passez dans le mode Axes de texture. Vous obtenez comme à l'accoutumée une représentation en jaune du plan de projection dans l'éditeur (voir Figure 2.67). Utilisez l'outil de rotation pour positionner ce plan sur l'axe X, c'est-à-dire parallèlement au sommet et au fond du cube.

Un coup d'œil dans la fenêtre de texture confirme que le matériau couvre à présent parfaitement les faces sélectionnées. L'éditeur offre aussi un aperçu du résultat. Vous pouvez maintenant mettre fin à la projection interactive. Pour cela, vous devez auparavant rétablir l'affichage de la propriété Texture en cliquant sur la flèche vers la gauche dans la barre de menus du gestionnaire d'attributs car celui-ci affiche encore les propriétés de l'outil de rotation. Cliquez ensuite sur le bouton Arrêter la projection interactive (voir Figure 2.68).

Tandis que le résultat est parfait sur les faces supérieure et inférieure, la projection sur leurs bords arrondis n'est pas totalement satisfaisante car le matériau y est déformé. Il s'agit d'un problème typique de la projection planaire, auquel nous allons remédier.

**Figure 2.69 :** *Mise à plat des polygones UV.*

## ➤ Représentation à plat de polygones UV

Pour déplier les polygones UV et les représenter bien à plat sur le plan de projection, BodyPaint 3D dispose d'une fonction Relâcher le maillage UV dans l'onglet Projection UV (voir Figure 2.69). Vous pouvez vous imaginer cette fonction comme si elle utilisait des ressorts pour étirer le maillage et éviter ainsi que des polygones ne se chevauchent.

Il importe de définir ici les points auxquels fixer ces ressorts invisibles. Pour notre exemple, cochez l'option Fixer aux points des bords. Lorsque vous cliquez sur le bouton Appliquer, vous pouvez voir que les points extérieurs des polygones sélectionnés ne bougent pas, mais tous les autres polygones sont réarrangés de manière équilibrée sous la force des ressorts. Le rapport de taille des polygones UV correspond idéalement à celui des véritables polygones de l'objet. Le résultat est présenté à la Figure 2.69.

Nous allons maintenant nous occuper des polygones UV des faces latérales. Chacune doit également se voir assigner une copie du matériau, à l'exception de leurs bords communs. Nous emploierons là encore la projection interactive qui est très pratique. Auparavant, voyons comment améliorer la visibilité dans la fenêtre de texture et dans l'éditeur.

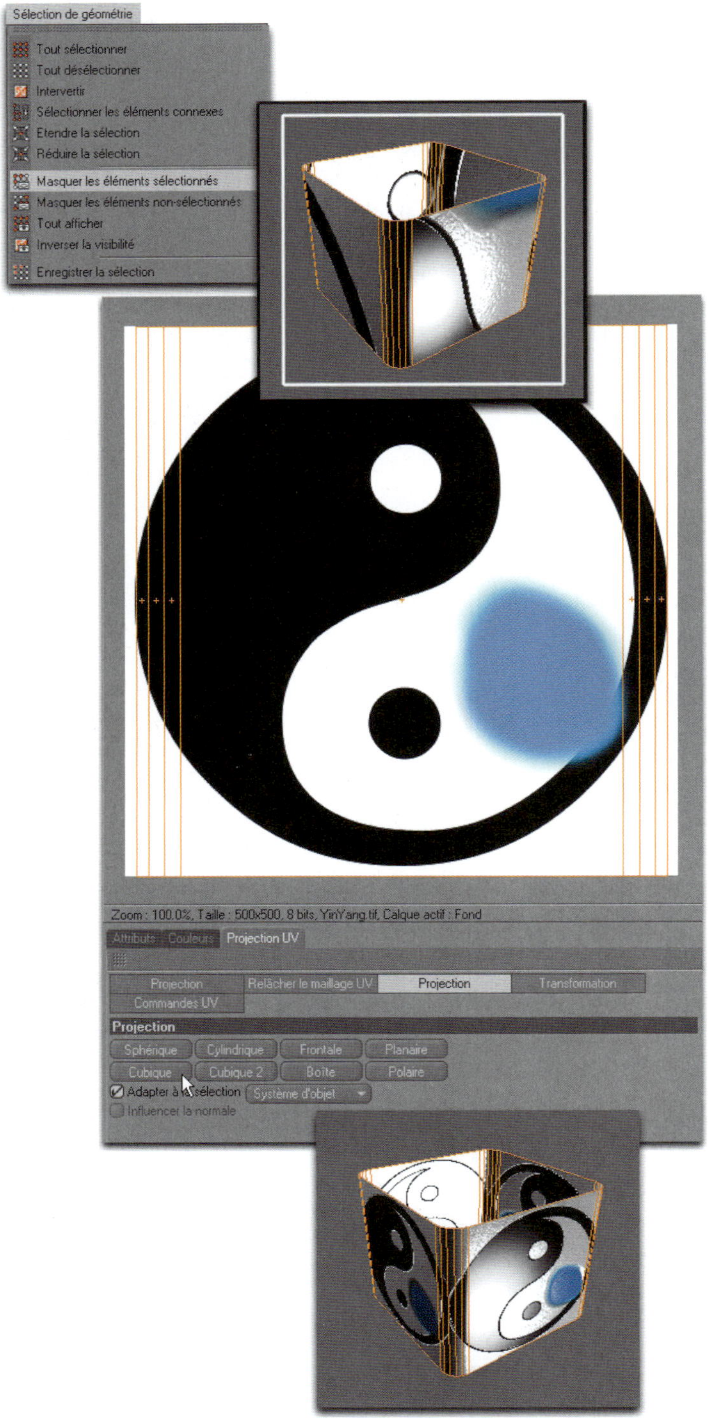


*Figure 2.70 :*
Manipulation de sélections.

## ➤ Manipulation de sélections de polygones

Lorsque vous travaillez avec des sélections, la frontière entre les vrais polygones et les polygones UV devient parfois floue. Vous pouvez dans ce cas utiliser le menu SÉLECTION DE GÉOMÉTRIE de BodyPaint pour, par exemple, inverser une sélection de polygones UV ou enregistrer une sélection de polygones normaux.

Avec les faces supérieure et inférieure du cube encore sélectionnées, invoquez la commande MASQUER LES ÉLÉMENTS SÉLECTIONNÉS de ce menu. Les polygones disparaissent alors de l'affichage dans l'éditeur et dans la fenêtre de texture (voir Figure 2.70).

Intervertissez ensuite la sélection de polygones UV au moyen de la commande INTERVERTIR du même menu, puis cliquez sur le bouton CUBIQUE dans la (seconde) rubrique PROJECTION de l'onglet PROJECTION UV. Cette rubrique contient d'autres boutons pour tous les autres types de projection standards. Il suffit de cliquer sur l'un d'eux pour activer la projection correspondante.

Le principe ressemble ici à celui de la projection interactive, sauf que vous avez moins de contrôle sur l'orientation, la position et la taille de la projection. Vous avez seulement le choix entre le système Monde et le système local ou encore l'évaluation des normales de la surface. Dans notre exemple, cela ne présente pas d'inconvénient puisque les faces latérales du cube sont parfaitement perpendiculaires à l'axe de l'objet et à l'axe du Monde. Nous obtenons donc le résultat voulu, à savoir qu'une copie du matériau est appliquée à chaque côté du cube (voir Figure 2.70).

Mais les bords arrondis sont pour le moment encore pris en compte, aussi le motif est-il légèrement déformé. Pour remédier à cela, nous devons adapter la taille des côtés à celle du matériau. Étant donné que ces bords vont de toute façon se voir appliquer un autre matériau, leur position dans la fenêtre de texture importe peu.

Activez le pointeur de sélection et sélectionnez les quatre faces en veillant à exclure les bords arrondis.

***Figure 2.71 :*** *Adaptation des côtés du cube au matériau.*

Pour éviter toute erreur, cochez l'option LIMITER AUX ÉLÉMENTS VISIBLES dans les propriétés de l'outil. Dans la rubrique COMMANDES UV de l'onglet PROJECTION UV, cliquez sur le bouton UV MAXIMUM. Cette commande a pour effet de dimensionner automatiquement tous les polygones UV sélectionnés de sorte que leur taille corresponde exactement à celle du matériau (voir Figure 2.71).

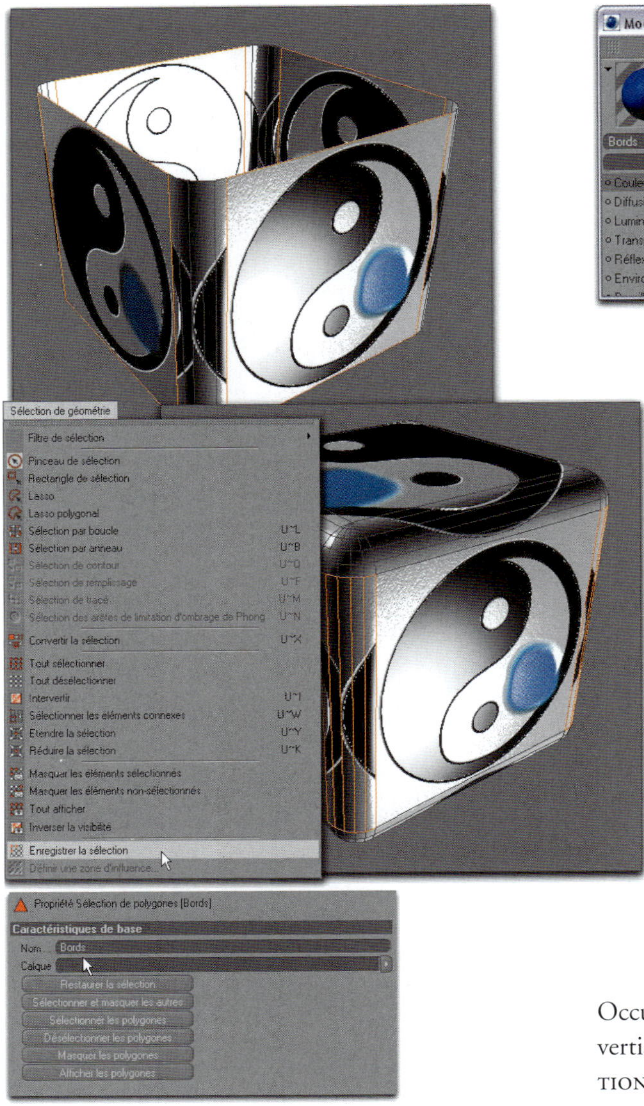


*Figure 2.72 : Enregistrement d'une sélection de polygones.*

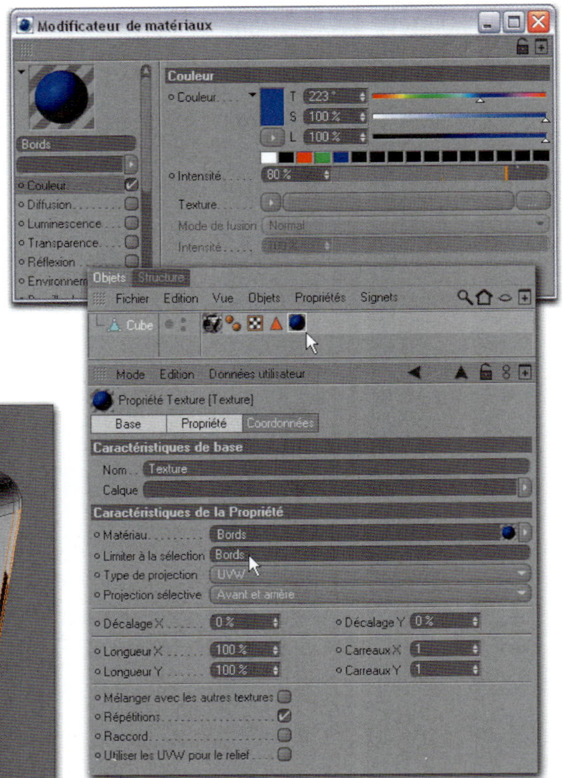


*Figure 2.73 : Limitation d'un matériau à une sélection.*

Occupons-nous pour finir des bords arrondis. Intervertissez la sélection active par le biais du menu SÉLECTION DE GÉOMÉTRIE pour qu'elle ne contienne plus que ces bords. Exécutez ensuite la commande ENREGISTRER LA SÉLECTION du même menu pour obtenir une nouvelle propriété SÉLECTION DE POLYGONES.

Lorsque vous cliquez sur cette propriété dans le gestionnaire d'objets, vous pouvez lui donner un nom plus parlant dans le gestionnaire d'attributs. Comme le montre la Figure 2.72, j'ai nommé cette sélection

Bords et ai également réactivé la visibilité de tous les polygones en choisissant l'option TOUT AFFICHER du menu SÉLECTION DE GÉOMÉTRIE.

Reste encore à créer un matériau pour cette sélection de polygones et à l'y appliquer. Utilisez la commande NOUVEAU MATÉRIAU du menu FICHIER du gestionnaire de matériaux, puis paramétrez le nouveau matériau comme vous le souhaitez. Il suffit ici de lui donner une couleur vive.

Faites ensuite glisser le matériau sur l'objet dans le gestionnaire d'objets. Apparaît alors une nouvelle propriété TEXTURE à droite de celle existante. Son champ LIMITER À LA SÉLECTION nous intéresse plus particulièrement ici (voir Figure 2.73). Faites-y glisser depuis le gestionnaire d'objets la propriété SÉLECTION DE POLYGONES nouvellement créée ou bien saisissez directement le nom de cette sélection. De cette façon, le matériau est appliqué uniquement aux éléments inclus dans cette dernière.

Sachez aussi que l'ordre des propriétés TEXTURE derrière l'objet est déterminant puisque celles situées à droite ont priorité sur les précédentes, autrement dit elles les recouvrent. Une exception toutefois est lorsque le matériau est limité à une sélection, comme ici, ou lorsqu'il utilise un canal alpha. Certaines parties des matériaux sous-jacents restent alors visibles sur la surface de l'objet. L'ordre des propriétés dans le gestionnaire d'objets peut être modifié par simple glisser-déposer.

Vous devriez maintenant pouvoir observer dans l'éditeur l'effet de ce matériau sur les bords arrondis uniquement (voir Figure 2.74, en haut). En supposant que vous vouliez y appliquer des images, vous pourriez adapter les coordonnées UV des bords au nouveau matériau pour éviter des déformations. La position des polygones UV est en revanche sans importance lorsque le matériau est simplement coloré ou possède des propriétés de réflexion ou de transparence.

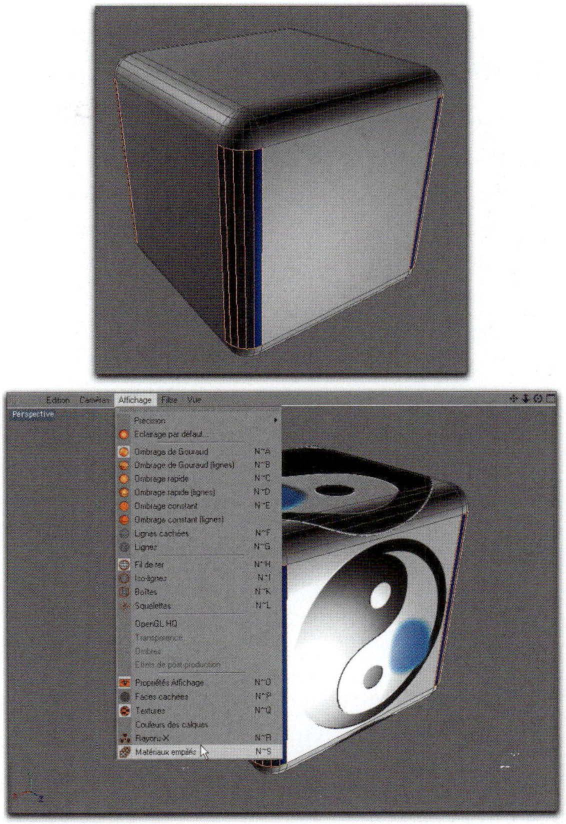


*Figure 2.74 : Adaptation de la vue de l'éditeur.*

Comme plusieurs matériaux sont appliqués à l'objet, il faut l'indiquer à l'éditeur en activant l'option MATÉRIAUX EMPILÉS de son menu AFFICHAGE. Sinon, ne sont prises en compte que les caractéristiques de la propriété TEXTURE active. Le cube finalisé est présenté en bas de la Figure 2.74.

Nous en avons à présent terminé avec le thème de la peinture sur objet, de la projection de matériaux, et des coordonnées UV et allons nous intéresser de plus près aux shaders les plus importants dans CINEMA 4D.

# Définition de surfaces au moyen de shaders

Nous avons déjà brièvement évoqué l'existence de textures procédurales, par opposition aux textures bitmap, appelées shaders – *Ndt : Le terme « shader » a été localisé par « matière » dans CINEMA 4D, un choix qui s'avère réducteur à l'usage.* Dans le domaine de la 3D, les shaders sont des algorithmes, ou programmes, qui décrivent lors du rendu, nombre de caractéristiques de la surface des objets. On trouve de simples générateurs de motifs comme des shaders plus complexes capables de simuler les effets les plus divers, tels que la translucidité de matériaux, la réflexion ou la réfraction de surfaces.

En raison du grand nombre de shaders existants et de la profusion d'options et de paramètres qui leur sont associés, nous nous limiterons ici aux plus importants. Nous apprendrons à les utiliser et les combiner en concevant des matériaux.

Mémorisez et fermez tout autre projet ouvert, et basculez à nouveau dans l'interface standard, ou l'interface de départ de votre choix, nous partirons d'une scène vide.

## *Texturage d'un CD*

Dans notre premier travail, nous appliquerons des matériaux à un CD après l'avoir modélisé. Nous commencerons donc par créer un disque. Ce sera vite fait avec la primitive Disque qui possède déjà toutes les propriétés de la forme voulue (voir Figure 2.75).

Veillez à ce que le disque soit placé sur le plan XZ. Notre exemple utilisera les dimensions d'un vrai CD avec un Rayon externe de 60 et un Rayon interne de 7.5. Pour permettre un gros plan du disque, j'assigne la valeur 144 à l'option Segments de rotation, et pour l'application ultérieure des matériaux, je prévois 4 Segments de disque.

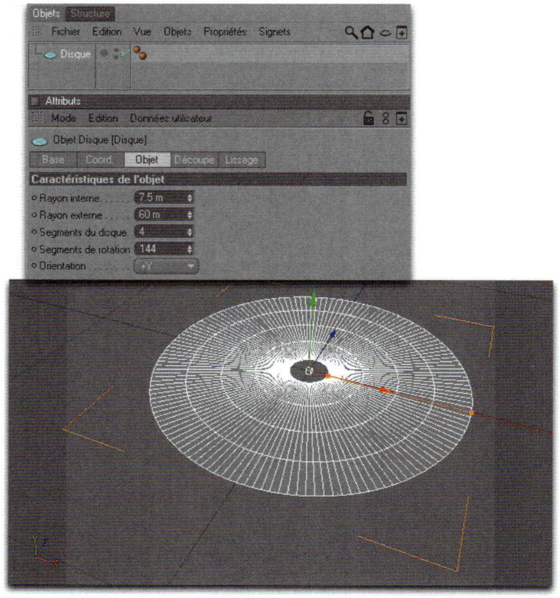


*Figure 2.75 : La primitive Disque.*

### ➤ Modélisation du CD

Vous savez déjà que les matériaux peuvent être utilisés aisément sur des sélections de polygones enregistrées. La portion centrale de notre CD sera transparente. Elle est entourée d'un petit anneau doté de propriétés parfaites de réflexion. Vient ensuite la section d'enregistrement des données avec des caractéristiques différentes. Selon la quantité d'informations enregistrées, elle présente un nombre variable de lignes et une luminosité différente. La section sur le pourtour est plutôt réfléchissante également.

Nous allons former et délimiter ces différentes zones. Il faut d'abord transformer l'objet paramétrique en objet polygonal. Pour sélectionner les boucles d'arêtes et les placer au bon endroit, nous utilisons l'outil Sélection par boucle dans le mode Arêtes.

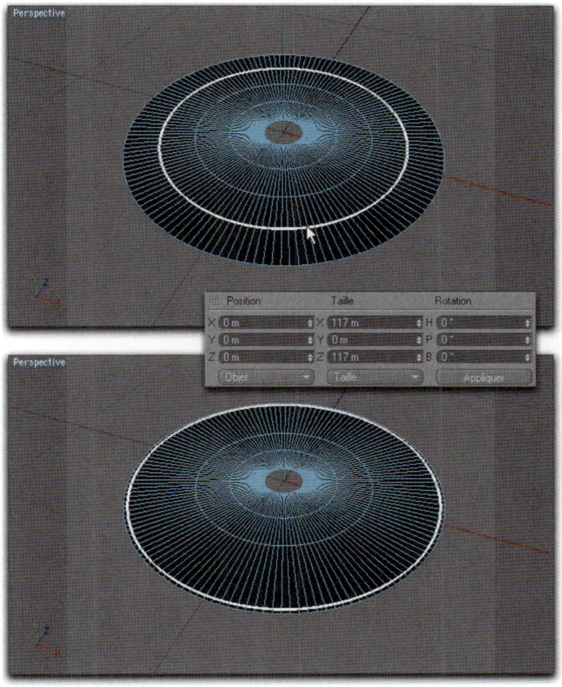


*Figure 2.76 : Dimensionnement de la boucle d'arêtes.*

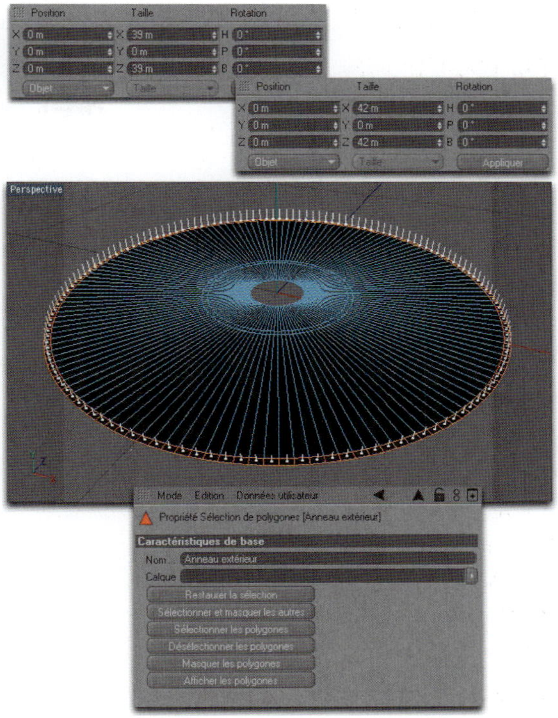


*Figure 2.77 : Dimensionnement des boucles d'arêtes et enregistrement d'une sélection.*

Nous commençons par la deuxième boucle à partir de l'extérieur, visible en blanc dans la partie supérieure de la Figure 2.76. Dans le gestionnaire de coordonnées, saisissez comme taille 117 à la fois pour X et Z, et cliquez sur Appliquer. La boucle d'arêtes court ainsi exactement à une distance de 1.5 parallèlement au bord du disque.

Procédez de même avec les deux boucles d'arêtes suivantes en saisissant une taille X et Z de 42 pour l'une, et de 39 pour l'autre (voir Figure 2.77).

Nous pouvons mémoriser les sélections en vue des opérations de texturage. Passez dans le mode Polygones et sélectionnez l'anneau qui forme le pourtour avec l'outil Sélection par anneau. Dans le menu Sélection, choisissez Enregistrer la sélection pour sauvegarder la sélection en tant que propriété Sélection de polygones. Donnez à cette propriété un nom significatif, par exemple, Anneau extérieur. Cette étape est également visible dans la Figure 2.77.

Réitérez la procédure, cette fois avec le petit anneau proche du centre, sans toutefois enregistrer immédiatement la sélection. La première propriété de sélection étant encore probablement active, entourée par un cadre blanc dans le gestionnaire d'objets, la nouvelle sélection écraserait ses données. Cliquez d'abord sur n'importe quelle autre propriété, par exemple UVW, avant d'enregistrer la sélection (voir Figure 2.78). J'ai nommé cette sélection Anneau intérieur.

Exécutez encore une fois cette procédure pour la sélection de l'anneau le plus au centre et enregistrez-la aussi

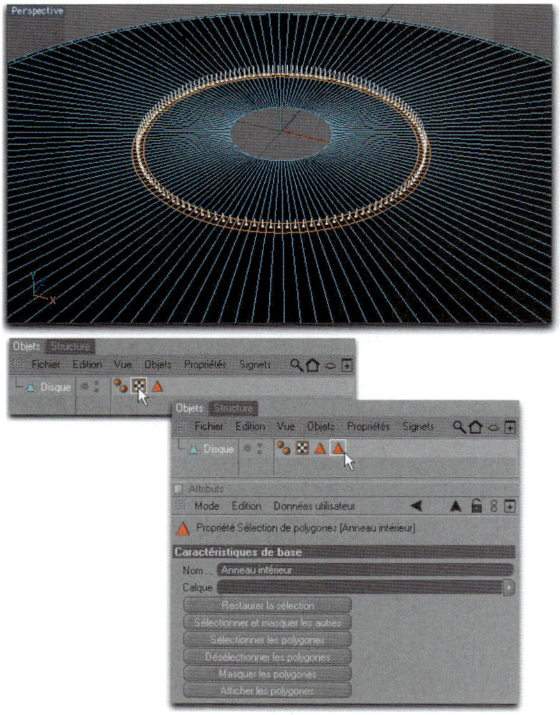


*Figure 2.78 : Enregistrement de la seconde sélection.*

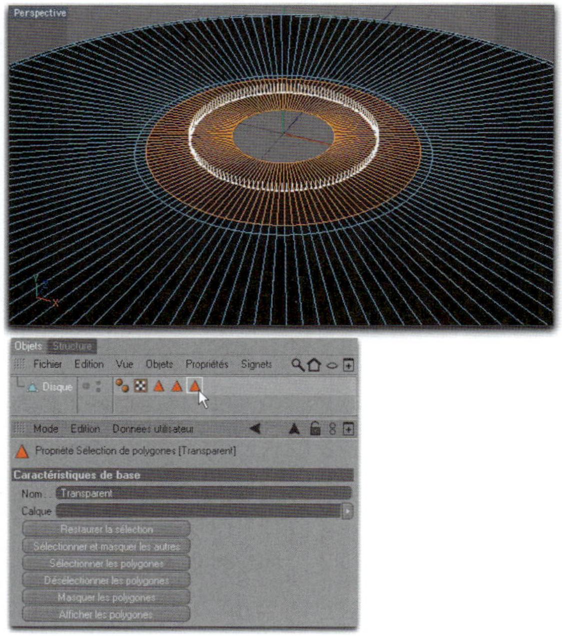


*Figure 2.79 : Enregistrement de l'anneau central.*

en tant que propriété de sélection (voir Figure 2.79). Je la nomme Transparent.

Un CD n'est pas totalement plat et possède une épaisseur avoisinant 1 mm, ce qui sera vite réalisé au moyen de la fonction Extrusion. Assurez-vous que le mode Polygones soit encore actif et qu'aucun polygone du disque ne soit sélectionné. Pour cela, le mieux est d'activer le pointeur de sélection et de cliquer à côté du disque ou de choisir Sélection > Tout désélectionner. C'est nécessaire pour que tous les polygones soient pris en compte lors de l'extrusion.

Sélectionnez l'outil Extrusion et cochez l'option de face fermante (Couvercle) qui garantit une extrusion fermée. Choisissez un décalage de 1 et cliquez sur Appliquer. Le disque prend l'épaisseur voulue (voir Figure 2.80).

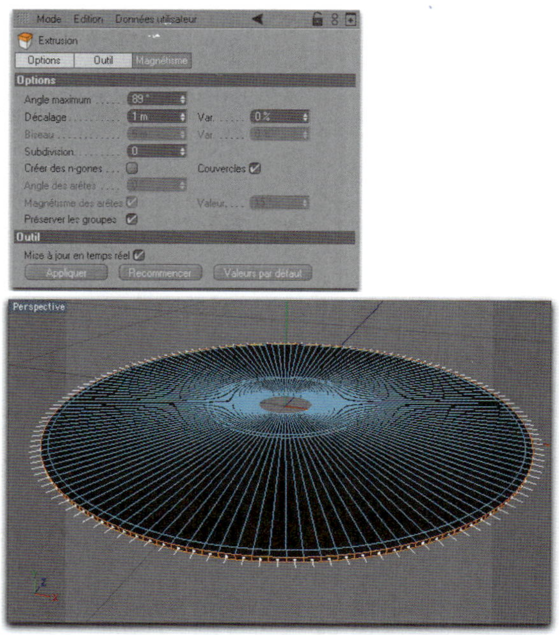


*Figure 2.80 : Épaississement du disque.*

### L'anneau de centrage

La modélisation de la face supérieure du CD est terminée. Un coup d'œil sur la face inférieure d'un CD révèle que la section transparente se compose en plus d'un anneau de centrage légèrement en relief qui sera aussi aisément réalisé (voir Figure 2.81).

Dans le mode Arêtes, faites une sélection par anneau de la partie centrale de la face inférieure et activez l'outil Diviser les arêtes. Sélectionnez la nouvelle boucle d'arêtes et agrandissez-la dans le gestionnaire de coordonnées en lui assignant une taille X et Z de 35. Le résultat est visible au bas de la Figure 2.81.

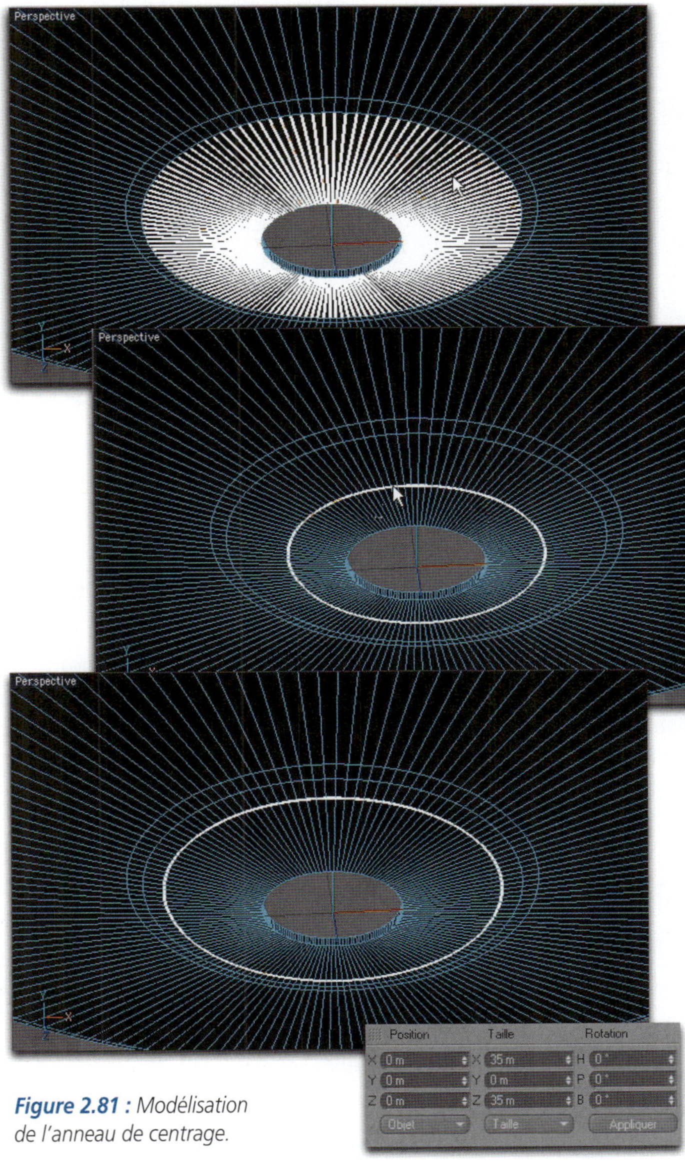


*Figure 2.81 : Modélisation de l'anneau de centrage.*

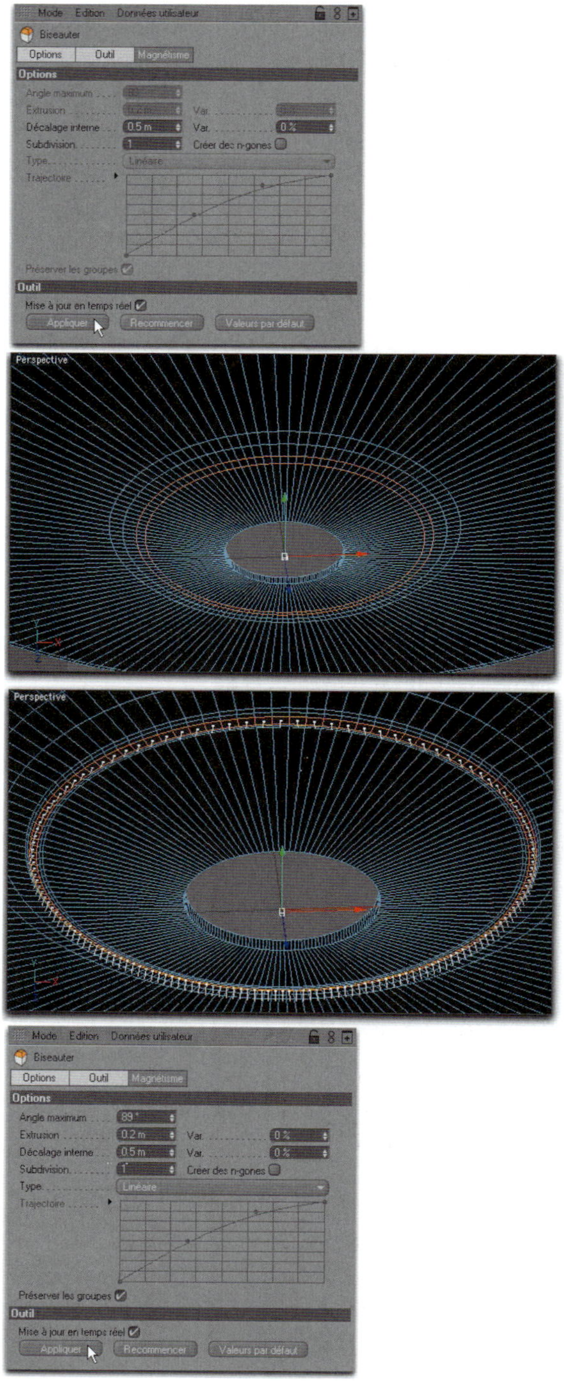


***Figure 2.82 :*** *Création de l'anneau de centrage.*

La largeur de l'anneau de centrage est de 1 mm. Nous n'avons besoin que de l'outil Biseauter pour diviser notre nouvelle boucle (voir Figure 2.82). Veillez à ce que la valeur de subdivision soit bien de 0 et que l'option de création des n-gones soit désactivée. La valeur de décalage interne de 0.5 s'impose en raison de notre décision de partir d'une largeur de 1 mm pour l'anneau de centrage. Les deux nouvelles boucles issues de l'action de biseautage seront éloignées d'autant de la boucle de départ.

Activez ensuite le mode Polygones et effectuez une sélection par anneau des polygones générés entre les deux nouvelles boucles. Là encore, la commande Biseauter se révèlera utile pour donner du relief à l'anneau. J'utilise pour cela une extrusion de 0.2 avec un décalage interne de 0.3. Une valeur de subdivision de 1 permet de contrôler quelque peu l'ombrage de Phong entre le disque et l'anneau. Ces opérations sont aussi visibles dans la Figure 2.82.

La modélisation du CD étant terminée, il ne nous reste plus qu'à lui appliquer des matériaux. En prévision de cela, il faut actualiser les sélections déjà enregistrées. Suite à l'épaississement du CD, de nouveaux polygones ont été générés et nous ne les avons pas encore enregistrés.

Étant donné que la sélection des boucles de polygones aux alentours de l'anneau de centrage pourrait être difficile en raison de leur contiguïté, nous procéderons en étendant la sélection de l'anneau de centrage encore active.

Dans le menu Sélection, répétez plusieurs fois la commande Étendre la sélection jusqu'à ce que la sélection en cours ressemble à la vue supérieure de la Figure 2.83. Elle doit inclure les polygones formant l'épaisseur à l'intérieur du trou, mais aucun polygone de la face supérieure du CD.

Complétez ensuite cette sélection en appuyant simultanément sur la touche ⇧ jusqu'à ce qu'elle englobe toute la face inférieure du CD, y compris les polygones en périphérie formant l'épaisseur.

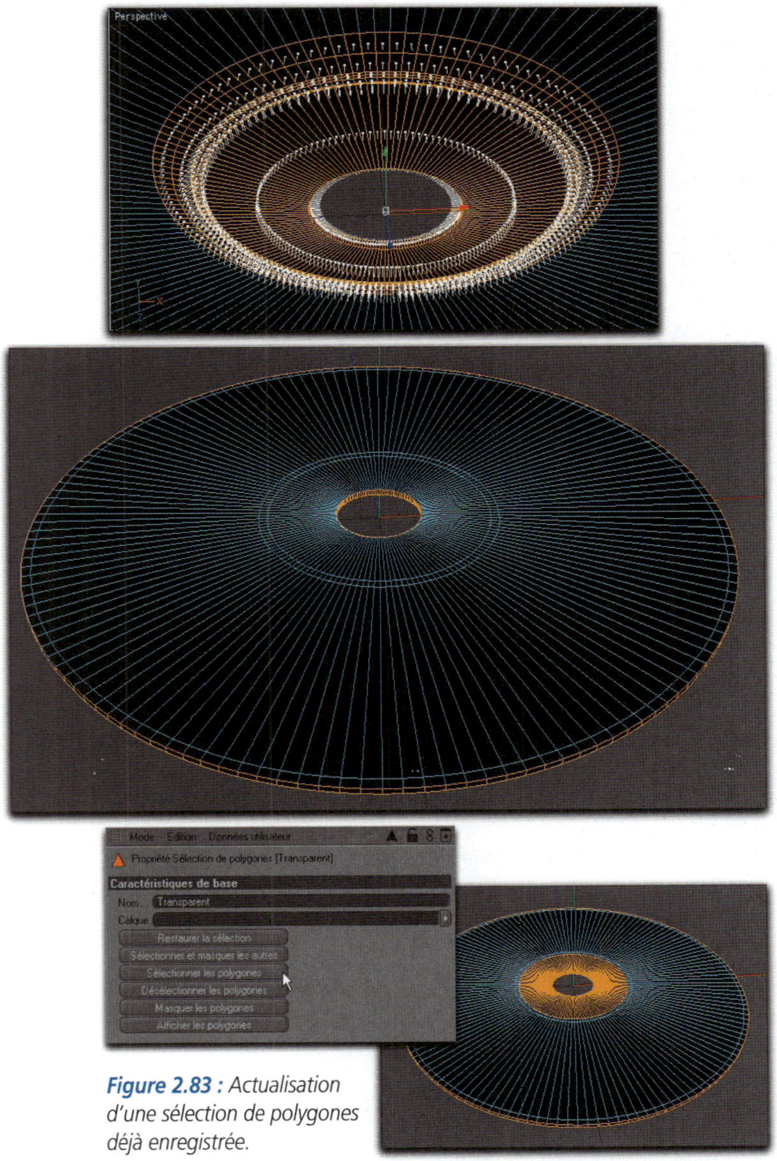


***Figure 2.83 :*** *Actualisation d'une sélection de polygones déjà enregistrée.*

Ces polygones sélectionnés devront par la suite être transparents. Ajoutons donc cette sélection à celle de l'anneau intérieur transparent, que nous avons déjà enregistrée au début de l'exercice. Cliquez sur le symbole de propriété SÉLECTION DE POLYGONES de cet anneau, puis sur le bouton SÉLECTIONNER LES POLYGONES dans le gestionnaire d'attributs. Ses polygones seront sélectionnés sans influer sur la sélection actuelle. Invoquez ensuite la commande ENREGISTRER LA SÉLECTION du menu SÉLECTION pour enregistrer l'ensemble.

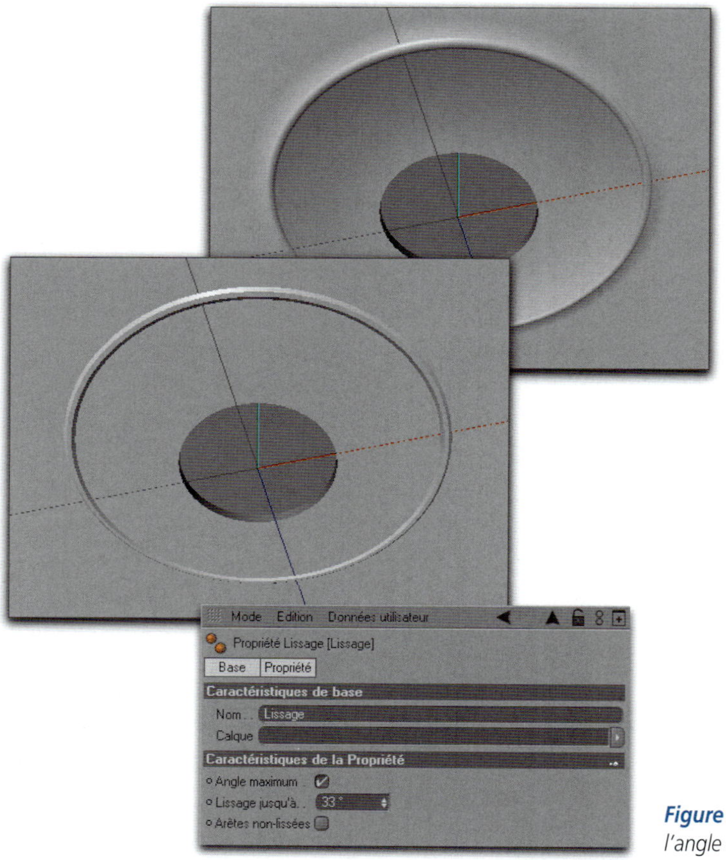


***Figure 2.84 :** Adaptation de l'angle de l'ombrage de Phong.*

#### Ajustement de l'angle de l'ombrage de Phong

Un dernier examen de la face inférieure révèle que la transition entre l'anneau de centrage et la partie des données du disque doit encore être lissée (voir Figure 2.84). Réduisez l'angle de la propriété Phong (LISSAGE) jusqu'à obtenir un contour d'anneau bien prononcé. Dans mon exemple, cela a été le cas vers 33°.

## ➤ Paramètres d'éclairage importants

Puisque la surface de notre CD réagit fortement à la lumière, profitons de l'occasion pour nous intéresser aux sources d'éclairage dans CINEMA 4D. Les réglages de base seront vite expliqués. Il s'agit en principe de déterminer l'intensité, la couleur et la direction d'une lumière. Ensuite, il faut décider du type de source d'éclairage à simuler et des ombres qu'il faut projeter.

Vous trouverez un choix de types de sources de lumière sur la première ligne du menu des objets de scène (voir Figure 2.85). Chacun de ces types peut être changé ultérieurement en un autre type.

Le type LUMIÈRE produit un éclairage régulier sur tous les côtés, comparable à celui d'une ampoule ou d'une flamme. Le type SPOT n'éclaire que dans la direction de son axe Z local. Son angle d'ouverture peut être réglé.

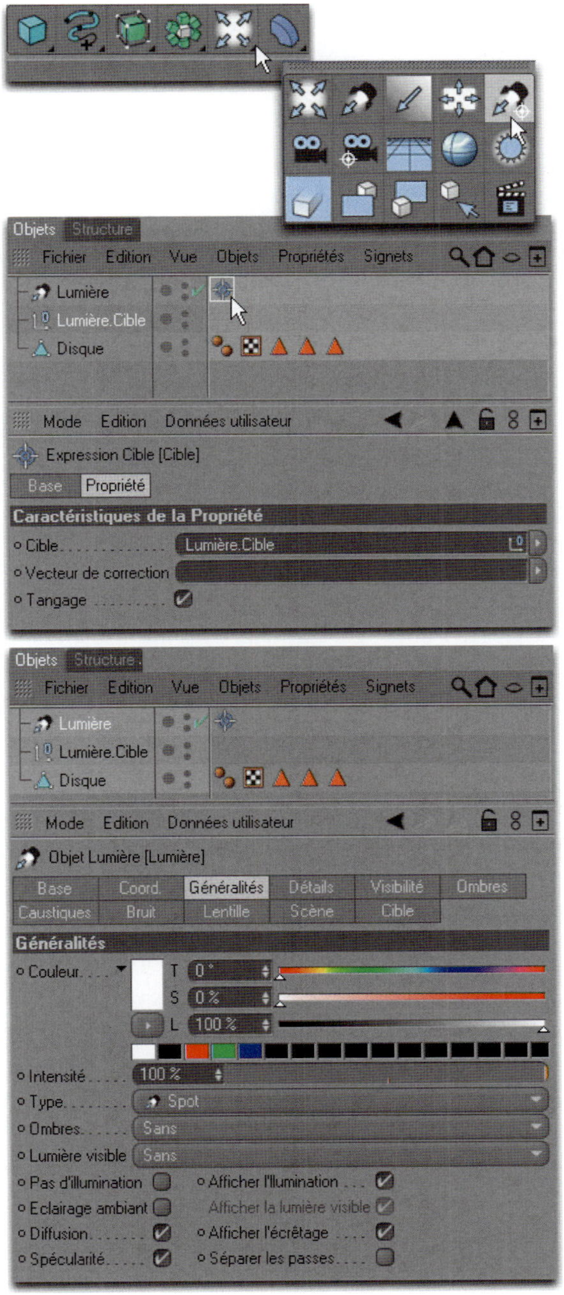

*Figure 2.85 : Un spot dirigé.*

Ce type de lumière convient bien lorsqu'il faut simuler un éclairage dirigé sur des objets précis ou des parties d'une surface.

Le type Lumière infinie simule une source de lumière distante, comme celle du soleil. Les rayons lumineux sont parallèles entre eux, générant une lumière différente de celle du type Lumière dont l'angle des rayons peut varier considérablement. Le type Éclairage de surface produit un éclairage étiré dans l'espace, semblable, par exemple, à celui d'un néon. Il produit une lumière très naturelle, mais nécessite un temps de calcul plus long que celui des autres types.

Le type Lumière de visée fonctionne comme les autres types de lumière, et offre l'avantage de pouvoir être plus facilement dirigé. Il faut créer pour cela un objet supplémentaire de type Objet neutre vers lequel l'axe Z de la source de lumière sera automatiquement dirigé. L'objet neutre peut alors être placé là où l'éclairage est requis. Il ne reste ensuite plus qu'à s'occuper du positionnement de la source de lumière dans l'espace, le faisceau sera toujours dirigé dans la bonne direction. Cela est particulièrement utile avec des sources de lumière dirigée.

Pour tester cette directivité automatique, sélectionnez le type Lumière de visée. Il est repéré avec le pointeur de la souris dans la Figure 2.85. Dans le gestionnaire d'objets, vous pouvez constater qu'un objet neutre est aussi apparu, plus un symbole que nous voyons pour la première fois.

Un clic sur ce symbole (Expression cible) fait apparaître dans le gestionnaire d'attributs les paramètres de réglage qui concernent principalement la direction de l'objet auquel est associé le symbole. Le champ Cible contient le nom de l'objet neutre.

Ce symbole peut également être généré manuellement. Supprimez le symbole existant. Cliquez du bouton droit sur la source de lumière et choisissez dans le menu contextuel, Propriétés de CINEMA 4D > Cible. D'un glisser-déposer, tirez ensuite l'objet neutre vers le champ

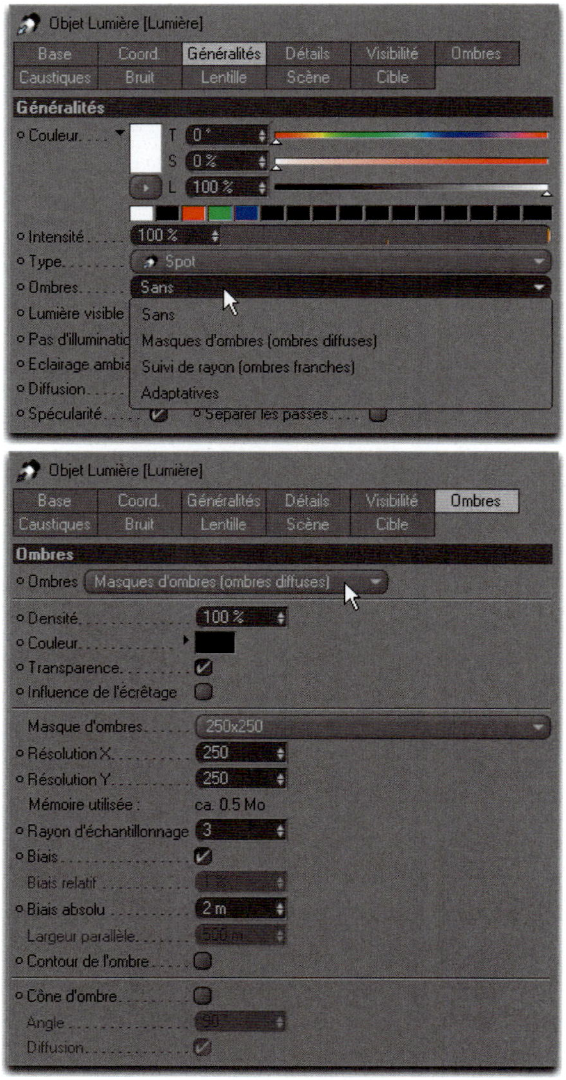


***Figure 2.86 :*** *Réglages des ombres.*

Cible dans le gestionnaire d'attributs. Quel que soit votre choix, l'objet assigné sera toujours le point de mire de la source de lumière.

Examinons maintenant les attributs les plus importants de la source de lumière et sélectionnons-les dans le gestionnaire d'objets. La boîte de dialogue des attributs de lumière est riche en réglages, mais les fonctions les plus importantes seront vite expliquées. L'onglet Généralités permet de régler la couleur de la lumière ainsi que son intensité, et vous pouvez même indiquer des valeurs au-delà de 100 %.

Le menu Type autorise le changement du type de lumière. Vous pouvez même le changer ultérieurement sans perdre les autres réglages. Puisque vous décidez vous-même s'il faut créer des ombres, le menu Ombres propose divers types. La qualité des ombres pourra ensuite être spécifiée dans l'onglet Ombres du gestionnaire.

Si la source de lumière n'est prévue que pour un effet visuel et non pour éclairer des objets, vous pouvez activer l'option de suppression d'éclairage, Pas d'illumination.

Les options Diffusion et Spécularité contrôlent si cette source d'éclairage doit générer des reflets et influer sur la luminosité de la surface d'un objet. Elles peuvent s'avérer très utiles, par exemple, dans une situation où seul un reflet est nécessaire alors que la luminosité de l'objet est suffisante.

### Types d'ombres

Vous savez déjà qu'il existe différents types d'ombres. Selon le type choisi, différentes options seront disponibles dans l'onglet Ombres de la boîte de dialogue de l'objet d'éclairage (voir Figure 2.86).

Le type Masque d'ombres (ombres diffuses) est probablement celui qui est le plus utilisé car il offre un bon équilibre entre qualité et temps de calcul. Son fonctionnement peut provoquer, dans un cas extrême, des calculs d'image dans les six directions.

La résolution de ces images est contrôlable par l'intermédiaire du menu Masque d'ombres (ombres diffuses) de l'onglet Ombres, qui offre les résolutions les plus courantes. Vous pouvez aussi spécifier vos propres valeurs dans les champs Résolution X et Résolution Y. Étant donné que ces images reproduisent les ombres projetées, une plus grande résolution améliorera aussi la qualité des ombres.

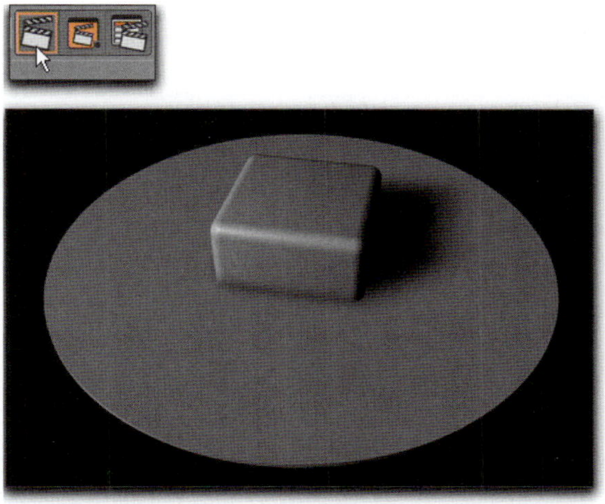

*Figure 2.87 : Calcul d'une ombre.*

Pour mieux comprendre comment tout cela fonctionne, déclenchons un calcul de rendu de notre scène. Nous testerons aussi différents réglages d'ombre. Il nous faut créer un objet supplémentaire qui servira à projeter une ombre sur le CD. Comme vous le voyez de la Figure 2.87, un cube suffisamment réduit fera l'affaire.

Pour générer une ombre de qualité, il faut d'abord faire appel à la fonction de rendu afin de calculer le contenu de la vue active. Pour déclencher le processus, il suffit de cliquer sur l'icône illustrée dans la Figure 2.87. Après le calcul, l'ombre apparaît sur le CD relativement à la position de la source d'éclairage.

L'ombre diffuse que nous avons choisie montre des bords adoucis qui ne sont pas totalement réalistes. Cela est dû à une taille de masque d'ombre trop petite. Nous allons corriger cela. Auparavant, encore un mot sur une autre source d'erreur possible avec l'emploi d'ombres diffuses.

Dans le calcul des masques d'ombres, une valeur de correction intervient pour déterminer quand une modification de surface doit projeter une ombre. Si cette valeur est trop basse, cela se produira au moindre changement. Par exemple, les points et les arêtes d'une

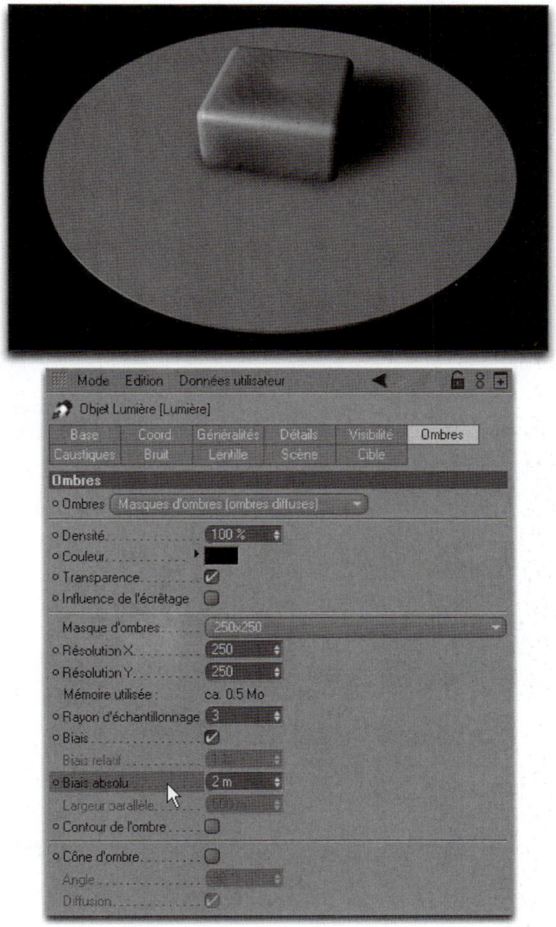


*Figure 2.88 : Une valeur insuffisante pour l'attribut Biais peut entraîner des erreurs.*

surface qui oscillerait seraient concernés. Cet effet peut être constaté dans la Figure 2.88, avec l'apparition de variations et de tâches indésirables.

Cet effet se laisse contrôler dans l'onglet Ombres au moyen de l'attribut Biais. Augmentez progressivement la valeur de ce champ jusqu'à ce que les défauts disparaissent. L'onglet présente sinon dans la partie supérieure des attributs communs à tous les types d'ombres, tels que Densité, qui permet de contrôler l'intensité des ombres, ou Couleur, qui permet de les colorer.

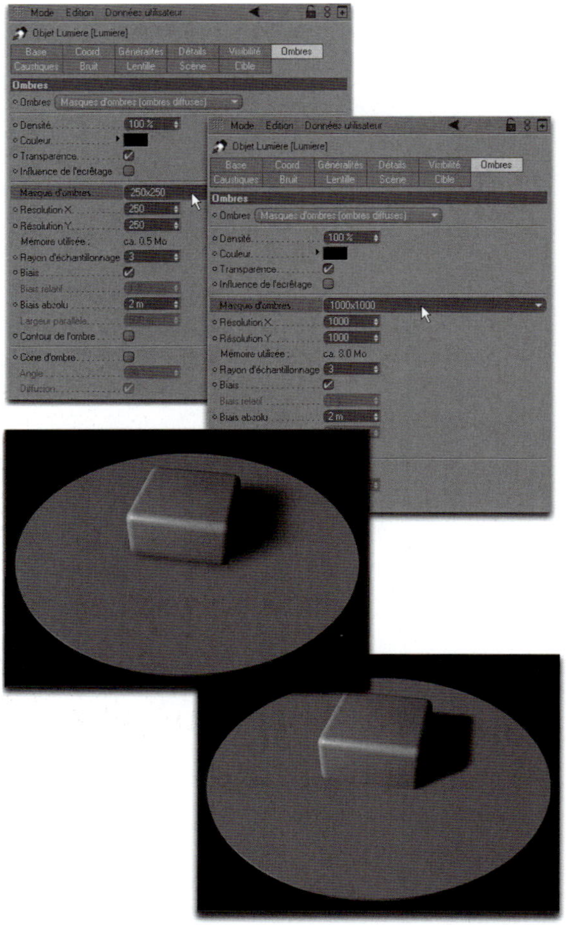

*Figure 2.89 : Des résolutions de masque d'ombre différentes.*

Les ombres colorées ne se présentent que lorsque la lumière traverse un objet transparent. Si l'option TRANSPARENCE est active, la coloration dans une telle situation est prise en charge automatiquement. L'emploi de la valeur de couleur convient plutôt pour des effets spéciaux.

Examinons maintenant l'influence effective de la résolution sur l'apparence finale de l'ombre. Portez la résolution à 1000 × 1000 et déclenchez un calcul. L'ombre présente maintenant un contour plus net comme le montre la comparaison dans la Figure 2.89.

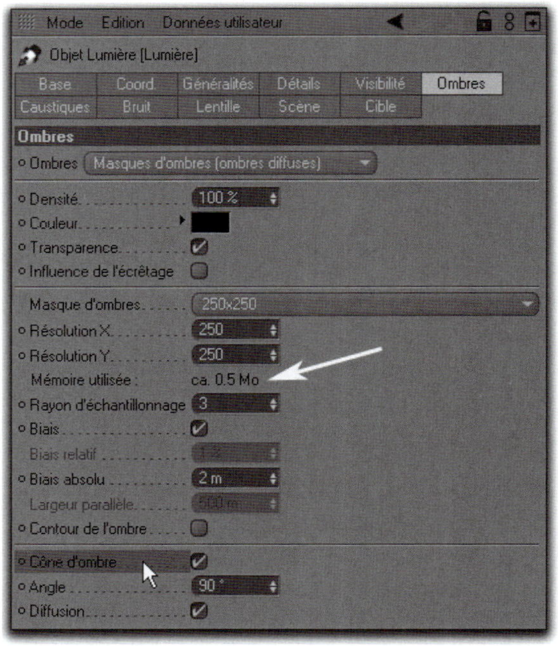


*Figure 2.90 : Emploi de l'option Cône d'ombre.*

Le seul inconvénient d'une plus grande résolution est l'accroissement simultané de l'occupation mémoire. Un masque d'ombre n'est qu'une image qui doit d'abord être calculée, puis conservée en mémoire pour sa prise en compte dans la scène. Dans notre exemple, l'information sur la mémoire indique qu'environ 8 Mo ont été requis pour améliorer la qualité. Ce n'est pas tragique dans ce cas, mais si une scène contient une grande quantité de sources d'éclairage de ce type, la consommation mémoire sera substantielle.

Il existe d'autres solutions, parmi lesquelles, élever la valeur de RAYON D'ÉCHANTILLONNAGE. Une valeur plus grande entraîne un calcul plus précis des ombres sans avoir à augmenter la résolution. Le temps de calcul est en revanche plus long.

Lorsque des ombres diffuses doivent être mises en place à l'aide d'un éclairage du type LUMIÈRE, il existe une autre possibilité d'amélioration. Avec un spot, les ombres diffuses sont automatiquement calculées

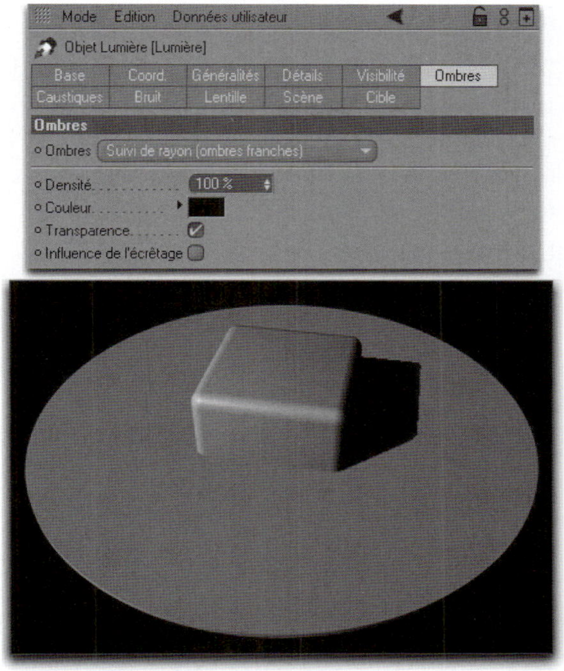


*Figure 2.91 : Une ombre dure.*

dans l'axe Z de la source d'éclairage. L'option Cône d'ombre active le même calcul pour le type Lumière (voir Figure 2.90).

Il ne vous reste plus qu'à bien diriger l'axe Z de la source lumineuse vers l'objet dont l'ombre doit être projetée. Le cas échéant, adaptez aussi la valeur d'Angle du cône d'ombre pour englober tous les objets nécessaires. En procédant de la sorte, vous pouvez diviser par six la consommation de mémoire.

Dans le menu Ombres, choisissez maintenant le type Suivi de rayon (ombres franches). Une grande partie des paramètres disparaît car ce type d'ombres n'offre pratiquement aucune autre possibilité d'intervention. Comme illustré Figure 2.91, il s'agit d'une ombre très dure qui n'apparaît que dans des conditions d'éclairage extrêmes, tel un soleil de plomb en l'absence de facteurs de diffusion.

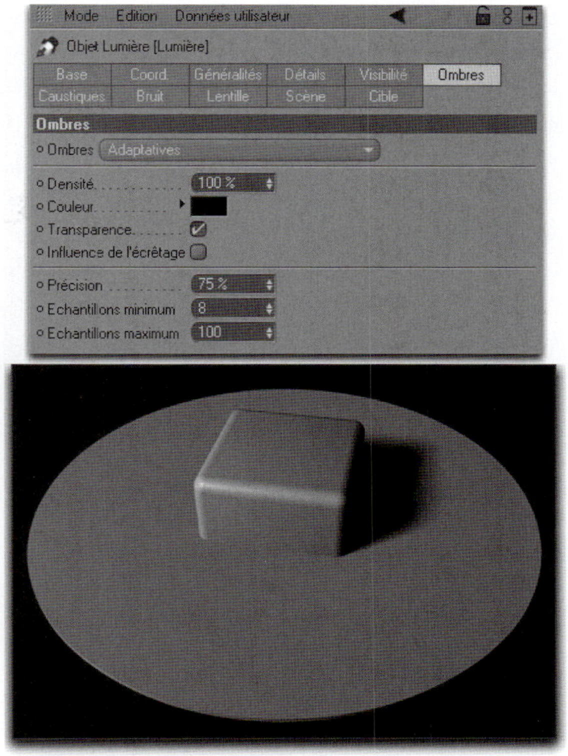


*Figure 2.92 : Le type d'ombres Adaptatives.*

Vous avez peut-être constaté le contour en escalier de l'ombre. Il est dû à la qualité de rendu préconfigurée et vous apprendrez plus loin comment l'améliorer. Pour l'instant, elle nous suffira pour analyser les matériaux et les ombres projetées.

Nous terminons notre description des ombres avec le type Adaptatives (voir Figure 2.92), le réglage le plus élevé qualitativement. Avec cette option, les ombres sont assemblées à partir d'une multitude de rayons. Leur nombre est spécifié au moyen des champs Échantillons qui fonctionnent selon le même principe que pour la diffusion de transparence et de réflexion dans un matériau.

Des valeurs trop faibles entraînent des ombres évanescentes, et des valeurs trop élevées allongent inutilement le temps de calcul. Efforcez-vous d'utiliser des réglages adaptés.

Un moyen de trouver le réglage correct est de partir de valeurs identiques pour les champs Échantillons minimum et Échantillons maximum, et d'augmenter parallèlement ces deux valeurs jusqu'à ce que le résultat généré vous paraisse satisfaisant.

Vous pouvez ensuite ramener la valeur de Échantillons minimum à un quart ou un cinquième de la valeur de Échantillons maximum, car elle n'intervient que dans les situations les moins problématiques de la scène. Après avoir trouvé une relation acceptable entre ces deux valeurs, utilisez la valeur de Précision pour accroître ou réduire la qualité comme bon vous semble.

Les valeurs par défaut offrent cependant un bon point de départ pour beaucoup de scènes et n'ont besoin d'être modifiées que lorsque vous jugez la qualité insuffisante ou le calcul trop long. Vous avez fait connaissance avec les attributs de source d'éclairage les plus importants. Nous aborderons d'autres attributs et options de réglages lors des exercices qui suivront.

Vous en savez maintenant suffisamment pour passer au texturage du CD et étudier les shaders. Vous pouvez à ce stade supprimer le cube créé uniquement pour l'étude des ombres. Sélectionnez de nouveau le type Masque d'ombres, avec cette fois une résolution de 500 × 500. Puisque nous utilisons un spot, l'option Cône d'ombre peut être désactivée.

## *Réfraction et irisation*

Pour le texturage d'objets 3D, il convient, si possible, de se procurer des images de référence. Nous avons l'avantage de pouvoir prendre pour modèle un véritable CD, un objet répandu aujourd'hui. En cas d'urgence, prenez donc celui du livre.

La surface d'un CD est recouverte d'un matériau extrêmement réfléchissant, et présente dans la section contenant les données de fines lignes concentriques. Il s'y forme des reflets oblongs dans toutes les couleurs de l'arc-en-ciel. La couche argentée d'enregistrement n'existe que sur un côté, le reste étant composé d'un matériau plastique transparent, surtout visible au centre.

Les données n'occupent pas la totalité de la face inférieure du CD. Elles sont délimitées à l'extérieur et à l'intérieur par des zones dépourvues de lignes, ne présentant qu'un matériau réfléchissant. Un examen plus précis révèle aussi que le bord du CD est d'un matériau également transparent. Nous avons donc affaire avec divers matériaux que nous appliquerons progressivement.

### ➤ Le canal Couleur

Nous commençons par la création d'un nouveau matériau pour la section d'enregistrement. Ses diverses propriétés seront réparties sur plusieurs canaux, dont Couleur. Pour commencer, laissez de côté tous les autres canaux pour pouvoir juger individuellement les shaders que nous appliquerons.

Comme vous le savez déjà, le canal Couleur réagit aux sources de lumière et est responsable de l'ombrage des surfaces. En principe, les surfaces réfléchissantes n'ont souvent qu'une couleur très sombre.

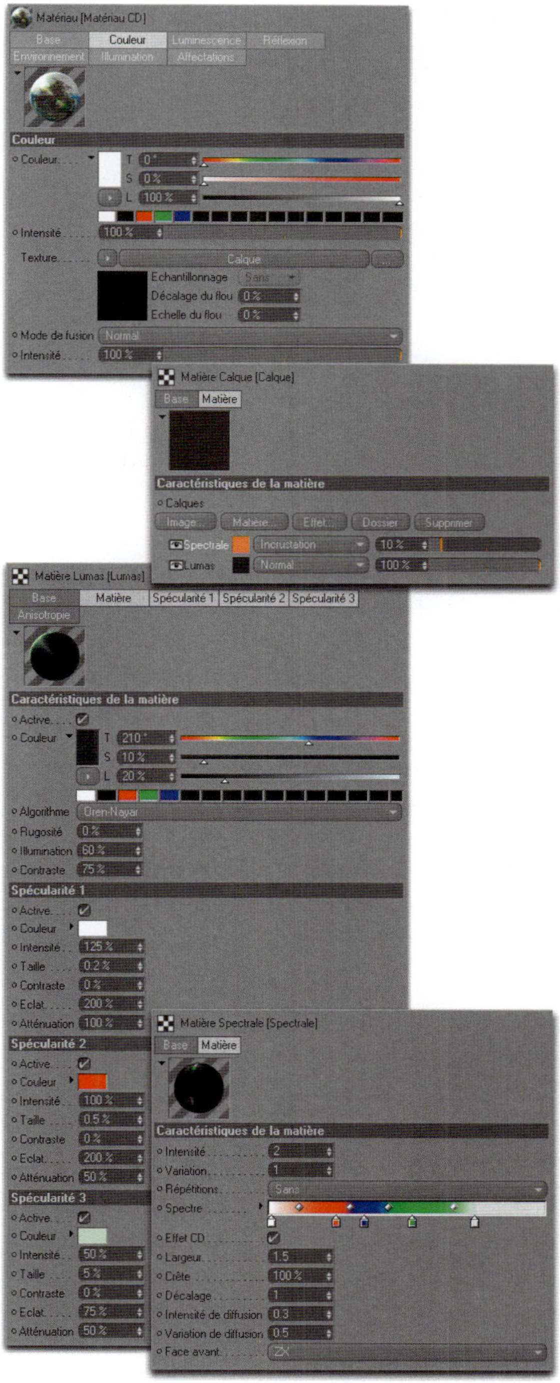


***Figure 2.93 :*** *Le canal Couleur.*

Avec du chrome ou un miroir, par exemple, il est souvent possible de renoncer totalement à ce canal. En ce qui nous concerne, nous ne pourrons nous en passer car nous utiliserons sa relation à la lumière pour former les sillons concentriques, les reflets oblongs et la coloration.

Les bandes irisées seront produites à l'aide du shader Spectrale. Pour les éraflures et les distorsions des reflets, le shader Lumas sera l'outil de choix. Il convient aussi très bien pour simuler un métal brossé. Pour lier ces deux effets, nous utiliserons le shader Calque.

Dans le canal Couleur, cliquez sur le bouton figurant un petit triangle dans le champ Texture, et sélectionnez Calque dans la liste des shaders installés. Comme son nom l'indique, les diverses shaders ou images qui seront appliqués pourront être chargés et empilés afin de fusionner.

Dans le shader Calque, cliquez sur le bouton Matières, et sélectionnez Lumas et Spectrale dans le sous-menu Effets. La séquence des shaders dans la liste du shader Calque peut être modifiée avec la souris. Veillez à ce que le shader Spectrale soit situé au sommet de la liste (voir Figure 2.93).

Un clic sur la vignette d'aperçu à la suite du nom du shader provoque l'affichage de la page des propriétés. À l'aide de la flèche dirigée vers le haut, située à droite de la barre de menus, vous pouvez remonter d'un niveau et revenir au shader Calque. Un clic supplémentaire vous fera revenir dans le canal Couleur.

Nous commençons par la configuration du shader Lumas. L'onglet Matière du shader contient les paramètres généraux de réglage de la couleur, de la surface et de son modèle d'ombrage. Je me décide pour un bleu profond et saturé, et pour l'algorithme Oren Nayar avec et une Rugosité de 0 %. Comme déjà décrit, les surfaces réfléchissantes présentent souvent des couleurs sombres, d'où ces choix.

Le modèle Oren Nayar provoque un ombrage de surface avec de faibles variations de luminosité. Les trois onglets de configuration suivants définissent trois effets de spécularité indépendants. Ils concernent la coloration particulière, la luminosité et la taille des reflets. En général, l'intensité des reflets est progressivement réduite par l'intermédiaire des trois onglets tout en augmentant leur taille. On obtient ainsi des reflets naturels qui s'étirent en s'adoucissant.

Pour les couleurs, je choisis un blanc pur pour le reflet le plus petit et le plus intensif, un rouge pour le reflet intermédiaire, et un vert pour le reflet le plus faible (voir Figure 2.93). Elles devraient pouvoir révéler des variations en présence d'une lumière incidente. Vous pouvez cependant vous décider pour d'autres couleurs.

## Anisotropie : déformation des reflets

Finalement, ces paramètres ne seront reconnus que si l'option Active est cochée dans l'onglet Anisotropie du shader Lumas. Cet attribut permet de déformer les reflets dans toutes les directions et de simuler de légères éraflures sur la surface sans avoir à activer le canal Relief.

Puisque notre CD présente de fines lignes concentriques, sélectionnez la projection Radiale planaire. Dans les champs Rugosité, vous pouvez déformer les reflets en X et en Y (voir Figure 2.94).

La partie inférieure de l'onglet est dédiée aux éraflures ou aux sillons. Le champ Amplitude définit leur profondeur, Échelle, la distance qui les sépare, et Longueur, la distance par rapport à la zone des reflets où les sillons restent visibles.

Cet effet est aussi dépendant de l'angle d'incidence de la lumière. Sans spécularité, les sillons n'apparaissent pas. La représentation des sillons et la déformation des reflets peuvent être limitées à des effets de spécularité individuels. Utilisez à cet effet les options Spécularité 1 à Spécularité 3.

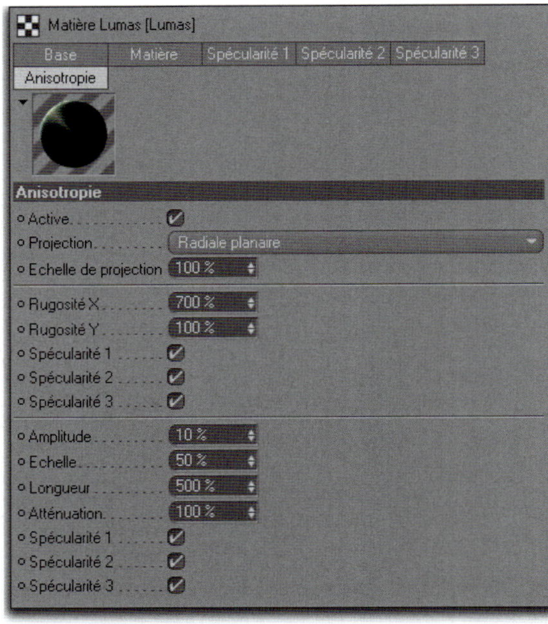


**Figure 2.94 :** *Anisotropie.*

Comme vous pouvez le constater d'après les paramètres que j'ai choisis dans la Figure 2.94, la seule modification que j'ai apportée aux valeurs standard est la réduction des sillons à 10 % pour leur donner une apparence correcte sans qu'ils soient trop profonds, par exemple pas autant que ceux d'un disque vinyle.

Nous en avons fini avec la simulation des caractéristiques de spécularité et de sillons. Nous pouvons encore les compléter avec la répartition des couleurs à l'aide du shader Spectrale. Revenez dans la liste du shader Calque en cliquant sur la flèche dans la barre de menus et ouvrez maintenant la fenêtre du shader Spectrale.

Il faut ici surtout faire attention à bien configurer le champ Face avant. Comme notre disque repose sur le plan ZX, celui-ci doit y être spécifié. Une option pratique est Effet CD qui, si elle est active, générera les bandes de couleur typiques entre le milieu et le bord du CD. Les couleurs qui doivent être utilisées sont spécifiées dans le sélecteur de couleur du shader (voir Figure 2.93).

Pour générer un nouveau marqueur, cliquez simplement sous le dégradé. Pour en supprimer un, tirez-le d'un clic maintenu vers le haut ou vers le bas. La modification d'une valeur de couleur se fait en double-cliquant sur un marqueur, ou en cliquant une fois dessus et en ouvrant le sélecteur au moyen de la flèche noire située en regard sur la gauche. Vous trouverez aussi dans l'interface du sélecteur différents modes d'interpolation avec lesquels vous pouvez contrôler le calcul du dégradé entre les marqueurs.

Dans l'onglet lui-même, le champ Largeur définit la largeur des bandes de couleur sur la surface du CD. La valeur du champ Crête détermine les couleurs à afficher relativement à l'intensité du reflet. Les valeurs supérieures à 100 % montrent ainsi davantage de couleurs du dégradé lorsque l'intensité de la lumière est encore insuffisante.

Le champ Décalage définit le point de départ du faisceau. La valeur 1 devrait être conservée pour qu'il commence au milieu du CD. Le champ Intensité de diffusion spécifie la luminosité des rayons. Ne prévoyez pas une valeur trop élevée, vous risqueriez de provoquer à certains endroits un effet faussé ou une surexposition.

Si vous souhaitez en apprendre davantage sur les paramètres des shaders, cliquez du bouton droit sur leur nom et sélectionnez Afficher l'aide. Je me limite ici aux paramètres les plus importants pour notre exercice. Les deux shaders sont ainsi pratiquement configurés. Il ne reste plus qu'à les mettre en relation dans le shader Calque. Pour l'instant, le shader Spectrale couvre le shader Lumas.

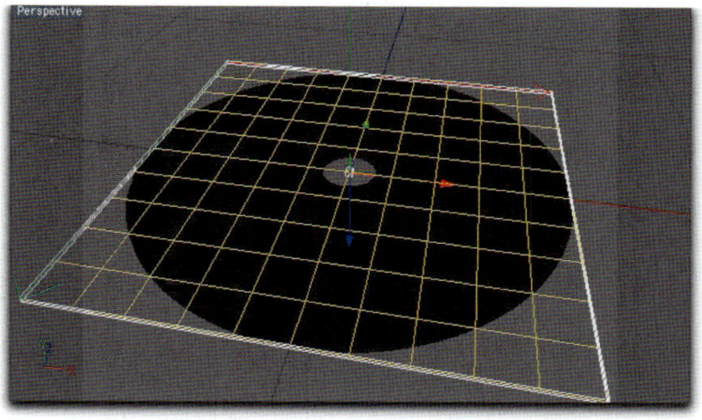


***Figure 2.95 :*** *Projection du matériau.*

Il serait présomptueux de ma part de vous proposer mon choix de combinaison des shaders comme étant l'unique possibilité. Dans la pratique, il est judicieux de tester les différents modes pour décider visuellement du résultat approprié. Comme le montre la Figure 2.93, j'ai choisi pour le shader Spectrale le mode Incrustation avec une couverture de 10 %.

### Application du matériau

Ces réglages doivent au final toujours être évalués sous l'influence des sources de lumière prévues et de la forme de la surface. Le moment est maintenant venu d'appliquer le matériau au CD.

Puisque nous avons activé l'option de projection Radiale planaire dans le shader Lumas, le matériau doit être appliqué aussi parallèlement que possible à la surface sur laquelle les sillons doivent apparaître. Tirez le matériau sur le disque dans le gestionnaire d'objets et sélectionnez le mode Planaire dans la propriété Texture.

Activez l'icône du mode Axes de texture et faites pivoter la grille de projection de matériau jusqu'à ce qu'elle soit parallèle à la surface du disque, comme illustré Figure 2.95.

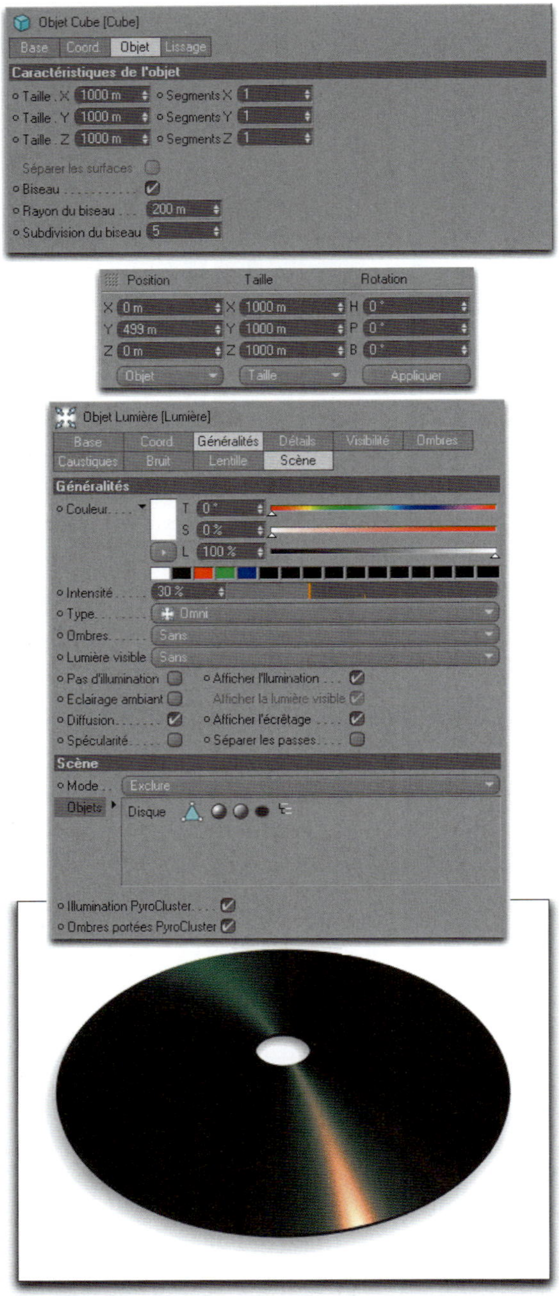


*Figure 2.96 : Un environnement pour le CD.*

## ➤ L'environnement du CD

Avant de déclencher des calculs de tests et de vérifier le matériau, je souhaiterais compléter la scène. Nous disposons d'un spot capable de projeter une ombre, mais d'aucun objet sur lequel elle serait visible. En outre, le fond standard noir de la scène qui apparaît lors du rendu est assez triste à la longue.

Je me suis décidé pour la création d'un cube suffisamment grand pour contenir à la fois le CD et le spot. La face fermante inférieure du cube nous servira par la même occasion de sol.

En principe, nous aurions pu tout aussi bien utiliser un simple polygone ou la primitive Plan comme sol. Avec le CD à l'intérieur du cube, nous obtenons en même temps un reflet de la face interne du cube sur le CD. Cela nous aidera ensuite à simuler un environnement pour le CD, même simple.

Je crée le cube avec une longueur d'arête de 1000 unités et le déplace dans l'axe Y de 499 unités. Entre le CD et la base du cube subsistera un faible espace qui valorisera encore davantage l'ombre projetée. Pour éclairer la face supérieure du cube en vue de sa réflexion ultérieure, j'ajoute une source d'éclairage de type Lumière sans ombre projetée, avec une intensité de 30 % (voir Figure 2.96). Je place cette lumière exactement au milieu du cube au-dessus du CD.

Pour que le disque ne soit pas éclairé en plus, j'utilise l'onglet Scène de cette nouvelle source d'éclairage et tire notre CD du gestionnaire d'objets jusqu'à la zone Objets.

Si le menu Mode au-dessus de la liste d'objets est positionné sur Exclure, tous les objets placés dans la liste ne seront pas illuminés par cette source d'éclairage. Au contraire, si le mode choisi est Inclure, seuls les objets de cette liste seront alors éclairés. Cette fonction de contrôle de l'influence de la lumière dans une scène est très pratique. Les photographes doivent nous envier.

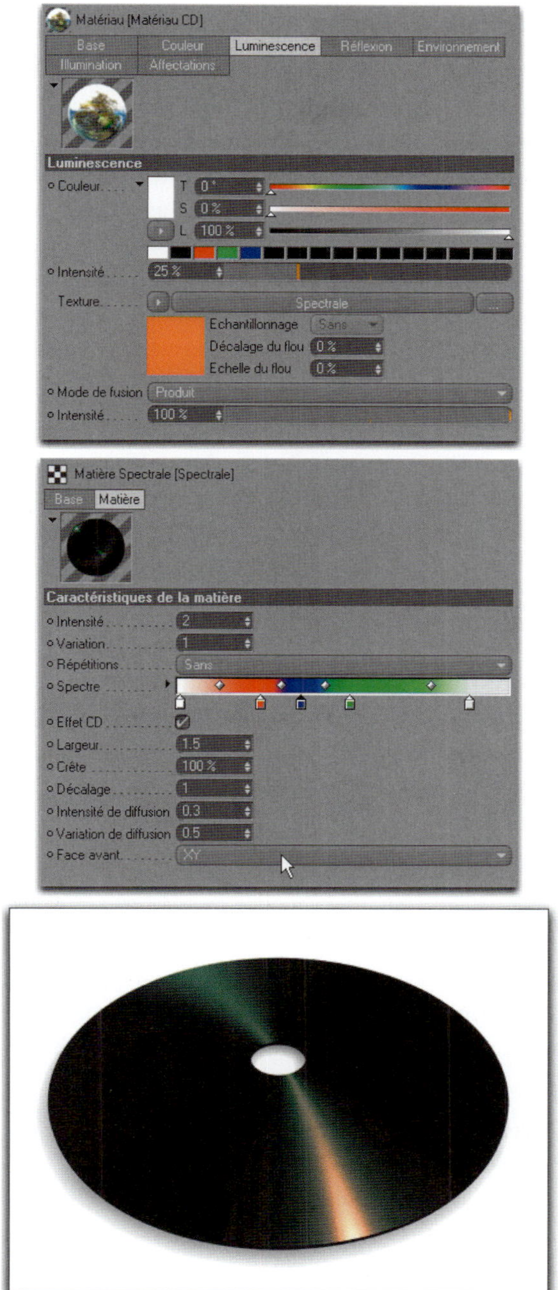


*Figure 2.97 : Le canal Luminescence.*

Cette fonction peut même être encore plus précisément contrôlée grâce aux petites icônes en regard de l'objet. Elles représentent, lues de la gauche vers la droite, l'effet de spécularité, l'ombrage normal de la surface, la projection d'ombre, et l'extension des effets de cette fonction d'inclusion/exclusion aux objets subordonnés.

Si un objet est ainsi exclu de l'illumination, vous pouvez toutefois forcer l'apparition d'un reflet de cette source d'éclairage en désactivant l'icône de spécularité.

Déclenchons maintenant un calcul de rendu dans la vue en perspective. Vous devriez obtenir un résultat proche de l'exemple de la Figure 2.96. Il n'est pas encore possible d'y voir un effet de réflexion car nous ne l'avons pas encore activé pour le matériau, mais les sillons, les reflets déformés et leur coloration sont déjà nettement perceptibles.

Déplacez le cas échéant le spot pour produire une ombre plus agréable et pour modifier la position et l'intensité des reflets.

## ➤ Le canal Luminescence

Pour renforcer les reflets irisés, nous activons le canal Luminescence du matériau et y chargeons à nouveau un shader Spectrale. Puisque ce canal est indépendant de l'intensité de l'éclairage, les reflets y sont plus intensifs que dans le canal Couleur (voir Figure 2.97).

Il serait cependant inutile de choisir ici la même configuration que dans le canal Couleur. Il s'agit de faire apparaître de nouvelles lignes et non seulement d'intensifier les lignes existantes.

Je configure donc le champ Face avant avec un positionnement dans l'axe XY afin de provoquer un calcul du faisceau dans une autre direction. Malgré leur étroitesse par rapport aux reflets existants, les nouvelles bandes générées sont bien visibles et réagissent aux modifications de la position de la source d'éclairage, ce qui pourrait, par exemple, être important dans le cas d'une animation.

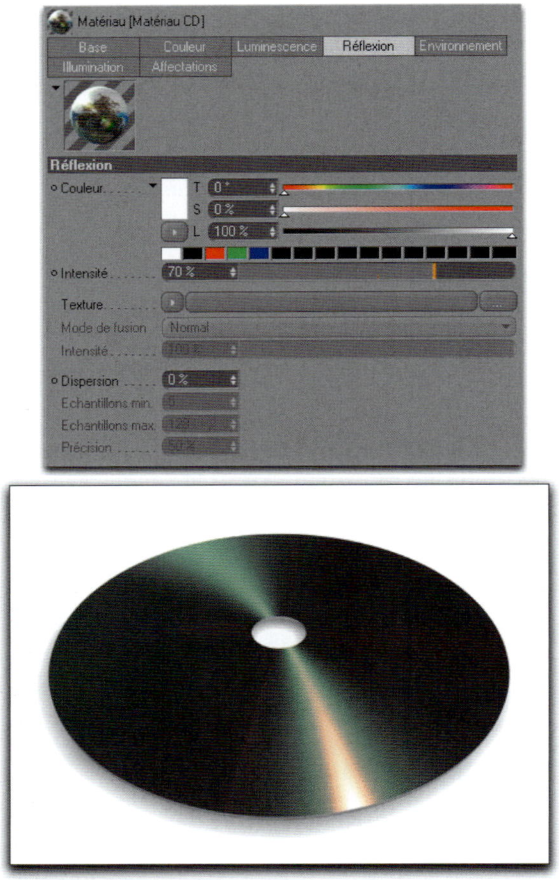


***Figure 2.98 :*** *Activation de la réflexion.*

## ➤ Le canal Réflexion

Nous allons maintenant nous occuper des propriétés de réflexion de notre CD, et ajoutons pour cela le canal Réflexion à notre matériau. L'intensité de ce canal est difficile à déterminer correctement. Une chose est sûre, nous ne voulons pas d'une réflexion aussi parfaite que celle d'un miroir. J'opte pour un blanc parfait et une intensité de 70 % (voir Figure 2.98). En raison de la réflexion du cube sur le disque, ce dernier se retrouve légèrement éclairci. Cela profite aux reflets qui sont plus apparents.

Après mûre réflexion, ces modifications de la surface m'apparaissent encore insuffisantes. Une solution serait d'ajouter d'autres sources de lumière dans le seul but d'ajouter des reflets. Cela générerait toutefois en même temps de longs reflets anisotropes dans le shader Lumas.

J'opte en fin de compte pour une astuce et ajoute ces bandes irisées dans le canal Environnement. Certes, il ne réagit pas à la position des sources de lumière, mais cela n'entre de toute façon pas en ligne de compte dans le calcul de rendu tel que planifié.

## ➤ Le canal Environnement

Nous allons utiliser ici un ordonnancement à première vue complexe de différents shaders, chacun assurant une petite tâche, le résultat voulu étant produit par leur combinaison. Théoriquement, le shader Eau, accessible *via* le sous-menu Surfaces de la liste de shaders, est utilisé pour créer des bandes irrégulières.

Étant donné que ces bandes doivent ici s'étendre de manière radiale depuis le centre du CD vers l'extérieur, leur projection doit être modifiée directement dans le matériau, bien que celui-ci ait été appliqué en tant que calque. Nous utiliserons pour cela le shader Projecteur qui se trouve dans le sous-menu Effets.

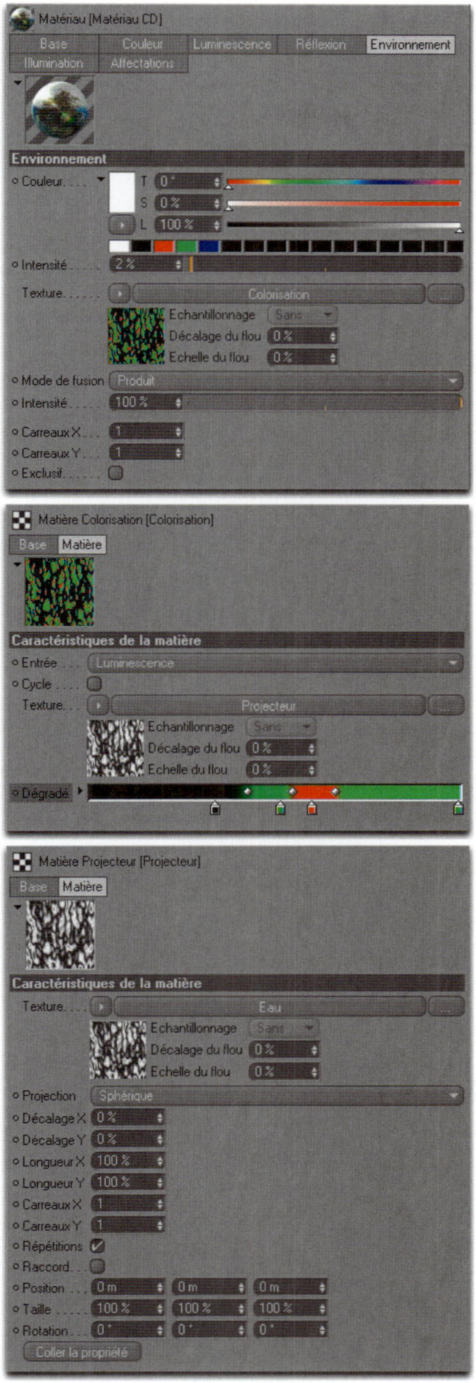


***Figure 2.99 :** Le canal Environnement.*

Le résultat de cette combinaison devra encore être coloré pour obtenir les couleurs spectrales souhaitées, ici au moyen du shader Colorisation qui apparaît en premier niveau dans la liste.

L'imbrication de ces shaders est présentée Figure 2.99. Commencez par charger le shader Colorisation dans le canal Environnement et affichez ses propriétés. Chargez-y le shader Projecteur, puis dans ce dernier, le shader Eau. Dans le shader Projecteur, choisissez le type de projection Sphérique. Vous connaissez maintenant l'effet de cette projection sur une sphère au niveau des pôles. Vous obtenez ainsi les bandes prévues partant du centre du disque. Les autres paramètres de ce shader ne nous intéressent ici pas.

Dans le shader Colorisation, vous pouvez modifier comme vous l'entendez les couleurs du shader qui y est chargé. Nous utilisons les réglages Dégradé pour teinter de vert et de rouge le dégradé du shader Eau. Les marqueurs à gauche contrôlent les zones sombres de ce dernier et les marqueurs à droite, les zones claires. Vous pouvez bien entendu choisir d'autres couleurs que celles proposées.

Veillez à ce que la partie gauche de Dégradé soit noire afin que les bandes du shader Eau se détachent bien les unes des autres et que l'espace intermédiaire sombre ne soit pas coloré. Dans ce shader directement, vous pouvez définir la longueur et la largeur des ondulations qui forment les bandes colorées à l'aide des paramètres Fréquence U et Fréquence V. Les paramètres Fréquence T et Vent ne nous sont ici d'aucune utilité puisqu'ils servent à contrôler le déplacement et le changement de forme des ondulations dans une animation.

Comme vous pouvez le voir dans la Figure 2.99, l'option Exclusif du canal Environnement a été désactivée pour que les bandes soient également visibles là où certaines portions du gros cube se reflètent

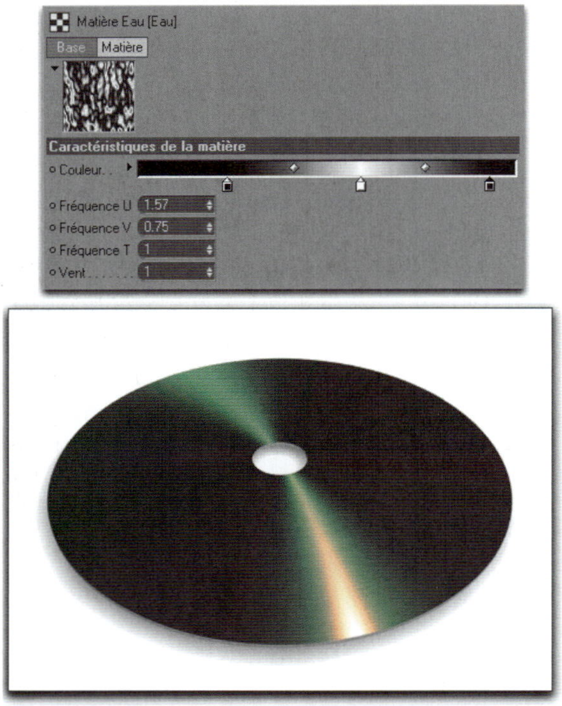


***Figure 2.100 :*** *Le shader Eau et le matériau une fois terminé.*

déjà sur le CD. En multipliant la texture par la luminosité des valeurs de couleur de ce canal, *via* l'option Produit du menu Mode de fusion, nous pouvons définir l'intensité des bandes.

Nous avons à présent terminé la partie données du CD et pouvons observer son rendu dans l'éditeur (voir Figure 2.100, en bas). La luminosité du CD peut être contrôlée *via* l'intensité de la réflexion ; l'intensité des reflets et des sillons peut être contrôlée *via* le shader Lumas dans le canal Couleur ; et les bandes colorées peuvent être contrôlées principalement *via* les canaux Luminescence et Environnement.

Les matériaux restants requièrent moins de travail. Pour les fins anneaux délimitant la portion de données, vous pouvez même utiliser des copies de matériaux existants.

## ➤ Le matériau de l'anneau intérieur

Utilisez les commandes Copier et Coller du menu Édition du gestionnaire de matériaux pour créer une copie identique du matériau, et nommez-la par exemple Reflet pour pouvoir la distinguer plus facilement par la suite. Le fin anneau entre le centre transparent du CD et la partie données se différencie de cette dernière uniquement par le fait que des sillons manquent à cet endroit, ce qui a pour effet d'accentuer les propriétés de réflexion.

Commencez par désactiver les trois options Spécularité dans le shader Lumas du canal Couleur (voir Figure 2.101). La représentation des sillons s'en trouve ainsi désactivée. Augmentez ensuite la réflexion du nouveau matériau avec une valeur d'intensité de 75 %.

Pour finir, faites glisser le matériau sur le modèle de CD et indiquez, ou faites glisser, dans le champ Limiter à la sélection de la nouvelle propriété Texture le nom de la propriété Sélection de polygones correspondant à l'anneau intérieur.

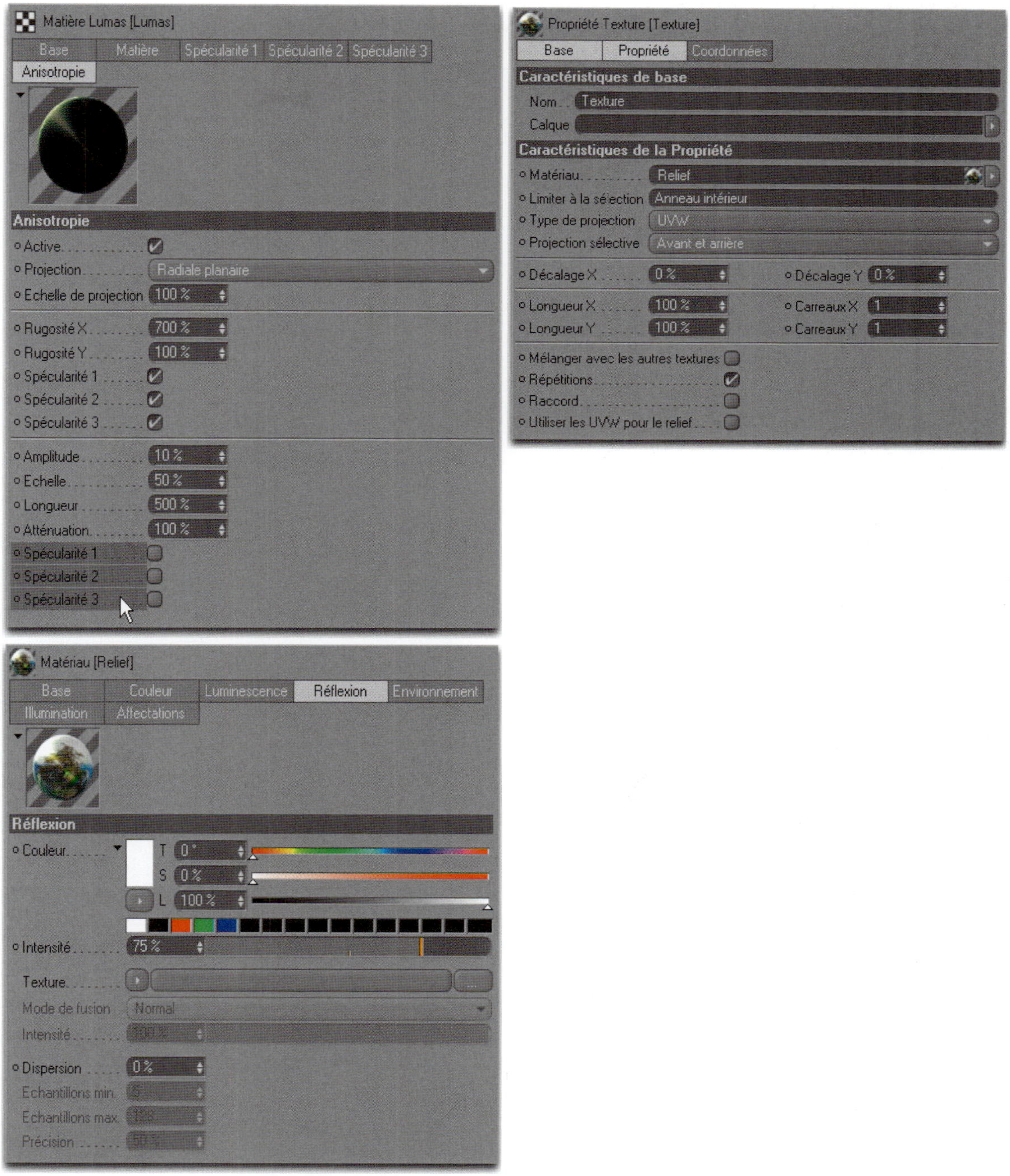


***Figure 2.101 :*** *Le matériau de l'anneau intérieur.*

*Figure 2.102 : La transition avec le centre du CD.*

Dans le gestionnaire d'objets, le matériau Reflet doit se trouver à droite du premier matériau pour être placé plus haut dans la hiérarchie et recouvrir ainsi partiellement ce dernier. Actualisez la vue en perspective dans l'éditeur pour observer l'effet du nouveau matériau (voir Figure 2.102).

Sachez que les couleurs telles qu'elles apparaissent imprimées dans ce livre peuvent être plus sombres et ternes qu'elles ne le sont en réalité. Étant donné que toutes les scènes étudiées sont fournies sur le CD-ROM compagnon, je vous conseille de les visualiser directement à l'écran.

## ➤ Le matériau transparent

Occupons-nous maintenant des parties transparentes du CD. Le centre du disque est plus particulièrement concerné, mais aussi toute la face inférieure. Seule la face supérieure possède une surface réfléchissante. Le matériau requis n'a rien de très compliqué. La Figure 2.103 présente sa configuration.

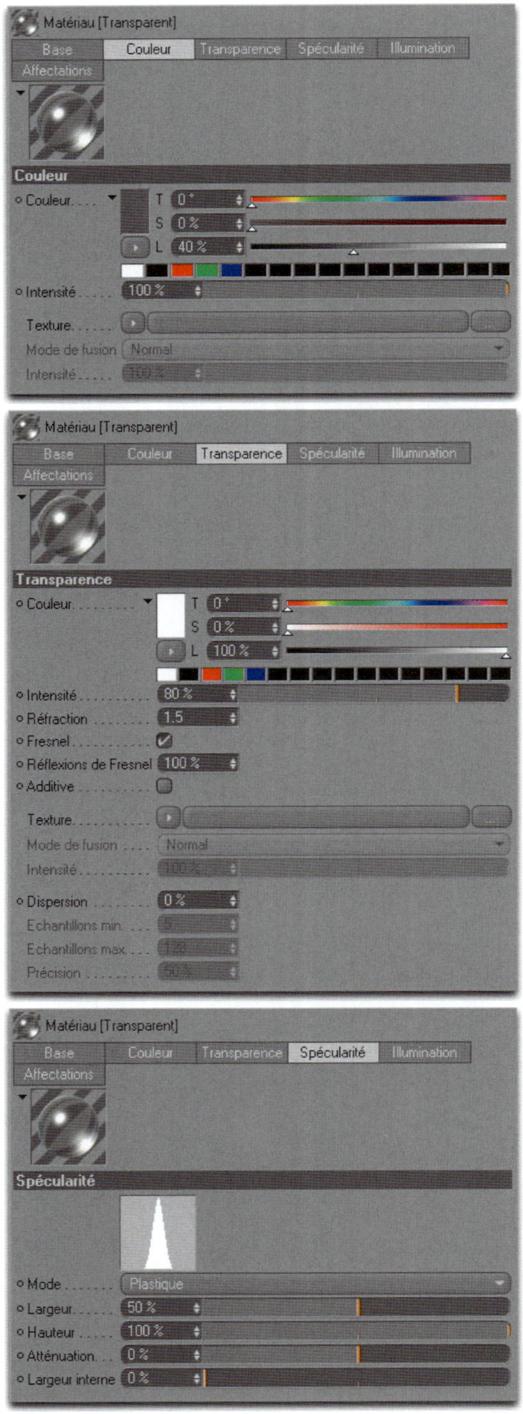


*Figure 2.103 : Le matériau transparent.*

*Figure 2.104 : Rendu avec le matériau transparent.*

Vous pouvez voir que la surface possède une luminosité de 40 %, combinée à une transparence de 80 % et une valeur de 1.5 pour Réfraction. Une forte spécularité parfait le matériau. N'oubliez pas d'activer l'option Fresnel dans le canal Transparence pour simuler l'équilibre naturel entre réflexion et transparence. Faites ensuite glisser ce matériau sur le CD dans le gestionnaire d'objets et limitez-le aux sélections des parties transparentes. Vous pouvez constatez à la Figure 2.104 que notre objet prend lentement forme.

Reste encore le fin anneau sur la tranche extérieure du CD. Notre tâche est ici un peu délicate car le matériau appliqué à cet endroit doit créer une transition progressive avec le matériau transparent. Nous disposons pour cela du shader Carte d'influence qui permet d'utiliser directement sur l'objet des structures peintes dans des matériaux.

## ➤ Le shader Carte d'influence

Le matériau de base est ici analogue au matériau Reflet, aussi faites une copie de ce dernier et nommez-la Reflet tranche. Activez en plus le canal Transparence et accordez ses propriétés avec celles du matériau transparent pour le centre du CD, soit une intensité de 80 %, l'option Fresnel activée, et une valeur de réfraction de 1.5.

Étant donné que ce matériau ne doit être que partiellement transparent, il convient de délimiter la zone transparente. Nous utiliserons pour cela une map de vertex (francisée par le terme carte d'influence dans le logiciel). Il s'agit d'une valeur de pondération exprimée sous la forme d'un pourcentage entre 0 et 100 et pouvant être appliquée directement aux points d'un objet à l'aide du pointeur de sélection, par exemple.

Lorsque cette valeur doit être assignée à de nombreux points, vous pouvez employer d'autres méthodes de sélection plus commodes. Activez ici l'outil Sélection par boucle et sélectionnez sur la face supérieure du disque les deux cercles de points extérieurs. Invoquez ensuite la fonction Définir une zone d'influence du menu Sélection.

Vous êtes invité à indiquer le pourcentage à attribuer aux points sélectionnés. Spécifiez la valeur 100 % et cliquez sur OK. Apparaît alors derrière le CD dans le gestionnaire d'objets une nouvelle propriété Zone d'influence qui consigne la valeur de pondération des points sélectionnés. L'éditeur affiche en outre une représentation en couleur de cette valeur lorsque cette propriété est active et que l'objet, actif lui aussi, se trouve dans le mode Points. Cette propriété fonctionne

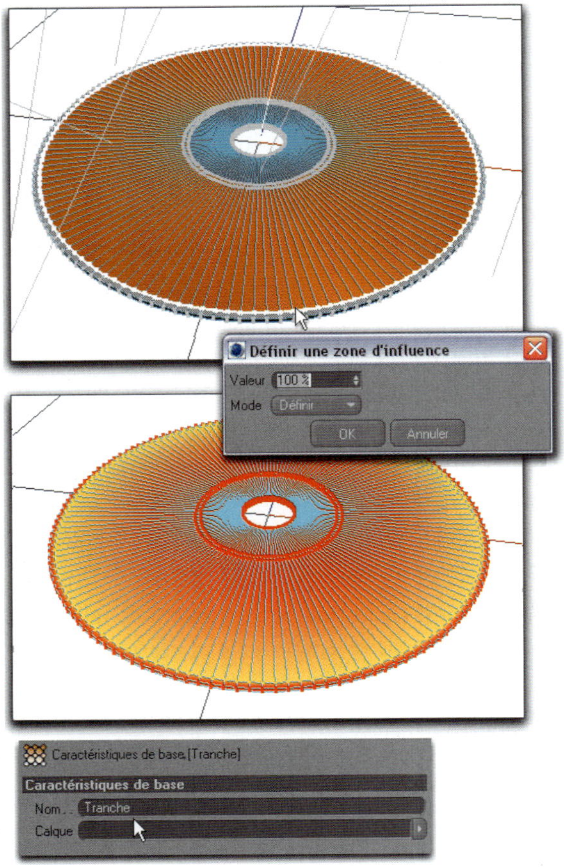


**Figure 2.105 :** *Création d'une map de vertex.*

sinon comme une propriété Sélection de polygones en ce qu'elle peut être renommée et utilisée dans un matériau (voir Figure 2.105).

Un shader spécial est alors nécessaire dans le matériau. Il se nomme Carte d'influence et se trouve dans le sous-menu Effets de la liste de shaders. Ce shader lit la valeur de la propriété Zone d'influence et la convertit en luminosité. Étant donné que cette propriété porte toujours sur tous les points de l'objet, ceux possédant une valeur non définie par vous reçoivent la valeur 0 %.

Le shader Carte d'influence représente la valeur 0 en noir et la valeur 100 en blanc, les valeurs intermédiaires correspondant à des nuances de gris. Comme la tranche du CD inclut seulement deux cercles de points, nous ne pouvons pas spécifier de valeurs paliers entre les deux.

Pour remédier à cela, chargez pour commencer dans le canal Transparence le shader Colorisation, puis dans ce dernier, le shader Carte d'influence. Le dégradé de couleurs du shader Colorisation va nous permettre de contrôler exactement le contraste et la luminosité du shader Carte d'influence.

Ouvrez ce dernier et faites glisser dans le seul champ qu'il contient la propriété Zone d'influence depuis le gestionnaire d'objets. Il convient également activer l'option Inverser car le canal Transparence interprète les zones claires comme étant transparentes et les zones sombres comme étant opaques. Puisque la transparence doit être effective sur les bords extérieurs du disque, les valeurs de pourcentage doivent être inversées.

Une fois cela fait, remontez d'un niveau hiérarchique dans le gestionnaire de matériaux ou d'attributs en cliquant sur la flèche vers la gauche, et modifiez le dégradé de couleurs du shader Colorisation comme indiqué en haut à droite de la Figure 2.106.

De cette façon, les valeurs de pondération allant jusqu'à 50 % inclus sont interprétées comme du noir et restent parfaitement visibles. Nous décalons ainsi vers l'extérieur le dégradé entre le matériau réfléchissant et celui transparent et accentuons de ce fait la transition. Le résultat et la configuration complète de ce matériau et du shader sont illustrés Figure 2.106.

*Figure 2.106 : La configuration du matériau pour la tranche du CD.*

*Figure 2.107 : Parachèvement de la scène.*

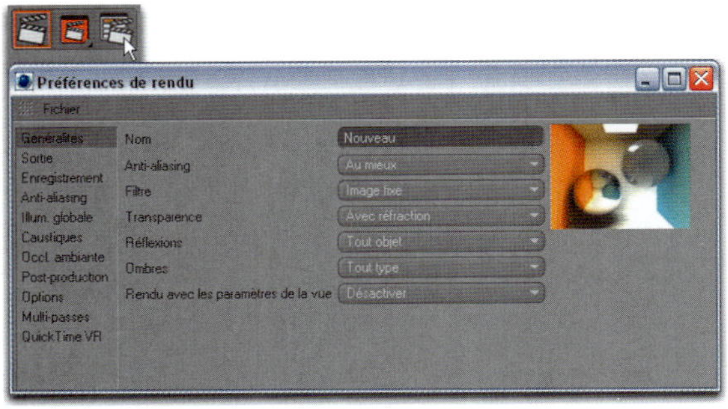


*Figure 2.108 : Les préférences de rendu.*

Vous pouvez voir au bas de la figure le modèle de CD terminé avec les matériaux appliqués. Veillez à placer le matériau de la tranche directement à droite du CD dans le gestionnaire d'objets et à le limiter à l'anneau de polygones extérieur. Vous pourriez ensuite créer une scène simple avec ce CD. Un exemple est donné dans la Figure 2.107.

J'ai d'abord fait une copie du disque et l'ai déplacée sur la droite, puis j'ai fait pivoter les deux CD pour les retourner, donnant à voir leur face inférieure transparente ainsi que les sillons de données. La spécularité est de ce fait autre et les objets y gagnent en réalisme.

Il est maintenant temps d'aborder plus sérieusement le calcul d'image. Jusqu'ici, nous n'avons effectué que des tests dans l'éditeur sans les enregistrer.

## Calcul de rendu et enregistrement

Tous les paramètres importants déterminant la taille d'image, la qualité et le chemin d'enregistrement figurent dans la fenêtre Préférences de rendu (voir Figure 2.108).

### *Généralités*

Cette fenêtre de configuration est invoquée par l'intermédiaire de l'icône également illustrée dans la Figure 2.108 ou du menu Rendu. Bien qu'elle offre une foule de possibilités de configuration et d'options, les plus importantes seront néanmoins vite expliquées. Une grande part des options contrôlant la qualité du rendu est déjà accessible dans la section Généralités.

Nous avons déjà évoqué le contour en escalier d'une ombre dure lors de notre étude sur les types d'ombres. Il est dû à la valeur trop faible du paramètre Anti-aliasing. Il n'existe en fait que deux autres options à part la désactivation complète de cet effet, Géométrie et Au mieux.

Avec Géométrie, toutes les arêtes d'objets sont lissées et les contours sont alors précis et nets. Toutes les caractéristiques reposant sur les attributs de matériau ne sont cependant pas pris en compte, telles que, par exemple, la réflexion, la transparence, ou encore les shaders et les images. Il y a bien sûr la possibilité de lisser chaque canal de matériau par l'intermédiaire des options d'interpolation (Échantillonnage) et de flou directement dans la section Texture, mais cela ne suffit pas pour améliorer la qualité.

Le paramètre Anti-aliasing doit englober l'ensemble d'un matériau avec toutes ses caractéristiques, pas seulement un canal particulier. C'est le rôle de l'option Au mieux. Elle inclut le lissage de l'option Géométrie, complété par une interpolation supplémentaire tenant aussi compte des matériaux. Pour un rendu de la meilleure qualité possible, il convient généralement d'utiliser cette option.

Cette interpolation peut être appuyée par le menu Filtre. L'option Image fixe produit une image très nette, comme ce qu'il est nécessaire d'avoir pour une sortie imprimée ou plus généralement pour afficher une image fixe. Avec des animations, il arrive que les détails scintillent ou que les mouvements paraissent saccadés. Dans ce cas, l'option Animation apporte une solution en produisant une image adoucie.

Le filtre Fusion est capable de combiner avec fluidité les deux options précédentes. La relation de combinaison servant à cet effet est configurable dans la page Anti-aliasing des préférences de rendu. Nous reviendrons sur ce point. Les options de filtre restantes sont utilisables dans certains cas particuliers. L'aide intégrée vous apportera des informations complémentaires quant à leurs avantages. L'option Sinc, par exemple, peut produire un anti-aliasing encore plus net, toutefois en contrepartie d'un temps de calcul plus long.

Les trois menus suivants de la page Généralités sont Transparence, Réflexions et Ombres (voir Figure 2.108), et concernent les caractéristiques de rendu pour ces trois aspects. Pour le rendu final, ces paramètres sont toujours utilisés au maximum de leurs capacités : nous voulons au final voir dans l'image toutes les caractéristiques des matériaux et des sources d'éclairage. Lors de tests par contre, il peut être utile de désactiver telle ou telle autre caractéristique pour réduire le temps de calcul.

Le menu Rendu avec les paramètres de la vue fonctionne comme son nom l'indique. Vous pouvez ainsi générer et enregistrer un rendu dans la résolution voulue, qui ne reproduira que la qualité de la vue dans l'éditeur. Vous pouvez ainsi déclencher un calcul de rendu pour une scène affichée avec des fils de fer ou un ombrage rapide. Les deux options du menu Rendu avec les paramètres de la vue correspondent à celles de la rubrique Vue des préférences générales de CINEMA 4D.

Ce type de calcul de rendu est prioritairement utilisé lors du calcul de tests pour des animations. En effet, puisque c'est le timing des mouvements d'objets qui est prépondérant, on peut souvent renoncer à la pleine qualité d'affichage des surfaces. En procédant ainsi, le logiciel calculera plus rapidement un rendu pour une animation composée de plusieurs centaines d'images.

Conclusion : vous sélectionnez principalement dans cette page le type d'anti-aliasing et le filtre. Vous pouvez laisser les autres réglages dans la configuration par défaut, le niveau de qualité maximal.

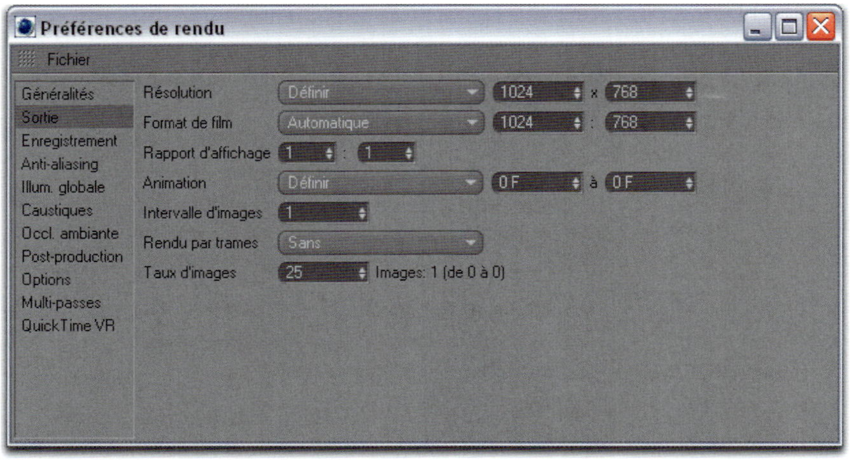


**Figure 2.109 :** *Les paramètres de sortie.*

## *Sortie*

Cette page des préférences concerne les options de sortie. Vous y indiquez la résolution voulue pour l'image ou l'animation à enregistrer (voir Figure 2.109).

Le menu Résolution propose une vaste liste des résolutions les plus courantes, telles qu'elles sont utilisées dans le domaine de la vidéo ou pour configurer un écran. Vous pouvez aussi indiquer d'autres valeurs dans les deux champs prévus pour le nombre de pixels en X et en Y. Le menu bascule alors automatiquement dans le mode manuel (option Définir).

Le menu Format de film fonctionne de la même manière. Vous pouvez y choisir divers formats ou définir d'autres valeurs. Si vous connaissez déjà la résolution voulue, vous n'aurez pas besoin de vous préoccuper des options de ce menu. Si toutefois vous savez juste que votre image doit respecter le rapport H × L 4:3, choisissez l'option Définir de ce menu et saisissez 4 et 3 dans les champs en regard.

Si maintenant vous indiquez une valeur de pixels dans l'un des deux champs de résolution, l'autre champ sera complété automatiquement pour conserver ce rapport.

Certains formats vidéo fonctionnent avec des pixels non carrés. Un écart dans le rapport H × L peut être indiqué dans les champs Rapport d'affichage. Avec des images fixes, vous pouvez garder le rapport 1:1.

Comme son nom l'indique, le menu Animation concerne exclusivement le rendu d'animations. Indiquez-y la portion qui doit être calculée. La valeur Intervalle d'images permet au besoin d'ignorer des images dans le calcul. Cela peut aussi être utile lors de tests pour réduire le temps de rendu. Laissez sinon cette valeur sur 1 pour prendre en compte toutes les images.

Le champ Rendu par trames est explicite, il provoque un calcul de rendu par type de lignes. Ce paramètre prend tout son sens, par exemple, lorsque vous prévoyez d'afficher votre animation sur un écran de télévision. Étant donné que ces appareils ne peuvent

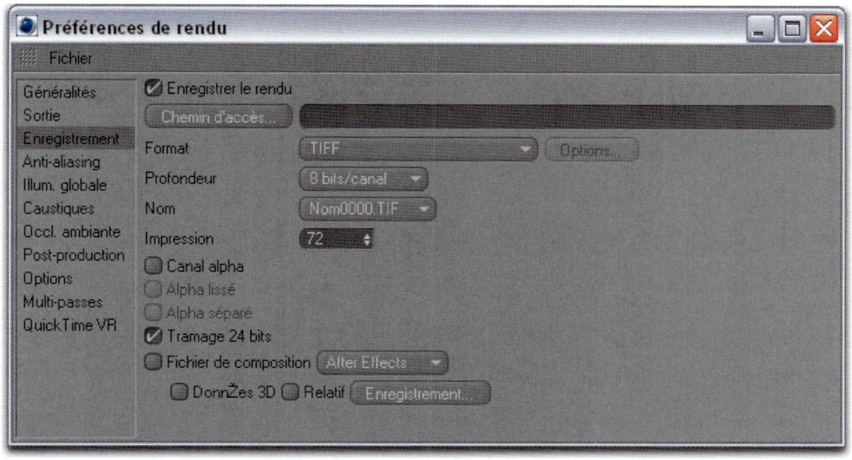


*Figure 2.110 : Les paramètres d'enregistrement.*

fonctionner qu'à la fréquence du réseau électrique, chaque image est divisée en deux trames, pour les lignes paires et impaires, afin de donner une apparence plus fluide aux mouvements, ce qui est particulièrement important dans le cas d'objets se déplaçant rapidement.

L'ordre des trames par lequel débute une lecture dépend du type de traitement subséquent appliqué au film. En cas de doute, il faut s'aligner sur le choix fait en post-production.

Le dernier champ à prendre en compte dans le calcul d'une animation est TAUX D'IMAGES. Il faut ici faire attention à la cohérence de cette valeur avec celle indiquée dans les préférences de projet. Sinon, l'animation sera lue ultérieurement à une autre vitesse que celle qui aura été définie dans CINEMA 4D.

## Enregistrement

Cette page des préférences (voir Figure 2.110) concerne le format et le chemin d'enregistrement de l'image ou de l'animation. L'option ENREGISTRER LE RENDU peut être désactivée lorsque vous ne souhaitez pas enregistrer l'image par l'intermédiaire de cette fenêtre. Vous avez encore la possibilité de le faire dans la page MULTI-PASSES sur laquelle nous reviendrons plus loin dans cette section.

Le bouton CHEMIN D'ACCÈS permet de définir le répertoire sur votre système où seront enregistrées les données. Le menu FORMAT est explicite. Vous y trouverez non seulement les formats d'images les plus courants, tels que TIFF ou JPEG, mais aussi ceux de films, comme AVI ou QuickTime.

Notez que les animations peuvent aussi être calculées en tant qu'images fixes. Cela est surtout utile pour ne pas avoir à recalculer toute la scène lorsqu'une erreur se présente. Lorsque vous calculez une animation en tant que séquence TIFF, par exemple, vous pouvez à tout moment interrompre le calcul pour le reprendre simplement à l'image suivante.

Une telle séquence a en outre l'avantage de permettre d'enregistrer chaque vue du film en tant qu'image complète avec la possibilité de la comprimer. Vous disposez ainsi d'un contrôle maximal sur la qualité des images. Après le calcul de rendu, il ne vous reste plus qu'à assembler les images sous forme d'une animation. Ce travail peut être accompli dans un autre logiciel, tel un programme d'édition vidéo ou un programme de lecture comme QuickTime Pro.

Le paramètre Profondeur définit la profondeur de couleur de l'image enregistrée. Pour permettre une correction ultérieure des couleurs, il vaut mieux, si possible, choisir une profondeur élevée. Il faut savoir que tous les outils ou filtres graphiques ne sont pas capables de prendre en charge la profondeur maximale. L'option 16 bits par canal ne devrait en revanche plus vraiment poser de problème.

Le menu Nom n'est intéressant que dans le cas d'animations rendues dans un format d'image fixe. Par son intermédiaire, vous spécifiez la stratégie de numérotation des images à enregistrer en séquence. Pour faire votre choix, prenez en compte la convention privilégiée par votre programme vidéo.

Le champ suivant, localisé par Impression, détermine la densité de points par pouce (ppp) d'une image enregistrée. La valeur par défaut de 72 correspond à la résolution standard des écrans.

Au lieu de spécifier ici une valeur différente, vous avez aussi la possibilité de générer un nouveau document dans Photoshop avec les dimensions et la valeur ppp voulues et d'en noter les valeurs de résolution en pixels. Reprenez celles-ci dans les champs Résolution des préférences de rendu. La conversion dans la valeur ppp pourra ensuite intervenir en post-production.

Dans la partie inférieure de la page, figurent une série d'options qui permettent d'enregistrer des informations supplémentaires. Ainsi, l'option Canal alpha entraîne le calcul et l'enregistrement d'un masque alpha. Le canal alpha peut être enregistré dans le

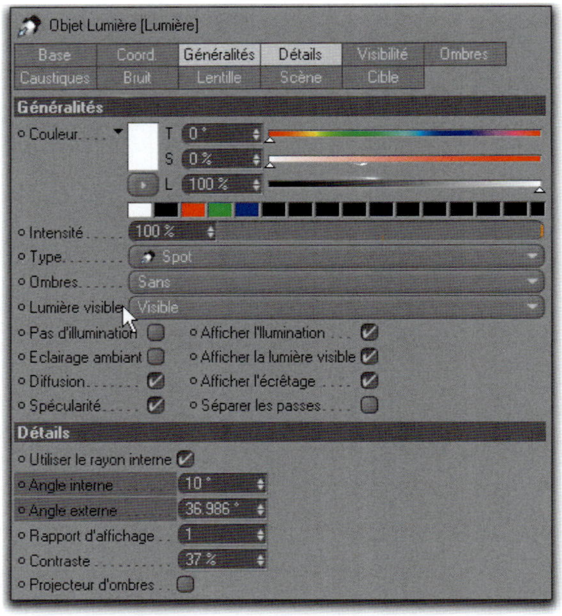


***Figure 2.111 :*** *Configuration de la source de lumière.*

fichier d'image ou séparément, selon le format choisi. Par exemple, le format JPEG n'autorise pas l'intégration de masques. Dans ce genre de situation, des images supplémentaires sont enregistrées pour les canaux.

Vous découvrirez plus loin lors de la description de l'option multi-passes, un meilleur moyen d'enregistrer ces masques.

Si l'option Canal alpha est activée, vous pouvez influer sur son calcul à l'aide de l'option Alpha lissé. Dans ce mode, il ne se produit aucun calcul d'anti-aliasing pour le canal alpha et aucune fusion du masque et de l'image. À condition que votre logiciel de composition l'accepte, vous pouvez parvenir à un isolement précis d'éléments, même compliqués, tels que des bandes de brume ou des objets transparents.

L'image réelle en sera cependant modifiée également et ne pourra ensuite être reconstituée qu'en liaison avec le canal alpha lissé. J'ouvre une parenthèse pour vous démontrer cela au moyen d'un petit exemple.

## ➤ Le canal alpha lissé

Je débute un nouveau projet et génère une source d'éclairage Spot. Dans l'onglet Généralités des attributs du spot, je sélectionne Visible dans le menu Lumière visible. Il se forme une sorte de brouillard autour de la source de lumière.

Les autres modes de ce menu génèrent aussi un effet semblable, mais ce brouillard est calculé de manière volumétrique, c'est-à-dire que les objets situés dans le cône d'éclairage peuvent y projeter une ombre.

Dans l'onglet Détails, nous spécifions deux angles d'ouverture pour le spot, Angle interne et Angle externe. La luminosité du spot est constante en deçà de l'angle interne et baisse progressivement jusqu'au cône de lumière extérieur. Ces options de configuration sont visibles dans la Figure 2.111.

Nous pouvons aussi limiter l'intensité de la lumière dans la direction de diffusion du spot. Divers rayons et fonctions d'atténuation sont prévus à cet effet, mais nous n'en aurons pas besoin dans cet exemple. Nous utiliserons à la place l'onglet Visibilité (voir Figure 2.112).

Nous nous intéresserons ici surtout aux champs Distance interne et Distance externe qui permettent de définir deux rayons autour de la source d'éclairage. En deçà du rayon de distance interne, la lumière visible reste claire, puis son intensité baisse jusqu'à ce qu'elle atteigne le rayon de distance externe.

Si l'option Utiliser le dégradé est activée, il est possible d'appliquer une couleur au cône de lumière visible. Ce n'est toutefois pas important pour notre test.

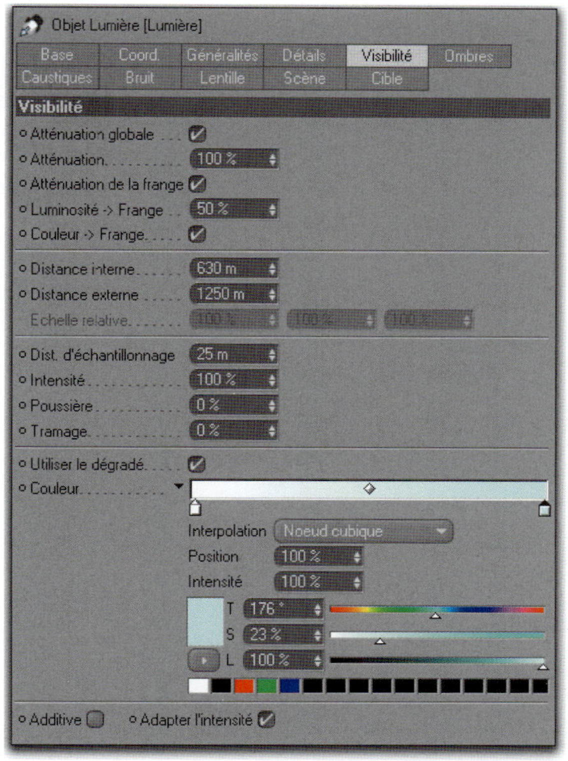


*Figure 2.112 : Configuration de la visibilité de la lumière.*

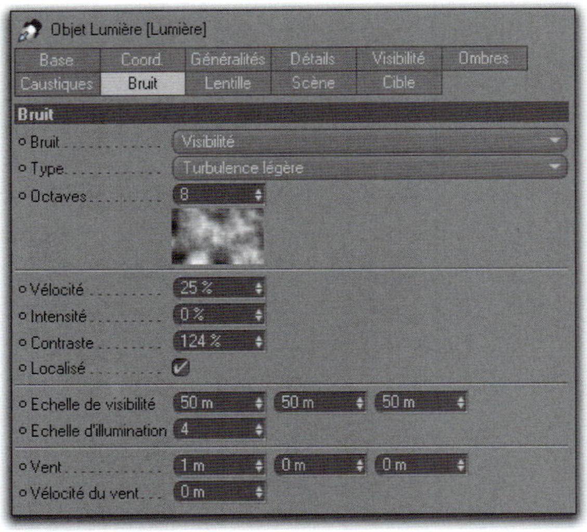


***Figure 2.113 :*** *Les paramètres de bruit.*

Pour donner sinon un peu plus de structure à ce cône monotone, passez dans l'onglet Bruit (voir Figure 2.113) et sélectionnez l'option Visible dans le menu Bruit. Le motif choisi dans Type sera ainsi multiplié avec la lumière visible. C'est un moyen simple d'afficher des bandes de brume ou des nuages. Le motif du bruit peut être dimensionné à l'aide des champs de taille (Échelle de visibilité) dans les axes X, Y et Z. Le paramètre Octaves détermine la précision du calcul du motif.

Les champs Intensité et Contraste contrôlent la luminosité du motif. Il est même possible de réaliser des animations simulant des mouvements dans la brume avec l'option Vent.

Selon le réglage du menu Bruit, ce motif peut aussi être utilisé pour l'éclairage et non seulement pour la rupture du cône de lumière.

Nous en avons terminé avec la configuration nécessaire et pouvons maintenant orienter le spot dans la direction la plus favorable pour le rendu.

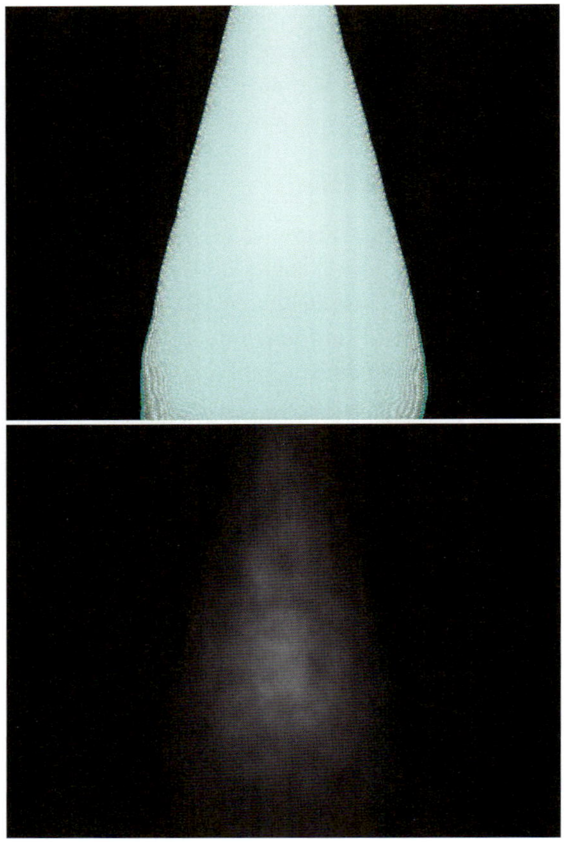

***Figure 2.114 :*** *Le résultat du calcul avec le canal alpha lissé.*

Activez le calcul du canal alpha dans la variante alpha lissé dans les préférences de rendu et déclenchez le rendu. Comme vous pouvez le voir dans la Figure 2.114, le résultat est peu réjouissant, le cône de lumière ne se laissant que deviner dans l'image. Seul le canal alpha répond à nos attentes.

Le véritable avantage de ce calcul se révèle seulement en post-production. Pour cela, j'ai ouvert l'image dans Photoshop et utilisé le canal alpha lissé en tant que masque pour l'image. L'arrière-plan a été simplement remplacé par un dégradé de couleur pour contrôler la qualité de l'isolement.

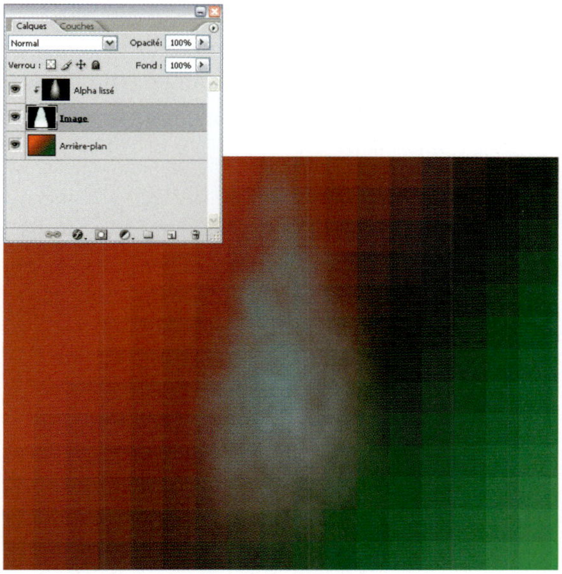


*Figure 2.115 : Coloration de l'arrière-plan.*

Comme le montre la Figure 2.115, il ne reste plus rien de l'arrière-plan noir original. On constate que les bords du cône ainsi que les ruptures dues au bruit ont un comportement très naturel sur l'arrière-plan. C'est une option très pratique lorsque vous devez travailler avec des objets transparents.

Je ferme cette parenthèse concernant le canal alpha pour poursuivre avec les paramètres de fichiers de projets supplémentaires de la page Enregistrement.

Ces paramètres ne s'appliquent que dans le cadre d'un traitement d'animation dans Motion, Final Cut Pro (pour CINEMA 4D Mac seulement), Shake, After Effects, ou Combustion.

Les fichiers de composition enregistrés ici en plus des images individuelles de l'animation peuvent être ouverts directement dans les applications citées, et permettent que tous les plans générés soient chargés dans les pistes adéquates. Cela ne fonctionne toutefois que si l'option de rendu multi-passes a été activée dans la page Multi-passes et que les canaux voulus ont été spécifiés.

Vous pouvez en outre, par exemple, prendre en compte le positionnement de caméras ou de sources de lumière, ce qui permet de générer certains effets lourds en calcul.

Pour réaliser cela, vous devez assigner au préalable aux objets concernés un symbole de propriété spécial en sélectionnant dans le gestionnaire d'objets Propriétés > Propriétés CINEMA 4D > Composition externe. Activez ensuite l'option Données 3D dans la page Enregistrement des préférences de rendu, en plus de l'option Fichiers de composition, et déclenchez un calcul de rendu.

Si vous pouvez renoncer à ces données 3D, il suffit alors d'activer le bouton Enregistrement... pour enregistrer un fichier de projet pour l'application sélectionnée, dans lequel tous les chemins d'hébergement des matériaux sont enregistrés. Ces chemins doivent toutefois être correctement spécifiés dans la page Multi-passes. En procédant ainsi, vous pourrez encore accéder ultérieurement à ce fichier de projet, même si lors du rendu de l'animation l'option d'enregistrement du fichier n'était pas encore activée.

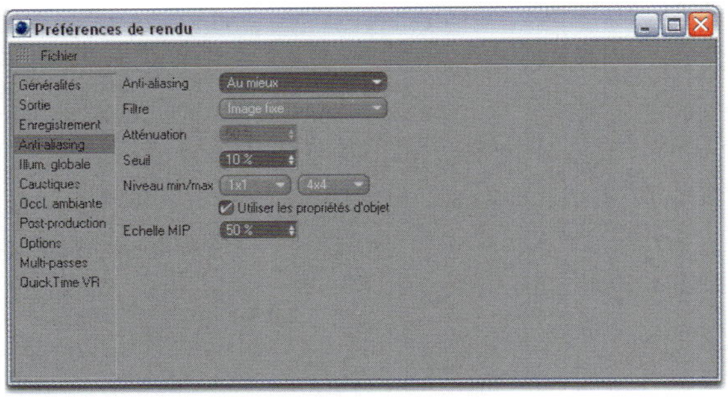


***Figure 2.116 :** Les paramètres d'anti-aliasing.*

## *Anti-aliasing*

Vous connaissez déjà les paramètres de base pour le type de lissage de contour et le calcul d'un filtre, que nous avons introduits dans la section relative à la page GÉNÉRALITÉS des préférences de rendu. Ces paramètres apparaissent également dans la page ANTI-ALIASING et peuvent y être configurés (voir Figure 2.116).

Le champ ATTÉNUATION contrôle, entre autres, la relation sous-jacente à la combinaison des filtres IMAGE FIXE et ANIMATION qui est activée par le mode FUSION que nous avons décrit plus haut dans la section GÉNÉRALITÉS. La valeur 0 % correspond ici à l'effet du filtre IMAGE FIXE. Avec d'autres filtres, il définit l'intensité de l'anti-aliasing.

Le champ SEUIL détermine la différence de couleur maximale autorisée entre pixels voisins. C'est seulement lorsqu'une différence de couleur excède cette valeur, avec un anti-aliasing configuré sur AU MIEUX, que la modification de couleur entre ces pixels est aussi lissée. La valeur standard de 10 % suffit déjà pleinement dans de nombreuses situations et ne devrait être réduite que lors de résultats peu satisfaisants.

L'intensité réelle de l'anti-aliasing AU MIEUX est contrôlée au moyen des valeurs NIVEAU MIN/MAX. La valeur minimale correspond au niveau de qualité qui sera accordé à chaque pixel, et la valeur maximale, à la qualité maximale utilisée. Selon la complexité du rendu à calculer, CINEMA 4D choisit un niveau de qualité entre ces deux valeurs.

Si vous rencontrez une situation où l'anti-aliasing AU MIEUX configuré avec les réglages standards ne produit pas un résultat uniformément satisfaisant, augmentez ces valeurs. Il existe plusieurs niveaux de qualité disponibles à cette fin.

Pour ne pas spécifier une quelconque valeur élevée qui entraînerait un allongement du calcul, il faut déterminer les endroits mêmes où une amélioration de la qualité est nécessaire.

Si des erreurs se produisent dans les ombres, à l'intérieur de matériaux ou derrière un élément transparent, vous devriez augmenter la valeur de NIVEAU MAX. Les erreurs portant sur des formes géométriques simples ou des arêtes d'objets seront résolues au moyen de la valeur NIVEAU MIN.

Si les erreurs se limitent à un objet ou un petit groupe d'objets, vous pouvez cibler la qualité de l'anti-aliasing seulement sur les objets en question. Pour réaliser cela, vous devez assigner aux objets un symbole de propriété RENDU en sélectionnant dans le gestionnaire d'attributs, PROPRIÉTÉS > PROPRIÉTÉS CINEMA 4D > RENDU.

Cette propriété RENDU propose dans le gestionnaire d'attributs, entre autres paramètres, l'option FORCER L'ANTI-ALIASING par l'intermédiaire de laquelle il est possible d'attribuer un niveau minimal et un niveau maximal pour contrôler la qualité. Même la valeur de seuil peut être adaptée de cette manière. Pour que ces attributs puissent être pris en compte, l'option UTILISER LES PROPRIÉTÉS D'OBJET de la page ANTI-ALIASING des préférences de rendu doit aussi être activée.

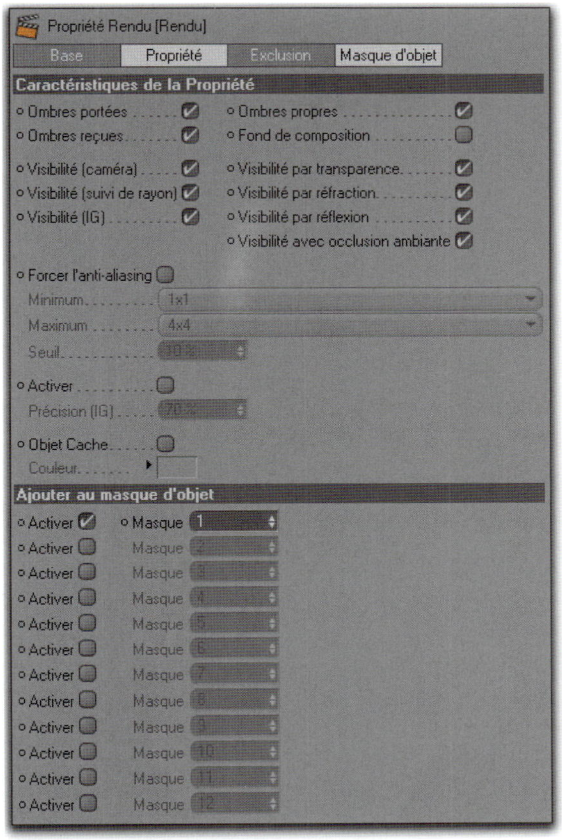


*Figure 2.117 :* *Configuration de la propriété de rendu.*

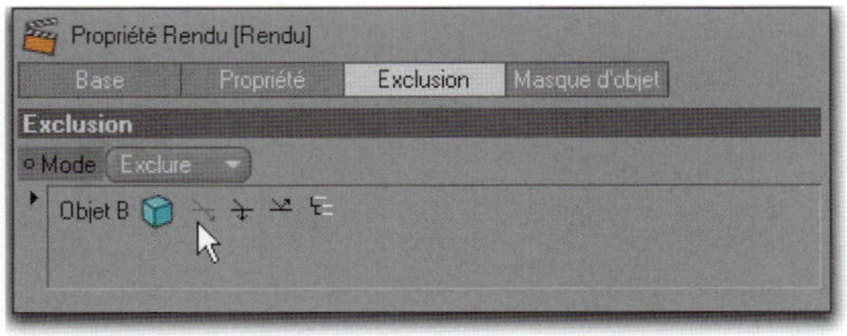


*Figure 2.118 :* *La liste d'exclusion de la propriété de rendu.*

Cette propriété de rendu offre une foule d'autres options utiles. Nous allons en examiner quelques-unes (voir Figure 2.117).

Dans l'onglet Propriété, certaines options servent à contrôler si l'objet doit être visible pour la caméra, s'il projette ou reçoit des ombres, ou s'il peut se refléter dans d'autres objets. Cela facilite grandement l'emploi d'objets auxiliaires. Vous pouvez ainsi, par exemple, ajouter un objet uniquement pour provoquer son reflet dans une surface sans qu'il soit visible dans la scène.

Dans l'onglet Exclusion, vous pouvez même limiter ces attributs à certains objets (voir Figure 2.118).

Imaginez, par exemple, la situation suivante. Un objet A ne doit pas être reflété dans un objet B, mais dans un objet C. Suite à l'activation de l'option Visibilité par réflexion, l'objet A n'est visible dans aucun objet réfléchissant.

Grâce à la liste d'exclusion, ce problème est facilement résolu. Placez-y l'objet B et activez les icônes des propriétés qui ne devraient pas s'appliquer. De la gauche vers la droite, ces icônes concernent respectivement la visibilité par transparence, par réfraction, par réflexion, et l'inclusion de tous les objets subordonnées. La fonction de ces icônes change naturellement selon que la liste d'exclusion est utilisée dans le mode Inclure ou Exclure.

Si cette liste fonctionne dans le mode Exclure, les icônes actives représentent les caractéristiques non prises en compte pour l'objet dans la liste. Dans le mode Inclure, elles représentent les caractéristiques visibles.

L'onglet Masque d'objet propose aussi une fonction intéressante. Vous pouvez par son intermédiaire assigner un ou plusieurs numéros de tampon (voir Figure 2.117). Pour chaque tampon, il est possible de prévoir un calcul de canal alpha distinct *via* le paramètre multi-passes. Il constitue une aide précieuse lorsque l'on doit pouvoir ensuite rapidement isoler des objets de la scène.

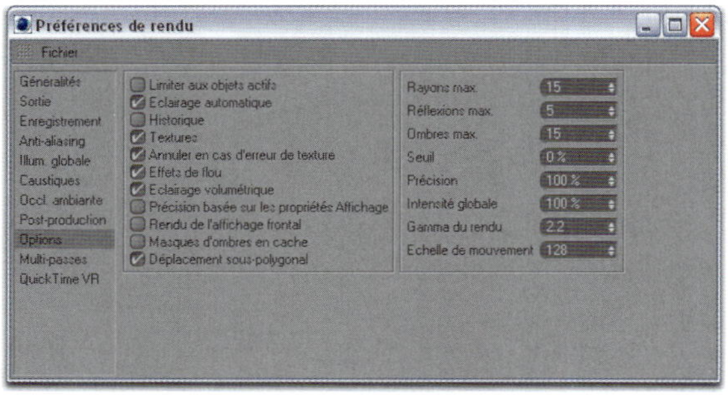


***Figure 2.119 :*** *Les paramètres d'options exceptionnelles.*

## Options

Dans la page Options des préférences de rendu, figurent les paramètres de base qui ne doivent être modifiés qu'exceptionnellement (voir Figure 2.119). Dans la colonne gauche, figurent les options par l'intermédiaire desquelles vous pouvez activer ou désactiver les Effets de flou, c'est-à-dire le flou de la réflexion ou de la transparence d'un matériau.

L'option Éclairage automatique active par exemple l'éclairage par défaut qui éclaire la scène jusqu'à ce que des sources de lumière personnelles aient été générées. Je cite ici cette option car elle gêne dans certaines situations où la radiosité est utilisée pour éclairer une scène.

Une option intéressante dans le cas de déplacements aériens de la caméra lorsqu'aucun objet de la scène n'est en mouvement est Masques d'ombres en cache. Elle permet de limiter à la première image d'une animation le calcul des ombres diffuses des sources d'éclairage. Ces ombres sont enregistrées sur le disque dur et simplement chargées pour les calculs d'images subséquents.

Selon la taille, le nombre et la complexité des ombres, cette option peut procurer un gain de temps de calcul considérable, à condition toutefois que les ombres ne changent pas. Sinon, d'autres calculs seront nécessaires et annihileront l'avantage.

Dans la colonne droite de la page Options, figurent des valeurs par l'intermédiaire desquelles vous pouvez influer sur le nombre maximal de rayons pris en compte dans les calculs lorsqu'une scène présente de nombreux objets transparents ou réfléchissants.

La valeur Rayons max. définit le nombre maximal de surfaces qui peuvent être traversées dans le calcul d'un pixel. Imaginez, par exemple, une longue rangée de verres ou plusieurs vitres se succédant les unes derrière les autres. Dans ce processus, à chaque fois qu'un polygone transparent, ou invisible par l'intermédiaire du canal alpha d'un matériau, est calculé, un nouveau rayon est émis pour explorer ce qu'il y a derrière le polygone.

Pour éviter des temps de calcul exagérés, la valeur Rayons max. impose une limite au nombre de rayons de calcul pouvant être émis.

Si pour un certain effet vous ne pouvez renoncer au calcul exact de nombreuses surfaces transparentes et remarquez des erreurs d'affichage dans ces surfaces, augmentez cette valeur.

Le paramètre Réflexions max. fonctionne selon le même principe, mais s'applique aux réflexions. Un exemple typique est la situation où deux surfaces réfléchissantes se font face. Dans le cas le plus défavorable, un rayon réfléchi serait emprisonné entre les deux surfaces et renvoyé à l'infini. La valeur Réflexions max. interrompt automatiquement le suivi d'un rayon lorsque le nombre de réflexions configuré est atteint.

Le paramètre Ombres max. opère aussi suivant le même principe et spécifie le nombre maximal de rayons servant à vérifier si un pixel se situe dans l'ombre d'un autre objet.

Le champ Seuil agit comme un filtre pour le Raytracer. Seules les parties colorées, transparentes et réfléchissantes dont l'intensité dépasse ce seuil seront prises en compte. L'augmentation de la valeur du seuil permet ainsi de supprimer du rendu les caractéristiques de

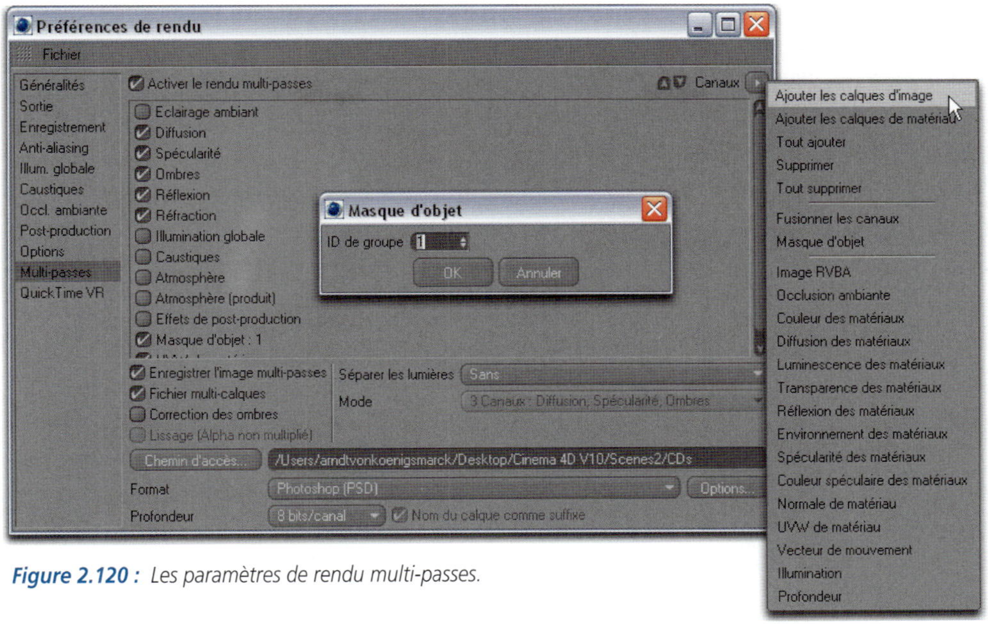


***Figure 2.120 :*** *Les paramètres de rendu multi-passes.*

pixels dont l'intensité se retrouve en deçà de cette valeur. Par exemple, imaginez une surface avec un niveau de transparence de 10 %. Avec un seuil de 11 %, cette transparence ne sera pas prise en compte, ce qui accélérera les calculs.

Ce paramètre s'accompagnant cependant d'une perte de qualité imprévisible, il est fréquent de ne pas y recourir et de le laisser à 0 % pour obtenir la meilleure qualité.

Les options Intensité globale et Gamma du rendu concernent l'affichage de la luminosité de l'image à l'écran. Par l'intermédiaire du champ Intensité globale, vous pouvez augmenter ou baisser la luminosité des pixels calculés. La valeur Gamma du rendu devrait être alignée sur la configuration du système d'exploitation pour le calibrage des écrans connectés. Sous Windows, il correspond à 2,2, et sous Macintosh, à 1,8. La valeur qui convient est en générale automatiquement reprise par CINEMA 4D.

## *Multi-passes*

Les paramètres de la page Multi-passes des préférences de rendu peuvent être utilisés en complément ou à la place de ceux de la page Enregistrement (voir Figure 2.120).

Comme pour les paramètres d'enregistrement, vous pouvez ici spécifier le chemin servant à l'enregistrement des résultats des calculs rendu. La différence et l'avantage que présente cette configuration sur celle de la page Enregistrement est qu'elle ne mémorise pas seulement une image complète dans un fichier, mais enregistre aussi ses propriétés sous forme de couches distinctes.

Vous pouvez ainsi demander le calcul de divers canaux – par exemple, Ombres, Réflexion ou Couleurs des matériaux – en tant que calques distincts, en les choisissant à partir de la longue liste Canaux. Pour la faire apparaître, cliquez sur le bouton figurant un triangle situé en haut à droite de la fenêtre.

Cette liste contient aussi le canal Masque d'objet par l'intermédiaire duquel vous pouvez isoler des objets dans des canaux alpha distincts.

L'option Ajouter les calques d'image offre un assemblage équilibré des canaux les plus courants. Si certains d'entre eux ne sont pas utiles, décochez-les. Vous pouvez aussi à tout moment en ajouter à partir de la liste.

Vous pouvez même demander le calcul séparé de l'illumination et de la projection d'ombres pour vos sources d'éclairage en utilisant le menu Séparer les lumières. L'option Sélectionnées vous permet de spécifier les sources de lumière utilisées. Il faut pour cela activer l'option Séparer les passes dans l'onglet Généralités de la fenêtre d'attributs des sources d'éclairage à inclure dans le processus. Sinon, l'option Toutes enregistre toutes les lumières en tant que calques. Le menu Mode permet de spécifier les propriétés des sources d'éclairage à traiter en tant que calques distincts.

Nous allons maintenant voir au moyen de notre exemple comment tous ces paramètres de rendu multi-passes et options de calcul concourent à l'image finale voulue.

## Préparation de la scène

Nous commençons par vérifier dans la page des Généralités des préférences de rendu que les options Transparence, Réflexions et Ombres sont configurées avec leur niveau maximal, et que Rendu avec les paramètres de la vue est désactivé.

Dans la page Sortie, sélectionnez la résolution d'image voulue. Le Rapport d'affichage devrait être 1:1. Vérifiez dans le cas d'un calcul en tant qu'image fixe que le menu Animation est configuré sur Image active.

Puisque nous voulons tester le rendu multi-passes des canaux pour pouvoir traiter ultérieurement notre image plus aisément, désactivez l'option Enregistrer le rendu de la page Enregistrement. Si vous avez besoin d'un canal alpha lissé, les options Canal alpha et Alpha lissé doivent être activées.

Dans la page Anti-aliasing, choisissez Au mieux dans le premier menu et Image fixe dans le menu Filtre. Laissez les valeurs par défaut pour Niveau min/max et Seuil.

Dans la page Multi-passes, sélectionnez dans le menu Canaux, Ajouter les calques d'image et désactivez dans la liste les canaux pour Éclairage ambiant, Illumination globale, Caustique, Atmosphère, Atmosphère (produit), et Effets de post-production, car ces propriétés ne sont pas utilisées dans notre scène et ne produiraient que des calques vierges.

Complétez la liste en ajoutant un Masque d'objet avec l'identifiant 1 et indiquez par l'intermédiaire du bouton Chemin d'accès l'emplacement sur le système où le fichier doit être enregistré.

Les options Activer le rendu multi-passes et Enregistrer l'image multi-passes doivent être actives pour permettre l'enregistrement d'un fichier avec des calques distincts. Veillez à utiliser un format d'enregistrement comme celui de Photoshop ou de BodyPaint 3D, capable de manipuler les calques.

Vous pouvez maintenant fermer la fenêtre Préférences de rendu. Avant de déclencher le rendu, nous devons encore marquer les objets qui doivent être enregistrés dans le canal Masque d'objet : 1. Nos deux CD sont concernés. Assignez-leur un symbole de propriété Rendu et activez dans l'onglet Masque d'objet de chaque propriété le Masque 1.

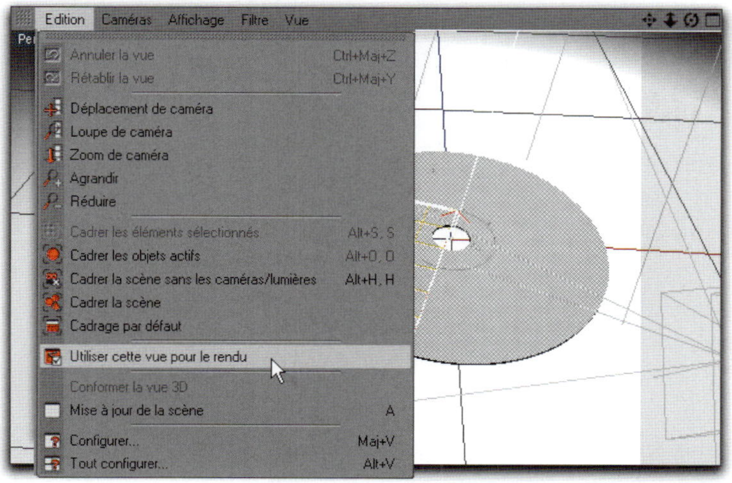


***Figure 2.121 :*** *L'option de choix de vue pour le rendu.*

Vérifiez ensuite la position de l'image dans la vue en perspective. Il est possible que la modification de la valeur Résolution dans les préférences de rendu ait provoqué un léger déplacement.

Corrigez le cas échéant la position de la caméra virtuelle. Finalement, vérifiez que l'option Utiliser cette vue pour le rendu du menu Édition est activée. Le changement de cette option permet d'utiliser pratiquement n'importe quelle vue pour le rendu (voir Figure 2.121). De cette manière, vous pouvez aussi générer un rendu sans déformation de la vue frontale ou latérale.

## *Déclenchement d'un rendu*

Le calcul du rendu d'une image ou d'une animation est aisément déclenché d'un clic sur l'icône illustrée Figure 2.122. Cette fonction Rendu dans le visualiseur ouvre une fenêtre dans laquelle vous voyez la progression du processus de calcul. Étant donné que la taille de cette fenêtre peut être modifiée, l'image n'est pas forcément affichée avec ses dimensions et sa qualité réelles.

***Figure 2.122 :*** *Le visualiseur.*

Pendant que le calcul se déroule, vous pouvez avoir un aperçu des différents canaux. Dans le menu Canaux, désélectionnez l'option Affichage multi-calques et choisissez dans le même menu le canal voulu. Il est ainsi souvent possible de repérer suffisamment tôt des erreurs ou des inexactitudes. Dans ce cas, vous pouvez à tout moment fermer la fenêtre du visualiseur, ce qui interrompt le processus.

Gardez à l'esprit que le visualiseur peut n'afficher qu'une version réduite de l'image dans une faible qualité. En cas de doute, sélectionnez dans le menu Vue l'option 100 % pour obtenir la taille originale. Si tout va bien, attendez la fin du calcul et fermez la fenêtre. Pendant le calcul, un petit graphique illustrant la progression du processus est affiché dans la barre d'état du visualiseur.

Sachez que l'image sera enregistrée uniquement si vous avez indiqué un répertoire dans les pages Multi-passes ou Enregistrement des préférences de rendu. Vous pourrez sinon l'enregistrer directement à partir du visualiseur en passant par le menu Fichier. Si vous avez réussi cet exercice, vous pouvez maintenant ouvrir le fichier enregistré, par exemple, dans Photoshop. La Figure 2.123 illustre les différents calques enregistrés ainsi que l'image issue de leur combinaison.

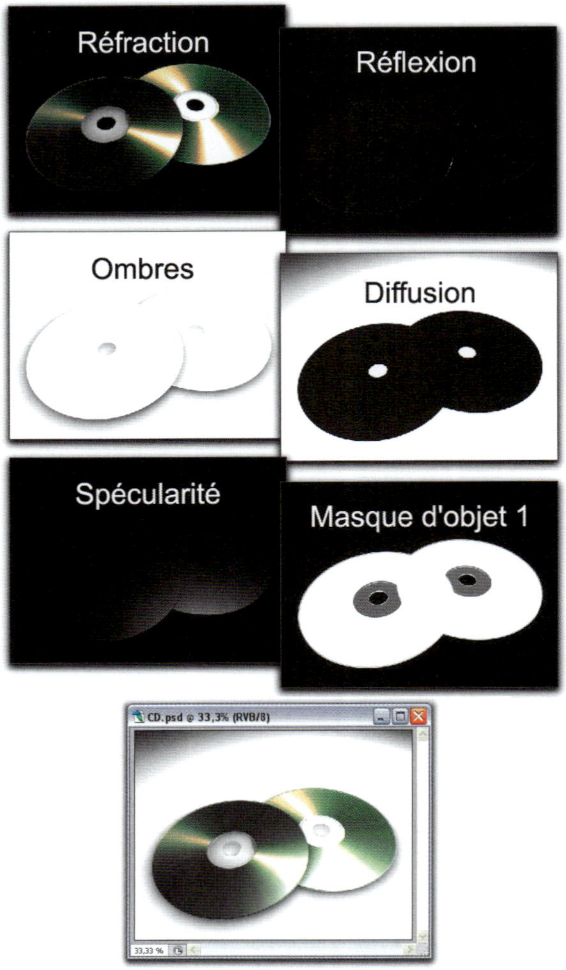


**Figure 2.123 :** *Le fichier multi-passes.*

Cet exercice a permis de mettre en évidence l'avantage du rendu multi-passes. Vous pouvez modifier sans problème, même après le rendu, l'intensité des ombres ou des reflets sans avoir à modifier et à recalculer totalement la scène. Nous avons vu dans cette section une procédure complète de création, de la modélisation au rendu en passant par le texturage et l'éclairage.

# Un studio photo virtuel

Cette section nous permettra d'approfondir notre travail avec la lumière sur la base d'un exercice visant à concevoir un studio photo virtuel. À l'instar d'un vrai studio, nous utiliserons un fond qui pourrait être fait de tissu ou de papier. La particularité de cet accessoire est l'absence de transition visible entre l'arrière-plan et le sol grâce à un arrondi.

Définissez la forme du fond dans la vue latérale au moyen d'une spline. Utilisez une courbe de Bézier et manipulez les tangentes pour obtenir une courbe précise. Veillez à ce que la partie de la spline formant le sol soit bien à plat. Placez ces points sur la coordonnée 0 de l'axe Y du système Monde, cela facilitera par la suite le placement d'objets.

La Figure 2.124 illustre un exemple de courbe. Subordonnez la spline à un objet Extrusion NURBS et donnez-lui une valeur de mouvement produisant une grande largeur. La partie inférieure de la figure montre un résultat possible en vue de dessus.

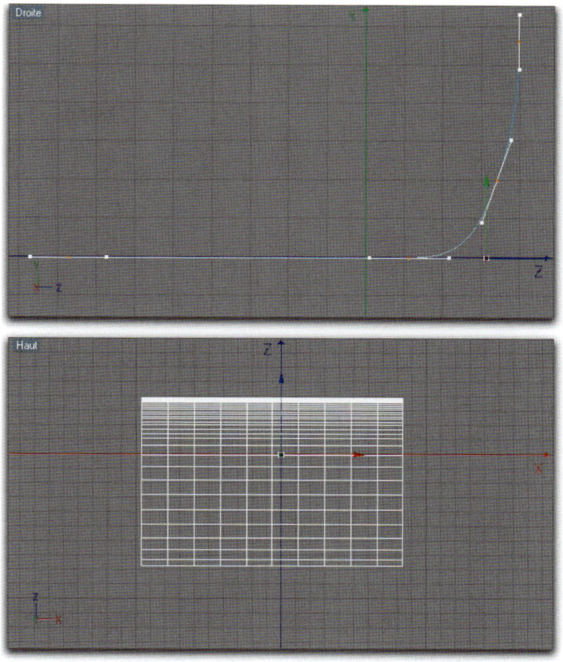


*Figure 2.124 : Une courbe extrudée.*

Ce fond est déjà utilisable ainsi, mais j'aimerais générer une légère courbure dans la largeur qui aura un effet avantageux une fois l'éclairage en place. L'objet Extrusion NURBS n'offre aucun moyen de le faire.

## *Déformateurs*

Nous pouvons utiliser un objet de déformation pour réaliser notre courbure. Vous trouverez ce type d'objets dans le menu illustré Figure 2.125. C'est un objet auxiliaire qui est activé par subordination. Les objets les plus courants figurent dans la première rangée, et leurs icônes donnent déjà une bonne indication des types de déformations qu'ils permettent d'obtenir.

*Figure 2.125 : Les objets de déformation.*

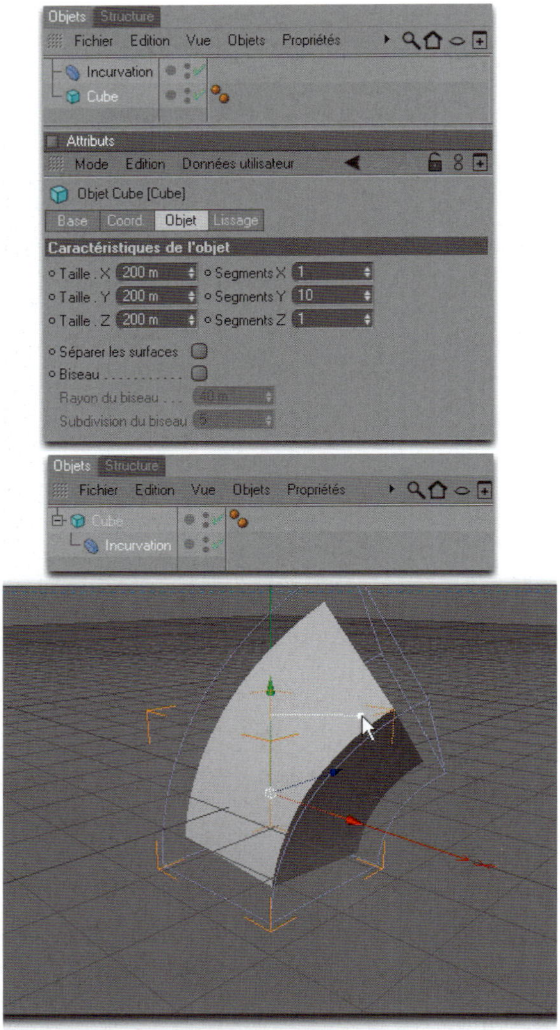


***Figure 2.126 :*** *Le déformateur Incurvation.*

Nous nous intéresserons ici à l'objet Incurvation. Ajoutez-le à la scène et subordonnez-le à un nouvel objet Cube. Pour que le cube puisse être plié, augmentez son nombre de segments dans le sens de la déformation. La Figure 2.126 montre mes choix de configuration.

Dans le mode Modèle, activez l'outil de déplacement et utilisez la poignée de manipulation de l'objet Incurvation. Elle permet de contrôler l'intensité et l'orientation de la déformation. Vous voyez au bas de la Figure 2.126 un exemple de résultat.

Si vous devez obtenir un angle de pliure exact ou suivre une certaine orientation, utilisez les champs appropriés dans le gestionnaire d'attributs pour assigner les valeurs adéquates. L'onglet Objet offre aussi plusieurs modes, celui par défaut étant Influence limitée. Dans ce mode, la déformation n'est calculée qu'entre les faces fermantes supérieure et inférieure du cube d'incurvation, et les parties dépassant s'adaptent à la déformation.

Puisque le cube déformant est manipulable à souhait, vous pouvez déterminer l'endroit exact de la pliure. La longueur de la section à incurver est définie par l'intermédiaire du champ Éch. Y du déformateur. Pour que la longueur initiale de l'objet soit conservée durant la déformation, activez l'option Préserver la longueur sur l'axe Y.

Outre le mode par défaut, vous disposez des modes Influence interne et Influence illimitée. Ils sont illustrés Figure 2.127.

Dans le mode Influence interne, seule la partie de l'objet à l'intérieur du cube déformant subira l'action. Il est rarement mis en œuvre. Le mode Influence illimitée fonctionne comme dans le mode limité, sauf que l'action porte aussi sur les parties au-delà des limites du cube déformant. Il est ainsi plus simple de former des déformations symétriques.

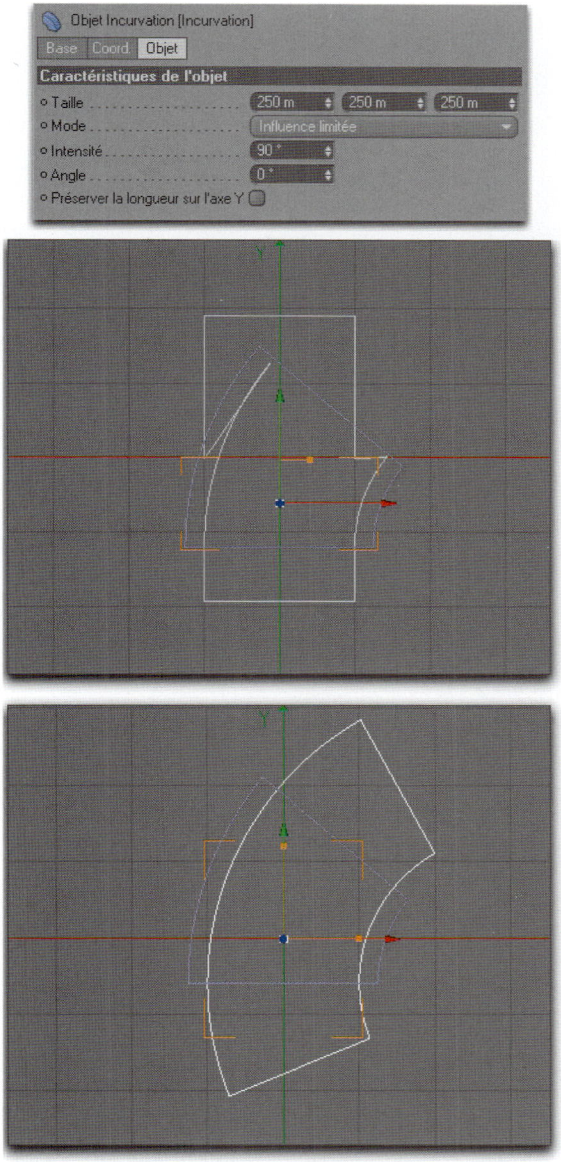


*Figure 2.127 : Modes du déformateur Incurvation.*

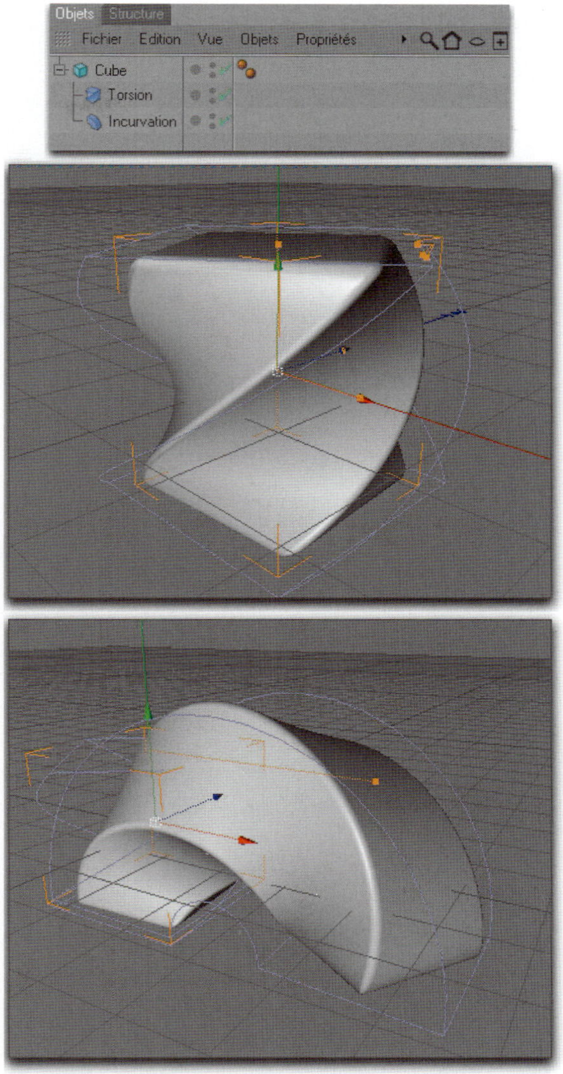


*Figure 2.128 : Combinaison de déformateurs.*

Un grand avantage de l'emploi des déformateurs est qu'ils peuvent être combinés (voir Figure 2.128). Essayez cela en ajoutant un déformateur de type Torsion et en le subordonnant aussi à notre cube. Lorsque vous utilisez plusieurs déformateurs, leur ordre joue un rôle décisif car ils influent sur l'objet parent et sur les objets en-dessous dans la hiérarchie, du haut vers le bas.

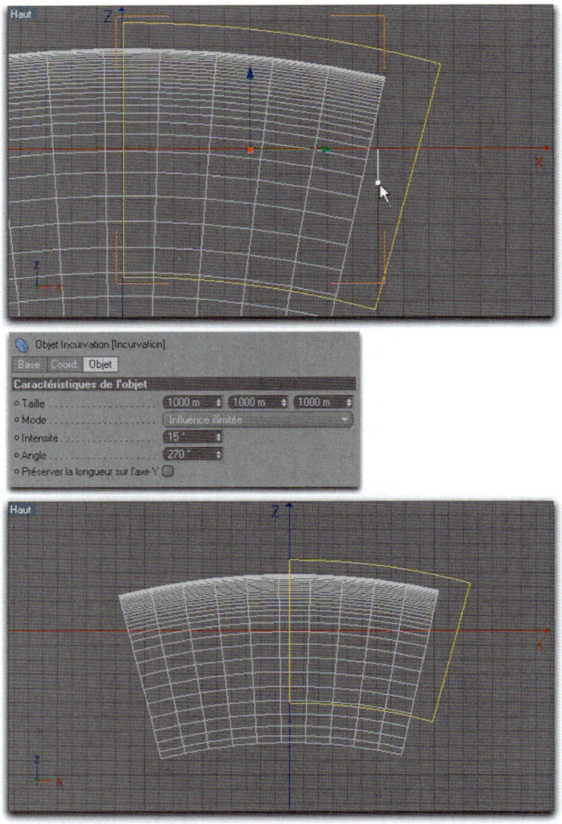


***Figure 2.129 :*** *Courbure du fond.*

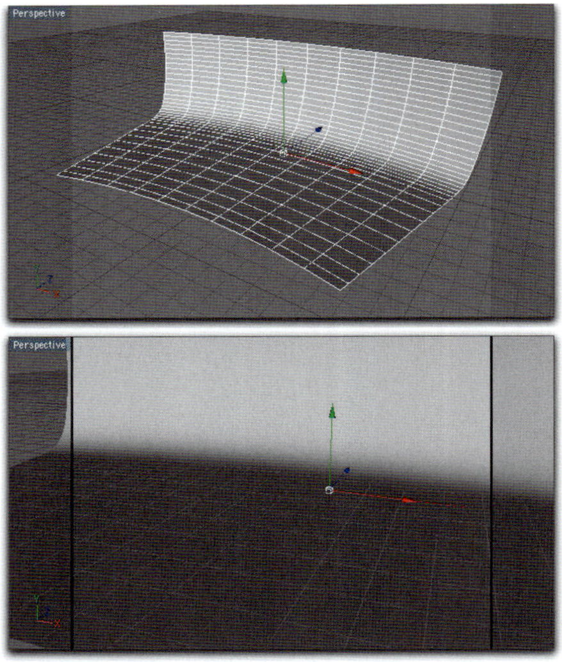


***Figure 2.130 :*** *Choix d'un angle de caméra.*

Vous disposez maintenant des connaissances de base pour utiliser les déformateurs. Nous pouvons revenir à notre studio photo. Supprimez le cube et les déformateurs utilisés précédemment pour notre introduction à la déformation d'objets. Générez un autre objet Incurvation dans le mode Influence illimitée et subordonnez-le à l'objet Extrusion NURBS.

Corrigez l'ordre des objets sous le NURBS pour que la spline se trouve en première position. Arrangez l'axe Y de l'objet Incurvation pour qu'il repose sur l'axe X du Monde. Dans la vue de dessus, utilisez la poignée de déformation pour former une légère courbure, comme montré dans la Figure 2.129. Adaptez au besoin la taille du déformateur à celle du fond.

Sélectionnez ensuite un angle de caméra approprié dans la vue en perspective. Faites attention aux polygones un peu plus sombres, seule la section entre ces zones sera véritablement visible dans l'image. Elle est délimitée par deux traits verticaux noirs dans la Figure 2.130.

*Figure 2.131 : Génération et prise en compte d'une caméra.*

## Caméras

La perspective de la vue prévue pour le rendu – souvenez-vous de l'option UTILISER CETTE VUE POUR LE RENDU – doit être transmise à un objet CAMÉRA. Il suffit pour cela de sélectionner l'icône CAMÉRA dans le menu des lumières (voir Figure 2.131).

Pour que la caméra soit prise en compte lors du calcul de rendu, vous devez cliquer sur le petit symbole qui lui est associé dans le gestionnaire d'objets. Il est repéré dans la Figure 2.131 par le pointeur de la souris.

Comme vous pouvez le voir dans la Figure 2.132, un objet caméra est aussi visible dans les vues de l'éditeur. Vous pouvez ainsi connaître sa position et son orientation, même dans les vues latérale et frontale. La pyramide de visée de la caméra représente aussi une aide appréciable.

Vous disposez d'options de configuration supplémentaires dans le gestionnaire d'attributs, par exemple, pour la distance focale de la caméra. Par l'intermédiaire des champs DÉCALAGE DU FILM, le cadrage peut être déplacé latéralement ou verticalement sans devoir bouger la caméra, ce qui modifierait sinon la perspective. C'est une fonction très utile, par exemple, pour représenter de très grands objets et éviter que les lignes verticales soient inclinées. Dans le cas d'un objectif grand-angle, un travail supplémentaire est éventuellement nécessaire.

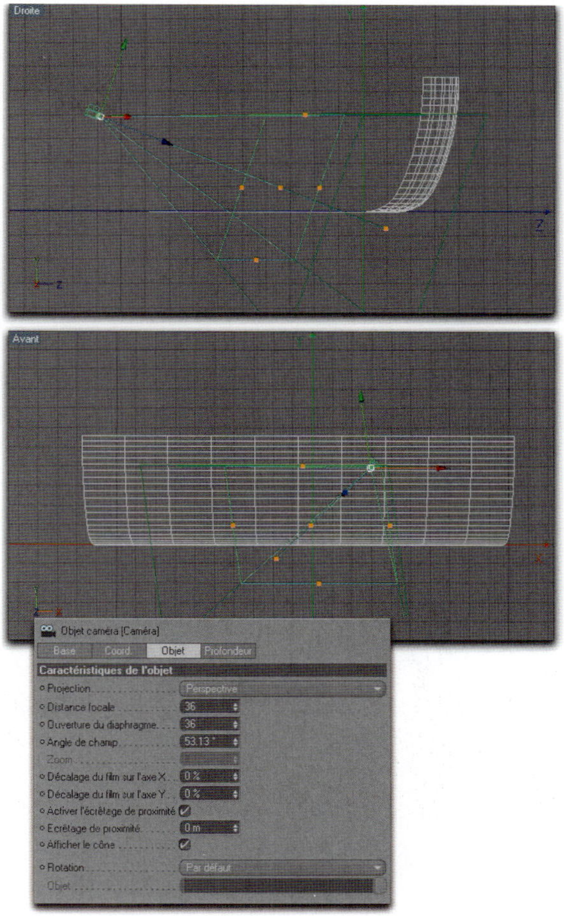


*Figure 2.132 : Les paramètres de la caméra.*

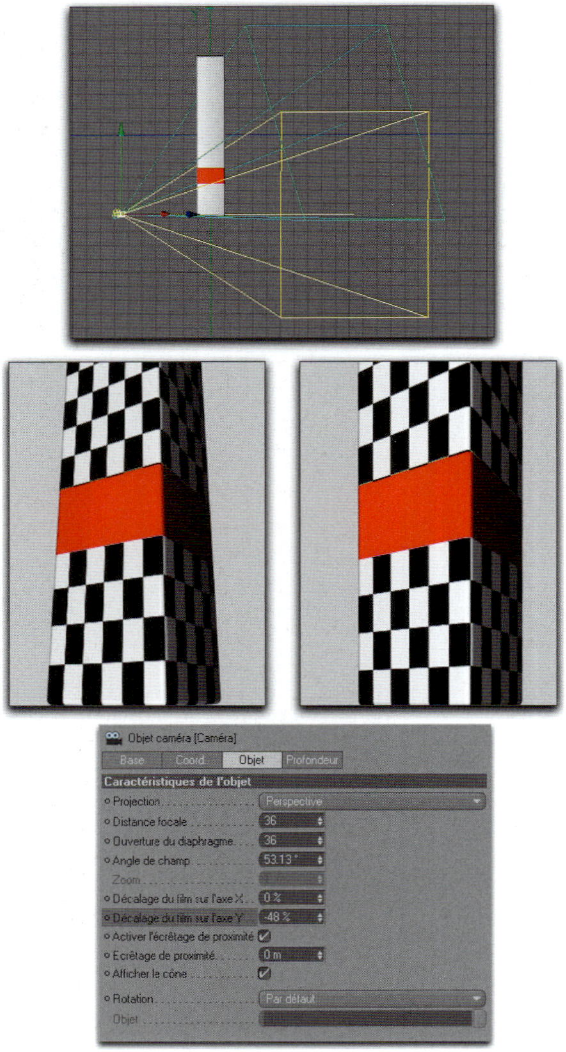


***Figure 2.133 :*** *Correction des verticales inclinées.*

Vous pouvez constater ce problème dans l'exemple de la Figure 2.133. Nous voulons afficher une partie d'un immeuble représenté ici par un simple cube. Si la caméra est placée au pied du building et braquée vers le haut, les lignes verticales tendent à se rejoindre en se rapprochant du sommet, ce qui est visible dans la vue gauche de la figure.

En abaissant l'angle de la caméra un peu plus horizontalement, les verticales restent parallèles. D'ordinaire, cela ne serait pas très utile car nous voulons aussi montrer des parties de l'immeuble situées plus haut. Comme nous disposons néanmoins de l'option Décalage du film sur l'axe Y, nous pouvons déplacer le cadrage pour inclure à nouveau la partie supérieure de l'immeuble. Les paramètres utiles à cela et le résultat du rendu sont également visibles dans la Figure 2.133.

La vue latérale dans la figure montre de plus les différentes positions et orientations des caméras. La caméra jaune est celle qui utilise les valeurs Décalage du film pour déplacer le cadrage.

Si cette technique ne réussit pas non plus à générer la perspective voulue, on peut recourir à la fonction d'écrêtage qui permet de définir un décalage par rapport à la caméra, et que celle-ci ne voit pas. Cela permet, par exemple, de placer la caméra à l'extérieur d'un immeuble et de rendre invisible la façade. La Figure 2.134 démontre cela à l'aide d'un exemple simple.

Comme vous le voyez, un cube a été placé devant la caméra. Imaginez qu'il s'agisse d'une grande pièce dont l'intérieur doit être montré. En raison de la place limitée dans la pièce, l'angle de vue souhaité nécessiterait l'emploi d'un très grand-angle, mais il s'ensuivrait toutefois des distorsions de perspective indésirables.

Vous pouvez alors éloigner la caméra de la pièce, puis rendre invisibles les objets placés entre elle et la pièce en augmentant la valeur de l'option Écrêtage de proximité. La vue inférieure de la Figure 2.134 montre le résultat. La caméra voit maintenant sans encombre l'intérieur cube.

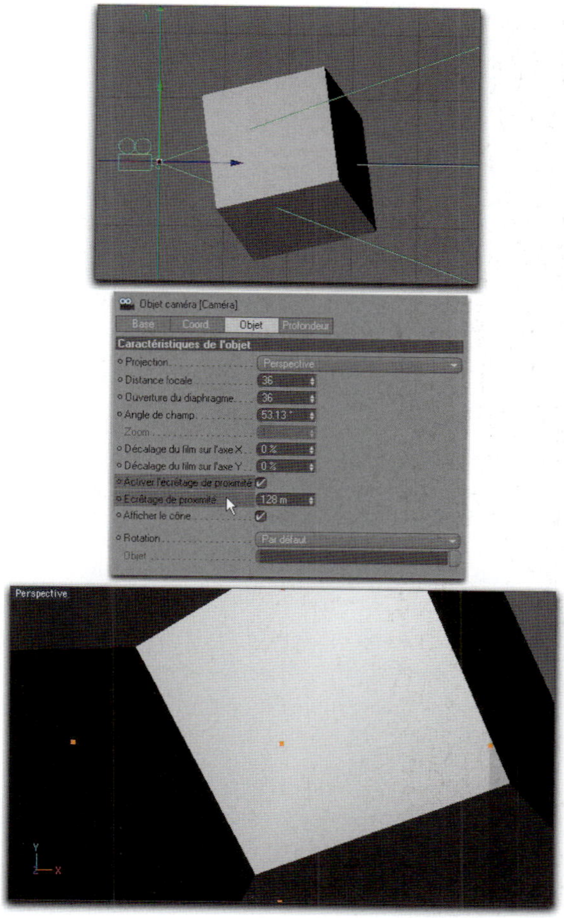


*Figure 2.134 : L'effet d'écrêtage.*

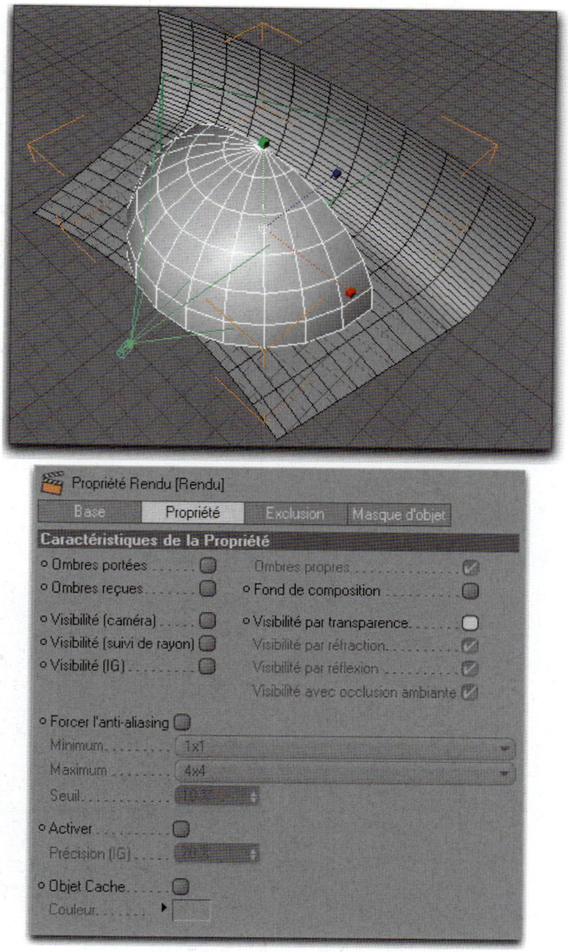


*Figure 2.135 : Emploi d'une forme géométrique comme source d'éclairage.*

## Éclairages de surface

Revenons à notre projet de studio photo. Cette étape est consacrée à l'illumination ambiante produite par la diffusion des rayons lumineux. Nous réalisons cela au moyen d'un éclairage de surface et d'une forme géométrique particulière (voir Figure 2.135).

Générez un objet Sphère et adaptez ses dimensions pour qu'il englobe la partie du fond qui sera par la suite visible dans l'image. Convertissez la sphère en un objet modifiable et supprimez tous les polygones situés sous le sol. Créez une ouverture dans l'hémisphère restant, du côté du fond, en supprimant d'autres polygones. Le résultat est visible dans la Figure 2.135.

Exécutez la fonction Optimiser pour éliminer les points superflus issus des suppressions. Cet objet doit devenir une source d'éclairage du fond, émettant une lumière provenant de toutes les directions. Puisque la

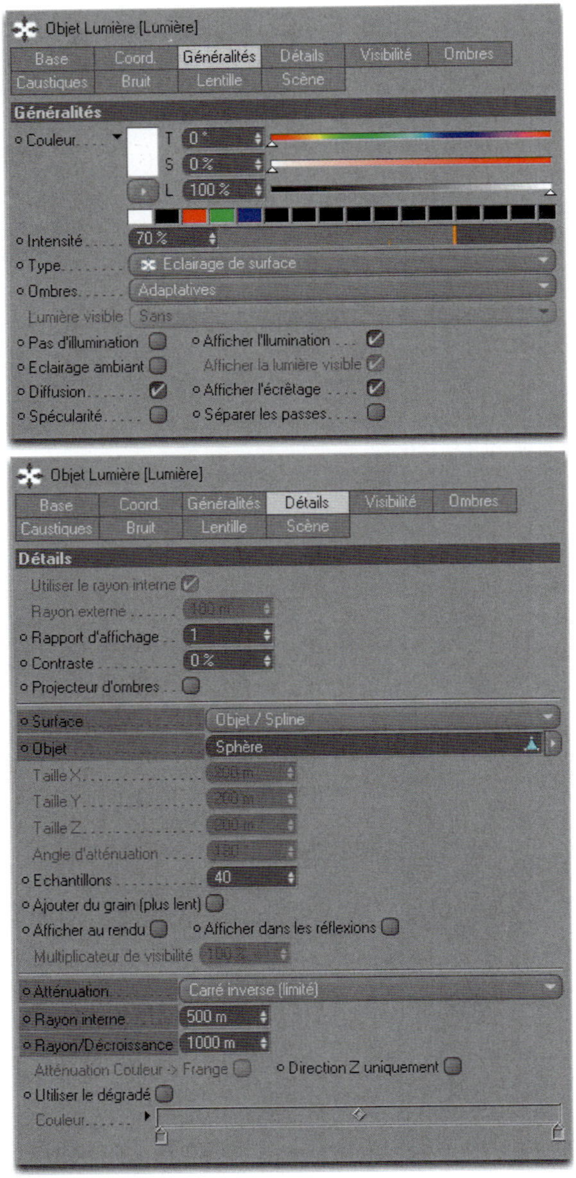


***Figure 2.136 :*** *Paramètres de la lumière.*

géométrie de l'objet doit elle-même être invisible – nous n'avons besoin que de l'effet lumineux –, assignez à l'ex-sphère un symbole de propriété Rendu dans le gestionnaire d'objets.

Désactivez dans le gestionnaire d'attributs toutes les options de cette propriété Rendu. La sphère ne sera plus visible ni pour la caméra et ni par transparence ou réflexion, et ne projettera pas non plus d'ombres. Désactivez également sa visibilité dans l'éditeur pour qu'elle disparaisse aussi des vues.

Générez une nouvelle source de lumière de type Éclairage de surface et activez la projection d'une ombre de type Adaptatives. Spécifiez une intensité de 70 %. Cette valeur devra être vérifiée ultérieurement au moyen de tests.

En règle générale, la taille d'une lumière de surface influe aussi sur la luminosité perçue. Une petite source d'éclairage avec une intensité de 100 % peut ainsi produire une lumière très claire, et une grande source d'éclairage de même intensité en produire une qui soit vraiment sombre.

Désactivez l'option Spécularité dans l'onglet Généralités de la lumière. La génération de reflets pour un éclairage ambiant produit un effet plutôt trompeur. Nous poursuivons avec les paramètres de l'onglet Détails de la lumière (voir Figure 2.136).

Pour que notre éclairage de surface s'appuie sur notre sphère, sélectionnez dans le menu de formes, Surface, l'option Objet / Spline, puis d'un clic maintenu, tirez la sphère depuis le gestionnaire d'objets jusqu'au champ Objet dans le gestionnaire d'attributs.

Pour limiter la portée de l'illumination, choisissez l'option Carré inverse limité dans le menu Atténuation. L'intensité diminue alors selon la loi du carré inverse par rapport à la distance, ce qui correspond environ au comportement naturel d'une source de lumière.

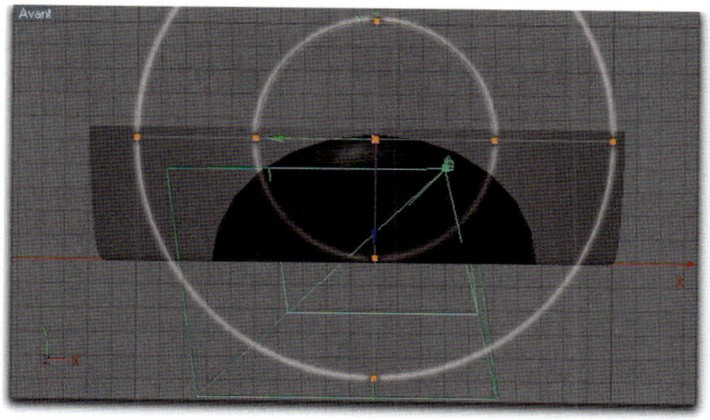


**Figure 2.137 :** *Réglages de la fonction d'atténuation.*

**Figure 2.138 :** *L'éclairage ambiant.*

L'avantage de la fonction d'atténuation est que nous pouvons spécifier deux rayons pour contrôler visuellement la baisse d'intensité lumineuse. La valeur Rayon interne définit la distance sur laquelle la lumière reste constante depuis son émission. L'intensité baisse ensuite selon la fonction d'atténuation choisie jusqu'à ce que la valeur Rayon/Décroissance soit atteinte.

Grâce à ces paramètres, nous pouvons éviter que trop de lumière émise d'un côté parvienne sur le côté opposé. Ces réglages ne sont aussi que provisoires et ils devront faire l'objet de tests. Comme ces deux rayons peuvent aussi être réglés visuellement au moyen de poignées de manipulation dans les vues de l'éditeur, je vous donne ici un point de départ approximatif.

Placez simplement la lumière en haut, là où se trouvait le pôle de l'ex-sphère. L'illumination ne change pas car la lumière ne provient de toute façon que des faces assignées. Vous devez ensuite régler le rayon interne pour que le cercle de distance dans l'éditeur atteigne à peu près le sol. Calculez simplement le rayon de décroissance en doublant la valeur du rayon interne.

La Figure 2.137 vous montre le résultat produit par ces réglages dans la vue frontale. On y voit la lumière placée au-dessus de la demi-coupole et les rayons d'atténuation associés. La Figure 2.138 montre l'image calculée produite par cette configuration.

Pour que vous puissiez mieux évaluer l'effet produit par la lumière ainsi que les ombres projetées, j'ai placé un cube légèrement arrondi devant notre fond, là où l'objet à représenter sera positionné plus tard. Naturellement, tout est encore très sombre, mais il ne s'agit pour l'instant que de la lumière ambiante qui sera complétée par des sources d'éclairage principales.

### ➤ L'illumination principale

La contrepartie d'une lumière ambiante est une illumination directe de l'objet à représenter, dite lumière principale, et on utilise pour cela une ou plusieurs sources d'éclairage. Ce pourrait être aussi le soleil ou une ampoule au plafond.

Le nombre de ces sources de lumière et leur orientation dépendent surtout de l'atmosphère recherchée. Comme il s'agit ici de simuler l'éclairage parfait d'un studio photo, l'objectif est d'obtenir une illumination régulière de l'objet. Pour que celui-ci n'apparaisse pas trop plat, nous renforçons légèrement la lumière provenant du côté droit pour apporter un peu de variations dans l'ombrage de surface.

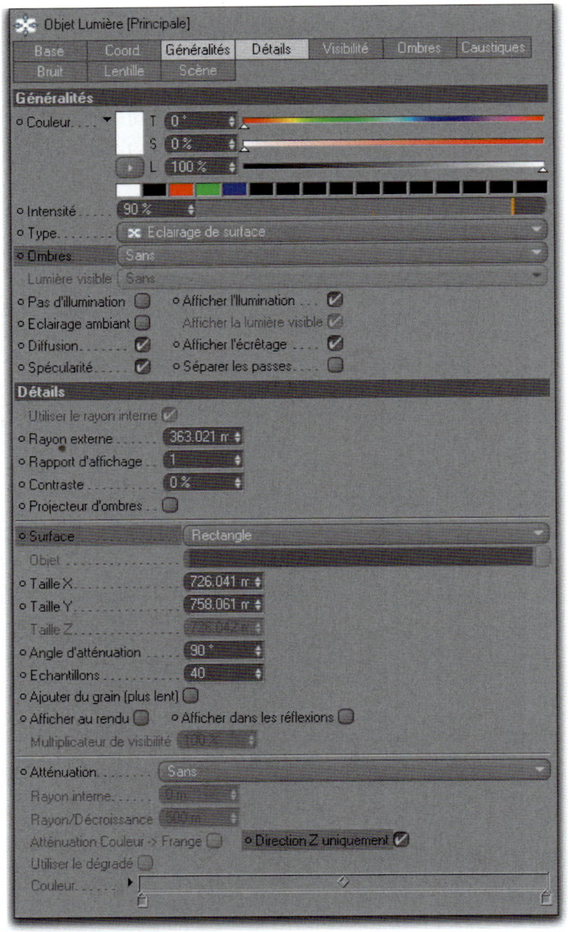


*Figure 2.139 : La lumière principale.*

Notre lumière principale (voir Figure 2.139) sera aussi du type Éclairage de surface car il produit une illumination très douce et naturelle. Réglez son intensité à 90 % et désactivez la projection d'ombres. Nous devons être prudents quant à la génération d'ombres car il s'agit ici de plusieurs faisceaux lumineux diversement orientés dans un espace réduit. Il pourrait sinon s'ensuivre une multiplication des ombres sur le sol et notre scène rendrait plutôt l'atmosphère d'un stade sous les feux de projecteurs.

Dans la photographie industrielle ou publicitaire, on recherche justement à éviter des ombres trop franches sur le sol ou l'objet, et c'est ce que nous ferons également.

Dans l'onglet Détails, choisissez cette fois l'option Rectangle dans le menu Surface. Le paramètre Angle d'atténuation définit l'angle de la lumière incidente. Une valeur de 180° signifierait une orientation pratiquement parallèle à la source d'éclairage. Dans notre exemple, nous la limitons à 90°. Pour s'assurer du réglage, nous utilisons une petite astuce.

Assurez-vous que la lumière soit bien sélectionnée. Dans la vue de votre choix, sélectionnez Lier à l'objet actif dans le menu Caméras. Cette option modifie la vue pour que la lumière soit utilisée comme une caméra (voir Figure 2.140).

Vous pouvez dès lors utiliser les icônes de navigation dans la barre de menus pour contrôler la lumière et viser précisément l'endroit qui doit être éclairé. Choisissez une position semblable à l'exemple de la Figure 2.140. Le bas de la figure montre un rendu de test de la scène dans sa configuration actuelle.

Le cube est encore trop sombre à certains endroits. Plus précisément, il manque un peu de lumière en provenance du côté gauche et du haut. Générez une autre source de lumière Éclairage de surface avec une intensité de 20 % (voir Figure 2.141).

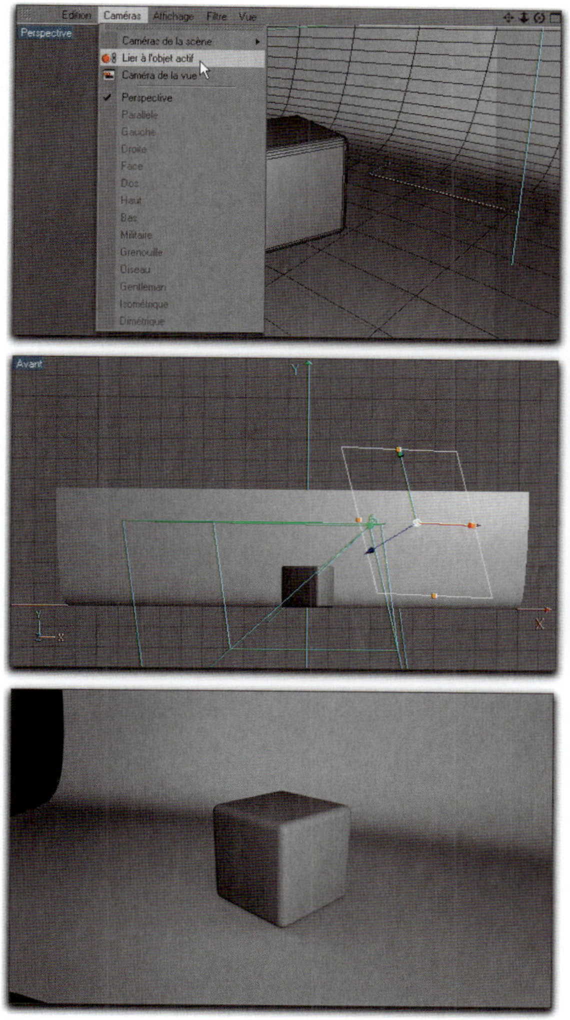


Figure 2.140 : *Réglage d'une lumière dirigée.*

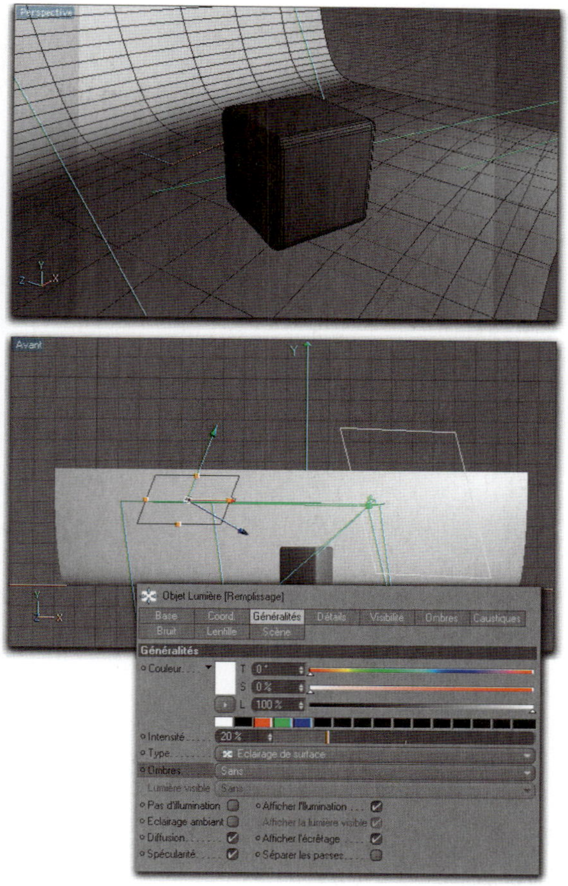


Figure 2.141 : *Une lumière pour éclaircir l'objet.*

Cette lumière ne doit pas non plus projeter d'ombres. Positionnez-la à gauche du cube et orientez-la vers lui en utilisant l'option Lier à l'objet actif dans une vue de l'éditeur. Vous pouvez quitter ce mode en sélectionnant Caméras > Caméra de la vue. La Figure 2.141 montre une autre position possible pour cette source d'éclairage.

En ce qui concerne la taille des lumières, utilisez les poignées de manipulation dans l'éditeur. Imaginez que vous avez affaire à des boîtes à lumière ou des réflecteurs tels qu'ils sont utilisés par les photographes. Par conséquent, choisissez une taille raisonnable par rapport au fond ou à l'objet éclairé. Cet aspect ne pourra être vérifié qu'après un rendu de test.

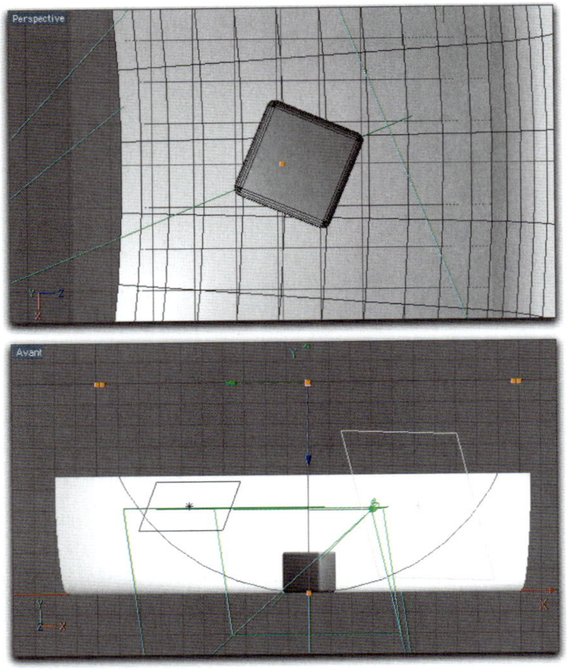


*Figure 2.142 : Un éclairage complémentaire provenant du haut.*

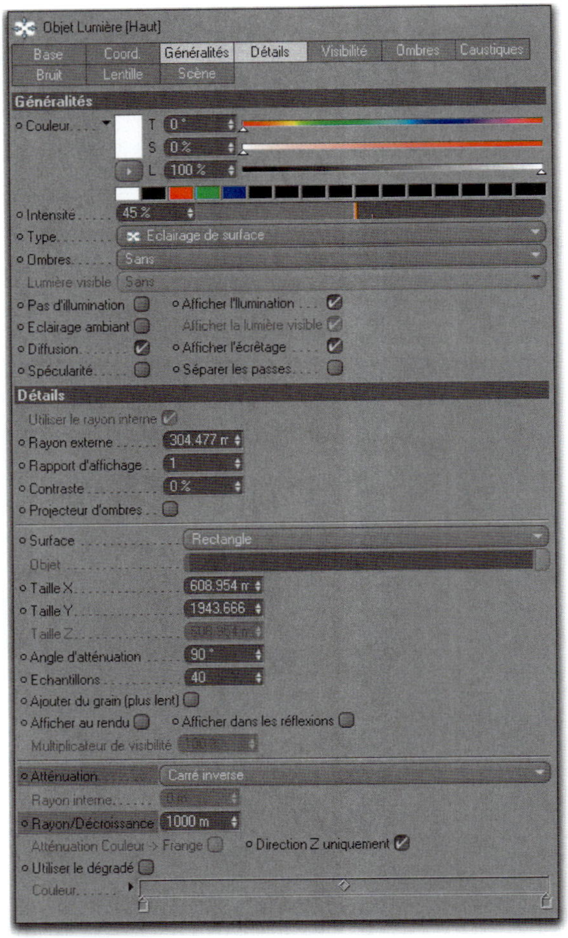


*Figure 2.143 : Configuration de l'éclairage vertical.*

Nous ajoutons encore une lumière du même type, qui se chargera d'éclairer le cube d'en haut. Le type de surface sera aussi Rectangle et elle ne projettera pas non plus d'ombres. Placez-la parallèlement au sol, et exactement au-dessus du cube (voir Figure 2.142).

Pour éviter une illumination exagérée du sol par plusieurs sources, nous utilisons une atténuation Carré inverse, et configurons le rayon avec une distance proche du sol (voir Figure 2.143). Les parties situées dans la portion supérieure de l'objet éclairé recevront ainsi davantage de lumière que le sol. L'objet est alors illuminé régulièrement sans pourtant être trop plat (voir Figure 2.144).

Ce qui choque encore c'est l'ombre au sol manquante ou insuffisante, ce qui donne l'impression d'avoir un cube en suspension dans l'air. Nous pourrions prendre la voie la plus simple et configurer l'une de nos sources de lumière pour qu'elle projette aussi une ombre.

*Figure 2.144 : L'éclairage final de la scène.*

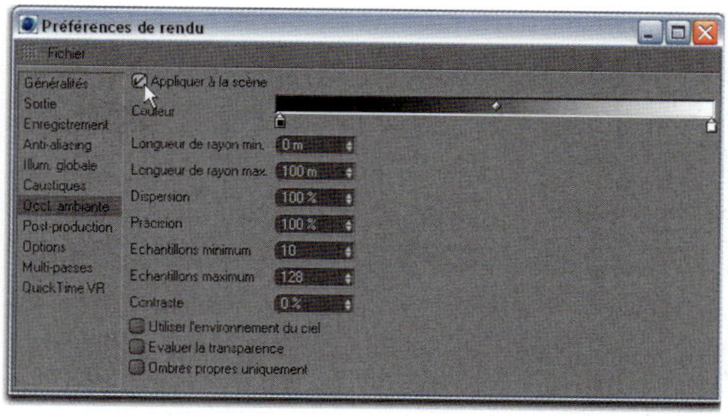


*Figure 2.145 : Préférences de rendu.*

Cela changerait néanmoins toute l'atmosphère de notre scène car selon la position de la lumière, l'ombre rendue serait très allongée et produirait un effet artificiel.

## Occlusion ambiante

Dans ce genre de situation, nous devons recourir à un algorithme appelé Occlusion ambiante qui peut calculer une ombre indépendamment de la position de la source d'éclairage. Pour ce faire, il détermine le degré d'occlusion de chaque point de la scène et l'exprime en une valeur de luminosité, ou d'ombrage justement. Par exemple, les plis et les angles de faces se superposant seraient assombris.

Il y a deux façons de produire cet effet. L'une d'elles est de charger le shader Occlusion ambiante du menu Effets dans le canal Diffusion d'un matériau. Les points du matériau n'ayant pas une vue dégagée sur l'environnement seront alors automatiquement assombris. Cette méthode procure l'avantage de pouvoir spécifier soi-même les endroits où l'effet sera appliqué et son intensité.

L'autre façon de générer l'effet est d'activer l'option Appliquer à la scène dans la page Occl. ambiante des préférences de rendu (voir Figure 2.145). Il sera alors automatiquement calculé pour tous les objets dans la scène, excepté pour ceux auxquels vous aurez assigné une propriété Rendu et qui auront été exclus de l'effet.

Quelle que soit la méthode choisie, les paramètres de l'effet sont identiques. Une configuration importante est celle des champs Longueur de rayon min. et Longueur de rayon max.

À partir de chaque point d'une surface donnée, des rayons d'exploration sont lancés dans la scène pour vérifier si une surface se trouve à proximité. Un rayon qui couvre la distance stipulée par la longueur de rayon maximale, c'est-à-dire n'ayant pas rencontré d'obstacle avant, sera automatiquement stoppé. Plus la longueur maximale est grande, plus il y a de chances que les rayons découvrent de surfaces, et plus l'ombrage sera grand.

La longueur de rayon minimale définit le point de départ des rayons d'exploration sur une surface. La valeur par défaut de 0 n'est généralement pas modifiée.

Le champ Dispersion contrôle l'angle couvert par les rayons. Une valeur de 100 % permet une recherche quasiment parallèle à la surface de départ. Plus la valeur est faible, plus la direction des rayons se rapproche de l'orientation de la normale du polygone considéré.

Cet effet est visible dans les deux premières vues de la Figure 2.146. Dans la vue supérieure, la dispersion est de 50 %, et dans la seconde avec une configuration identique, de 100 %. L'ombrage semble plus doux avec une valeur élevée. À l'extrême, on pourrait comparer cela au choix d'une ombre dure et d'une ombre diffuse.

Vous pouvez de plus utiliser le dégradé de couleur dans la configuration de l'effet pour encore mieux contrôler la luminosité et ses nuances. La troisième vue dans la même figure donne un exemple de cette fonction.

Dans ce dernier exemple, le marqueur de couleur du dégradé a été réglé environ 25 % plus clair. Les zones ombrées seront donc éclaircies de cette valeur.

Vous avez déjà fait connaissance avec les paramètres Échantillons minimum, Échantillons maximum et Précision lors de la configuration de matériaux ou d'ombres. Ils fonctionnent ici selon le même principe.

La valeur minimale donne la limite inférieure pour gérer le nombre de rayons d'exploration par point. C'est la valeur qui intervient dans le cadre de géométries simples. La valeur maximale contrôle la limite supérieure et s'applique aux surfaces irrégulières et complexes. Le paramètre Précision agit comme un multiplicateur pour les réglages d'échantillons et définit ainsi la qualité du résultat.

L'option Utiliser l'environnement du ciel dans la partie inférieure de la page de configuration indique si le ciel doit être exploré. Cette option provoque alors une coloration des ombres par les couleurs du ciel.

**Figure 2.146 :** *Occlusion ambiante.*

Comme son nom l'indique, l'option Évaluer la transparence conduit à une évaluation de la transparence dans la scène. Les surfaces transparentes ne contribuent à l'ombrage que proportionnellement à leur visibilité. L'option Ombres propres ne prend en compte que les surfaces rencontrées appartenant à l'objet dont partent les rayons.

Comme vous pouvez le constater dans la Figure 2.146, l'effet Occlusion ambiante apporte une contribution non négligeable à la qualité de l'image en générant exactement l'ombre qui nous manquait. Malheureusement, cet effet n'est disponible que pour les utilisateurs du module Advanced Render. Si vous ne l'avez pas installé, vous devrez vous satisfaire de la fonction d'ombrage traditionnelle.

Si vous êtes dans cette situation, il sera utile de définir des lumières dans le seul but de projeter des ombres, c'est-à-dire qui ne contribuent pas à l'éclairage. Si vous utilisez en plus ces lumières en tant que sources d'éclairage distantes infinies, vous pourrez relativement bien contrôler la diffusion des ombres.

La Figure 2.147 illustre cela avec notre scène. J'ai dupliqué la lumière au-dessus du cube et converti la copie dans le type Lumière infinie.

Dans cet exemple, la source de lumière semble provenir d'un point situé dans le lointain. L'avantage est que ses rayons sont pratiquement parallèles entre eux. L'ombre projetée n'est pas beaucoup plus grande que le contour de l'objet. Comme seule une ombre était nécessaire et non une illumination supplémentaire, j'ai activé l'option Projecteur d'ombres de l'onglet Détails. Dans l'onglet Généralités, j'ai choisi une ombre diffuse.

Comme le montre l'exemple de la Figure 2.147, le résultat n'est qualitativement pas comparable à l'effet d'occlusion ambiante, mais nous avons ainsi trouvé une solution de remplacement.

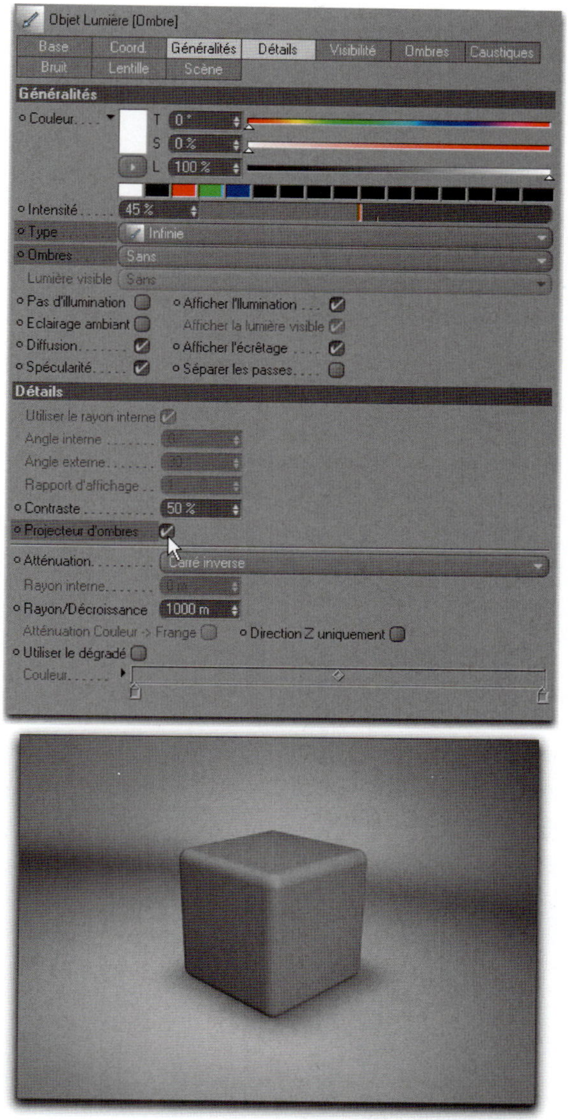


*Figure 2.147 : Un générateur d'ombre.*

## Finition du studio

Nous pouvons améliorer encore davantage l'apparence de notre studio photo grâce à ses propriétés de surface. Pour cela, il nous faut un matériau. Créez-en un nouveau et appliquez-le à l'objet Extrusion NURBS représentant le fond de studio. Pour ce qui est du canal Couleur, conservez la couleur et l'intensité par défaut. Ce qui nous intéresse ici surtout ce sont les paramètres d'illumination (voir Figure 2.148).

Choisissez le modèle Oren-Nayar pour que l'ombrage soit régulier et dépourvu de contraste important. Accentuez cet effet en réglant la rugosité à 100 %. Augmentez également les paramètres Atténuation diffuse et Niveau de diffusion à 100 % pour éclaircir l'ombrage presque jusqu'à la limite de ce que l'on nomme le *terminateur*, c'est-à-dire la frontière entre les zones directement éclairées et les ombres.

La sphère d'aperçu du matériau donne une bonne idée de son action. Une différence de luminosité subsiste entre les zones sous éclairage direct et celles qui sont seulement touchées par la lumière, mais elle est minime. La Figure 2.149 illustre l'effet du matériau sur le fond de studio.

Cette comparaison met en évidence l'influence importante du matériau sur l'ombrage du fond de studio. La première vue présente la scène en l'absence du matériau. Bien que la transition entre le sol et l'arrière-plan suive une courbure, elle n'en est pas moins très apparente. Une fois le matériau appliqué, elle devient plus homogène, comme le montre la seconde vue, et l'attention peut donc se porter plus librement sur l'objet.

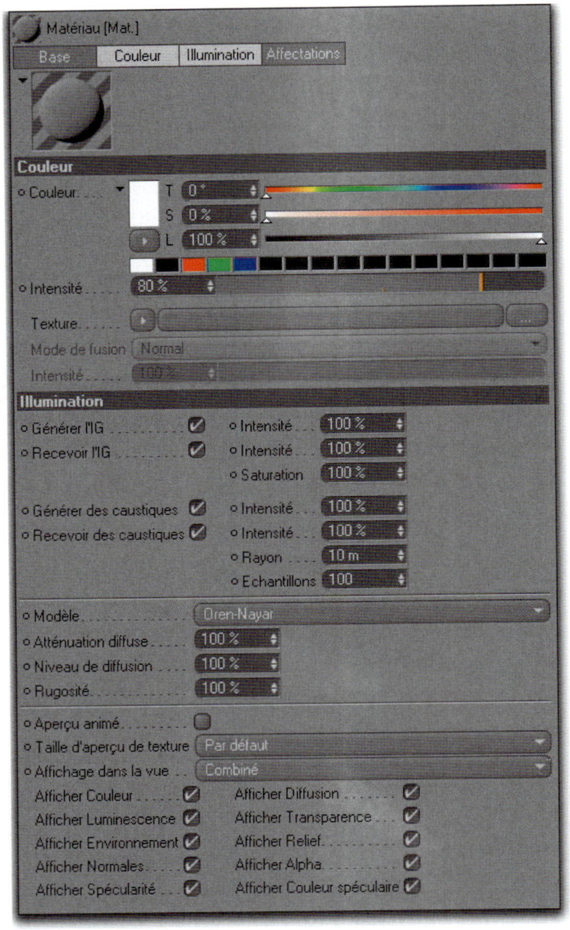


**Figure 2.148 :** *Le matériau pour le fond de studio.*

Figure 2.149 : *Avant et après l'application du matériau.*

## Optimisation de l'ordinateur

Étant donné que le cube ne nous est plus d'une grande utilité, chargez à la place le boîtier d'ordinateur créé dans l'atelier de modélisation du chapitre précédent. Invoquez pour cela la commande FUSIONNER du menu FICHIER de CINEMA 4D ou la commande FUSIONNER LES OBJETS du menu FICHIER du gestionnaire d'objets.

Selon les dimensions de votre studio, il se peut que le boîtier n'ait pas assez de place. Dans mon cas, il a fallu que je réduise quelque peu la taille de ce dernier.

Figure 2.150 : *L'ordinateur chargé dans le studio photo.*

Pour cela, il faut d'abord regrouper tous les éléments du boîtier. Le plus simple est de cliquer sur le premier objet dans le gestionnaire d'objets, puis sur le dernier en maintenant la touche [Maj] enfoncée. Tous les éléments intermédiaires sont ainsi également sélectionnés.

Dans le menu OBJETS du gestionnaire, choisissez l'option GROUPER LES OBJETS pour assembler les éléments sélectionnés dans un nouvel objet neutre que vous nommerez Ordinateur. Vous pouvez maintenant déplacer ou redimensionner le boîtier tout entier par l'intermédiaire du nouvel objet. Un résultat possible est présenté à la Figure 2.150.

Notez que le cube a été supprimé. Par ailleurs, l'éclairage et le shader OCCLUSION AMBIANTE semblent bien fonctionner d'emblée avec des modèles plus complexes. Il manque en revanche des matériaux à notre boîtier. Profitons-en auparavant pour regrouper quelques objets et optimiser le modèle (voir Figure 2.151).

Nous n'avons par exemple plus besoin du calcul booléen pour la façade de l'ordinateur puisque la forme de celle-ci ne sera plus modifiée. Sélectionnez donc l'objet BOOLÉEN dans le groupe Ordinateur et appuyez sur la

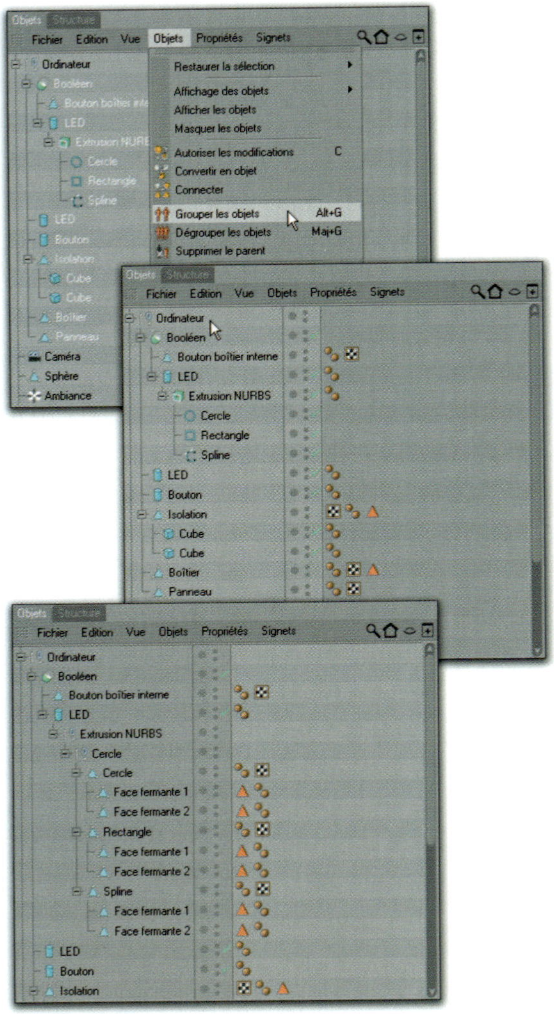


*Figure 2.151 : Regroupement et conversion d'objets.*

touche C pour le convertir en un groupe d'objets à base de polygones. Comme vous le savez, tous les objets géométriques qui possèdent une coche verte dans le gestionnaire d'objets peuvent être convertis de cette manière. Les primitives ne sont pas les seules concernées, les NURBS et en l'occurrence les booléens le sont également.

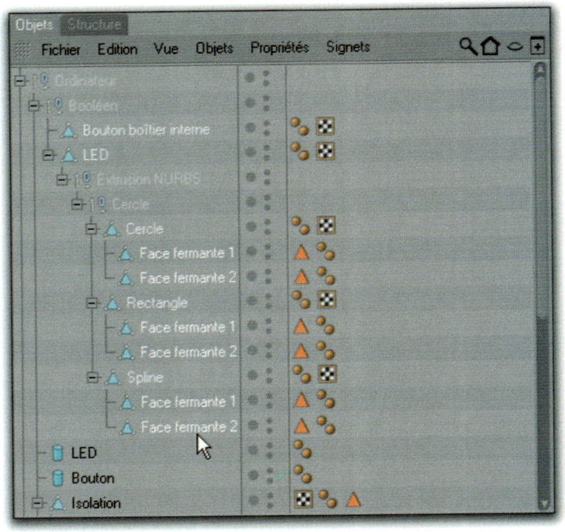


*Figure 2.152 : Sélection d'objets à base de polygones.*

La conversion génère ici de nombreux objets, tels que les faces fermantes des objets subordonnés à l'objet Extrusion NURBS, lui-même subordonné au booléen (voir Figure 2.151). Ces objets peuvent ensuite être regroupés. Sélectionnez-les dans le gestionnaire d'objets en utilisant la touche Ctrl (voir Figure 2.152), puis invoquez la commande Connecter du menu Fonctions. Pour finir, invoquez la commande Optimiser du même menu pour éliminer les arêtes et points en double.

Étant donné que nous allons appliquer à la façade du boîtier jusque sous la poignée avant une texture simulant une tôle perforée, il faut s'assurer que les coordonnées UV existantes soient valides. Le matériau doit pouvoir recouvrir les arrondis en haut et en bas de la façade sans être déformé, ce que les projections standards, telles que planaire et cubique, ne permettent pas en l'état actuel.

Créez un matériau et chargez le shader Échiquier dans son canal Couleur. Ce shader se trouve dans le sous-menu Surfaces. Augmentez la densité du motif

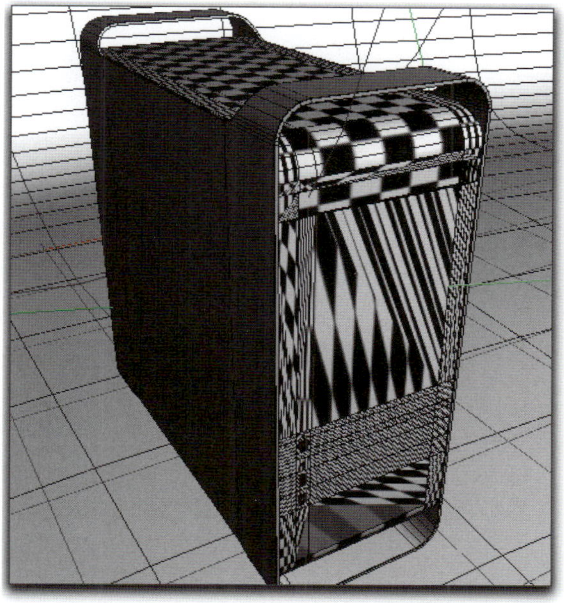

*Figure 2.153 : Coordonnées UV incorrectes.*

*via* les deux paramètres Fréquence, puis appliquez le matériau à la façade (voir Figure 2.153).

Comme le montre la figure, nous ne pouvons plus nous fier aux coordonnées UV existantes car les opérations booléennes et les coupes introduites lors de la modélisation les ont complètement faussées. Nous allons recourir à une astuce pour remédier au problème.

Supprimez la propriété UVW située derrière l'objet et créez une copie de ce dernier que vous placerez en dehors du groupe Ordinateur (voir Figure 2.154). Masquez ensuite ce groupe dans l'éditeur pour pouvoir travailler plus confortablement avec la copie. Le but de l'opération est de redresser le dessus et le dessous du boîtier pour les aligner sur la façade afin de pouvoir projeter le matériau de façon planaire.

Passez dans le mode Arêtes et activez l'outil Sélection par boucle. Cochez l'option Arrêter aux délimitations de cet outil, si elle ne l'est pas déjà, pour ne sélectionner que des arêtes individuelles. Sélectionnez ainsi toutes les arêtes horizontales de l'arrondi supérieur, plus celle délimitant le sommet du boîtier. Cette sélection est illustrée Figure 2.154.

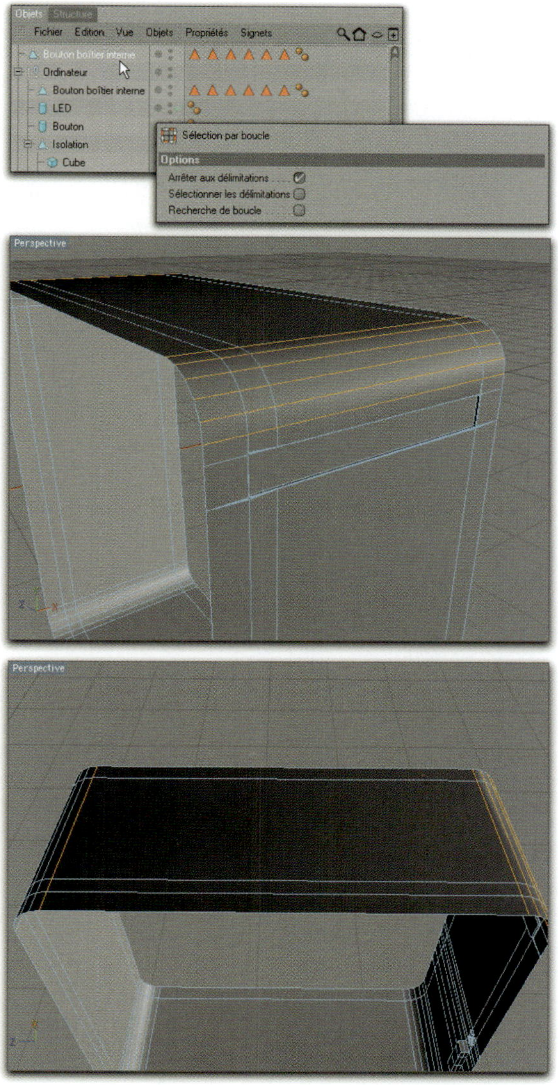


*Figure 2.154 : Sélection d'arêtes.*

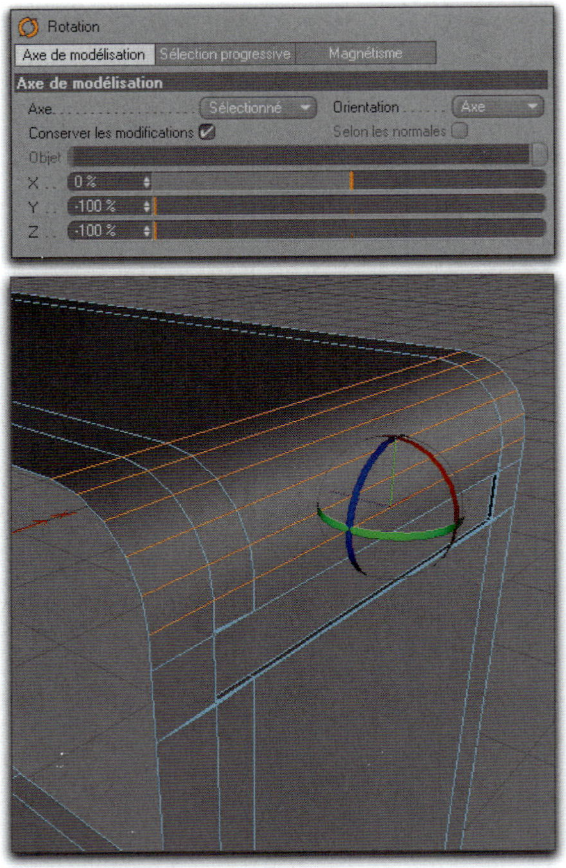


*Figure 2.155 : Rotation avec l'aide de l'axe de modélisation.*

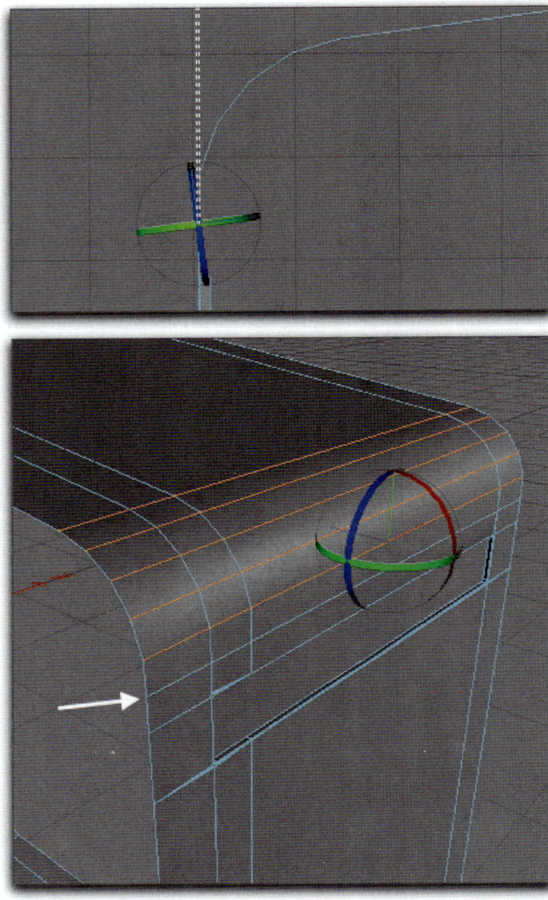

*Figure 2.156 : Rotation de la sélection.*

Activez l'outil de rotation et cliquez sur l'onglet Axe de modélisation dans le gestionnaire d'attributs (voir Figure 2.155). Choisissez l'axe Sélectionné et utilisez les curseurs X, Y et Z pour positionner l'axe de modélisation exactement sur l'arête inférieure. En effectuant une rotation autour de l'axe X, vous pouvez redresser verticalement le polygone situé au-dessus de cette arête. Il suffit de procéder visuellement.

Toujours avec l'outil Sélection par boucle, désélectionnez l'arête inférieure. Celle-ci est indiquée par une flèche dans la Figure 2.156. Avec l'outil de rotation, redressez ensuite le polygone situé au dessus de la nouvelle arête inférieure. Redressez ainsi une à une toutes les faces de l'arrondi et celle du dessus du boîtier pour les placer parallèlement au plan XY. Celui-ci apparaît en pointillé dans la figure.

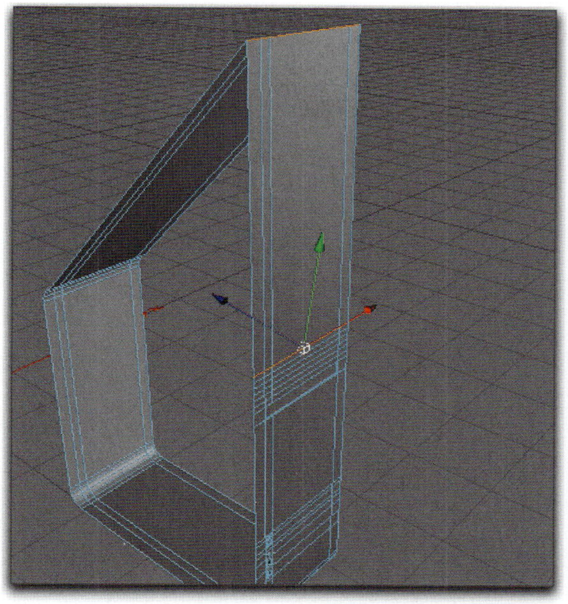

Figure 2.157 : *La partie supérieure du boîtier dépliée.*

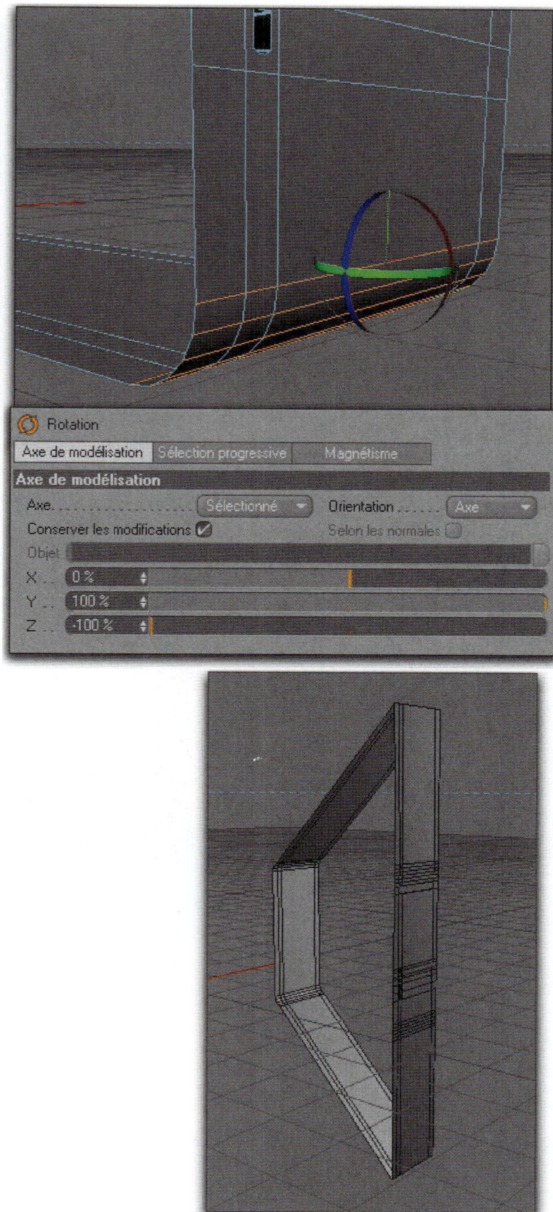


Figure 2.158 : *La partie inférieure du boîtier dépliée.*

Vous devriez obtenir le résultat illustré Figure 2.157. Traitez l'arrondi inférieur et le dessous du boîtier selon le même principe (voir Figure 2.158). Cette figure montre aussi la configuration de l'axe de modélisation pour cette étape.

## ➤ Génération de coordonnées UV

Même si elle est un peu laborieuse, la procédure de redressement qui vient d'être décrite a l'avantage de préserver la longueur des arêtes de tous les polygones d'origine, ce qui n'est pas garanti d'emblée lorsque vous travaillez dans BodyPaint 3D. C'est ici essentiel car la moindre déformation de la texture trouée se verrait tout de suite.

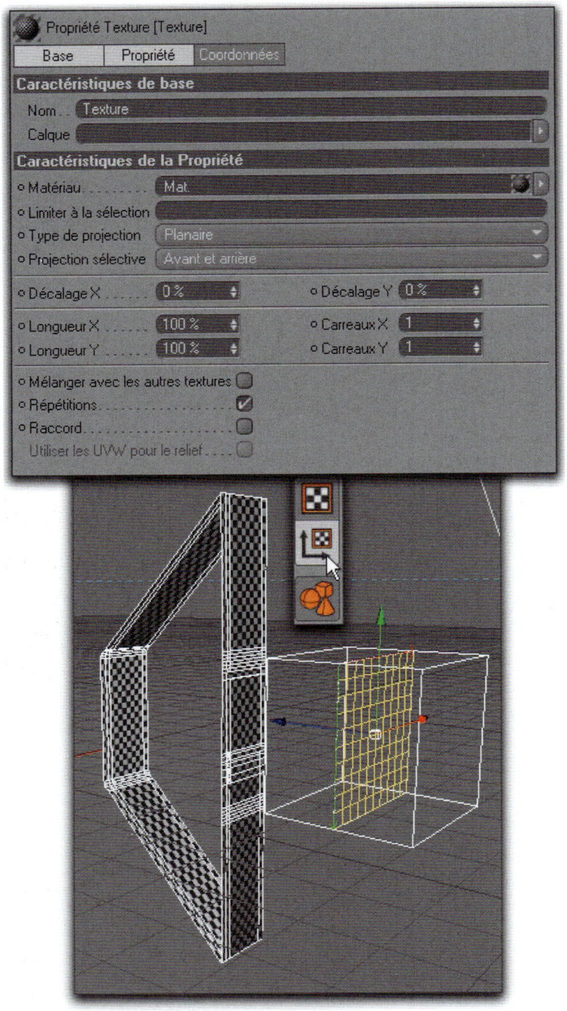


*Figure 2.159 : Application du matériau.*

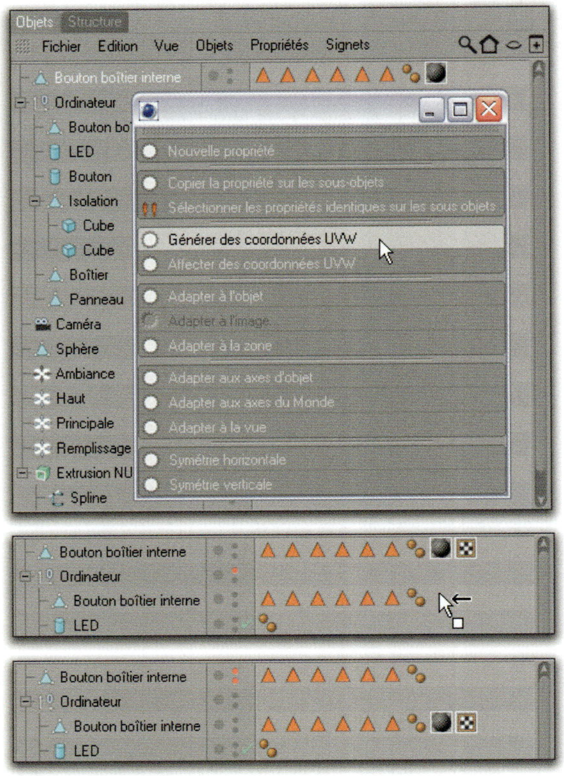


*Figure 2.160 : Génération de coordonnées UVW.*

Appliquez le matériau en échiquier à l'objet ainsi redressé et choisissez le type de projection Planaire (voir Figure 2.159). Dans le mode Axes de texture, veillez à positionner la grille de projection bien au milieu et parallèle à la façade du boîtier. Choisissez ensuite l'option Générer des coordonnées UVW à partir du menu Propriétés du gestionnaire d'objets (voir Figure 2.160).

Apparaît derrière l'objet une nouvelle propriété UVW contenant la projection planaire convertie en coordonnées UV. Comme le nombre de points de l'objet n'a pas changé, nous pouvons faire glisser cette propriété et le matériau derrière le modèle d'ordinateur original (voir Figure 2.160). Dans le gestionnaire de structure, les numéros et l'ordre des points des deux objets sont identiques, aussi la propriété UVW fonctionne-t-elle sans problème avec le modèle initial.

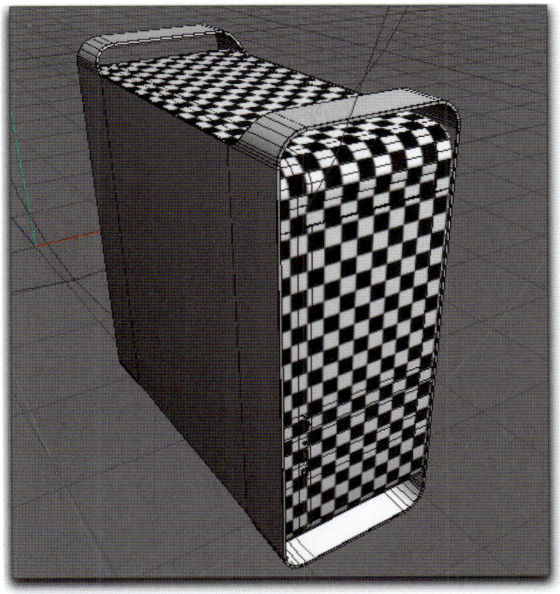

*Figure 2.161 : La projection adaptée.*

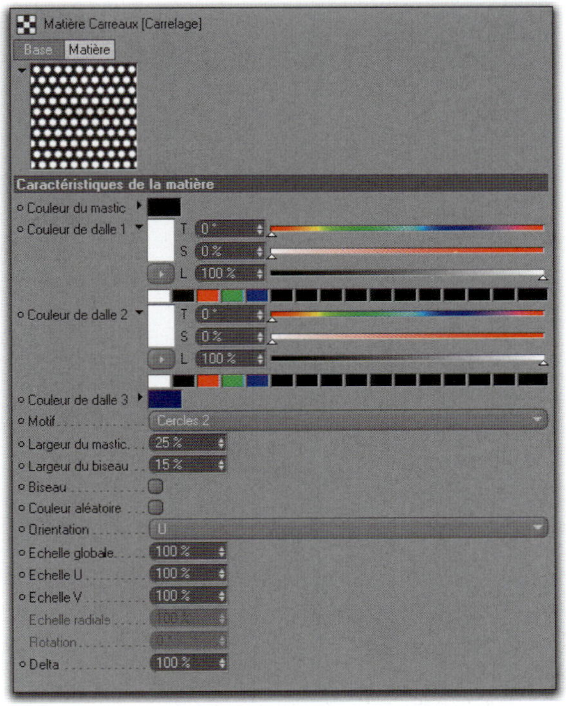


*Figure 2.162 : Le motif de tôle perforée.*

Le logiciel sait maintenant exactement quelle partie du matériau représenter au niveau de chaque point, et le motif d'échiquier couvre parfaitement les arrondis du boîtier (voir Figure 2.161). Le modèle déplié a rempli son rôle et peut donc être supprimé. Rendez le groupe Ordinateur de nouveau visible dans l'éditeur pour pouvoir observer le résultat.

## ➤ Zone de rendu interactif

La structure de la tôle perforée pourrait être chargée en tant qu'image bitmap, mais à quoi bon serviraient alors tous les shaders prédéfinis ? Remplacez le shader Échiquier qui ne nous sert plus à rien par le shader Carrelage accessible également *via* le sous-menu Surfaces de la liste de shaders.

Le shader Carrelage offre un large choix de motifs courants pour simuler, par exemple, des carreaux, du parquet et donc même de la tôle perforée. Choisissez le motif Cercles 2 et le blanc pour les deux paramètres Couleurs de dalle (voir Figure 2.162). La taille des trous est définie par le paramètre Largeur du mastic.

Malheureusement, l'aperçu des matériaux dans l'éditeur n'est généralement pas assez précis pour nous permettre de déterminer si la taille des trous dans notre shader est correctement configurée. Dans ce cas, la fonction de rendu interactif de CINEMA 4D peut se révéler très utile (voir Figure 2.163).

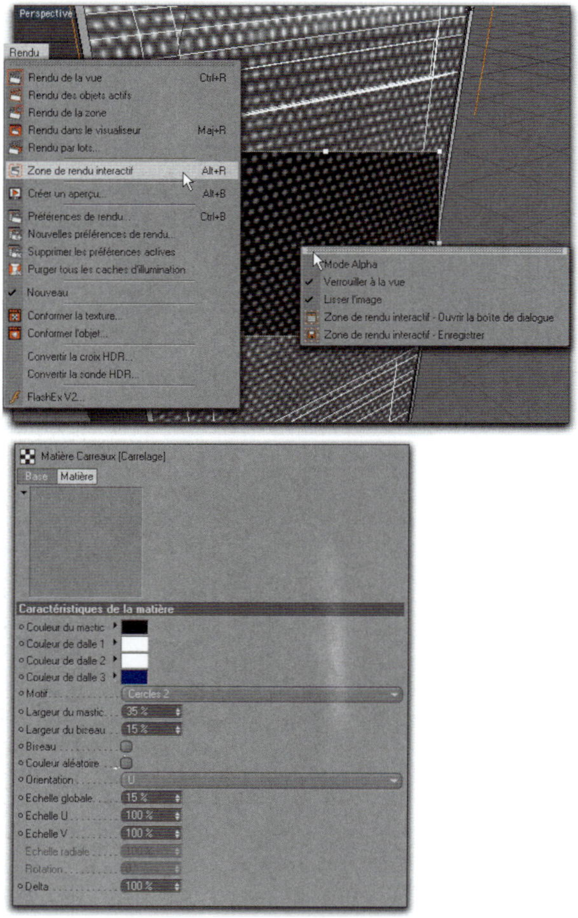


*Figure 2.163 : Le rendu interactif.*

Choisissez d'abord une vue et invoquez la commande Zone de rendu interactif du menu Rendu de CINEMA 4D (voir Figure 2.163). Apparaît un cadre muni de poignées permettant de contrôler la position et la taille de la zone. Ce rendu n'est pas aussi exact que le véritable rendu, mais il est ainsi plus rapide. Vous pouvez contrôler la qualité de représentation au moyen de la flèche située près du bord droit de la zone. Plus vous l'abaissez, pus la qualité baisse.

Un clic du bouton droit sur cette flèche affiche un menu contextuel avec des options supplémentaires. L'option Zone de rendu interactif - Ouvrir la boîte de dialogue donne accès aux propriétés du rendu interactif. Si l'option Mode Alpha est activée, seuls les objets à base de polygones sont calculés. Ce mode ignore par exemple l'arrière-plan de la scène.

L'option Verrouiller la vue maintient la zone de rendu sur la vue initialement active même si vous activez une autre vue. Normalement, cette zone bascule automatiquement dans la nouvelle vue active. L'option Lisser l'image lisse la portion d'image cadrée et peut donc améliorer la qualité de représentation.

Lorsque vous utilisez le rendu interactif, il est conseillé de désactiver l'anti-aliasing dans les préférences générales de rendu pour éviter qu'il soit également calculé, ce qui ralentirait inutilement le processus. Vous n'avez pas forcément besoin d'une qualité de rendu optimale puisque l'essentiel est ici de tester le paramétrage des sources de lumière et des matériaux.

Pour revenir au shader Carrelage, j'ai réglé le paramètre Largeur du mastic à 35 %, le paramètre Largeur du biseau à 15 %, et le paramètre Échelle globale à 15 % également. Ces valeurs dépendent toutefois de la taille du modèle d'ordinateur et peuvent différer dans votre cas.

Lorsque vous en avez terminé avec le rendu interactif, désactivez-le en choisissant de nouveau Rendu > Zone de rendu interactif.

## ➤ Définition et application de matériaux

Le matériau pour la tôle perforée ne doit pas être appliqué à l'ensemble de l'ordinateur, aussi devons-nous le limiter à une sélection de polygones. Effectuez une sélection par anneau des arêtes horizontales situées en bordure du boîtier interne, comme illustré en haut de la Figure 2.164, et coupez-les en deux avec l'outil Diviser les arêtes.

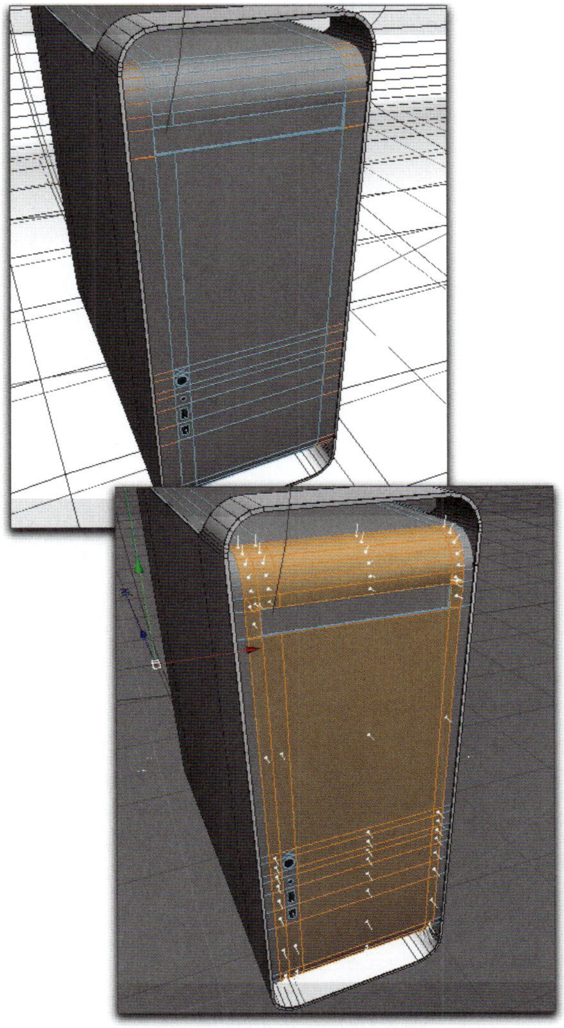

*Figure 2.164 : Enregistrement d'une sélection.*

Sélectionnez ensuite tous les polygones de la façade qui doivent être recouverts du matériau (voir Figure 2.164). Intervertissez cette sélection, puis enregistrez la sélection résultante dans une propriété Sélection de polygones (voir Figure 2.165). Pour que l'on ne puisse pas voir directement les faces intérieures du boîtier externe à travers les trous de la façade, fermez les ouvertures

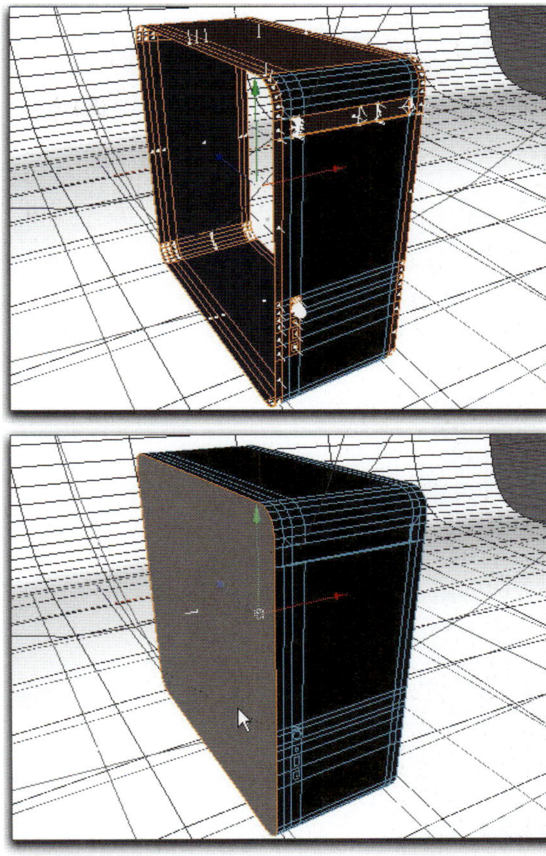

*Figure 2.165 : Fermeture des côtés.*

latérales du boîtier interne au moyen de la commande Fermer le trou polygonal du menu Structure. Cette étape est visible au bas de la Figure 2.165.

Pour détacher ces deux nouveaux polygones du reste de l'ordinateur, invoquez la commande Déconnexion du menu Fonctions. Utilisez ensuite l'outil de dimensionnement pour les rapprocher un peu l'un de l'autre et les positionner à l'intérieur du boîtier. Ils seront ainsi visibles à travers les trous de la façade. Comme nous colorerons ultérieurement en noir leur face intérieure, veillez à ce que leurs normales pointent bien vers l'extérieur.

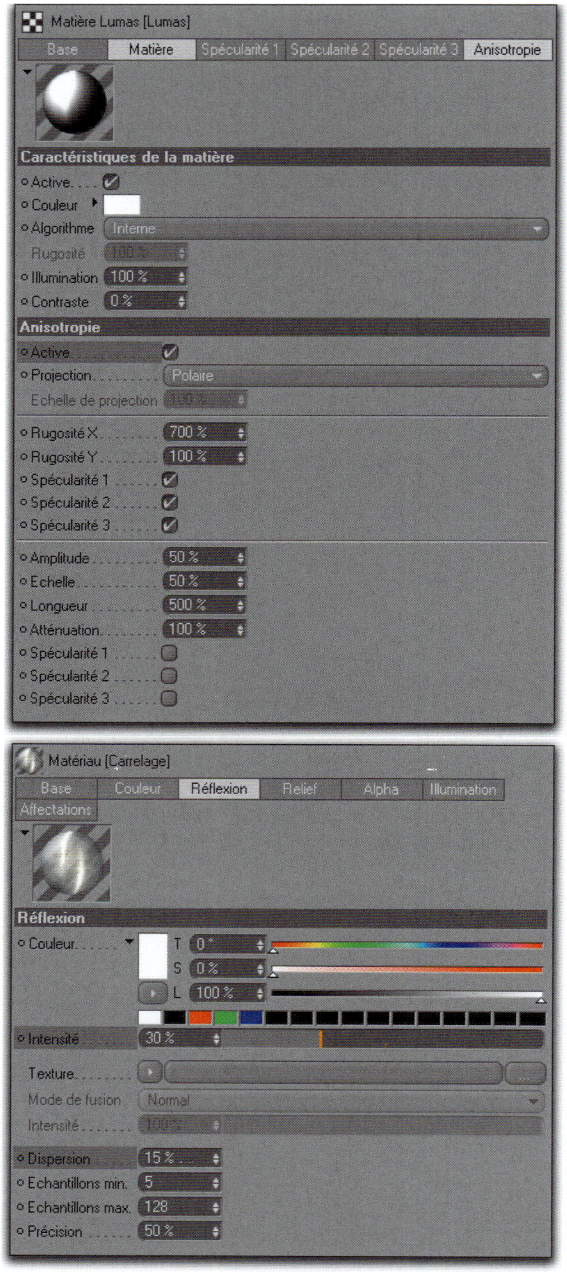


***Figure 2.166 :*** *Paramétrage du matériau pour la tôle perforée.*

### Le matériau pour la tôle perforée

Ce matériau a déjà été défini en grande partie au moyen du shader Carrelage, qui n'est en fait pas vraiment à sa place dans le canal Couleur. Utilisez donc les commandes Copier le canal et Coller le canal du menu Texture pour copier ce shader dans le canal Alpha.

Dans le canal Couleur, chargez à la place le shader Lumas dont les propriétés conviennent parfaitement pour les surfaces métalliques. Choisissez le blanc comme couleur dans l'onglet Matière et dans les trois onglets Spécularité du shader. Réglez le paramètre Illumination à 100 %. Dans l'onglet Anisotropie, choisissez le type de projection Polaire et décochez les trois options Spécularité pour le calcul des éraflures à la surface (voir Figure 2.166).

Dans le canal Réflexion du matériau, définissez une intensité de 30 % et une dispersion de 15 %. Cela devrait contribuer à simuler la surface quelque peu rugueuse du boîtier d'origine. Dans le canal Relief, chargez là aussi le shader Carrelage *via* la commande Copier le canal. Cela aidera à bien profiler les trous. Pour que leurs bords puissent s'enfoncer dans la façade, il convient de spécifier une valeur d'intensité négative, par exemple –10.

Dans le canal Alpha, nous disposons déjà du shader Carrelage. En raison de la configuration des couleurs dans ce shader, nous devons également activer l'option Inverser pour rendre invisibles les trous et non leur espace intermédiaire noir.

Dans la rubrique ILLUMINATION du matériau, choisissez le modèle OREN-NAYAR puisque nous avons affaire ici à une surface légèrement rugueuse. Réglez le paramètre ATTÉNUATION DIFFUSE à 50 % pour augmenter la luminosité du matériau. Tous les paramètres de ce matériau sont donnés aux Figures 2.166 et 2.167.

### Les autres matériaux

Nous commencerons par nous occuper du matériau métallique pour les autres parties de l'ordinateur. Ce matériau ne diffère pas beaucoup de celui de la tôle perforée, aussi créez une copie de ce dernier pour gagner du temps.

Dans le canal COULEUR du nouveau matériau, modifiez le shader LUMAS en ramenant le paramètre ILLUMINATION à 90 % et en cochant l'option SPÉCULARITÉ 3 dans l'onglet ANISOTROPIE. Les propriétés de spécularité seraient sinon trop intenses pour les grands polygones. Toujours dans l'onglet ANISOTROPIE, spécifiez le type de projection PLANAIRE. Vous pouvez à tout moment modifier ce paramètre pour donner un autre look à l'ordinateur.

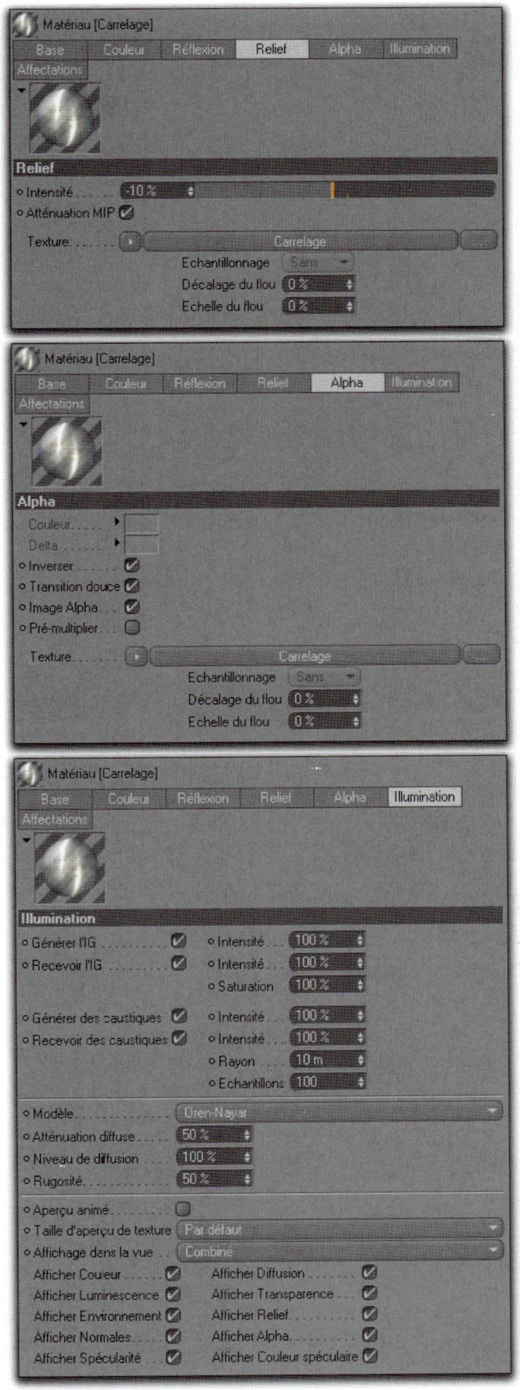


*Figure 2.167 : Paramétrage du matériau pour la tôle perforée (suite).*

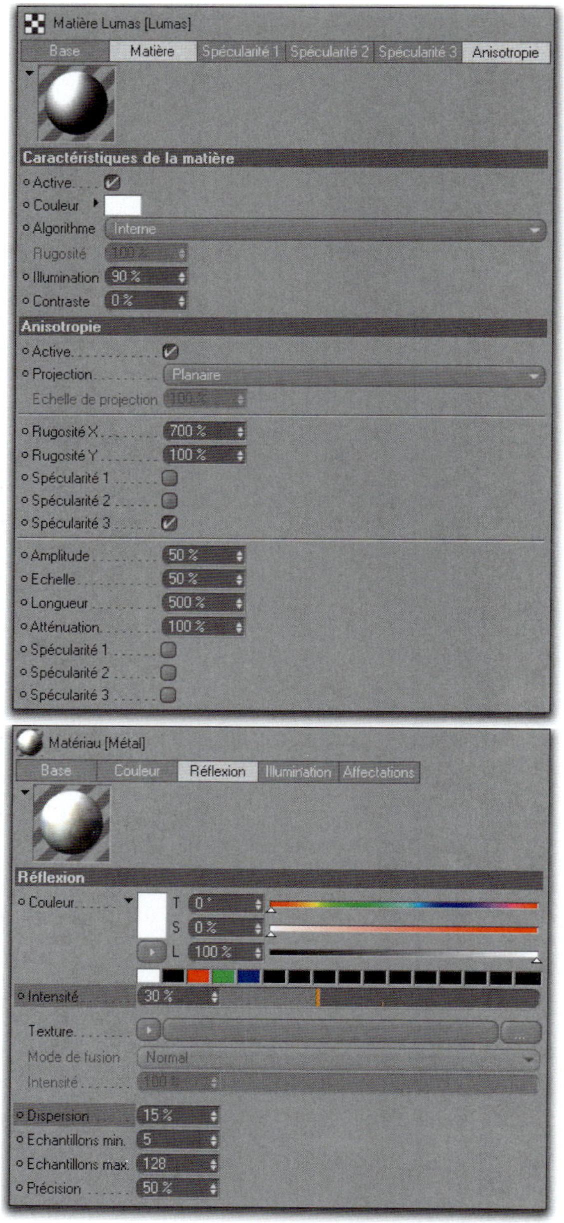


**Figure 2.168 :** *Le matériau métallique.*

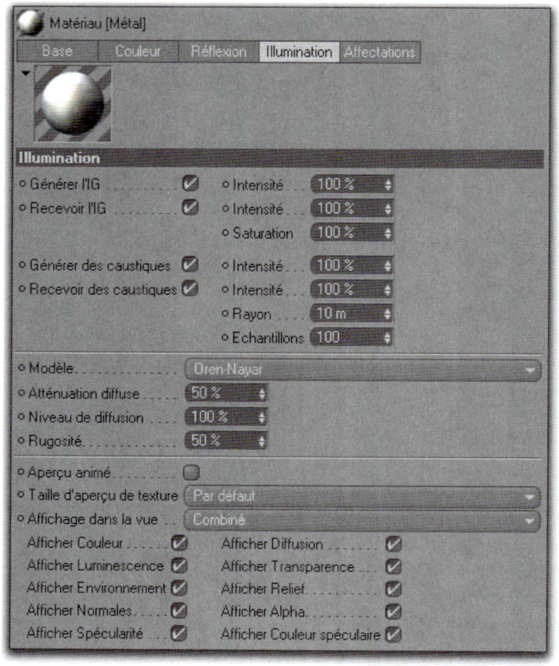


**Figure 2.169 :** *Les caractéristiques d'illumination.*

Les propriétés de réflexion et les paramètres d'illumination sont ici les mêmes que pour le matériau de la tôle perforée (voir Figure 2.168). Vous pouvez voir dans la Figure 2.169 que les canaux Alpha et Relief du matériau ont été désactivés car nous n'en avons pas besoin.

En plus du boîtier externe, appliquez ce matériau au boîtier interne également. N'oubliez ensuite pas de faire glisser dans le champ Limiter à la sélection de la propriété Texture la sélection enregistrée précédemment contenant les éléments auxquels ne s'appliquent pas le matériau de tôle perforée (voir Figure 2.170).

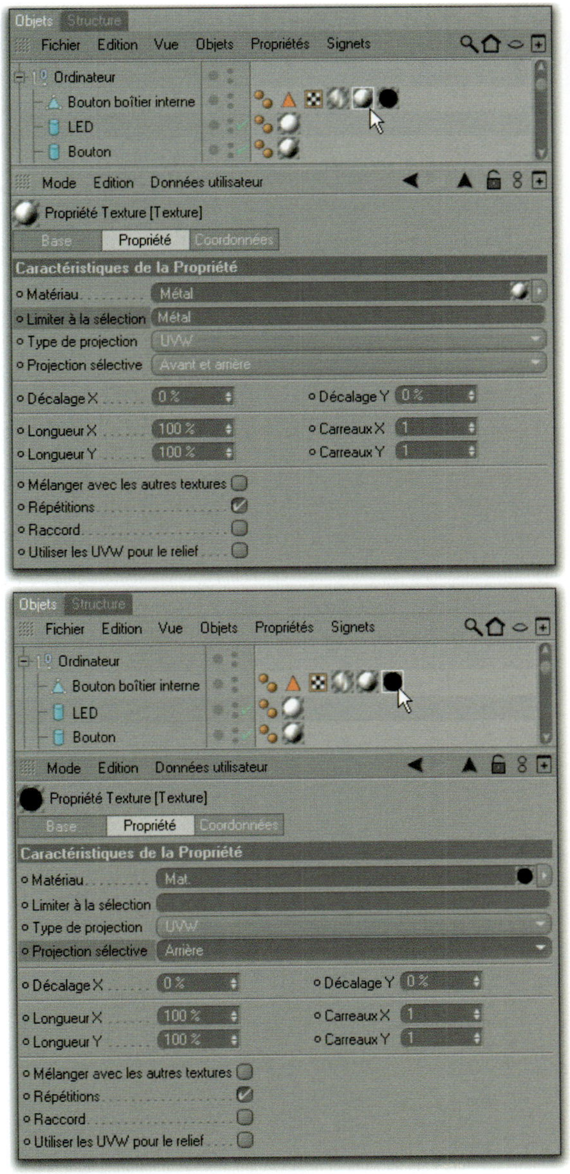


***Figure 2.170 :*** *Limitation de l'application des matériaux.*

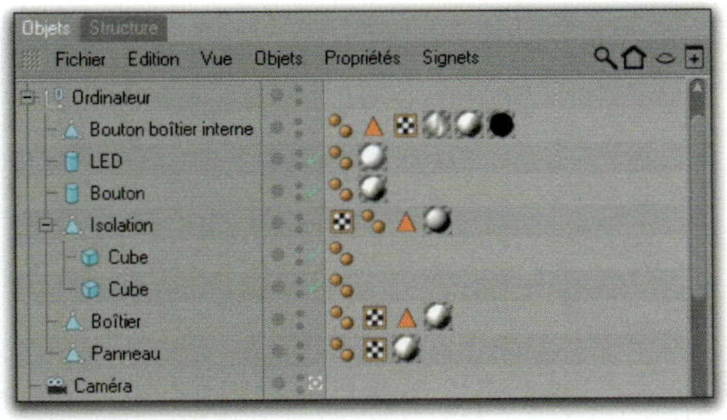


***Figure 2.171 :*** *Tous les matériaux appliqués.*

Créez un troisième matériau et désactivez tous ses canaux pour qu'il soit parfaitement noir. Appliquez-le au boîtier interne en choisissant cette fois l'option Arrière dans le menu Projection sélective de la propriété Texture (voir Figure 2.170). L'arrière de tous les polygones du boitier est ainsi coloré en noir, ne laissant voir que cette couleur à travers les trous de la façade, comme avec un véritable ordinateur.

Pour finir, appliquez le matériau métallique également au panneau latéral, aux poignées et au bouton marche/arrêt. Créez un autre matériau, blanc celui-là, pour la couche isolante des prises, et encore un autre d'un blanc brillant pour le LED de contrôle. La hiérarchie d'objets complète avec tous les matériaux appliqués est présentée à la Figure 2.171.

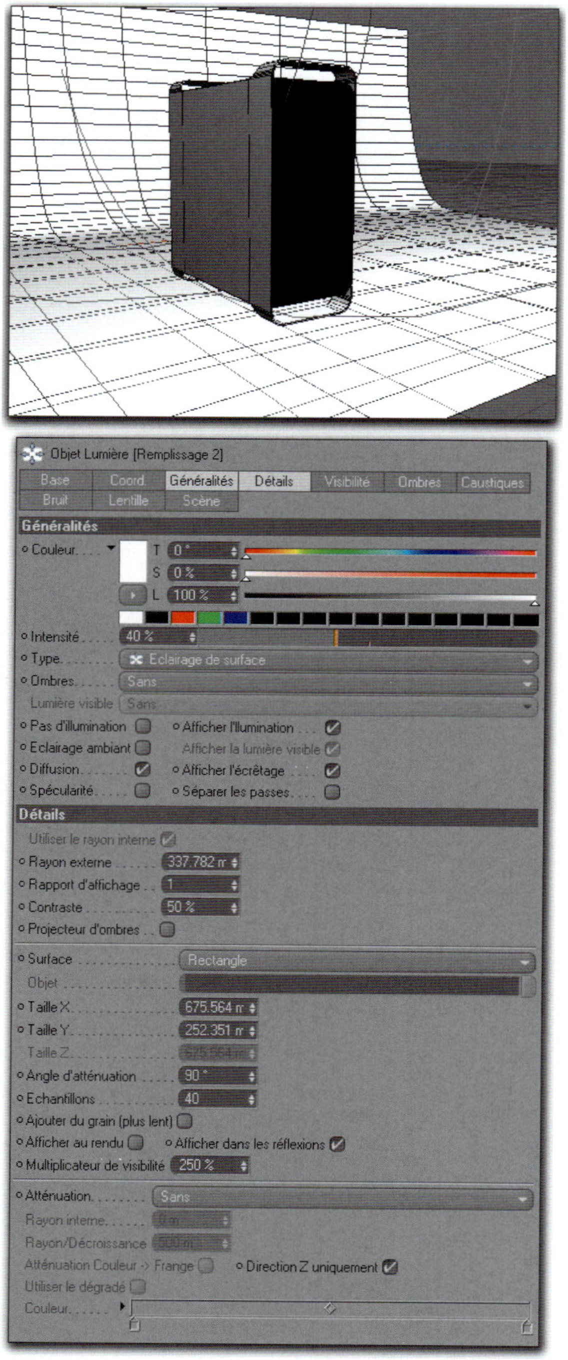


***Figure 2.172 :** Une autre lumière auxiliaire.*

## ➤ Création d'un brillant métallique

Les calculs de test de la scène révèlent que la façade est encore trop sombre et qu'elle est dénuée du brillant typique des surfaces métalliques. Nous allons corriger cela à l'aide d'une source de lumière additionnelle. Faites une copie de la lumière d'appoint gauche et positionnez-la plus directement et davantage vers le devant de l'ordinateur. La première vue de la Figure 2.172 illustre la scène de la perspective de cette lumière.

Comme vous pouvez le voir dans la seconde vue de la figure 2.172, cette source possède une intensité de 40 %. Le brillant métallique est en fait produit par l'option Afficher dans les réflexions de l'onglet Détails. Cette fonction fait que la forme de la lumière apparaît dans les réflexions comme un objet brillant.

Le paramètre Multiplicateur de visibilité définit l'intensité de la réflexion. Il est très important puisqu'il permet de définir séparément la représentation de la source lumineuse dans les réflexions et l'intensité de cette lumière en général.

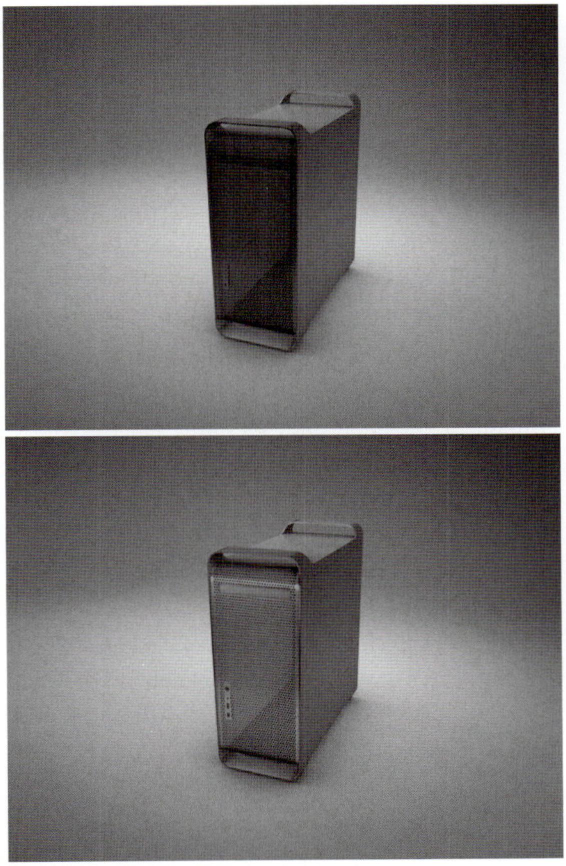

*Figure 2.173 : L'ordinateur sans et avec la source lumineuse additionnelle.*

Comme nous voulons éclairer uniquement la façade, il convient de choisir le mode INCLURE dans l'onglet SCÈNE et de faire glisser dans le champ OBJETS l'objet correspondant au boîtier interne. La Figure 2.173 propose une comparaison de la scène avant et après l'ajout de cette lumière. Son effet et sa réflexion au niveau des trous de la façade sont nettement visibles dans la seconde vue.

*Figure 2.174 : L'image terminée.*

Vous pouvez voir également que le matériau noir n'a pas encore été appliqué à l'arrière des polygones, d'où la différence de luminosité visible à l'intérieur du boîtier. La Figure 2.174 montre le résultat une fois ce matériau appliqué.

Nous allons abandonner un moment les objets techniques pour nous intéresser à des objets et matériaux organiques. La prochaine section vous guide en effet dans la modélisation et le texturage d'un palmier. Ce sera pour vous l'occasion de découvrir de nouveaux shaders ainsi que le module HAIR et d'approfondir vos connaissances en matière de modélisation.

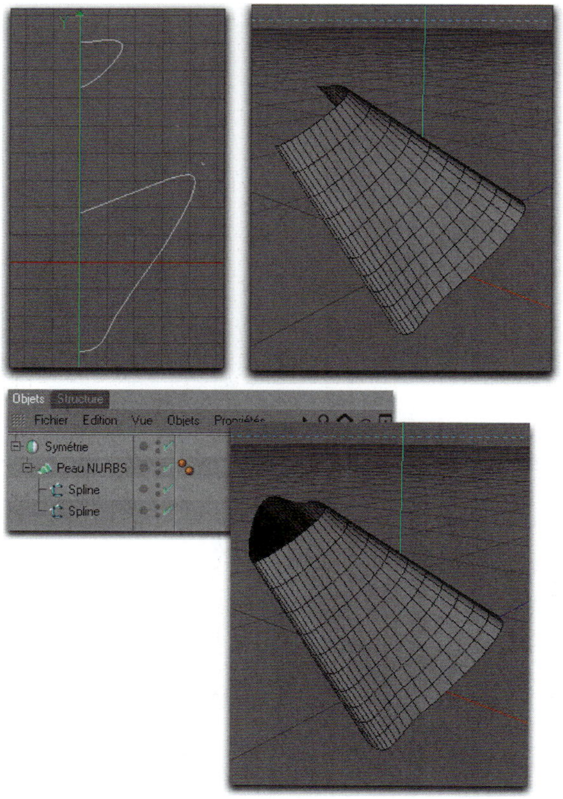


*Figure 2.175 : Création de splines symétriques.*

# Modélisation et texturage d'un palmier

Le chapitre de bonus fourni sur le CD-ROM propose un atelier pratique au cours duquel plusieurs éléments sont intégrés à une photo, parmi lesquels un palmier. Pour terminer le présent chapitre, nous allons modéliser ce palmier et lui appliquer les matériaux appropriés. Contrairement aux exemples précédents, nous pouvons ici travailler un peu plus librement sans mesures parfaitement exactes.

### *Création de splines symétriques*

Nous commencerons par modéliser le moignon qui subsiste lorsque l'on coupe les frondes du palmier. Tracez deux splines séparées pour représenter les deux demi-sections de ce moignon, celle du haut et celle de la base (voir Figure 2.175). Veillez à ce que les points de l'axe de symétrie se trouvent sur l'axe Y du Monde. Nous pourrons ainsi créer l'autre moitié du moignon par simple symétrie.

Subordonnez les deux splines à un objet Peau NURBS, puis déplacez-les le long des axes Y et Z du Monde de sorte que le moignon une fois formé soit légèrement oblique. La seconde moitié peut être générée automatiquement au moyen d'un objet Symétrie auquel le NURBS doit être subordonné. Le tracé des splines est ainsi plus simple à modifier puisque vous pouvez voir leur forme complète.

Le seul inconvénient de cette technique est que les splines ne sont pas optimisées sous l'effet de l'objet Symétrie. Elles ne sont donc pas fermées. De plus, les faces fermantes du Peau NURBS ne peuvent pas non plus être générées, laissant le moignon ouvert aux deux extrémités (voir Figure 2.175).

Si la forme et la position des splines vous conviennent, vous pouvez retirer le NURBS du groupe constitué par l'objet Symétrie et supprimer ce dernier. Sélectionnez ensuite une des deux splines et passez dans le mode Points. Après avoir vérifié que vous avez bien sélectionné tous les points, ou aucun, invoquez l'outil Miroir du menu Structure (voir Figure 2.176).

Dans les propriétés de l'outil, choisissez le système de coordonnées Monde et le plan de symétrie ZY, puis cliquez sur le bouton Appliquer pour redonner à la spline son autre moitié. Malgré le fait que l'option Souder les points soit activée, la spline n'est pas pour autant optimisée. Cette fonction est en fait indisponible pour les splines.

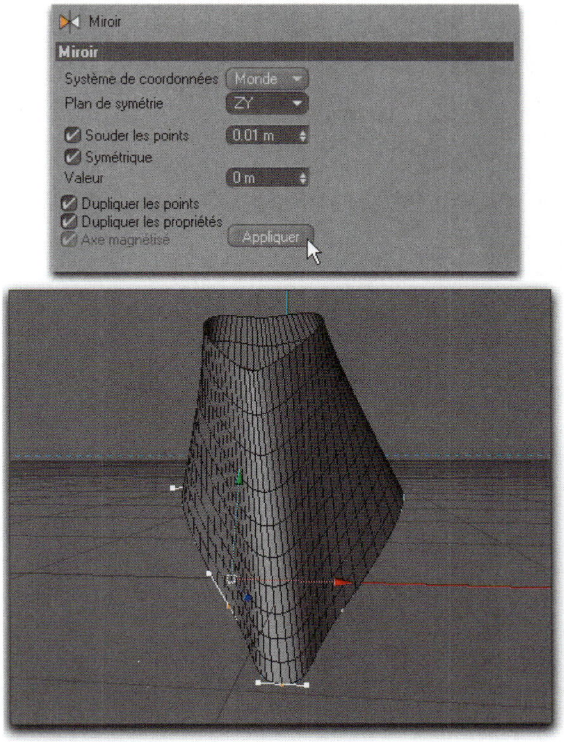


**Figure 2.176 :** *Mise en miroir de splines.*

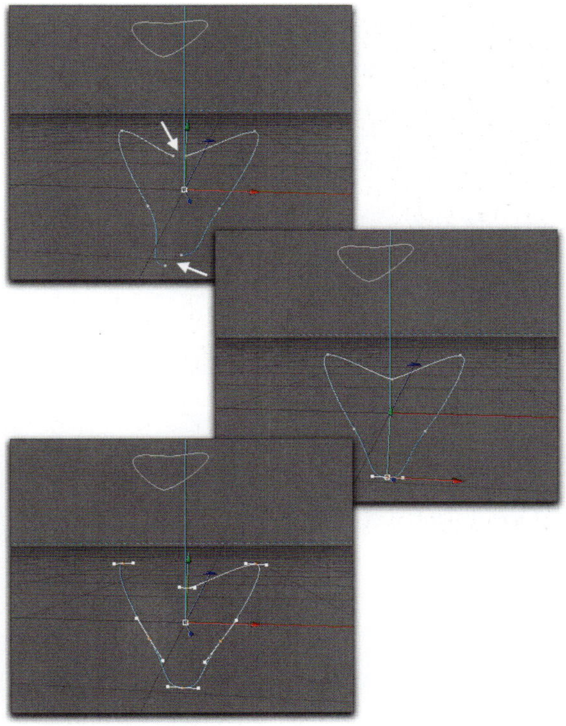

**Figure 2.177 :** *Jonction de segments de splines.*

Vous constatez cela lorsque vous sélectionnez des points qui se trouvent sur le plan de mise en miroir et les déplacez, comme indiqué par les flèches en haut de la Figure 2.177. Il faut donc procéder manuellement pour optimiser ces points et obtenir ainsi une spline fermée.

Activez le pointeur de sélection et autorisez la sélection des éléments cachés. Sélectionnez un des deux points de la spline situés sur le plan de symétrie et invoquez la commande Joindre les segments du menu Structure > Modifier la spline (voir Figure 2.177). Les deux moitiés de la spline sont alors assemblées en une seule, et il ne vous reste plus qu'à cocher l'option Fermer la spline dans le gestionnaire d'attributs.

Après avoir procédé de même pour l'autre spline, vous voyez apparaître les faces fermantes du NURBS (voir Figure 2.178). Le moignon est maintenant terminé. L'étape suivante consiste à en créer de nombreuses copies et à les disposer le long d'une spirale. Pour cela, il faut auparavant placer le système d'axes du NURBS à la base du moignon. Basculez dans le mode

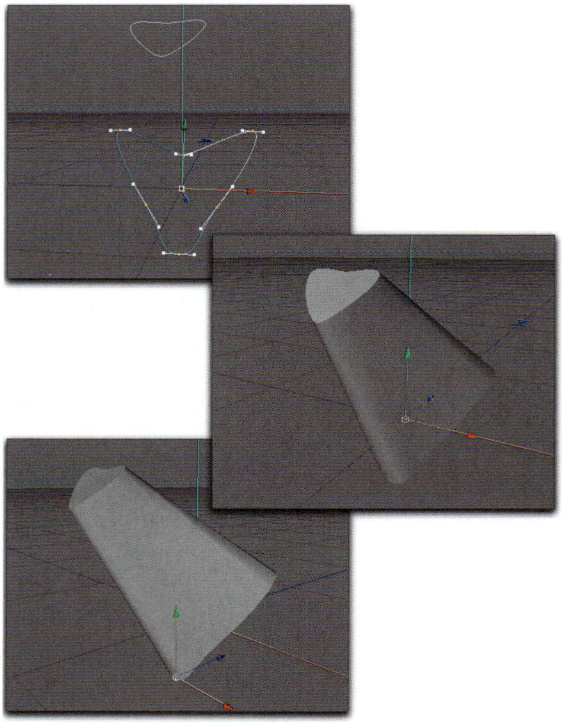

*Figure 2.178 : Parachèvement du Peau NURBS.*

Axes d'objet et utilisez l'outil de déplacement pour positionner le système d'axes du NURBS tout en bas du moignon (voir Figure 2.178).

## *Duplication le long d'une spline*

Pour agencer automatiquement les copies du moignon sur le tronc, qui reste encore à modéliser, invoquez une spline Spirale à partir de la palette de splines (voir Figure 2.179).

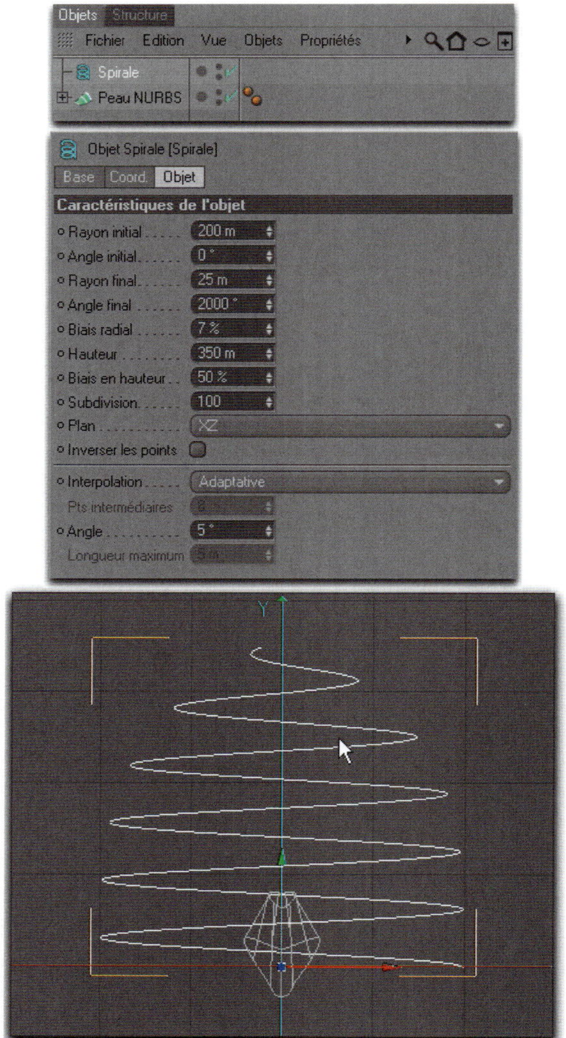


*Figure 2.179 : Une spline Spirale.*

Positionnez la spirale sur le plan XZ et faites en sorte que la valeur de Rayon initial soit supérieure à celle de Rayon final pour que la spirale aille en se rétrécissant. Le paramètre Biais radial détermine la vitesse à laquelle le rayon final doit être atteint horizontalement. Il permet donc de contrôler l'effet de réduction du rayon. Lorsqu'il possède une valeur faible, le rayon initial reste constant plus longtemps, produisant une spirale en forme de dôme comme illustré au bas de la Figure 2.180.

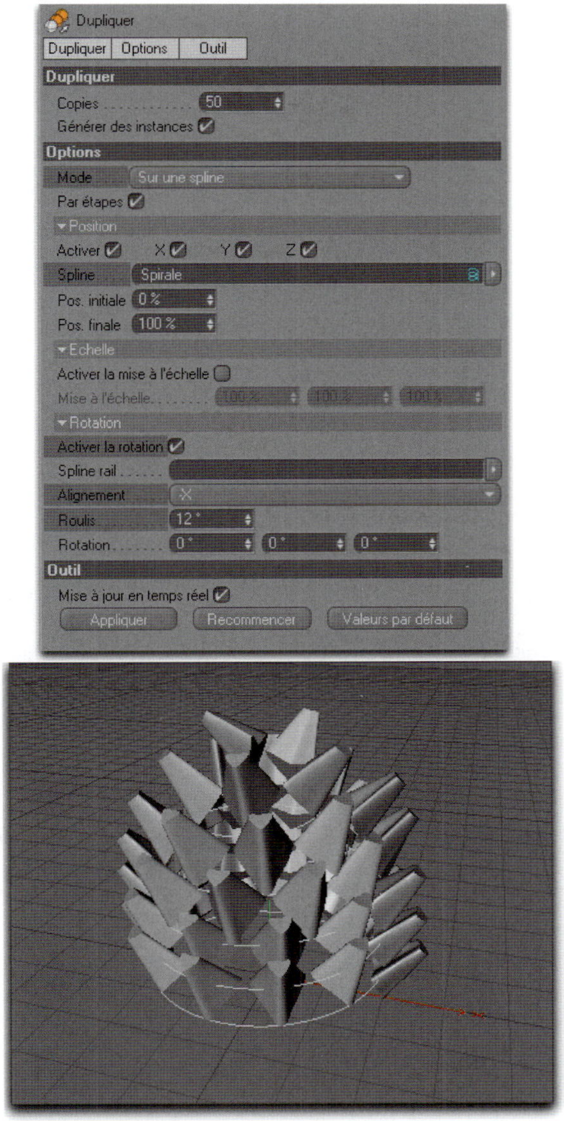


*Figure 2.180 : La fonction Dupliquer.*

Configurez le paramètre Angle final de façon que la spline fasse un nombre suffisant de révolutions. J'ai choisi ici un angle de 2000°. La configuration des autres paramètres est donnée à la Figure 2.179. Une fois que vous êtes satisfait de la taille et de la forme de la spirale, sélectionnez le NURBS et invoquez la fonction Dupliquer du menu Fonctions (voir Figure 2.180).

Dans l'onglet Dupliquer de la fonction, indiquez le nombre de copies qui doivent être créées, par exemple 50. Dans l'onglet Options, choisissez le mode Sur une spline et faites glisser la spline en spirale depuis le gestionnaire d'objets vers le champ Spline de la rubrique Position de l'outil. Celui-ci sait ainsi sur quelle spline il doit répartir les copies.

La rubrique Rotation sert à définir l'agencement de ces copies sur la spirale. Cochez l'option Activer la rotation et choisissez l'alignement –X. L'axe X négatif des copies sera alors aligné sur le tracé de la spline. Au besoin, vous pouvez utiliser le paramètre Roulis pour définir l'inclinaison exacte des copies. Un résultat possible est présenté Figure 2.180.

Vous pouvez bien entendu choisir un nombre inférieur ou supérieur de copies si vous le souhaitez. L'agencement des moignons terminé, il convient de rompre la régularité de leur disposition. La fonction Randomiser se prête parfaitement à cela puisqu'elle permet de déplacer, de dimensionner et de faire pivoter de manière aléatoire les objets sélectionnés (voir Figure 2.181).

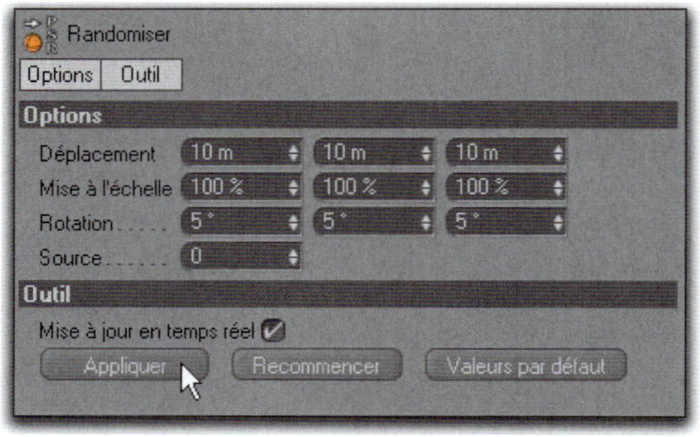


*Figure 2.181 : Modifications aléatoires avec la fonction Randomiser.*

Pour pouvoir sélectionner confortablement toutes les instances du Peau NURBS, cliquez du bouton droit sur l'objet neutre dans lequel sont regroupées les copies. Dans le menu contextuel qui apparaît, choisissez l'option Sélectionner les sous-objets, puis cliquez de nouveau sur l'objet neutre en maintenant la pression sur la touche Ctrl. Cela a pour effet de désélectionner cet objet, mais pas les instances du NURBS.

Choisissez ensuite Fonctions > Randomiser. Dans les propriétés de la fonction, spécifiez la valeur 10 pour les trois champs Déplacement et la valeur 5° pour les trois champs Rotation. Cliquez ensuite sur Appliquer pour appliquer les variations aux objets sélectionnés.

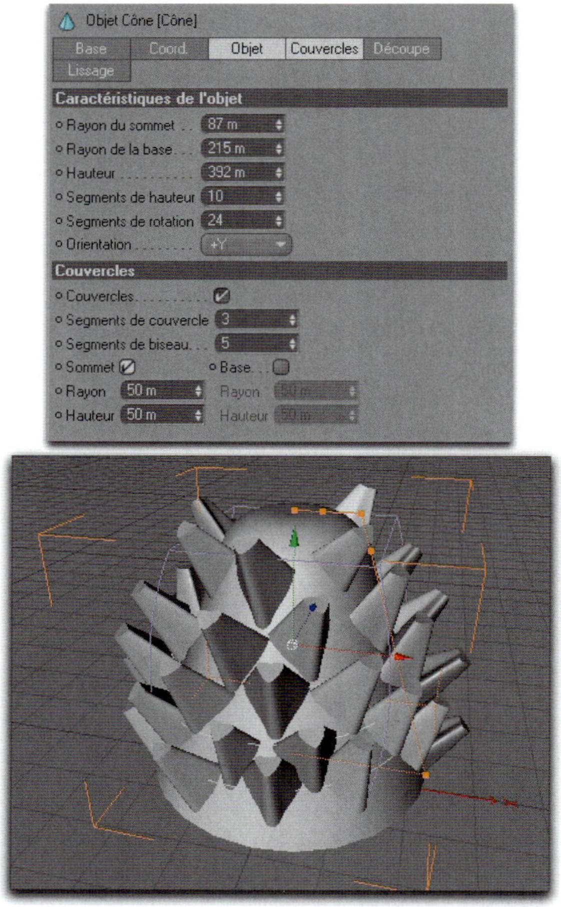


*Figure 2.182 : Le tronc du palmier.*

## Création du tronc

Il nous manque encore le tronc que nous allons créer à partir d'une primitive Cône. Réglez les deux rayons et la hauteur de l'objet de sorte qu'il occupe tout l'espace entre les moignons (voir Figure 2.182). En raison de la forme arrondie de la spirale, les réglages possibles sont ici limités. Nous allons palier cela de suite. Définissez également un arrondi généreux au sommet du cône.

Pour gonfler latéralement le cône afin de l'ajuster à la forme de la spirale, invoquez un déformateur Dilatation/Contraction et placez le cône sous sa dépendance (voir Figure 2.183). Cet objet s'utilise comme le déformateur Incurvation vu précédemment. Utilisez simplement la poignée du dessus après avoir adapté la taille du déformateur au cône. La Figure 2.183 propose un exemple de résultat.

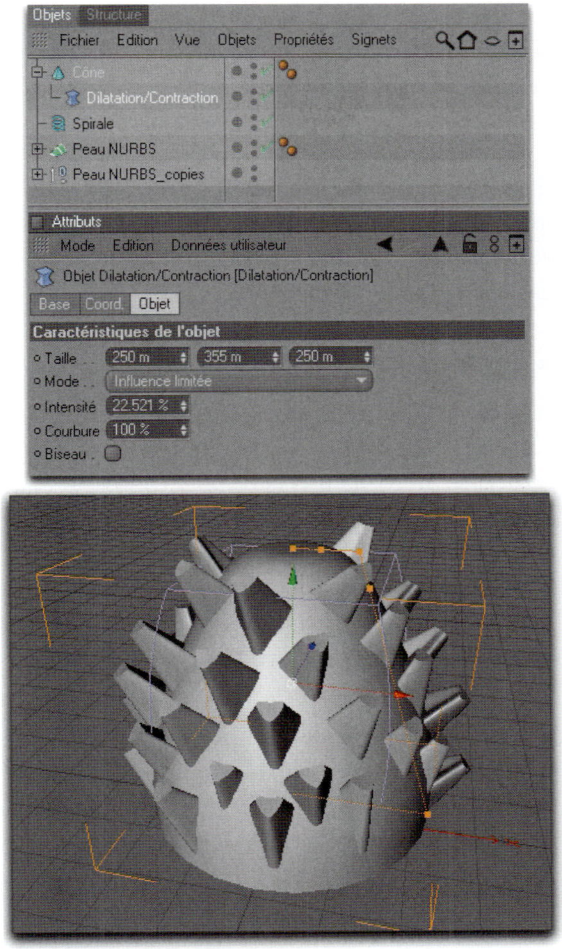


*Figure 2.183 : Dilatation du cône.*

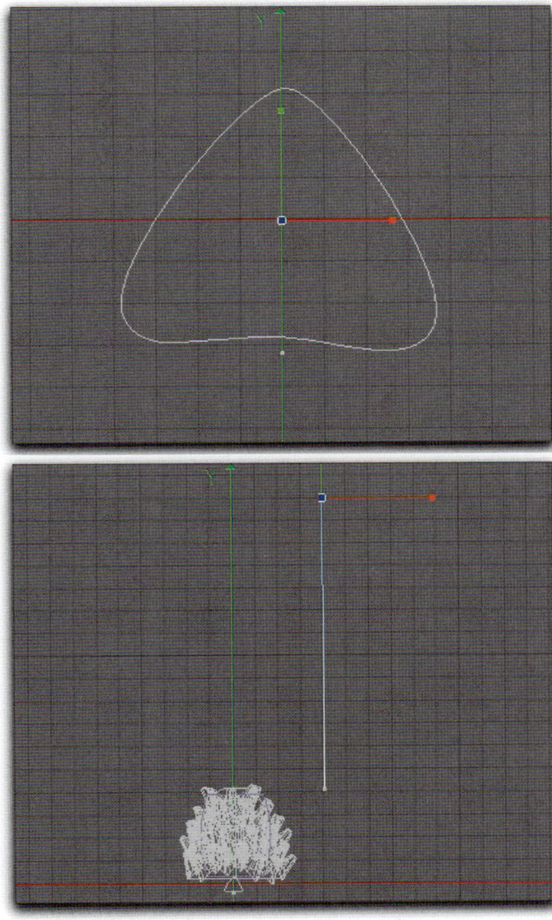

*Figure 2.184 : La tige des frondes.*

## *Les frondes du palmier*

La base du palmier étant terminée, nous pouvons nous attaquer à la modélisation de ses frondes. Nous emploierons à cet effet deux objets. Commençons par les tiges d'où partirons les feuilles du palmier. Pour la section, faites une copie de la spline formant le sommet des moignons et agrandissez-la avec l'outil de dimensionnement pour qu'elle corresponde à peu près à la taille de leur base (voir Figure 2.184).

Créez une spline linéaire avec seulement deux points positionnés verticalement l'un au dessus de l'autre. Étant donné que cette spline représente la longueur de la tige, choisissez un écartement entre les deux points adapté à la taille de la base du palmier. Groupez ensuite les deux splines sous un nouvel objet SweepNURBS (Extrusion Contrôlée NURBS).

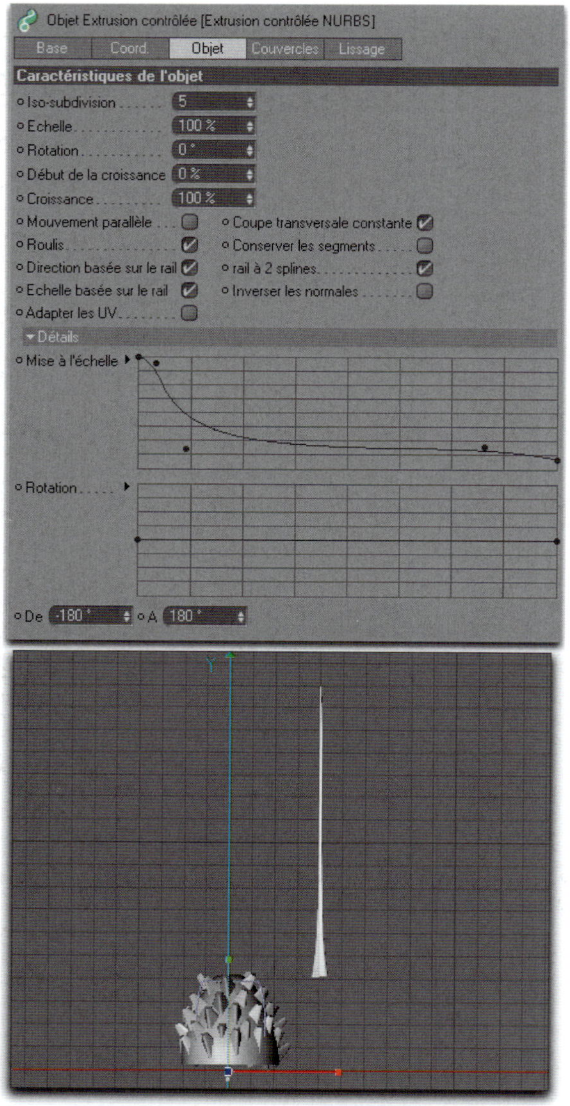


***Figure 2.185 :*** *La tige terminée.*

Souvenez-vous que le profil doit être placé en première position sous le SweepNURBS, suivi du guide ou chemin, ici la tige. Utilisez ensuite la courbe Mise à l'échelle du NURBS pour donner à la tige une forme de départ large qui s'affine avec la hauteur. Veillez à choisir le mode d'interpolation Uniforme pour la spline linéaire afin de disposer d'un nombre suffisant de points intermédiaires pour que le profil puisse prendre la forme voulue (voir Figure 2.185).

## ➤ Les feuilles

Pour les feuilles, nous avons affaire à un très grand nombre d'objets semblables qui sont disposés les uns derrière les autres de part et d'autres de la tige. Nous pourrions modéliser une seule feuille et la répliquer le long de la tige au moyen de la fonction Dupliquer. C'est ainsi que nous avons procédé pour recouvrir le tronc du palmier de moignons, sauf que la spline était un peu plus complexe et le nombre de copies inférieur à celui nécessaire ici.

Si vous disposez du module HAIR pour CINEMA 4D, j'aimerais vous présenter une alternative. Dans le cas contraire, utilisez simplement le processus de duplication décrit précédemment.

### L'objet Plume du module HAIR

Créez une copie de la spline linéaire guide, puis invoquez un objet Plume à partir du menu Hair de CINEMA 4D (le module HAIR doit avoir été préalablement installé). Subordonnez la copie de la spline au nouvel objet. Dans les propriétés de ce dernier, indiquez la longueur des feuilles *via* le paramètre Longueur de barbe (voir Figure 2.186).

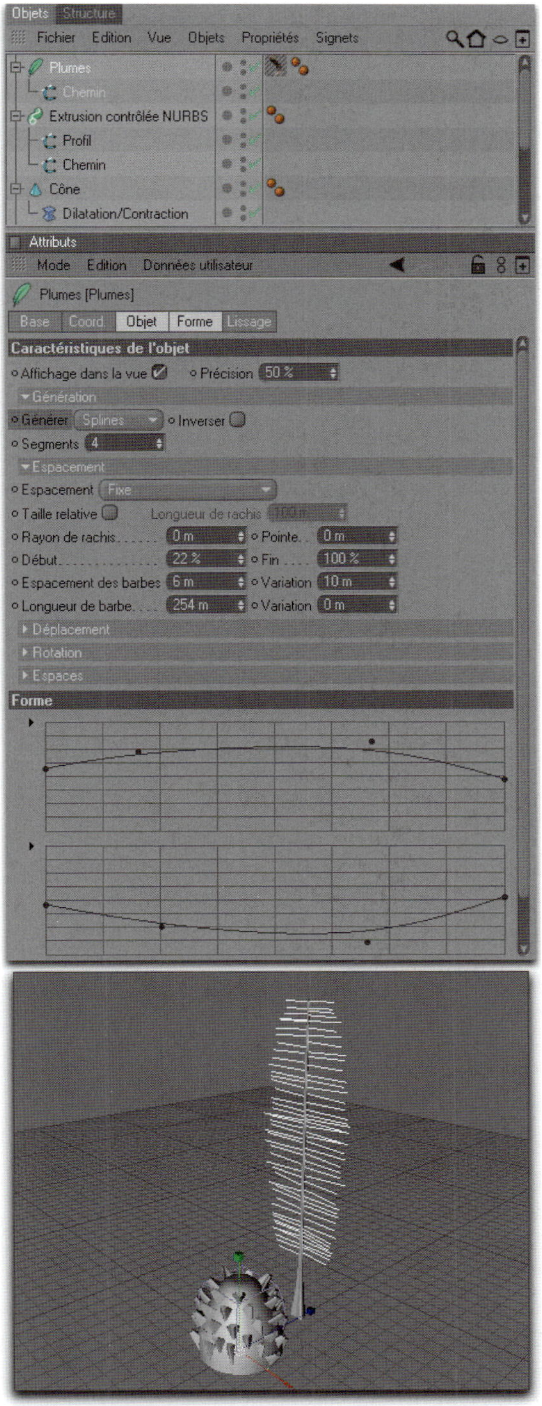


*Figure 2.186 : L'objet Plume.*

Augmentez la valeur du paramètre Début dans la rubrique Espacement pour que la base des tiges soit dénudée. Comme leur nom l'indique, les courbes Forme servent à contrôler la forme d'ensemble des feuilles. Organisez leurs points de sorte que les feuilles à la base et au sommet de la tige soient plus courtes.

Dans le menu Générer de la rubrique Génération, choisissez l'option Splines, ce qui nous permettra d'utiliser l'objet Plume dans un objet SweepNURBS. Pour terminer, vous pouvez faire varier la disposition des feuilles au moyen des paramètres Espacement des barbes et Variation de la rubrique Espacement. Un résultat possible est présenté au bas de la Figure 2.186.

Pour les étapes suivantes, nous pouvons nous passer des paramètres de l'objet Plume. Convertissez-le par conséquent en une simple spline en appuyant sur la touche [C].

## Incurvation des feuilles

Invoquez une spline Rectangle et subordonnez-la à un nouvel objet SweepNURBS. Placez également sous la dépendance de ce NURBS la spline résultant de la conversion de l'objet Plume. Ajustez ensuite la longueur des arêtes de la spline rectangulaire de manière à obtenir des feuilles plates.

Étant donné qu'il n'est pas du tout naturel que les feuilles forment un angle droit avec la tige, nous allons corriger cela à l'aide de deux déformateurs Incurvation. Dans la vue de haut de l'éditeur, ils devraient idéalement être positionnés à gauche et à droite de la tige.

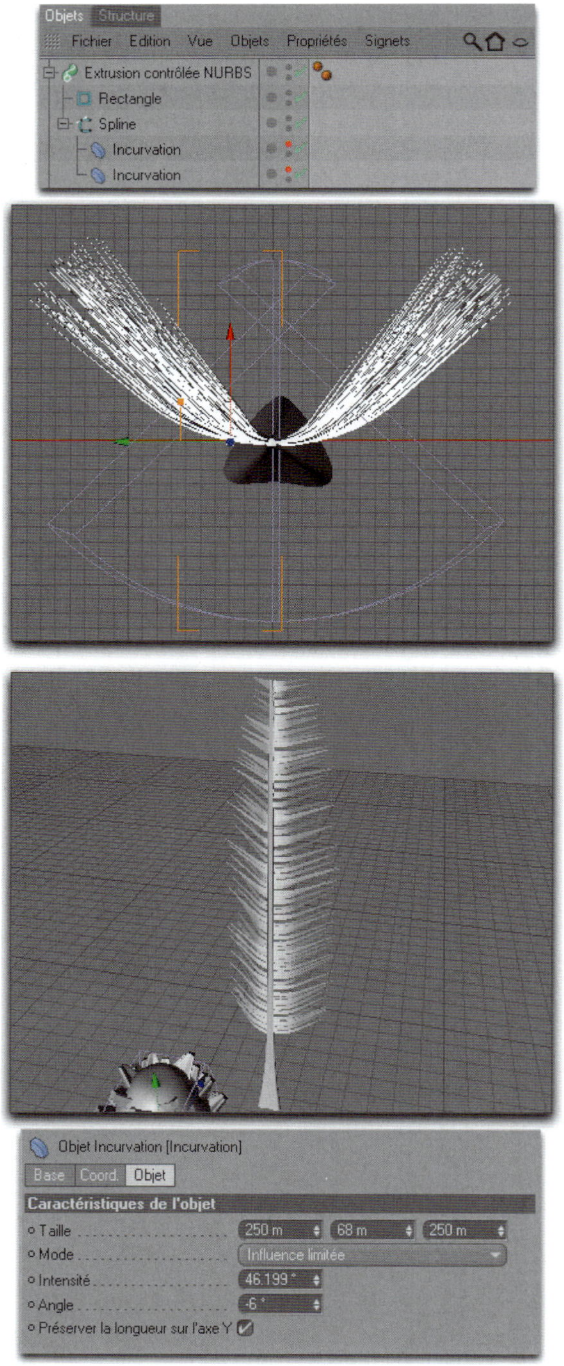


***Figure 2.187 :*** *Incurvation des feuilles.*

Subordonnez-les ensuite à la spline issue de la conversion de l'objet PLUME (voir Figure 2.187).

Utilisez la poignée de chaque déformateur pour incurver les feuilles dans la direction voulue. Réduisez également leur taille Y pour que l'incurvation intervienne relativement près de la tige. L'intérêt d'utiliser deux déformateurs INCURVATION est que vous pouvez contrôler séparément l'incurvation de chaque côté de la tige. Mais vous pourriez tout aussi bien n'en utiliser qu'un seul, auquel cas il faudrait choisir le mode INFLUENCE ILLIMITÉE.

Quelle que soit la méthode que vous choisissez, activez l'option PRÉSERVER LA LONGUEUR SUR L'AXE Y pour que la longueur des feuilles ne soit pas affectée par l'incurvation.

## Incurvation des frondes

Outre les feuilles, nous devons également incurver les frondes elles-mêmes, ce qui implique de déformer deux objets SweepNURBS, celui de la tige et celui des feuilles. Groupez-les par conséquent dans un objet neutre. Le moyen le plus rapide pour cela est de les sélectionner et d'invoquer la commande GROUPER LES OBJETS du menu OBJETS dans le gestionnaire d'objets.

Dans le mode Axes d'objet, positionnez l'objet neutre à la base de la fronde. Créez ensuite un déformateur INCURVATION et subordonnez-le à l'objet neutre (voir Figure 2.188). Le déformateur agit ainsi sur l'objet neutre et automatiquement sur tous les objets que ce dernier contient.

Agrandissez le déformateur dans la direction Y et déplacez-le de sorte qu'il englobe entièrement la fronde. Il ne vous reste plus qu'à incurver celle-ci comme bon vous semble. L'option PRÉSERVER LA LONGUEUR SUR L'AXE Y devrait ici aussi être activée. Faites ensuite pivoter le nouvel objet neutre contenant la fronde pour le placer sur le tronc du palmier, entre les moignons existants. Ceux-ci devraient normalement être suffisamment espacés pour que vous trouviez de la place.

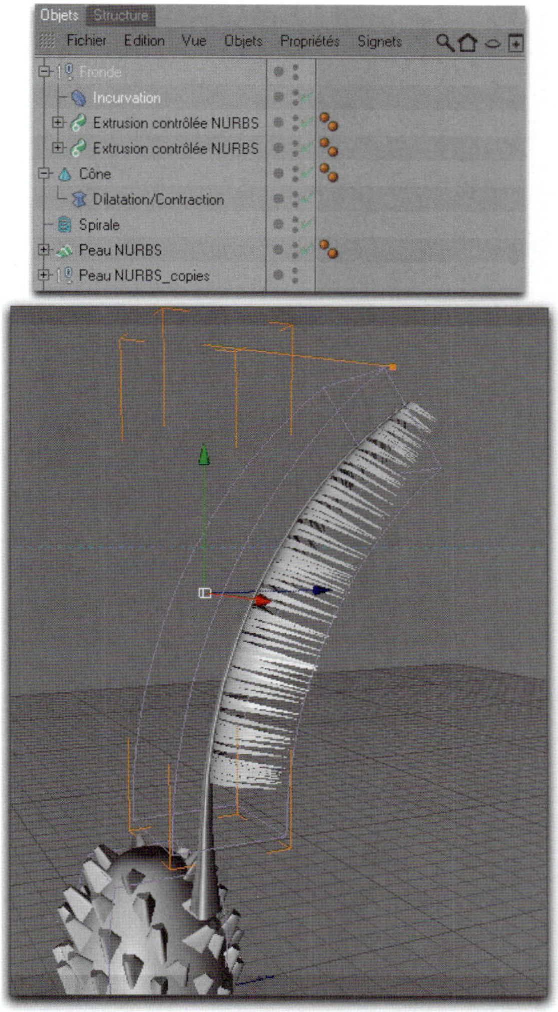


***Figure 2.188 :*** *Incurvation de la fronde.*

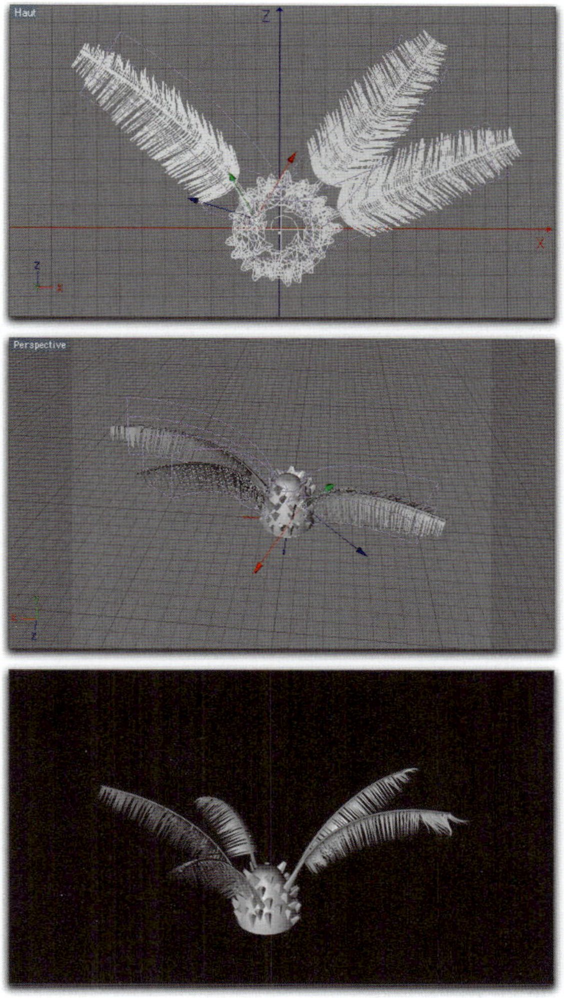


***Figure 2.189 :*** *Duplication de la fronde.*

À ce stade, nous devrions idéalement nous occuper de créer et d'appliquer des matériaux pour que les copies de la fronde en héritent automatiquement. Je préfère cependant d'abord terminer la modélisation du palmier. Si vous le souhaitez, vous pouvez passer directement à la création des matériaux et revenir ensuite à la présente section.

Créez plusieurs copies de la fronde et répartissez-les tout autour du tronc. Prenez le temps d'ajuster leur incurvation et leur rotation pour qu'elles ne soient pas toutes identiques. La Figure 2.189 illustre quelques étapes intermédiaires. Vous noterez également de légères variations au niveau des feuilles situées à l'extrémité des frondes.

Comme nous manipulons ici des splines et leurs points, vous pouvez employer par exemple l'outil Aimant du menu Structure pour déformer ou décaler des feuilles à des endroits spécifiques. La Figure 2.190 illustre cela pour une fronde entière.

Voici comment procéder. Sélectionnez les splines guide des feuilles et activez cet outil après avoir basculé dans le mode Points. Décochez l'option Surface et ajustez le paramètre Rayon de manière à pouvoir limiter confortablement son action à certaines zones de l'objet. Vous pouvez alors décaler interactivement dans l'éditeur tous les points sélectionnés qui tombent dans son rayon.

Le menu Mode offre diverses options d'atténuation qui servent à réduire l'effet d'aimantation sur les points les plus éloignés du pointeur de la souris. Utilisez ces modes surtout pour parfaire les extrémités des frondes en donnant aux feuilles un aspect plus naturel. Générez si nécessaire des copies supplémentaires et finalisez-les de la sorte jusqu'à obtenir un palmier réaliste.

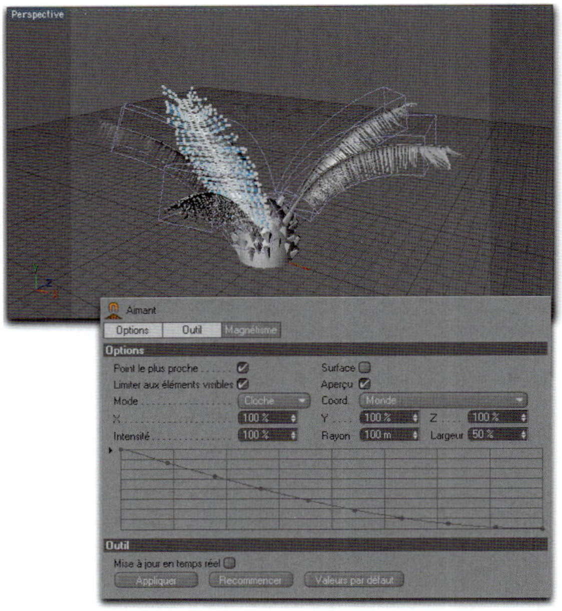


*Figure 2.190 : Décalage de points de splines avec l'outil Aimant.*

## *Les matériaux du palmier*

Étant donné que tous les objets de cette scène ont été générés au moyen de NURBS ou consistent en des primitives, nous pouvons nous concentrer à présent sur la création des matériaux sans presque avoir à nous soucier de leur application.

### ➤ Le matériau du tronc

Commençons par le matériau qui sera appliqué au cône déformé représentant le tronc du palmier. Ce matériau doit être sombre et légèrement rugueux, mais une bonne partie de cette surface sera de toute façon recouverte de moignons et de frondes, en plus de cheveux que nous ferons pousser pour modéliser des brins desséchés. Invoquez un nouveau matériau et donnez-lui dans le canal Couleur une teinte marron foncée.

Activez le canal Diffusion et chargez-y le shader Bruit. Chargez ensuite dans ce dernier la structure cellulaire Voronoi 3. Dans le shader Bruit, intervertissez les valeurs des paramètres Écrêtage inférieur et Écrêtage supérieur pour inverser la luminosité du bruit. J'ai réglé ici le paramètre Échelle globale à 400 % pour que l'échelle de bruit sur le cône corresponde à peu près à celle des moignons. Effectuez des tests pour voir si cette valeur vous convient également.

Dans le canal Relief, chargez là encore le shader Bruit avec cette fois la structure Mouvement fractal brun (FBM, *Fractal Brownian Motion*). Conservez sinon les paramètres par défaut du shader. Vous pouvez régler l'intensité du relief à 20 %. Dans le canal Luminosité, choisissez le modèle Oren-Nayar et une rugosité de 100 %. Le canal Spécularité doit rester désactivé car la surface rugueuse ne doit avoir aucun reflet. Appliquez pour finir ce matériau au cône. Tous les paramètres utilisés sont présentés à la Figure 2.191.

***Figure 2.191 :*** *Paramétrage du matériau pour la base du palmier.*

## ➤ Le matériau des moignons

Le matériau des moignons est encore plus simple puisqu'il n'utilise que les canaux COULEUR et DIFFUSION. Chargez dans le premier le shader DÉGRADÉ avec le type 2D – V et créez un dégradé de couleurs allant d'un brun sombre à un vert léger. Selon l'ordre de vos splines dans l'objet PEAU NURBS, il se peut que vous deviez inverser le dégradé. Si la spline la plus grosse apparaît en premier, ce n'est pas nécessaire.

Dans le canal Diffusion, chargez le shader Eau à partir de la liste Effets. Conservez les paramètres par défaut et réduisez simplement à 30 % l'intensité du mode de fusion. Dans les paramètres Illumination du matériau, activez le modèle Oren-Nayar. Réglez également le paramètre Atténuation diffuse à –50 %. Cela a pour effet de réduire la zone éclaircie par la lumière, comme si nous avions affaire à une surface lisse. Une augmentation de la rugosité à 100 % permet de répartir encore plus uniformément la lumière incidente. Tous ces paramètres sont donnés à la Figure 2.192.

## ➤ Le matériau des tiges

Les tiges du palmier se distinguent seulement par une teinte verte et une légère patine à leur base. Nous activons uniquement le canal Couleur dans ce nouveau matériau et y chargeons le shader Dégradé. Le type du dégradé est là encore vertical, soit 2D – V, et va du brun foncé à un jaune désaturé en passant par un vert intense.

Le sens du dégradé dépend de l'ordre des deux points dans la spline linéaire qui forme le guide des tiges. Celles-ci doivent dans tous les cas être marron au niveau de l'extrémité près du tronc et se terminer par des tons verts jusqu'à jaunes vers la pointe.

Vous pouvez aussi augmenter la valeur de Turbulence dans le shader Dégradé pour mélanger les couleurs de manière un peu plus chaotique. Dans les paramètres Illumination du matériau, réduisez de nouveau le paramètre Atténuation diffuse à –50 % avec le modèle Oren-Nayar. La configuration de ce matériau est présentée Figure 2.193.

## ➤ Le matériau des feuilles

Pour ce matériau également nous utilisons le shader Dégradé dans le canal Couleur. Sélectionnez là encore le mode 2D – V et définissez un dégradé allant du vert sombre au vert clair. Utilisez le mode de fusion Produit et le curseur Intensité associé pour contrôler directement dans le canal Couleur la luminosité des couleurs. J'ai choisi ici une intensité de 40 %.

Dans le canal Réflexion, réglez l'intensité à 10 % pour que la pellicule cireuse des feuilles soit légèrement réfléchissante. À cet effet, il convient aussi de définir un petit reflet dans le canal Spécularité. Dans les paramètres d'illumination du matériau, choisissez le modèle Oren-Nayar avec une atténuation diffuse de –100 % pour renforcer l'aspect lissé du matériau.

Ce matériau se distingue des autres principalement au niveau du canal Luminescence. Certaines plantes et feuilles transmettent très bien la lumière et paraissent de ce fait translucides. Cela signifie qu'une partie des rayons lumineux pénètrent dans les feuilles et les éclairent. Cet effet est subtile, mais néanmoins bien visible. Pour le simuler, nous disposons de plusieurs shaders, tous accessibles via le sous-menu Effets. Il s'agit notamment des shaders Rétro-éclairage, Dispersion subsurface et ChanLum.

Le shader Dispersion subsurface offre une plus grande précision de rendu, mais requiert de ce fait plus de temps de calcul. Le shader ChanLum est moins exact, mais plus rapide, son principe étant aussi simple qu'il est efficace. Il recherche en fait simplement la lumière à une certaine distance des points à calculer. Il ne tient en outre pas compte de l'épaisseur de l'objet, laquelle est normalement coûteuse en temps de calcul.

Comme l'effet que nous voulons produire ici est auxiliaire, la précision du shader ChanLum convient très bien. Chargez-le dans le canal Luminescence et activez le mode de fusion Produit avec des tons vert clair. Ce shader ne génère lui que des nuances de gris, aussi doit-il être coloré par nos soins. Son paramètre Échantillons détermine la précision du calcul. Les huit échantillons proposés par défaut sont ici suffisants.

Le paramètre Décalage initial définit à partir de quelle distance de la surface la lumière est recherchée.

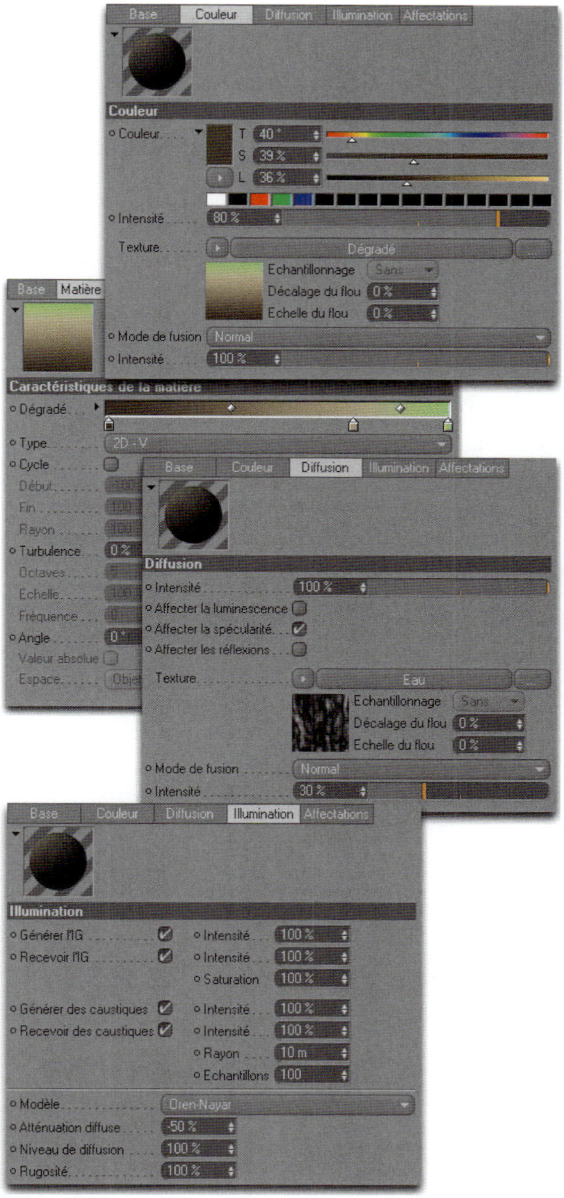


*Figure 2.192 : Le matériau des moignons.*

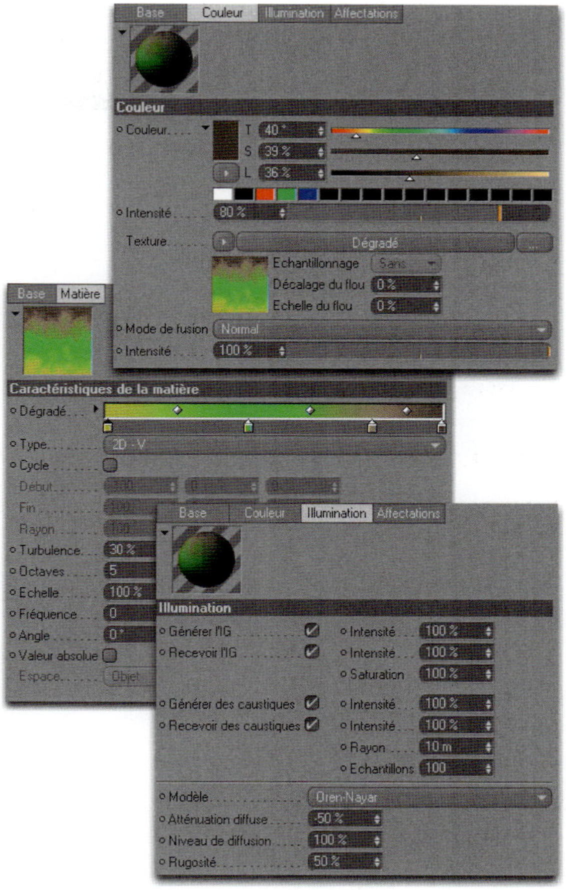


*Figure 2.193 : Le matériau des tiges.*

Le paramètre Rayon d'échantillonnage indique le rayon maximal de recherche autour des points de la surface. Plus cette valeur est élevée, plus il est probable qu'un des échantillons rencontre de la lumière.

Le menu Type d'échantillonnage permet de définir la direction de l'échantillonnage. Avec l'option Surface, la recherche s'effectue parallèlement à la surface et avec l'option Selon les normales, elle s'effectue le long des normales. Les paramètres configurés pour ce matériau sont donnés Figure 2.194.

***Figure 2.194 :*** *Le matériau des feuilles.*

L'effet et le paramétrage de ce shader dépendent aussi de l'éclairage et de la taille de l'objet. Son action est plus efficace avec des sources de lumière qui projettent des ombres. Les lumières qui n'en projettent pas devraient donc idéalement être exclues du calcul *via* l'option Exclure du menu Lumières.

## ➤ Les brins desséchés du tronc

Pour rendre le tronc un peu moins lisse et parfaire son apparence, nous allons utiliser de nouveau le module HAIR. Nous ne voulons toutefois pas recouvrir entièrement le tronc de cheveux. Sélectionnez le cône et invoquez l'option Convertir en objet du menu Fonctions. Vous obtenez une copie de l'objet dans un état déformé (voir Figure 2.195).

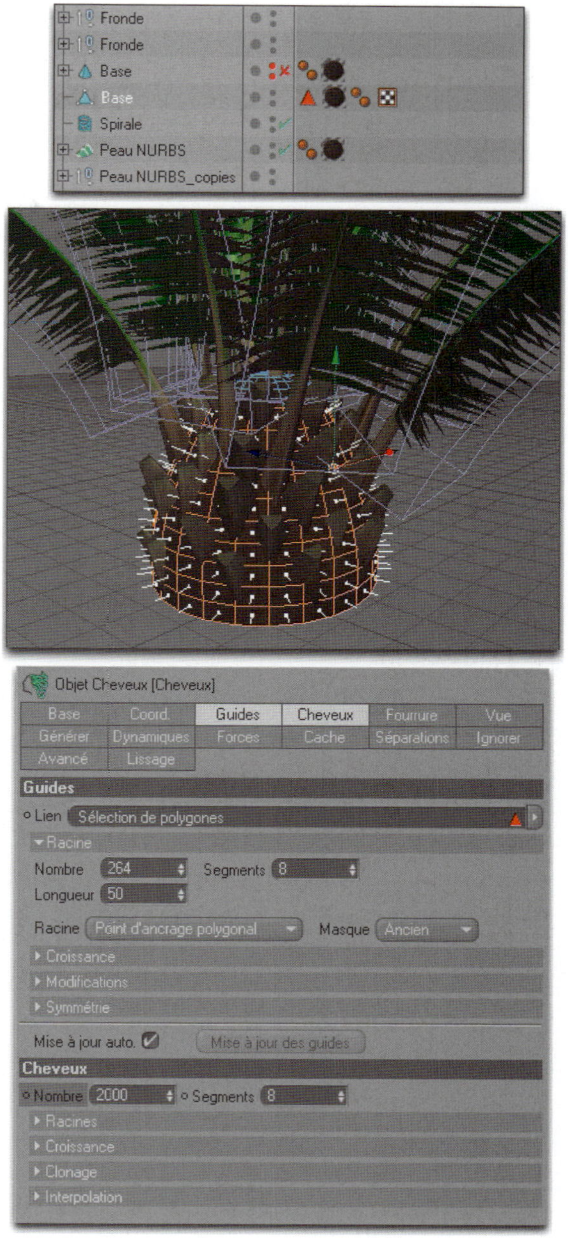


***Figure 2.195 :*** *Génération de cheveux sur le tronc.*

Dans le mode Polygones, sélectionnez les polygones sur lesquels faire pousser des cheveux, à savoir tous sauf ceux de l'arrondi supérieur et du dessous du cône. Enregistrez ensuite cette sélection dans une propriété Sélection de polygones. Vous pouvez maintenant supprimer le cône d'origine ou bien le masquer dans l'éditeur et pour le rendu.

Avec le nouveau cône actif et ses polygones latéraux sélectionnés, choisissez la fonction Ajouter des cheveux du menu Hair de CINEMA 4D. Des cheveux sont alors automatiquement générés sur les faces sélectionnées. Rappelons que le module HAIR n'est pas livré en standard avec le logiciel. Vous devez donc vous le procurer séparément, un investissement qui à mon avis en vaut largement la peine, car outre toutes sortes de cheveux et de pelages, il permet également de créer des herbes et d'autres végétations, pour ne citer que ces exemples.

La commande Ajouter des cheveux crée sur les polygones sélectionnés des lignes, ou guides, que vous pouvez mettre en forme et qui serviront à la représentation des cheveux lors du rendu. Le paramètre Longueur dans l'onglet Guides de l'objet Cheveux indique la longueur de ces guides. Spécifiez une valeur adaptée à la taille de votre objet. J'ai choisi ici 50.

Dans l'onglet Cheveux, indiquez *via* le paramètre Nombre la quantité de cheveux à générer. La valeur 2000 devrait suffire ici. En supposant que vous ayez besoin par la suite d'une représentation plus rapprochée de l'objet, ce paramètre est modifiable à tout moment.

Le paramètre Segments de l'onglet Guides définit la rigidité des lignes et leur mobilité sous l'effet du vent ou de la gravitation, par exemple. Tous les paramètres peuvent aussi être animés au besoin. Le paramètre Segments de l'onglet Cheveux fonctionne plutôt comme le paramètre Pts intermédiaires des splines et détermine en cela la densité de détails du cheveu.

Nous en avons terminé avec les paramètres de base des guides et allons maintenant leur donner du style. Étant donné que les cheveux peuvent être formés au moyen d'un matériau, ces guides servent davantage à définir leur sens de croissance. Pour que les cheveux n'aient pas l'air trop parfaits, je vous propose de recourber les guides à leur extrémité.

Utilisez pour cela l'outil Brosser accessible à partir du menu Hair > Outils (voir Figure 2.196). Comme son nom l'indique, il fonctionne comme une brosse et peigne les tiges lorsque vous passez le pointeur de la souris dessus. Dans les vues frontale et latérale, effectuez un brossage des guides du bas vers le haut pour les rapprocher de la surface.

**Figure 2.196 :** *Mise en forme des guides*

## ➤ Le matériau des cheveux

En même temps que l'objet Cheveux, qui contient les guides et définit le nombre et le comportement des cheveux, un matériau de même nom a aussi été créé. À l'instar d'un matériau normal, celui-ci sert à configurer les propriétés de la surface de l'objet auquel il est appliqué. Il possède en revanche des canaux et des propriétés tout autres.

L'effet des canaux individuels se laisse aisément observer puisqu'il suffit le plus souvent de les activer pour que l'aperçu des cheveux dans le matériau change aussitôt. Nous ne passerons en revue que certains d'entre eux, en commençant par le canal Couleur. Comme vous vous en doutez, il définit la couleur des cheveux.

Le dégradé de couleurs est appliqué aux cheveux dans leur longueur, permettant par exemple de colorer la racine différemment des pointes. D'autres variations peuvent être appliquées à chaque cheveu individuellement à l'aide des paramètres H, S et V situés au bas de la rubrique Couleur. Ils correspondent respectivement aux valeurs de teinte, de saturation et de luminosité. Si vous voulez, comme dans notre exemple, que la surface sur laquelle poussent les cheveux soit teintée de la même manière, il convient de cocher l'option Surface dans la rubrique de même nom.

Dans le canal Épaisseur, vous indiquez le diamètre des racines et des pointes *via* deux paramètres distincts. Si nécessaire, vous disposez même d'une courbe pour appliquer différents diamètres aux différents segments des cheveux. Le principe est ici le même que celui de l'objet SweepNURBS. J'ai choisi des valeurs adaptées à mon modèle, à savoir 5 pour Racine et 1 pour Pointe.

Le canal Longueur permet de faire varier la longueur des cheveux. Ne le confondez pas avec le canal Échelle qui dimensionne les cheveux dans leur totalité, ce qui inclut les diamètres et autres modifications de forme.

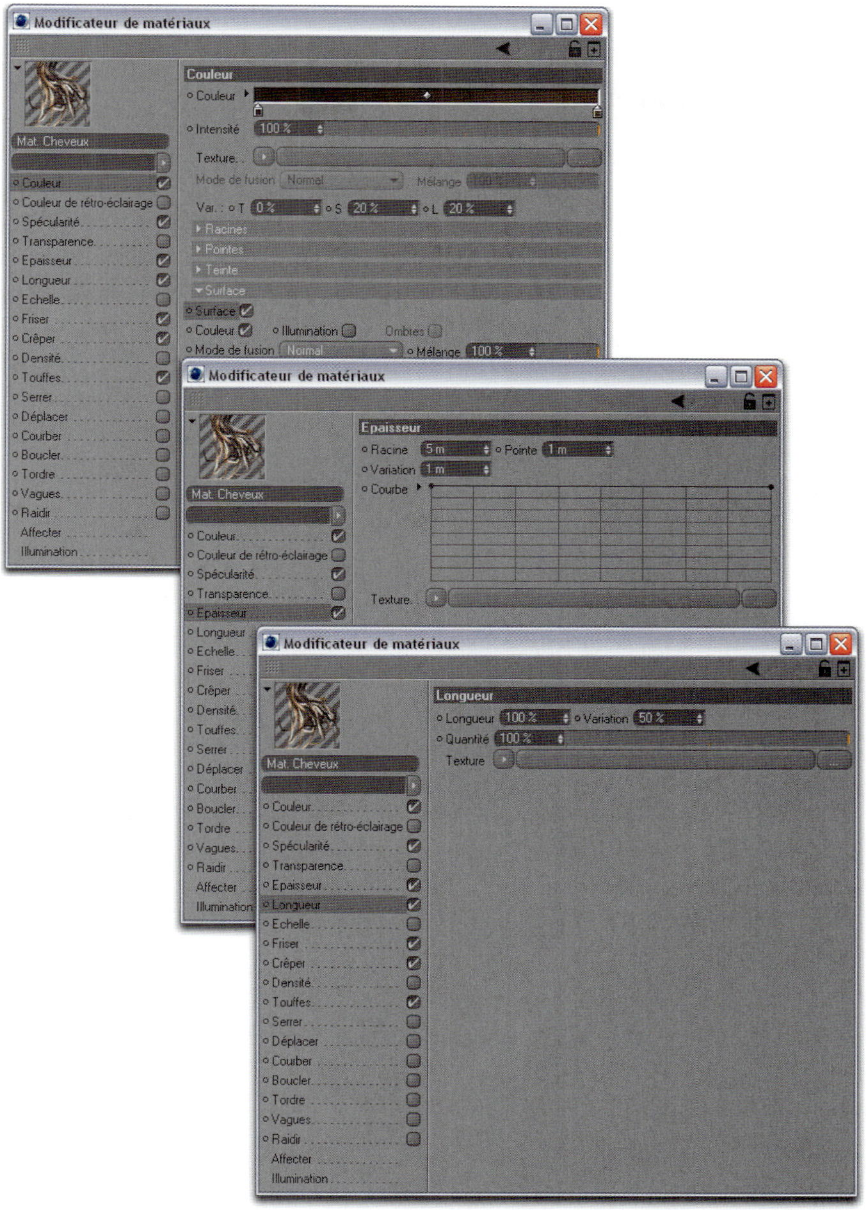


*Figure 2.197 : Configuration du matériau Cheveux.*

Celui-ci n'affecte que la longueur, comme s'il coupait les cheveux au niveau de leur pointe. J'ai utilisé ici une longueur de base de 100 % et une variation importante de 50 %. Le paramètre QUANTITÉ spécifie la proportion de cheveux concernés. Tous ces paramètres sont illustrés à la Figure 2.197.

Le canal Friser (ou plutôt ébouriffer) fait varier le sens de croissance des cheveux qui poussent alors de moins en moins dans la direction des guides à mesure que l'intensité du paramètre principal augmente. J'ai opté ici pour une intensité de 50 % et une variation de 10 %. Le canal Crêper opère de façon analogue sauf qu'il casse davantage les cheveux et fait moins varier le sens de leur croissance. Mes valeurs sont ici de 20 % pour l'intensité et de 10 % pour la variation.

Pour finir, le canal Touffes sert à rassembler les cheveux en touffes lorsqu'ils ne sont pas suffisamment rapprochés. Le paramètre Nombre définit le nombre maximum de cheveux autour desquels les autres doivent être regroupés. Le paramètre Touffes contrôle la puissance d'attraction des touffes sur les cheveux environnants. Le paramètre Rayon indique le champ d'attraction. Comme illustré Figure 2.198, j'ai utilisé la valeur 10 % pour les deux premiers paramètres et la valeur 40 % pour le troisième.

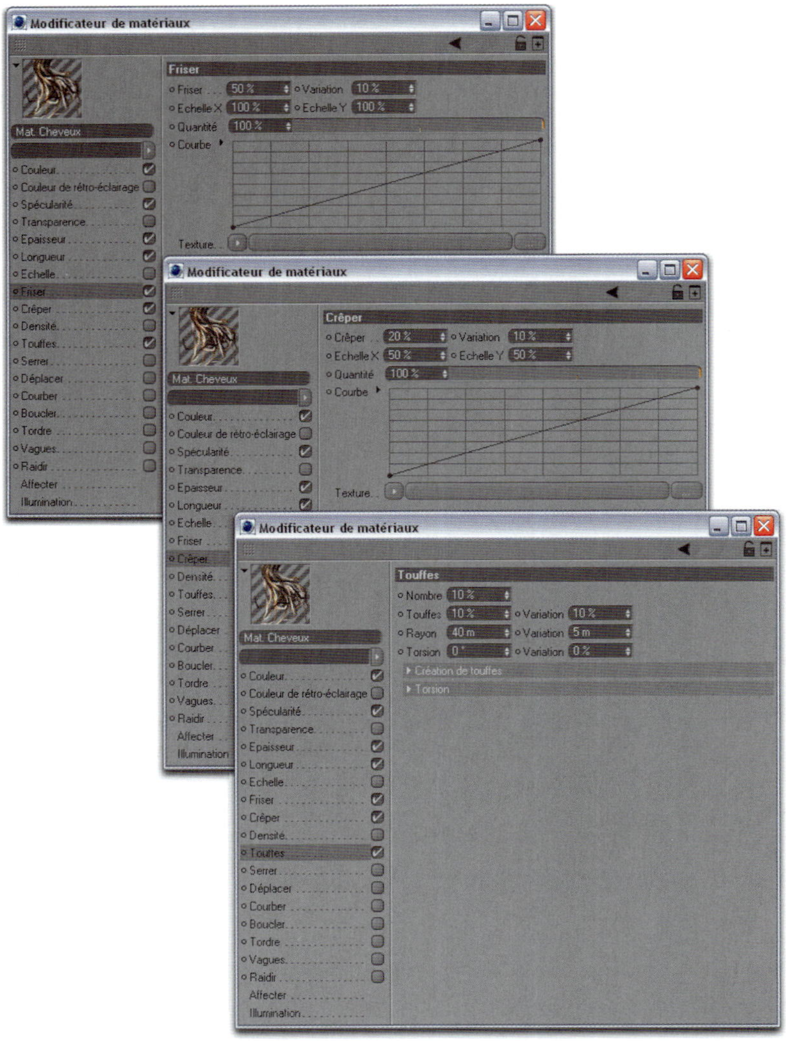


*Figure 2.198 : Configuration du matériau Cheveux (suite).*

*Figure 2.199 : Le tronc du palmier finalisé.*

Le matériau CHEVEUX offre de nombreux autres canaux et options, qui parlent d'eux même le plus souvent et dont l'effet peut être rapidement testé, ce qui tombe bien car nous ne pourrions de toute façon pas les examiner tous.

Pour observer vos modifications directement sur l'objet, sélectionnez l'option LIGNES DE CHEVEUX dans le menu AFFICHAGE de l'onglet VUE de l'objet CHEVEUX. Utilisez le curseur DÉTAILS pour réduire le nombre de cheveux affichés dans l'éditeur au cas où vous avez prévu d'en générer beaucoup. Cela permet d'accélérer le travail dans l'éditeur ainsi que la représentation des changements apportés, entre autres, dans le matériau CHEVEUX.

La Figure 2.199 présente le rendu du tronc terminé. Vous pouvez voir que les cheveux contribuent pour beaucoup à l'aspect réaliste du modèle.

Avant de calculer le palmier tout entier, nous devons encore adapter l'angle de la propriété Phong des feuilles. Souvenez-vous que nous avons défini leur section au moyen d'une spline rectangulaire plate. Étant donné que l'angle Phong par défaut des objets SweepNURBS est inférieur à 90°, les coins angulaires de la spline restent apparents. Vu de loin, ce défaut passe inaperçu, mais il doit néanmoins être corrigé au cas où l'on aurait besoin se rapprocher de l'objet.

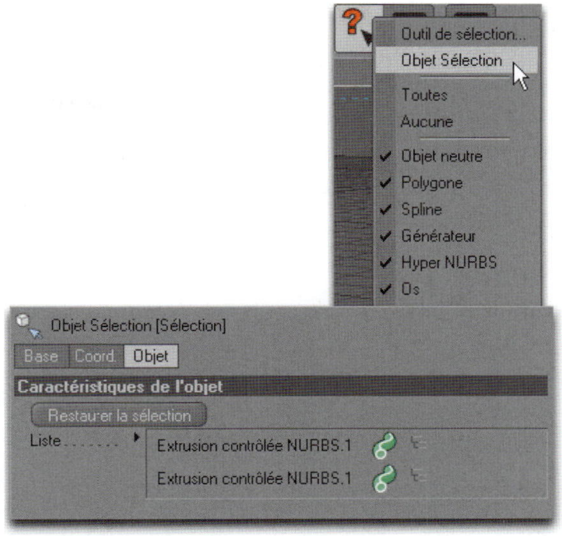


*Figure 2.200 : Création d'un objet Sélection.*

Dans le gestionnaire d'objets, sélectionnez avec la touche Ctrl enfoncée tous les objets SweepNURBS intervenant dans la génération des feuilles, puis cliquez sur le point d'interrogation dans la barre d'icônes verticale de CINEMA 4D (voir Figure 2.200). Dans le menu qui apparaît, choisissez l'option OBJET SÉLECTION.

Le but de cette action est de placer tous les objets SweepNURBS sélectionnés dans le nouvel objet SÉLECTION. En ce sens, cela ressemble à l'enregistrement d'une sélection de points ou de polygones. Grâce au bouton RESTAURER LA SÉLECTION dans les propriétés de cet objet, vous pouvez à tout moment sélectionner de nouveau les objets enregistrés pour, par exemple, les modifier de nouveau. L'autre avantage de cet objet apparaît dans le cadre d'animations puisqu'il vous laisse créer des images clé pour les objets qu'il contient. Vous en apprendrez plus à ce sujet dans le dernier chapitre du livre.

Cliquez sur le bouton RESTAURER LA SÉLECTION pour vous assurer que tous les SweepNURBS des feuilles soient sélectionnés, puis désactivez l'option ANGLE MAXIMUM dans l'onglet LISSAGE des NURBS dans le gestionnaire d'attributs (voir Figure 2.201). L'ombrage des feuilles couvre à présent également les angles à 90° des splines rectangulaires, ce qui a pour effet de les adoucir.

Le palmier dans sa version finalisée est présenté à la Figure 2.201. J'ai ajouté à la scène une source de lumière projetant des ombres diffuses en diagonale sur le palmier pour mettre davantage en valeur les matériaux. Comme ce palmier est utilisé dans le chapitre de bonus sur CD, enregistrez la scène.

Le prochain chapitre aborde la modélisation et la manipulation d'objets plus complexes et l'emploi de modèles.

*Figure 2.201 : Adaptation de l'angle de la propriété Phong.*

# Emploi de modèles de référence

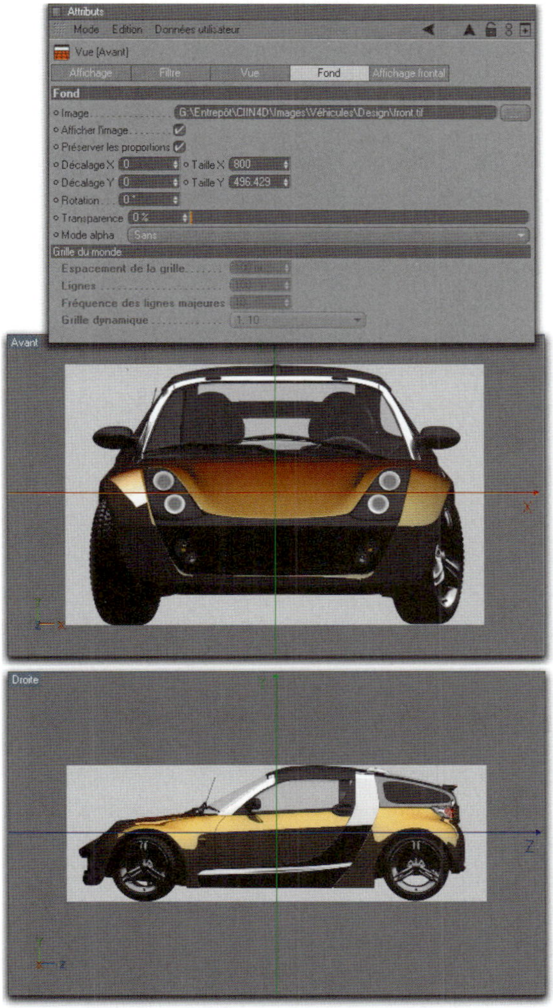


***Figure 3.1 :*** *Chargement de modèles de référence.*

Maintenant que vous connaissez les principaux outils et gestionnaires, nous allons pouvoir passer à la création d'objets plus complexes. Je partirai du principe que vous maîtrisez les fonctions et techniques étudiées et ne m'étendrai donc pas dessus.

J'ai choisi comme thème de modélisation pour ce chapitre une voiture de sport, mais les méthodes décrites s'appliquent à toutes sortes d'autres sujets. Vous verrez qu'une grande partie du travail peut être réalisée avec peu de fonctions, le plus important étant d'optimiser le placement des points. En effet, le but est généralement d'aboutir à un maillage le moins dense possible, autrement dit à un objet incluant un nombre minimum de polygones et de points.

Pour que la forme à modéliser ne varie pas selon l'angle de vue, on emploie souvent des modèles de référence. Il s'agit typiquement de photos ou de croquis qui sont simplement insérés dans les vues de l'éditeur. Nous aborderons cette technique lors de la modélisation d'un personnage dans le chapitre de bonus.

Pour les objets très complexes, il existe une variante qui consiste à tracer des splines sur les contours importants de l'image ou du croquis chargé. La création des splines demande beaucoup de temps, mais cette approche permet au final de disposer d'un squelette tridimensionnel de la forme à modéliser, ce qui est très commode dans le cas d'objets aux courbes complexes. Il ne reste ensuite plus qu'à couvrir ce squelette de polygones.

La première étape implique de charger les modèles de référence. Pour cela, utilisez la rubrique FOND de la page VUE qui s'affiche lorsque vous choisissez EDITION > TOUT CONFIGURER dans les vues de l'éditeur (voir Figure 3.1). Vous devriez idéalement prévoir trois images : pour les vues frontale, latérale et de haut. Il faut ensuite charger chacune dans la vue appropriée.

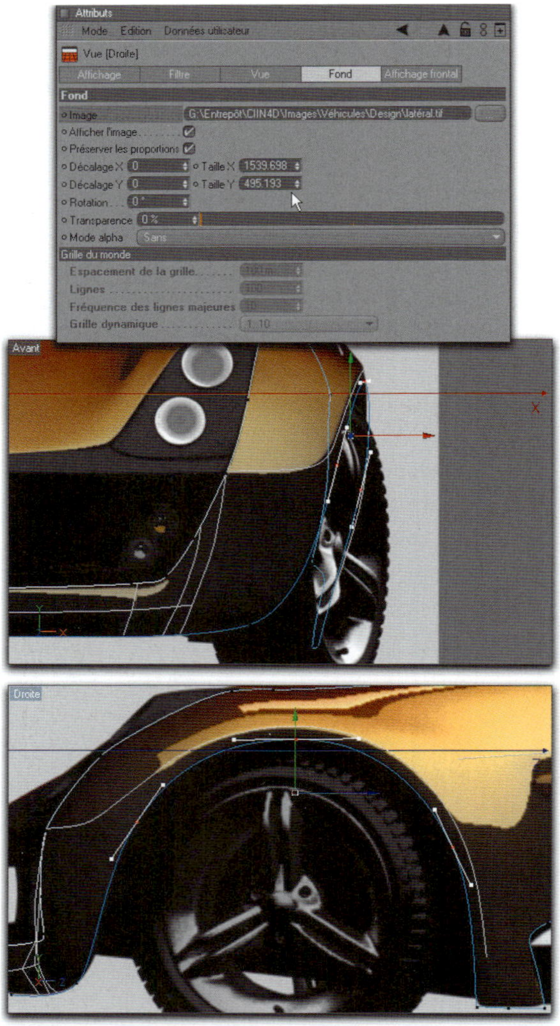


***Figure 3.2 :*** *Splines tracées le long de contours.*

Pour une modélisation cohérente, les images chargées doivent être à la même échelle et de même taille. Dans la Figure 3.1, vous pouvez voir que la seconde image est plus petite. Comme son cadrage est serré, il est relativement facile de la redimensionner. Dans les propriétés de la vue correspondante, il suffit ici d'accorder son paramètre TAILLE Y avec celui de l'autre image. Grâce à l'option PRÉSERVER LES PROPORTIONS, la taille X est définie automatiquement. Cette modification est illustrée à la Figure 3.2.

Vous pouvez également employer les paramètres DÉCALAGE pour repositionner les modèles dans leur vue. C'est notamment important lorsqu'une image est également chargée dans la vue de haut. Les images doivent au final correspondre les unes aux autres dans l'espace, de sorte qu'un point ajouté à un phare dans la vue latérale soit placé au même endroit dans les vues de face et de haut.

Une fois vos images chargées et correctement dimensionnées et positionnées, tracez des splines le long des principaux contours de la voiture. Tenez compte bien entendu des sous-groupes d'éléments et des arêtes ou plis importants de la carrosserie. Le mieux est de terminer d'abord avec une vue avant de passer à la suivante pour y adapter le tracé et, au besoin, le corriger. La Figure 3.2 illustre cela.

Si vous travaillerez avec application, la modélisation subséquente n'en sera que plus simple et plus exacte. Étant donné qu'il s'agit là davantage d'un travail d'exécution que d'une tâche technique, j'ai enregistré ces splines de contour dans une scène fournie sur le CD-ROM du livre (voir Figure 3.3). Vous y trouverez également de nombreuses autres étapes intermédiaires, vous permettant de prendre ou de reprendre cet atelier où bon vous semble.

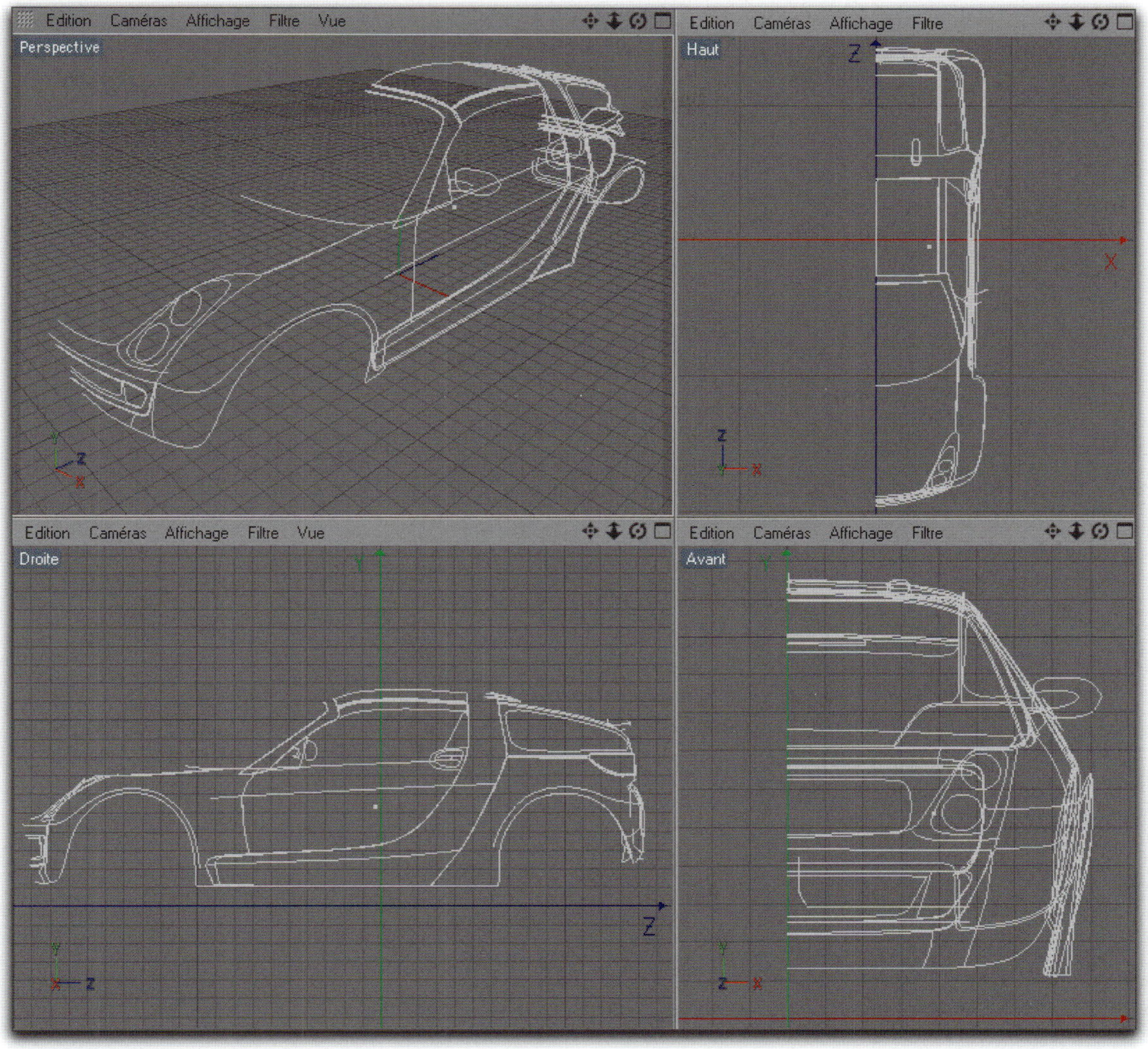


***Figure 3.3 :*** *Les splines de contour de la voiture.*

Ces esquisses ont été réalisées à partir de plans et de photos que je ne peux malheureusement pas vous communiquer pour des raisons de copyright, mais vous pouvez vous procurer sur Internet toutes sortes d'autres modèles. Par exemple, le site **www.suurland.com** propose quantité de plans actuels de voitures, de bateaux et même d'avions. J'ai pris comme exemple la Smart Roadster pour laquelle je n'ai encore trouvé aucun modèle 3D gratuit. L'effort en valait donc la peine.

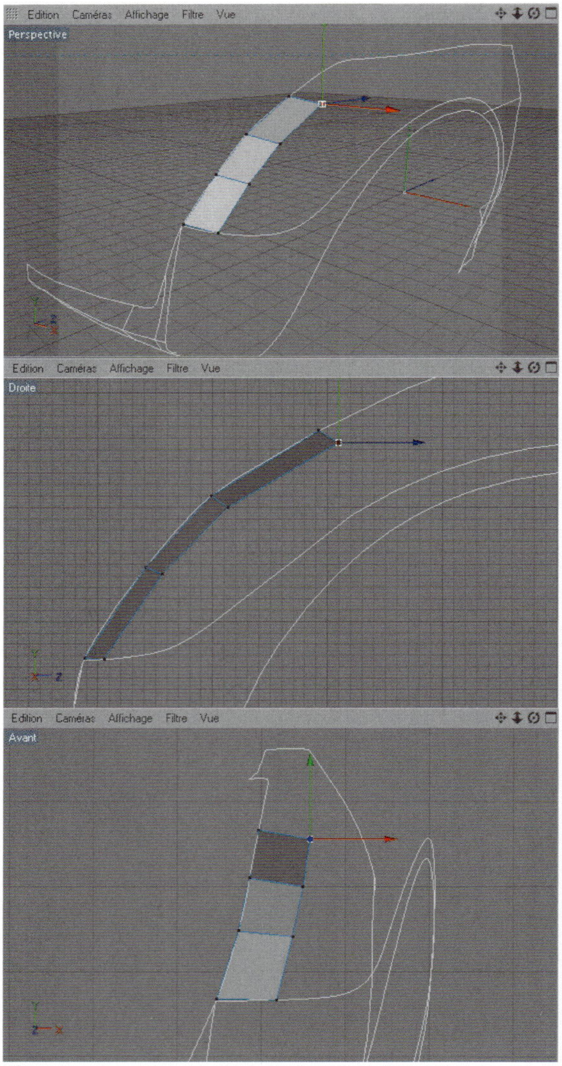


***Figure 3.4 :*** *Création d'une bande de polygones.*

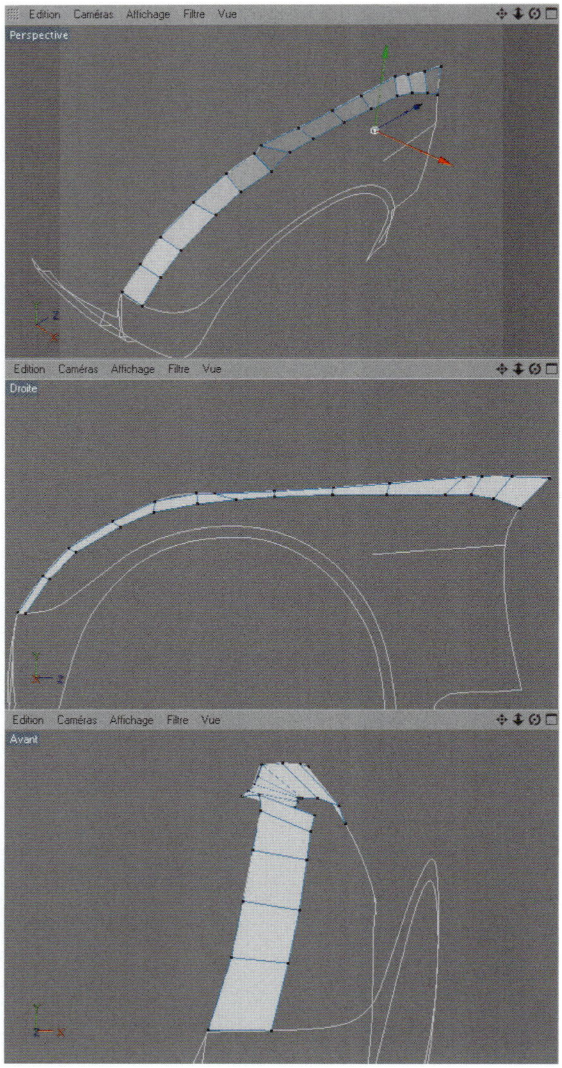


***Figure 3.5 :*** *Rallongement de la bande.*

## L'aile

Nous commencerons par modéliser les ailes de la voiture. Étant donné qu'elle sera créée par symétrie, nous ne modéliserons qu'une seule moitié. Dans une nouvelle scène, chargez les splines de contour à partir du CD.

Invoquez un objet POLYGONE pour servir de conteneur aux points et polygones que nous allons créer. Passez dans le mode Points et choisissez STRUCTURE > CRÉER UN POLYGONE. Cliquez sur les quatre points du pre-

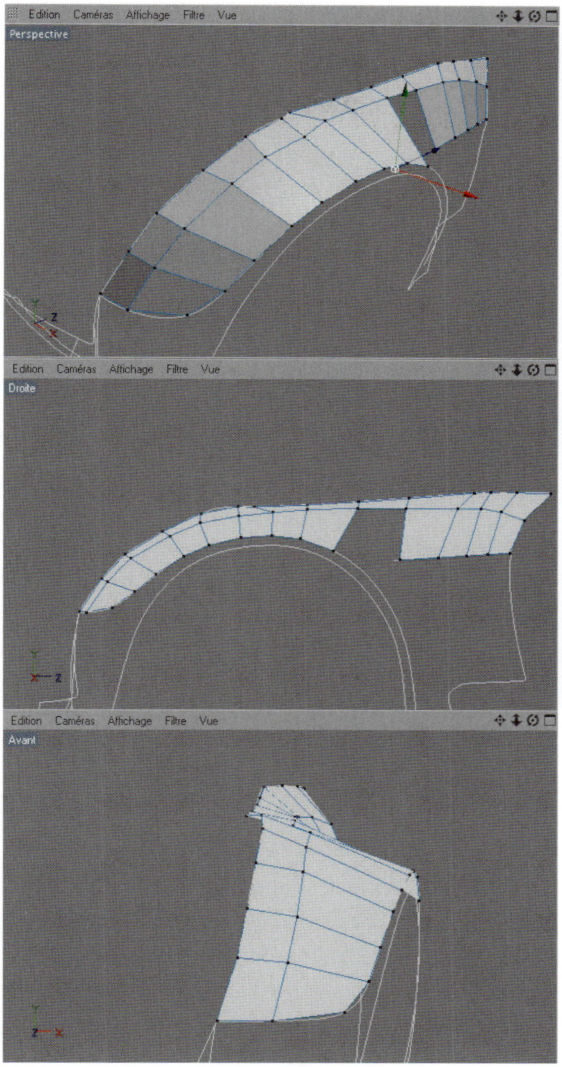


***Figure 3.6 :*** *Élargissement de la bande.*

mier polygone que vous voulez créer, dans la vue frontale par exemple, en double-cliquant sur le dernier point pour le fermer. Procédez ainsi pour en créer quelques autres (voir Figure 3.4).

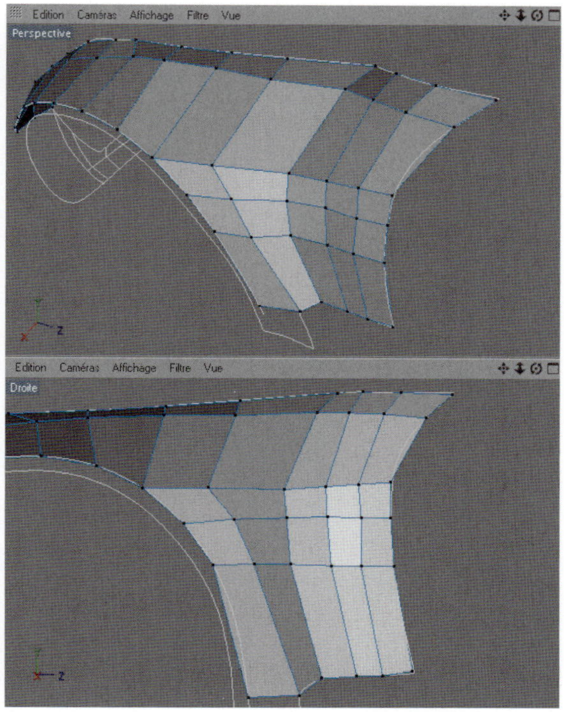


***Figure 3.7 :*** *Formation du carter de roue.*

Activez l'outil de déplacement avec le magnétisme 3D pour les splines et collez aux splines tous les points des bords des polygones. Positionnez manuellement les points qui ne sont proches d'aucune spline. Le résultat est présenté à la Figure 3.4. Créez ainsi une bande de polygones tout le long de l'arête supérieure de l'aile (voir Figure 3.5).

Sachant que nous pouvons utiliser un HyperNURBS pour arrondir et lisser la surface, évitez de créer trop de polygones et de points. Travaillez de la sorte sur toute l'aile puis le long et à l'arrière du carter de roue jusqu'en bas, rangée après rangée, comme illustré aux Figures 3.6 et 3.7.

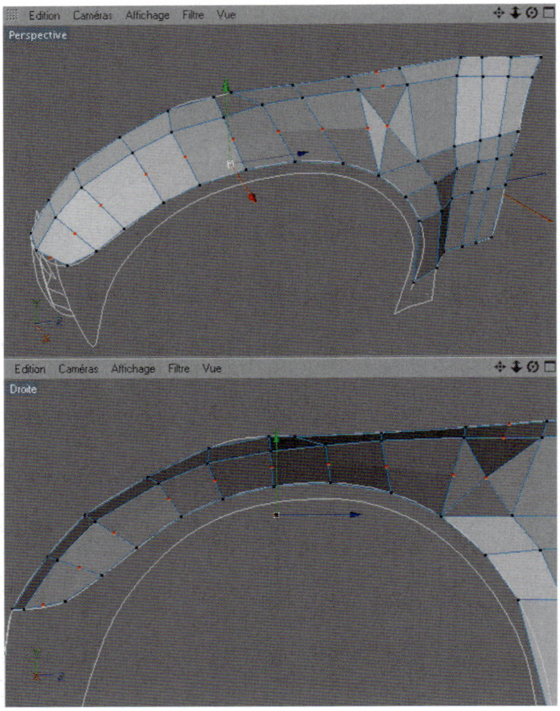


***Figure 3.8 :*** *Ajout de subdivisions.*

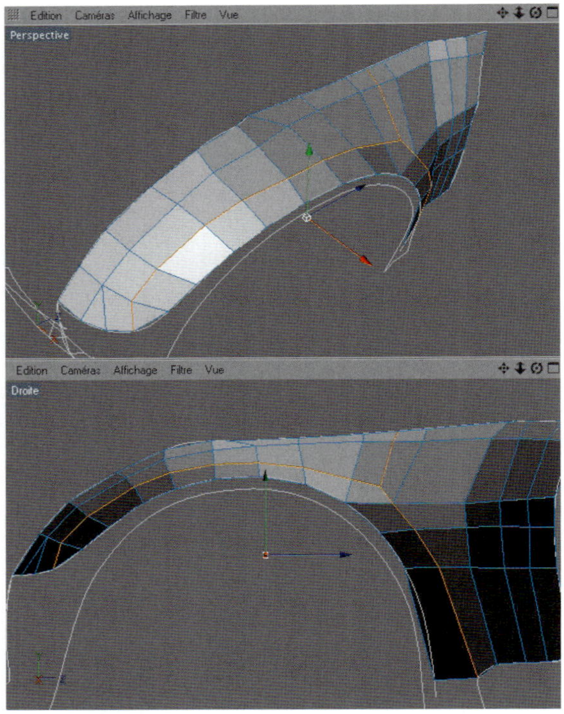


***Figure 3.9 :*** *Les n-gones convertis.*

Efforcez-vous de combler les trous jusqu'à la spline suivante avec des polygones relativement grands. C'est plus sûr au début de la modélisation. Ces polygones pourront toujours être subdivisés si nécessaire, comme le montre la Figure 3.8.

Pour cela, choisissez STRUCTURE > AJOUTER DES POINTS et introduisez des points directement sur les arêtes existantes ou même au milieu de polygones. Le but de cette coupe-ci est à la fois de pouvoir mieux contrôler l'arrondi sur l'avant de l'aile et d'augmenter la densité de points sur son bord supérieur, là où débutent les phares.

Les n-gones résultants de l'insertion de ces nouveaux points doivent ensuite être convertis en quadrangles pour nous permettre de mieux maîtriser le tracé des arêtes et l'arrondissement produit par l'HYPERNURBS. Choisissez pour cela FONCTIONS > SUPPRIMER LES N-GONES. La Figure 3.9 présente le résultat.

Vous pouvez voir qu'il subsiste quelques triangles sur le devant. Supprimez-les manuellement et insérez à la place des quadrangles au moyen de la fonction PONTER ou CRÉER UN POLYGONE. Le résultat apparaît Figure 3.10.

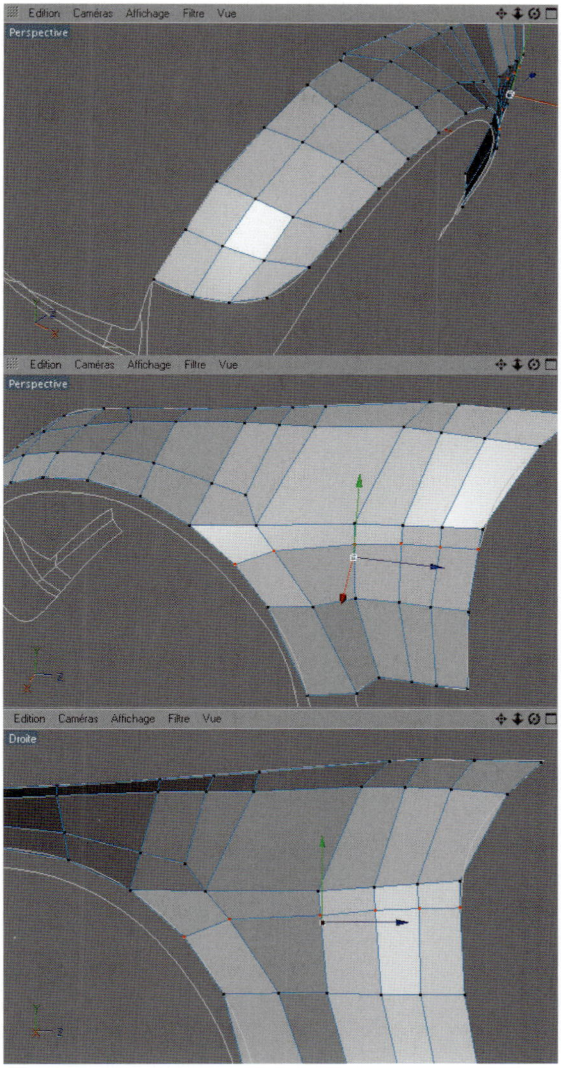


***Figure 3.10 :*** *Formation du pli.*

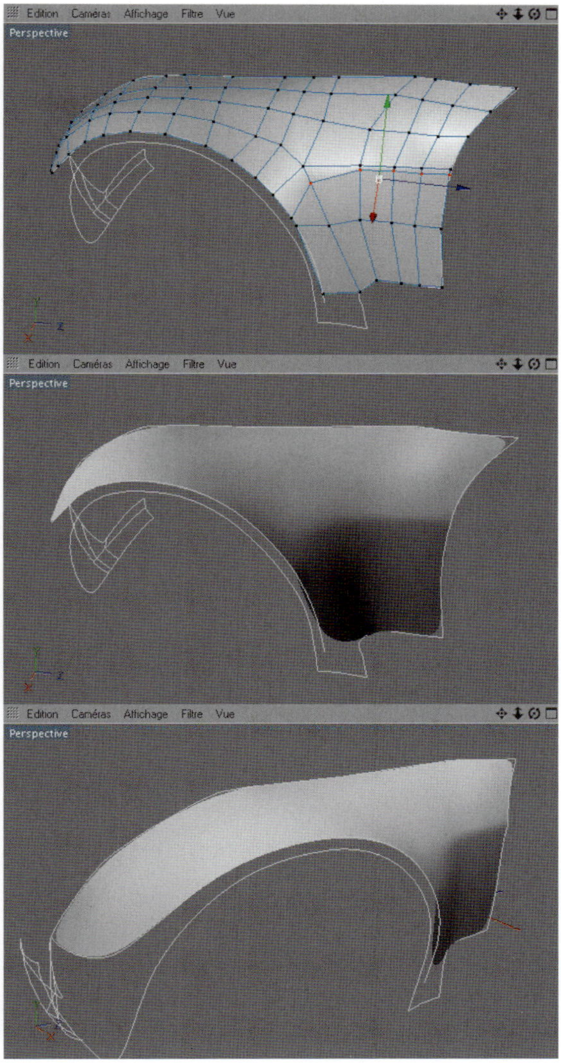


***Figure 3.11 :*** *Lissage HyperNURBS.*

Sur le côté droit de l'aile débute un pli qui se poursuit légèrement en oblique sur toute la portière. En prévision du lissage HyperNURBS, nous devrions former ce pli au moyen d'arêtes parallèles peu espacées. Comme indiqué Figure 3.10, rapprochez du pli la rangée de points située dessous.

Placez temporairement l'objet POLYGONE dans un HYPERNURBS pour observer l'effet produit (voir Figure 3.11). La Figure 3.12 montre la série de points introduite également au-dessus du pli et qui contribue à cet effet.

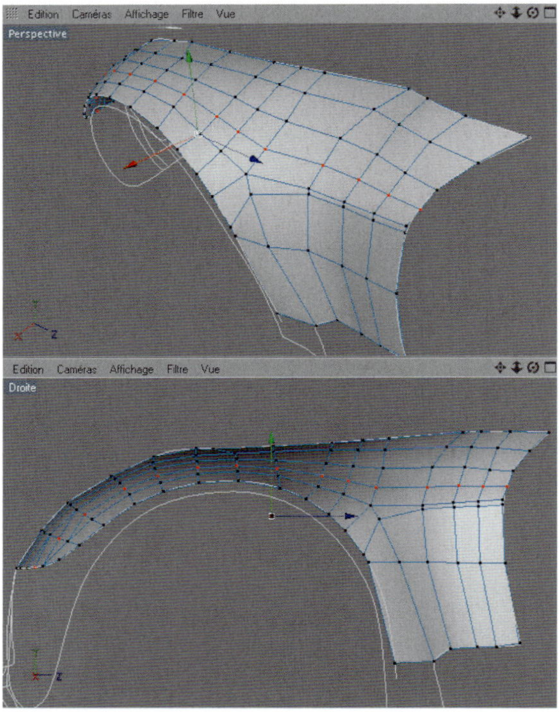


***Figure 3.12 :*** *Une nouvelle coupe.*

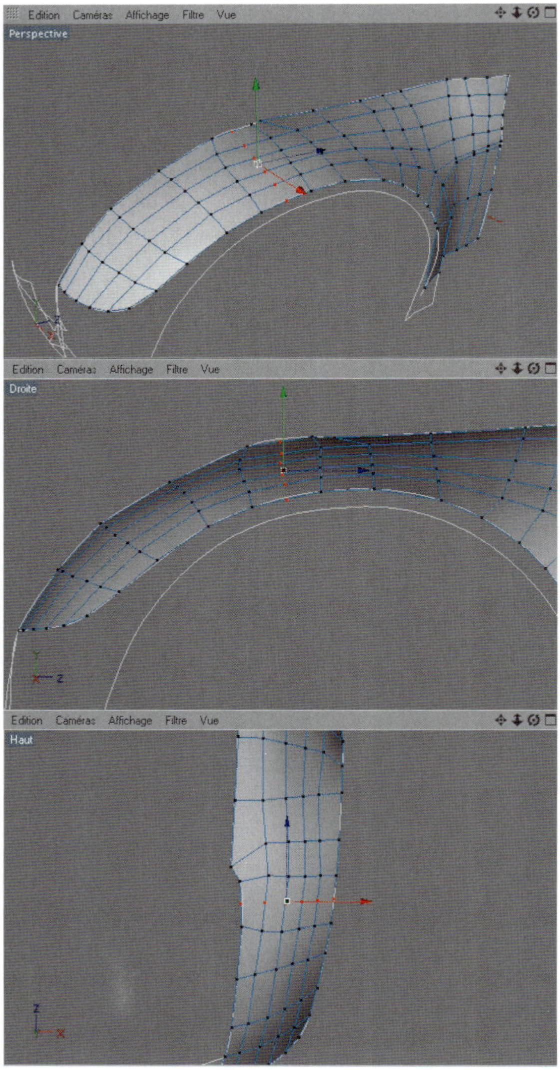


***Figure 3.13 :*** *Une subdivision additionnelle.*

Étant donné que cette seconde coupe suit la boucle de polygones, vous pouvez utiliser l'outil Couteau pour la créer. Pensez à toujours repositionner correctement les points nouvellement introduits, si nécessaire. Vous risquez sinon d'obtenir des zones où les points occuperont tous un plan bidimensionnel, empêchant un lissage HyperNURBS optimal.

Nous avons évoqué précédemment le changement de forme qui doit s'opérer sur le haut de l'aile pour accueillir les phares. Pour le représenter encore plus exactement, introduisez une coupe verticale à cet endroit (voir Figure 3.13).

N'oubliez pas de coller aux splines les points issus de la nouvelle subdivision. Cela n'a pas lieu automatiquement et vous devez donc le faire manuellement. Raison de plus pour ne créer des polygones que là où ils sont vraiment requis.

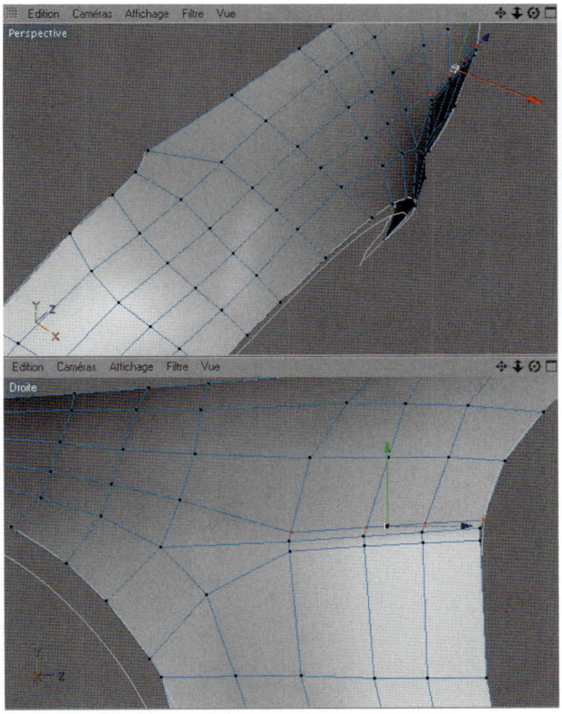


*Figure 3.14 :* Amélioration du pli.

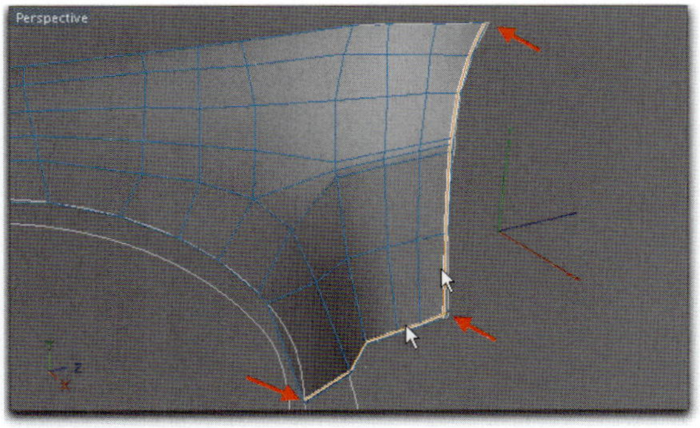


*Figure 3.15 :* Ajout de subdivisions.

Il ne faut pour autant aller jusqu'à vouloir limiter ces subdivisions à des polygones individuels. Pour le lissage ultérieur, le maillage doit être raisonnablement serré et ne contenir dans la mesure du possible que des quadrangles.

Comme le montre la Figure 3.14, nous exploitons ces points supplémentaires pour parfaire le pli sur le côté droit de l'aile.

Si vous lissez l'objet au moyen d'un HyperNURBS, vous verrez que certains de ses coins sont trop arrondis. Bien qu'un arrondi prononcé soit généralement l'effet recherché, à la jointure avec la portière ou le couvercle de coffre avant, par exemple, les arêtes doivent correspondre exactement.

Nous allons donc ajouter des coupes sur les bords concernés afin que l'HyperNURBS dispose de moins de place pour ses arrondis. Employez à cet effet l'outil Couteau dans le mode Boucle et avec l'option Créer des n-gones désactivée. Les deux coupes réalisées apparaissent en blanc dans la Figure 3.15.

Faites en sorte de rapprocher au maximum les coupes des bords. Les coins redeviennent alors anguleux. Ils sont indiqués par des flèches dans la Figure 3.15.

Afin que le pli que nous venons de modéliser sur l'aile ne se termine pas perpendiculairement sur le carter de la roue, il convient de réarranger les deux polygones sélectionnés en haut de la Figure 3.16. Supprimez-les et créez-en deux nouveaux, comme illustré au milieu

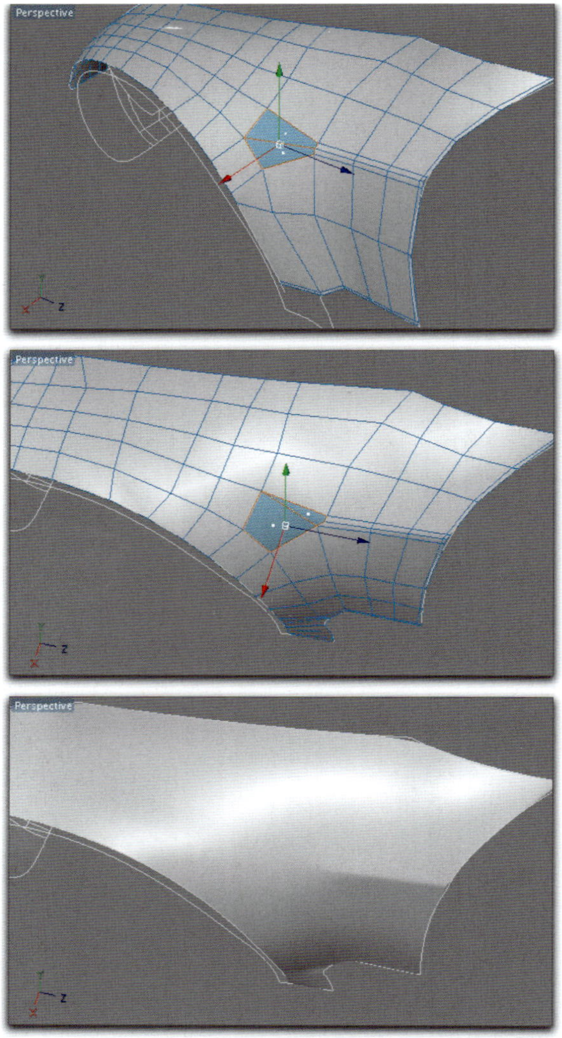


*Figure 3.16 : Réarrangement de polygones.*

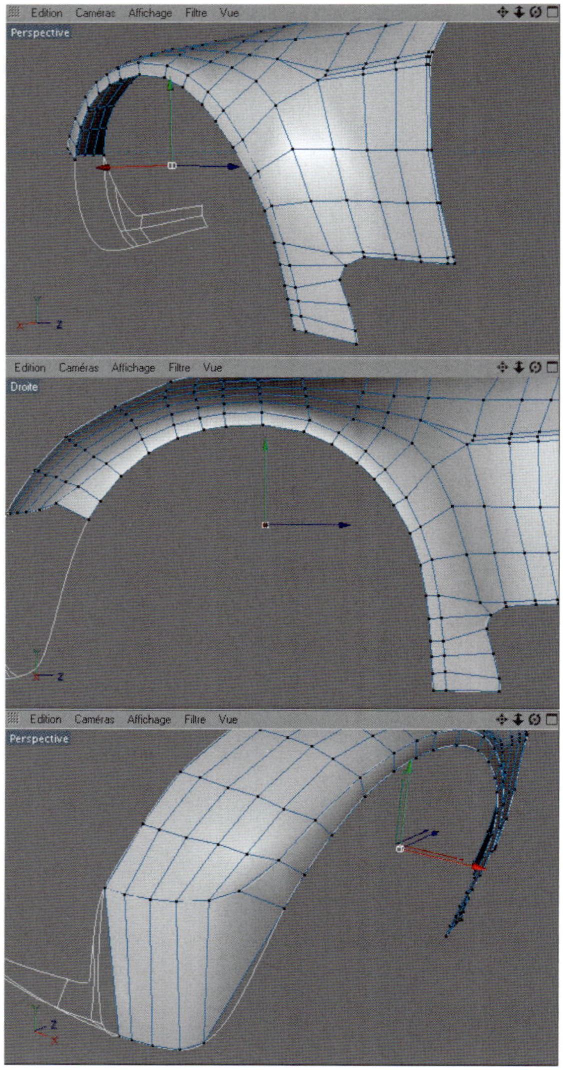


*Figure 3.17 : Extension de la forme.*

de la figure. Dans le rendu lissé, le pli se fond ainsi dans le léger creux formé par le bombement du carter.

Pour combler l'écart entre les polygones existants et les bords du carter, nous allons générer une nouvelle bande de polygones. Vous n'avez pas besoin de créer manuellement tous les points. Sélectionnez simplement les arêtes concernées et invoquez la commande Extrusion pour les doubler et déplacer celles résultantes.

Reste ensuite à coller les nouveaux points à la spline (voir Figure 3.17). Cette figure montre également que la partie droite inférieure de l'aile a été complétée de polygones.

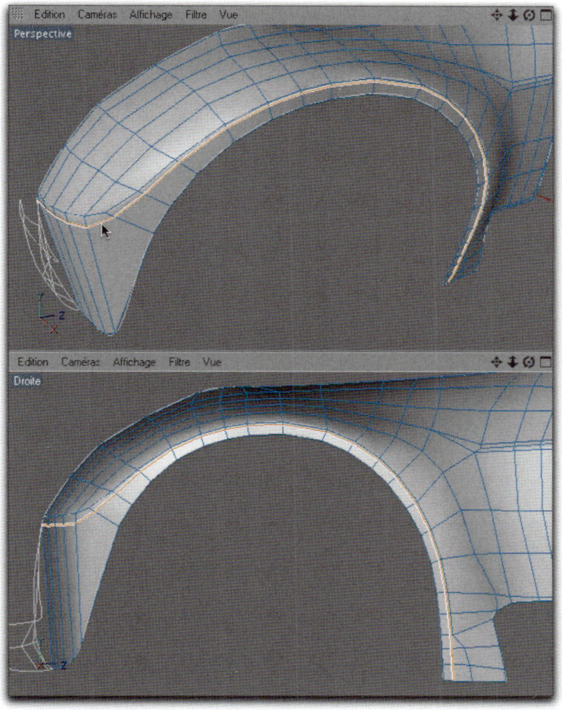


***Figure 3.18 :*** *Accentuation de la proéminence des bords du carter.*

Les bords du carter font partie des éléments de la voiture qui doivent être particulièrement saillants. Pour cela, introduisez avec l'outil COUTEAU dans le mode BOUCLE la même boucle d'arêtes que celle illustrée Figure 3.18.

## *L'avant de l'aile*

À l'avant, l'aile forme une bande étroite dont les polygones demandent à être quelque peu réagencés pour modéliser une transition réaliste avec l'arceau frontal. Employons ici de nouveau la fonction AJOUTER DES POINTS du menu STRUCTURE pour introduire des points sur les arêtes verticales. Ils sont marqués en rouge dans la Figure 3.19.

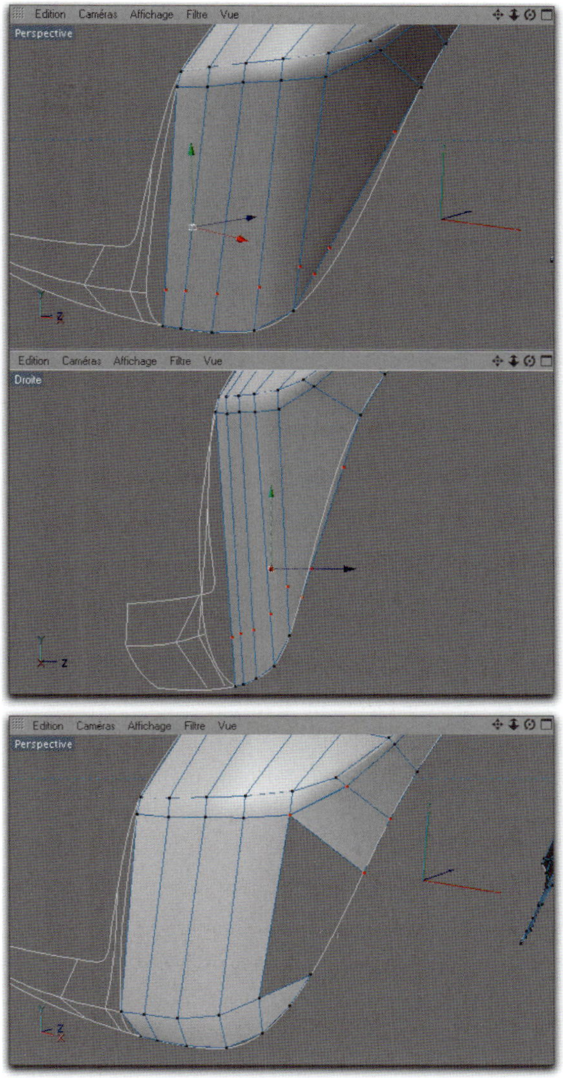


***Figure 3.19 :*** *Subdivisions additionnelles.*

Après avoir converti les n-gones résultants au moyen de la fonction SUPPRIMER LES N-GONES, agencez les polygones comme au bas de la Figure 3.19. Veillez à utiliser tous les nouveaux points et à les coller aux splines. Un résultat possible est donné Figure 3.20.

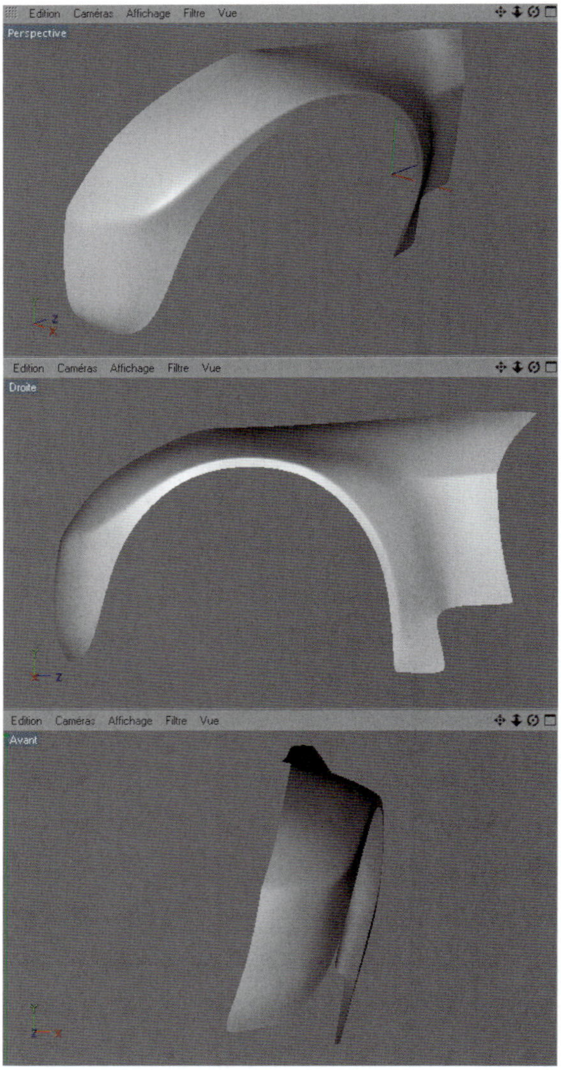


***Figure 3.20 :*** *L'objet lissé.*

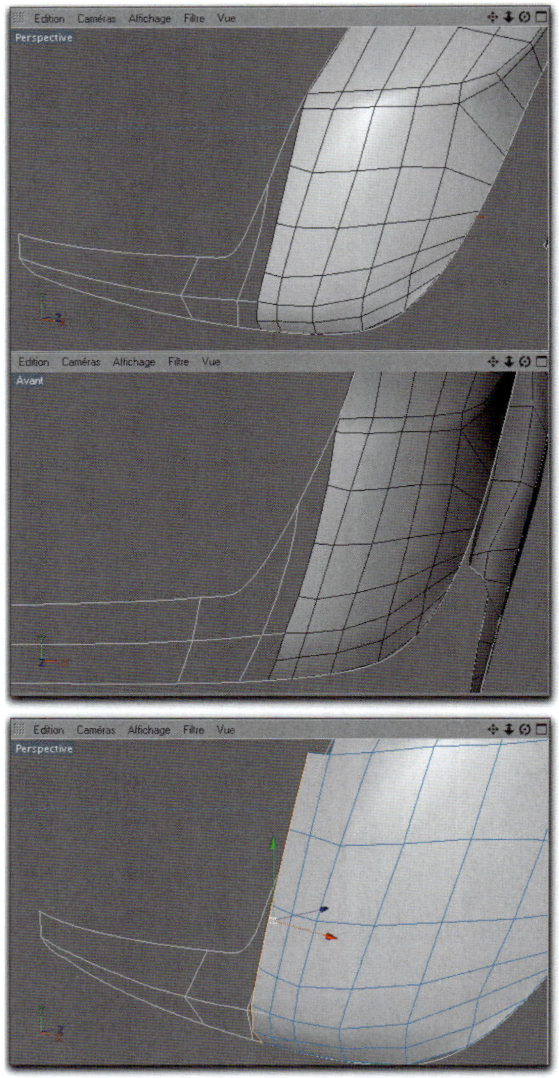


***Figure 3.21 :*** *Formation de l'avant de l'aile.*

Si votre objet n'apparaît pas bien lissé, cela vient du fait que les objets à base de polygones ne sont pas créés automatiquement avec une propriété Phong (Lissage). Si nécessaire, invoquez-en une par l'intermédiaire du menu Propriétés > Propriétés CINEMA 4D du gestionnaire d'objets.

Comme la forme de l'aile subit un important rétrécissement à l'avant, il faut réduire à cet endroit le nombre de bandes horizontales de polygones. Pour limiter cette transition à une petite zone, insérez de nouvelles coupes en boucle horizontalement. Appliquez ensuite la fonction Extrusion aux arêtes du bord gauche (voir Figure 3.21).

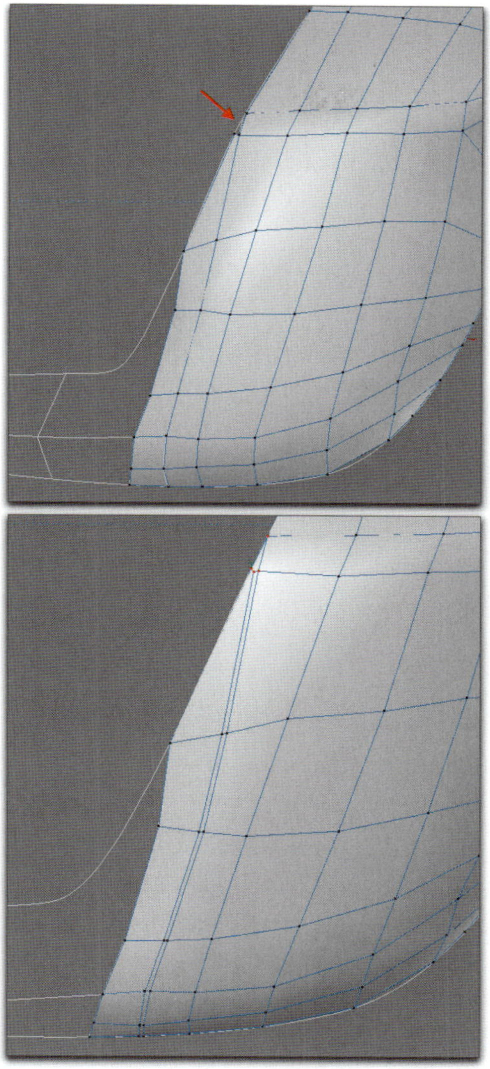

*Figure 3.22 : Amélioration de l'arête.*

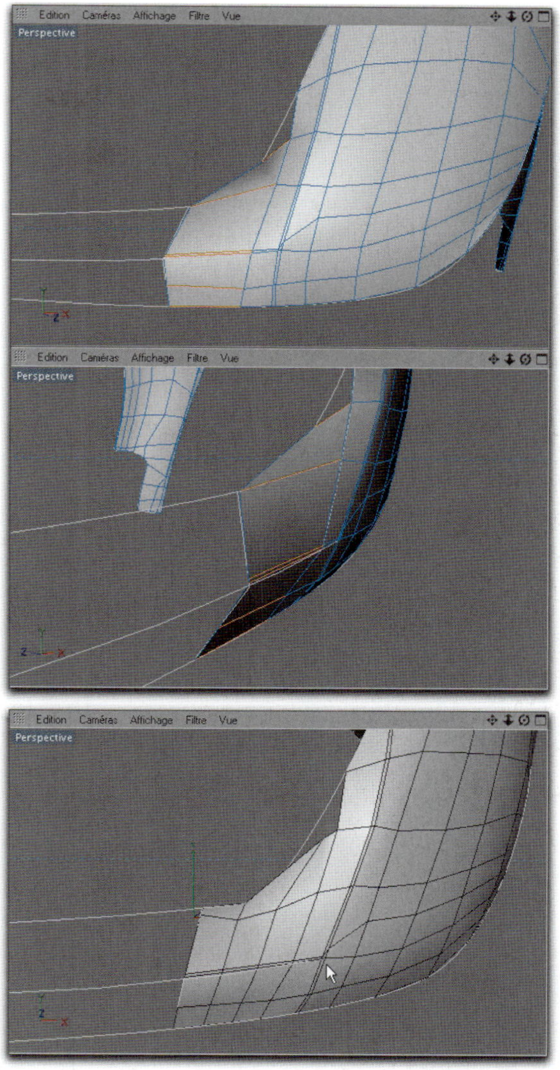


*Figure 3.23 : Extrusion d'arêtes.*

Après avoir collé à la spline les points issus de l'extrusion, vous devriez voir apparaître un triangle en haut à gauche (voir Figure 3.22). Tracez une coupe de couteau depuis l'arête inférieure de ce triangle jusqu'en bas de l'aile.

Le triangle y gagne un point supplémentaire et peut donc être fermé comme un quadrangle (voir Figure 3.22). Procédez de la même manière pour extruder les arêtes situées au niveau de la transition et étendre ainsi la forme en une étape le long de la section transversale de l'arceau frontal (voir Figure 3.23).

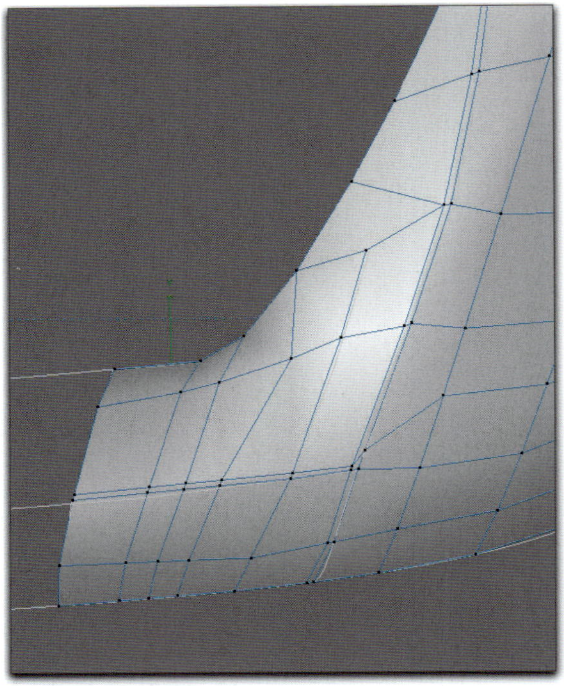

*Figure 3.24 :* La transition terminée.

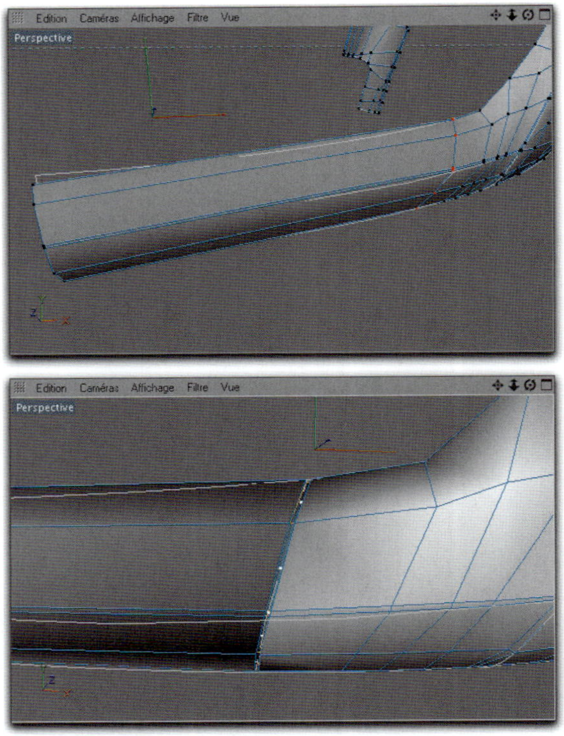


*Figure 3.25 :* Création d'un pli vertical.

Des coupes verticales additionnelles sont nécessaires pour pouvoir ajuster les bords aux splines. Veillez à ce que les nouveaux polygones et ceux existants soient reliés par des quadrangles uniquement. La transition terminée est présentée à la Figure 3.24.

Remarquez comme les arêtes au milieu de l'arceau ont été rapprochées pour former un pli saillant. Le profil est maintenant achevé et vous pouvez extruder les arêtes externes en une étape vers le milieu de la voiture (voir Figure 3.25).

Pour être vraiment précis, l'arceau frontal devrait inclure une fente verticale un peu après son début, comme si nous avions affaire à deux parties distinctes. Cette fente est facile à réaliser.

Sélectionnez les arêtes verticales à cet endroit (voir Figure 3.25) et appliquez-leur l'outil Biseauter pour les dupliquer et écarter parallèlement les nouvelles. Appliquez ensuite la fonction Extrusion aux polygones contenus entre les nouvelles arêtes pour les enfoncer quelque peut dans l'objet.

Créez pour finir un objet Symétrie et subordonnez-y notre modèle. Choisissez le plan de symétrie YZ et activez la soudure des points sur ce plan. Vérifiez que les points de l'arceau au milieu sont bien placés sur le plan de symétrie et groupez ensuite l'objet Symétrie sous un HyperNURBS.

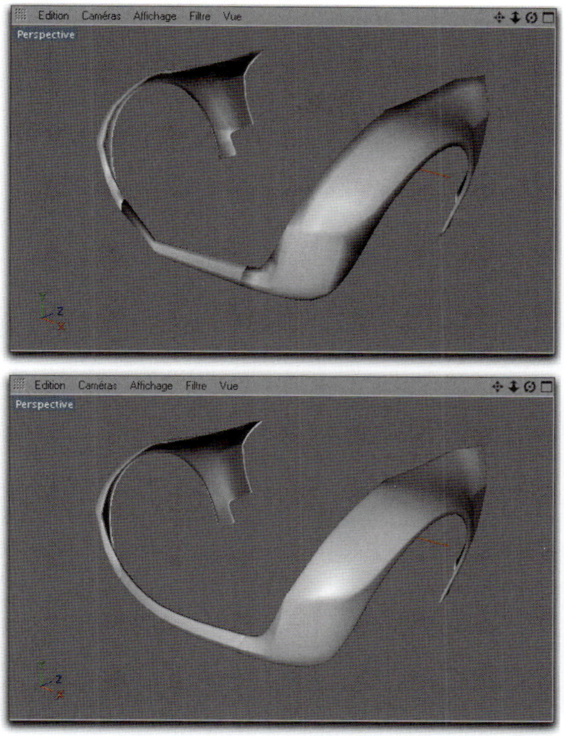


***Figure 3.26 :*** *Le modèle mis en miroir et lissé.*

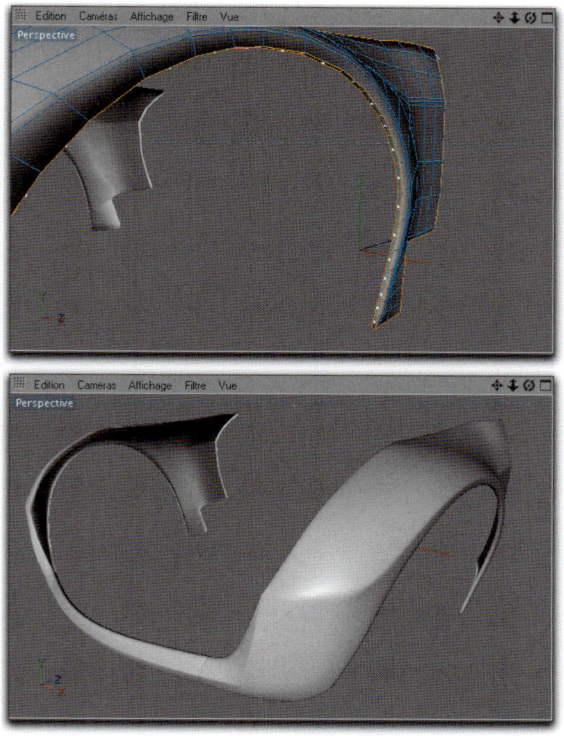


***Figure 3.27 :*** *Extrusion des arêtes de la tranche.*

La Figure 3.26 illustre en haut le résultat mis en miroir mais non lissé et, en bas, l'effet de l'HyperNURBS. Notez que le soudage des points au milieu de l'arceau produit automatiquement un arrondi parfait, rendant inutile l'ajout de subdivisions.

Une dernière retouche est nécessaire pour donner de l'épaisseur à l'objet. Effectuez une sélection par boucle des arêtes de toute la tranche et appliquez la fonction Extrusion pour les doubler et déplacer celles résultantes perpendiculairement aux bords (voir Figure 3.27).

La fonction d'extrusion possède un paramètre d'angle qui vous permet de contrôler précisément le sens de déplacement des nouvelles arêtes. Nous en avons terminé avec ce sous-groupe et pouvons maintenant passer au suivant.

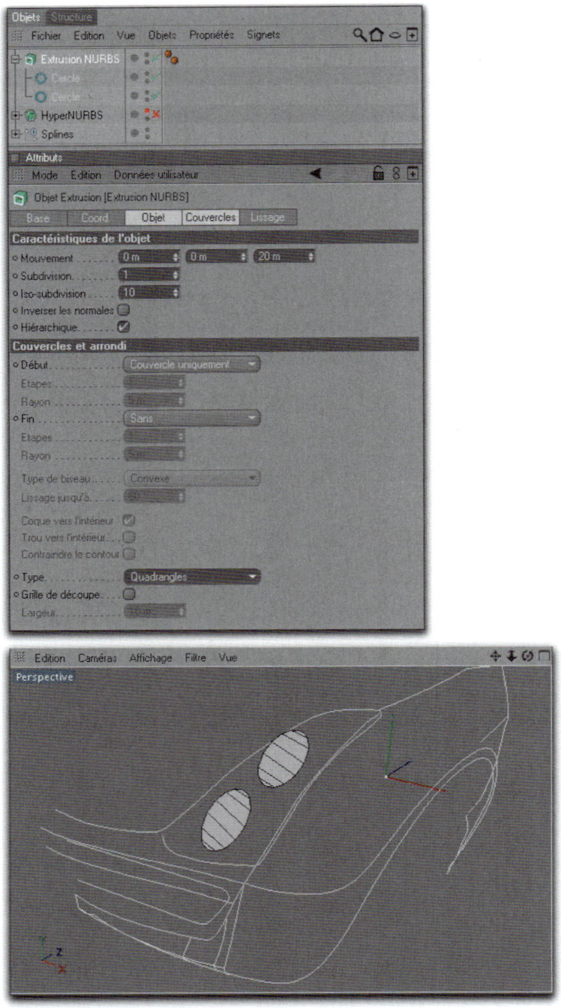


**Figure 3.28 :** *Les phares.*

## Les phares et le pare-chocs

Poursuivons avec les phares et le pare-chocs avant. Les deux phares seront formés au moyen d'un matériau et il nous faut donc seulement créer les puits pour les accueillir. L'insertion d'ouvertures exactes après coup est toujours une affaire délicate.

Après avoir créé deux splines pour délimiter chaque phare, fermez-les en utilisant un objet Extrusion NURBS (voir Figure 3.28). Comme nous n'avons pas besoin de décaler les copies des splines au sein du NURBS, les paramètres Mouvement doivent tous posséder la valeur 0.

Comme nous avons besoin d'une seule face fermante pour chaque phare, désactivez l'option Fin dans l'onglet Couvercles du NURBS, puis vérifiez que les faces générées sont constituées uniquement de quadrangles.

Lorsque deux splines sont subordonnées à un objet Extrusion NURBS, l'option Hiérarchique doit aussi être activée. Tous les paramètres requis ici sont donnés dans la Figure 3.28. Pour pouvoir manipuler les nouveaux polygones, nous devons convertir le NURBS. Passez ensuite dans le mode Points.

Activez l'outil Créer un polygone pour combler l'espace entre les deux cercles. Passez ensuite dans le mode Arêtes et sélectionnez sur le premier cercle les arêtes non encore reliées au second. Extrudez-les un peu vers l'extérieur, comme illustré dans la deuxième vue de la Figure 3.29.

Retournez dans le mode Points et collez les nouveaux points à la spline avec le magnétisme 3D activé pour les splines. Procédez de la même manière pour recouvrir de polygones la zone située sous le phare du bas (voir la troisième vue de la Figure 3.29).

Remplissez pour finir les espaces encore vides pour obtenir le résultat présenté en haut de la Figure 3.30. La deuxième vue de cette figure illustre une légère extrusion interne des bords des puits, produisant un fin cercle de polygones.

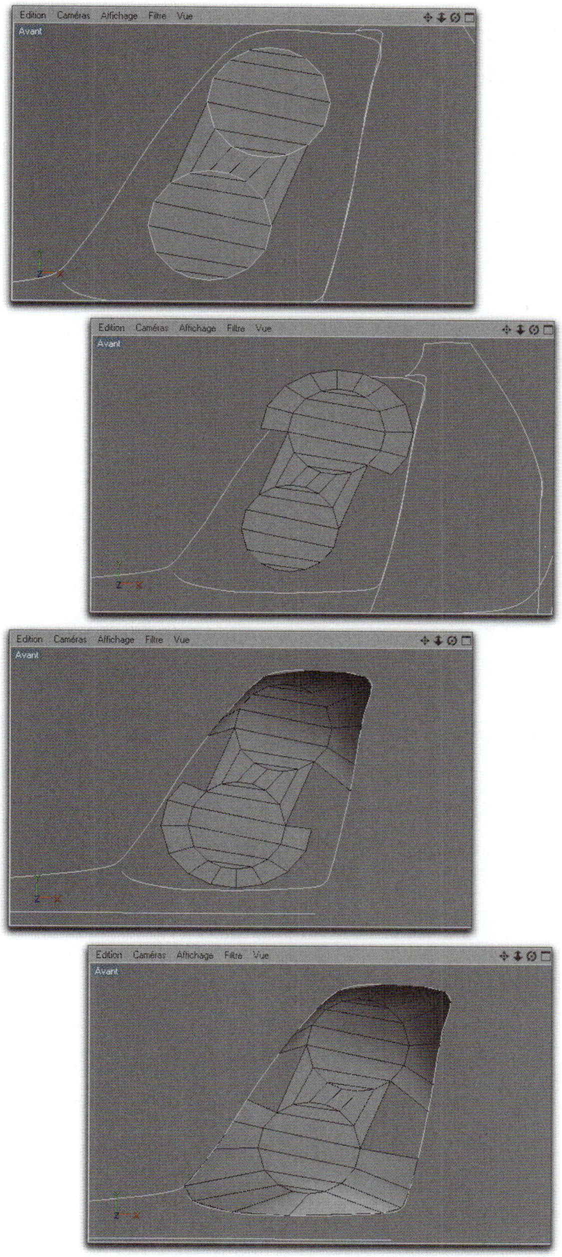


***Figure 3.29 :*** *Extension de la couverture de polygones.*

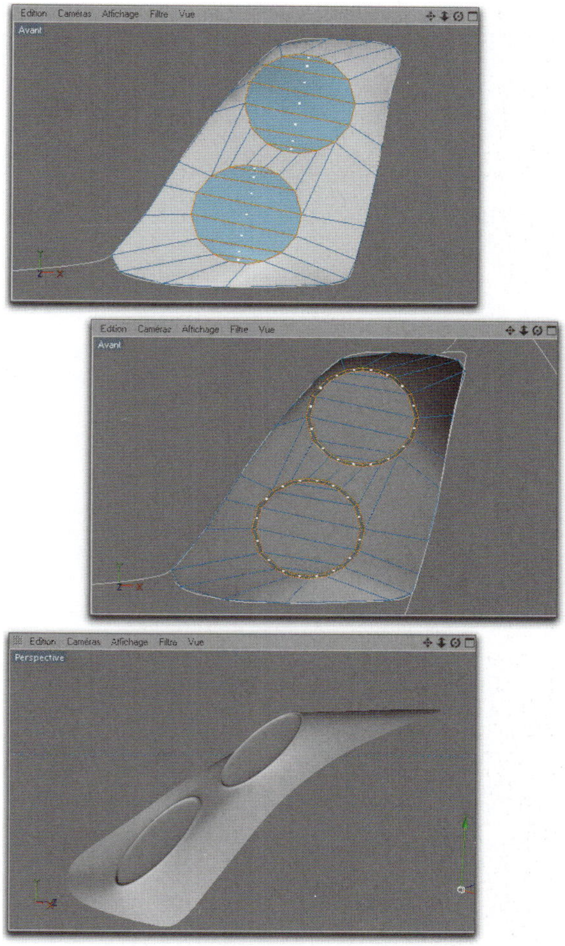


***Figure 3.30 :*** *Le pourtour des phares.*

Extrudez ce cercle de polygones légèrement vers le haut, puis placez le bloc dans un HyperNURBS. Apparaît alors un renflement des bords des puits, comme vous le constatez au bas de la Figure 3.30. Reste maintenant à créer les cavités en extrudant les faces fermantes vers l'intérieur, ce qui est illustré Figure 3.31.

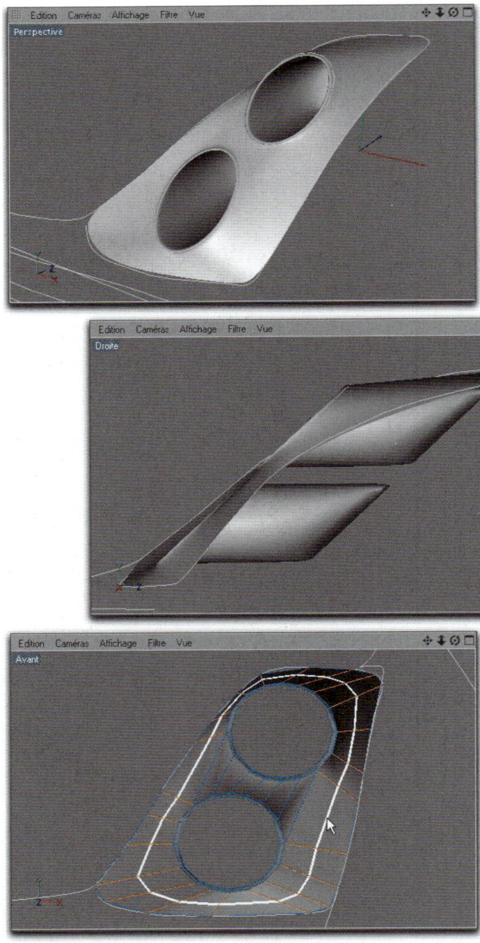


***Figure 3.31 :*** *Formation des puits.*

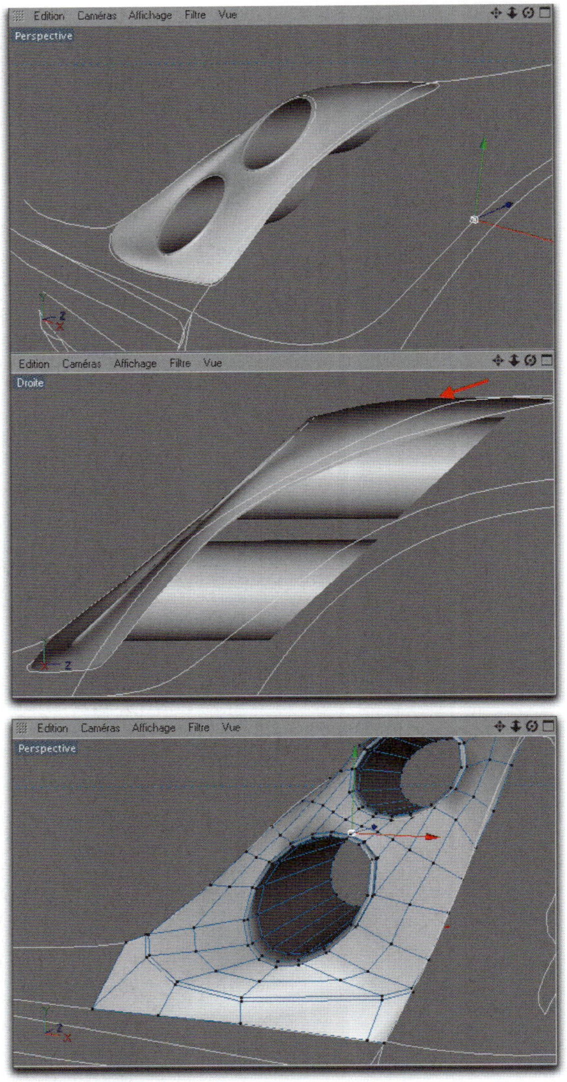


***Figure 3.32 :*** *Formation des phares.*

Procédez en deux étapes, à savoir une première petite extrusion suivie d'une seconde avec la profondeur souhaitée. Cela permettra d'accentuer la forme des puits à l'avant une fois le lissage HyperNURBS calculé. Leur profondeur n'a pas trop d'importance puisqu'ils seront de toute façon bouchés par les verres des phares.

Pour bomber davantage la transition entre les puits et les bords du bloc, introduisez autour une coupe circulaire, comme indiqué au bas de la Figure 3.31. Le mieux est de sélectionner d'abord toutes les arêtes correspondantes et d'utiliser la fonction Diviser les arêtes.

Utilisez ensuite les nouveaux points pour parfaire la forme du bloc, et ajoutez-en d'autres au besoin. La flèche rouge dans la deuxième vue de la Figure 3.32

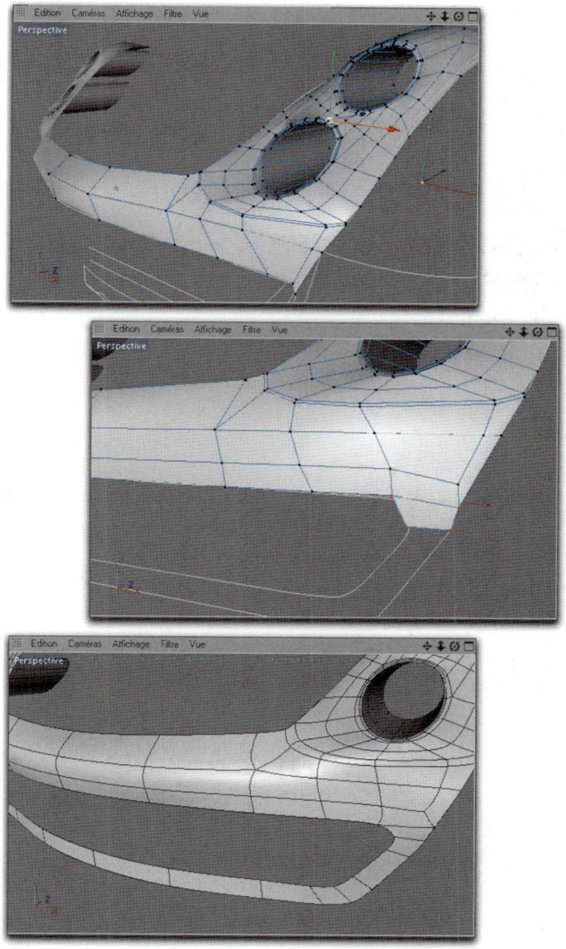


*Figure 3.33 :* *Modélisation du pare-chocs.*

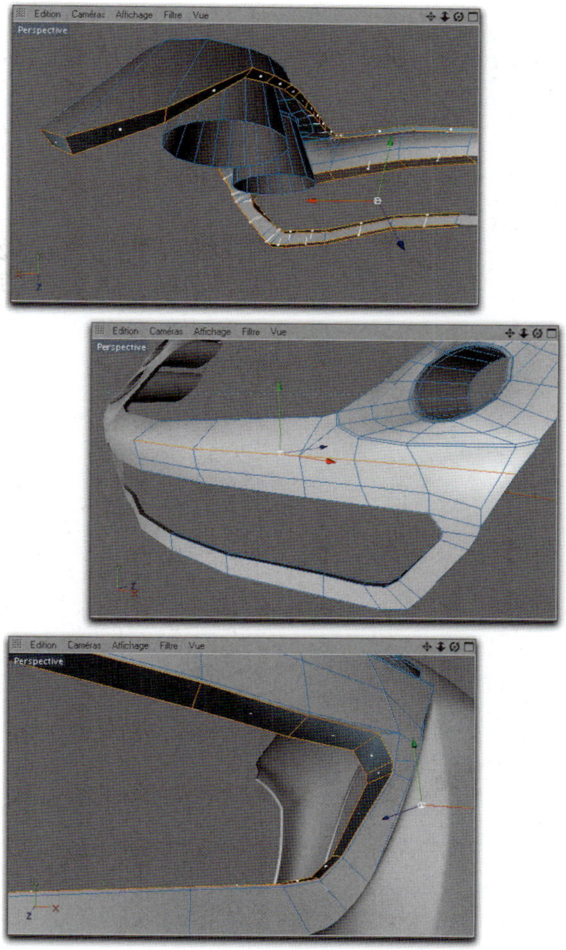


*Figure 3.34 :* *Extrusion des bords.*

indique l'arrondi que vous devriez obtenir. La troisième vue illustre la transition entre ce sous-groupe et le pare-chocs dont nous allons nous occuper de suite.

## Le pare-chocs

Sélectionnez pour commencer les arêtes inférieures des derniers polygones créés et extrudez-les une première fois, puis une seconde fois pour atteindre l'arceau latéral du pare-chocs. Complétez ensuite par quelques extrusions la partie supérieure du pare-chocs (voir Figure 3.33 en haut). N'oubliez pas de coller aux splines les points résultants.

Recouvrez d'une bande de polygones l'arceau droit jusqu'en bas, comme illustré dans la dernière vue de la Figure 3.33. La forme de base est à présent terminée et nous pouvons extruder les arêtes des bords pour donner un peu de volume à l'objet (voir Figure 3.34).

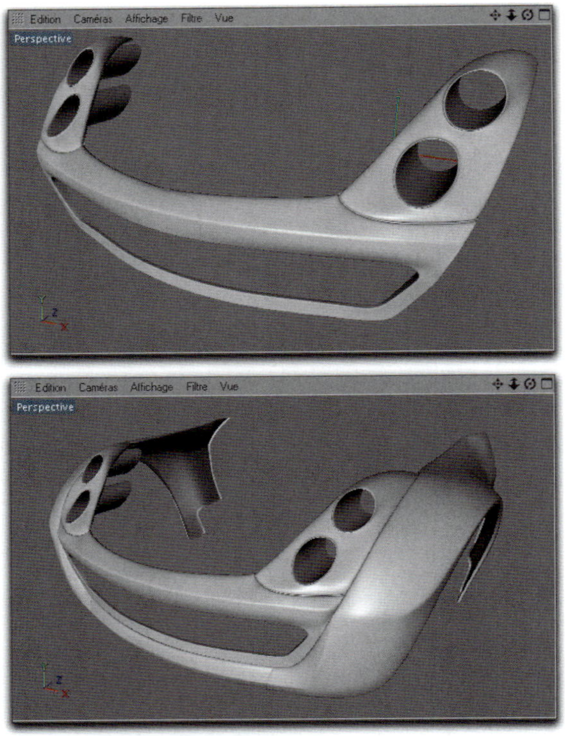

*Figure 3.35 : Les objets combinés.*

Supprimez les polygones formant le fond des puits pour obtenir à la place des ouvertures. Cela nous fait économiser quelques polygones de plus, ce qui est toujours une bonne chose.

Extrudez aussi légèrement la « gueule » du pare-chocs pour épaissir la tranche. Choisissez un angle maximum suffisant pour que les polygones résultants restent groupés. Vous obtenez en plus une nouvelle boucle d'arêtes parallèle au pourtour de la gueule, qui permettra d'accentuer cette ouverture lors du lissage HyperNURBS.

Après avoir subordonné cet objet à l'objet Symétrie, lui-même subordonné à un HyperNURBS, vous obtenez le résultat de la Figure 3.35. Assurez-vous que tous les points de la partie gauche de l'objet sont bien situés sur le plan de symétrie et que les trois sous-groupes – phares, pare-chocs et aile – s'imbriquent correctement.

## Le clignotant et le feu de brouillard

Dans le coin droit de l'ouverture du pare-chocs doit normalement figurer un petit bloc incluant un clignotant et un feu de brouillard, que nous allons modéliser maintenant. Étant donné que ce bloc est accolé au coin, nous pouvons gagner du temps en créant ses polygones par copie de ceux du coin.

Dans le mode Polygones, sélectionnez les polygones de la tranche à cet endroit et utilisez la commande Fonctions > Scission pour les dupliquer et les copier dans un nouvel objet. Cette sélection est illustrée Figure 3.36 en haut.

La flèche rouge indique le résultat de l'étape suivante qui consiste à fermer la zone ainsi détachée au moyen d'un polygone additionnel. Vous pouvez utiliser à cet effet l'outil Créer un polygone, par exemple. Pour que les coins de cet objet restent angulaires une fois lissés, introduisez une coupe horizontale près des extrémités du nouveau polygone (voir Figure 3.36, deuxième vue).

Utilisez pour finir la commande Structure > Fermer le trou polygonal pour fermer la face avant de l'objet. Appliquez ensuite à ce nouveau polygone la fonction Extrusion interne pour le border d'un fin anneau de polygones. L'objet conservera ainsi une surface lisse une fois dans l'HyperNURBS, comme vous le voyez au bas de la Figure 3.36.

## Le cadre de la grille

L'ouverture qui subsiste dans le pare-chocs sera ultérieurement fermée par une grille. Pour le moment, occupons-nous du cadre de cette grille. Nous pouvons là encore nous appuyer sur les polygones existants.

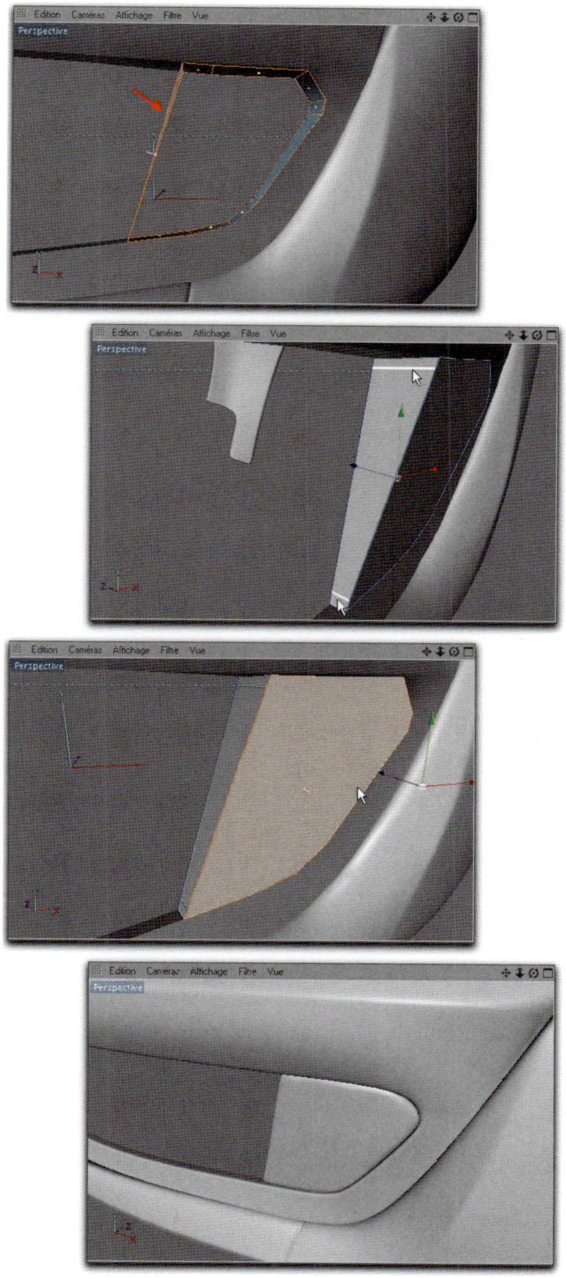


*Figure 3.36 : Le bloc du clignotant et du feu de brouillard.*

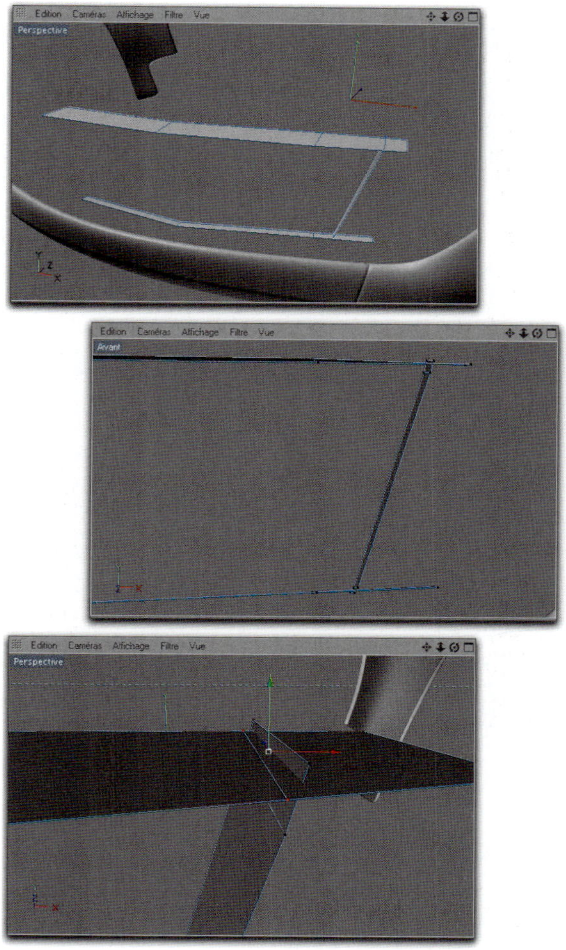


*Figure 3.37 : Le cadre de la grille avant.*

Appliquez la commande Fonctions > Scission aux polygones des tranches supérieure, et inférieure et droite (voir Figure 3.37).

Assemblez ensuite en un seul objet les polygones résultants en utilisant la commande Fonctions > Connecter, puis supprimez les polygones initiaux. Pour améliorer la jonction des polygones sur la droite, insérez deux coupes de couteau, comme indiqué au bas de la Figure 3.37.

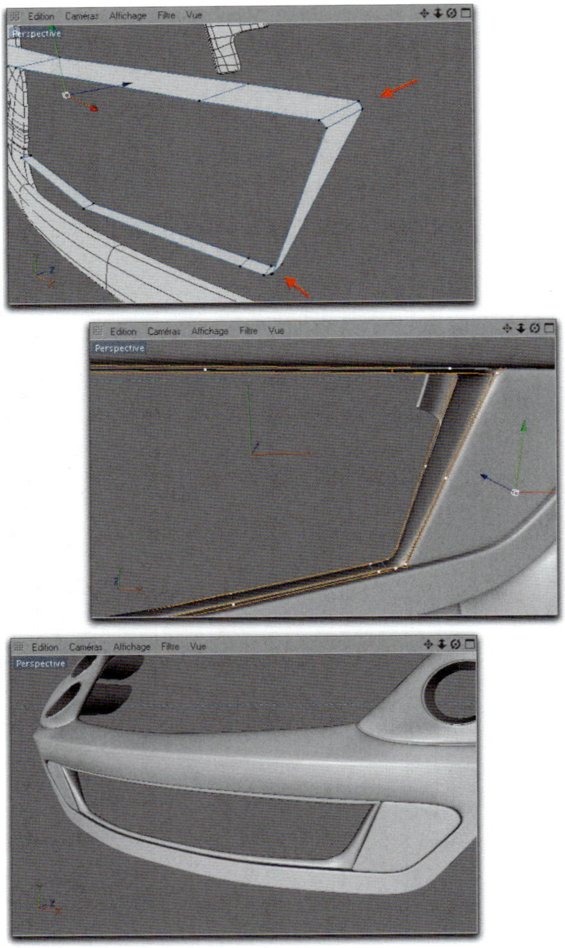


**Figure 3.38 :** *Formation du volume du cadre.*

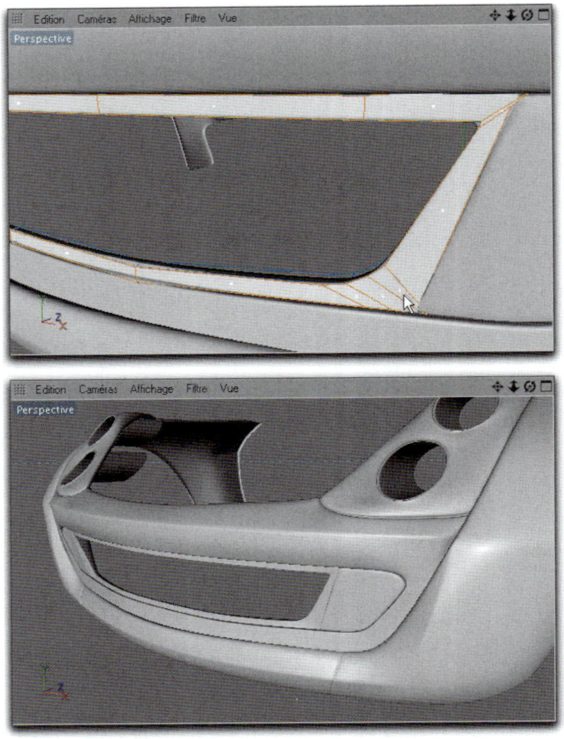


**Figure 3.39 :** *Le cadre terminé.*

Supprimez les polygones qui dépassent des coins et remplissez l'espace qu'ils ont laissé avec de nouveaux polygones, signalés par des flèches en haut de la Figure 3.38.

Sélectionnez ensuite tous les polygones de l'objet et extrudez-les, avec l'option Couvercles activée, vers l'intérieur de la cavité. Veillez à ce que l'angle maximum permette une extrusion groupée. Le résultat est illustré à la Figure 3.38.

Sélectionnez maintenant les faces avant (voir Figure 3.39 en haut) et effectuez une légère extrusion interne. L'objet terminé et lissé est également présenté dans la figure.

## Le couvercle du coffre

Comme c'est souvent le cas avec les voitures de sport, le moteur de celle-ci se trouve à l'arrière. Le couvercle que nous allons modéliser maintenant n'abrite qu'un coffre à bagages. La forme de base se rapproche le plus d'un simple plan.

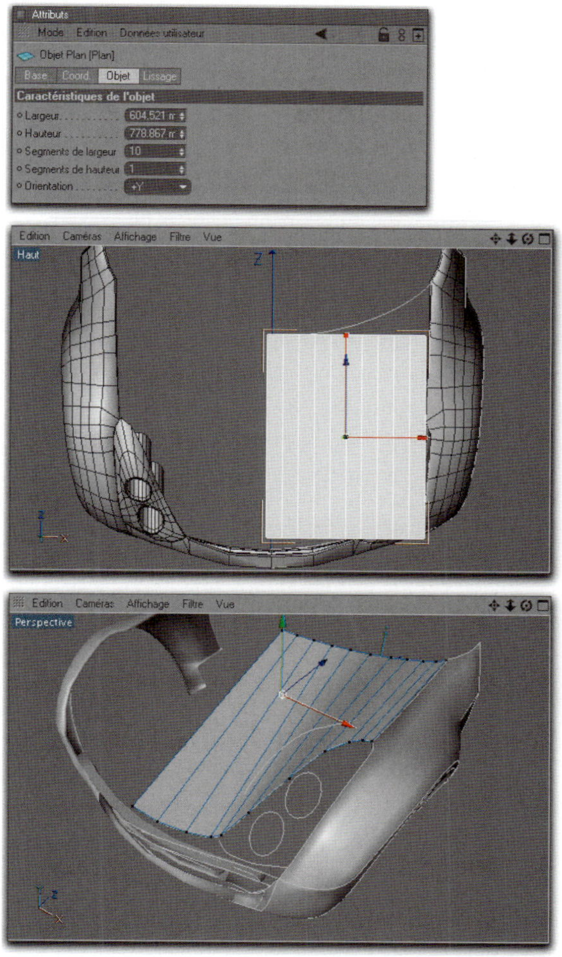


**Figure 3.40 :** *Le couvercle du coffre.*

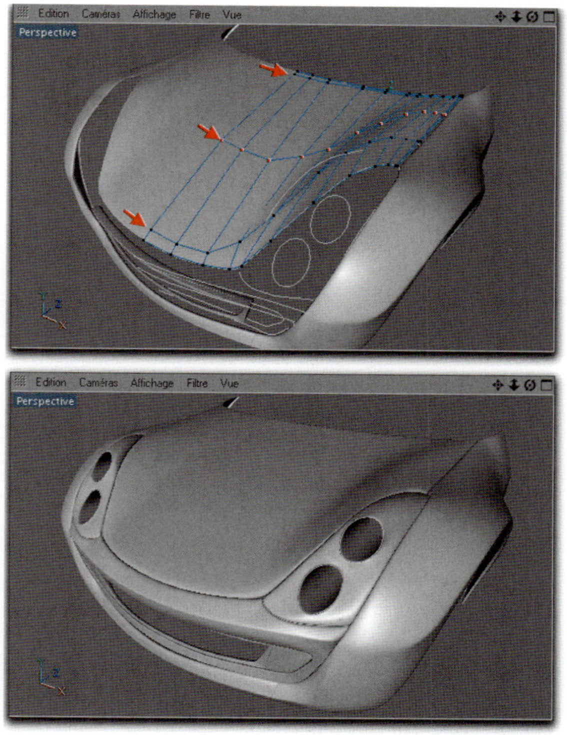


**Figure 3.41 :** *Ajout de subdivisions.*

Invoquez par conséquent une primitive Plan en lui attribuant 10 segments dans les directions X et Z, et positionnez-la parallèle au sol. Convertissez-la ensuite en un objet à base de polygones, puis collez aux splines environnantes les points résultants en utilisant le magnétisme 3D. Le résultat est présenté à la Figure 3.40.

Comme le côté droit du couvercle n'est pas simplement plat mais bombé, insérez avec l'outil Couteau les trois coupes indiquées par des flèches dans la Figure 3.41.

Après avoir mis en forme le couvercle en repositionnant ses points, épaississez ses bords selon la procédure d'extrusion habituelle. Vérifiez également que tous les points du milieu se trouvent bien sur l'axe de symétrie. Le couvercle terminé est visible au bas de la Figure 3.41.

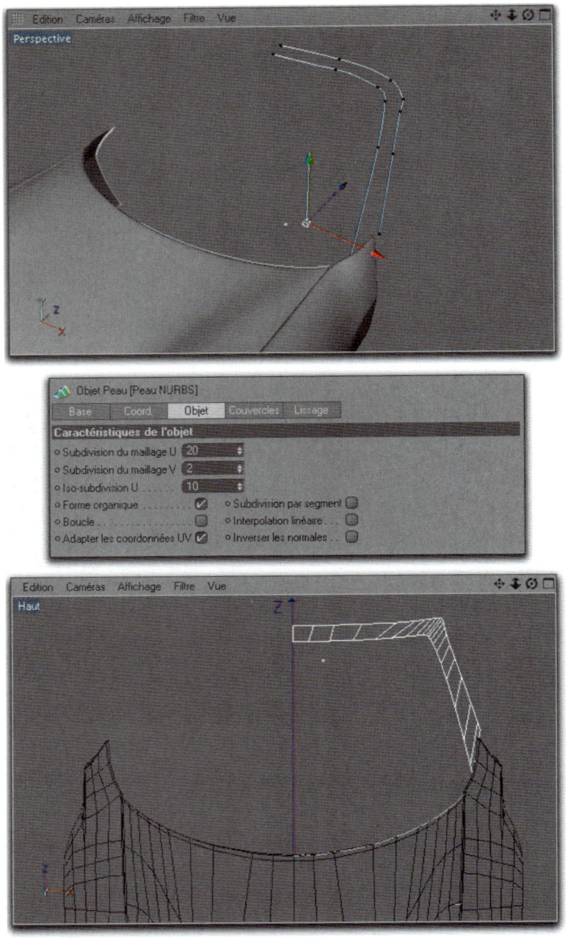


*Figure 3.42 : Formation de l'arceau de sécurité.*

## L'arceau de sécurité

Nous arrivons maintenant à l'arceau qui encadre le pare-brise. Sa forme de base peut être crée simplement à partir de deux splines. Vous pouvez soit prendre celles du modèle de référence soit les tracer vous-même. En les regroupant dans un objet Peau NURBS, vous obtenez une peau de polygones entre les deux courbes (voir Figure 3.42).

Étant donné que l'objet sera ultérieurement lissé et davantage subdivisé sous l'effet de l'HyperNURBS, il faut veiller à limiter sa résolution dans l'objet Peau NURBS. Je me suis arrêté ici à 20 unités pour le paramètre Subdivisions du maillage U.

Il faut encore épaissir l'objet et nous en aurons terminé avec l'arceau de sécurité. Pour cela, convertissez d'abord le NURBS, puis utilisez la fonction Extrusion avec l'option Couvercles activée pour donner du volume à la bande de polygones. L'extrusion doit se faire en direction du cockpit.

Pour préparer la mise en miroir de cette forme par l'objet Symétrie, et donc la fusion qui s'opère sur le plan de symétrie, supprimez les polygones présents sur ce plan et réglez à 0 la position X des points adjacents. Dans la Figure 3.43, le pointeur de la souris indique l'emplacement de ces polygones. L'objet mis en miroir et lissé est présenté au bas de la figure.

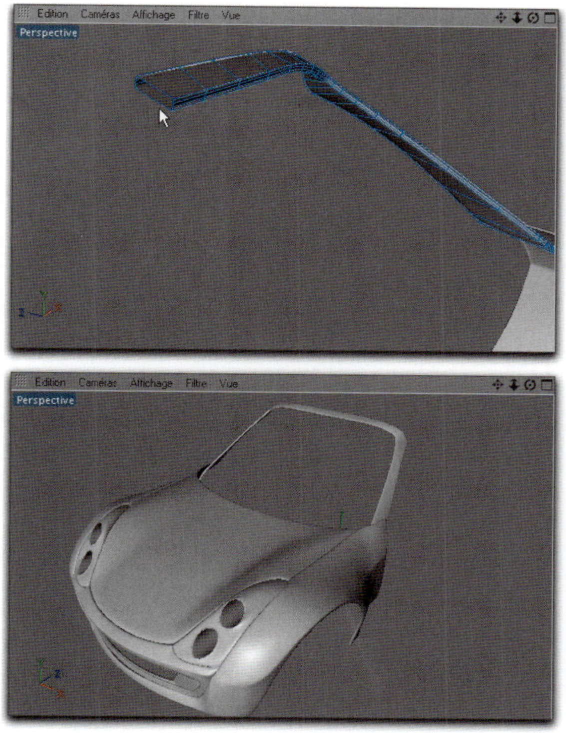


*Figure 3.43 : L'arceau de sécurité terminé.*

## La portière

Comme évoqué précédemment, le pli qui débute sur l'aile de la voiture se poursuit également sur la portière tout entière. Le plus simple est donc de générer cette dernière à partir de la section transversale de l'aile. Sélectionnez les polygones à l'arrière de l'aile, comme indiqué en rouge dans la Figure 3.44.

Utilisez la commande Fonctions > Scission pour obtenir une copie de ces polygones dans un nouvel objet. Extrudez ensuite les arêtes avant des nouveaux polygones et étirez-les en direction de la spline qui délimite le côté droit de la portière (voir Figure 3.44).

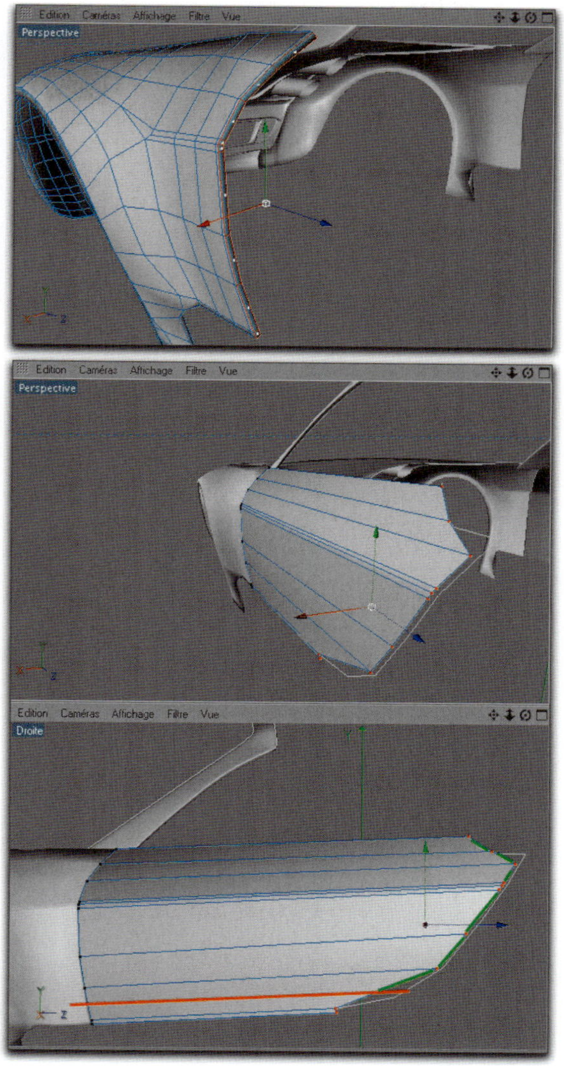


*Figure 3.44 : Extrusion de la portière.*

Vous pouvez voir que j'ai laissé un peu d'espace entre les points déplacés et la spline. Notez également que vers le bas le nombre de points est insuffisant pour produire un arrondi correct. Insérez donc une coupe horizontale dans la partie inférieure de la portière, comme le montre la Figure 3.44.

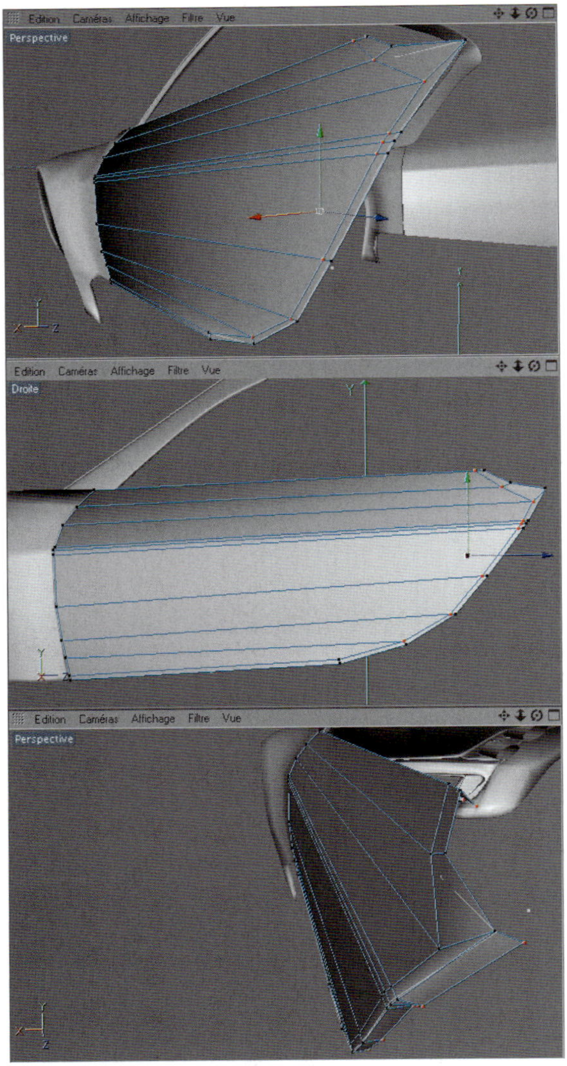


**Figure 3.45 :** *Épaississement de la portière.*

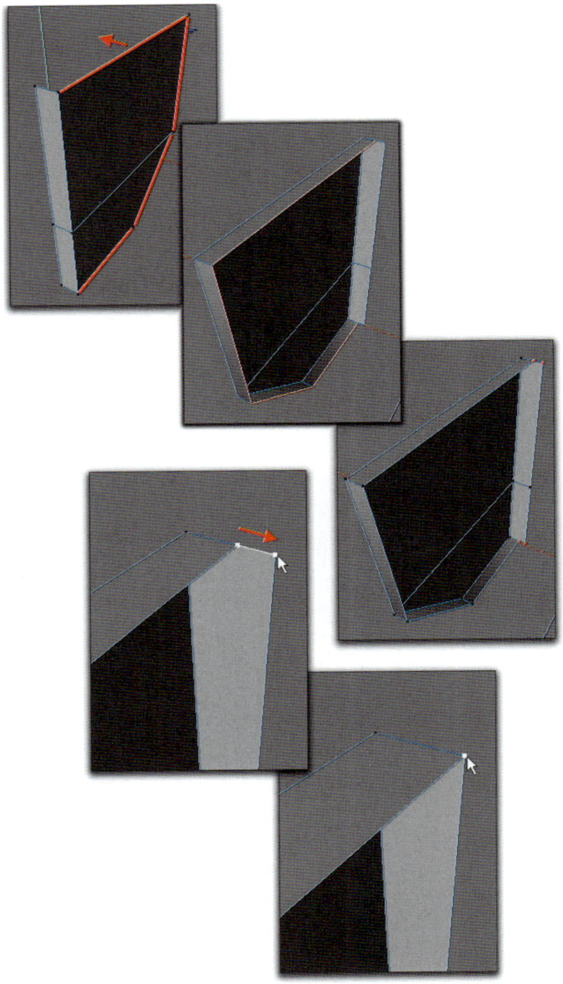

**Figure 3.46 :** *Optimisation manuelle de points.*

Nous allons maintenant combler l'espace précité par une extrusion d'arêtes. Seules celles marquées en vert dans la Figure 3.44 sont concernées. À l'issue de l'opération, on obtient une fine bande de polygones le long des bords droit et inférieur (voir Figure 3.45), ce qui accentuera ces zones lors du lissage HyperNURBS.

Il faut pour terminer épaissir la portière. Pour cela, extrudez les arêtes supérieures, latérales et inférieures, en excluant le coin supérieur droit où nous placerons plus tard la poignée. Le côté gauche de la portière ayant déjà été épaissi, l'extrusion provoque un doublement des points à cet endroit. La solution à ce problème est illustrée à la Figure 3.46 au moyen d'un objet simple.

## Optimisation manuelle d'arêtes et de points

Pour simplifier la démonstration de cette technique, j'utilise ici une forme de portière stylisée (voir Figure 3.46). La première vue illustre le point de départ, à savoir que seul le côté gauche a été épaissi. Après avoir extrudé les arêtes marquées en rouge dans cette même vue, les arêtes et les points du côté gauche de l'objet se retrouvent en double.

Ces points sont indiqués en rouge dans la troisième vue de la Figure 3.46. J'ai légèrement décalés les doublons pour qu'ils soient visibles. Pour souder ces points, invoquez la commande Structure > Couture. Il suffit ensuite de relier les deux points en faisant glisser la souris. Une ligne apparaît alors, comme dans la figure.

Lorsque vous relâchez la souris, le point sélectionné en premier est fusionné avec le second. La portière terminée est présentée à la Figure 3.47.

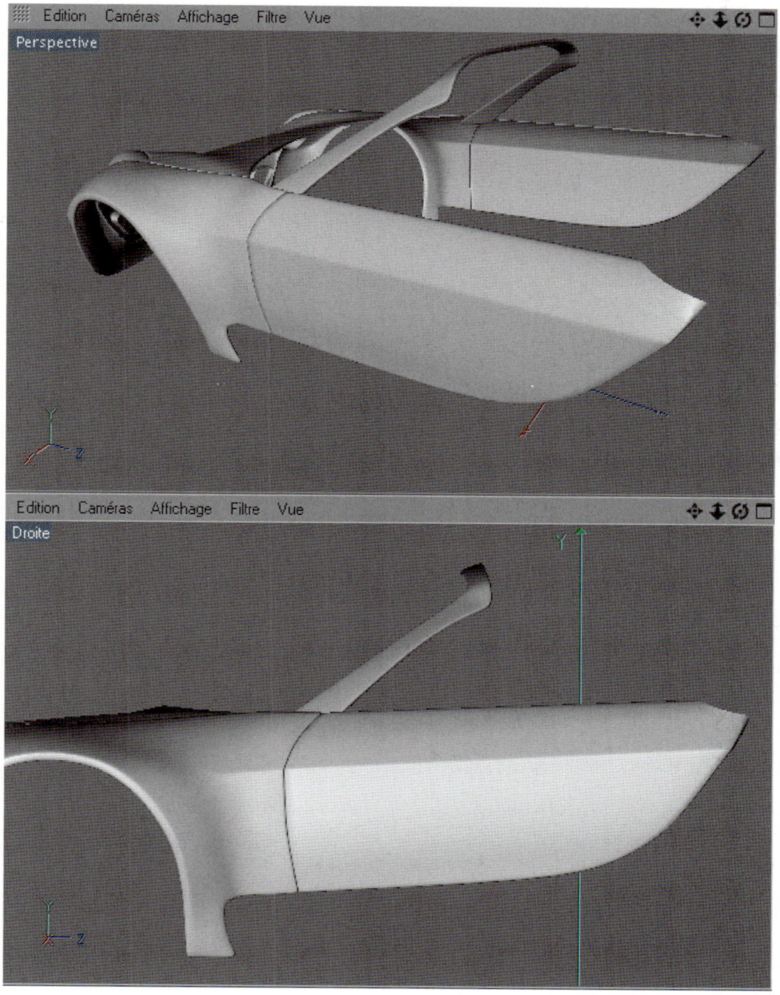


**Figure 3.47 :** *La portière terminée.*

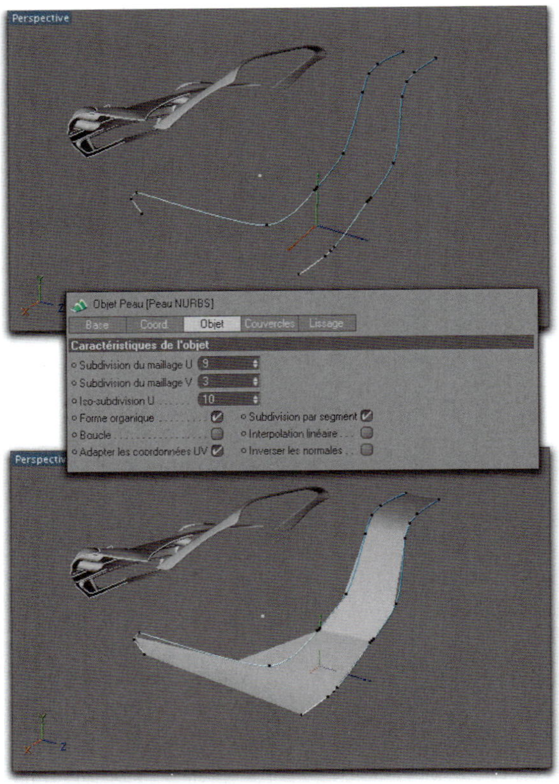


**Figure 3.48 :** *L'arceau de sécurité arrière.*

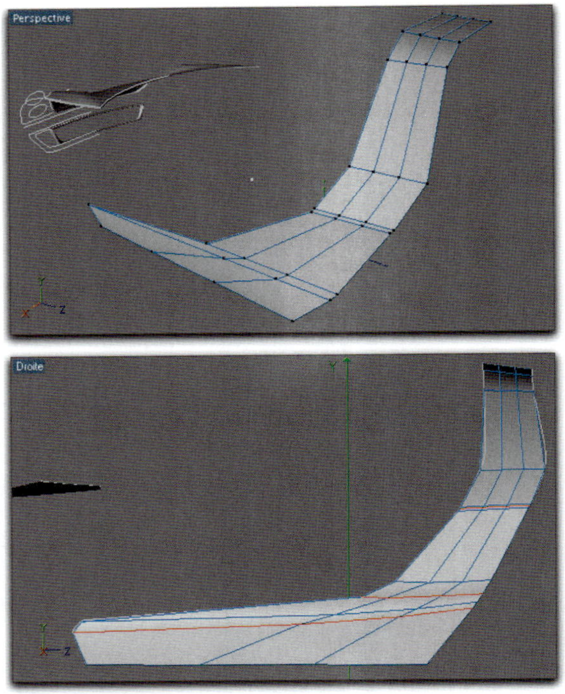


**Figure 3.49 :** *Ajout de subdivisions.*

## L'arceau arrière

La structure de soutien de notre voiture commence déjà au niveau de l'aile, longe le bas de la portière vers l'arrière, puis remonte pour former ensuite un autre arceau. Comme pour l'arceau frontal, celui-ci est créé en prenant pour base deux splines (voir Figure 3.48).

Nous aurons besoin de moins de subdivisions dans l'axe U. J'ai utilisé un objet Peau NURBS avec 9 subdivisions en U et 3 en V. Il doit aussi être converti car nous ajouterons des divisions pour pouvoir former précisément la partie inférieure. Les divisions que j'ai ajoutées sont visibles en rouge dans la Figure 3.49.

Notez que le pli de l'aile traversant la portière se prolonge aussi dans l'arceau. Il faut donc ajuster la position des arêtes à cet endroit. La partie de l'arceau au niveau de l'aile ne s'arrête pas là, mais disparaît derrière la carrosserie. Amenez-en l'extrémité suffisamment loin sous l'aile.

La Figure 3.50 illustre dans la vue inférieure la forme d'arceau voulue. On voit qu'une pliure court aussi parallèle au pli de la portière.

Il faut maintenant resserrer l'habituel arrondi d'Hyper-NURBS des coins du bord inférieur de l'arceau. Pour

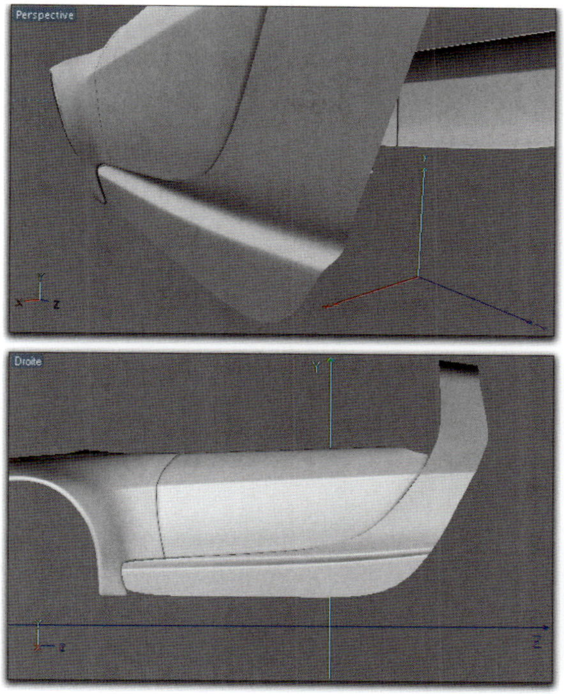


***Figure 3.50 :*** *Le profil de l'arceau.*

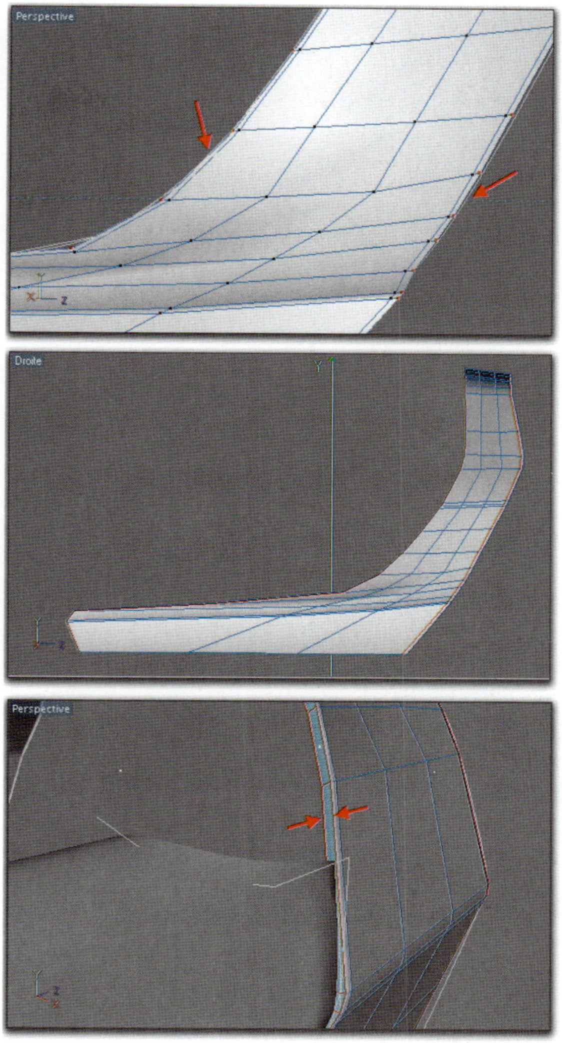


***Figure 3.51 :*** *Décalage des arêtes supplémentaires et épaississement de la forme.*

cela, vous pouvez effectuer dans le mode Arêtes une sélection par anneau des arêtes en périphérie et les couper avec Diviser les arêtes, ou simplement utiliser l'outil Couteau dans le mode Boucle.

Les nouvelles arêtes devront courir très proche des limites externes de l'arceau. Elles sont repérées par des flèches et des lignes rouges dans la Figure 3.51.

L'objet doit bien sûr être épaissi au moyen d'une extrusion des bords. Comme d'habitude, supprimez les polygones situés sur l'axe de symétrie. L'épaississement de la forme est indiqué par les flèches dans la Figure 3.51.

*Figure 3.52 : Notre modélisation progresse !*

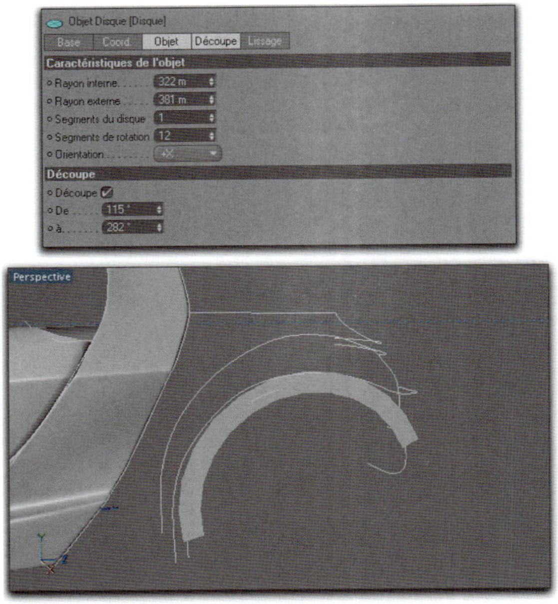


*Figure 3.53 : Partie d'un objet Disque.*

Notre objet prend de plus en plus corps comme le montre la Figure 3.52. Nous pouvons constater qu'une modélisation complexe répartie en sous-groupes d'éléments travaillés par étapes peut conduire à un bon résultat.

De plus, comme vous l'avez sûrement remarqué, le nombre d'outils et de fonctions utilisés est limité à un minimum. Jusqu'à présent, nous avons modélisé pratiquement toutes les parties uniquement avec les outils Extrusion et Couteau.

## La jupe arrière

Nous poursuivons à présent avec la jupe arrière du véhicule. Comme cet élément inclut le carter de roue, il est préférable de commencer par celui-ci. La primitive Disque possède une forme approchante de ce que nous recherchons, et offre la possibilité de spécifier un rayon interne et des subdivisions. Nous pouvons donc facilement modéliser notre carter (voir Figure 3.53).

Nous devons convertir l'objet car les points des bandes de polygones arrondies doivent être collés avec précision aux splines, et de nouveaux polygones doivent être générés en bordure de l'objet.

Générez des polygones sur le côté droit de l'objet converti et placez-les le long des splines du modèle autour du carter jusqu'à la jupe arrière. Pour bien rendre l'arrondi de cette zone, ajoutez deux coupes comme montré au bas de la Figure 3.54.

Le plus rapide est d'utiliser la fonction Diviser les arêtes car vous pouvez directement spécifier le nombre de subdivisions.

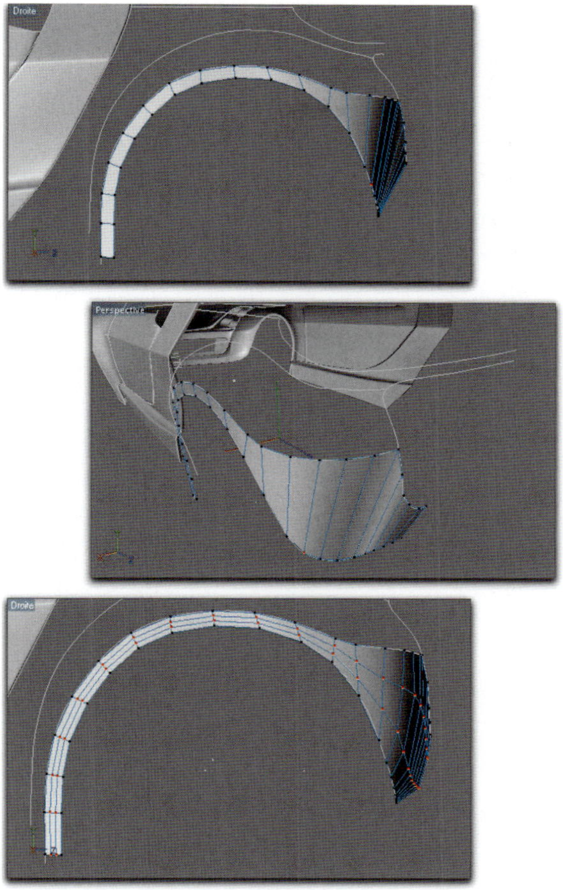


*Figure 3.54 :* Mise en forme de la jupe arrière.

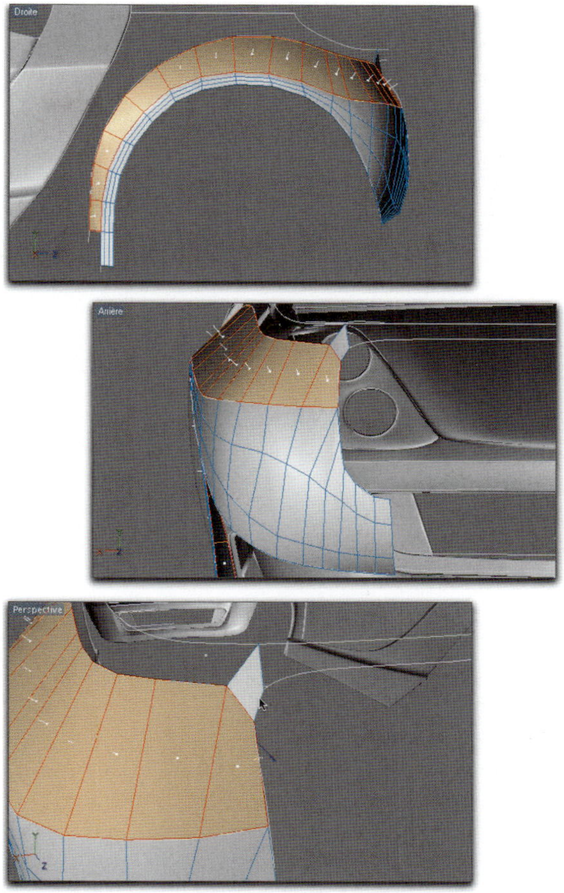


*Figure 3.55 :* La transition jusqu'au bord supérieur de la jupe.

Ajoutez une bande de polygones pour couvrir la distance jusqu'à la prochaine spline, laquelle court pratiquement parallèlement au bord supérieur de la forme générée jusqu'à présent (voir Figure 3.55).

Ces polygones n'ont pas besoin d'être générés à la main. Extrudez simplement les arêtes externes de la forme existante et collez les points à la spline avec le magnétisme 3D. Le bas de la Figure 3.55 montre aussi le début de l'étroite bande arrière qui passe au-dessus du moteur.

Comblez maintenant la distance jusqu'à l'arceau de sécurité et la spline supérieure avec une nouvelle bande (voir Figure 3.56).

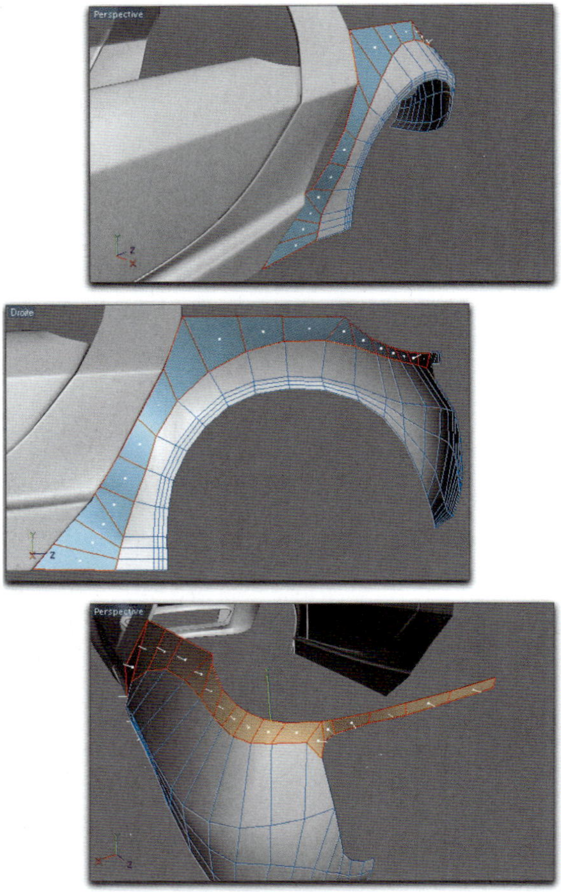


*Figure 3.56 : La forme terminée.*

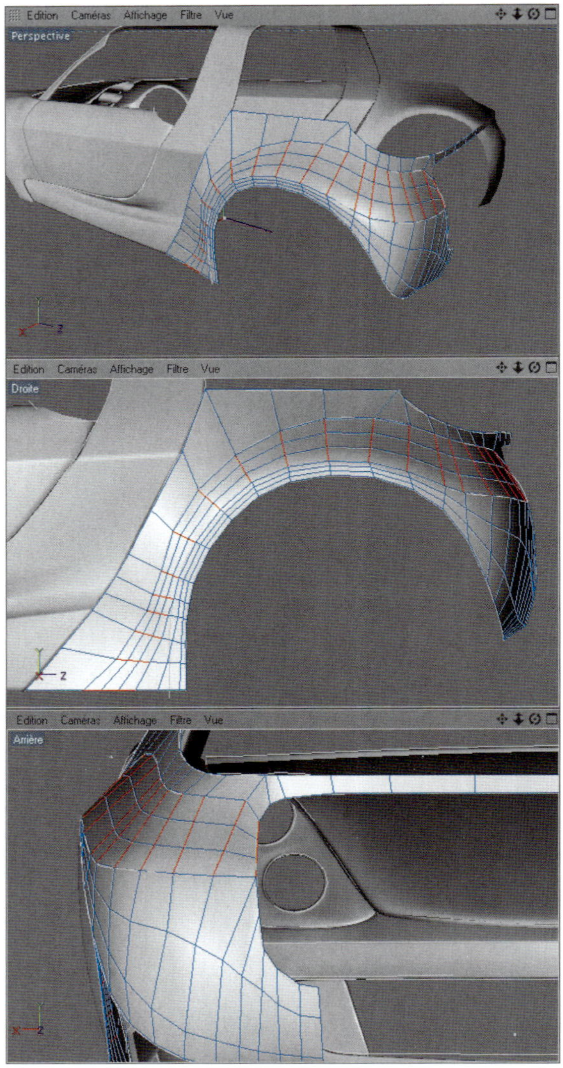


*Figure 3.57 : Subdivisions supplémentaires.*

Faites attention à l'écart en forme d'ellipse sur le côté, entre l'arceau et la jupe arrière. Il représente l'emplacement des entrées d'air que nous fermerons ensuite par des grilles.

Puisque la zone au-dessus du carter de roue est arrondie dans le modèle original, effectuez une sélection par anneau des arêtes et coupez-les deux fois avec la fonction Diviser les arêtes. Le résultat est montré dans la Figure 3.57, avec les arêtes divisées signalées en rouge.

Utilisez les nouveaux points générés pour bomber la partie au-dessus du carter de roue. N'oubliez pas que ce renflement doit diminuer de chaque côté (voir Figure 3.58).

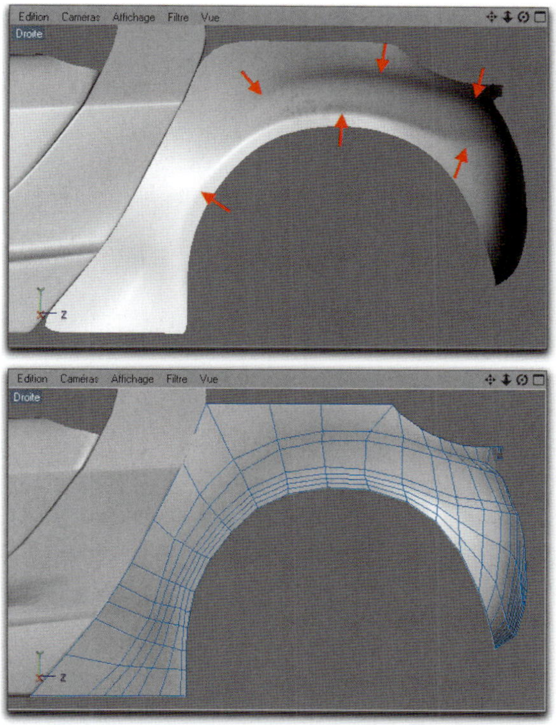


***Figure 3.58 :*** *Le bombement et les plis souhaités.*

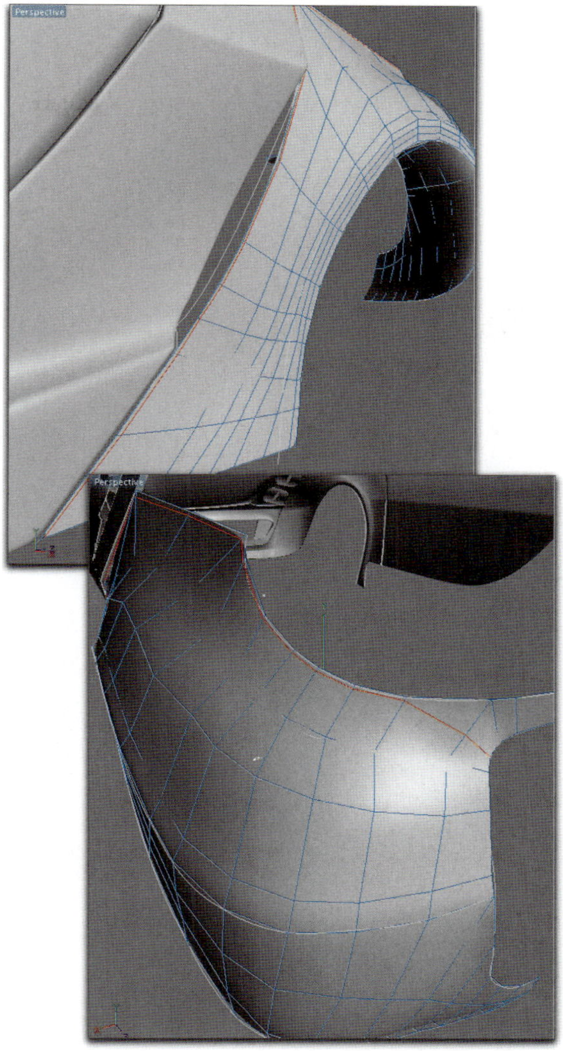

***Figure 3.59 :*** *Accentuation des bords.*

Les flèches désignent les arêtes proéminentes. Vous devriez à ce stade déjà travailler avec l'objet HYPERNURBS pour lisser le modèle et mieux évaluer l'effet du déplacement des points. Pensez toujours à désactiver le magnétisme lorsque les points ne doivent pas coller aux splines.

Comme pour pratiquement toutes les parties de notre construction, une subdivision doit encore intervenir le long des limites de l'objet pour que les coins essentiels ne soient pas trop lissés par l'HYPERNURBS.

Utilisez à cette fin, par exemple, l'outil COUTEAU dans le mode BOUCLE. Si le tracé de la coupe ne vous convient pas pleinement, sélectionnez STRUCTURE > GLISSEMENT pour déplacer les nouveaux points sur l'arête. La Figure 3.59 montre en rouge de quelle façon les nouvelles arêtes doivent courir.

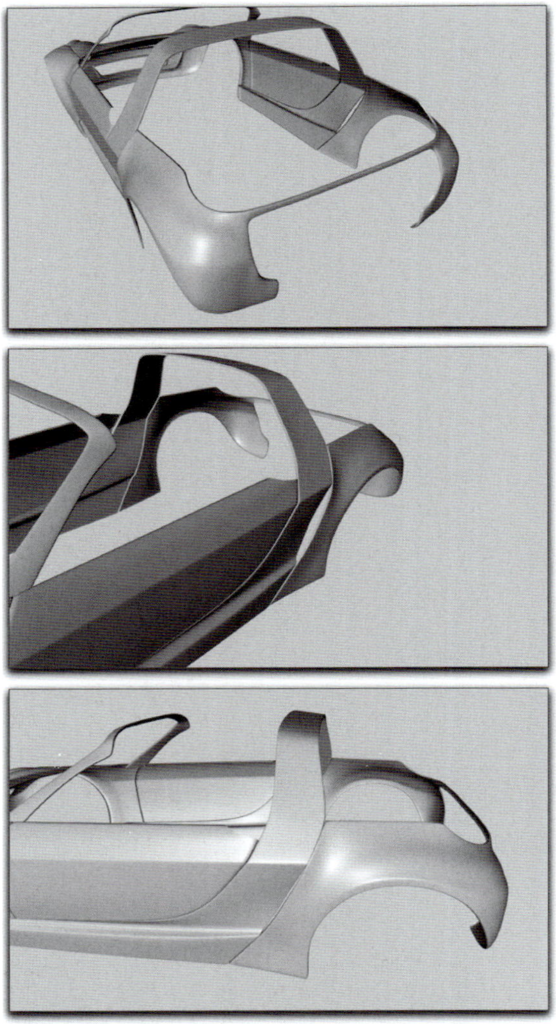

*Figure 3.60 : La jupe arrière terminée.*

Comme pour tout sous-groupe d'éléments, utilisez l'outil Extrusion avec toutes les arêtes de contour pour donner une épaisseur.

Après subordination de la jupe arrière aux objets Symétrie et HyperNURBS, le résultat ressemblera à l'exemple de la Figure 3.60.

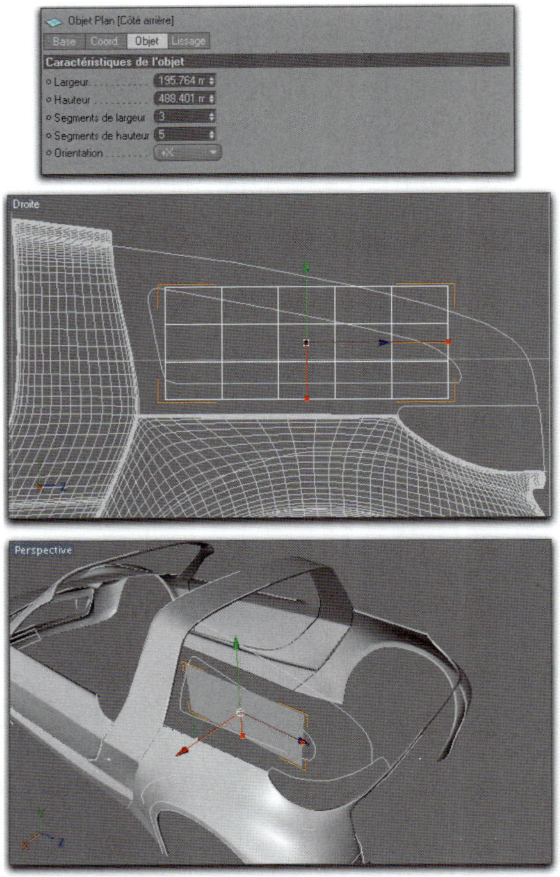


*Figure 3.61 : La lunette latérale.*

# La lunette latérale

La partie supérieure de l'arrière se compose d'un hayon et d'une lunette latérale. Du point de vue de la modélisation, cette fenêtre est assez complexe en raison des courbures particulières que présentent les faces polygonales.

Nous disposons pour sa modélisation de deux splines. J'ai pu les créer car la bordure de la fenêtre présente une autre coloration. Nous commençons avec un objet Plan comportant 3 subdivisions dans la hauteur et 5 dans la largeur (voir Figure 3.61).

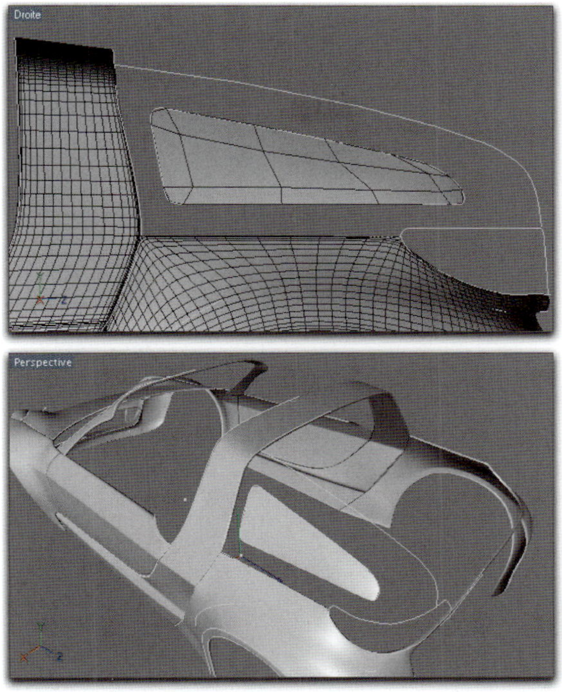


***Figure 3.62 :*** *Positionnement magnétique des points d'angle du plan.*

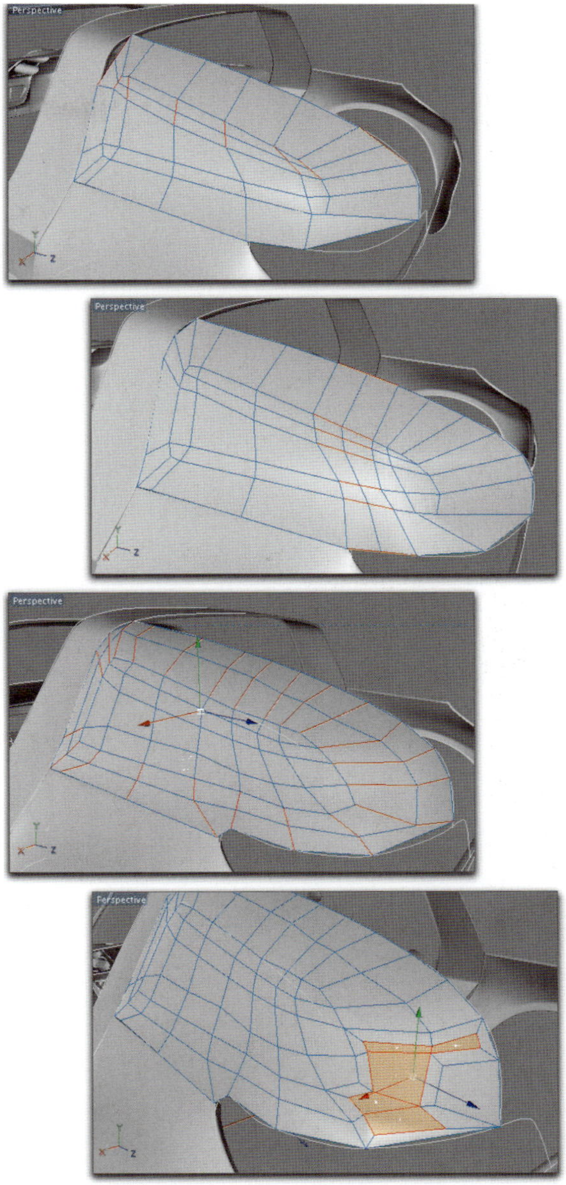


***Figure 3.63 :*** *Création de subdivisions.*

Avec ce genre de forme incurvée, il ne serait pas conseillé de commencer avec trop de subdivisions, car chaque point devra être ajusté manuellement, et souvent sans pouvoir recourir au magnétisme de spline.

Alignez l'objet PLAN à peu près parallèlement aux splines et convertissez-le ensuite. Utilisez le magnétisme de spline pour placer les points de contour du plan sur la spline. Resserrez les points de la spline comme montré Figure 3.62.

Créez un anneau de polygones par extrusion des arêtes externes comme montré dans la première vue de la Figure 3.63. Dans les vues suivantes de la figure, vous pouvez déjà constater les autres subdivisions réalisées.

Puisque les subdivisions dans la partie centrale de l'objet doivent être limitées, il faut générer des coupes locales et non à travers toute la structure. Cela est possible dans beaucoup de cas avec la fonction EXTRUSION INTERNE (voir le bas de la Figure 3.63).

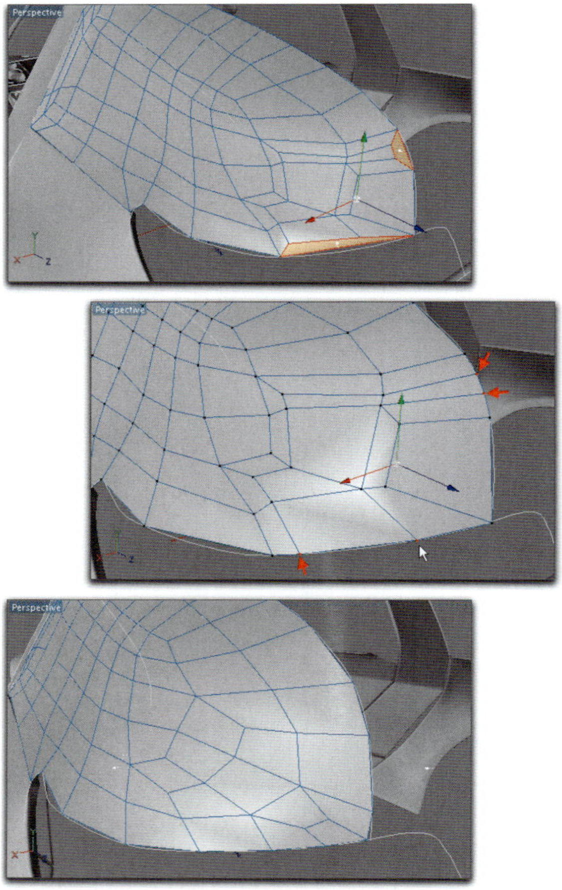


*Figure 3.64 : Ajout de subdivisions locales.*

Les polygones sur le pourtour doivent ensuite être supprimés, et les points subsistants, collés à la spline. Les points supplémentaires peuvent être utilisés pour former la partie droite en coin de la fenêtre. Celui-ci mérite un soin particulier en raison de la courbure supplémentaire dans cette zone. Les étapes de travail décrites après l'extrusion interne sont illustrées dans la Figure 3.64.

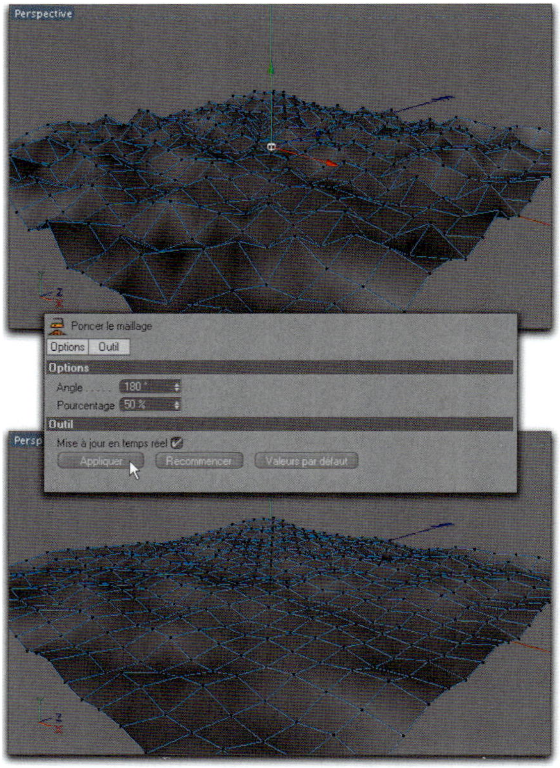


*Figure 3.65 : L'outil d'aplanissement.*

## Aplanissement des irrégularités

Malgré tout le soin que nous pouvons apporter à la conception de cette lunette, il nous sera difficile de parvenir à placer tous les points de manière à obtenir une courbure parfaite. Nous devons recourir à l'outil d'aplanissement du menu STRUCTURE, appelé PONCER LE MAILLAGE (voir Figure 3.65).

La Figure 3.65 illustre l'effet de l'outil PONCER LE MAILLAGE sur une surface au relief plissé. Comme vous le voyez, il permet d'aplanir les irrégularités. Son intensité est configurable par l'intermédiaire de la valeur POURCENTAGE.

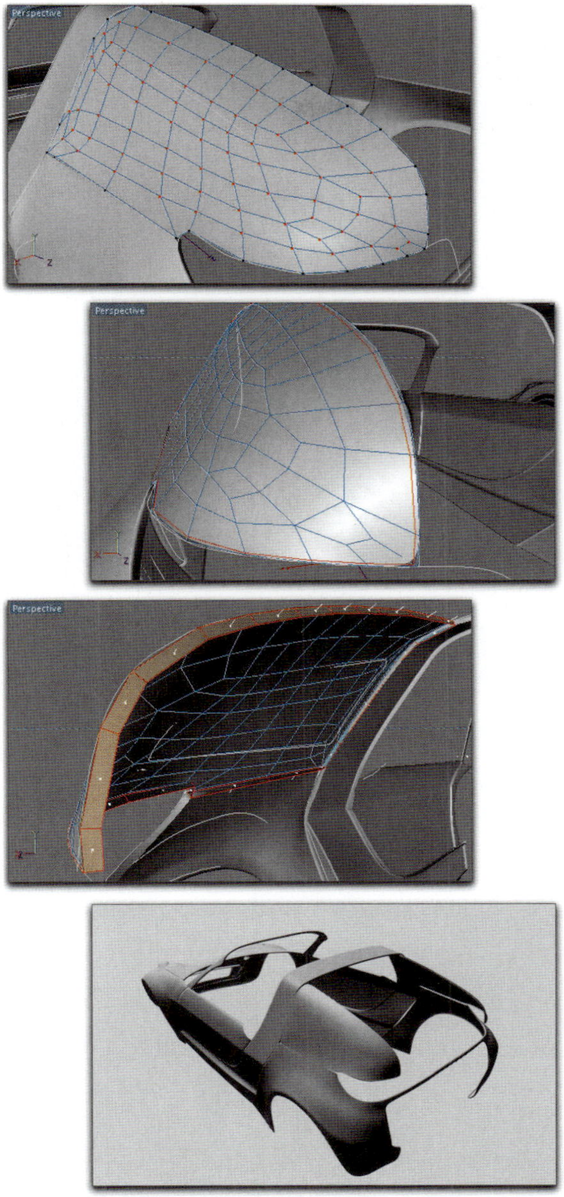

***Figure 3.66 :*** *La forme de la fenêtre terminée.*

Je vous recommande de travailler par passes successives avec un faible pourcentage jusqu'à atteindre le lissage voulu. L'outil peut être limité aux sélections. C'est pratique dans notre cas, car les points sur le pourtour de la fenêtre doivent rester collés sur la spline.

Sélectionnez tous les points à l'intérieur de la fenêtre, comme montré dans la vue supérieure de la Figure 3.66, et appliquez l'outil jusqu'à obtenir le résultat recherché. Complétez par l'habituelle subdivision en périphérie pour accentuer le profil produit par l'HyperNURBS.

Étant donné que la lunette doit recevoir ultérieurement un matériau, nous devons la modéliser en volume. C'est le seul moyen d'obtenir ensuite une valeur de réfraction pour un matériau transparent avec un effet réaliste.

Pour épaissir l'objet, utilisez dans le mode Polygones la fonction Extrusion avec la fonction de face fermante activée (Couvercle). Exécutez l'extrusion vers l'intérieur pour préserver les dimensions extérieures.

Si vous rencontrez un problème lors de l'extrusion, vérifiez l'orientation des normales. Comme vous le savez déjà, elles peuvent être mal orientées lors de la génération manuelle de polygones. Vous devriez toujours vérifier cela lors de vos travaux. Pour garantir la bonne orientation, sélectionnez Fonctions > Aligner les normales.

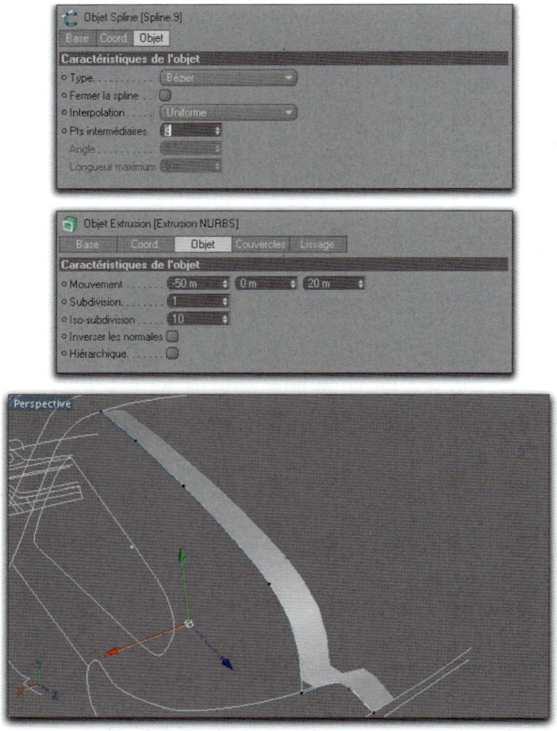


*Figure 3.67 : Le tracé de départ du hayon.*

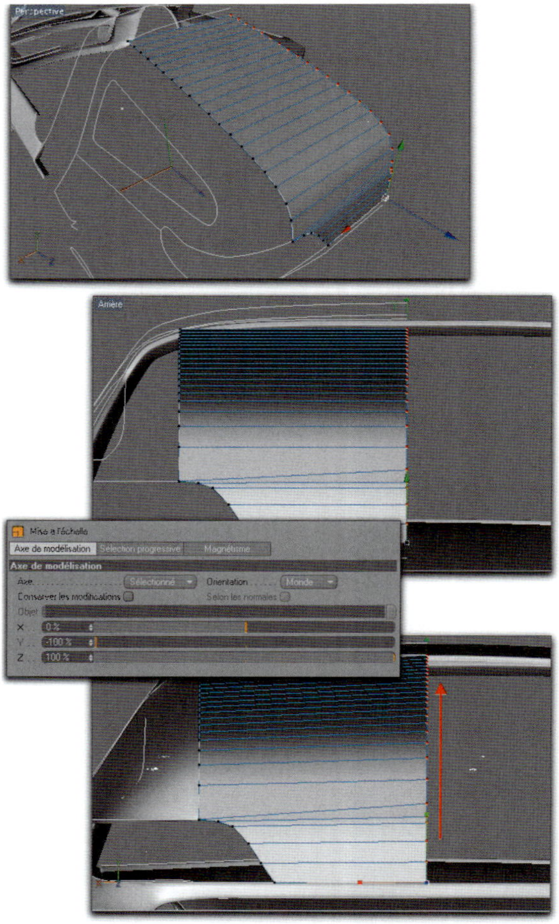


*Figure 3.68 : Détermination du profil du hayon.*

## Le hayon

Nous ne nous servirons que d'une spline pour le profil du hayon. Elle sera étendue en direction du plan de symétrie au moyen de l'objet Extrusion NURBS. Puisque la subdivision exécutée par le NURBS dépend directement du nombre de points intermédiaires sur la spline, configurez celle-ci avec une interpolation uniforme et trois points intermédiaires.

Il faut ensuite convertir l'objet Extrusion NURBS (voir Figure 3.67).

Sélectionnez maintenant le côté droit du NURBS converti. Donnez à ces points une taille X de 0 dans le gestionnaire de coordonnées, puis cliquez sur Appliquer. Les points s'alignent alors verticalement, comme indiqué par la flèche dans la Figure 3.68.

Toujours dans le gestionnaire de coordonnées, donnez à ces points encore sélectionnés une valeur de position en X de 0, puis cliquez sur Appliquer. Le bord de l'objet est alors amené précisément sur le plan de symétrie.

Activez maintenant l'outil de dimensionnement et utilisez le gestionnaire d'attributs pour placer son axe de modélisation à la base de la sélection de points (voir Figure 3.68).

Adaptez le bord supérieur du hayon au tracé de l'arceau en dimensionnant les points du bord droit du hayon. Insérez des divisions perpendiculaires et utilisez-les de la même façon. Le résultat est montré dans la vue supérieure de la Figure 3.69.

Ajoutez la traditionnelle subdivision le long de la bordure externe et épaississez la totalité de l'objet. Les polygones situés sur le plan de symétrie doivent, quant à eux, être supprimés (voir Figure 3.69).

Nous allons à présent ajouter un spoiler au hayon. Sélectionnez quelques polygones au-dessus du pli du hayon et extrudez-les vers le haut. Veillez à ne choisir que les polygones sur la partie supérieure du hayon. Faites-les pivoter légèrement en donnant la valeur 0 à la dimension Y dans le gestionnaire de coordonnées.

Dans la vue de dessus, déplacez les points de ce spoiler de manière à former un contour en forme d'arc de l'extérieur vers l'intérieur. Cette forme est visible dans la Figure 3.70.

N'oubliez pas de supprimer ici aussi les polygones issus de l'extrusion du spoiler, qui sont situés sur le plan de symétrie. La vue inférieure de la Figure 3.70 illustre l'ouverture à nouveau visible après leur suppression.

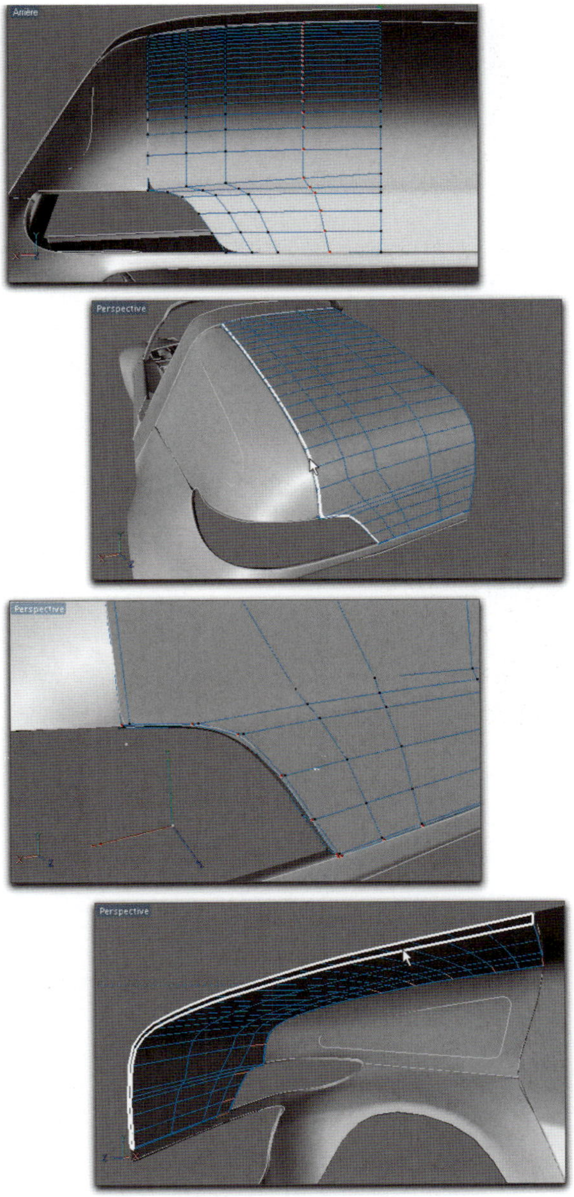

**Figure 3.69 :** *Subdivision, ajustement et épaississement du hayon.*

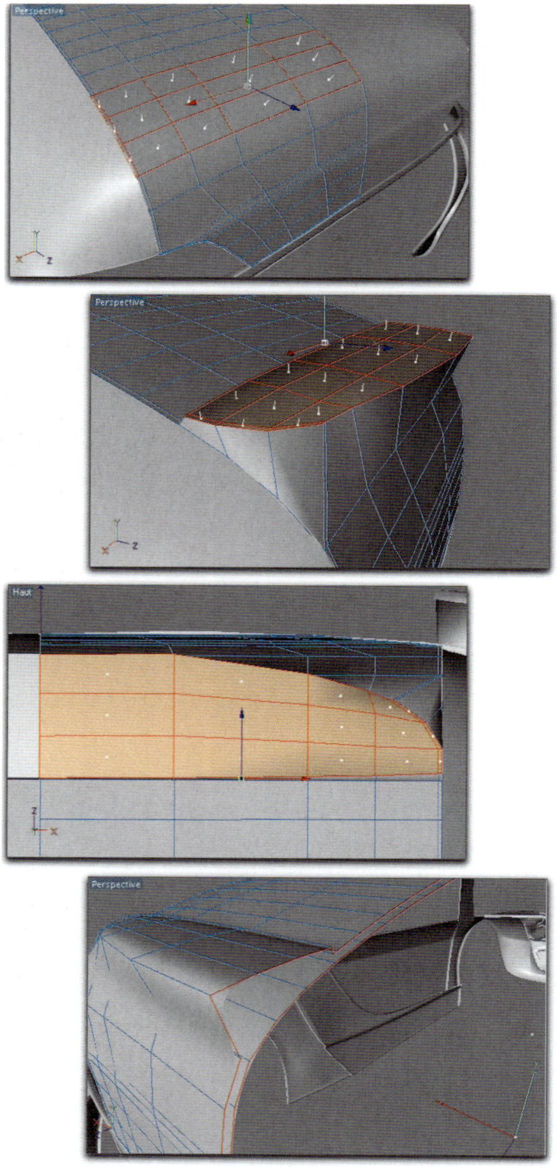


**Figure 3.70 :** *La modélisation du spoiler.*

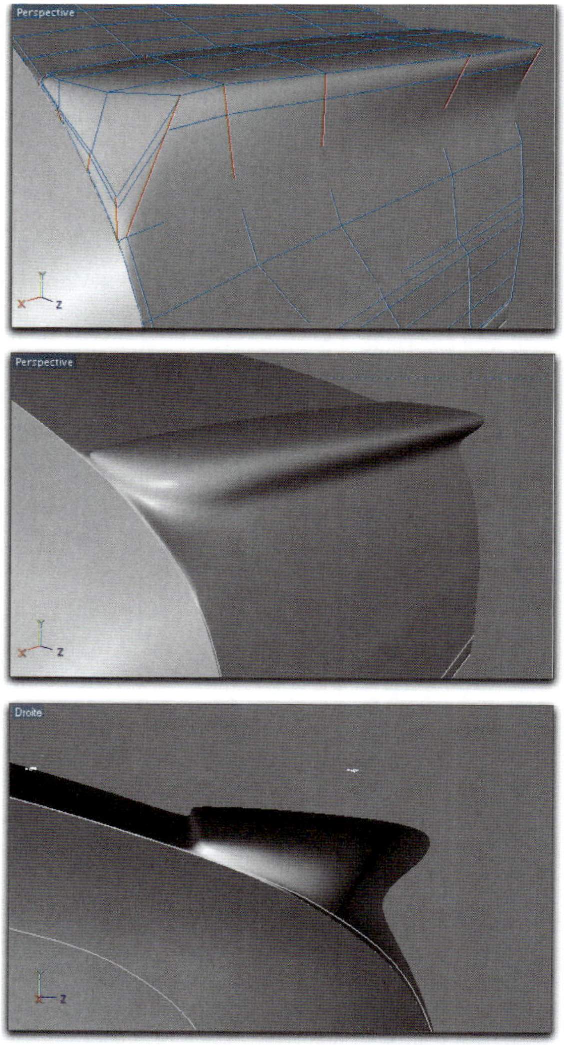


**Figure 3.71 :** *Le modelage du spoiler.*

Subdivisez le contour du spoiler, par exemple, avec la fonction Diviser les arêtes (voir Figure 3.71), et utilisez les nouveaux points pour le modeler. La dernière vue de la Figure 3.71 montre un exemple de résultat.

***Figure 3.72 :*** *L'arrière du véhicule.*

Comme vous pouvez le constater dans la photo illustrée Figure 3.72, le centre du spoiler est muni d'un feu d'arrêt. Il pourrait simplement être créé par la projection d'un matériau adéquat, mais j'ai préféré l'avoir sous forme d'objet distinct.

Cela nous épargne le besoin de devoir manipuler les coordonnées UV et d'utiliser des textures de résolution élevée pour obtenir les accentuations voulues entre les objets.

Sélectionnez d'abord les polygones sur le bord arrière du spoiler, et extrudez-les légèrement vers l'intérieur en tant que groupe. Comme vous le voyez dans la Figure 3.73, cela accentue encore davantage cette zone du spoiler dans l'HyperNURBS.

Sélectionnez une zone en forme de C au milieu du spoiler, visible aussi dans la Figure 3.73.

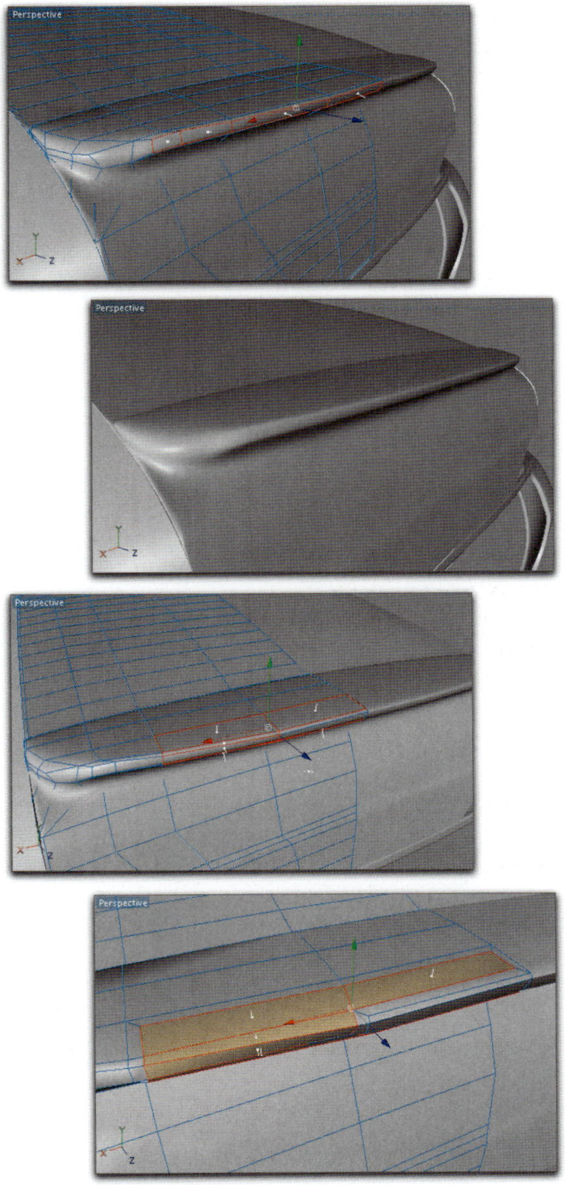

***Figure 3.73 :*** *Accentuation du profil du spoiler.*

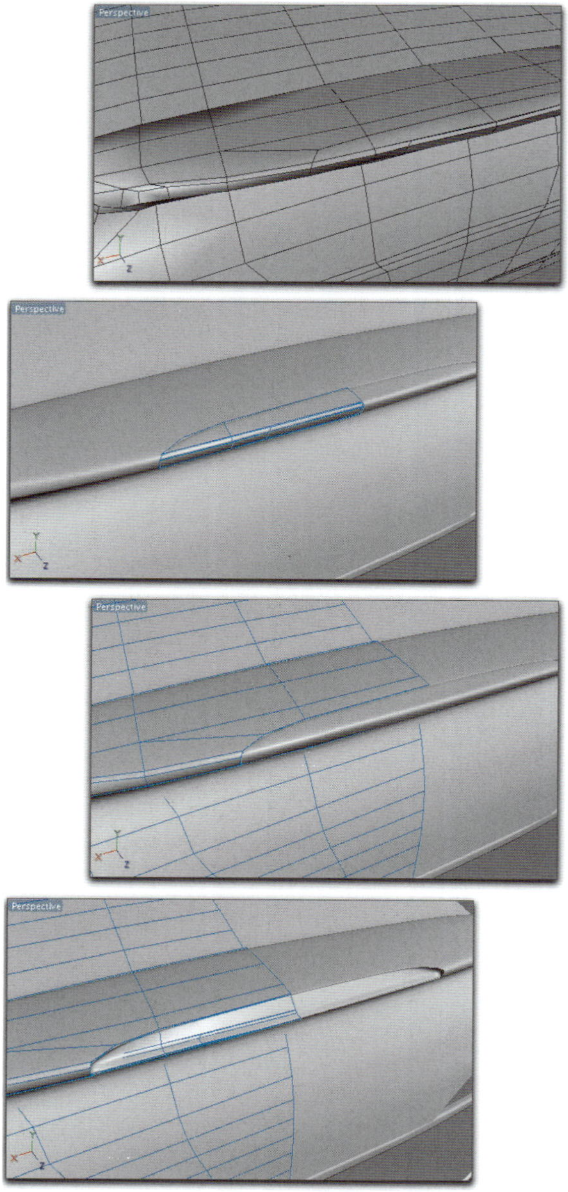


*Figure 3.74 : Dissociation du feu d'arrêt.*

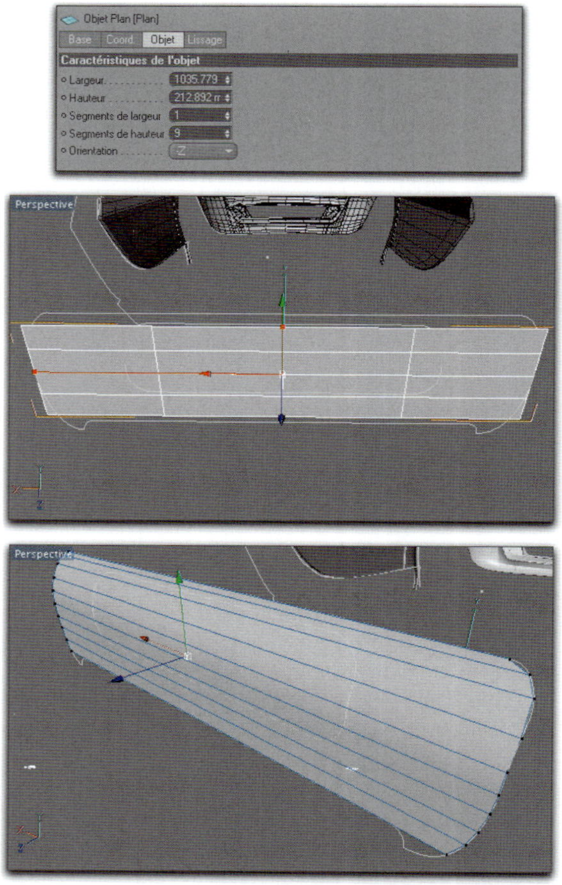


*Figure 3.75 : Un objet Plan comme point de départ.*

Réalisez une légère extrusion interne de cette zone pour obtenir des points supplémentaires à l'intérieur des polygones. Déplacez ces nouveaux points de façon que les arêtes délimitent la forme du feu d'arrêt (voir Figure 3.74).

Sélectionnez alors les polygones situés dans la zone du feu d'arrêt et dissociez-le avec la commande Scission pour former un nouvel objet.

Si vous voulez être encore plus exact avec la modélisation de cette partie, vous pouvez donner une épaisseur aux faces du feu dissocié au moyen d'une extrusion, et former une petite dépression dans le hayon par extrusion et déplacement des polygones originaux.

Une autre possibilité qui suffirait certainement, serait de supprimer les faces originales du spoiler et de refermer le trou résultant au moyen des polygones du feu. Ces résultats sont aussi visibles dans la Figure 3.74.

## Le cache arrière

À l'arrière du véhicule, un cache en plastique masque le moteur. Il est également visible dans la Figure 3.72. Pour le réaliser, nous nous appuierons sur deux splines, l'une décrivant le contour, et l'autre, la forme du creux recevant la plaque d'immatriculation.

Nous commençons par créer un objet Plan avec 9 segments dans la hauteur et 1 segment dans la largeur. Convertissez-le et placez les points par magnétisme sur la spline externe, comme illustré Figure 3.75.

Pour pouvoir modéliser la partie creuse et les tenons à la base du cache, il nous faut des subdivisions supplémentaires.

Sélectionnez toutes les arêtes horizontales de l'objet et coupez-les avec la fonction Diviser les arêtes. Ajoutez de plus avec l'outil Couteau quelques coupes supplémentaires perpendiculaires au niveau des tenons et à l'endroit où le creux commence.

Utilisez les nouveaux points générés pour délimiter la forme externe d'une part et le bord du creux d'autre part (voir Figure 3.76).

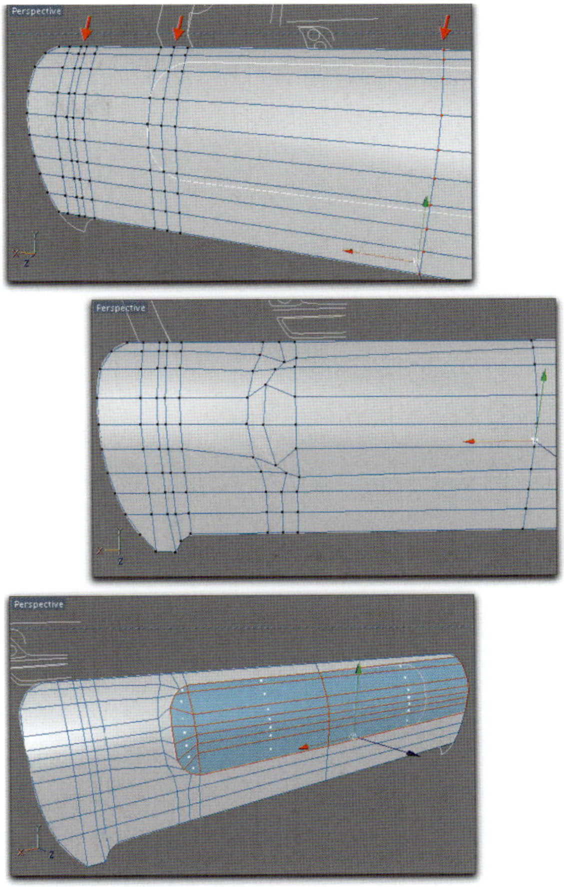

***Figure 3.76 :*** *Subdivisions supplémentaires du cache.*

Ces actions doivent seulement être réalisées sur un côté de l'objet, l'autre moitié devant être complétée par symétrie. Sélectionnez les polygones circonscrits par la spline interne. Extrudez-les d'abord un peu, puis dans un deuxième temps, jusqu'à la profondeur voulue pour le creux. Dimensionnez finalement les polygones extrudés le long de l'axe Z avec la valeur 0 pour produire une face verticale.

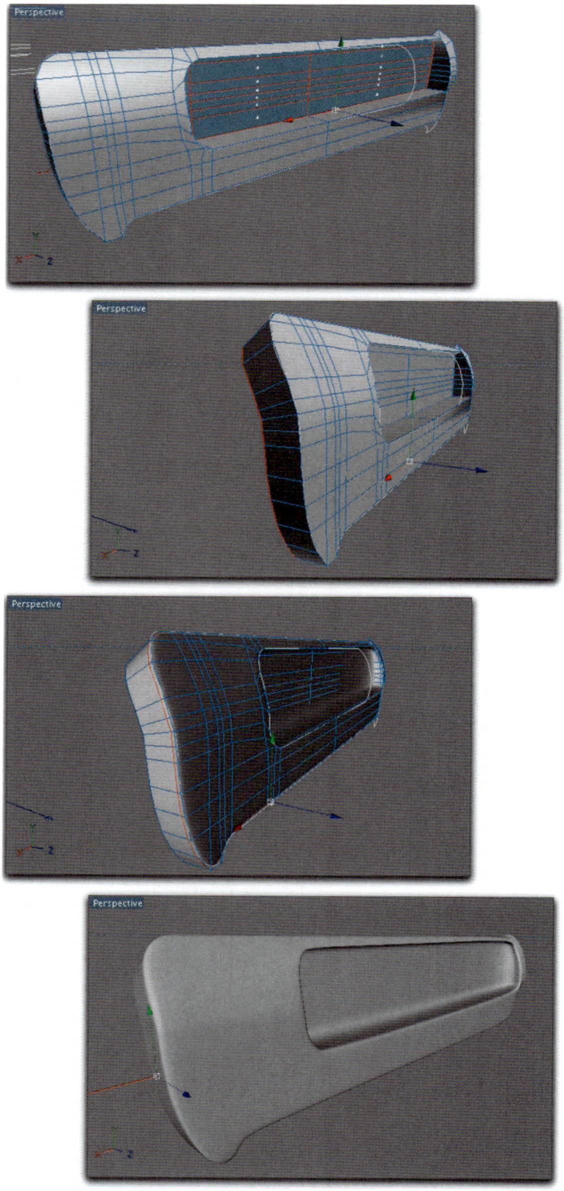

Figure 3.77 : Ajout d'une profondeur à l'objet.

Extrudez également le bord entourant le cache pour lui donner une profondeur (voir Figure 3.77).

Maintenant que la forme externe est pratiquement terminée, nous pouvons nous occuper de l'intégration précise du cache à l'arrière du véhicule (voir Figure 3.78). Supprimez pour cela tous les points à droite du milieu du cache et subordonnez-le à un objet SYMÉTRIE.

Vérifiez que les côtés du cache s'insèrent bien dans la jupe. Dans la partie supérieure du cache, il manque encore les fentes d'aération. Nous les produirons par extrusion directe à partir du cache.

Sélectionnez les polygones formant le bord supérieur du cache en incluant ceux des coins arrondis, puis extrudez-les vers le haut en une passe. Voyez l'exemple montré dans la deuxième vue de la Figure 3.78. Sélectionnez ensuite les polygones sur le front du cache, là où les fentes se présenteront. Cette étape est visible dans la troisième vue de cette figure.

Faites une légère extrusion interne de ces polygones et utilisez les petites faces produites pour délimiter l'ouverture telle qu'elle se présentera (voir la dernière vue de la Figure 3.78). Avec l'outil EXTRUSION, rentrez ensuite le sous-groupe de polygones mis en forme dans le cache et supprimez-les. Il ne reste alors plus qu'une fente (voir Figure 3.79).

La fente sera stabilisée au moyen de cinq petits montants. Puisque tout est produit par symétrie, nous n'avons besoin que de deux montants entiers et d'un demi-montant au centre. Ils pourraient être directement travaillés à partir du cache du moteur, mais il faudrait pour cela créer de nombreuses divisions. Il est plus simple d'utiliser des petits cubes étroits qui seront subordonnés au cache.

Comme vous le voyez de la Figure 3.79, cela fonctionne bien sans avoir à créer un lien physique entre les objets. Pensez surtout à convertir le troisième cube, celui du milieu, puisqu'il doit être reflété par symétrie et soudé, et à en supprimer les points sur le côté droit.

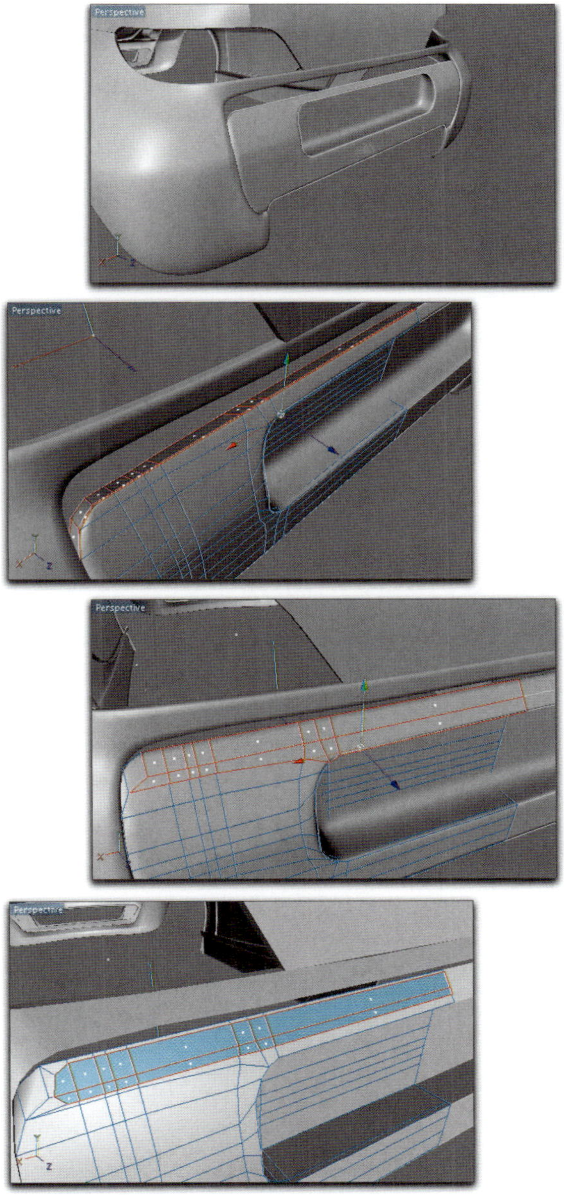


*Figure 3.78 :* Intégration du cache à l'arrière du véhicule.

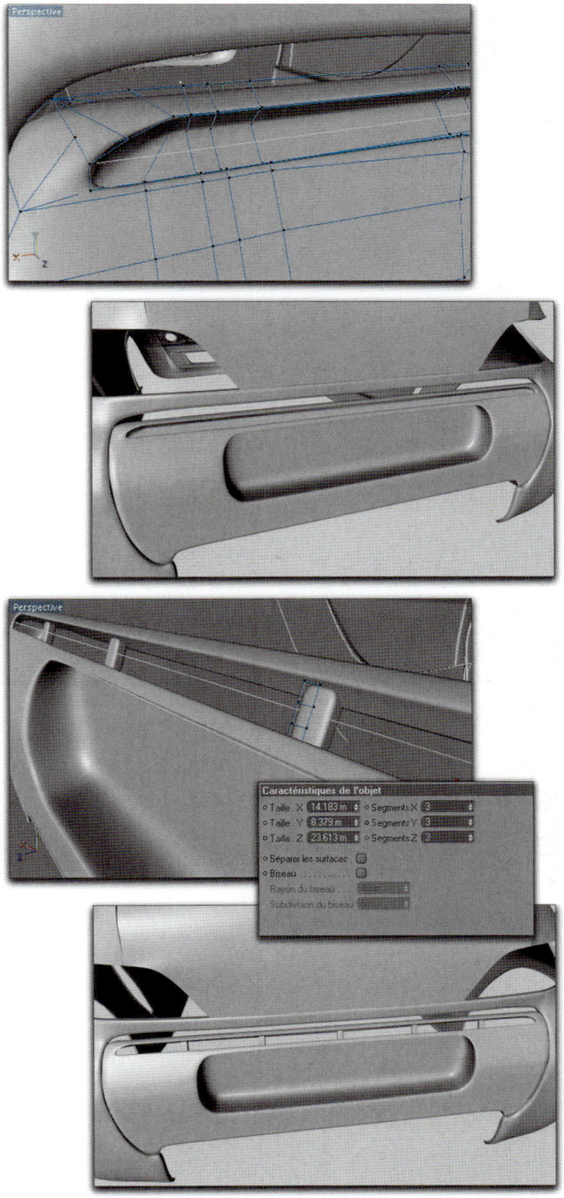


*Figure 3.79 :* Modélisation de la fente d'aération avec les montants.

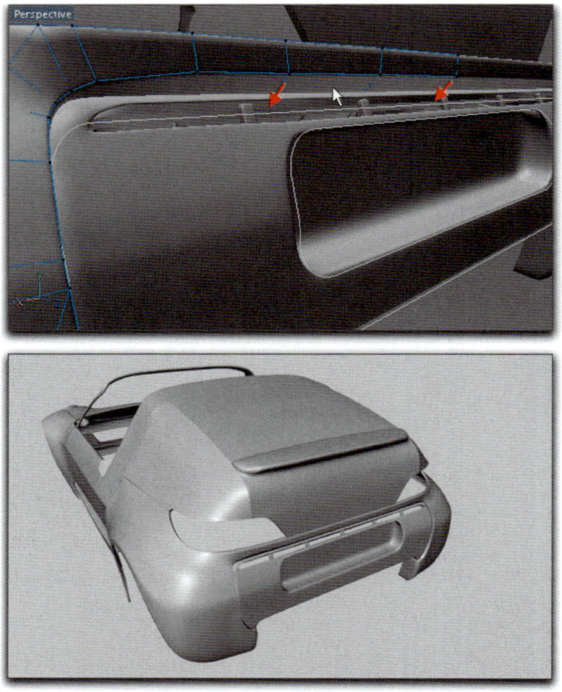


**Figure 3.80 :** *Accolement de la bande arrière au cache.*

**Figure 3.81 :** *L'entretoise.*

La bande arrière au-dessus du cache doit être légèrement tirée vers le bas pour que les deux objets se touchent parfaitement, comme indiqué par les flèches dans la Figure 3.80. Revenez au besoin à la Figure 3.72 pour vous remémorer la forme.

Cette partie est maintenant complète. Nous pouvons poursuivre avec la modélisation de l'entretoise inférieure.

## L'entretoise inférieure

La partie inférieure de l'arrière de notre carrosse est fermée par deux grilles séparées et une entretoise munie d'une colonnette (voir Figure 3.81). Nous commençons par l'entretoise et intégrerons ensuite les grilles dans les espaces vides.

Nous prendrons pour point de départ un cube avec 4 segments en X, et 3 segments en Y et en Z. (voir Figure 3.82).

Placez le cube transversalement sous le cache du moteur. Convertissez-le et déplacez-en les segments de manière à pouvoir extruder la colonnette au centre. La Figure 3.82 illustre dans la moitié inférieure la forme recherchée.

Ajustez les points au milieu de façon qu'ils soient situés exactement sur le plan de symétrie. La moitié droite du cube peut être ensuite supprimée, cette partie étant complétée par symétrie. Allongez verticalement la colonnette jusqu'à ce qu'elle rentre un peu dans la partie inférieure du cache de moteur. Les polygones fermants sur la partie supérieure peuvent alors être supprimés.

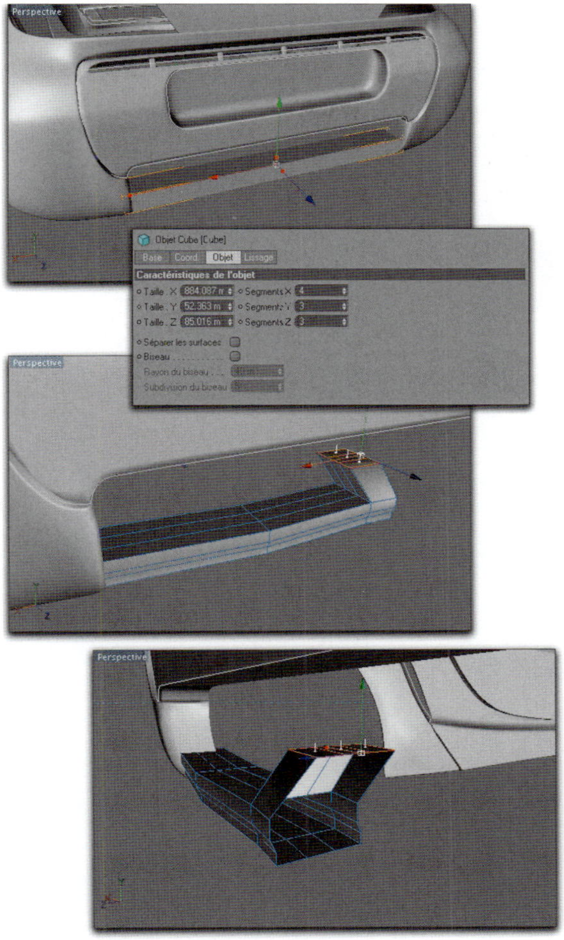


***Figure 3.82 :*** *Modélisation de l'entretoise.*

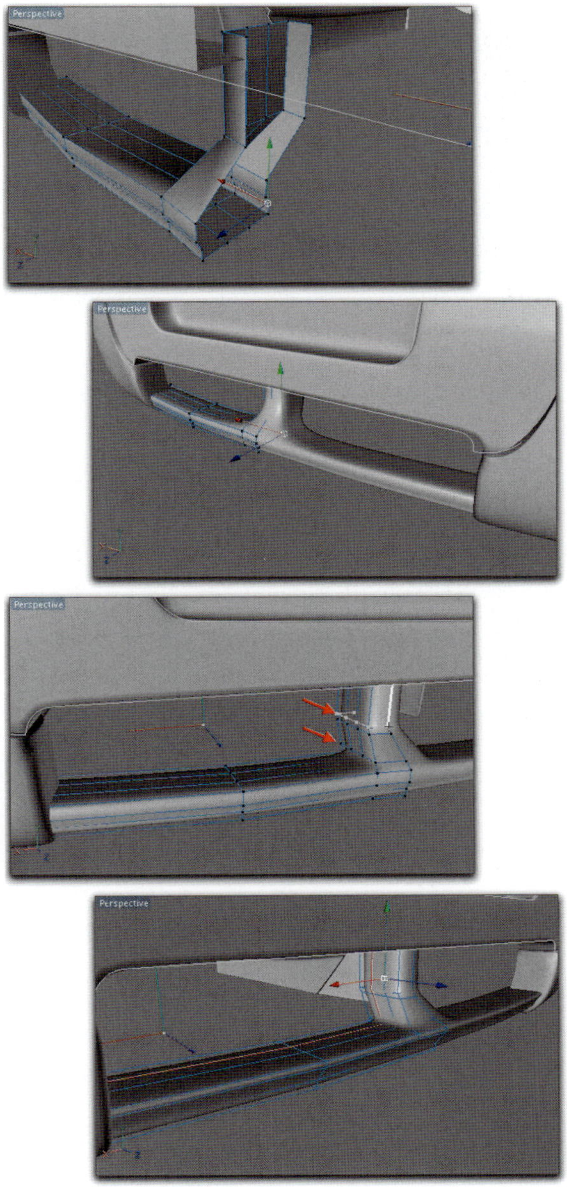


***Figure 3.83 :*** *Allongement et lissage de la forme.*

Subordonnez cette moitié d'entretoise à un objet Symétrie et un objet HyperNURBS pour pouvoir mieux évaluer la forme. Vous pouvez utiliser un objet symétrie existant, il n'est pas nécessaire d'en assigner un nouveau pour chaque objet (voir Figure 3.83).

Les coupes horizontales à la base et au milieu de la colonnette servent à accentuer la pliure. Les endroits à couper sont indiqués par des flèches dans la Figure 3.83.

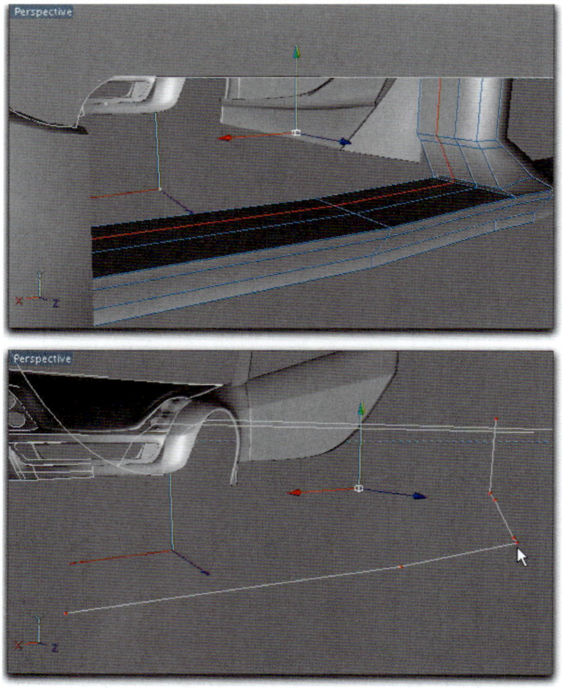


*Figure 3.84 : Génération d'une spline à partir d'arêtes.*

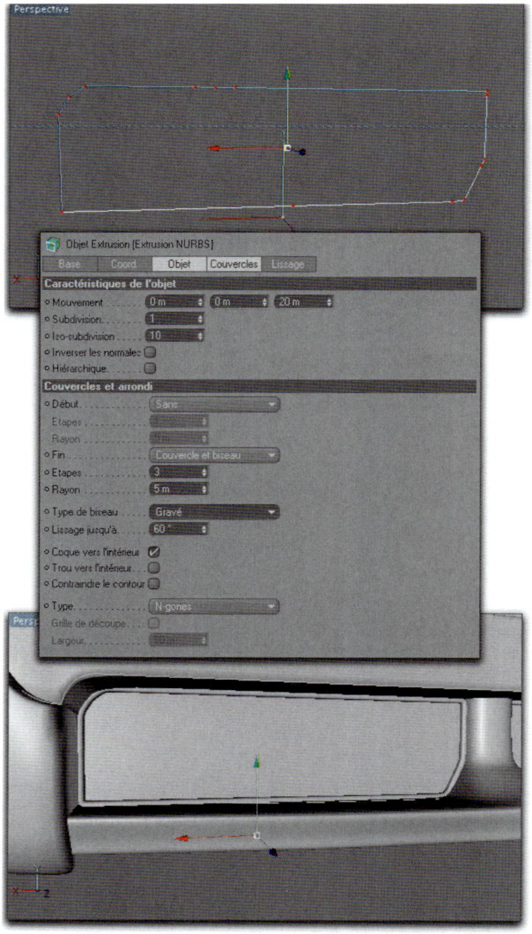


*Figure 3.85 : Fermeture de l'espace avec un objet Extrusion NURBS.*

## Les grilles arrière

Les espaces formés par l'adjonction de l'entretoise doivent être fermés au moyen de grilles stylisées. D'autres parties du véhicule en comportent aussi. Les espaces doivent d'abord être fermés au moyen d'un objet. Nous nous servirons pour cela de la fonction de face fermante (Couvercle) d'un objet Extrusion NURBS.

Pour générer la spline requise, précisément adaptée à l'ouverture, vous pouvez sélectionner Structure > Modifier la spline > Convertir les arêtes en spline. Cette fonction permet de transformer une sélection d'arêtes en une spline. La Figure 3.84 illustre cela à l'aide d'une sélection d'arêtes sur l'entretoise.

Cette spline doit encore être amenée le long de l'axe Z avec la dimension 0 pour que tous ses points se situent sur un seul plan.

Réitérez la procédure avec une sélection d'arêtes sur la partie inférieure du cache de moteur. Connectez ensuite les deux splines obtenues en sélectionnant Fonction > Connecter, joignez-les en une spline avec Structure > Modifier la spline > Joindre les segments, et fermez-la avec l'option Fermer la spline.

Subordonnez la spline à un objet Extrusion NURBS et activez la face fermante (Couvercle) à l'avant avec un type d'arrondi encastré (Gravé). Le résultat est illustré Figure 3.85.

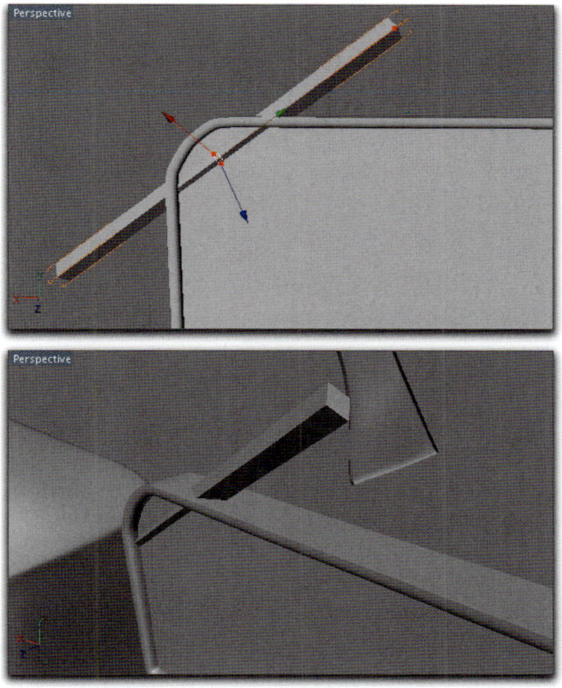


*Figure 3.86 : Une barre de grille.*

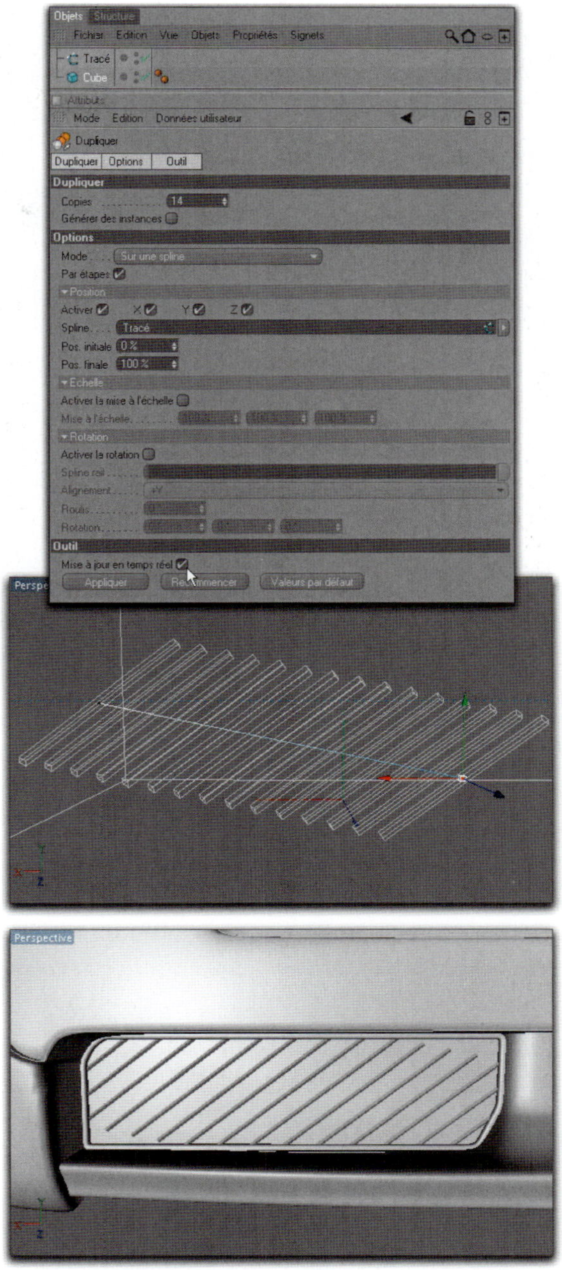


*Figure 3.87 : Copies d'un cube le long d'une spline.*

La structure de la grille sera reproduite au moyen de copies d'un cube. Générez un cube et assignez-lui une longueur de 8 en X et en Z, et laissez la hauteur sur 200. Faites-le pivoter en le plaçant dans le plan produit précédemment par l'objet Extrusion NURBS et positionnez-le de sorte qu'une seule arête soit visible (voir Figure 3.86).

Placez-le ensuite dans le coin supérieur gauche, là où la première barre de la grille doit se situer. Générez ensuite une spline de deux points allant de l'emplacement du cube au coin inférieur droit de la surface de l'objet Extrusion NURBS. Le tracé de cette spline est représenté au centre dans la Figure 3.87.

Sélectionnez le cube et sélectionnez Fonction > Dupliquer. Dans les options de la fonction, choisissez le mode Sur une spline. Produisez 14 copies du cube en cliquant sur Appliquer (voir Figure 3.87).

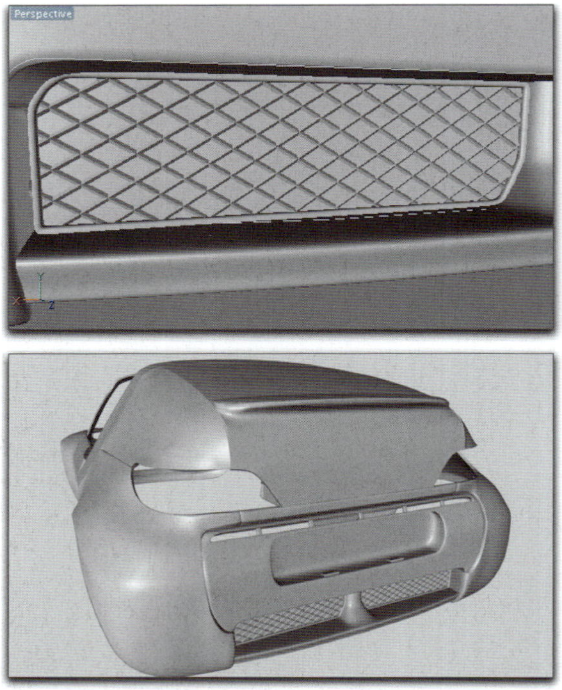


**Figure 3.88 :** *La grille terminée.*

Malheureusement, cette fonction n'offre pas la possibilité de modifier dynamiquement le tracé de la spline. Si l'arrangement des cubes ne vous convient pas, vous devrez recourir à la fonction d'annulation, modifier votre courbe, puis activer de nouveau la fonction Dupliquer.

Vous devez maintenant adapter individuellement la longueur de chaque cube pour que le NURBS soit à chaque fois entièrement couvert. Répétez le processus avec un deuxième cube qui devra être copié le long d'une spline courant du coin supérieur droit au coin inférieur gauche. La Figure 3.88 illustre un exemple de résultat.

**Figure 3.89 :** *Les feux arrière.*

## Les feux arrière

Les feux arrière sont encadrés par le haillon, la lunette latérale et la jupe arrière (voir Figure 3.89). Puisque ces éléments sont déjà construits, la forme de base d'un feu peut être composée à partir de polygones leur appartenant. Utilisez la commande Scission pour dissocier les polygones appropriés et regroupez-les en un seul objet à l'aide de la commande Connecter.

Supprimez de l'objet obtenu les points superflus et reliez les polygones restants pour former un anneau fermé, comme illustré Figure 3.90. Utilisez la fonction Créer un polygone pour fermer aussi uniformément que possible le front du feu avec des polygones.

Sélectionnez les polygones ainsi obtenus et réalisez une légère extrusion interne pour accentuer les arêtes extérieures lissées par l'HyperNURBS (voir Figure 3.90).

Ajoutez selon le même principe de nouveaux polygones sur l'envers du feu. Ceux-ci n'ont toutefois pas besoin d'extrusion interne. Générez ensuite trois primitives Cylindre d'un rayon de 47 et positionnez-les comme illustré Figure 3.91.

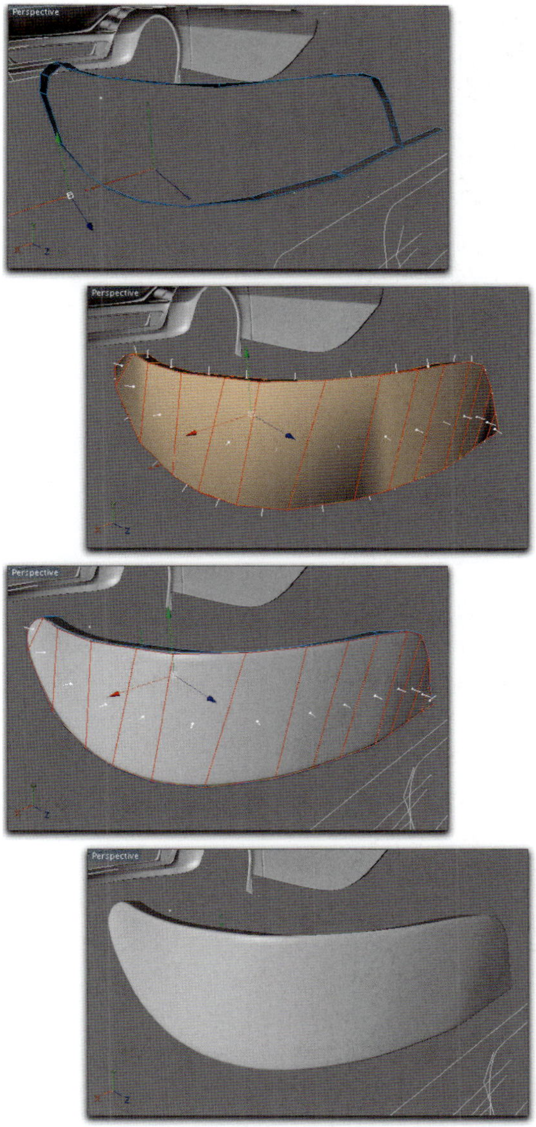


*Figure 3.90 : Le revêtement en verre d'un feu arrière.*

Il faut ici utiliser trois objets Booléen pour unir d'abord deux cylindres adjacents, puis unir le résultat au cylindre restant, puis combiner ce dernier résultat au feu arrière pour créer une découpe basée sur leur intersection. Le résultat est illustré Figure 3.91.

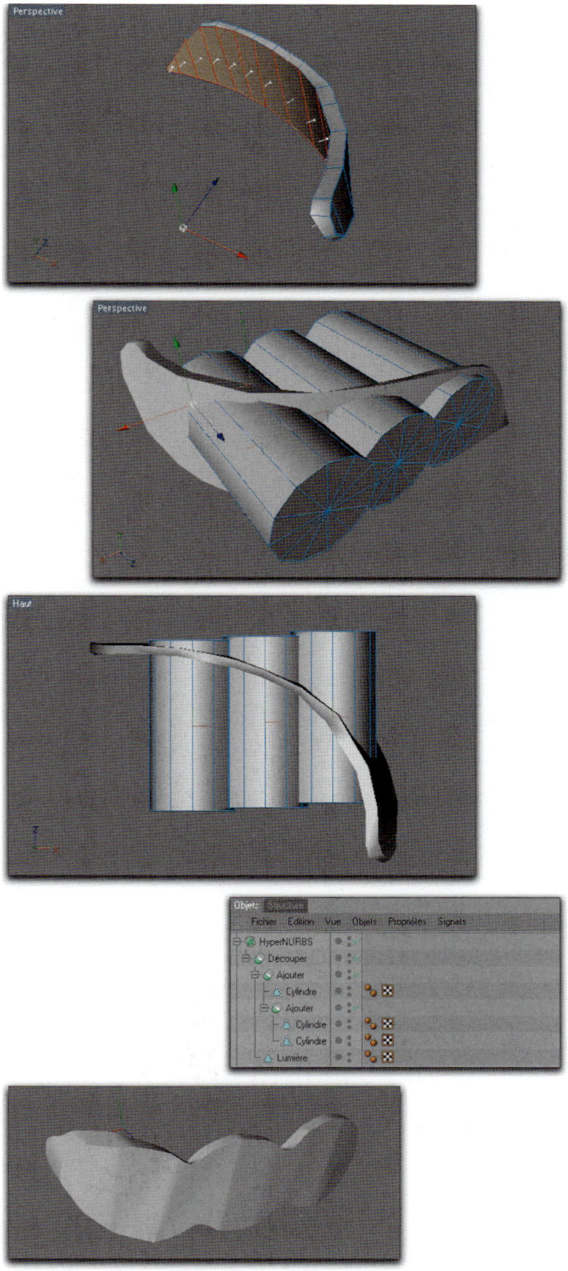


*Figure 3.91 : Opérations booléennes de la forme de base des lampes.*

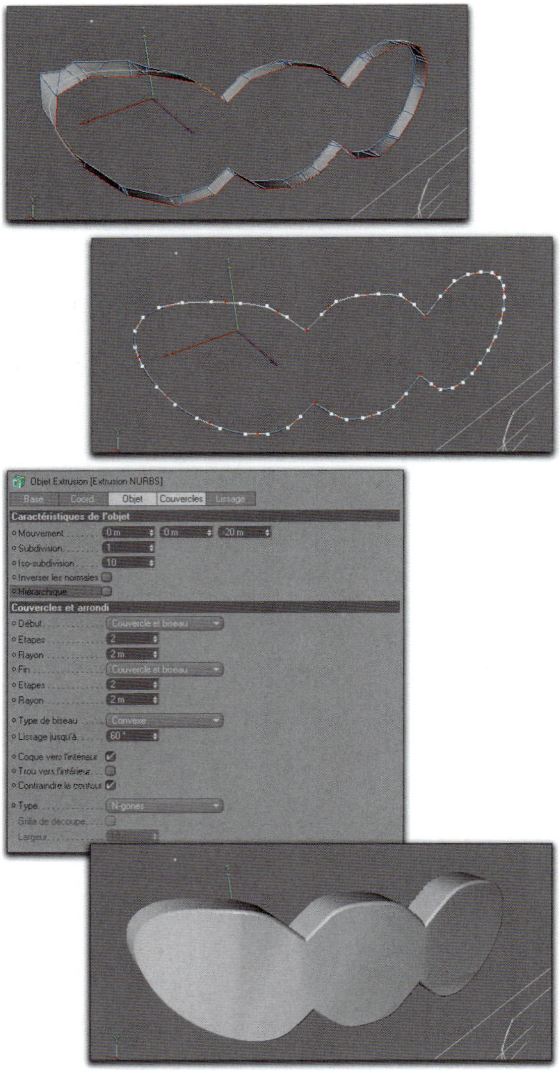


**Figure 3.92 :** *La forme de base du feu arrière.*

La forme obtenue étant un peu trop angulaire, dupliquez le groupe de booléens et convertissez-le dans la foulée. Sélectionnez une boucle d'arêtes sur l'objet converti et transformez-la en une spline (voir Figure 3.92). Convertissez celle-ci en un type Bézier

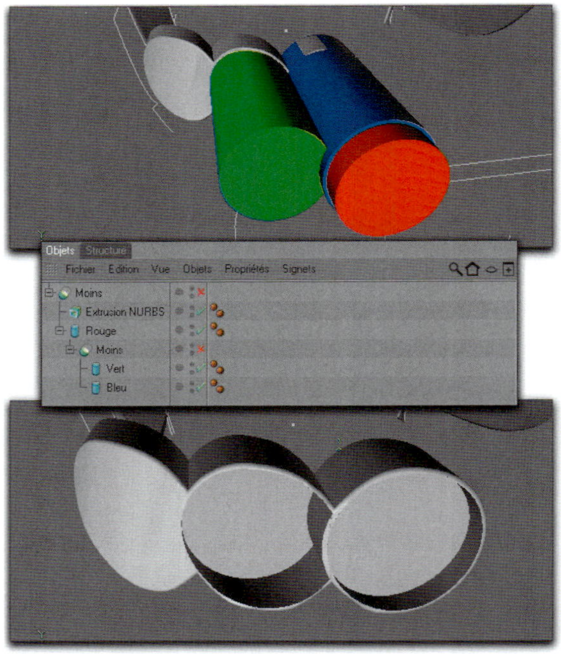


**Figure 3.93 :** *Opérations booléennes sur les supports de lampes.*

et utilisez ses tangentes pour lisser la forme. Subordonnez la spline à un objet Extrusion NURBS et demandez des faces de fermeture avec arrondi (mode Couvercle et biseau).

En raison de l'arrondi des faces fermantes, la section de la spline est automatiquement agrandie. Les cylindres originaux pourront être soustraits de cette forme par le truchement d'objets Booléen.

Nous avons besoin dans un premier temps de trois primitives Cylindre, comme montré dans la Figure 3.93. Le cylindre bleu est d'abord soustrait du cylindre vert, produisant un évidement en forme de croissant, puis ce résultat est soustrait du cylindre rouge sous l'objet Extrusion NURBS. La hiérarchie des objets et la forme résultante sont également visibles dans cette figure.

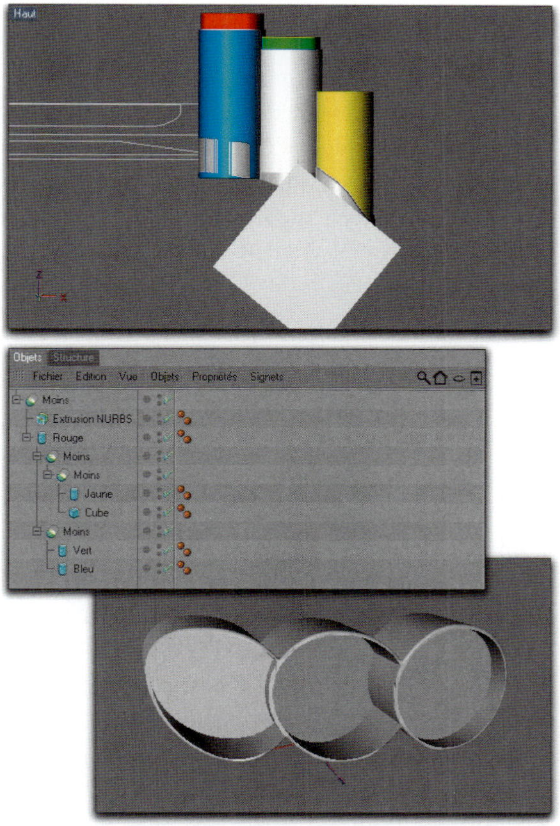


***Figure 3.94 :*** *D'autres opérations booléennes.*

Il manque encore la troisième lampe. Son cylindre jaune (voir Figure 3.94) sera d'abord combiné à un nouveau cube pour éviter que son extrémité ne traverse le dos du feu. Le cylindre blanc doit de plus être soustrait du cylindre jaune, ce qui produit le même évidement en forme de croissant qu'avec les cylindres bleu et vert. Placez aussi cet objet Booléen de soustraction sous le cylindre rouge.

La forme résultant des dernières opérations est également soustraite du feu arrière, ce qui lui donne la profondeur voulue. Ajoutez-lui maintenant au dos le premier modèle de feu réalisé, en ménageant suffisamment de place pour les trois lampes (voir Figure 3.95).

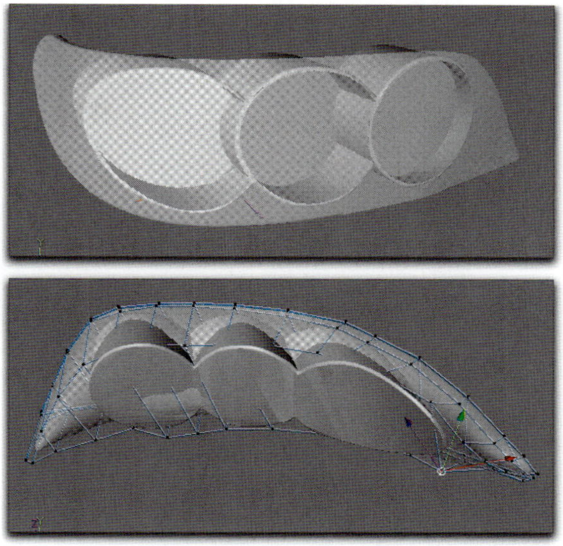

***Figure 3.95 :*** *Placement de l'envers du feu arrière.*

Créez une sélection des polygones du dos du feu arrière. Ils devront recevoir plus tard un matériau réfléchissant alors que le front se verra naturellement appliqué un matériau plutôt transparent. Convertissez ensuite la hiérarchie d'objets booléens composant le feu et sélectionnez les polygones qui représentent réellement les lampes. Ils sont signalés en rouge dans la Figure 3.96.

Extrudez ces polygones le long de l'axe Z du Monde en direction du verre, et utilisez l'option Couvercle de l'outil Extrusion. Avec une extrusion interne des polygones du feu d'arrêt, vous pouvez facilement produire sa structure en forme d'anneau. Revenez au besoin sur la photographie de la Figure 3.89.

Créez ensuite des sélections pour les polygones des lampes censés recevoir un matériau uniforme. Nous avons ici affaire à trois types de verres différents, avec des couleurs différentes de surcroît.

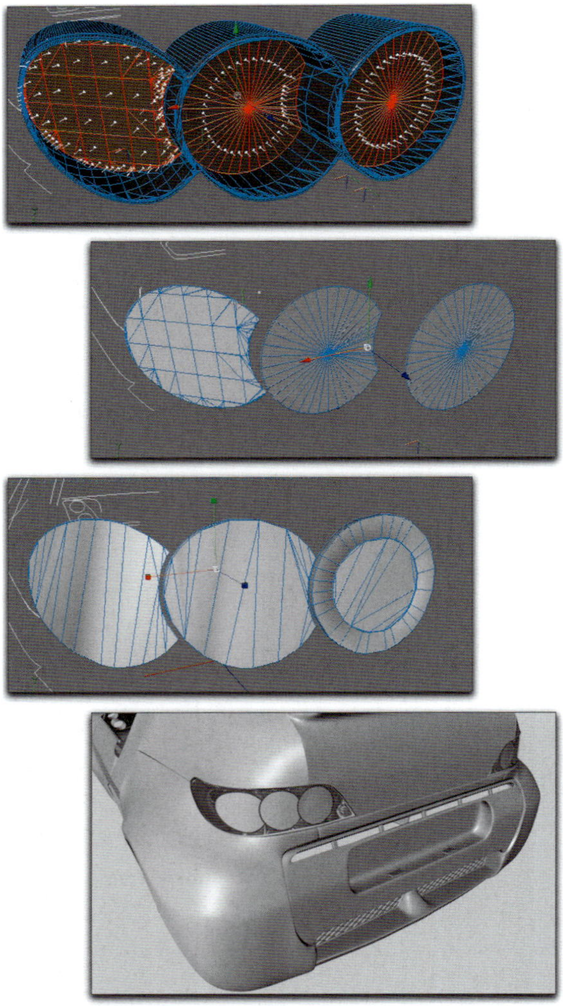

*Figure 3.96 : Les feux arrière modélisés.*

Comme vous pouvez le voir dans la Figure 3.96, j'ai déjà assigné un matériau transparent pour le verre afin que vous puissiez plus aisément repérer la position des lampes. Je reviendrai cependant sur les matériaux à la suite de cet exemple.

## Les interstices

Vous avez peut-être déjà constaté dans la photographie du véhicule qu'il présente des interstices relativement grands. Les sous-groupes d'éléments sont ainsi séparés les uns des autres par de grands écarts. Nous simulerons cela par un léger déplacement des points de la bordure des différents éléments. L'effet est signalé par des flèches dans la Figure 3.97.

Dans la même figure, vous pouvez aussi voir que le renfoncement du cache de moteur a reçu de simples cubes extrudés au sommet en guise de système d'éclairage pour la plaque d'immatriculation.

Les entrées d'air latérales visibles dans la Figure 3.98 doivent aussi être fermées au moyen de grilles. La technique qui est appliquée ici est identique à celle que nous avons étudiée pour combler les espaces de l'entretoise arrière. Je ne reviendrai donc pas sur ces détails. Le résultat est visible dans la Figure 3.98. Vous y voyez également le travail préparatoire aux étapes qui vont suivre, relatives aux entrées d'air à l'avant et au-dessous du pare-brise, et aux points de fixation des essuie-glaces.

## Les entrées d'air frontales et le pare-brise

Devant le pare-brise, se trouve une plaque incurvée en plastique qui, entre autres, contient les entrées d'air pour le système de ventilation de l'habitacle. Nous la construirons principalement à l'aide de courbes.

Il faut commencer par placer deux splines parallèles dans la zone à la base du pare-brise. Pour que cette forme épouse parfaitement le sommet du couvercle du coffre, le mieux est d'en extraire une sélection d'arêtes pour en faire une spline, puis de dupliquer celle-ci. Les deux splines peuvent ensuite être groupées au moyen d'un objet Peau NURBS, comme vous le voyez dans la Figure 3.98.

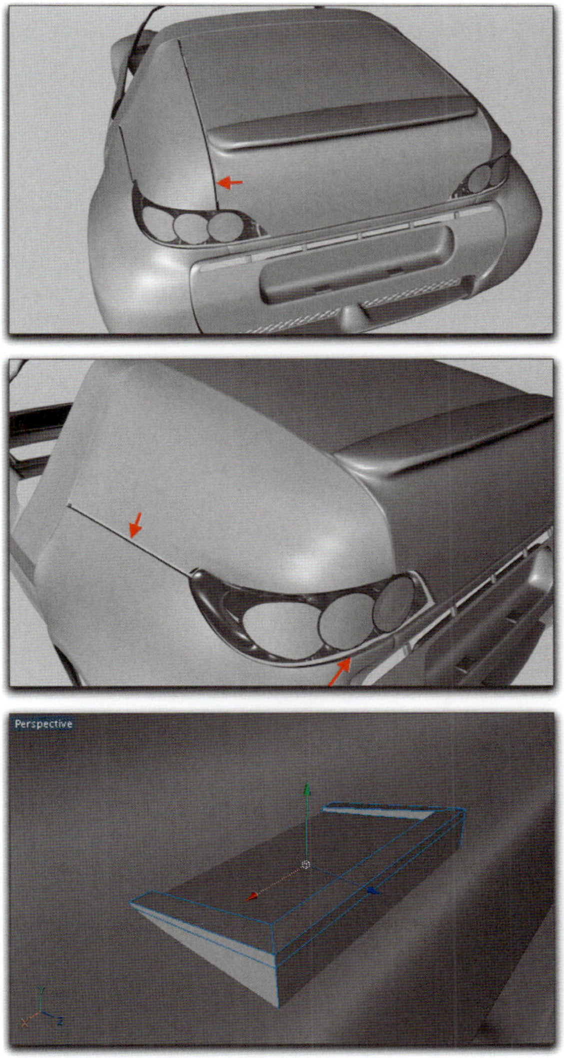


***Figure 3.97 :*** *Correction des interstices.*

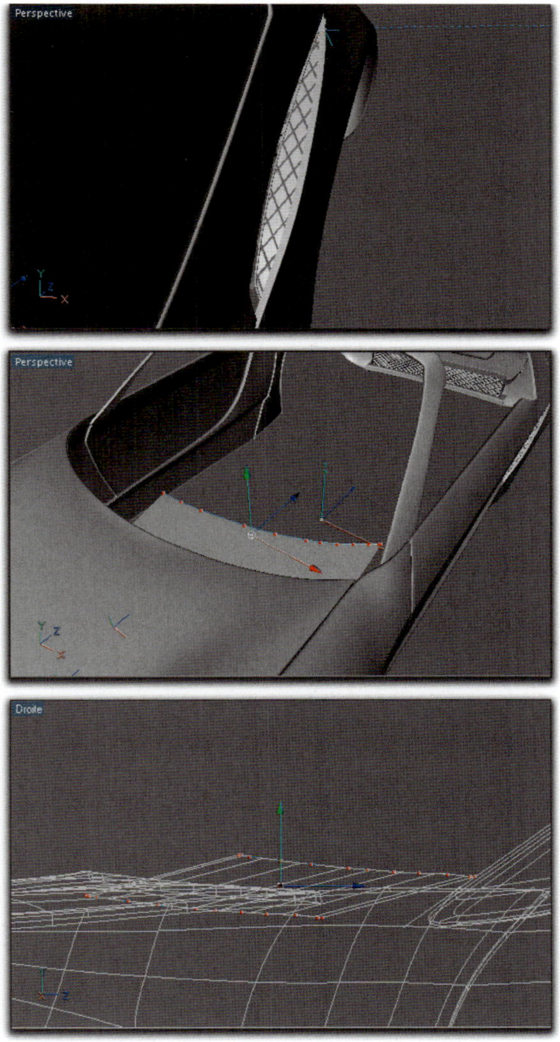


***Figure 3.98 :*** *Travail préliminaire à la modélisation des orifices d'aération.*

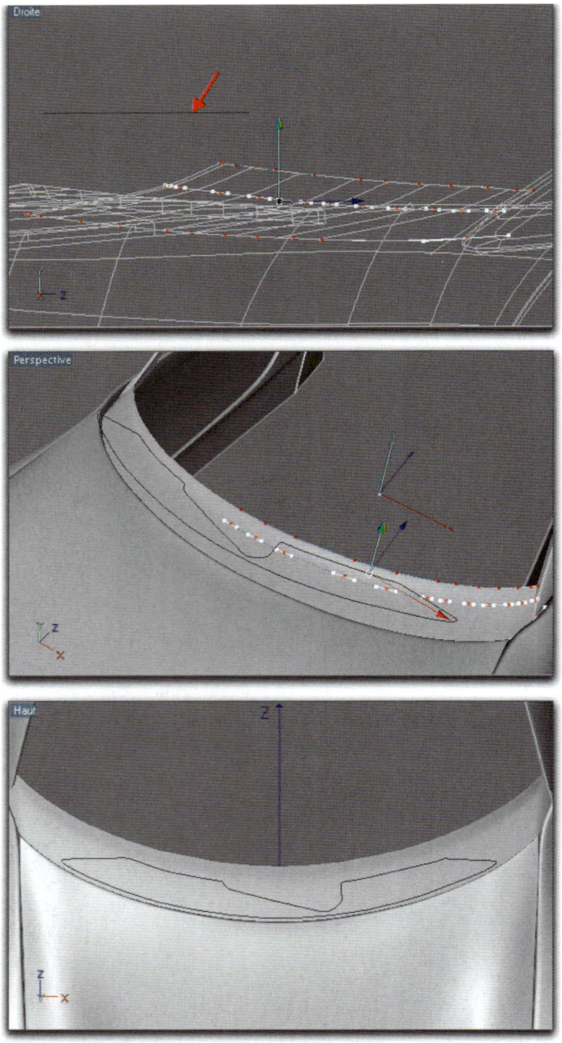


**Figure 3.99 :** *La forme de base de la plaque frontale.*

Étant donné que cette plaque est légèrement incurvée, copiez de nouveau la spline et placez la copie de manière que l'objet Peau NURBS prenne une courbure vers le haut. Cette forme est déjà perceptible dans la vue de profil de la Figure 3.99.

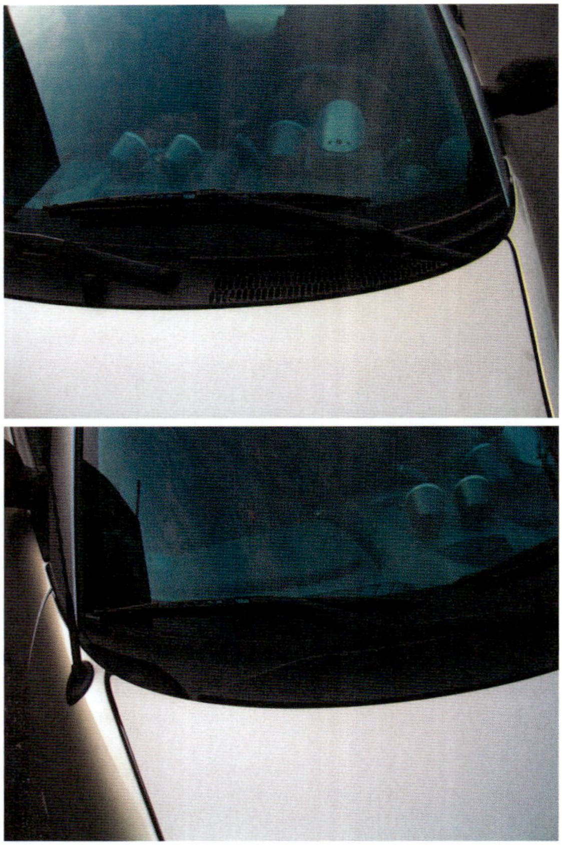

**Figure 3.100 :** *Photos de la zone à la base du pare-brise.*

À partir de cet objet que vous pouvez maintenant compléter par symétrie, il faut déplacer des polygones vers le haut et vers le bas.

La forme de base de la plaque est identifiable dans la Figure 3.99 sous forme d'une spline noire. Son tracé est aussi reconnaissable dans les photographies de la Figure 3.100, du côté du chauffeur et de celui du passager. C'est dans cette zone que se trouvent aussi les orifices d'aération elliptiques.

Placez la spline parallèlement au sol, au-dessus de la surface générée par l'objet Peau NURBS. Sa position est signalée par la flèche dans la vue latérale de la Figure 3.99.

Subordonnez la spline à un objet Extrusion NURBS qui se chargera d'extruder la forme perpendiculairement vers le bas avec des faces fermantes (option Couvercles). Cette forme est signalée en rouge dans la Figure 3.101.

Générez une copie de l'objet Symétrie, auquel a été subordonné l'objet Peau NURBS, et convertissez-la pour obtenir un objet à base de polygones. Utilisez ensuite un objet Booléen dans le mode d'intersection pour combiner l'objet Extrusion NURBS et ce nouvel objet. Le résultat est illustré dans la Figure 3.101.

Activez l'option Masquer les nouvelles arêtes dans l'objet Booléen avant de le convertir. Cela transforme automatiquement la surface en une surface de type n-gones.

Extrudez la surface vers le haut jusqu'à ce qu'elle soit à peu près de la même hauteur que le couvercle du coffre. Vous pouvez encore arrondir légèrement l'arête supérieure, par exemple, avec la commande Biseauter. Le résultat est aussi visible dans la Figure 3.101.

Nous allons maintenant nous occuper de la découpe des orifices d'aération. La technique que nous allons suivre vise à soustraire une rangée de cylindres déformés de l'objet extrudé, au moyen d'une opération booléenne. Pour que les orifices s'arrêtent à une certaine distance de la bordure de l'objet, quelques étapes supplémentaires seront nécessaires, et sur lesquelles nous reviendrons sous peu. Pour l'instant, nous devons d'abord construire les objets qui donneront aux orifices la forme voulue.

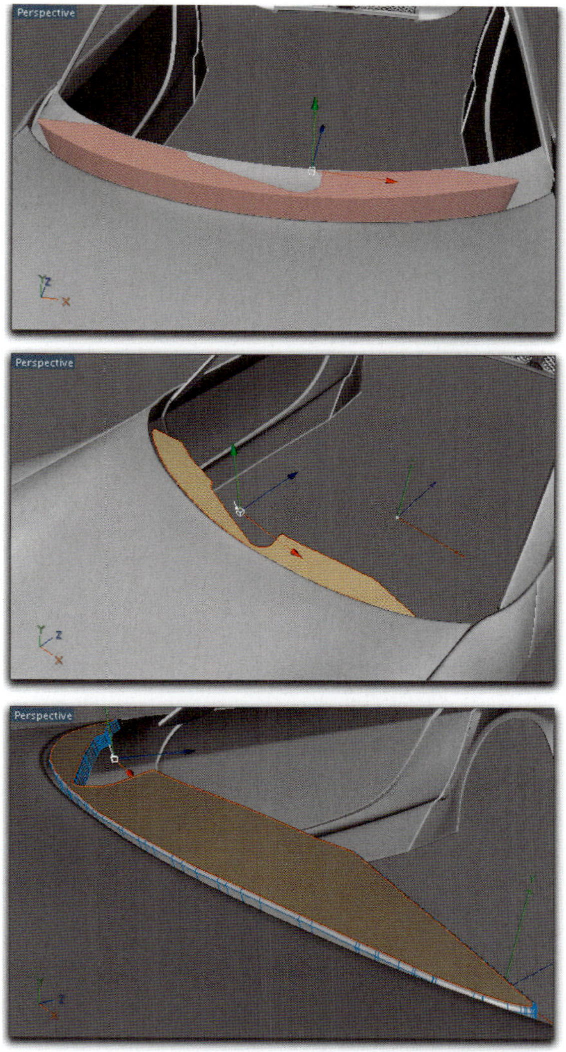


***Figure 3.101 :*** *Modélisation de la plaque en relief.*

L'idée est de créer de fins cylindres qui seront déformés le long d'un axe. Générez donc une primitive Cylindre et donnez-lui un rayon de 5 avec une hauteur de 200. Assignez une valeur de 12 au champ Segments de rotation, ce qui est suffisant pour éviter que l'objet booléen ne génère plus tard trop de polygones supplémentaires.

Si vous activez le mode Objet (voir l'icône activée au centre de la Figure 3.102), vous pouvez déformer le cylindre dans l'axe Z local avec l'outil de dimensionnement. L'avantage de cette méthode est qu'il n'est pas nécessaire de le convertir de suite et de pouvoir ainsi bénéficier de l'ensemble de ses attributs d'objet paramétrique.

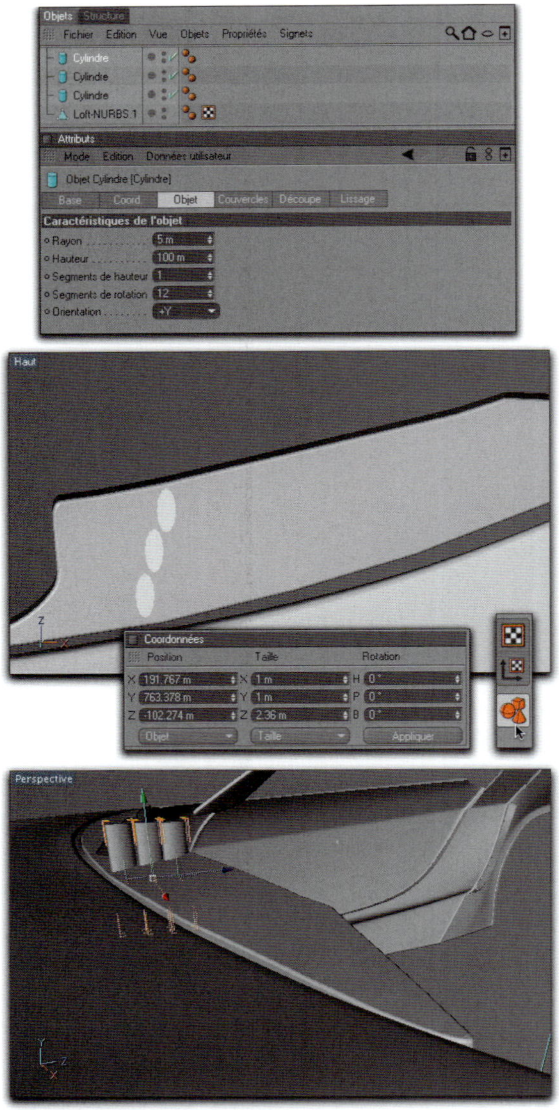


**Figure 3.102 :** *Définition de la forme des orifices d'aération.*

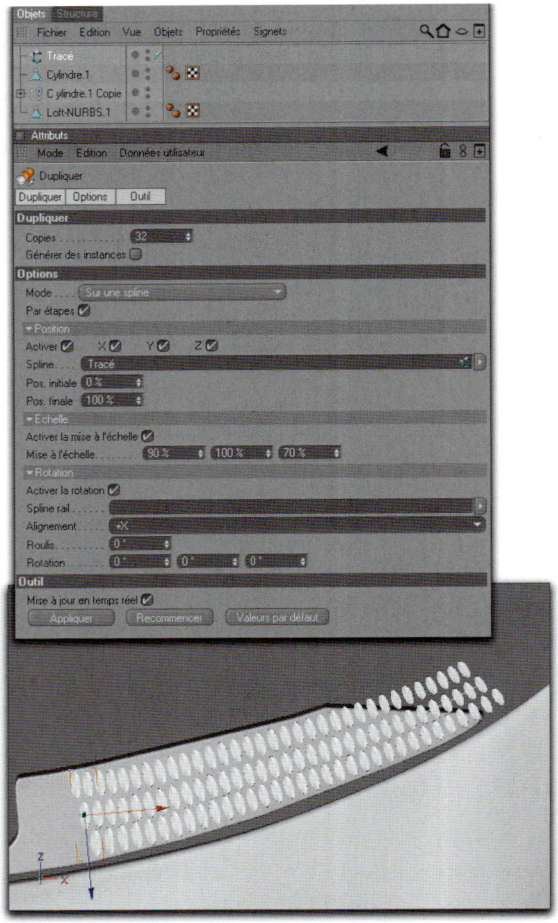


**Figure 3.103 :** *Multiplication des cylindres.*

Lorsque vous êtes parvenu à obtenir une taille et une forme de cylindre qui vous satisfont, faites-en deux copies et positionnez-les toutes les trois en les décalant légèrement pour simuler l'intervalle des orifices. La Figure 3.102 montre le résultat sous différentes perspectives.

Puisqu'il est prévu que ce groupe de cylindres soit dupliqué le long d'un tracé guide, le temps est venu de le convertir. Liez ces trois cylindres pour former un nouvel objet avec la commande CONNECTER du menu FONCTIONS.

Pour que le système de coordonnées local de ce nouvel objet soit placé exactement au milieu, nous sélectionnons STRUCTURE > CENTRE DES AXES > CENTRER LES AXES SUR.

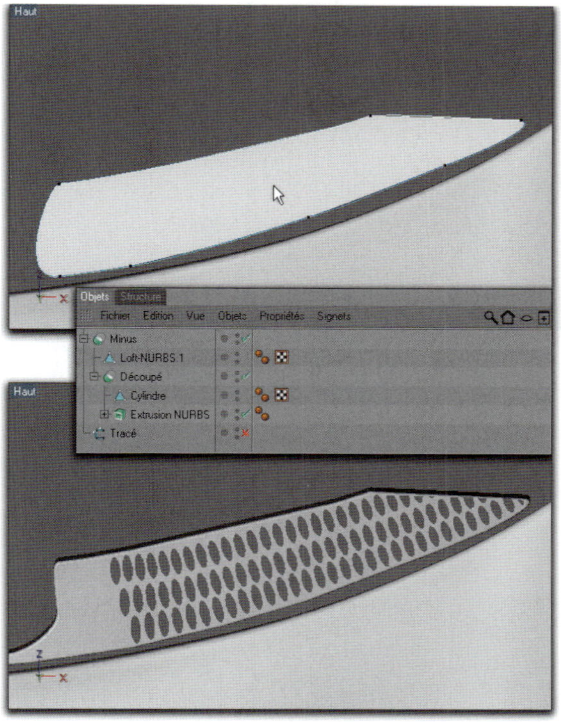


***Figure 3.104 :*** *Opération booléenne sur les orifices d'aération.*

Le menu Centre des axes offre d'autres modes de positionnement du système d'axes local, comme la possibilité de l'amener sur la position de l'objet parent. La première option de ce menu, portant le même nom que le menu à l'exception des trois points de suspension (Centre des axes ...), permet aussi d'accéder à de nombreux paramètres et options relatifs à l'ajustement du système d'axes.

Cette fonction est particulièrement utile lorsque vous travaillez avec beaucoup de données 3D importées, car leur système d'axes se situe souvent très en dehors de l'espace des objets, ce qui rend difficile l'accès direct aux objets, par exemple, pour les faire pivoter ou les dimensionner uniformément.

Pour permettre aux copies du groupe de cylindres de suivre la courbure de notre plaque, nous aurons de nouveau besoin d'une spline. Vous connaissez cependant déjà cette technique de travail qui a permis de générer les grilles de l'entretoise et les entrées d'air latérales.

Les paramètres que j'ai utilisés pour la fonction Dupliquer sont illustrés à la Figure 3.103. Le nombre de copies nécessaires dépend de la taille des cylindres et de la longueur de la spline utilisée. Il est donc variable.

Notez que la fonction Mise à l'échelle est activée. Elle concerne en fait la taille des copies qui peut ainsi être réduite aux abords de l'extrémité de la spline. Idéalement, les copies doivent courir parallèlement à la bordure de la plaque jusqu'à la fin.

En principe, nous pouvons déjà soustraire de notre plaque les copies des cylindres à l'aide d'un objet booléen. Nous obtenons toutefois sur le côté des trous qui excèdent notre forme. Notre objectif sera donc de limiter le groupe de cylindres de sorte qu'il reste uniquement à l'intérieur de notre plaque.

Générez à cette fin une copie de la spline de notre forme et placez-la légèrement au-dessus de la bordure la plus haute de notre plaque. Vous pouvez supprimer tous les points de la spline qui représentent le côté gauche de la plaque, la seule partie intéressante pour nous étant celle des orifices.

Subordonnez la spline à un objet Extrusion NURBS et extrudez-la perpendiculairement vers le bas. La limite inférieure de ce NURBS devrait se situer sous celle de la plaque. L'objet résultant est visible dans la vue supérieure de la Figure 3.104.

Réduisez légèrement les dimensions de la spline sur tous ses côtés. La forme de l'objet Extrusion NURBS ne devrait en aucun cas traverser ou recouvrir la bordure extérieure de la plaque.

Générez un objet Booléen dans le mode d'intersection et subordonnez lui l'objet Extrusion NURBS et le groupe de cylindres dupliqués. Pour une meilleure visibilité, groupez au préalable tous les cylindres en un seul objet avec la commande Connecter. Il ne devrait subsister maintenant que tous les cylindres situés à l'intérieur de la plaque.

Il suffit maintenant d'utiliser un autre objet Booléen pour soustraire ces cylindres de la plaque, générant ainsi les orifices (voir Figure 3.104). Convertissez ce groupe d'objets booléens afin de conserver un objet à base de polygones comprenant la plaque avec les orifices d'aération.

Vous pouvez maintenant, dans le mode Arêtes, réaliser une sélection par boucle des bords des orifices, comme illustré Figure 3.105. Activez l'option Sélectionner les délimitations de l'outil Sélection par boucle afin d'éviter les erreurs lors de la sélection.

Une fois les bords sélectionnés, extrudez-les légèrement vers le bas pour simuler une épaisseur de matériau. L'effet est également visible dans la Figure 3.105.

Sur les côtés gauche et droit de la plaque figurent des dépressions dans la surface. Nous les délimiterons aussi à l'aide de splines, comme montré Figure 3.105. À l'aide d'un objet Extrusion NURBS, enfoncez ces splines vers le bas jusqu'à traverser la base, puis fermez la forme.

Utilisez un nouvel objet booléen dans le mode de soustraction pour soustraire de la surface originale convertie ces nouveaux volumes Extrusion NURBS. Souvenez-vous, nous avons effectué au début une copie de notre base. Il reste encore deux ouvertures à faire dans la base.

Extrudez vers le bas les bords ouverts de ces cavités, et fermez la forme avec la fonction Fermer le trou polygonal. Le résultat est illustré au bas de la Figure 3.105.

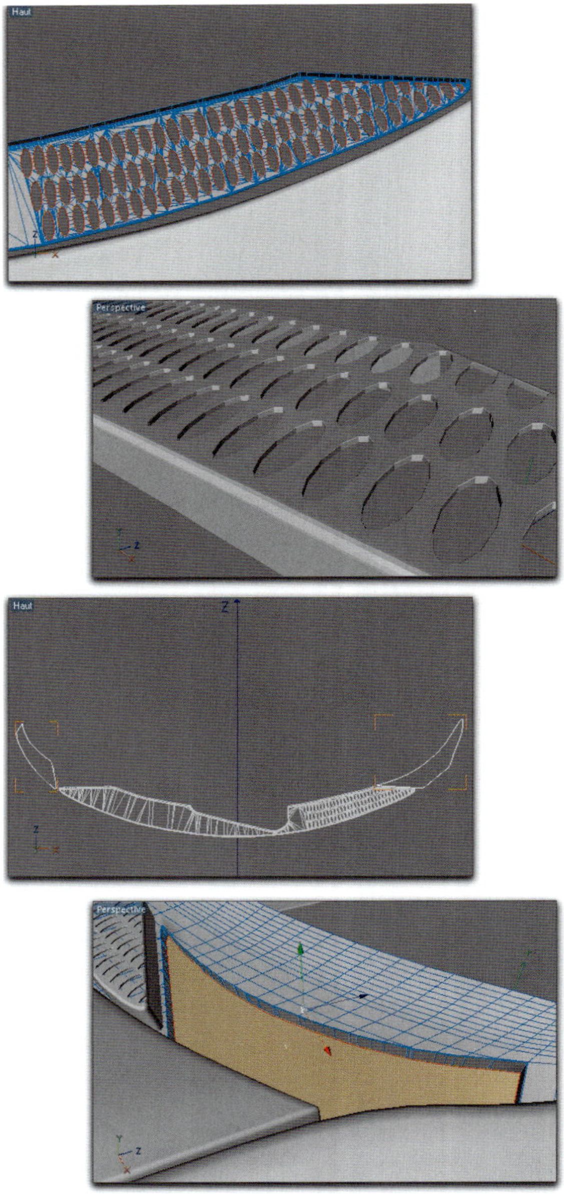

***Figure 3.105 :*** *Modelage de la plaque.*

Sélectionnez plusieurs rangées de polygones dans la partie supérieure de notre base originale. La sélection obtenue est visible dans la Figure 3.106. Ces polygones doivent former une sorte de garniture d'étanchéité pour le pare-brise. Extrudez ensemble ces polygones légèrement vers le haut, et activez l'outil de rotation.

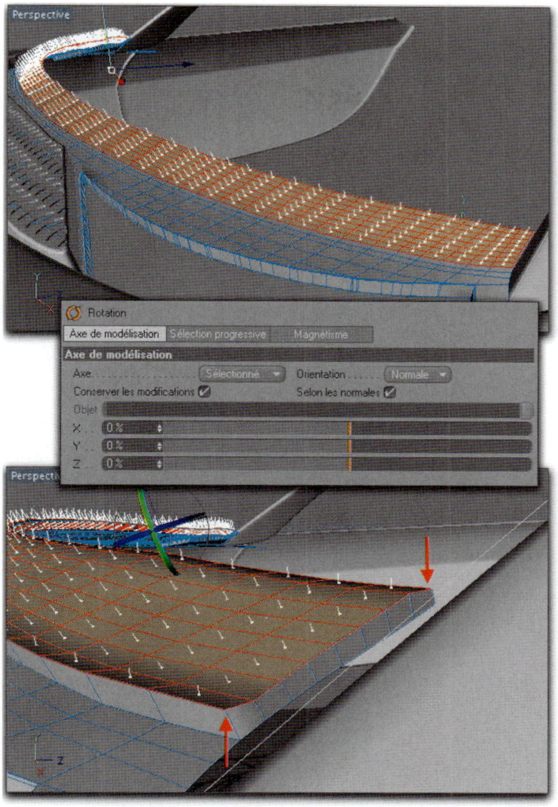


***Figure 3.106 :*** *Rotation des polygones.*

Dans l'onglet Axe de modélisation de cet outil, choisissez Normale comme Orientation, puis cochez l'option Selon les normales. Avec cette configuration, ne pivoteront que les polygones délimités par des polygones non sélectionnés.

Comme vous pouvez le constater dans la Figure 3.106, il se produit une pliure vers le haut de la bordure proche du pare-brise, et une pliure vers le bas de la bordure située à l'avant. Vous êtes presque parvenu aux bouts de vos peines, car le pare-brise peut être très simplement produit à partir de simples splines qu'il suffira de recouvrir de polygones.

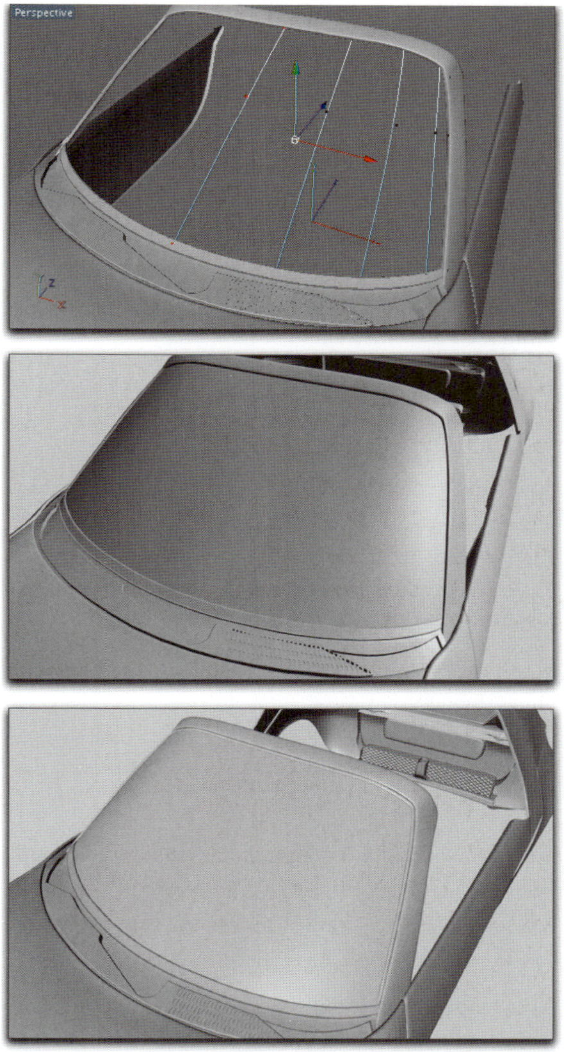


***Figure 3.107 :*** *Création du pare-brise.*

Comme le montre la Figure 3.107, commencez par générer des splines de 2 points. Au moyen du magnétisme 3D sur polygone, vous pouvez ensuite fixer un point sur la barre de l'arceau et un point sur la garniture que nous venons de modéliser.

Vous pouvez basculer le type de ces splines sur B-Spline, et ajouter un point supplémentaire à peu près en leur milieu. Ces points serviront à simuler le renflement du pare-brise.

Arrangez les splines dans l'ordre approprié sous un nouvel objet Peau NURBS. Comme d'habitude, elles ne doivent être créées que pour une moitié du pare-brise, l'autre étant complétée par un objet Symétrie. Il faut veiller à ce que la spline du milieu soit exactement sur le plan de symétrie.

Si vous le souhaitez, vous pouvez également ajouter une garniture au sommet du pare brise. Utilisez pour cela, soit une bande de polygones dissociés de l'arceau, qu'il faudra extruder avec l'option Couvercle, soit une spline qu'il faudra créer à partir de la bordure du pare-brise converti, et qu'il faudra subordonner à un objet Extrusion contrôlée NURBS (un Sweep-NURBS).

Vous pouvez voir au bas de la Figure 3.107 un exemple de résultat.

## Les essuie-glaces

Les essuie-glaces se composent de sections distinctes qui s'articulent entre elles. Cela permet aux balais de pouvoir épouser la formée renflée du pare-brise et de couvrir une surface la plus grande possible.

Nous commençons par juxtaposer un simple cube à l'angle de la plaque en plastique et à droite des orifices d'aération. Formez deux plis dans le cube pour que d'un côté, il longe parallèlement la plaque, et de l'autre, il s'écarte du pare-brise (voir Figure 3.108).

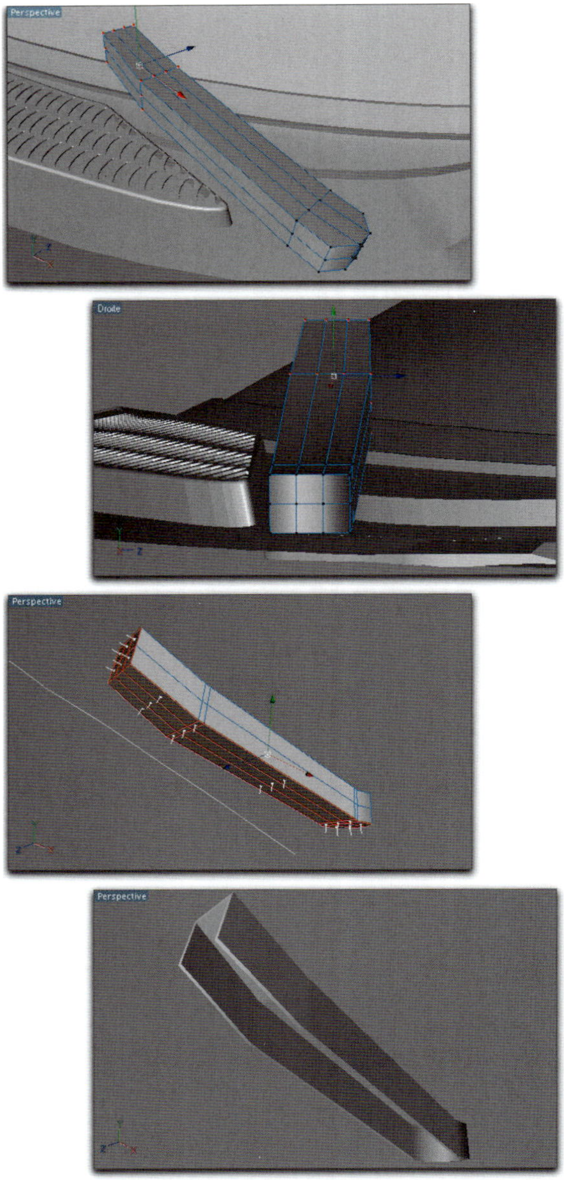


***Figure 3.108 :*** *Le premier segment du bras.*

Sélectionnez tous les polygones de la face inférieure et de la face avant, puis supprimez-les. Épaississez les polygones restants au moyen d'une extrusion fermée (avec l'option Couvercle). Le résultat est visible au bas de la Figure 3.108.

Placez un cube à la base du bras. Grâce au lissage HyperNURBS, il aura une forme sphérique qui traversera le bras et simulera un axe de rotation (voir Figure 3.109). Un deuxième cube fin formera le deuxième segment du bras. Pour que son orientation corresponde à celle du premier cube, vous pouvez, par exemple, utiliser la fonction Transférer du menu Fonctions.

***Ndt :*** *La commande « Transférer » est née d'une erreur de localisation du logiciel. Cette commande devrait s'appeler « Adopter » ou « Reprendre ». De même, son option principale « Transférer vers » dans le gestionnaire d'attributs devrait être traduite par « Adopter de » ou « Reprendre de ». Vous comprendrez pourquoi en poursuivant l'exercice.*

Pour utiliser cette fonction, sélectionnez le nouveau cube représentant le deuxième segment du bras d'essuie-glace. Sélectionnez ensuite la pseudo-commande Transférer *(comprendre « Adopter »)*, puis, d'un clic maintenu, tirez le premier cube depuis le gestionnaire d'objets jusqu'au pseudo-champ Transférer vers *(comprendre « Adopter de »)* du gestionnaire d'attributs. Diverses options sont proposées pour déterminer les attributs qui doivent être transmis. Conservez toutes les options activées et cliquez sur Appliquer. Le cube du deuxième segment saute alors sur la position du premier cube en **adoptant** son orientation. Il suffit ensuite de faire glisser le deuxième cube le long de l'un de ses axes en direction de l'extrémité du premier cube.

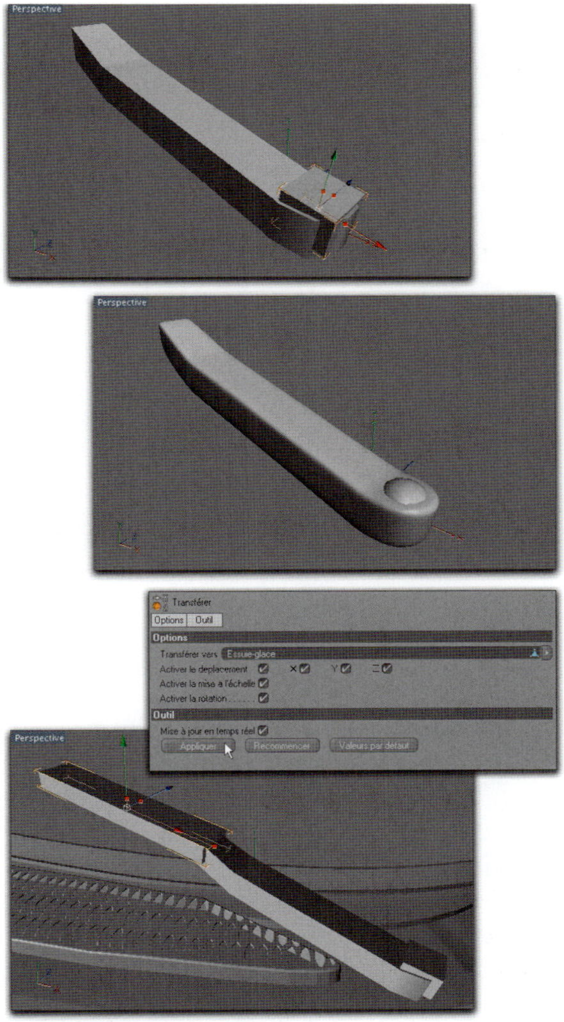


***Figure 3.109 :*** *Le deuxième segment du bras.*

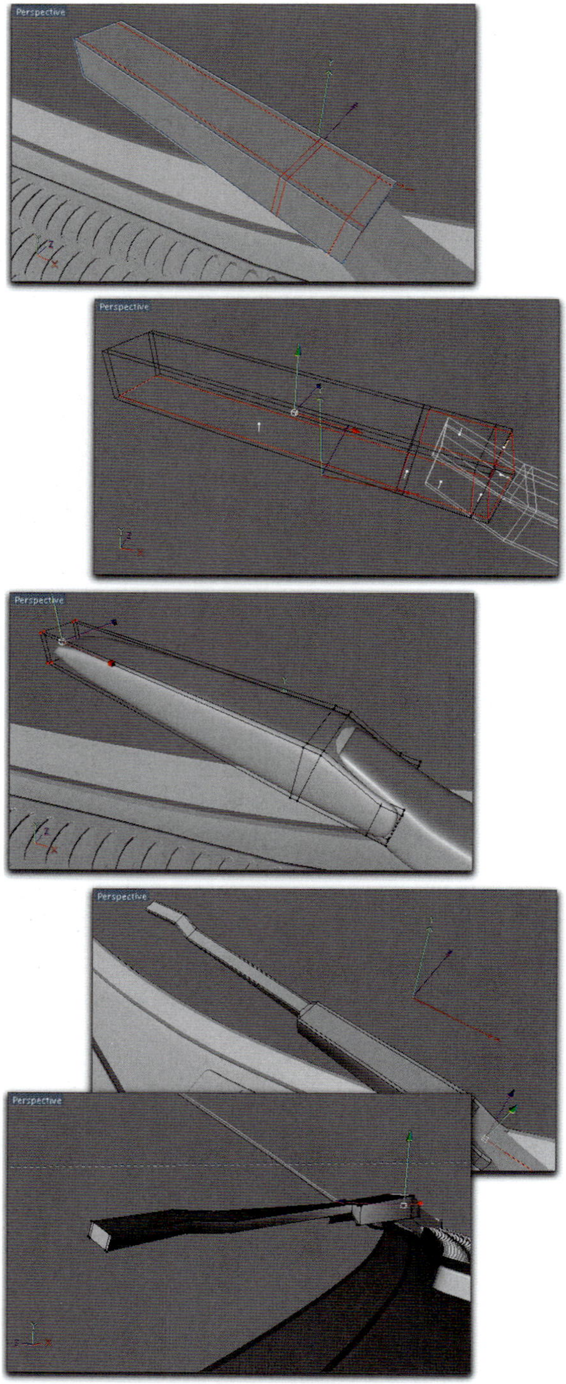

*Figure 3.110 : Modelage du deuxième segment.*

Cette commande est particulièrement utile lorsque les objets ne sont pas arrangés selon une hiérarchie dans le gestionnaire d'objets. Dans notre cas, nous aurions pu subordonner le nouveau cube au premier et assigner 0 dans le gestionnaire de coordonnées à toutes les valeurs locales de position et de rotation. Le résultat est illustré Figure 3.109.

Adaptez la forme du nouveau cube au premier segment de manière à créer une articulation. La série de vues de la Figure 3.110 illustre une idée de modélisation.

L'extrémité du deuxième segment peut être transformée en une mince fixation au moyen de plusieurs extrusions successives, et à laquelle le balai d'essuie-glace pourra ensuite être fixé. Positionnez un autre cube en travers du deuxième segment, comme illustré Figure 3.111, et façonnez la bascule du balai à partir de ce cube.

Une subdivision uniforme des arêtes sur cette pièce permet de supprimer quelques polygones sur la face supérieure et de générer les orifices typiques (voir Figure 3.112).

Les polygones sur la face inférieure du bras doivent être sélectionnés, extrudés en mode interne, et finalement supprimés. Les polygones correspondants sont marqués en rouge dans la Figure 3.112. La bascule est ouverte sur la face inférieure et comporte une arête externe imposante qui s'harmonisera bien avec le lissage HyperNURBS.

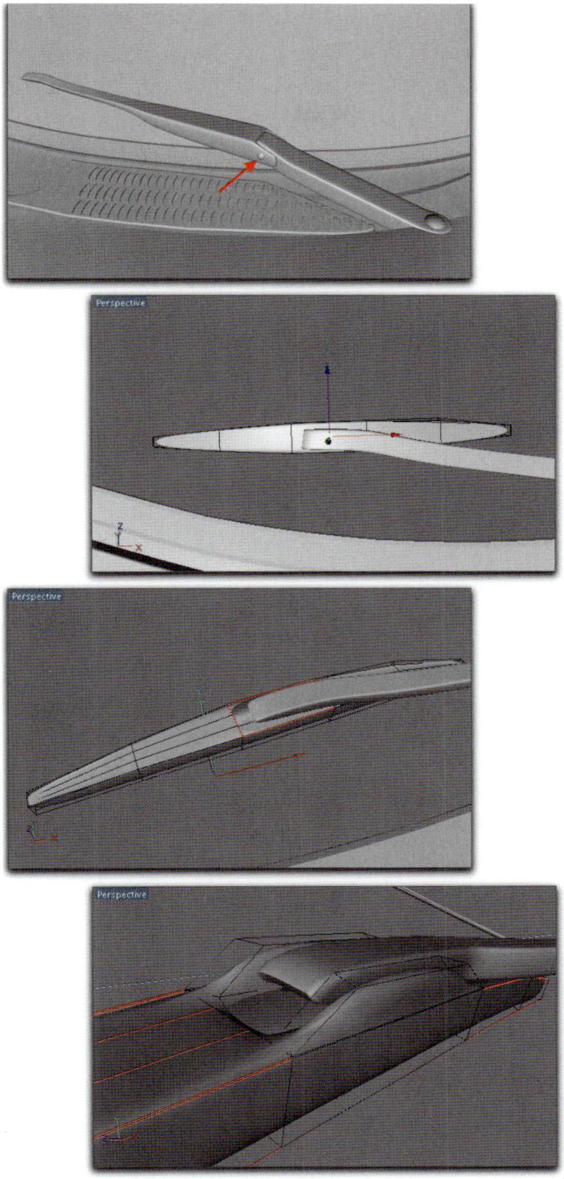

***Figure 3.111 :*** *Positionnement de la bascule d'essuie-glace.*

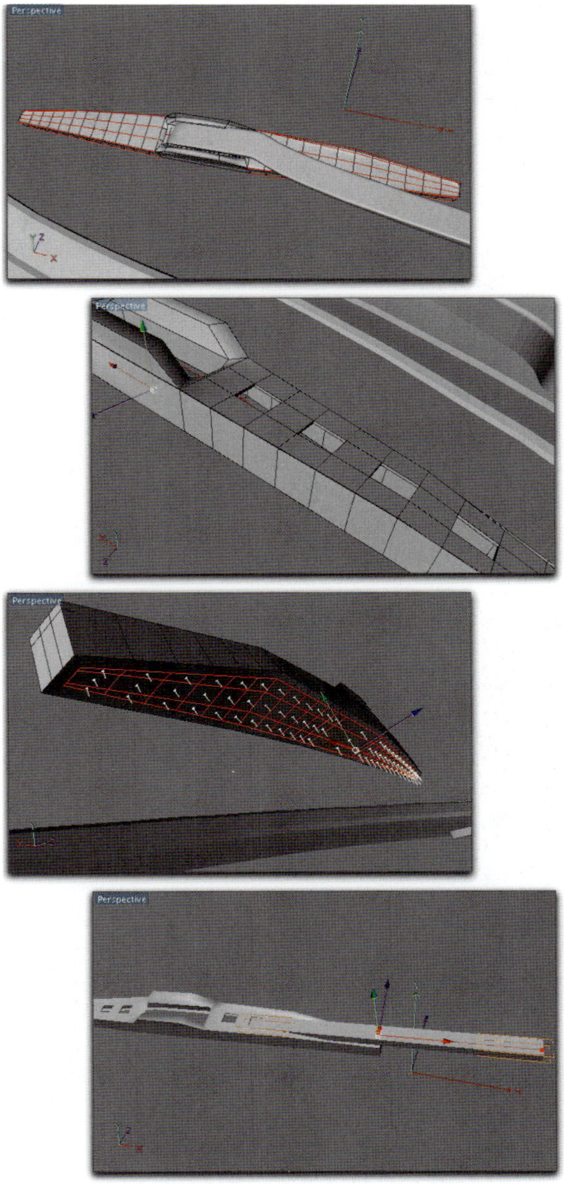

***Figure 3.112 :*** *Modélisation de la bascule d'essuie-glace.*

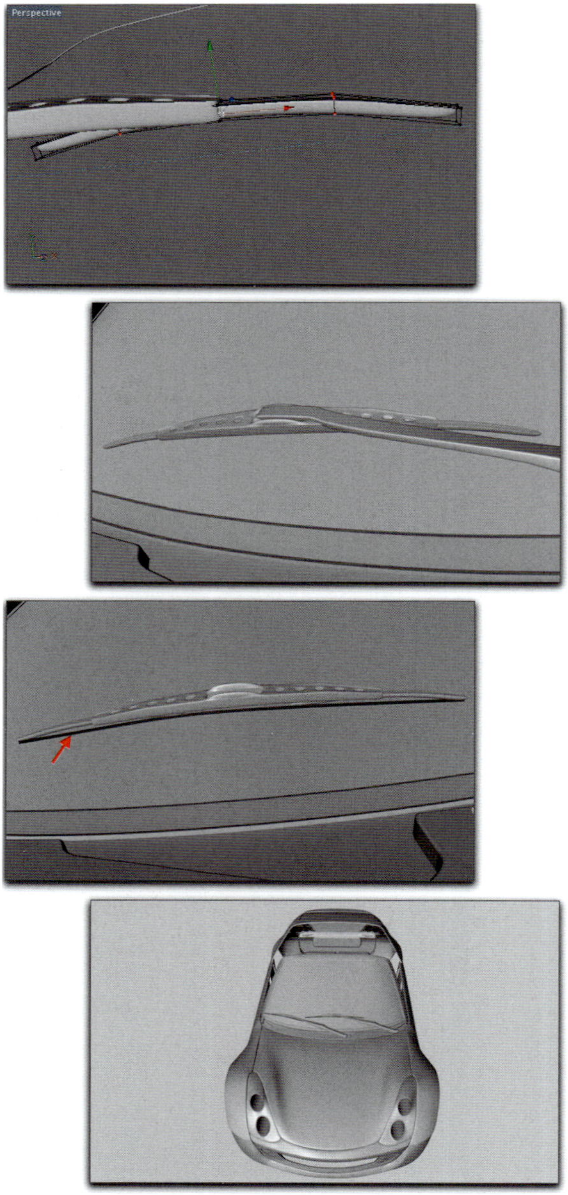


*Figure 3.113 : Le balai d'essuie-glace terminé.*

Nous avons encore besoin d'autres cubes qui représenteront les points de fixation du balai en caoutchouc. Placez de fins cubes sur l'extrémité de la bascule et appliquez-leur une légère courbure, comme montré dans la Figure 3.113.

Ce faisant, veillez à ce qu'aucune partie de l'essuie-glace ne traverse le pare-brise. Adaptez le cas échéant l'inclinaison du deuxième segment du bras. Si vous lui avez subordonné la bascule et les deux nouveaux cubes pour la fixation du balai, vous pourrez facilement éloigner l'ensemble du pare-brise en cas de besoin.

Générez maintenant une spline simple dont les points devront être fixés par magnétisme 3D aux arêtes ou aux polygones du support de l'essuie-glace.

Avec un profil triangulaire, que vous pouvez par exemple générer avec une spline de type N-CÔTÉS, vous pouvez générer par l'intermédiaire d'un objet EXTRUSION CONTRÔLÉE NURBS les lèvres en caoutchouc du balai. Cet élément est repéré par une flèche et une accentuation sombre dans la Figure 3.113.

Vous voyez aussi dans la même figure le second essuie-glace généré par duplication, et positionné au milieu de la garniture en plastique. Sa longueur et son inclinaison doivent être légèrement adaptées pour qu'il repose également sur le pare-brise.

## La poignée de portière et le rétroviseur extérieur

Nous avions déjà réservé un espace dans le coin supérieur droit de la portière. Nous allons y placer la poignée et le système de guidage de la fenêtre. Nous poursuivrons ensuite avec la modélisation du rétroviseur extérieur.

***Figure 3.114 :*** *Poignée de portière et rétroviseur.*

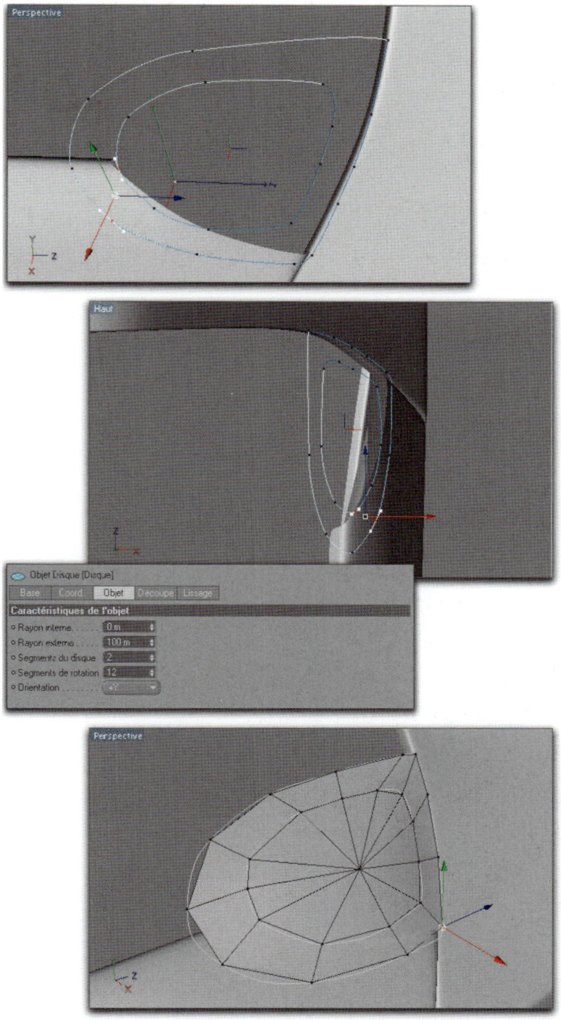


***Figure 3.115 :*** *Un disque comme point de départ.*

La forme de la poignée de portière est définie au moyen de deux splines, l'une pour le contour et l'autre pour la transition vers le creux. Une fois les splines en place, générez un objet Disque et placez-le sur le même plan que les splines.

Le disque devrait comporter au moins deux segments pour que leurs points puissent être placés par magnétisme sur les deux splines une fois qu'il aura été converti. La Figure 3.115 illustre la forme du disque après sa conversion et le travail sur les points. Pour une comparaison, reportez-vous à la Figure 3.114.

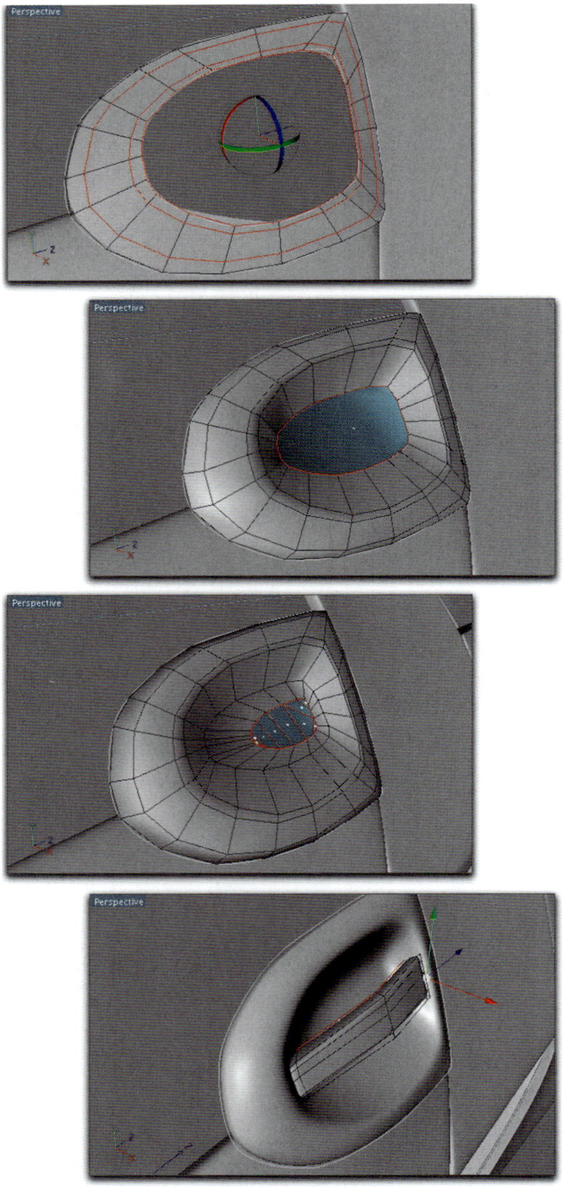

*Figure 3.116 : Modélisation du creux de la poignée.*

Puisque les triangles au centre du disque ne réagissent pas idéalement au lissage HyperNURBS, supprimez-les et insérez deux coupes dans le mode Boucle dans les polygones restants, comme le montre la Figure 3.116.

Tirez un peu ces séries d'arêtes vers l'extérieur pour façonner le bombement de l'objet. Fermez la partie renfoncée avec la fonction Fermer le trou polygonal.

La taille des polygones apparus au centre peut être diminuée en deux passes avec la fonction d'extrusion interne. Déplacez-les ensuite en direction de l'intérieur du véhicule.

Pour bénéficier d'un plus grand contrôle sur le type de faces polygonales au centre du creux, utilisez la commande Fonctions > Supprimer les n-gones et arrangez au besoin les polygones. Si possible, il ne devrait y avoir que des polygones quadrangulaires de même taille. Le résultat est visible dans la troisième vue de la Figure 3.116.

Un nouvel objet Cube est placé ensuite transversalement devant le creux pour former la poignée. Cette zone est maintenant reproduite avec déjà suffisamment de précision. Sélectionnez dans le mode Arêtes la boucle d'arêtes externe du creux de la poignée, et extrudez-la un peu en direction de l'intérieur du véhicule.

Le creux reçoit ainsi une épaisseur, et vous pouvez sélectionner et extruder les faces du bord supérieur afin de les utiliser dans la modélisation de la garniture triangulaire au-dessus de la poignée. La Figure 3.117 illustre la sélection des polygones du bord supérieur, et la forme étroite de la garniture triangulaire après extrusion.

Selon le même schéma, sélectionnez les polygones sur le côté de la poignée et extrudez-les en direction de l'avant de la voiture, parallèlement au bord supérieur de la portière. Nous obtenons le joint entre la portière et la fenêtre (voir Figure 3.117).

Le rétroviseur extérieur est modélisé à partir d'un cube (voir Figure 3.118).

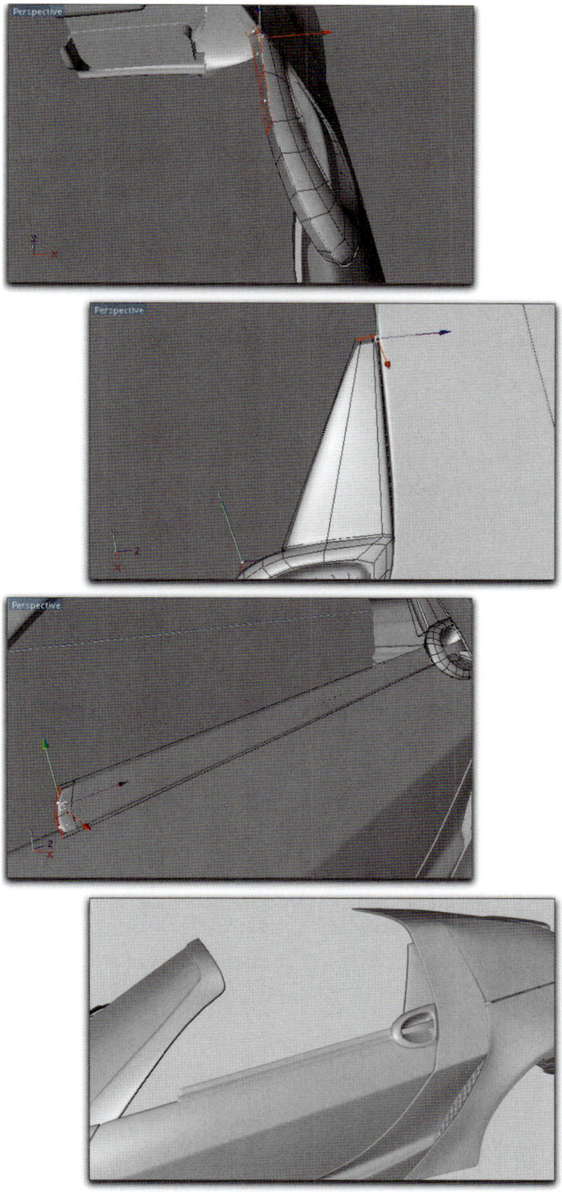


*Figure 3.117 :* *Modélisation du joint et de la garniture triangulaire.*

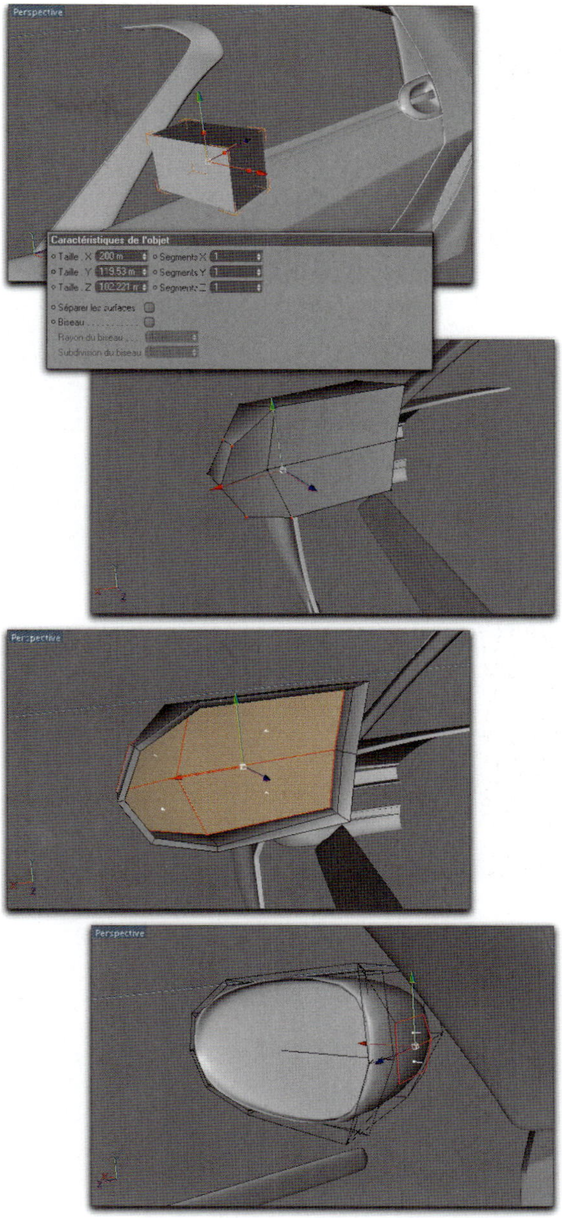


*Figure 3.118 :* *Modélisation du rétroviseur.*

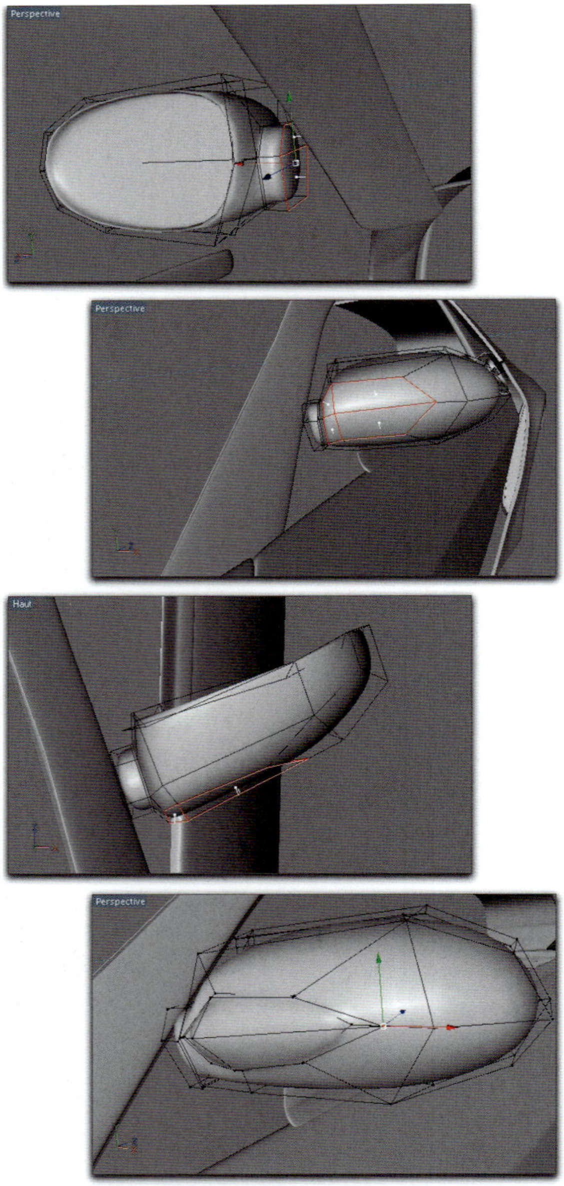


*Figure 3.119 : Le rétroviseur.*

Après avoir placé le cube à l'endroit approprié près de la porte et l'avoir converti, de nouvelles subdivisions avec des déplacements de points lui donneront sa forme caractéristique. La surface réfléchissante est ensuite créée à partir d'opérations d'extrusion interne et normale. Dissociez-la et enregistrez la sélection pour pouvoir lui appliquer ultérieurement un matériau.

Sur le côté de l'objet, tirez une petite zone en direction de la porte. Elle représente l'articulation du miroir (voir Figure 3.119, première vue).

Au dos du rétroviseur, la saillie en forme de flèche provient du resserrement de quelques points suivi d'une extrusion vers l'extérieur. Les polygones concernés sont signalés en rouge dans la Figure 3.119.

Le rétroviseur est relié à la portière par une simple surface triangulaire. Adaptez un cube plat à l'inclinaison de l'arceau frontal, au-dessus de la portière, et modélisez en son centre une zone en saillie. Le rétroviseur peut ainsi y être rattaché (voir Figure 3.120). Une modélisation plus élaborée ne serait utile qu'en cas de gros-plan.

## Le toit et la fenêtre

Le long de l'arceau de sécurité, au-dessus du triangle du rétroviseur, nous réalisons une sélection de polygones et la dissocions pour former un nouvel objet afin de l'extruder. Nous obtenons ainsi un simple joint (voir Figure 3.121).

Nous définissons ensuite un demi-toit avec quelques splines dans un objet Peau NURBS. Convertissez l'objet Peau NURBS et épaississez cette forme par l'intermédiaire d'une extrusion avec l'option Couvercle.

Étant donné que la voiture dispose de deux demi-toits séparés qui peuvent être retirés pour rouler cheveux au vent, il y a un joint au milieu. Pour le modéliser, vous pouvez utiliser avec la première spline d'un demi-toit, une spline Profil appropriée et un objet Extrusion contrôlée NURBS.

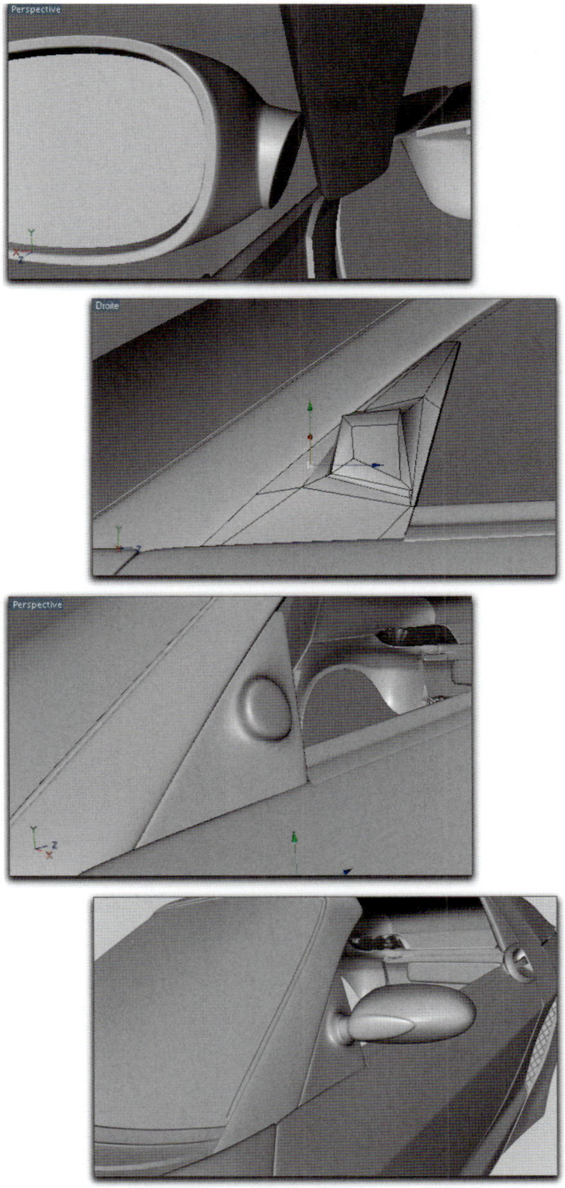


*Figure 3.120 :* La saillie triangulaire.

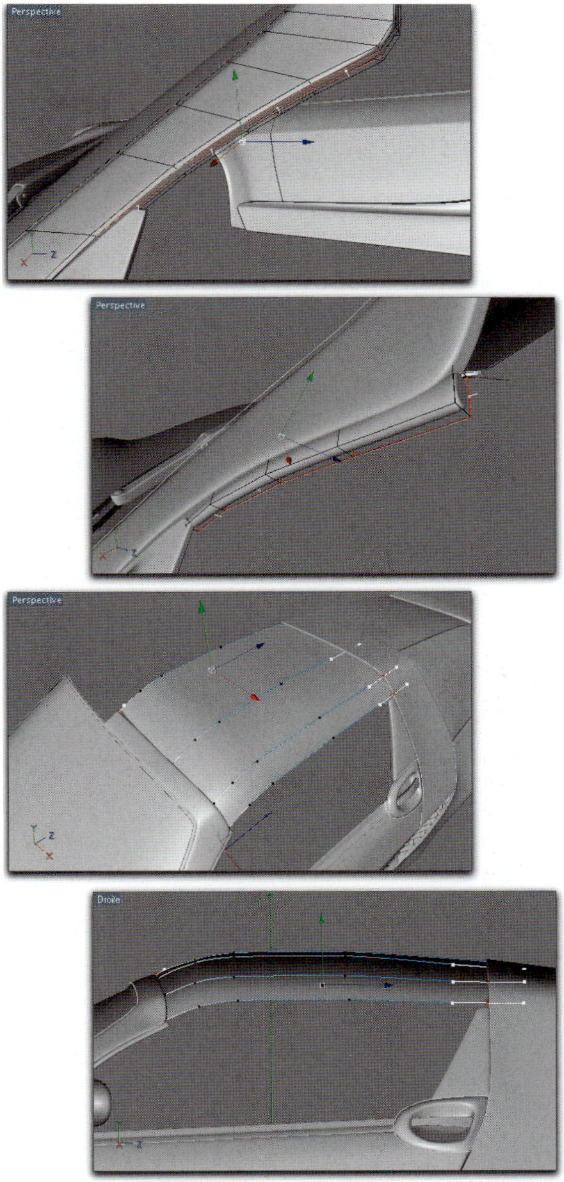


*Figure 3.121 :* Le joint et le toit.

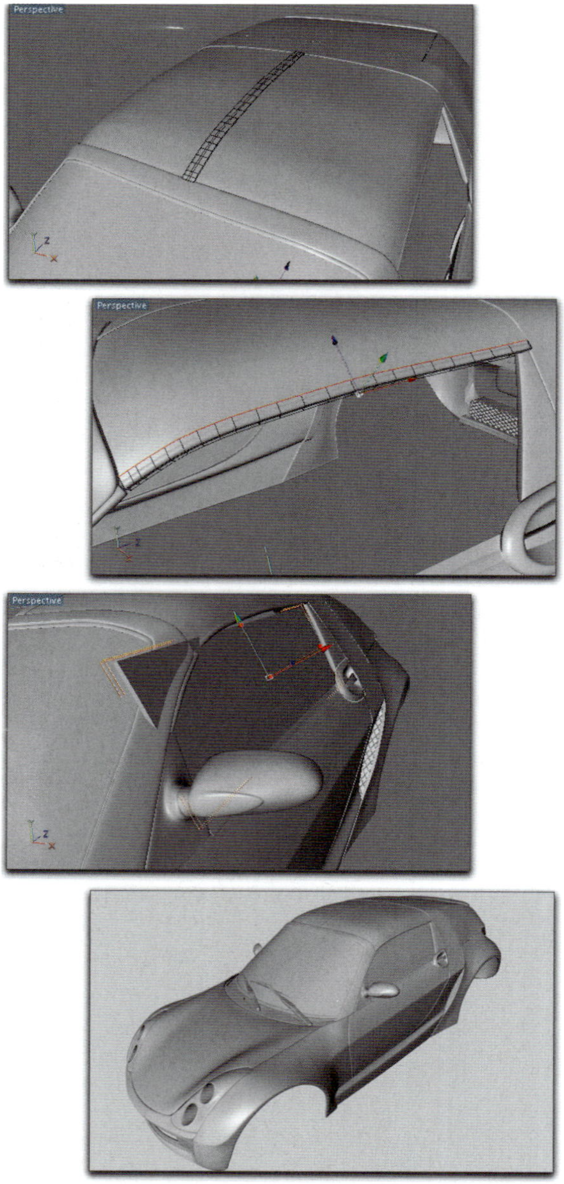

*Figure 3.122 : Mise en place du toit et de la fenêtre.*

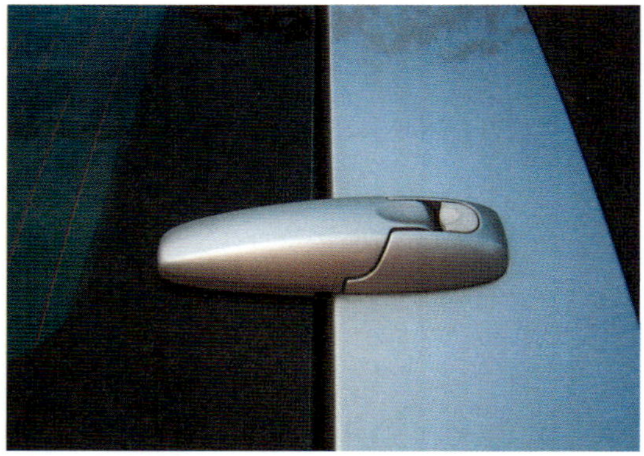

*Figure 3.123 : Une charnière du hayon.*

Une autre possibilité est de dissocier une bande de polygones d'un demi-toit pour l'extruder. Procédez de la même façon pour créer la bordure du toit au-dessus d'une fenêtre. Un petit joint trouve sa place là aussi. Finalement, utilisez un cube plat en tant que fenêtre et ajoutez-le après conversion dans l'espace disponible. Le résultat est illustré Figure 3.122.

## La charnière du hayon

Le hayon est guidé par l'intermédiaire de deux grosses charnières élaborées (voir Figure 3.123). Nous ne modéliserons pas cette forme dans le moindre détail, seules les caractéristiques importantes seront présentées.

Ici aussi, il sera possible de partir d'un cube auquel il faudra appliquer des subdivisions et des extrusions pour se rapprocher progressivement de la forme voulue. Placez le cube redimensionné en bordure de l'arceau arrière, comme indiqué dans la Figure 3.124, et modelez-le après sa conversion pour lui donner une forme de coin ou de goutte.

En principe, cette forme suffit déjà pour représenter une charnière. Si vous préférez davantage de détails, les sous-groupes d'éléments de la charnière peuvent être délimités au moyen de l'extrusion de petites bandes de polygones, comme illustré Figure 3.125.

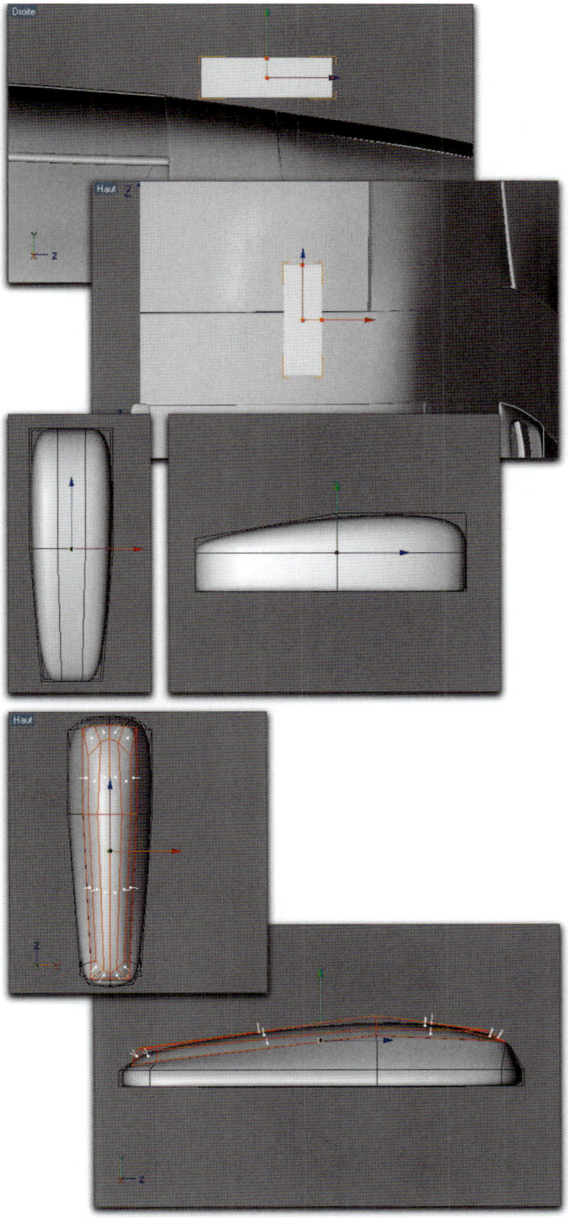


*Figure 3.124 : Modélisation de la charnière.*

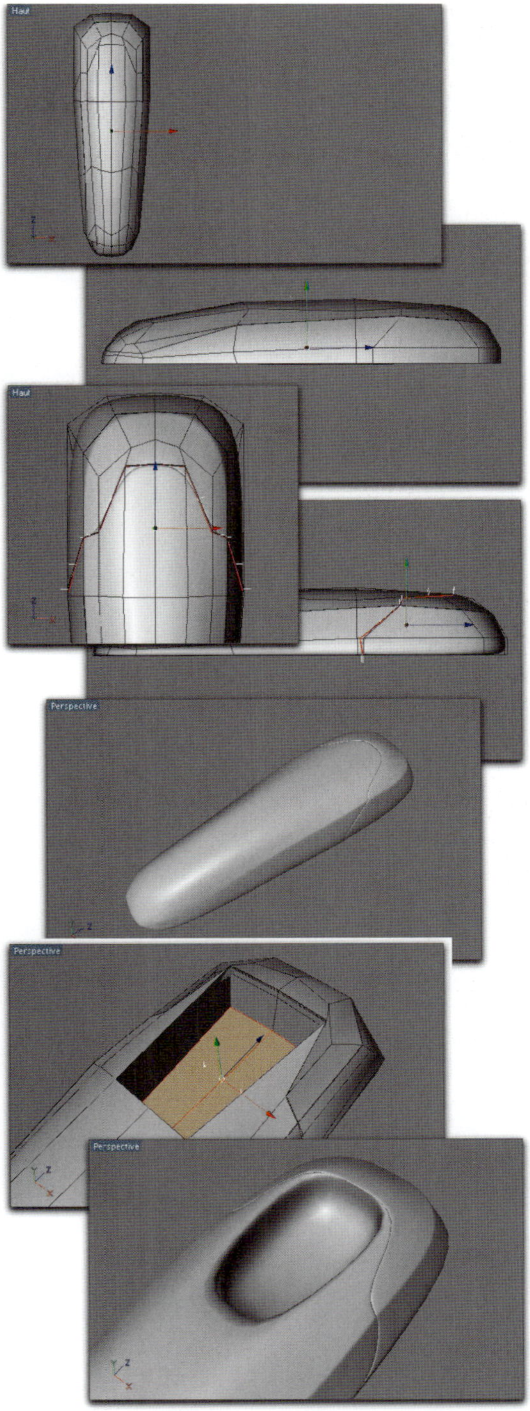


*Figure 3.125 : Les détails d'une charnière.*

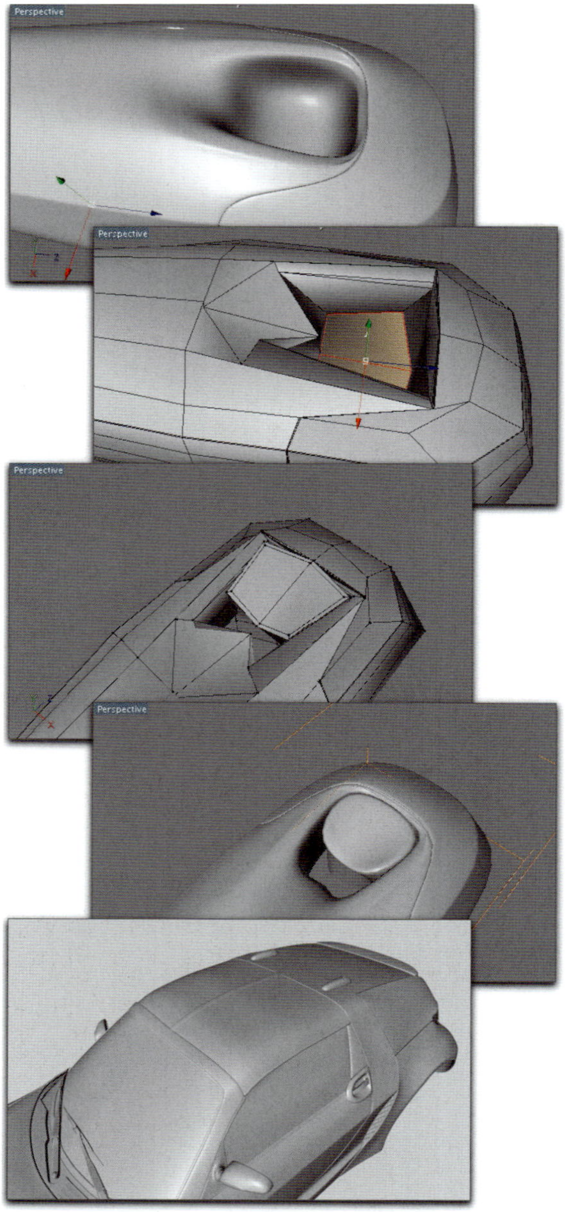

*Figure 3.126 : La charnière terminée.*

L'élément de fixation en forme de bouton est formé d'un cube distinct qui est placé dans la cavité située dans la tête de la charnière (voir Figure 3.126).

# Éléments divers

Nous pourrions très certainement consacrer encore beaucoup de temps à la modélisation de divers petits éléments, sans compter l'intérieur du véhicule que nous avons passé totalement sous silence.

Puisque je souhaite encore vous présenter d'autres projets, je me concentrerai ici uniquement sur les éléments supplémentaires qui, selon moi, valent la peine d'être modélisés. En front de véhicule, il y a normalement une grille qui manque encore. Elle doit être modélisée comme nous l'avons déjà fait à d'autres endroits, par exemple, à l'arrière du véhicule.

La seule différence est que cette grille doit au préalable recevoir une courbure pour être adaptée à la forme du pare-chocs. Comme le montre la Figure 3.127, il faut subordonner au groupe de cubes dupliqués un déformateur INCURVATION.

Un cube en biseau dans l'objet HYPERNURBS forme le clignotant latéral sur l'aile.

L'antenne est modélisée à partir d'un fin cylindre dont les points à la base doivent être adaptés à la forme de la carrosserie. Il faut ensuite ajouter une coupe en boucle au-dessus de ces points, puis extruder vers l'extérieur les nouveaux polygones à la base du cylindre.

Cette étape de travail est visible dans les deux premières vues de la Figure 3.128.

Extrudez ensuite les polygones de la partie supérieure du cylindre pour former l'antenne. La forme terminée est aussi illustrée Figure 3.128.

Le bouchon du réservoir est conçu à partir d'un objet TUBE dans lequel des trous sont découpés au moyen d'opérations booléennes. J'ai utilisé pour cela des sphères dans un objet RÉPARTITION pour que ces trous reçoivent automatiquement une bordure en biseau.

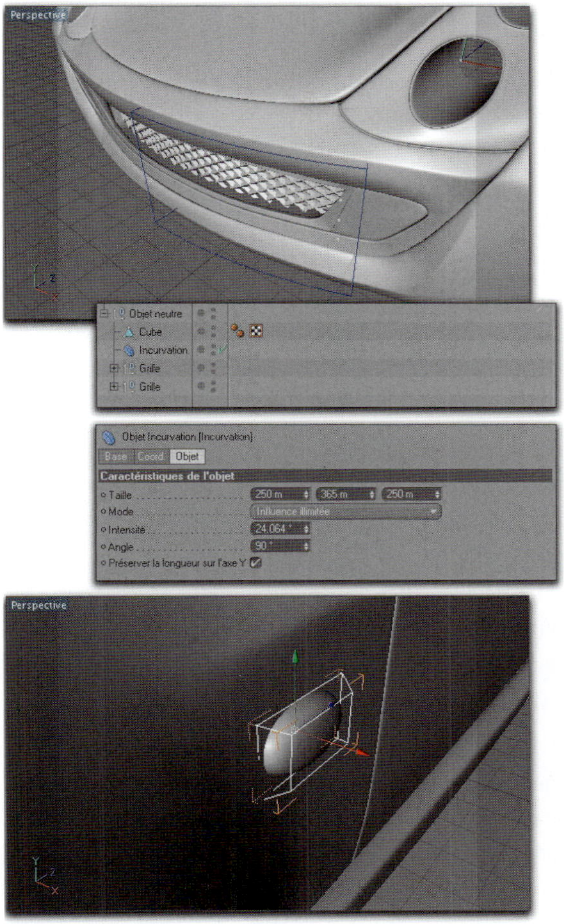


***Figure 3.127 :*** *Extrusion du joint de portière et de la garniture triangulaire.*

Des cylindres avec seulement six segments de circonférence (Segments de rotation) sont transformés en têtes de vis hexagonales et placés avec un autre objet Répartition dans le creux de l'objet Tube. Un objet Disque placé au milieu de l'objet Tube représente le bouchon. Des points en demi-cercle et le renflement au niveau du disque résultant des points levés, sont également visibles dans la Figure 3.129.

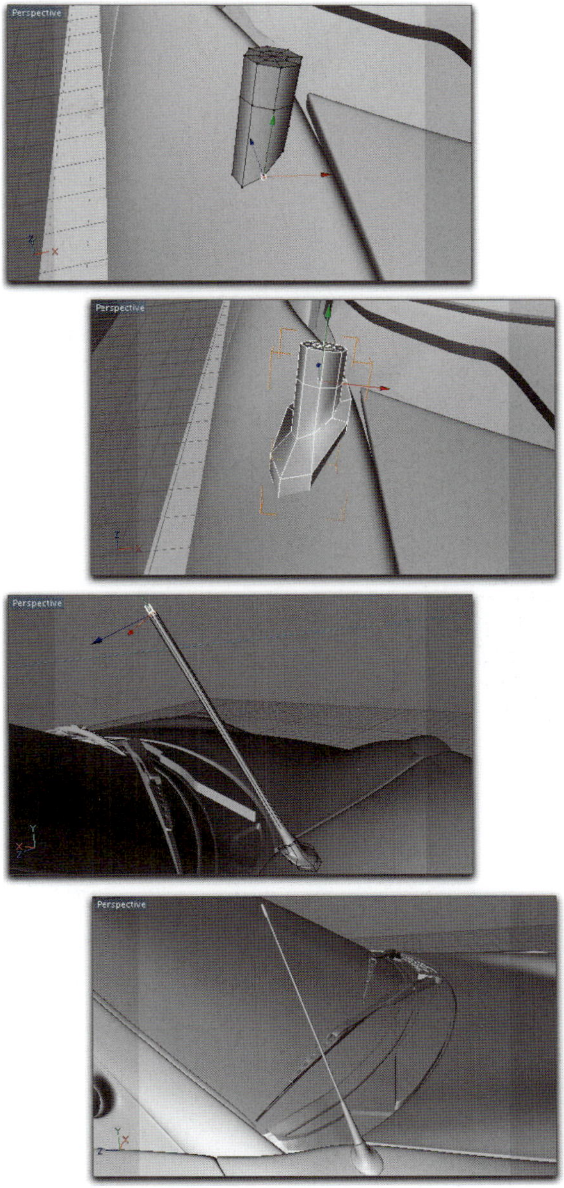


***Figure 3.128 :*** *L'antenne.*

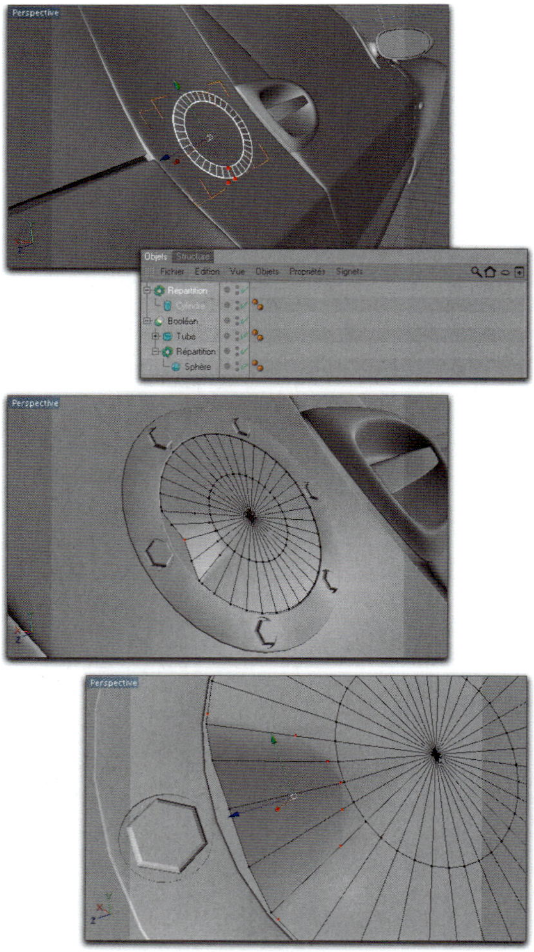


**Figure 3.129 :** *Un bouchon de réservoir.*

Les carters de roue doivent ensuite être fermés. Pour cela, il faut dissocier une bande de polygones en bordure de l'aile et faire une extrusion d'une série d'arêtes de ces polygones séparés.

Un polygone généré manuellement délimite l'ouverture en forme d'arc à la fin du carter. Cette ouverture peut être aisément fermée au moyen de la fonction Fermer le trou polygonal. Ces étapes sont représentées dans la Figure 3.130. La fermeture du carter arrière a été réalisée de la même manière.

## Les pneus

Les pneus de voitures avec leur structure de profil souvent complexe, avec les jantes en plus, peuvent facilement entraîner, si l'on n'y prend garde, une consommation de polygones qui dépasserait même celle de l'ensemble de la voiture.

L'objectif est de trouver un compromis. Cela exclut automatiquement l'emploi de matériaux avec déplacements pour afficher un profil de pneu, car l'ensemble du pneu ferait inutilement l'objet de très nombreuses subdivisions.

Je commence le travail en recherchant sur Internet un profil approprié. Ce type d'images peut parfois être directement trouvé chez quelques fabricants de pneus (voir Figure 3.131).

Dans un logiciel de traitement d'image, je convertis l'image en une image noir et blanc riche en contrastes, que je charge ensuite dans un objet Vectorisation (vous le trouverez dans le menu des splines).

La valeur Tolérance de l'objet Vectorisation indique l'écart maximal que la spline générée peut avoir par rapport aux contours du modèle dans l'image chargée. Nous utilisons ici une valeur de 0 pour un résultat aussi exact que possible.

La valeur Largeur contrôle la dimension de la spline calculée. Vous pouvez également convertir l'objet de vectorisation et dimensionner vous-même la spline qui en résulte.

En principe, l'objet de vectorisation pourrait, à l'instar d'une spline, être subordonné à un objet NURBS. Je souhaite cependant utiliser la spline uniquement comme base pour simplifier la modélisation du profil.

Comme l'image chargée représente déjà une portion du profil, nous allons placer plusieurs copies de l'objet de vectorisation les unes au-dessus des autres pour se faire une meilleure idée de la structure. Pour cela, une copie de l'objet de vectorisation suffit déjà, comme le montre la Figure 3.131.

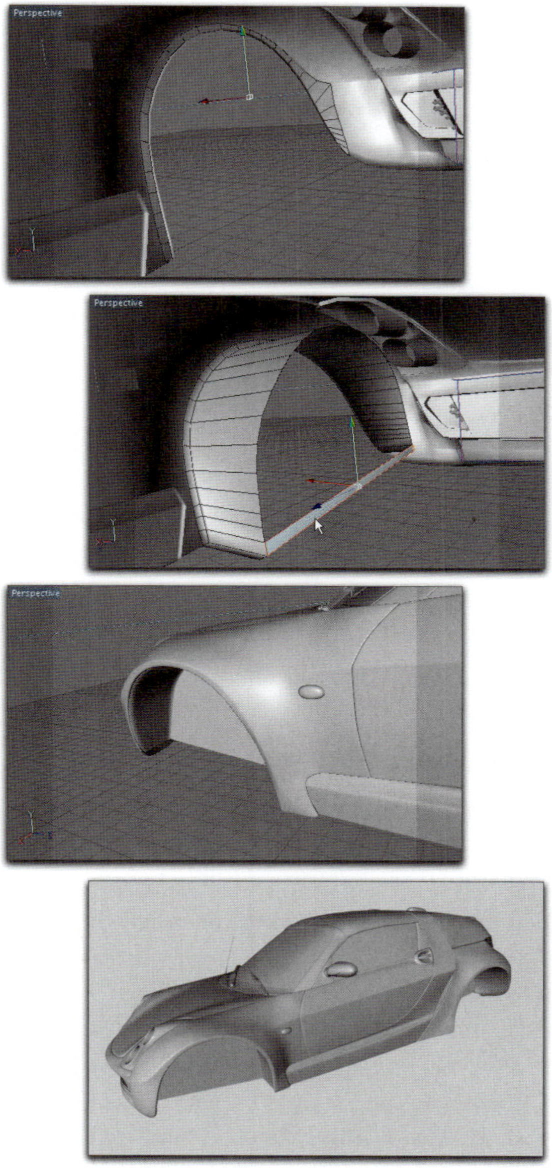


***Figure 3.130 :*** *Fermeture des carters de roue.*

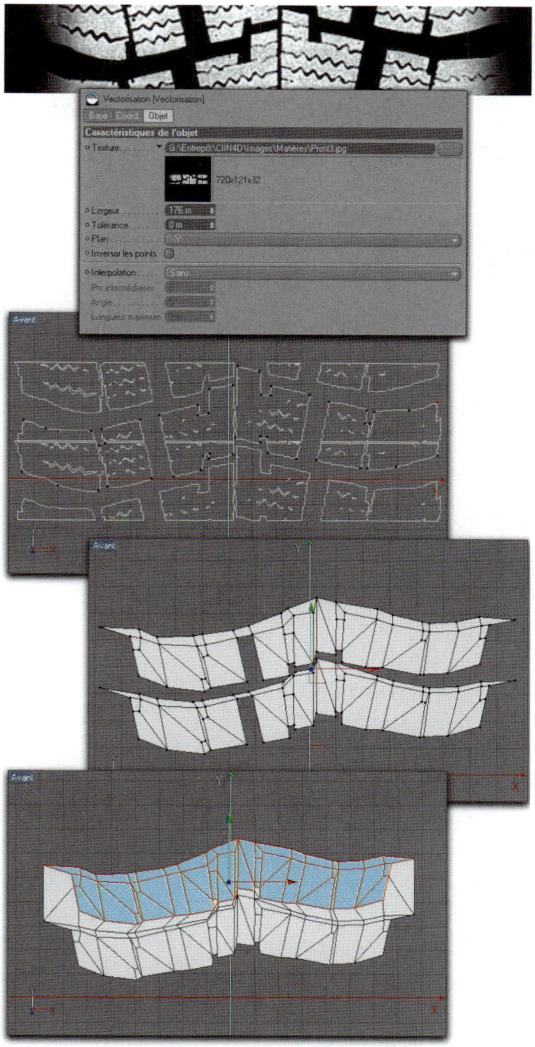


***Figure 3.131 :*** *Modélisation d'un profil de pneu.*

Générez un objet Polygone vide à partir du menu Objets et remplissez-le avec des polygones simples qui couvrent les formes les plus importantes du profil. Copiez l'objet résultant et placez la copie de façon à représenter l'écart souhaité entre les segments de profil.

Connectez ensuite les deux segments de profil, formant ainsi un nouvel objet, et générez-y les polygones manquants pour combler les écarts entre les segments. Le résultat est visible tout au bas de la Figure 3.131.

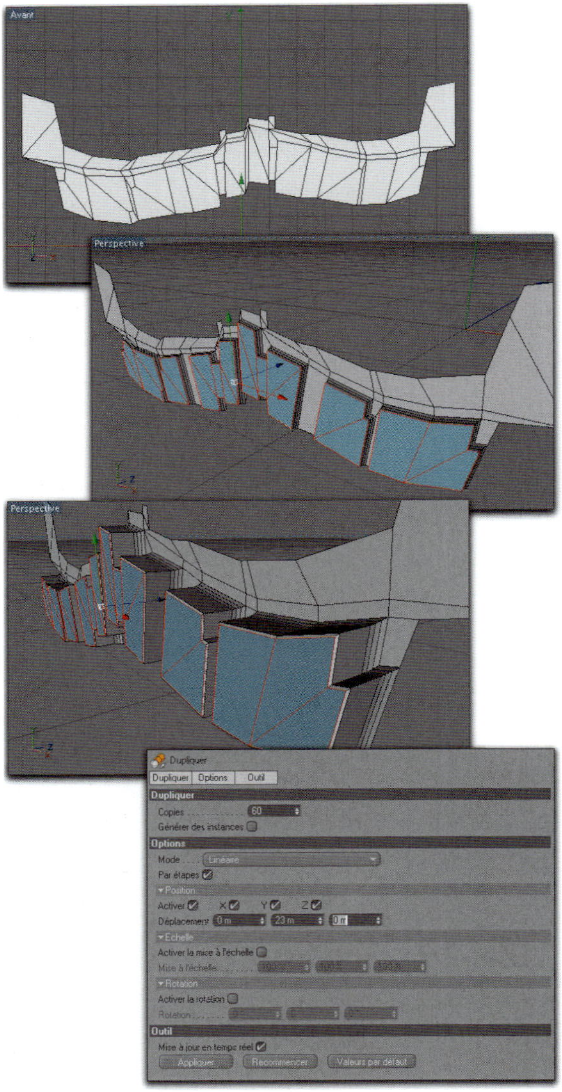


***Figure 3.132 :** Préparation d'un segment de profil de pneu.*

Supprimez ensuite les polygones dans l'objet qui apparaissent en double. Il ne reste ensuite qu'un segment du profil de pneu qui peut être juxtaposé à lui-même à volonté (voir la vue supérieure de la Figure 3.132).

Utilisez les commandes Biseauter et Extrusion pour faire ressortir les reliefs de ce segment. Déterminez ensuite son niveau de précision. Vous pouvez, par exemple, sélectionner le point le plus haut et celui le plus bas, et lire leur écart le long de l'axe Y dans le gestionnaire de coordonnées.

Saisissez ensuite la valeur déterminée dans la boîte de dialogue de l'outil Dupliquer pour un déplacement le long de la hauteur. Vous pouvez pour l'instant indiquer un nombre de copies de 60. Notez qu'il doit s'agir de réelles copies et non d'instances.

Vous obtenez ainsi une longue bande du profil qui ressemble à une trace de pneu. Vérifiez si les bordures de segments se superposent précisément. Sinon, vous devez à nouveau vérifier le vecteur de déplacement.

Pour que ces segments distincts puissent être ultérieurement soudés en un objet ininterrompu, il nous faut utiliser l'objet Connecteur. Vous l'invoquez en sélectionnant Objets > Modélisation > Connecteur (ou en le choisissant directement dans le menu de l'icône de groupe Répartition).

Cet objet fonctionne comme la commande Optimiser. Vous pouvez ainsi spécifier une valeur de Tolérance pour déterminer la zone autour d'un point où la soudure d'éléments doit se faire lorsque l'option Souder est activée.

Ceci est avantageux lorsque les objets subordonnés au Connecteur doivent aussi être lissés par l'entremise d'un objet HyperNURBS. Il en résulte alors une surface cohérente.

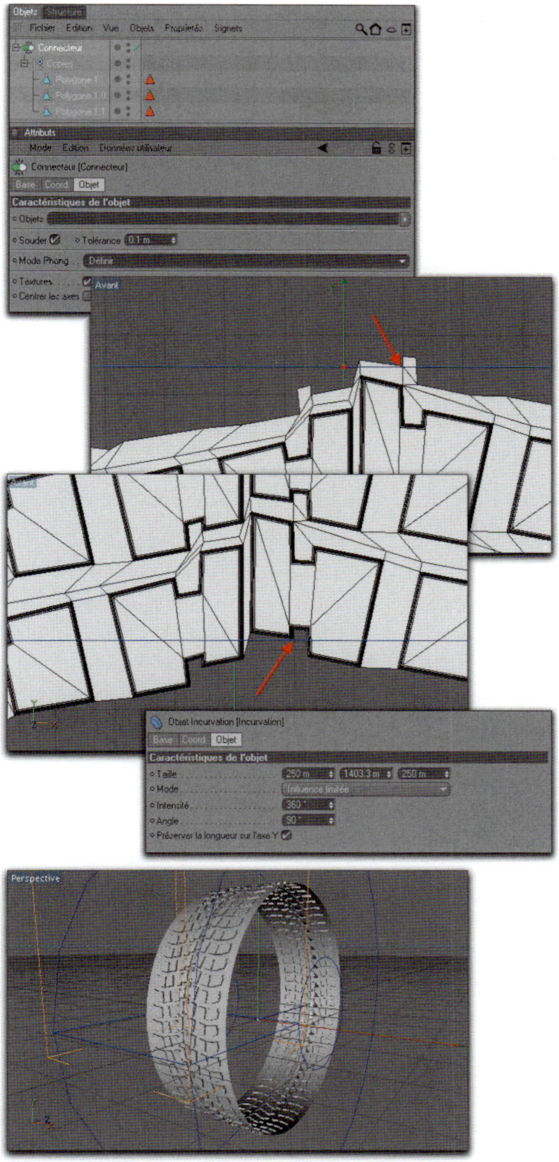


***Figure 3.133 :*** *Incurvation du profil de pneu.*

Subordonnez à l'objet Connecteur le groupe Objet neutre avec les copies des segments du profil, comme le montre la Figure 3.133. D'un clic maintenu, tirez le segment original sous Objet neutre pour qu'il puisse aussi être connecté et optimisé.

Le champ Mode Phong du Connecteur peut être configuré pour un mode manuel (Définir). Vous pourrez ainsi, ultérieurement, encore assigner un symbole de propriété Phong (Lissage) et influer sur l'ombrage.

Vous devez maintenant plier la bande du profile en un anneau. Pour cela, il suffit de générer un objet Incurvation et de lui subordonner l'Objet neutre avec les copies de profil. Adaptez les valeurs de position et de hauteur pour que les limites supérieure et inférieure du cube déformant soient placées aussi précisément que possible sur les points de la bande qui doivent se rencontrer une fois l'incurvation terminée.

Dans la Figure 3.133, ces points sont signalés par les flèches.

Si vous indiquez maintenant une intensité de 360° dans la direction appropriée, les bordures supérieure et inférieure de la bande doivent se rejoindre précisément, et être ainsi soudées par l'objet Connecteur.

Si cela ne réussit pas d'emblée, zoomez sur la zone où les extrémités se rencontrent et modifiez la hauteur de l'objet Incurvation par pas progressifs, jusqu'à ce que les bordures soient suffisamment proches pour que l'objet Connecteur les soude.

La partie la plus difficile a été réalisée et nous pouvons nous occuper des irrégularités latérales et des flancs du pneu. Désactivez l'objet d'incurvation d'un clic sur la coche verte dans le gestionnaire d'objets. Générez deux nouveaux objets Incurvation et placez-les encore une fois dans le groupe des copies de profil.

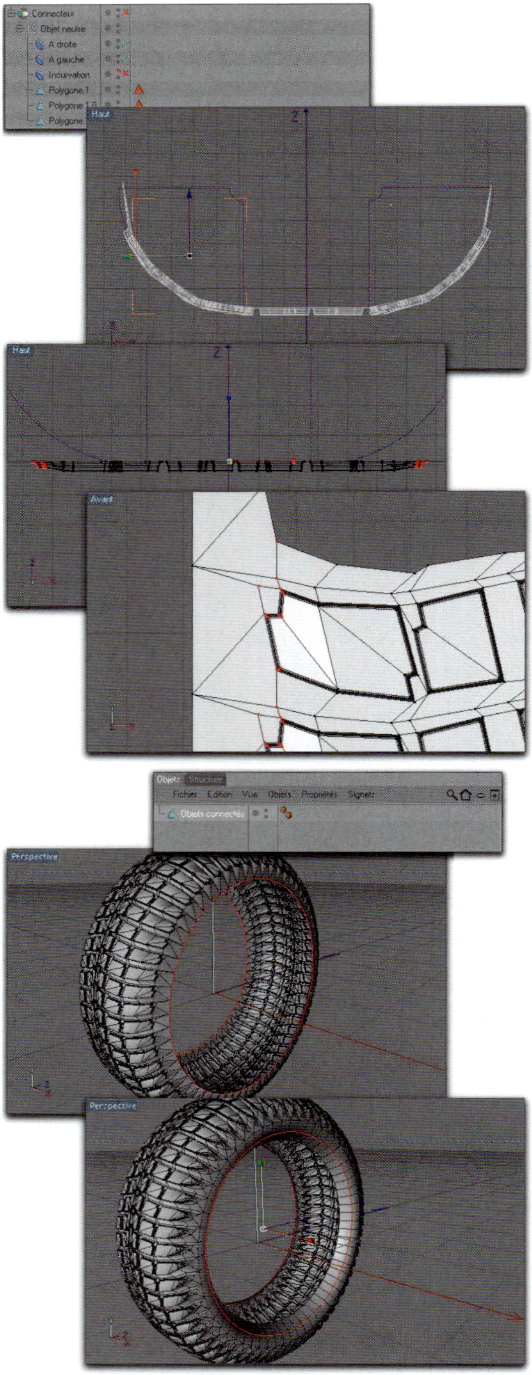


**Figure 3.134 :** *Modelage des pneus.*

Le point important à observer ici est qu'ils doivent apparaître en tête dans la hiérarchie du groupe car ces incurvations doivent être calculées en premier.

Comme vous le voyez de la Figure 3.134, utilisez ces objets pour courber les côtés du pneu. Pour que le profil ne soit pas trop déformé dans les coins, vous pouvez sélectionner dans le mode Points les côtés des éléments de profil résultants et agir de façon un peu plus plate sur le dimensionnement.

Utilisez l'Axe de modélisation et placez-le sur la position des surfaces non en relief. Vous pouvez ainsi agir confortablement sur le dimensionnement le long de l'axe Z, ce qui est aussi visible dans la Figure 3.134.

Pour finir, activez aussi le troisième objet de déformation afin d'évaluer l'ensemble du pneu. Si la forme vous convient, sélectionnez l'objet Connecteur et convertissez-le. Vous obtenez alors un seul objet à base de polygones qui contient la structure optimisée de l'ensemble du pneu.

Effectuez encore une sélection par boucle des arêtes au niveau des ouvertures latérales du pneu, et réalisez une ou deux extrusions d'arêtes dans le but d'arrondir un peu plus l'enveloppe du pneu le long des flancs et de plier le pneu en direction des jantes, ce qui est visible au bas de la Figure 3.134.

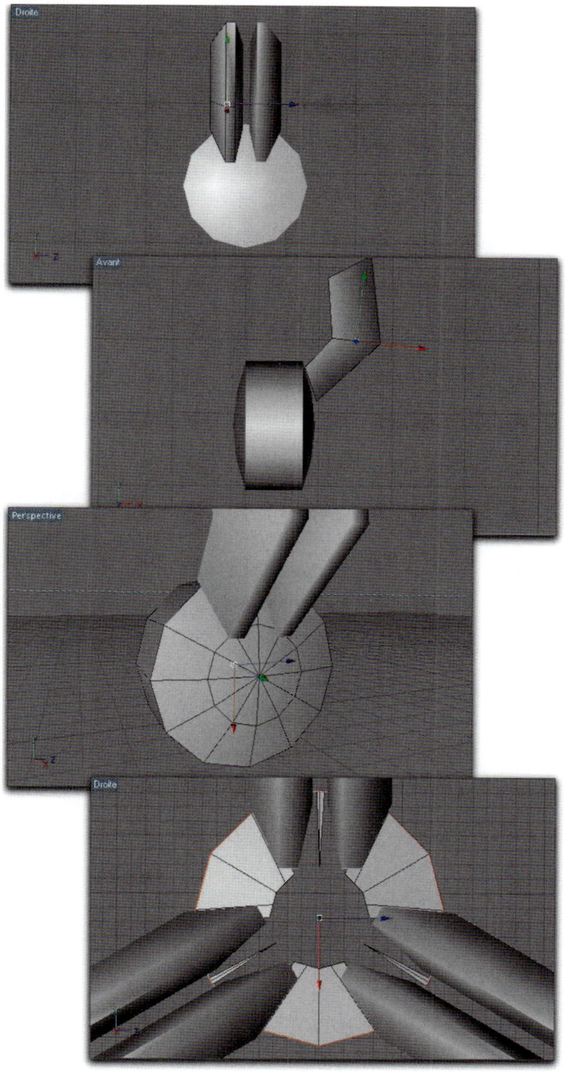


***Figure 3.135 :*** *Le moyeu et les rayons.*

# Les jantes

Pour réaliser les jantes, nous avons besoin d'une primitive de type Citerne comme moyeu, et de deux cubes fins qui doivent être arrangés comme illustré dans la Figure 3.135.

Si la forme des cubes vous convient, connectez-les pour former un objet, et générez-en deux copies. Placez ces copies avec un décalage de 120° les unes des autres pour former une jante à trois rayons (voir Figure 3.135).

Pour que le placement de nos rayons soit précis, subordonnez à l'objet Citerne les deux cubes que nous avons connectés, puis générez deux copies du groupe Citerne. Placez respectivement ces copies à 120° et 240° par rapport au premier groupe en saisissant les valeurs dans le gestionnaire de coordonnées.

Vous pouvez maintenant assembler les trois objets de rayon en un objet et supprimer les deux groupes Citerne superflus. Sur l'objet Citerne converti, supprimez tous les polygones qui ne se trouvent pas immédiatement sous la base des rayons. Il ne reste alors qu'une surface annulaire ressemblant légèrement à un filtre, comme illustré au bas de la Figure 3.135.

Avec le Couteau dans le mode Ligne, ajoutez des arêtes aux polygones restants de l'objet Citerne, là où les rayons devront être fixés. Réalisez des coupes aussi exactes que possible en longeant le contour des rayons. Le but est de se retrouver sur ces endroits avec des polygones de même forme. Si ces polygones étaient supprimés, on obtiendrait ce qui est illustré Figure 3.136.

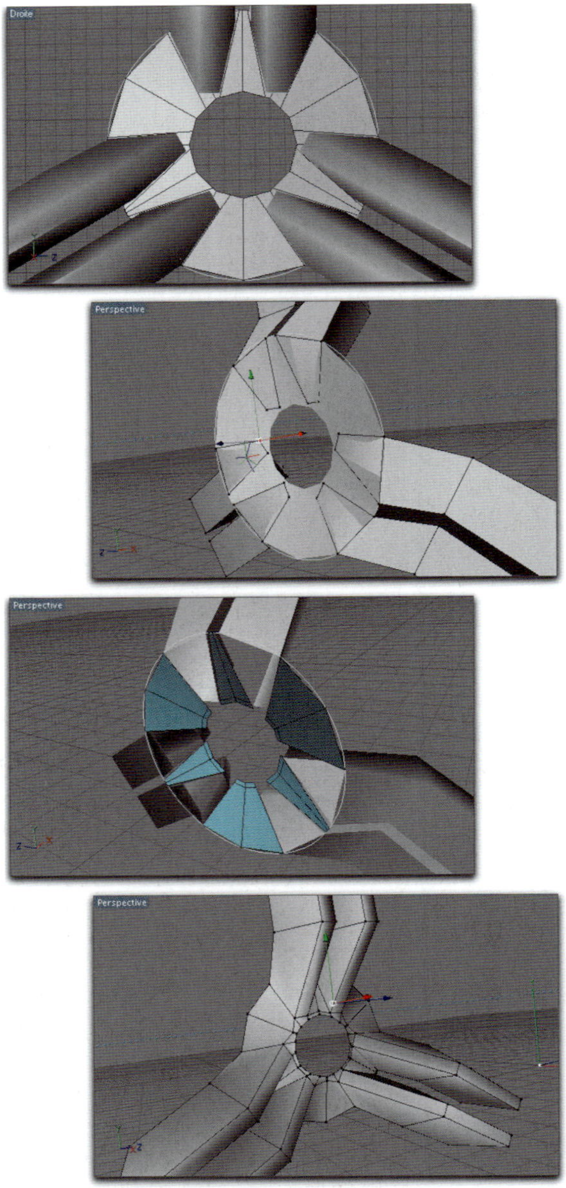


*Figure 3.136 : Découpe des rayons dans le moyeu.*

Pour une meilleure visibilité, les surfaces de l'ancien objet Citerne ont été bleuies. Vous pouvez constater que les rayons entrent exactement dans les ouvertures nées de la suppression des polygones.

Vous pouvez maintenant connecter tous les objets de la jante pour former un seul objet, et utiliser la fonction Couture pour fixer les points des rayons aux endroits correspondants du moyeu (voir au bas de la Figure 3.136).

L'anneau extérieur de la jante sera traité de la même manière. Nous avons besoin pour cela d'un objet Disque qu'il faut convertir et dans lequel des coupes seront insérées parallèlement aux rayons (voir Figure 3.137).

Pour que les points issus des coupes puissent être placés précisément sur l'anneau extérieur, du point de vue du rayon externe, sélectionnez les deux boucles d'arêtes, en périphérie et du côté de l'ouverture, et sélectionnez Structure > Modifier la spline > Convertir les arêtes en spline, et cela même avant l'insertion de coupes.

Convertissez le type des splines en sélectionnant Cubique. Vous pouvez alors fixer par magnétisme 3D les nouveaux points sur les splines circulaires.

Ajoutez dans la zone externe du disque une subdivision supplémentaire, et tirez-la légèrement devant la jante. Il se forme alors un bourrelet typique sur la transition entre la jante et le pneu, comme vous pouvez le voir dans la Figure 3.138.

Liez maintenant l'extrémité des rayons aux ouvertures correspondantes sur l'anneau extérieur de la jante. Ouvrez pour cela la forme à l'extrémité des rayons. Le processus correspond à ce que nous avons vu pour la jonction des rayons avec le moyeu.

Le moment est aussi venu d'adapter la taille et la position des jantes et des pneus pour que l'ensemble soit homogène. La vue centrale de la Figure 3.138 illustre un exemple.

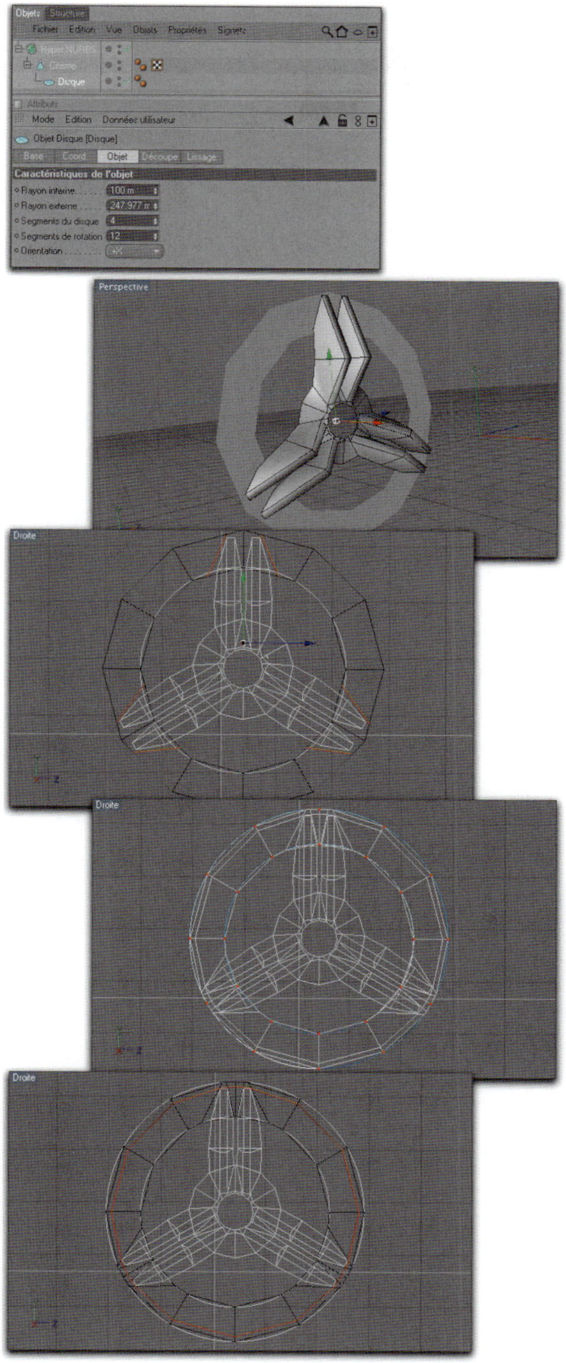


*Figure 3.137 :* L'anneau externe de la jante.

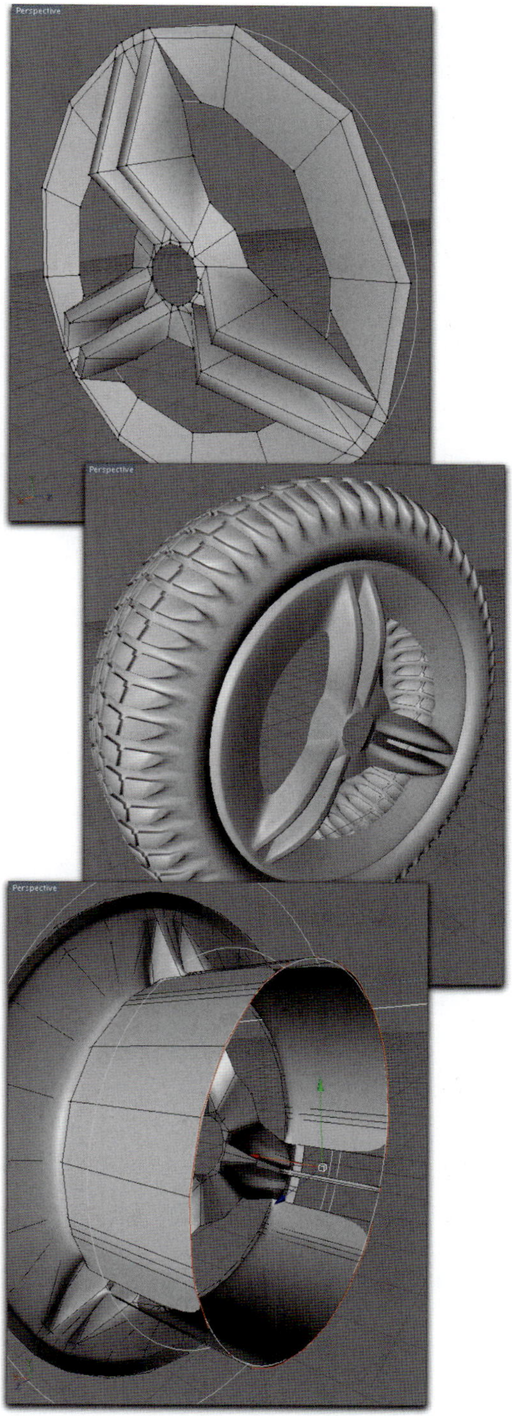


*Figure 3.138 :* La profondeur de la jante.

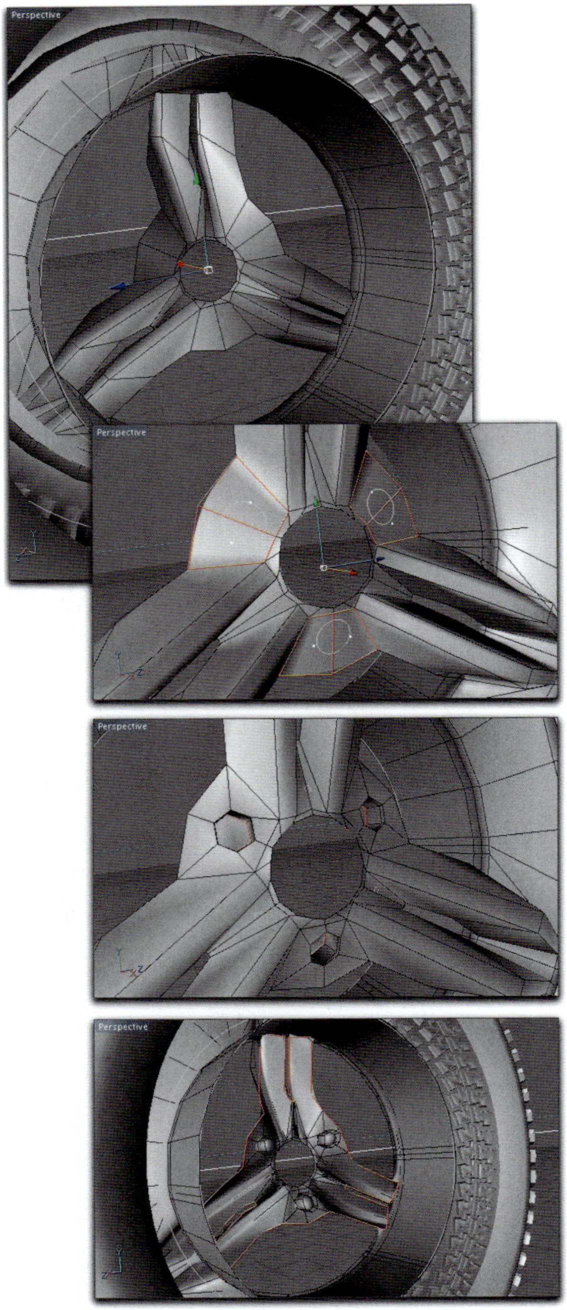

*Figure 3.139 : Ajout de trous de perçage.*

Un regard à travers la jante nous permet de voir l'intérieur du pneu. Nous devons donc ajouter de la profondeur à notre jante. Sélectionnez les arêtes ouvertes entre les rayons, et extrudez-les en direction de l'axe de symétrie de la voiture. Le résultat est illustré au bas de la Figure 3.138.

Les espaces derrière les rayons peuvent être fermés manuellement, comme illustré en haut de la Figure 3.139. Derrière les rayons, apparaît un tambour.

Pour fixer les rayons à l'essieu, il faut ajouter des vis et des trous de perçage. Générez un objet Répartition et groupez une spline Cercle au-dessous. Arrangez l'objet Répartition de sorte que le cercle repose parallèlement au moyeu. Nous avons besoin de trois vis de fixation. Il suffit donc de générer trois cercles sous l'objet Répartition.

Faites une copie de l'objet Répartition et convertissez-la. Il se forme des splines que nous voulons projeter sur la surface du moyeu. Activez la vue dans l'éditeur où vous voyez de front le moyeu et les splines, et sélectionnez les trois splines Cercle issues de la conversion de l'objet Répartition.

Sélectionnez dans le menu Structure la commande Modifier la spline > Projeter, et activez le mode Vue dans le gestionnaire d'attributs. Les splines sélectionnées sont alors projetées dans l'axe du point de vue sur le premier objet apparaissant derrière les splines. Le résultat est visible dans la deuxième vue de la Figure 3.139.

Dans cette vue, vous voyez également des polygones déjà sélectionnés. Effectuez une extrusion interne groupée de ces polygones et placez par magnétisme les nouveaux points sur les trois splines. Tous les polygones à l'intérieur des cercles seront ensuite extrudés dans la jante pour produire de vrais trous.

L'objet Répartition original est encore disponible. Subordonnez-lui des objets Cylindre configurés avec 6 segments de circonférence (Segments de rotation).

Cela suffit pour représenter des têtes de vis. Vous devez déplacer cet objet Répartition suffisamment loin en direction de la jante pour que les cylindres-visses trouvent leur place dans les trous de perçage de la jante.

Le centre du moyeu doit être fermé avec la commande Fermer le trou polygonal. Extrudez un peu en profondeur les bords d'arêtes ouverts du moyeu et des rayons. Cela donne à ces éléments davantage de volume, comme l'illustre la Figure 3.140. Vous pouvez y voir encore les têtes de vis.

Vous devez maintenant grouper tous les éléments constitutifs des pneus, par exemple, sous un Objet neutre, et placer les copies appropriées dans les carters de roue du véhicule.

Au niveau de l'essieu arrière de la voiture, vous pouvez refléter une roue sur le côté opposé au moyen d'un objet Symétrie. Cela ne convient pas pour l'essieu avant car les roues doivent pouvoir éventuellement être tournées, comme si le conducteur avait braqué le volant. Il faut donc deux copies indépendantes des pneus et des jantes.

Voilà qui clôt notre section sur la modélisation d'une voiture. Il y aurait sûrement encore beaucoup de détails sur lesquels nous pourrions travailler, par exemple, ceux de l'habitacle.

Pouvoir compléter au besoin ces éléments demande de posséder une certaine expérience. Vous avez pu constater qu'il est possible de générer rapidement des formes complexes à partir de formes de base simples. Ainsi, le volant pourrait être aisément modélisé à partir d'un anneau avec un objet HyperNURBS.

Je trouve que la voiture est en l'état déjà bien présentable, comme le montre la Figure 3.140, où j'ai aussi ajouté un objet Sol du menu Objets > Scène.

Une Lumière de surface avec des ombres de surface et une forme hémisphérique éclairent la scène. La voiture aurait encore une meilleure apparence avec des matériaux appropriés. Nous allons donc nous pencher sur cette question.

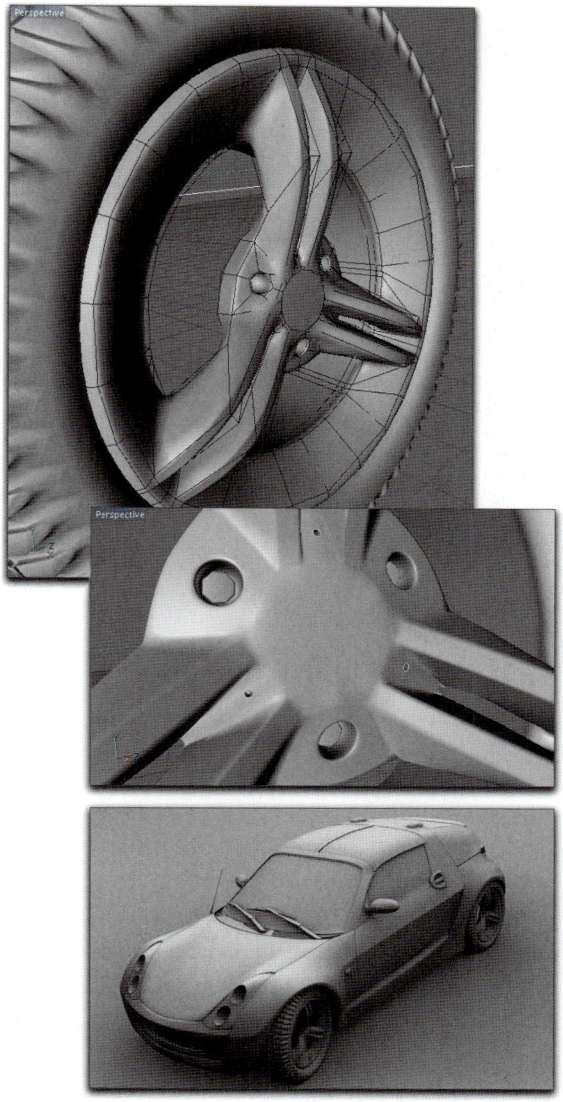

***Figure 3.140 :*** *Les roues et l'ensemble de la voiture modélisés.*

*Figure 3.141 : La voiture entièrement texturée.*

## Les matériaux de la voiture

En principe, le texturage de cette voiture ne demande pas beaucoup de matériaux, le plus important étant de réussir l'aspect laqué de sa carrosserie. Celui-ci se fonde à la fois sur la représentation de couleurs franches et très contrastées et sur le calcul de réflexions importantes (voir Figure 3.141).

Pour ce qui est des réflexions, seules les caractéristiques de base peuvent être définies au moyen d'un matériau. Les objets censés se refléter dans la laque doivent ensuite être introduits dans la scène.

J'ai opté ici pour un modèle bicolore dans différents tons couleur sable. Comme avec une peinture flip-flop, la couleur change avec les courbures de la surface, un effet qui peut facilement être simulé grâce au shader FRESNEL. Créez un matériau et chargez ce shader dans son canal COULEUR.

La partie gauche du dégradé de ce shader correspond aux couleurs qui seront calculées pour les surfaces placées sous un angle extrêmement fermé. Celle de droite correspond aux couleurs qui seront appliquées aux surfaces vues de face. Comme le montre la Figure 3.142, le dégradé va ici d'un orange sombre à un jaune chaud.

Dans le canal Réflexion, j'utilise aussi le shader Fresnel pour que l'intensité de la réflexion diminue avec le degré de courbure de la surface. Ce choix ne respecte pas les lois physiques mais permet aux réflexions de se terminer plus graduellement.

En multipliant ce shader par la luminosité du canal, on peut par la suite mieux contrôler l'intensité des réflexions sans avoir à modifier sa configuration. Appliquez ce matériau à tous les objets qui doivent être laqués.

Presque aussi critique pour la représentation de la voiture est le matériau pour les jantes ou d'autres parties chromées. Créez un autre matériau et réduisez l'intensité de son canal Couleur à 10 %. Les métaux possèdent généralement une très faible luminosité de surface, à l'exception de ceux colorés, tels que l'or et le cuivre. Pour simuler ces derniers, vous pouvez donc définir une couleur de surface un peu plus intense. Autrement, il convient surtout d'utiliser les propriétés de réflexion et de spécularité.

Nous employons le shader Lumas dans le canal Luminosité de ce matériau pour bénéficier d'un meilleur contrôle sur la taille et la forme des reflets. Dans les propriétés de base du shader, désactivez l'option Active pour éviter de créer un ombrage supplémentaire sur la surface.

Pour la spécularité, nous utilisons les propriétés 1 et 3 afin d'obtenir une lumière spéculaire diffuse avec un reflet intense au milieu. L'intérêt du shader Lumas est qu'il permet de calculer des déformations anisotropes de reflets. Activez par conséquent les propriétés d'anisotropie avec le type de projection Polaire. Comme à l'accoutumée, le sens de projection qui convient le mieux doit être déterminé en effectuant des tests, ce qui demande d'attendre que les lumières de la scène soient en place.

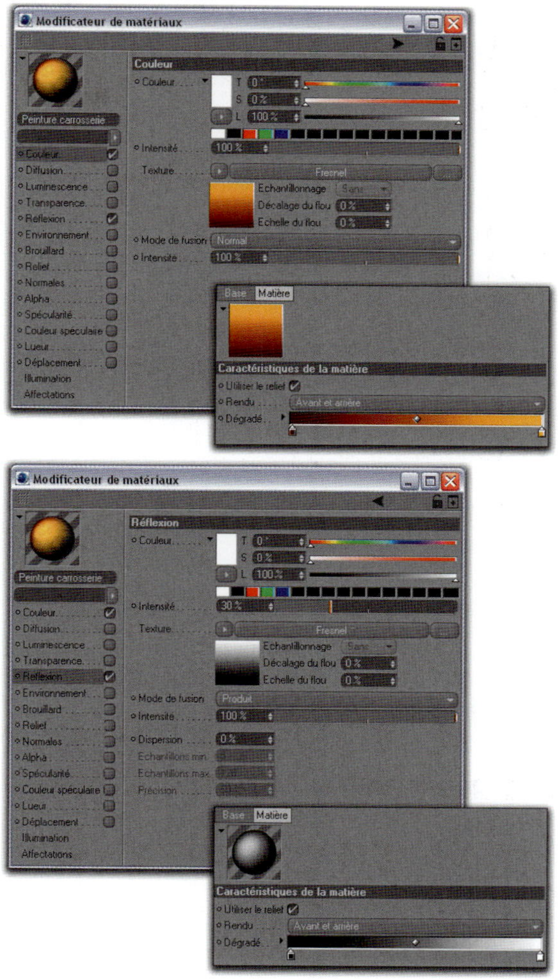


*Figure 3.142 : Le matériau pour la peinture laquée.*

***Figure 3.143 :*** *Le matériau pour les jantes.*

Ce matériau doit également posséder des propriétés de réflexion. Nous recourons ici encore au shader FRESNEL, avec cette fois un dégradé inversé. Les surfaces apparaissant courbes à l'observateur seront davantage réfléchissantes que celles vues de face. Tous les paramètres de ce matériau sont donnés à la Figure 3.143.

## *Surfaces non réfléchissantes*

La voiture possède aussi de nombreuses parties qui doivent être dénuées de propriétés de réflexion visibles, comme le toit, le cache de moteur et les pare-chocs. Il convient néanmoins de leur attribuer des caractéristiques réfléchissantes, mais de disperser les réflexions pour les atténuer au point qu'elles seront davantage perçues comme un effet de lumière sur la surface.

Cela permet d'obtenir des images plus cohérentes, notamment dans le cas où des objets clairs doivent être placés autour de la voiture. Ils seront alors réfléchis par la peinture laquée, même si ce n'est que très légèrement. Dans un vrai studio photo, des sources de lumière servent typiquement à produire cet effet, et éclaircissent du coup également les surfaces mates.

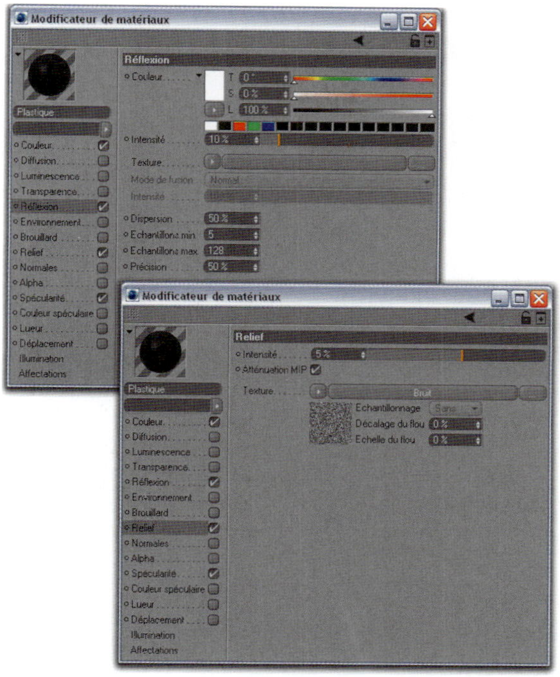


Figure 3.144 : Le matériau pour les éléments mats.

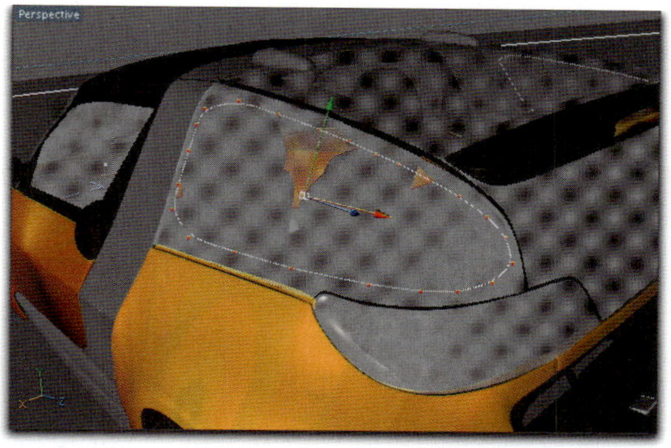


Figure 3.145 : Débordement d'un matériau.

Le seul inconvénient de cette technique est l'augmentation considérable du temps de calcul. Si votre ordinateur n'est pas très rapide, il est préférable de renoncer à cet effet. La Figure 3.144 donne un exemple de configuration du matériau pour les composants en plastique noir.

Le shader Bruit dans le canal Relief apporte de la rugosité au matériau et produit un contraste esthétique avec les surfaces laquées.

## Application sélective

Le fait de limiter des matériaux à certaines zones d'un objet, ou à certains sous-groupes dans notre cas, peut parfois poser problème, bien que cela soit rare. Comme vous le savez, on emploie à cet effet la propriété Sélection de polygones. Mais qu'en est-il lorsque la structure de polygones d'un objet suit un autre tracé que la zone à texturer ?

Normalement, nous n'avons d'autre choix que de créer des masques alpha. Il existe cependant une alternative plus élégante qui consiste à utiliser le shader Spline. Celui-ci a besoin d'une spline qui délimite la zone en question sur l'objet, ce qui implique qu'elle soit déjà présente dans la scène. Dans notre cas, il faut la dessiner à la frontière entre la lunette latérale et son cadre (voir Figure 3.145).

Chargez le shader Spline dans le canal Couleur d'un nouveau matériau. Ce shader se trouve dans le sous-menu Effets. Faites ensuite glisser la spline depuis le gestionnaire d'objets vers le champ Spline du shader.

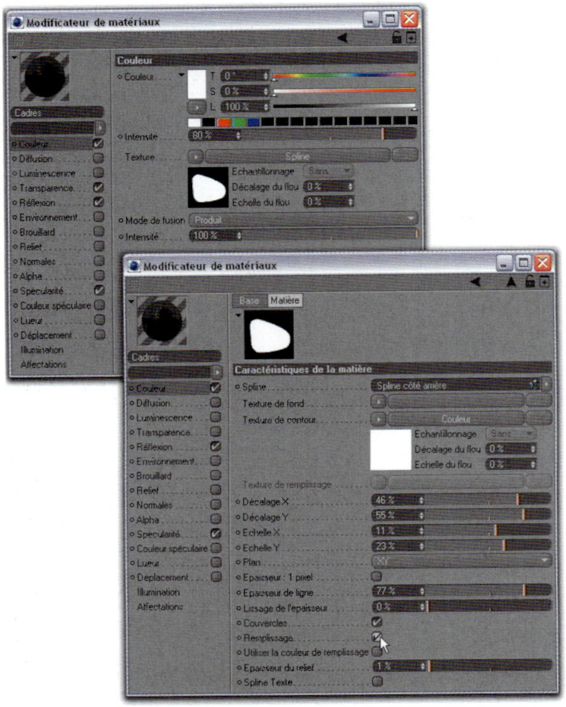


*Figure 3.146 : Paramétrage du shader Spline.*

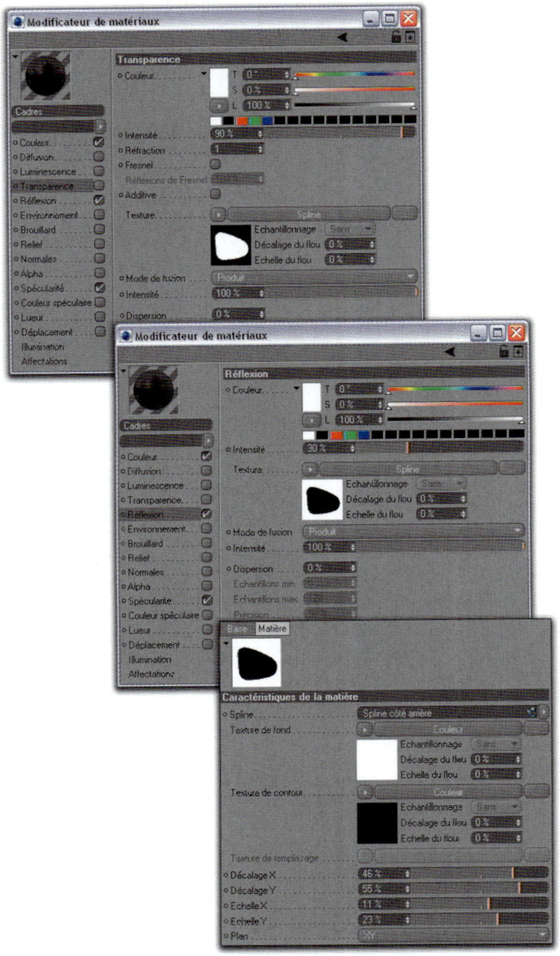


*Figure 3.147 : Autres paramètres du matériau.*

Le plus difficile ici est de configurer les paramètres Décalage et Échelle de manière que la spline soit entièrement visible dans l'aperçu du shader. La Figure 3.146 montre le résultat souhaité. Vous devez en outre faire concorder le paramètre Plan avec le plan du système local de l'objet Spline dans lequel la courbe a été tracée. Bien que la spline ne soit pas totalement contenue dans un plan, l'option XY convient néanmoins.

Pour créer davantage qu'une simple ligne de contour, dont la largeur est contrôlée par le paramètre Épaisseur de ligne, vous pouvez également activer l'option Remplissage. La spline sera alors remplie avec la couleur indiquée dans le menu Texture de contour. Nous nous contentons ici d'un simple shader Couleur blanc.

L'arrière-plan du shader Spline est noir par défaut et peut être conservé. Comme illustré Figure 3.147, le canal Transparence inclut également une copie de ce shader pour que la zone située à l'intérieur de la spline soit ultérieurement calculée comme étant transparente.

Le canal Réflexion doit fonctionner selon la logique inverse, c'est-à-dire que nous voulons attribuer des propriétés de réflexion uniquement à la bordure sombre de la lunette. Pour cela, chargez-y une copie du shader Spline par copier-coller à partir du canal Couleur ou Transparence. Dans le menu Texture de contour, choisissez cette fois un shader Couleur noir.

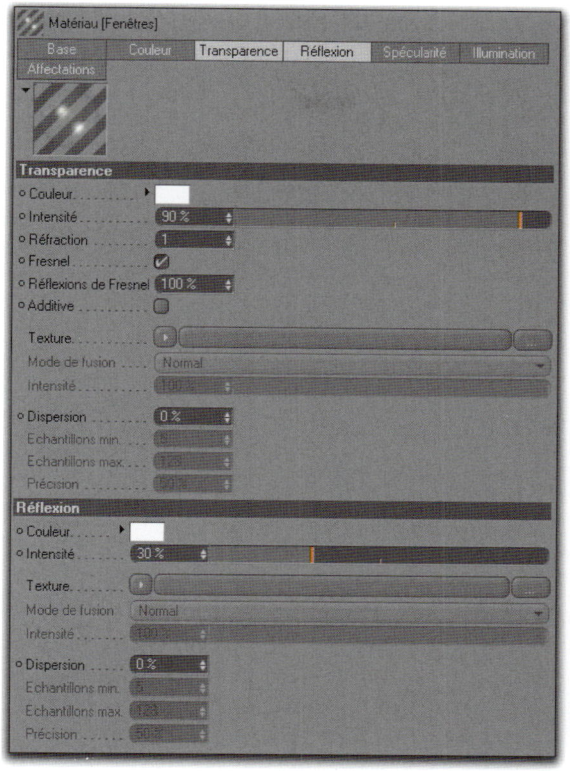


***Figure 3.148 :*** *Le matériau pour les vitres.*

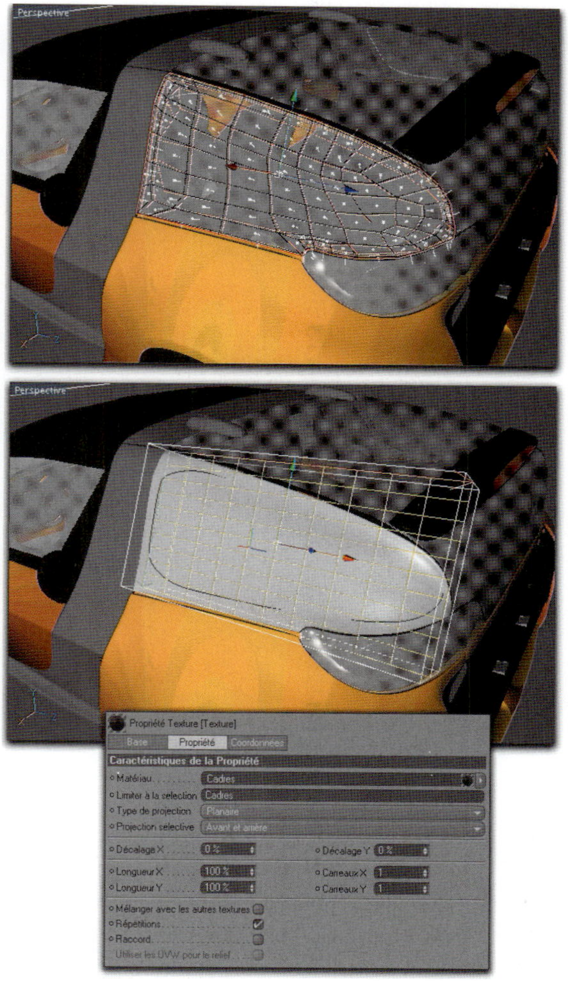


***Figure 3.149 :*** *Application sélective du matériau.*

Un autre shader COULEUR, blanc celui-là, doit être chargé dans TEXTURE DE FOND. Le résultat du shader SPLINE est ainsi inversé. Ces paramètres sont présentés à la Figure 3.147.

Étant donné que nous avons modélisé la lunette avec une épaisseur double, nous pouvons appliquer un matériau transparent (voir Figure 3.148) à l'objet tout entier, puis appliquer également celui contenant la spline, qui agira alors différemment sur le cadre et sur la vitre. Pour cela, il convient auparavant d'enregistrer les polygones de la vitre dans une sélection (voir Figure 3.149).

Une fois le matériau avec le shader SPLINE appliqué à la lunette, choisissez le type de projection PLANAIRE et, dans le mode Axes de texture, adaptez la position et la taille de la projection à l'objet. Cette étape est également illustrée à la Figure 3.149.

Reste à faire glisser dans la propriété TEXTURE la sélection préalablement enregistrée. Veillez en outre à ce que le matériau soit placé à droite de celui des vitres dans le gestionnaire d'objets pour obtenir l'effet voulu.

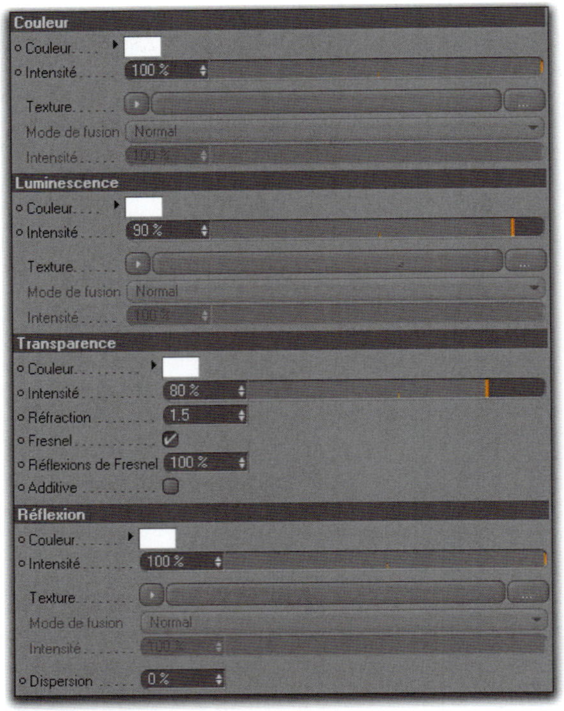


***Figure 3.150 :*** *Le matériau pour les phares.*

### *Les phares*

Pour donner un aspect intéressant aux phares, j'ai choisi de leur appliquer un matériau luminescent, comme s'ils étaient en fait allumés. Vous pouvez voir dans la Figure 3.150 que cet effet est obtenu grâce à une luminosité intense dans les canaux Couleur et Luminescence combinée à une forte transparence.

Ce matériau est appliqué à deux objets Citerne très aplatis que j'ai placés à l'entrée des puits des phares et qui représentent leurs verres. Pour simuler les réflecteurs parfois très complexes situés à l'intérieur, vous pouvez placer derrière la lentille des anneaux réfléchissants formés à partir de primitives Disque pour lesquelles vous aurez défini un rayon interne.

L'effet recherché est produit par les propriétés de luminescence des lentilles, leur luminosité étant réfléchie

***Figure 3.151 :*** *Les phares finalisés.*

par la matière plastique. On dirait alors que les phares projettent réellement de la lumière (voir Figure 3.151). Au besoin, vous pouvez renforcer cet effet en plaçant des sources de lumière additionnelles devant les phares.

Nous en avons terminé avec les principaux matériaux de notre voiture et pouvons donc passer à son éclairage.

## L'éclairage de la voiture

Pour l'instant, l'éclairage de la voiture doit se rapprocher d'une atmosphère typique de studio photo. Comme dans le studio du chapitre précédent, j'utilise des sources de type Éclairage de surface pour assurer l'éclairage de base et produire des ombres diffuses sur le sol.

Créez pour commencer une nouvelle lumière de ce type et donnez-lui la forme Hémisphère dans l'onglet Détails de ses propriétés. Cette lumière doit en outre projeter des ombres adaptatives. Choisissez un rayon suffisamment grand pour l'objet à éclairer et placez la source au-dessus du sol. Sa position est indiquée par le chiffre 1 dans la Figure 3.152. Ses paramètres y sont également présentés.

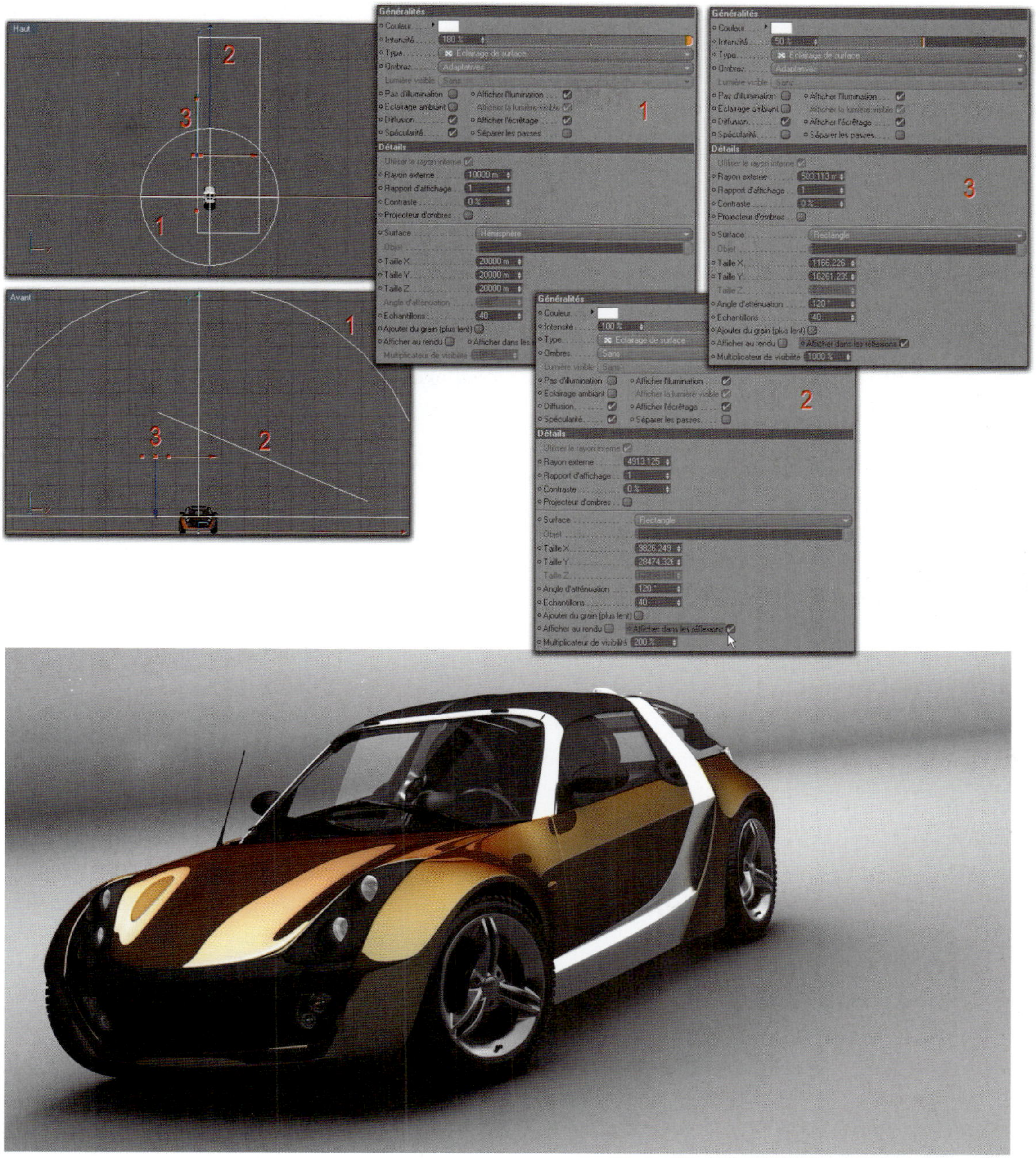


*Figure 3.152 : L'éclairage de la voiture.*

La source correspondant au chiffre 2 est également de type ÉCLAIRAGE DE SURFACE mais possède la forme RECTANGLE. Comme elle doit principalement servir à créer de fortes réflexions sur la laque, activez l'option AFFICHER DANS LES RÉFLEXIONS avec un multiplicateur de 200 %. Positionnez-la sur le côté et au-dessus de la voiture.

Une troisième lumière de même type et de même forme doit être placée de l'autre côté de la voiture. Réduisez sa luminosité à 50 %, mais augmentez en revanche la valeur du multiplicateur à 1000 % pour qu'elle produise aussi de très fortes réflexions. Notez également qu'elle projette des ombres. Elle est indiquée par le chiffre 3 dans la Figure 3.152.

L'effet combiné de ces sources de lumière sur la voiture est présenté au bas de la figure. L'ombre sous la voiture est créée au moyen du shader OCCLUSION AMBIANTE dans le matériau du sol. Le placement et l'intensité des deux sources latérales rectangulaires dépendent naturellement aussi de l'angle de vue. Le comportement des réflexions sur la laque étant très difficile de prévoir, il faut dans tous les cas procéder à des calculs de test.

Sous un ciel dégagé, le rendu de cette scène serait évidemment tout autre. C'est justement ce que nous allons tenter de simuler en utilisant pour cela l'objet CIEL et les propriétés d'illumination globale.

## Création d'un environnement virtuel

Pour représenter des objets dans des scènes d'extérieur, un ciel panoramique est presque toujours nécessaire. Il existe bien entendu de nombreuses textures prévues à cet effet, mais trouver celle qui convient parfaitement peut demander beaucoup de temps.

Le plus commode est de recourir à l'objet CIEL de CINEMA 4D, qui est un composant du module Advanced Render. Il est accessible *via* le menu OBJETS > CIEL >

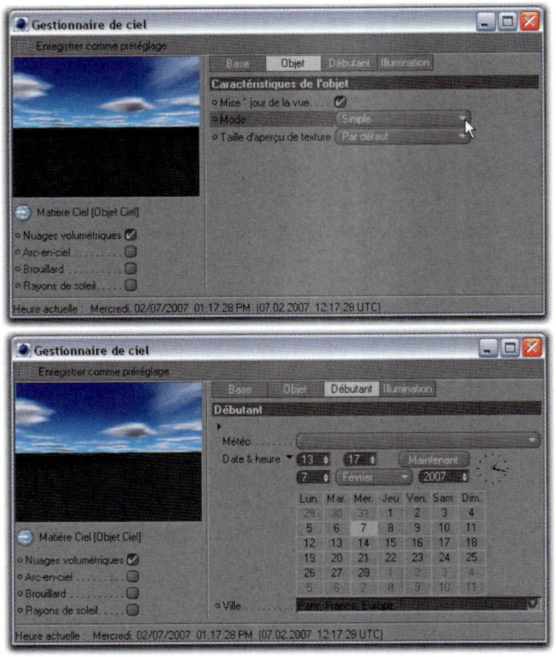


***Figure 3.153 :*** *Le gestionnaire de ciel.*

CRÉER LE CIEL. Lorsque vous double-cliquez sur l'objet dans le gestionnaire d'objets, apparaît le Gestionnaire de ciel qui permet de configurer le ciel comme vous l'entendez (voir Figure 3.153).

Selon le degré de contrôle dont vous voulez disposer, activez le mode SIMPLE, INTERMÉDIAIRE ou AVANCÉ dans l'onglet OBJET du gestionnaire. Le mode simple permet en principe de modifier uniquement la date, l'heure et le lieu à partir duquel le ciel est observé (voir Figure 3.153).

Chaque changement d'heure produit un déplacement réaliste du soleil dans le ciel. À des heures tardives, il disparaît même derrière l'horizon, laissant place progressivement à un ciel étoilé. Ce mode convient notamment lorsque vous utilisez des ciels prédéfinis, comme ceux accessibles par le biais de la Médiathèque.

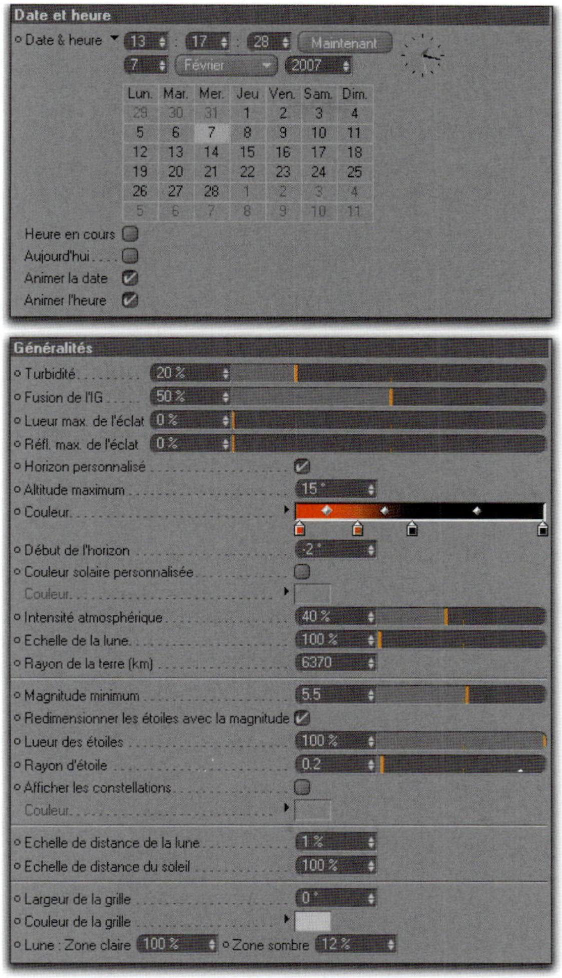


***Figure 3.154 :*** *Paramètres de l'objet Ciel.*

Celle-ci propose également de nombreuses conditions météorologiques différentes. Vous avez, par exemple, divers levers et couchers de soleil, divers ciels nuageux et dégagés, et même des panoramas surréalistes semblant provenir d'autres planètes.

Toutefois, comme il est toujours plus passionnant de faire les choses soi-même et que cela apporte aussi un meilleur contrôle, nous allons créer un ciel que nous combinerons plus tard à la voiture. Ce ciel ne consiste pas seulement en une image d'arrière-plan. Il est également en mesure d'éclairer la scène car le soleil de l'objet Ciel représente en fait une source de lumière à part entière.

Débutez avec une nouvelle scène et invoquez un objet Ciel. Choisissez le mode Avancé pour pouvoir accéder à toutes ses options de configuration. Nous allons créer maintenant une atmosphère intense de coucher de soleil. La première chose à faire est de définir l'heure à laquelle le soleil doit encore être visible à l'horizon (voir Figure 3.154).

Dans la rubrique Date et heure du gestionnaire, choisissez l'heure appropriée. Si l'option Mise à jour de la vue est également activée dans l'onglet Objet, vos modifications sont observables directement dans l'éditeur, en plus d'être affichées dans l'aperçu du gestionnaire.

Orientez la vue de l'éditeur de manière à pouvoir suivre les déplacements du soleil à mesure que vous changez d'heure. Remarquez que l'état du soleil varie aussi selon l'époque de l'année et la position géographique. Si vous vous appuyez sur la représentation dans l'éditeur, vous ne pouvez pas vous tromper.

Après avoir établi la position correcte du soleil, il faut créer l'atmosphère qui va avec. La dispersion des rayons solaires dans l'air est principalement responsable de l'atmosphère et influe aussi sur la coloration du ciel tout entier. En jouant sur les propriétés correspondantes, on peut donc parvenir à simuler pratiquement n'importe quelle atmosphère, terrestre ou non.

Les paramètres employés à cet effet sont notamment Turbidité et Intensité atmosphérique. Le second contrôle la densité atmosphérique. Lorsque sa valeur est trop faible, on peut voir les étoiles également de jour. Le premier contrôle l'humidité de l'atmosphère et influence par conséquent la dispersion de la lumière.

***Figure 3.155 :*** *Exemples de configuration.*

Des valeurs élevées accentuent la dispersion, produisant par exemple un ciel encore clair alors que le soleil a déjà disparu derrière l'horizon.

La Figure 3.155 propose quelques exemples. La première vue illustre notre ciel sans turbidité mais avec une intensité atmosphérique de 100 %. Au milieu, les deux paramètres sont réglés au maximum. La lumière du soleil n'en est que plus dispersée et gagne par conséquent plus rapidement en intensité. Les étoiles apparaissent alors. Dans la dernière vue, la turbidité est de 20 % et l'intensité atmosphérique de 40 %. Cette atmosphère me semble tout à fait représentative du crépuscule.

Pour pouvoir contrôler vous-même les couleurs du ciel, activez l'option Horizon personnalisé dans la rubrique Généralités. Utilisez le dégradé qui s'y trouve pour définir la progression colorimétrique entre l'horizon (partie gauche du dégradé) et le zénith (partie droite). Comme le montre la Figure 3.154, j'ai choisi ici un dégradé allant du rouge au noir en passant par le jaune.

Le paramètre Altitude maximum indique comment répartir le dégradé dans le ciel. La première moitié du dégradé est appliquée à la plage angulaire spécifiée et l'autre moitié, au reste du ciel. Le paramètre Début de l'horizon sert à décaler l'horizon vers le haut ou vers le bas, ce qui est utile lorsque le sol de la scène ne concorde pas avec la hauteur standard de l'horizon.

Dans la Figure 3.154, vous pouvez voir que j'ai abaissé quelque peu l'horizon pour éviter qu'une ligne colorée perturbatrice n'apparaisse au-dessus. Vous pouvez bien entendu choisir des couleurs et une position du soleil tout autres. La représentation quasi-simultanée du ciel dans l'aperçu du gestionnaire et dans l'éditeur vous permet de travailler de façon intuitive et d'expérimenter à volonté.

## *Création de nuages*

L'objet Ciel offre deux possibilités pour créer des nuages. Vous pouvez soit utiliser les générateurs de motifs fournis sous la forme de calques, soit peindre directement des nuages volumétriques. J'ai opté ici pour une génération automatiquement des nuages car ils sont ensuite plus rapides à calculer.

Les motifs de nuages sont élaborés à partir de types de bruits très variés, dont certains que vous connaissez déjà pour les avoir utilisés en tant que shaders. Il est toujours étonnant de constater la variété d'applications auxquelles ces bruits se prêtent. Lorsqu'ils sont employés à l'échelle appropriée, les motifs qu'ils produisent peuvent effectivement simuler avec beaucoup de réalisme les formations nuageuses familières.

Comme nous avons besoin ici de six calques, il convient de procéder de façon ordonnée pour conserver une vue d'ensemble. Désactivez d'abord la visibilité de tous les calques en cliquant sur le symbole d'œil en regard de chacun dans l'onglet Nuages.

Commençons en toute logique par le calque 1. Activez de nouveau sa visibilité, puis choisissez le bruit Naki et un bleu moyennement sombre. Les paramètres Densité et Couverture définissent respectivement le contraste des nuages et l'épaisseur de la couverture nuageuse. Le paramètre Épaisseur contrôle l'interaction entre les nuages et la lumière. Des valeurs élevées produisent des nuages plus épais et donc moins influençables par la lumière.

Le paramètre Transparence intervient uniquement dans le calcul de l'ombre projetée par les nuages lorsque le soleil se trouve derrière. Lorsqu'il possède une valeur élevée, aucune ombre n'est projetée. Le paramètre Hauteur détermine la distance des nuages par rapport au sol.

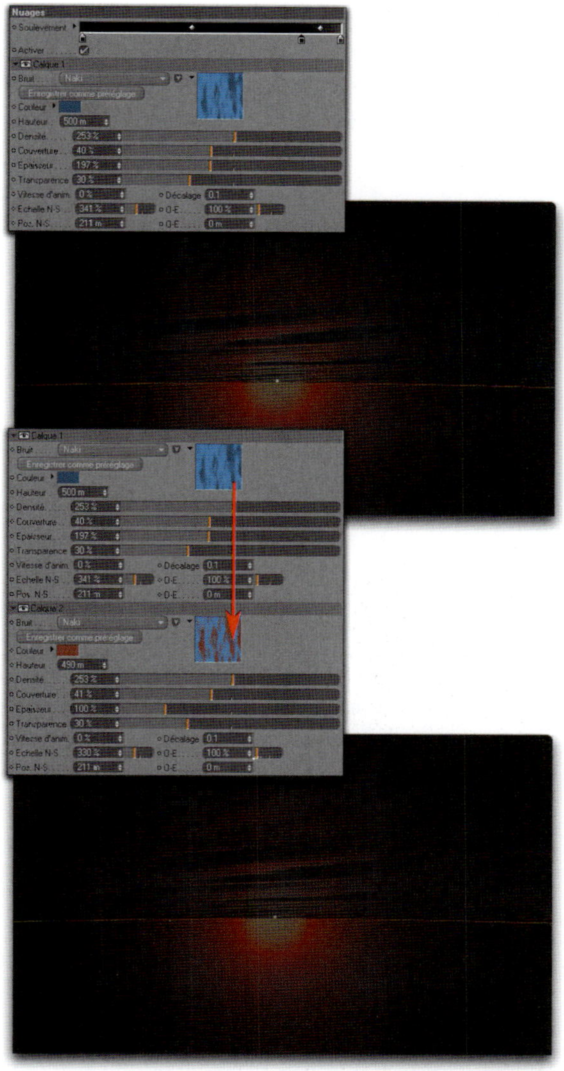

***Figure 3.156 :*** *Les calques 1 et 2.*

Quant aux paramètres ÉCHELLE N-S et O-E, ils servent à dimensionner les nuages respectivement dans le sens nord-sud et ouest-est. Les paramètres POS. N-S et O-E servent eux à déplacer les nuages, ce qui est utile dans une animation.

Les paramètres choisis pour ce premier calque sont présentés à la Figure 3.156. La flèche rouge indique qu'ils ont été copiés dans le deuxième calque en faisant simplement glisser la souris d'une fenêtre d'aperçu à l'autre.

Pour le calque 2, réduisez la valeur du paramètre HAUTEUR afin que ses nuages soient placés sous la couverture nuageuse du premier. Sa couleur tire aussi davantage vers le roux et son épaisseur est deux fois moindre pour renforcer l'interaction entre les nuages et la lumière du soleil.

La valeur de POS. N-S doit également être réduite pour provoquer un léger décalage entre les deux couches nuageuses. Cela permet d'introduire une variation nécessaire sans avoir à utiliser un autre bruit. La Figure 3.156 montre ces modifications ainsi que le rendu des deux calques. Comme vous le voyez, la superposition de couches nuageuses permet de simuler des nuages volumétriques convaincants.

Pour les calques 3 et 4, procédez selon la même logique (voir Figure 3.157). Réduisez progressivement la hauteur et choisissez une couleur rouge de plus en plus vive. Variez également la taille et la position des nuages. Le but est de générer une progression nuageuse typique de la nuit tombante, allant d'un rouge intense à l'horizon vers des tons bleu foncé au zénith.

Jusqu'à présent, nous avons utilisé le même bruit dans tous les calques pour superposer des nuages plus ou moins ressemblants. Pour changer un peu, nous allons recourir au bruit ÉLECTRIQUE dans les deux calques qui restent et créer ainsi des nuages un peu différents.

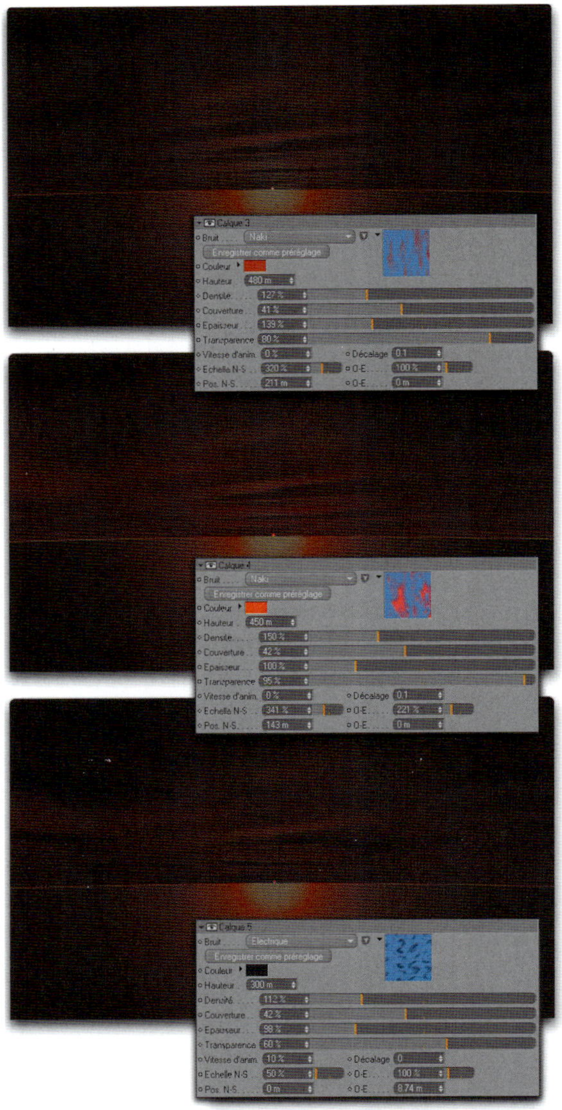


**Figure 3.157 :** *Les calques 3, 4 et 5.*

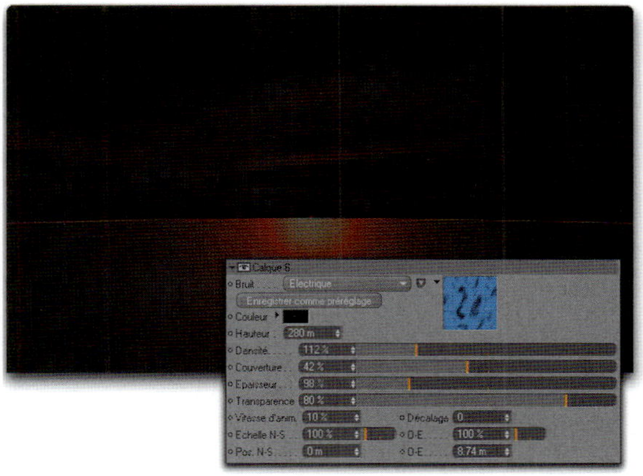


*Figure 3.158 :* Le dernier calque.

Pour le calque 5, choisissez donc ce bruit ainsi qu'un bleu très foncé. Déplacez aussi légèrement les nuages dans le sens nord-sud. Comme la hauteur spécifiée ici est nettement inférieure à celle des autres calques, les premières couvertures nuageuses sont partiellement recouvertes, comme vous le voyez au bas de la Figure 3.157.

Le dernier calque introduit une couche de nuages un peu moins haute qui est dimensionnée au maximum dans les deux directions. Ses paramètres et le résultat obtenu sont illustrés à la Figure 3.158.

## Création de fichiers de texture

À ce stade, notre scène pourrait déjà accueillir la voiture et l'éclairage associé, mais j'aimerais en profiter pour vous présenter une approche un peu différente qui implique la création de fichiers de texture à partir de matériaux existants.

Cette fonctionnalité, dénommée *texture baking* en anglais (ou *conformation de texture* dans le logiciel), a pour principe de calculer les propriétés d'un matériau, telles celles d'ombrage de la surface et/ou de réflexion, et de les enregistrer sous la forme d'une image. L'avantage est que cette image peut ensuite être chargée dans le canal Luminescence d'un matériau, par exemple, et être appliquée au même objet ou à un autre.

Des propriétés de surface coûteuses en temps de calcul peuvent ainsi être chargées en tant qu'image, accélérant considérablement le rendu de l'objet. C'est notamment très utile pour les animations lorsque de très nombreuses images d'un objet doivent être calculées.

Pour pouvoir créer une telle image à partir de notre panorama, nous avons besoin d'un objet qui interagisse avec le ciel. Invoquez par exemple une primitive Sphère et appliquez-lui un matériau ne possédant que des propriétés de réflexion. Le ciel se reflétant sur la surface de l'objet, celle-ci donnera à voir une copie exacte du ciel tout entier.

Sélectionnez ensuite la sphère ainsi que sa propriété Texture dans le gestionnaire d'objets et invoquez la commande Conformer la texture du menu Rendu. Apparaît alors une propriété Conformer la texture, avec de nombreux paramètres associés dans le gestionnaire d'attributs.

Dans la rubrique Options, commencez par sélectionner les propriétés du matériau qui doivent être calculées sous la forme d'une image. Dans notre cas, seules les propriétés de réflexion de la sphère nous intéressent. Cochez donc l'option correspondante.

Dans la rubrique Propriété, indiquez la taille de l'image au moyen des paramètres Largeur et Hauteur. Il convient également de spécifier son format. Quantité d'options sont proposées, certaines connues et d'autres moins, telles que Radiance (HDR).

Le format HDR (*High Dynamic Range*) permet d'enregistrer des images dont la profondeur de couleur est très élevée et constitue l'option de choix pour représenter des situations d'éclairage sans perte

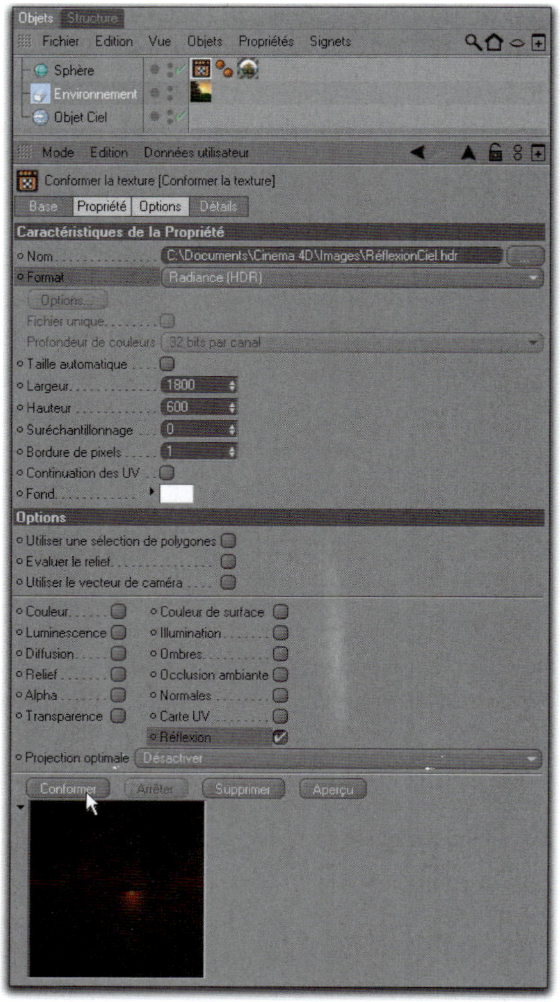


*Figure 3.159 : La propriété Conformer la texture.*

de qualité. Il convient donc parfaitement pour la simulation de réflexions et de lumières. Il existe d'ailleurs de nombreux fournisseurs professionnels d'images HDR.

Les images HDR reproduisent en fait les volumes 3D grâce à leur très haute résolution. Elles sont typiquement constituées de nombreuses autres images ou photos qui couvrent chacune une plage distincte de valeurs de luminosité et qui sont combinées dans un logiciel comme Photoshop, par exemple.

CINEMA 4D nous simplifie les choses puisqu'il peut calculer lui-même des images d'une telle résolution et est donc capable d'enregistrer dans ce format n'importe quelle image rendue. Choisissez simplement l'option Radiance (HDR) dans la rubrique Enregistrement de ses préférences de rendu.

Le seul inconvénient de ces images est qu'elles ne sont pas gérables par tous les programmes de traitement graphique en raison de leur profondeur de couleur. Elles se destinent d'ailleurs uniquement à un traitement subséquent ou à la composition, mais cela ne nous concerne pas ici.

Après avoir spécifié un chemin approprié dans la propriété Conformer la texture, vous pouvez commencer l'enregistrement des caractéristiques de réflexion de la sphère en cliquant sur le bouton Conformer de la rubrique Options (voir Figure 3.159).

Une petite vignette d'aperçu illustre l'avancée du calcul. À l'issue de l'opération, vous trouverez l'image enregistrée dans le répertoire indiqué. Si vous disposez d'une version récente de Photoshop, ouvrez-y l'image pour pouvoir l'observer de plus près.

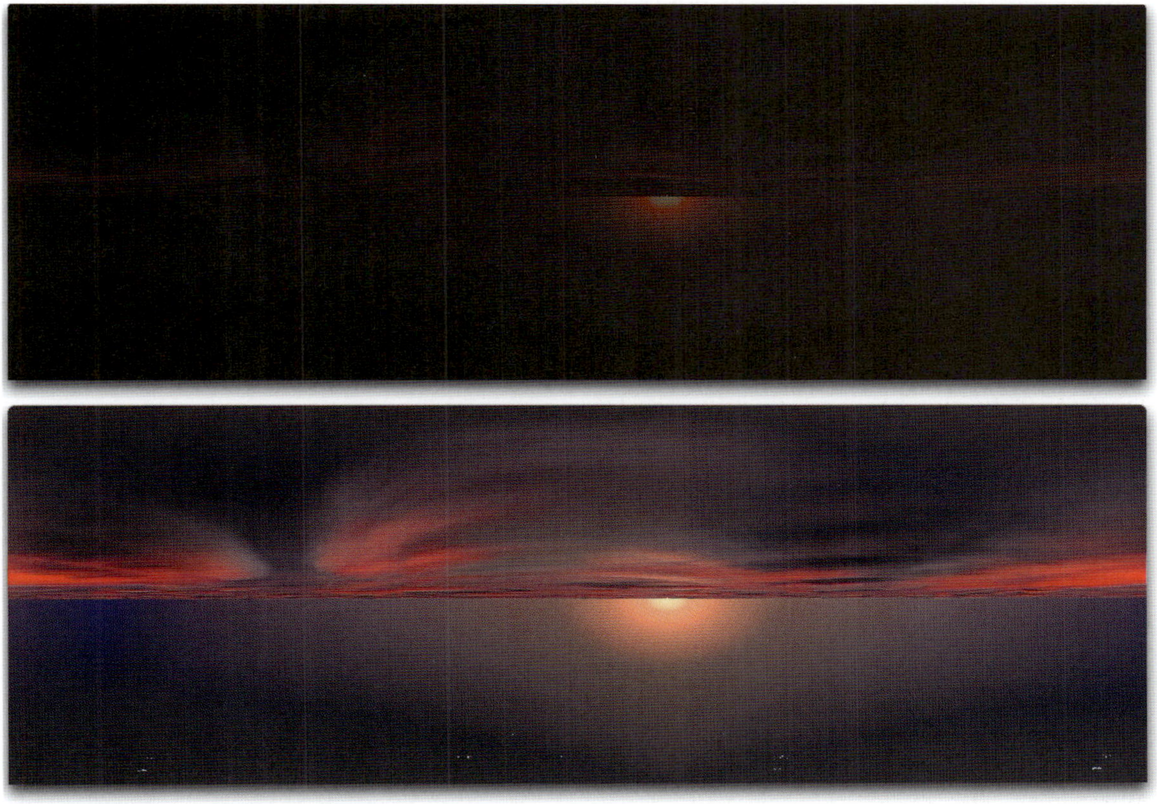

***Figure 3.160 :*** *Manipulation d'une image HDR.*

À première vue, elle ressemble à une image normale sur 24 bits avec 8 bits par couche. C'est seulement lorsque vous utilisez des outils comme ceux de correction de l'exposition de Photoshop pour modifier la courbe Gamma ou la luminosité de l'image que l'intérêt de ce format devient évident.

Comme le montre la Figure 3.160, même des modifications extrêmes de la luminosité ou du contraste n'affectent pas vraiment l'image. Ces propriétés conservent un rapport équilibré.

La vue du haut présente l'image HDR de notre ciel générée à partir de la sphère par CINEMA 4D. Celle du bas correspond à la même image après modification de ses paramètres d'exposition dans Photoshop.

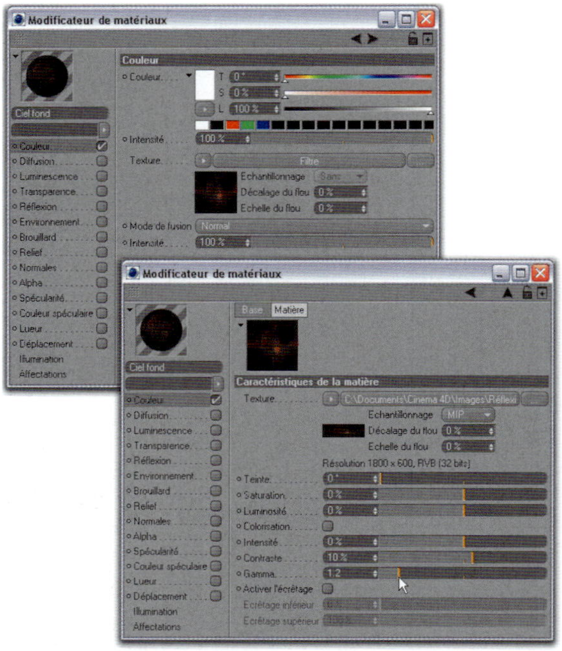


*Figure 3.161 : Le matériau du ciel visible.*

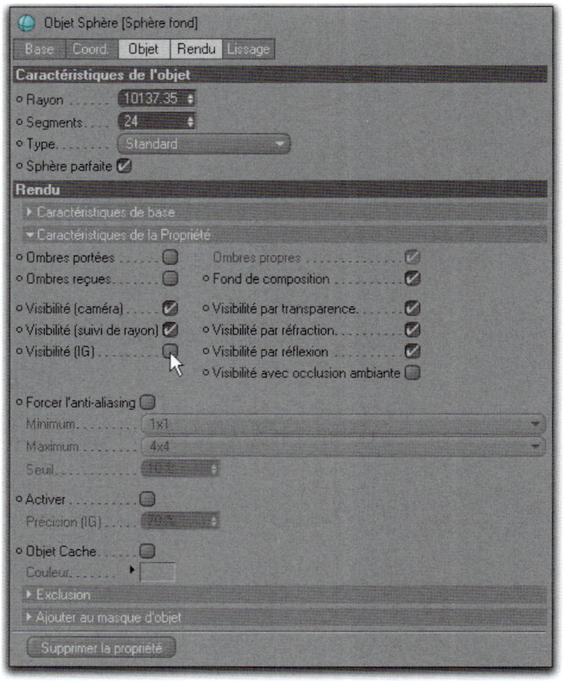


*Figure 3.162 : Préférences de rendu de la sphère.*

## Éclairage à l'aide d'images

Un aspect fascinant des images HDR est qu'elles peuvent reproduire une copie exacte d'une situation d'éclairage. Le soleil n'est pas limité à une luminosité de 100 % dans une telle image. À titre d'exemple, il peut atteindre une intensité de 10 000 % et rester ainsi cohérent avec la luminosité environnante lorsqu'il s'agit comme ici d'un ciel.

Dans CINEMA 4D, cette somme d'informations peut servir à créer directement des lumières ou à éclairer une scène. À ce propos, revenons à la nôtre pour y créer un matériau et charger dans son canal COULEUR l'image HDR du ciel.

Pour pouvoir mieux régler la luminosité et le contraste de l'image, chargez également le shader FILTRE dans ce canal. L'image qui s'y trouve déjà n'est pas supprimée mais automatiquement chargée dans le shader. Cela permet, entre autres, de modifier la luminosité de l'image via le paramètre GAMMA (voir Figure 3.161).

Ce matériau est censé servir d'arrière-plan, c'est-à-dire d'environnement visible, pour notre voiture. Aussi, créez une primitive SPHÈRE et définissez sa taille de sorte qu'elle englobe la voiture et le sol. Appliquez-lui ensuite le matériau, puis attribuez-lui une propriété RENDU via le menu PROPRIÉTÉS CINEMA 4D qui s'affiche lorsque vous cliquez droit sur l'objet dans le gestionnaire d'objets.

Comme nous prévoyons d'éclairer ultérieurement la scène par illumination globale (IG) – ce qui requiert le module Advanced Render –, mais aussi au moyen de sources de lumière normales, désactivez les options Ombres portées et Visibilité (IG), comme illustré à la Figure 3.162.

Le fait de désactiver l'option Visibilité (IG) empêche que le matériau de cette sphère n'émette de la lumière IG ou que la sphère ne projette des ombres IG. Sachez en effet que lorsque l'illumination globale est calculée pour une scène, les matériaux aussi peuvent générer de la lumière.

Il est ainsi possible d'utiliser les propriétés de luminescence d'une surface pour éclairer, par exemple, tous les objets voisins. Nous allons exploiter cette possibilité avec une seconde sphère qui doit être un peu plus grosse que la première. Attribuez-lui également une propriété Rendu dans laquelle vous désactiverez cette fois toutes les options sauf Visibilité (IG).

La surface de cette sphère servira ainsi uniquement à générer de la lumière et ne devra donc pas être visible dans des réflexions, en transparence ou encore dans le champ d'une caméra (voir Figure 3.163).

Créez un autre matériau et chargez-y l'image panoramique du ciel. Choisissez cette fois le canal Luminescence car il est capable de produire une luminosité uniforme indépendamment de l'éclairage de l'objet.

L'expérience prouve que la cohérence de l'éclairage ne dépend pas forcément de la taille ou de la résolution de l'image utilisée. Des images légèrement floues produisent d'ailleurs souvent de meilleurs résultats. Simulons cela en augmentant la valeur du paramètre Décalage du flou dans le canal Luminescence.

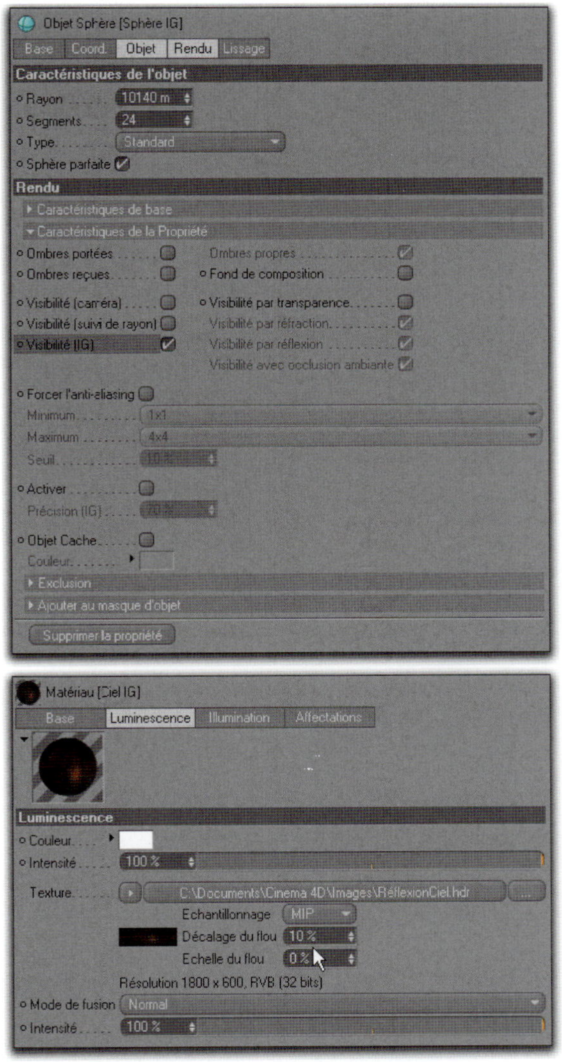


*Figure 3.163 : Matériau et paramétrage de la sphère IG.*

Tout est maintenant en place pour la création d'un éclairage IG et la représentation séparée de l'arrière-plan. L'affectation de chaque effet à une sphère distincte offre davantage de souplesse. Nous pourrions par exemple utiliser une tout autre image de fond pour l'éclairage ou pour l'arrière-plan visible, ou encore ajuster les propriétés d'une image au moyen du shader Filtre, comme nous l'avons fait ici.

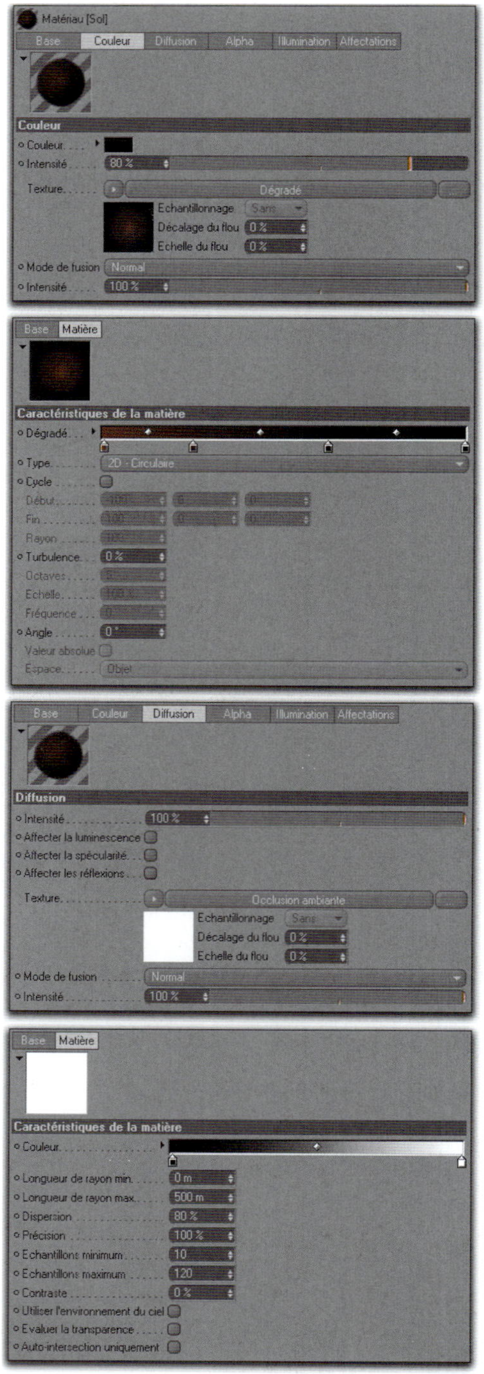


***Figure 3.164 :*** *Le matériau pour le sol.*

Venons-en au matériau du sol. Malgré la taille des sphères, la ligne d'horizon semble encore très proche de l'observateur. En réalité, elle est souvent moins apparente et recouverte de brume. Nous devons donc essayer d'adoucir la transition entre le sol et le ciel, ce qui peut se faire au moyen d'un nouveau matériau pour le sol (voir Figure 3.164).

Comme vous pouvez le voir, j'ai utilisé dans le canal Couleur un shader Dégradé circulaire pour créer une transition allant de tons chauds terreux à un violet sombre. Dans le canal Diffusion, le shader Occlusion ambiante sert à assombrir le sol sous la voiture.

Pour que la limite du sol se fonde davantage avec l'horizon, copiez dans le canal Alpha le shader Dégradé qui se trouve dans le canal Couleur et modifiez-le pour qu'il soit blanc jusqu'au milieu et se termine par du noir (voir Figure 3.165). L'augmentation de la valeur de Turbulence dans ce shader donne lieu à une transition moins régulière entre les valeurs de luminosité.

Pour terminer, vous devez indiquer dans les paramètres d'illumination comment le matériau doit réagir à l'illumination globale. L'intensité du paramètre Générer l'IG détermine la quantité de lumière qui sera renvoyée par le matériau.

Le paramètre Recevoir l'IG contrôle le degré d'éclaircissement du matériau sous l'effet de la lumière IG reçue. Étant donné que le sol doit rester plutôt sombre, ramenez son intensité à 60 %.

Le paramètre Saturation indique le degré de saturation de la lumière IG incidente, permettant de limiter la coloration de l'objet sous l'effet de la lumière colorée. La surface conservera alors sa couleur et ne pourra, dans des cas extrêmes, qu'être éclaircie.

Appliquez ce matériau au sol. Si vous ne disposez encore d'aucun objet pour le représenter, créez un simple plan quadrangulaire ou un polygone sous la voiture et agrandissez-le dans toutes les directions jusqu'à ce qu'il atteigne l'horizon.

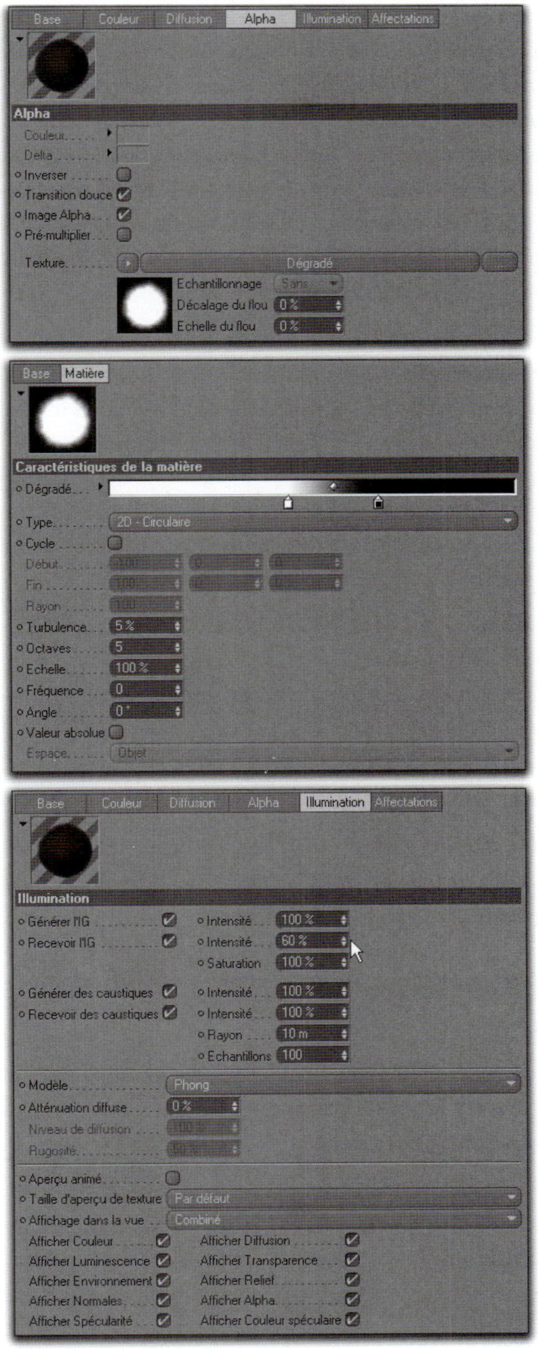


*Figure 3.165 : Le matériau pour le sol (suite).*

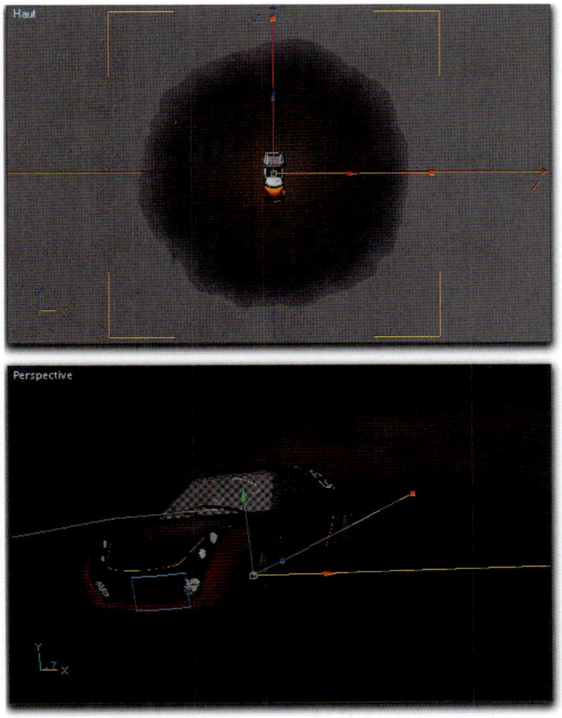


*Figure 3.166 : La scène terminée.*

Évitez d'employer l'objet Sol de CINEMA 4D car il s'étend automatiquement jusqu'à l'horizon de la scène et est moins facile à extruder précisément. Une fois le matériau appliqué à votre sol, vous devriez obtenir un résultat semblable à la première vue de la Figure 3.166. Les sphères ont été masquées pour plus de clarté. Dans la seconde vue, vous pouvez voir la direction choisie pour la caméra.

Cette figure met en évidence un autre avantage des fichiers de texture crées par vos soins. Contrairement à l'objet Ciel, les sphères peuvent être pivotées pour présenter à la caméra une partie spécifique du ciel. Vous devez veiller à les orienter pareillement pour que le calcul de l'illumination globale concorde avec la position du soleil dans l'image d'arrière-plan.

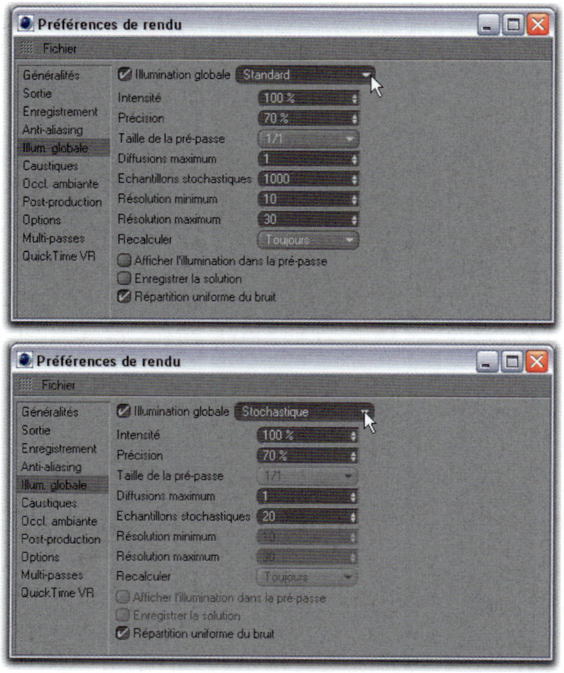


*Figure 3.167 : Paramètres d'illumination globale.*

## *Illumination globale*

Tant que l'illumination globale n'a pas été activée *via* l'option de même nom dans les préférences de rendu (voir Figure 3.167), les préparatifs entrepris à cet effet ainsi que les paramètres associés configurés dans les matériaux restent sans effet sur l'illumination de la scène. Pour calculer l'illumination globale, deux méthodes principales sont disponibles : Standard et Stochastique.

Avant de les examiner, il importe que vous compreniez en quoi consiste l'illumination globale. Jusqu'à présent, nous avons utilisé des sources de lumière pour éclairer directement des objets. Les rayons lumineux tombent dans ce cas droit sur la surface et l'éclaircissent.

En réalité, toute lumière incidente subit une dispersion après avoir touché une surface, ses rayons étant alors projetés sur les objets environnants. Prenons comme exemple une petite pièce avec une fenêtre. Conformément aux règles d'illumination classique, la lumière envoyée à travers la fenêtre par une source placée derrière représentant le soleil s'arrêterait au sol de la pièce, toucherait éventuellement aussi une partie du mur situé en face, laissant le reste de la pièce dans l'obscurité.

Or, on sait bien que la lumière du soleil au sol se refléterait normalement sur le plafond et, de là, peut-être aussi sur un mur, et ainsi de suite. La pièce entière serait ainsi baignée de lumière. L'illumination globale pallie le comportement normal des sources de lumière 3D en ce qu'elle réfléchit la lumière incidente d'une surface vers d'autres objets.

Comme ce type de dispersion génère des rayons lumineux en très grand nombre, des mécanismes sont nécessaires pour garantir un temps de calcul raisonnable. Certains paramètres permettent justement de contrôler la quantité de réflexions et de rayons lumineux.

Après ce bref exposé, nous pouvons aborder l'examen des deux modes de calcul précités, en commençant par le mode Stochastique.

### ➤ Mode Stochastique

Dans ce mode, les options de configuration sont moins nombreuses. Comme son nom l'indique, le paramètre Intensité contrôle l'intensité de l'illumination globale. Des valeurs élevées éclaircissent davantage l'image.

Le paramètre Précision définit le nombre d'échantillons qui sont calculés dans la scène. Il faut comprendre par là le nombre de calculs de test nécessaires pour évaluer la situation d'éclairage. Une interpolation intervient ensuite entre ces valeurs lors du rendu de l'image.

Une quantité importante d'échantillons permet de simuler plus précisément le jeu des réflexions lumineuses, mais accroît aussi le temps de calcul. Une précision entre 40 et 80 % garantit généralement un résultat satisfaisant dans un délai correct.

Le paramètre Diffusions maximum détermine le nombre de réflexions qui sont calculées pour un rayon lumineux. Pour reprendre l'exemple de la pièce éclairée à travers la fenêtre, une valeur nulle pour ce paramètre indique de prendre en compte uniquement la source lumineuse normale lors du calcul. La lumière tombe sur le sol et s'y arrête.

Une valeur de 1 améliore déjà le résultat puisque les rayons lumineux rebondissent sur le sol pour aller toucher d'autres éléments. Plus la valeur est élevée, plus le nombre d'éléments touchés par un même rayon augmente, et le temps de calcul avec. Le plus souvent, il vaut mieux privilégier une valeur faible et compléter l'illumination globale avec des sources normales.

Le paramètre Échantillons stochastiques définit le nombre de rayons d'exploration émis pour chaque pixel de l'image afin de collecter les valeurs de luminosité et de couleur environnantes. Plus ces rayons sont nombreux, plus l'illumination calculée pour les pixels est exacte.

Ces rayons d'exploration sont également coûteux en temps de calcul. C'est particulièrement vrai pour le mode Stochastique qui utilise une méthode de calcul moins bien adaptée à la forme de l'objet que le mode Standard.

Chaque point étant traité ici de la même manière, vous n'avez d'autre choix que d'utiliser un faible nombre de rayons. Une valeur entre 10 et 50 peut être envisagée. Le plus souvent, cela ne permet cependant pas d'obtenir une image nette et exempte de bruit. Lorsqu'une animation doit être calculée avec l'illumination globale activée, le bruit est recalculé pour chaque image et peut finir par se voir.

***Figure 3.168 :*** *Représentation de test pendant la pré-passe.*

L'option Répartition uniforme du bruit fait en sorte de répartir uniformément les rayons stochastiques entre les images et peut donc atténuer le bruit. Elle ne concerne toutefois que les animations et n'influe aucunement sur le résultat du calcul d'images fixes.

### ➤ Mode Standard

Dans ce mode, le logiciel effectue une pré-passe additionnelle pour évaluer la scène et établir des échantillons correspondant à ses paramètres (voir Figure 3.168). Lors du rendu de l'image, les échantillons sont lus et interpolés pour calculer la répartition de la lumière.

Étant donné que l'exactitude de la pré-passe dépend de la taille de l'image, accordez sa taille à l'image au moyen du paramètre Taille de la pré-passe. L'option 1/1 produit le meilleur résultat car la pré-passe possède alors la même taille. Pour accélérer le calcul, une valeur inférieure peut néanmoins être sélectionnée. L'interpolation palliera en partie la perte d'informations d'échantillonnage résultante. En principe, il est préférable d'opter pour une taille la plus conforme possible à l'image et de réduire la valeur de ce paramètre uniquement lors des calculs de test.

Comme dans l'autre mode, la précision du calcul est également définie par le paramètre Précision. La différence est qu'il peut ici être adapté à la complexité des surfaces grâce aux paramètres Résolution minimum et Résolution maximum. Le premier indique le nombre d'échantillons pour les surfaces simples. Les zones au niveau desquelles des objets se rapprochent ou sur lesquelles des objets projettent mutuellement des ombres sont considérées comme des surfaces complexes et sont soumises au second paramètre.

Ce système ressemble à celui utilisé pour les réflexions diffuses. La valeur de Précision donne le nombre de pixels censés servir d'échantillons et les valeurs de Résolution donnent le nombre d'échantillons calculés pour chaque pixel.

Ce type d'optimisation du nombre d'échantillons autorise une quantité bien plus importante d'Échantillons stochastiques que le mode Stochastique. Le calcul dans le mode Standard produit donc généralement un résultat exempt de bruit et de meilleure qualité. Il faut en revanche davantage d'expérience et de calculs de test pour parvenir à trouver les valeurs appropriées pour tous les paramètres.

Deux options supplémentaires relatives à la pré-passe sont disponibles au bas de la fenêtre de préférences dans le mode Standard. L'option Enregistrer la solution permet de stocker la pré-passe sur disque pour éviter d'avoir à en recréer une pour chaque calcul d'image. C'est utile surtout lorsqu'aucune modification n'est apportée aux objets, aux caméras et aux jeux de lumières entre deux tests.

Dans ce cas, utilisez cette option en conjonction avec l'entrée Première fois du menu Recalculer. La pré-passe est enregistrée lors du premier calcul seulement et est rechargée automatiquement à partir du disque dur pour tous les autres tests. Avec l'entrée Toujours, elle est toujours recalculée, qu'il en existe ou non une sur le disque. Et avec l'entrée Jamais, le logiciel recherche systématiquement une pré-passe enregistrée et génère un message d'erreur s'il n'en trouve pas.

Pour obtenir une idée de l'éclairage de la scène pendant le calcul de la pré-passe, vous pouvez cocher l'option Afficher l'illumination dans la pré-passe. Vous verrez alors non seulement l'effet de l'illumination globale mais aussi celui des sources de lumière normales. Lors des tests, cela vous évite de devoir patienter jusqu'à la fin du rendu pour déterminer si la luminosité de la scène est correcte.

Les autres paramètres fonctionnent comme dans le mode stochastique.

## ➤ Préalables au calcul de l'illumination globale

Outre les paramètres précités, il est également possible de contrôler l'illumination globale individuellement pour chaque matériau par le biais de ses paramètres d'illumination. Vous connaissez déjà les paramètres Générer l'IG et Recevoir l'IG (voir Figure 3.169).

Pour accentuer le rayonnement lumineux de notre ciel IG, il faut spécifier pour le paramètre Générer l'IG une intensité supérieure à 100 %, en l'occurrence 400 %. La réception de lumière IG pour cette sphère ne présente aucun intérêt, aussi le paramètre correspondant peut-il être désactivé.

Le matériau du ciel visible ne doit lui ni générer ni recevoir de lumière IG. Désactivez donc ces deux paramètres pour accélérer le calcul de l'illumination globale. Cela n'est toutefois possible que si l'option Fond de composition de la propriété Rendu de cette sphère est activée. C'est le seul moyen d'empêcher que la lumière incidente n'influe sur l'ombrage de la surface. Les propriétés de couleur du matériau donneront alors à la sphère un aspect luminescent.

En supposant que cette option soit décochée, il faudrait assurer l'éclairage de la sphère au moyen d'une lumière dédiée car il n'y a pas d'autre source de dispo-

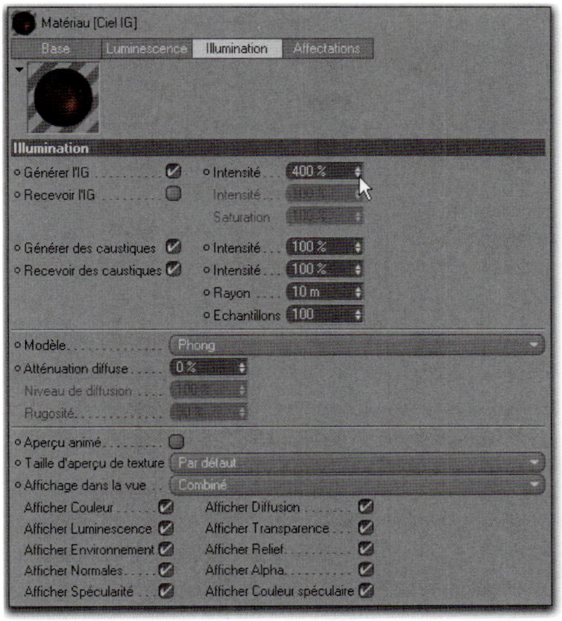


*Figure 3.169 : Les paramètres d'illumination pour le matériau du ciel IG.*

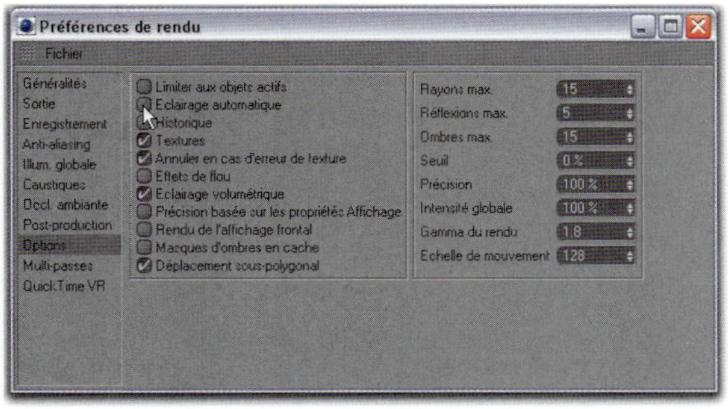


*Figure 3.170 : Désactivation de la lumière par défaut.*

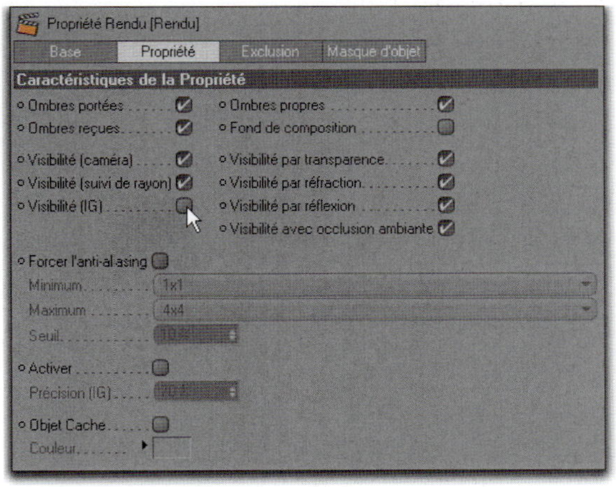


*Figure 3.171 : La propriété Rendu de la voiture.*

nible dans la scène. Cela n'est néanmoins pas entièrement vrai puisque l'objet serait quand même éclairé par la lumière par défaut de CINEMA 4D qui est activée d'emblée. Cette source étant également prise en compte dans le calcul de l'illumination globale, elle s'ajoute à l'illumination de la scène tant qu'aucune autre lumière n'est mise en place.

Lorsqu'il s'agit de créer un éclairage exclusivement à base de matériaux luminescents, comme c'est le cas ici, cette lumière par défaut peut être problématique. Pour la désactiver, décochez l'option Éclairage automatique dans la rubrique Options des préférences de rendu (voir Figure 3.170).

Ensuite, créez une propriété Rendu et assignez-la à un objet neutre dans lequel vous aurez regroupé tous les objets qui composent la voiture. Désactivez l'option Visibilité (IG) de cette propriété (voir Figure 3.171) pour éviter que la voiture ne projette des ombres IG sur le sol. Le shader Occlusion ambiante dans le matériau du sol se charge déjà de cela, de manière plus efficace d'ailleurs, aussi n'avons-nous pas besoin d'ombres additionnelles.

Figure 3.172 : Comparaison des modes Standard et Stochastique.

L'éclairage de la voiture par le biais de l'illumination globale ne sera ainsi pas influencé.

À ce stade, nous avons pris toutes les précautions nécessaires et pouvons effectuer un premier calcul de test de la voiture. Commençons avec le mode Stochastique qui est plus simple d'emploi en utilisant la valeur 20 pour Échantillons stochastiques et la valeur 1 pour Diffusions maximum.

Essayez ensuite avec le mode Standard en utilisant les valeurs 10 et 30 respectivement pour Résolution minimum et Résolution maximum et la valeur 1000 pour Échantillons stochastiques. Le résultat est présenté en haut de la Figure 3.172. La seconde vue illustre le résultat du mode Stochastique. Si le temps de calcul est ici à peu près le même, vous pouvez constater que l'image produite par le mode Standard est dénuée de bruit.

L'intensité de l'illumination peut être contrôlée *via* le matériau rayonnant du ciel et son paramètre Générer l'IG, ou sinon par le paramètre Intensité des préférences de rendu. Par ailleurs, remarquez la lumière projetée par le matériau des phares. Elle pourrait presque servir à éclairer des objets placés devant.

Les valeurs de Résolution minimum et Résolution maximum dans les préférences de rendu doivent être déterminées à partir de tests. Commencez avec une même valeur pour les deux paramètres, puis augmentez-les progressivement jusqu'à obtenir le résultat souhaité. La résolution minimale peut ensuite être triplée, un rapport de 1 à 3 étant généralement suffisant.

Un des rares inconvénients de l'illumination globale est qu'elle ne permet pas de créer des reflets très convaincants. Bien que l'on puisse remédier à cela en adaptant les propriétés de réflexion de la laque et le ciel qui s'y reflète, augmenter plutôt la brillance et la luminosité de la voiture ne peut certainement pas lui nuire.

Pour compléter la scène dans ce sens, nous allons y introduire deux nouvelles sources de lumière de type Éclairage de surface. Positionnez la première du côté de la voiture où la lumière décroissante du soleil doit tomber. En cas de doute, orientez-vous d'après la position du soleil dans le matériau de la sphère du ciel.

Attribuez ensuite à cette lumière des ombres adaptatives pour que la voiture projette sur le sol une ombre appropriée. Choisissez comme forme un gros Disque, qui se reflétera dans la voiture grâce à l'option Afficher dans les réflexions. La Figure 3.173 présente les paramètres de cette source ainsi que son angle de vue.

Créez la seconde source et placez-la de l'autre côté de la voiture. Étant donné qu'elle doit renforcer l'éclairage diffus provenant du ciel, donnez-lui une teinte bleue. Cette lumière ne requiert ni ombre ni réflexion. Il convient en outre de réduire son effet dans l'autre partie de la scène. Pour cela, utilisez une atténuation Linéaire et définissez son rayon de façon que l'inten-

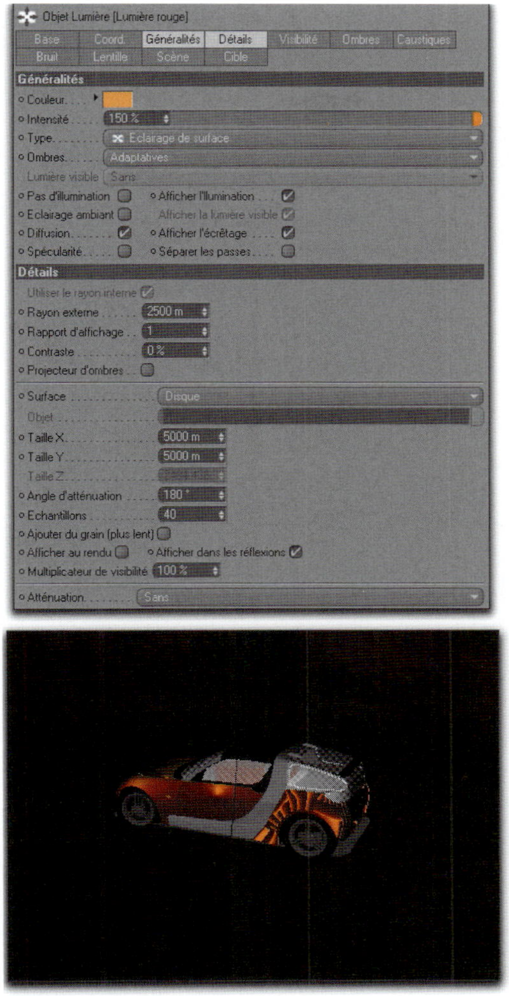


*Figure 3.173 :* *La lumière du soleil.*

sité lumineuse soit constante jusqu'au milieu de la sphère du ciel, c'est-à-dire jusqu'à la voiture, puis commence à décroître pour tomber à 0 arrivée à l'horizon opposé (voir Figure 3.174).

Cela permet d'éviter que le sol devant la caméra ne soit trop éclairé et teinté de ce fait en bleu. Naturellement, vous devez également veiller à ce que les deux sources de lumière soient contenues dans la sphère. C'est très

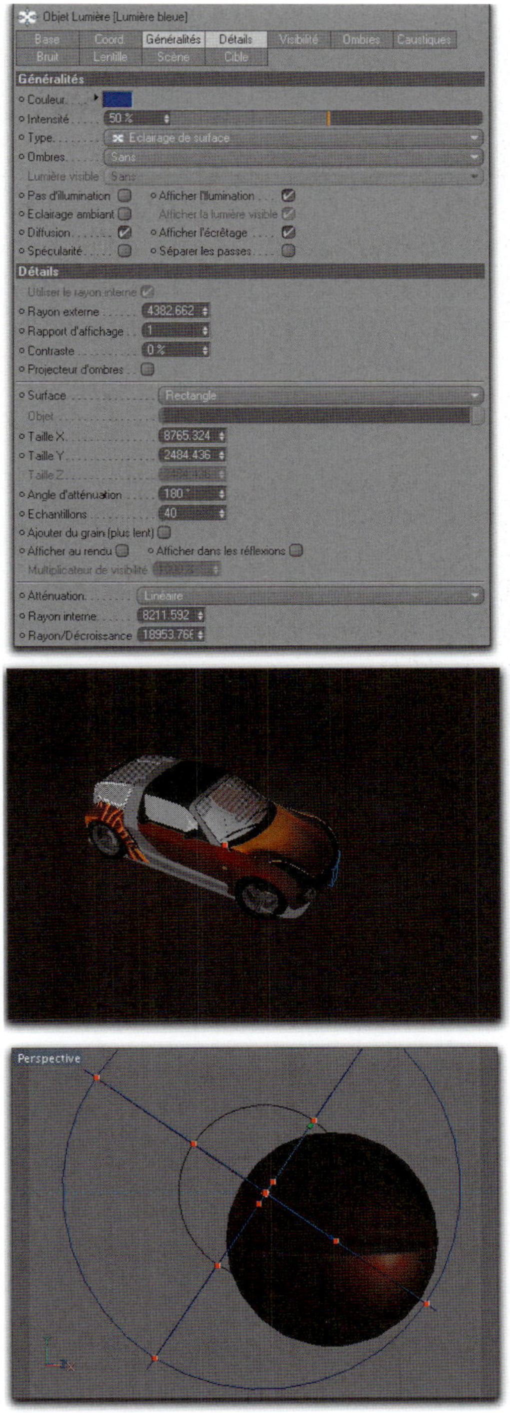


*Figure 3.174 :* *La lumière du ciel.*

**Figure 3.175 :** *La scène terminée.*

important pour la lumière solaire qui projette des ombres. Selon l'intensité de cette lumière, le résultat pourrait ressembler à celui de la Figure 3.175.

Remarquez à quel point l'illumination globale et l'éclairage classique se complètent bien. Cette combinaison permet notamment d'obtenir des résultats très réalistes pour les scènes d'extérieur, mais il faut alors avoir conscience du temps requis pour le calcul de l'illumination globale. L'emploi conjoint de lumières de surface et du shader Occlusion ambiante offre aussi une très bonne qualité et peut même souvent servir à simuler le calcul de l'illumination globale.

Avant de passer au chapitre suivant du livre, je vous invite à faire un détour par les ateliers sur CD-ROM. Vous y trouverez notamment un chapitre de bonus et un film pour parfaire vos acquis en matière d'utilisation de modèles de référence et de modélisation de personnages.

# Animation

Vous avez acquis au fil des chapitres précédents de solides connaissances sur la modélisation, le texturage, l'éclairage, et le rendu. Le thème de l'animation avait été mis de côté jusqu'à présent.

Les fonctionnalités sous-jacentes à l'animation d'objets sont très rapidement expliquées, et faciles à saisir. En revanche, créer une animation de qualité est une autre affaire, car l'expérience joue ici un rôle décisif.

Ne vous laissez toutefois pas impressionner, l'animation représente l'un des aspects les plus fascinants du travail avec des logiciels 3D.

## Notions fondamentales

Avant d'aborder le thème des outils d'animation, intéressons-nous au préalable aux termes qu'il est important de connaître. Chaque animation se compose d'une série d'images fixes, et le nombre d'images lues par seconde participe à donner une impression de fluidité des mouvements lors de la lecture.

Différents standards ont été établis pour les médias les plus courants avec un nombre d'images/s différent qu'il faut respecter. Le système PAL transmet ainsi 25 images/s, le système NTSC, 30, et la pellicule cinématographique défile à une vitesse de 24 images/s. Les nouveaux médias, comme Internet avec ses divers formats, ne sont pas aussi déterminés. L'objectif étant là plutôt d'optimiser le plus possible les débits de données, la vitesse de défilement varie entre 10 et 15 images/s.

La conversion entre des formats n'utilisant pas la même vitesse de défilement reste possible, mais il peut se produire des saccades, surtout lorsque le format cible utilise une vitesse plus élevée.

Quoi qu'il en soit, il est recommandé, avant même d'entamer le processus de création dans CINEMA 4D, de configurer dans le menu ÉDITION > PRÉFÉRENCES DU PROJET la vitesse de défilement ciblée pour l'animation (dans le champ TAUX D'IMAGES).

Pour ne pas avoir à animer et intégrer chaque image individuelle dans une scène donnée, comme c'est le cas dans un dessin animé, CINEMA 4D utilise le concept d'image-clé, ou *keyframe*. Une image-clé peut être vue comme un petit ensemble de données qui, à un instant précis, mémorise divers paramètres, par exemple, l'intensité lumineuse d'une source d'éclairage ou la position d'un objet.

Si l'on mémorise plusieurs états de paramètres ou d'objets en tant qu'images-clés, on peut faire appel à l'interpolation durant l'intervalle de temps entre les images-clés.

Les valeurs des images-clés sont alors lentement comparées, et il s'ensuit une animation des valeurs d'images-clés.

L'interpolation peut être affichée graphiquement sous forme de courbe et contrôlée par l'intermédiaire de tangentes. Il devient alors possible, par exemple, de contrôler individuellement la ligne de déplacement d'un objet, même entre deux images-clés.

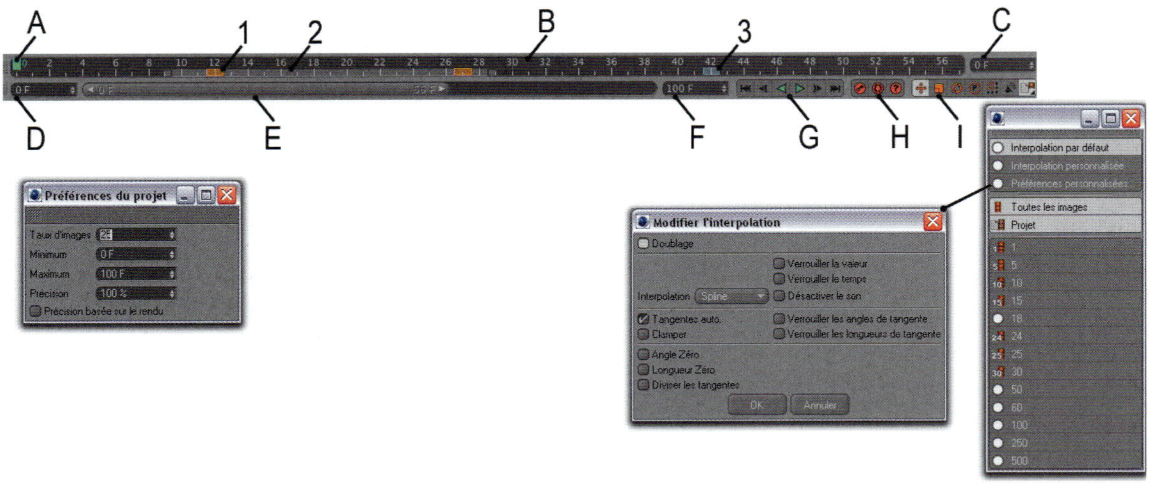


***Figure 4.1 :*** *Le powerslider.*

# Le powerslider

Il existe des gestionnaires spécialisés pour gérer les interpolations et les images-clés, mais beaucoup d'animations simples peuvent être contrôlées à partir de l'interface standard de CINEMA 4D au moyen du *powerslider*.

Le powerslider est la barre de contrôle figurant sous la zone des vues, et que vous pouvez voir dans la Figure 4.1. Nous allons passer brièvement en revue ses éléments les plus importants.

Nous avons déjà dit précédemment qu'il valait mieux configurer la vitesse de défilement dans la fenêtre PRÉFÉRENCES DU PROJET, avant même de créer l'animation. Cette fenêtre est aussi visible dans la figure.

Outre ce paramètre, deux autres valeurs jouent un rôle important, MINIMUM et MAXIMUM, puisqu'elles définissent la durée de l'animation. Par exemple, avec 0 et 100, respectivement, et une vitesse de défilement de 25 images/s, votre animation durera 4 secondes. Vous augmenterez généralement le nombre d'images maximal pour avoir plus de place pour vos images-clés.

Comme ces valeurs peuvent aussi être modifiées ultérieurement, vous n'avez pas à décider dès le début de la longueur de votre film.

Il est en outre possible de configurer séparément la zone à rendre dans la fenêtre PRÉFÉRENCES DE RENDU, aussi peut-on sans problème ne calculer qu'une partie de la scène en tant qu'animation.

La durée dont vous disposez pour votre animation n'est pas seulement configurable dans les préférences du projet, mais aussi par l'intermédiaire des champs repérés par les lettres **D** et **F** dans la figure.

La zone située entre ces valeurs minimale et maximale (repère **E**) est aussi contrôlable à volonté au moyen des petites flèches, et peut aussi être définie par déplacement avec un clic maintenu de la souris. Elle influe sur le niveau de détail de la zone des positions d'image repérée par la lettre **B**.

La position en cours de l'animation est identifiée sur la ligne de temps par le curseur vert (repère A), et en tant que numéro d'image dans la zone du numéro d'image (repère C). Ce curseur peut être positionné avec précision avec la souris ou en indiquant une valeur.

Si vous appuyez sur la touche Alt pendant le déplacement du curseur, sa position changera sans entraîner d'actualisation dans les vues de l'éditeur. Les objets déjà animés garderont leur position actuelle.

Si les paramètres d'un objet sélectionné sont enregistrés en tant qu'image-clé, vous le reconnaîtrez à l'apparition dans le powerslider d'une balise d'image-clé rectangulaire (repère 3).

## Manipulation des images-clés

Pour déplacer une seule image-clé, il suffit de la bouger d'un clic maintenu. Si vous voulez réaliser une action sur plusieurs images-clés, il faut les sélectionner au préalable en déplaçant la souris après un clic maintenu, ce qui produit une marque de sélection rectangulaire (voir repère 2 dans la Figure 4.1).

Les images-clés incluses dans une sélection sont affichées en orange (voir repère 1). Pour en supprimer une, appuyez sur la touche Suppr. Vous pouvez leur appliquer les commandes d'édition habituelles, Couper, Copier et Coller, qui peuvent être invoquées d'un clic droit dans le powerslider. Une marque de sélection entière avec ses images-clés peut aussi être très simplement déplacée d'un clic maintenu.

Le rectangle de sélection comporte des extrémités légèrement décalées. Si vous tirez dessus vers la gauche ou la droite, vous changez l'écart qui sépare les images-clés englobées par la sélection, et l'animation en sera accélérée ou ralentie à cet endroit.

Si vous maintenez la touche Maj appuyée pendant le déplacement d'une sélection, celle-ci peut être placée ailleurs sur la ligne de temps sans que les images-clés ne bougent.

En revanche, si vous utilisez la touche Maj en manipulant l'une des extrémités du rectangle de sélection, ou le curseur de temps, ceux-ci sautent directement sur la position de l'image-clé suivante. Dans le cas du curseur, la touche ne doit être activée qu'après le début du déplacement.

## Génération de nouvelles images-clés

Il y a plusieurs façons de générer une animation avec des images-clés. S'il s'agit simplement de bouger un cube, de le tourner ou de changer ses dimensions, utilisez d'abord l'un des trois premiers boutons du groupe d'icônes repéré par la lettre I – vous les reconnaîtrez puisqu'ils servent respectivement à l'enregistrement du déplacement, de la rotation et du dimensionnement de l'objet sélectionné –, puis cliquez sur l'icône rouge figurant une clé (repère H) pour générer une nouvelle image-clé.

Par exemple, si vous devez enregistrer la position actuelle d'un objet, cliquez successivement sur l'icône d'enregistrement de position et sur la clé. Vous générez alors une nouvelle image-clé pour l'objet sélectionné à l'emplacement du curseur de temps.

Vous pouvez aussi créer en même temps plusieurs types d'images-clés en cliquant sur plusieurs boutons de ce groupe d'icônes.

Une autre manière plus souple de créer une image-clé est d'activer la touche Ctrl et de cliquer en même temps dans la ligne de temps. Il est ainsi possible d'en créer une ailleurs que sur l'emplacement du curseur de temps.

La nouvelle image-clé reçoit automatiquement la valeur interpolée des images-clés voisines, pour autant qu'il y en ait.

L'animation elle-même ne change pas dans ce cas, mais vous disposez d'un contrôle supplémentaire sur l'interpolation, notamment du fait de l'apparition des tangentes de la nouvelle image-clé. Nous clarifierons cela à l'aide d'un exemple.

Outre les icônes les plus utilisées – pour la position, la rotation et le dimensionnement –, il est possible d'enregistrer une image-clé paramétrique ou une image-clé PLA (*Point-Level Animation*).

L'enregistrement de paramètres avec l'icône figurant un P est rarement utilisé. Le plus souvent, on se sert plutôt du gestionnaire d'attributs pour réaliser cela. Nous reviendrons sur ce point.

Avec l'icône PLA (figurant un ensemble de points disposés en carré), vous avez la possibilité d'enregistrer les coordonnées de tous les points d'un objet et de l'animer ensuite en les déplaçant. Il s'ensuit naturellement une forte augmentation de l'occupation mémoire. Vous découvrirez plus loin d'autres méthodes de morphing plus efficaces.

L'icône figurant un haut-parleur active la lecture de pistes audio et n'a donc rien à voir avec la génération d'images-clés. Cette fonction est néanmoins très utile lorsqu'un mouvement doit être synchronisé avec de la musique ou du bruit.

## Naviguer au sein d'une animation

Nous avons déjà vu que le curseur de temps peut être déplacé le long de la ligne de temps. Il existe d'autres fonctions relatives à la navigation au sein d'une animation, accessibles au moyen du groupe d'icônes repéré par la lettre **G** dans la Figure 4.1.

Outre les habituelles fonctions que l'on retrouve dans n'importe quel lecteur, il est possible de lire une animation en sens inverse.

Selon la complexité des calculs à réaliser, il arrive que l'animation ne s'affiche pas aussi rapidement dans l'éditeur que lorsqu'elle est lue après son rendu dans un lecteur comme QuickTime ou le Media Player.

Vous pouvez dans ce cas indiquer une autre vitesse de défilement dans l'éditeur au moyen de l'icône située à l'extrême droite du powerslider. Elle provoque l'affichage d'une liste avec diverses options (voir Figure 4.1).

Les options Toutes les images et Projet sont activées par défaut. Cela entraîne la prise en charge par le logiciel du nombre d'images/s indiqué dans les Préférences du projet du menu Édition, à condition que la carte graphique puisse afficher suffisamment rapidement les données.

Si en raison de sa complexité, l'animation ne peut être lue avec la vitesse originale indiquée, l'option Toutes les images intervient et force le logiciel à afficher toutes les images de l'animation, même si la vitesse baisse. Si cette option est désactivée, le logiciel peut, en guise de mesure d'urgence, sauter des images individuelles pour respecter au moins le timing de l'animation.

Si vous voulez spécifier une vitesse de défilement spécifique pour la lecture dans l'éditeur, désactivez l'option Projet et sélectionnez une valeur dans la liste qui apparaît dessous.

La partie supérieure de cette liste concerne l'interpolation entre les images-clés. Si l'option Interpolation par défaut est active, le logiciel calcule automatiquement une transition douce entre les valeurs d'images-clés enregistrées.

Ce ne serait pas très utile si vous vouliez générer une animation mécanique, car les objets se meuvent alors souvent en ligne droite. Dans ce genre de situations, vous pouvez spécifier l'interpolation voulue en sélectionnant l'option Préférences personnalisées, ce qui invoque la fenêtre Modifier l'interpolation également visible dans la Figure 4.1. Pratiquement toutes les options proposées dans cette fenêtre peuvent être configurées individuellement pour chaque image-clé.

## *L'interpolation d'images-clés*

Commençons avec l'option de préservation du type d'interpolation disponible (localisée par Doublage). Si elle est active, une tangente qui est présente sur la courbe d'interpolation sera préservée lorsque l'image-clé est écrasée.

Le menu Interpolation permet de déterminer le type d'interpolation intervenant entre les images-clés. L'option Spline est comparable à la courbe de Bézier avec ses tangentes. Dans ce mode, vous pouvez intervenir individuellement sur la modification des valeurs entre les images-clés.

Il n'est pas toujours nécessaire de disposer d'autant de contrôle. Dans ce cas, l'option Linéaire apportera son concours pour obtenir une transition linéaire des valeurs entre les images-clés.

L'option Par étapes maintient la valeur d'une image-clé constante jusqu'à l'image-clé suivante, et modifie soudainement le paramètre animé lorsque l'image-clé suivante est atteinte.

Pour éviter les manipulations accidentelles dans l'animation lors de l'édition, utilisez les options Verrouiller la valeur et Verrouiller le temps afin de fixer la position temporelle d'une image-clé dans le powerslider ou pour empêcher le changement de la valeur enregistrée dans l'image-clé.

L'option d'abstention (localisée par Désactiver le son, sans doute une coquille de localisation) désactive totalement l'interpolation subséquente dans la ligne temporelle. Cette fonction est plutôt utile dans le cas d'une configuration individuelle d'image-clé, que nous aborderons plus loin.

Associée à l'option Spline, l'option Tangentes auto. crée automatiquement des tangentes sur la courbe d'interpolation pour générer une transition douce entre les valeurs animées. Si elle est désactivée, les tangentes peuvent être individuellement dimensionnées et ajustées.

L'option Clamper s'assure qu'il n'y aura pas d'interpolation lissée entre deux images-clés successives de même valeur. Cela prévient le fameux effet de dépassement de valeur. L'interpolation entre des images-clés de même valeur se déroule alors toujours linéairement.

Les options Verrouiller les angles de tangente et Verrouiller les longueurs de tangente protègent l'orientation et la longueur des tangentes contre toute modification involontaire.

L'option Angle Zéro met à l'horizontal toutes les tangentes. Longueur Zéro entraîne, lors de l'interpolation d'une spline, une transition linéaire des courbes d'interpolation entre images-clés. Diviser les tangentes permet le dimensionnement et l'orientation séparés des deux bras d'une tangente.

Pour que la configuration effectuée dans la fenêtre Modifier l'interpolation soit prise en compte pour les nouvelles images-clés, vous devez choisir Interpolation personnalisée. Sinon, l'option Interpolation par défaut continuera d'être utilisée.

Voilà pour ce qui est des éléments et options de l'interface consacrés à l'animation. Il ne nous reste plus qu'à passer à la pratique pour nous familiariser avec le powerslider et les images-clés. Nous allons modéliser un ballon avant de lui donner vie.

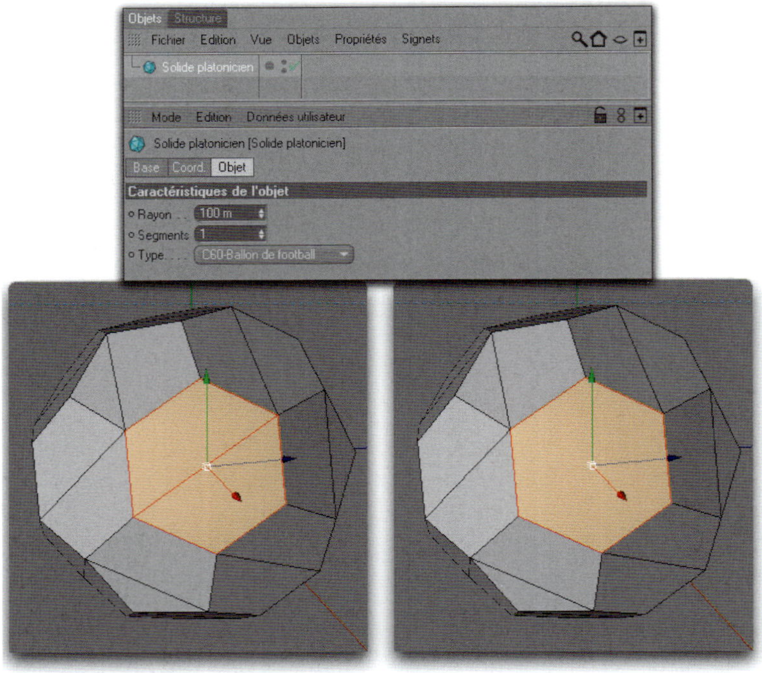


***Figure 4.2 :*** *Transformer un polygone en n-gone.*

## Modélisation d'un ballon

À partir d'un nouveau projet, générez un objet de base Solide platonicien que vous trouverez dans le menu de primitives. Dans le gestionnaire d'attributs, configurez le Type de l'objet sur C60 Ballon de football (voir Figure 4.2).

La surface de l'objet est alors composée de pentagones et d'hexagones, et se rapproche ainsi déjà de la forme de base d'un ballon de football. En préparation des étapes de travail à venir, convertissons ses faces en n-gones. Sélectionnez sur le ballon converti les deux polygones d'un patch, et appuyez successivement sur les touches U et Z. Vous pouvez sinon sélectionner Fusionner du menu Fonctions. La Figure 4.2 illustre cette étape.

Après avoir transformé l'un après l'autre tous les patchs du ballon en n-gones, activez la commande Extrusion. Veillez à ce qu'aucun polygone ne soit plus sélectionné et exécutez une extrusion de 2 unités. L'option Préserver les groupes doit être désactivée. Cette étape est visible en haut de la Figure 4.3.

Subdivisez ensuite le ballon. Sélectionnez pour cela Fonctions > Subdiviser. Ici aussi, assurez-vous qu'aucun polygone ne soit sélectionné lors de l'exécution de la commande pour traiter tous les polygones. Le résultat est visible au bas de la Figure 4.3. Grâce aux n-gones, il n'y a qu'un point au centre de chaque patch.

Sélectionnez tous les points centraux des patchs et étendez une fois la sélection avec l'option Étendre la sélection. Ces points seront par la suite déplacés en direction du rayon de la sphère pour former une balle parfaite.

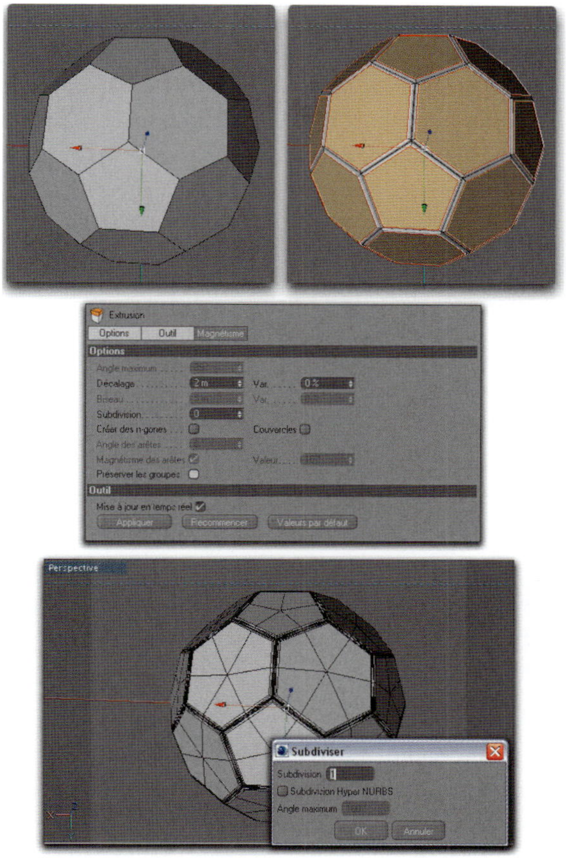


***Figure 4.3 :*** *Subdivision d'un ballon.*

Pour ne pas avoir à procéder manuellement, nous pondérons à 100 % les points sélectionnés en choisissant l'option Sélection > Définir une zone d'influence. Les points reçoivent ainsi une coloration jaune (voir Figure 4.4).

Un symbole de map de vertex (localisé par Zone d'influence) apparaît derrière le ballon, et dans lequel les pondérations sont mémorisées.

Par chance, il existe un objet déformateur qui peut gonfler un objet sphérique. Ajoutez à la scène le déformateur nommé Sphérification et subordonnez-le au ballon.

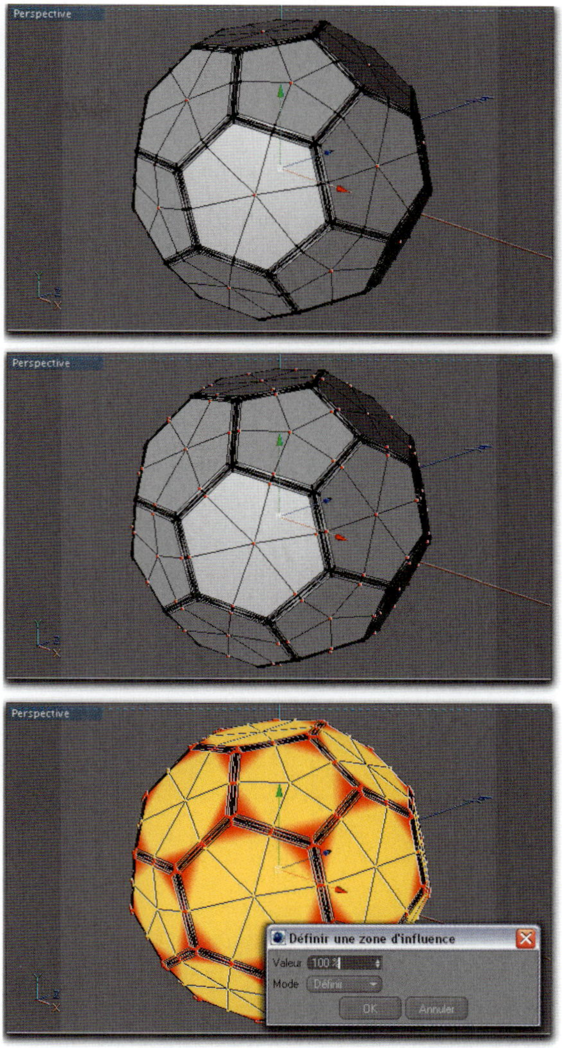


***Figure 4.4 :*** *Pondération des points.*

Le rayon du déformateur devrait correspondre à celui d'origine de l'objet Solide platonicien. Assignez-lui un rayon de 100 ainsi qu'une intensité de 100 %. Le déformateur agit maintenant sur tous les points du ballon et force les coutures vers l'extérieur.

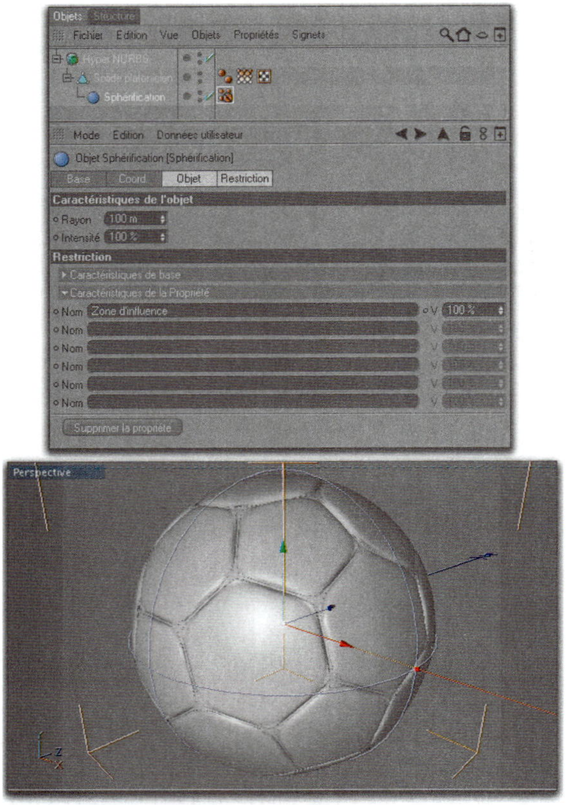


*Figure 4.5 : Modelage et lissage du ballon.*

C'est pour empêcher cela que nous avons généré la map de vertex. Celui-ci peut être lié au déformateur par l'intermédiaire d'une propriété de restriction. Pour assigner cette propriété au déformateur, sélectionnez Propriétés > Propriétés CINEMA 4D > Restriction. D'un clic maintenu, tirez maintenant le map de vertex dans le premier champ Nom de la propriété Restriction (voir Figure 4.5).

Dès lors, seuls les points que nous avons pondérés seront influencés (relativement à leur niveau de pondération).

Assignez encore à notre objet Solide platonicien une propriété Phong en sélectionnant l'option Lissage dans le menu Propriétés CINEMA 4D. Cela permet d'ajouter une fonction d'ombrage à notre surface. Activez de plus l'option Angle maximum dans la propriété.

Si vous subordonnez maintenant le ballon déformé à un objet HyperNURBS, vous obtiendrez un résultat ressemblant à l'exemple de la Figure 4.5.

Un résultat déjà sympathique, mais en raison du lissage, les coutures sont encore très larges. Pour corriger cela, nous allons utiliser des arêtes pondérées. Sélectionner les arêtes appropriées sans en oublier peut sembler laborieux. L'outil Sélection par anneau nous facilitera la tâche.

Comme vous le constatez en haut de la Figure 4.6, la sélection par anneau des arêtes de chaque patch permet déjà de sélectionner de grandes zones qu'il suffit ensuite de compléter progressivement pour couvrir aisément le ballon.

De prime abord, les arêtes semblent toutes sélectionnées. Si l'on intervertit complètement la sélection avec Sélection > Intervertir, et que l'on examine de plus près les angles des patchs, on remarque que des arêtes sont sélectionnées.

Si vous appuyez maintenant sur la touche [.] (du pavé numérique) et bougez la souris vers la gauche ou la droite, ces arêtes reçoivent dans l'objet HyperNURBS une pondération et tirent davantage la surface.

La vue au bas de la Figure 4.6 montre un exemple de résultat. Vous pouvez maintenant mémoriser un patch pentagonal en tant que sélection de polygones et lui appliquer un matériau noir (voir Figure 4.7). La modélisation du ballon est terminée. Nous pouvons nous attaquer à son animation.

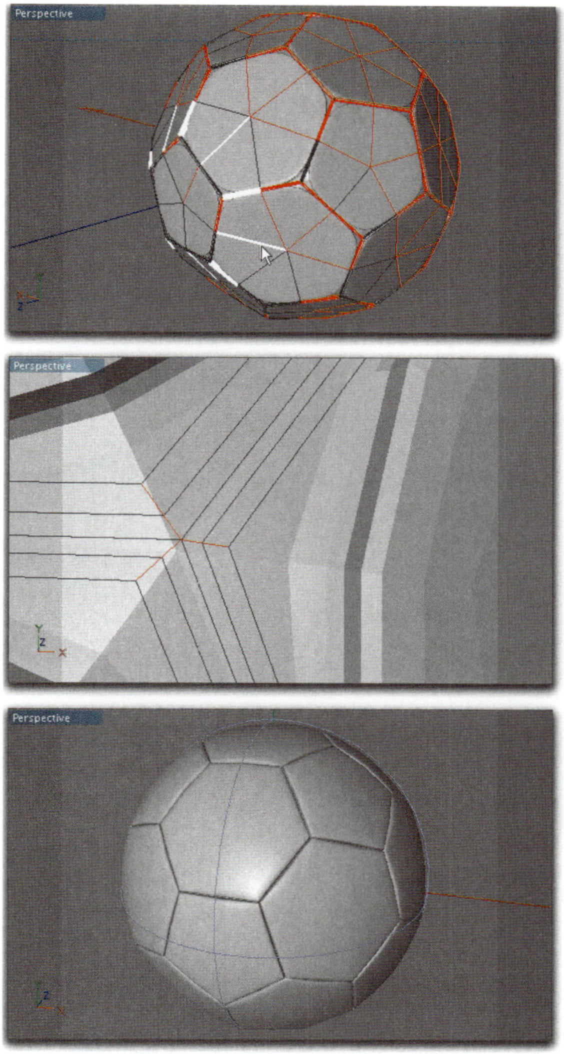


*Figure 4.6 :* Sélection et pondération d'arêtes.

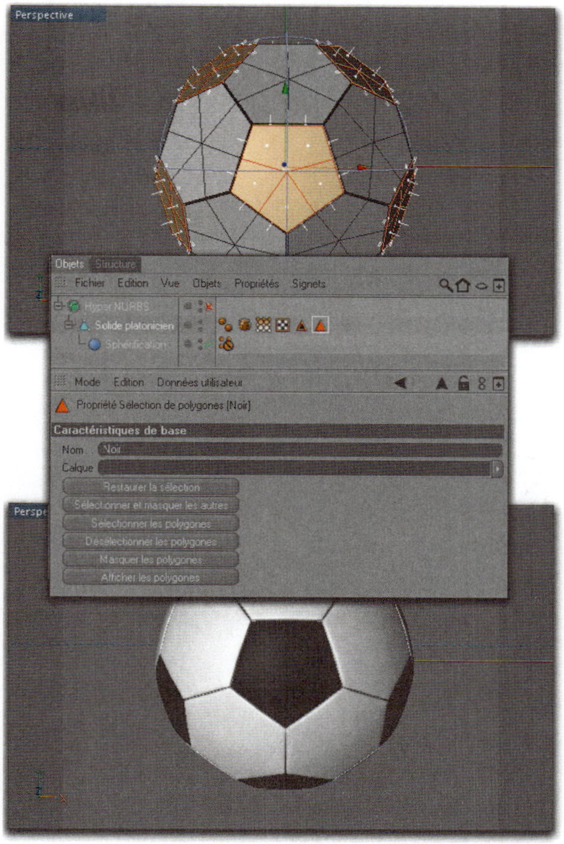


*Figure 4.7 :* Coloration des patchs pentagonaux.

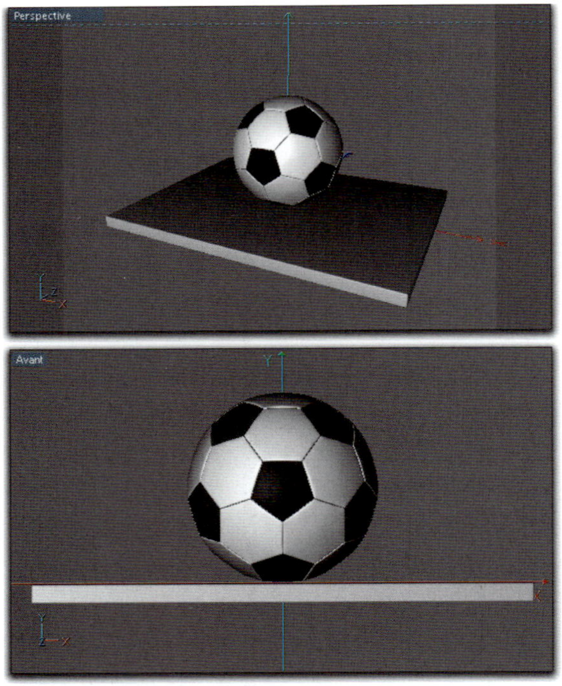


*Figure 4.8 : Mise en place de la scène.*

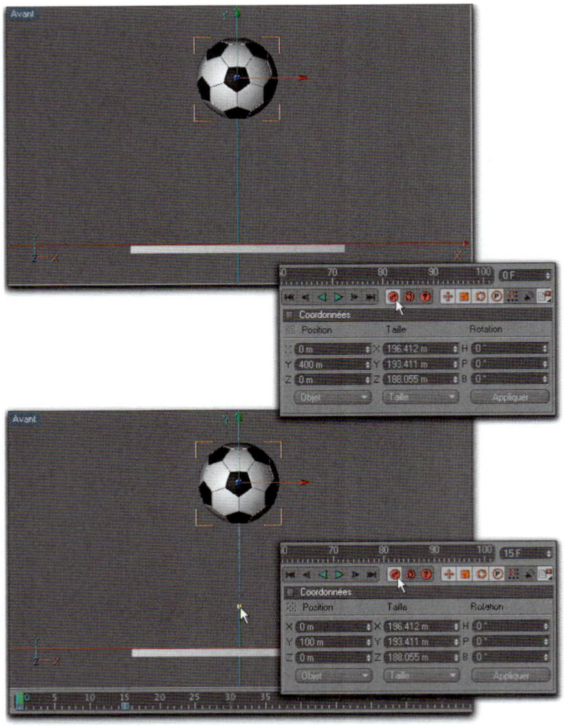


*Figure 4.9 : L'animation du ballon.*

## Animation du ballon

Pour commencer, nous ferons rebondir le ballon verticalement. Nous allons pour cela ajouter un cube en guise de sol.

Placez le cube de façon que sa face supérieure repose exactement sur le plan XZ. Le ballon peut être placé dans la hauteur à Y = 100, afin de reposer exactement sur le sol (voir Figure 4.8). Il peut y avoir une petite différence en raison du lissage de l'HyperNURBS qui peut contracter le ballon. Nous négligerons cependant ce détail.

Le rebond devrait commencer à une certaine distance du sol. Positionnez le ballon à une hauteur de Y = 400 et veillez à ce que la position de l'animation soit sur l'image 0.

Le curseur de temps doit donc se trouver dans le power-slider sur l'image 0. Activez l'icône d'image-clé pour l'enregistrement de mouvements et cliquez sur la touche d'enregistrement (voir en haut de la Figure 4.9).

Tirez le curseur jusqu'à la position d'image 15, là où la prochaine image-clé doit être créée. Placez la balle sur la position verticale 100 en entrant la valeur

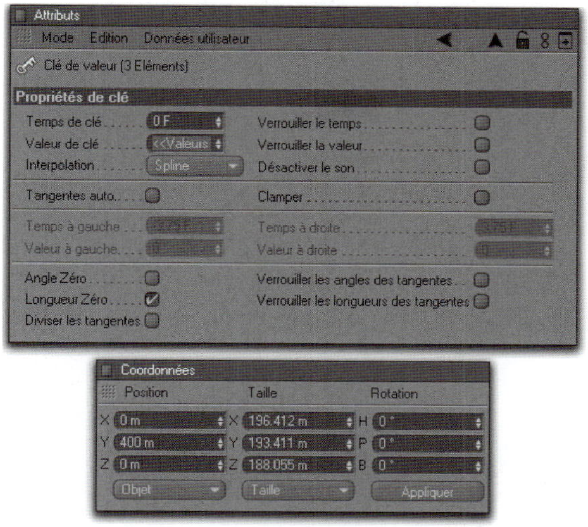


***Figure 4.10 :*** *Les paramètres d'une image-clé.*

directement dans le gestionnaire de coordonnées, et activez de nouveau l'enregistrement de l'image-clé.

Félicitations ! Vous avez posé les bases de votre première animation. Pour vérifier votre travail, faites aller et venir le curseur entre les images-clés bleues ou cliquez sur le bouton de lecture.

Vous aurez certainement constaté la présence d'une ligne bleue dans l'éditeur. Elle représente la courbe d'animation interpolée entre les images-clés. Elle comporte des points plus sombres qui symbolisent les positions des images-clés que nous avons définies.

Vous pouvez cliquer directement sur ces points et examiner leurs données dans le gestionnaire d'attributs (voir Figure 4.10).

Étant donné qu'une image-clé contient souvent plusieurs valeurs, par exemple, les coordonnées X, Y et Z d'une position, le gestionnaire d'attributs ne peut pas toujours les afficher toutes en même temps.

Dans la Figure 4.10, vous reconnaissez cela au champ VALEUR DE CLÉ, où ne s'affiche que l'indication « *Valeurs*», car il n'est pas conçu pour afficher des vecteurs.

Lorsque vous amenez le curseur sur la position d'une image-clé, vous pouvez cependant détourner l'emploi du gestionnaire de coordonnées pour lire les valeurs mémorisées.

Outre la position temporelle de l'image-clé sélectionnée et la valeur enregistrée, le gestionnaire d'attributs affiche d'autres options qui ne concernent que l'interpolation de l'animation suivante.

La plupart de ces options ont déjà été décrites lors de la présentation des PRÉFÉRENCES PERSONNALISÉES et de la fenêtre MODIFIER L'INTERPOLATION. Les seuls nouveaux champs ici sont TEMPS À GAUCHE et TEMPS À DROITE, et VALEUR À GAUCHE et VALEUR À DROITE, avec lesquels vous pouvez contrôler numériquement les deux bras de tangente sur la courbe d'interpolation.

Les champs relatifs au temps contrôlent la longueur des bras de tangente, et ceux pour les valeurs indiquent leur inclinaison. Ils ne sont cependant accessibles que lorsque l'option TANGENTE AUTO. est désactivée, mais sinon pas restrictifs comme le sont ANGLE ZÉRO et LONGUEUR ZÉRO.

Continuons notre animation en sélectionnant l'image-clé de la position 15, soit en créant un rectangle de sélection dans le powerslider, ou en cliquant sur le point inférieur de la courbe d'interpolation. Activez l'option LONGUEUR ZÉRO pour cette image-clé. La tangente disparaît.

Le ballon tombe vite et s'immobilise brutalement. Cela correspond plutôt à un objet rencontrant un obstacle. Pour que la balle puisse rebondir vers le haut, dupliquez simplement l'image-clé de la position 0. La technique est la même que celle qui permet de dupliquer un objet dans le gestionnaire d'objets.

Cliquez dans le powerslider sur l'image-clé 0 et pressez Ctrl tout en déplaçant l'image-clé jusqu'à la position 30.

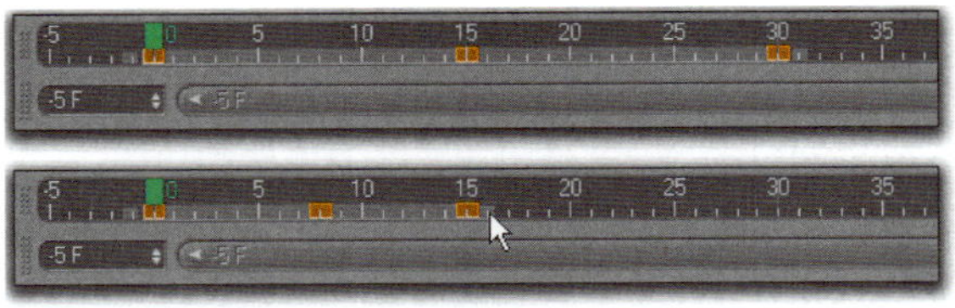

*Figure 4.11 : Modification de la durée de l'animation.*

## *Modification du timing*

Nous avons créé un cycle complet de rebond pour notre animation. Le ballon tombe, heurte le sol et remonte jusqu'à sa position initiale.

Vous trouvez peut-être que l'animation a certes été créée correctement, mais que son timing pourrait être amélioré. Je vous invite à doubler sa vitesse de lecture.

Pour cela, nous devons d'abord sélectionner toutes les images-clés. Comme la première se trouve sur la position 0, il peut être difficile de l'inclure par voie de sélection.

Élargissez simplement la plage temporelle jusqu'à pénétrer dans la zone négative (au moyen des petites flèches du champ déterminant la limite gauche), comme illustré Figure 4.11, et étirez à nouveau la zone d'aperçu horizontale jusqu'à la butée sur le côté gauche. L'image 0 est ainsi nettement plus écartée de la limite gauche et se laisse plus facilement inclure au moyen du rectangle de sélection.

Maintenez la pression sur la touche [Maj] en déplaçant le carré d'extrémité du rectangle de sélection. L'extrémité sautera directement jusqu'au bord extérieur gauche de l'image-clé. Le résultat est illustré Figure 4.11.

Cliquez maintenant sur le carré de manipulation droit de la plage de sélection et déplacez-le vers la gauche jusqu'à l'image-clé en position 15. La position des images-clés incluses dans la sélection sera automatiquement adaptée, mais elles conservent leur distance relative entre elles.

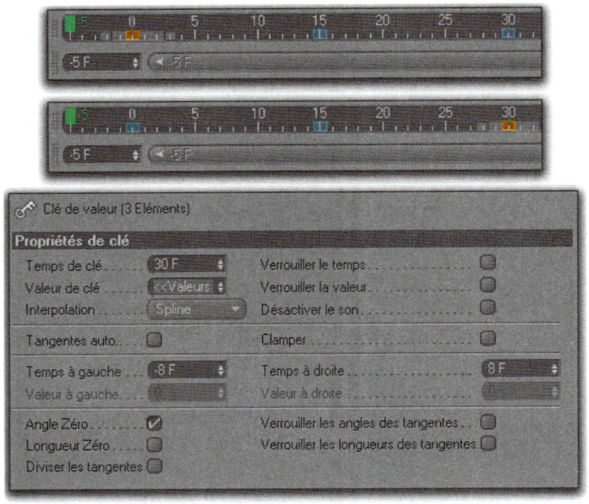


*Figure 4.12 : Ajustement des tangentes.*

Puisque cette manipulation n'influe pas sur les valeurs enregistrées dans les images-clés, la durée a été raccourcie de moitié et l'animation sera lue deux fois plus rapidement. Le résultat est visible au bas de la Figure 4.11.

La vitesse originale me plaisait toutefois davantage, avec une course sur 30 positions d'image. Je repositionne à nouveau les trois images-clés dans la zone entre les positions 0 et 30.

Ce qu'il me paraît surtout utile d'améliorer c'est le comportement du ballon sur le point supérieur. J'aimerais qu'il atteigne plus lentement cette position et s'y maintienne plus longtemps. Il faut pour cela recourir à un allongement des tangentes de ses images-clés.

Sélectionnez d'abord l'image-clé dans l'image 0 et modifiez le temps des tangentes à gauche et à droite en attribuant respectivement –8 et +8. Répétez cela pour l'image-clé sur la position 30.

Comme vous pouvez le voir dans la Figure 4.12, j'ai activé en plus l'option Angle Zéro pour ces images-clés.

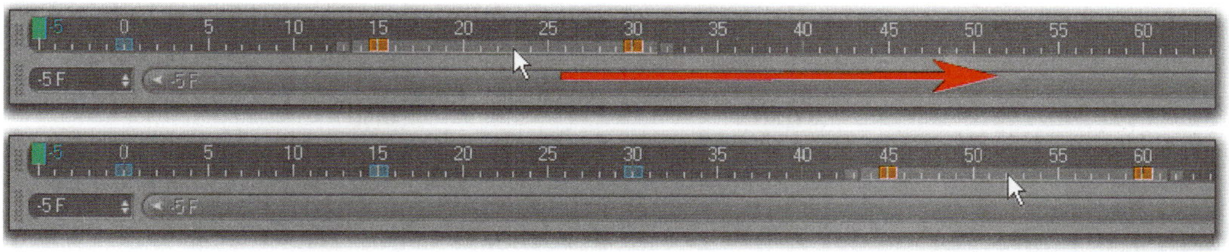

*Figure 4.13 : Copie des images-clés.*

Cela provoque automatiquement un tracé horizontal des tangentes et verrouille les champs de valeurs contre toute modification accidentelle. Le ballon reste maintenant plus longtemps dans la partie haute de sa trajectoire et tombe plus dynamiquement avec une plus forte accélération.

Cette étape demande un peu d'imagination car nous ne pouvons pas voir les courbes et les tangentes dans le powerslider. Vous allez néanmoins faire connaissance avec une autre fenêtre qui permet cela.

Avant cela, nous voulons encore rallonger notre animation pour que le ballon rebondisse plusieurs fois. Sélectionnez les deux dernières images-clés. Elles représentent les positions basse et haute du mouvement.

Maintenez la pression sur la touche Ctrl en même temps que vous déplacez la sélection vers la droite, la doublant ainsi.

Faites glisser les deux copies des images-clés jusqu'aux positions 45 et 60. Vous avez ainsi allongé l'animation d'un cycle (voir Figure 4.13).

Répétez ce processus jusqu'à ce que vous ayez atteint la fin de la règle, ou du moins jusqu'à ce que le ballon ait rebondi quelques fois.

## *Animation de paramètres*

À l'instar de ce que nous avons fait jusqu'à présent pour animer la position du ballon, vous pouvez animer pratiquement tous les paramètres accessibles dans CINEMA 4D. Nous allons exemplifier cela en utilisant une source de lumière (voir Figure 4.14).

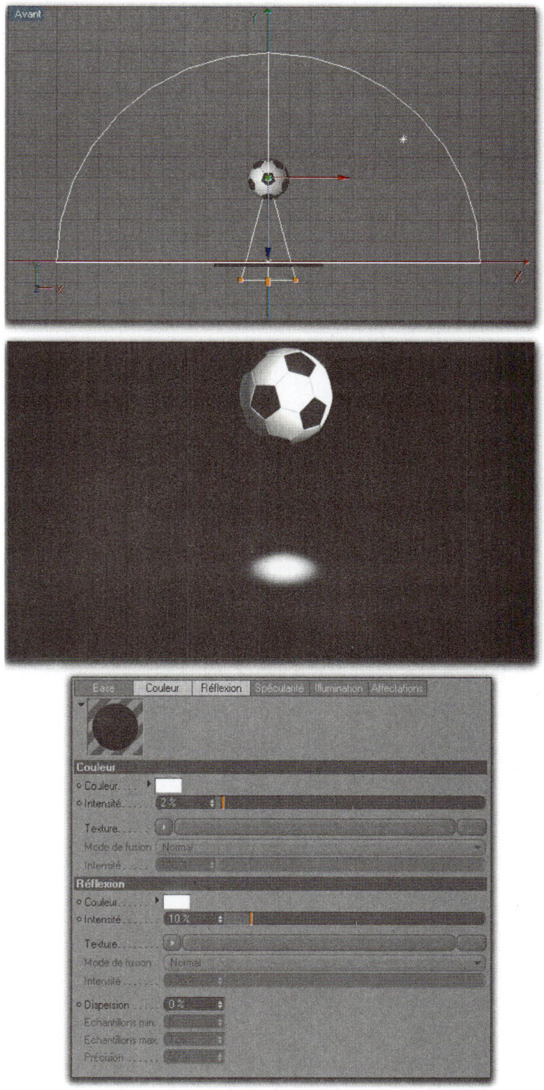


*Figure 4.14 : La mise en place de la lumière.*

Nous allons mettre en place un environnement d'éclairage simple avec une lumière de surface de forme hémisphérique, une source de lumière principale normale avec diffusion radiale et un spot placé perpendiculairement au-dessus du ballon et dirigé vers le sol.

Pour que le sol ne soit pas exagérément éclairé, nous lui appliquons un matériau affichant une coloration presque noire et peu de réflexion, comme illustré aussi dans la Figure 4.14.

Avec cet arrangement, je souhaite générer une tâche de lumière claire sur le sol à chaque fois que le ballon le touche. Lorsque celui-ci rebondit vers le haut, elle doit alors s'étaler sur le sol et perdre en luminosité.

Cet effet est très simple à réaliser au moyen d'une animation de la luminosité et de l'angle d'ouverture du spot.

Si vous sélectionnez le spot et regardez dans le gestionnaire d'attributs, vous ne manquerez pas de remarquer les petits cercles en regard des paramètres. Si vous cliquez avec la touche Ctrl sur l'un deux, vous générez une image-clé pour la valeur concernée et la circonférence du cercle devient rouge. Un autre clic avec la touche Ctrl sur le cercle rouge supprime l'image-clé.

Si vous voyez un cercle rouge devant un paramètre, mais que celui-ci n'est pas rempli, cela signifie que ce paramètre est animé par image-clé, mais que vous vous trouvez à un moment de l'animation où ne figure aucune image-clé.

Un clic avec la combinaison Maj+Ctrl sur le cercle d'un paramètre animé supprime toute la séquence formée des images-clés de ce paramètre.

Vous percevez certainement la portée de cette commande, car ces cercles se trouvent pratiquement dans chaque objet, matériau, ou shader, et dans diverses fenêtres de configuration de paramètres. Vous pouvez ainsi animer pratiquement chacun des aspects gérables dans CINEMA 4D.

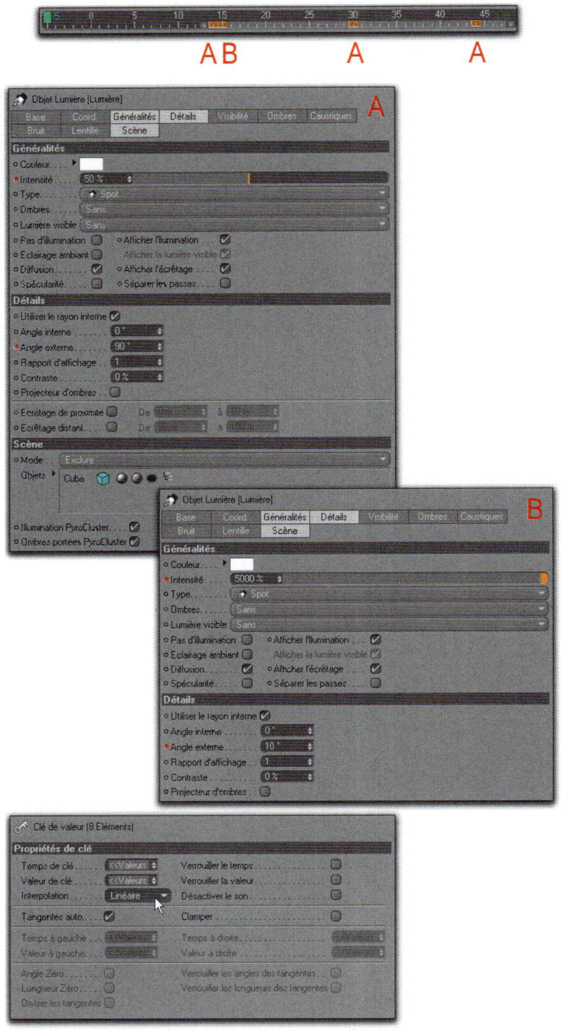

***Figure 4.15 :*** *Les images-clés des paramètres du spot.*

Comme le montre la Figure 4.15, nous générons deux images-clés différentes pour la lumière spot. L'image-clé repérée par **A** inclut une INTENSITÉ lumineuse de 50 % et un ANGLE EXTERNE de 90°.

Créez cette image-clé sur la position de l'image 14 de l'animation, c'est-à-dire exactement une image avant que le ballon ne touche le sol.

Dans l'image 15, portez l'intensité lumineuse à 5000 % et ramenez l'angle externe à 10 % (voir Figure 4.15, repère B). Créez à nouveau une image-clé pour ces deux valeurs. Le spot produit ainsi un cercle de lumière étroit mais intense. La grande intensité de la lumière est nécessaire car le matériau sombre du sol absorbe beaucoup de lumière.

La luminosité et l'angle externe doivent ensuite revenir progressivement à 50 % et 90 %, respectivement, c'est-à-dire aux valeurs de notre image 14.

Cliquez sur cette image-clé, appuyez sur Ctrl, et d'un clic maintenu, amenez-la sur la position 30. C'est le moment où le ballon atteint le point le plus haut de sa trajectoire.

Puisque ces valeurs doivent rester inchangées jusqu'à ce que le ballon atteigne à nouveau le sol, copiez ces images-clés et placez les copies sur la position 44, de nouveau juste avant que le ballon ne touche le sol.

Nous obtenons ainsi l'arrangement illustré dans la Figure 4.15. Pour qu'il ne se produise pas de saut de valeur durant l'intervalle entre les images-clés suite au lissage automatique de la courbe, sélectionnez toutes les images-clés avec un rectangle de sélection et modifiez-en l'interpolation dans le gestionnaire d'attributs en choisissant le mode LINÉAIRE.

Vous pouvez aussi activer l'arasage (option CLAMPER), ce qui prévient automatiquement l'effet de saut avec deux images-clés semblables qui se suivent.

Naturellement, nous pourrions copier cette séquence d'images-clés et placer les copies aux endroits appropriés pour réitérer plusieurs fois l'effet du spot.

Nous disposons à cet effet d'outils qui offrent une méthode plus élégante. Ils ne sont toutefois pas accessibles à partir du powerslider et nous devons travailler dans la ligne temporelle. Celle-ci est accessible en sélectionnant FENÊTRES > LIGNE TEMPORELLE, ou directement dans l'interface ANIMATION.

Avant de découvrir le fonctionnement de cet outil, examinez la configuration de l'onglet SCÈNE du spot, qui est également visible dans la Figure 4.15. Le spot doit absolument être limité au cube pour qu'il n'éclaire pas en plus le ballon ou soit masqué par celui-ci.

Vérifiez sinon dans votre scène les niveaux de luminosité et d'angle enregistrés dans les images-clés. Vous devrez au besoin utiliser d'autres valeurs, par exemple, si votre spot est plus proche du sol ou placé un peu plus loin.

## *La ligne temporelle*

La ligne temporelle unit étroitement les fonctions du gestionnaire d'objets et du powerslider. Dans la partie gauche de sa fenêtre, figure une liste d'objets et de symboles bien connus (voir Figure 4.16, repère A).

Vient ensuite une colonne (repère B) où apparaissent jusqu'à trois symboles par objet animé. De gauche à droite, il y a d'abord un cercle qui définit la couleur du calque dans lequel l'objet (ou la propriété) a été groupé.

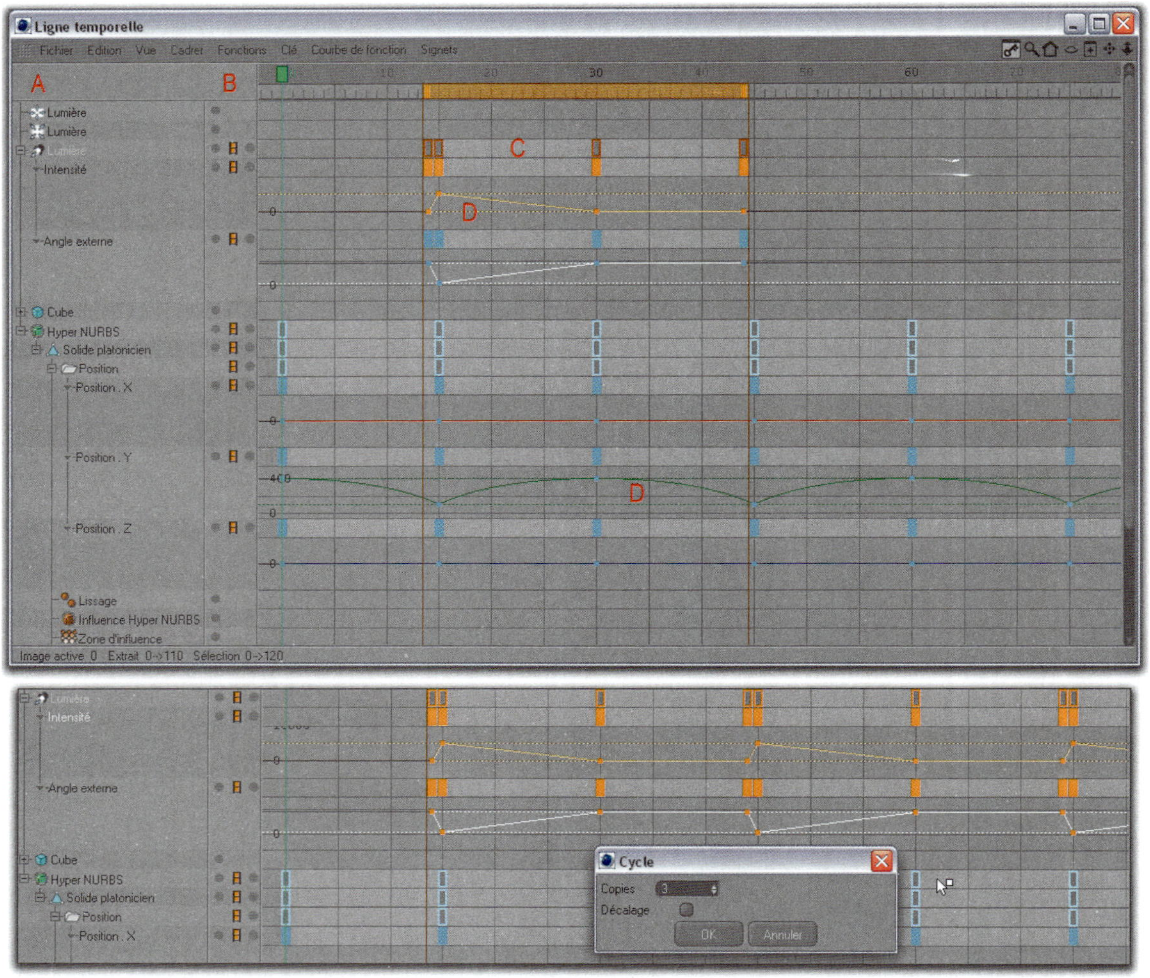


*Figure 4.16 : La ligne temporelle.*

Le deuxième symbole, ressemblant à un bout de pellicule, indique si l'animation doit ou non être calculée pour l'objet. Un clic sur ce symbole immobilise temporairement certains objets, ce qui permet d'épargner du temps de calcul ou de se consacrer davantage au mouvement d'autres objets.

Le troisième symbole active le mode solo. Si des objets animés sont repérés par ce symbole, eux seuls sont affichés dans l'éditeur, les autres séquences étant masquées. On pourrait dire en quelque sorte qu'il s'agit là de la fonction inverse du symbole précédent.

Sur le côté droit de la fenêtre se trouve une ligne de temps munie d'un curseur. On voit également que les images-clés d'objets ou de paramètres y figurent sous forme de symboles rectangulaires.

La zone repérée par la lettre **C** présente une coloration plus claire et signale la présence d'une animation entre deux images-clés.

Sachez que la représentation graphique d'une animation dans la ligne temporelle peut survenir plusieurs fois. Cela vous permet, par exemple, de déplacer les images-clés même lorsque la hiérarchie des objets sur le côté n'est pas développée.

Vous pouvez observer cela dans la Figure 4.16 au niveau de l'objet HyperNURBS auquel a été subordonné l'objet Solide platonicien qui a servi dans notre animation.

Bien que l'objet HyperNURBS ne possède lui-même pas d'images-clés, celles du ballon subordonné apparaissent aussi derrière lui.

Les types d'images-clés et de valeurs qui sont animés ne peuvent être connus que si l'arborescence hiérarchique est totalement déployée. Vous voyez ainsi sous le Solide platonicien un dossier Position montrant les coordonnées X, Y et Z de l'animation du ballon.

Les pistes de cette animation Position peuvent aussi être développées hiérarchiquement, révélant ainsi les courbes d'interpolation (repère **D**) entre images-clés.

Les courbes linéaires des paramètres Intensité et Rayon externe sous le spot sont aussi bien reconnaissables, ainsi que la courbe de position en Y de l'animation du ballon. Vous pouvez directement voir les tangentes et les modifier aussi avec la souris, à condition d'avoir sélectionné au préalable les images-clés concernées en cliquant dessus ou à l'aide d'un rectangle de sélection.

Les opérations de sélection, de suppression ou de copie d'images-clés fonctionnent ici comme dans le powerslider.

Entourez avec le rectangle de sélection les quatre rectangles symbolisant les images-clés des pistes Intensité et Rayon externe.

Pour ne pas avoir à copier et déplacer plusieurs fois manuellement ces images-clés, sélectionnez l'option Cycles dans le menu Clé.

Une petite boîte de dialogue vous demande ensuite le nombre de copies qui doivent être générées. Saisissez un nombre correspondant à la longueur de votre animation. Activez de plus l'option Décalage pour générer automatiquement une transition entre la séquence initiale et les copies.

La boîte de dialogue et le résultat de l'action sont également visibles dans la Figure 4.16.

## *Optimisation d'images-clés et travail avec les courbes F*

Un examen des courbes pour les coordonnées X et Z des positions du ballon nous permet de savoir qu'aucune modification n'a lieu sur ces axes, le ballon ne faisant que monter et descendre verticalement.

Comme chaque image-clé et chaque interpolation signifie du temps de calcul supplémentaire, il faut veiller à supprimer les pistes inutiles. Sélectionnez la

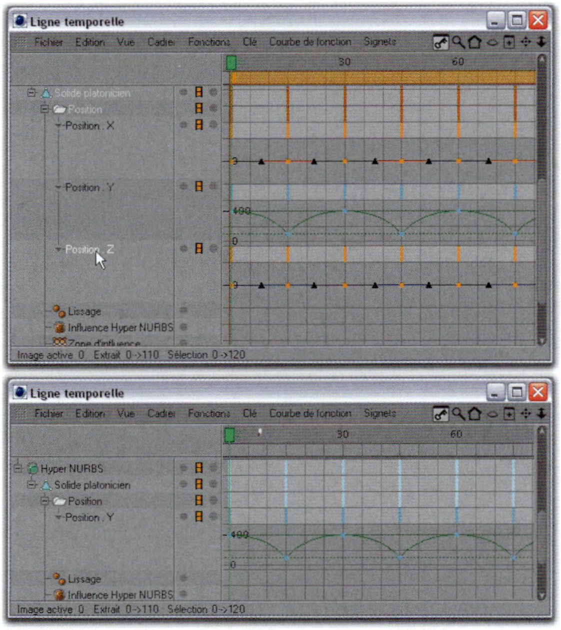


**Figure 4.17 :** *Suppression de pistes inutiles.*

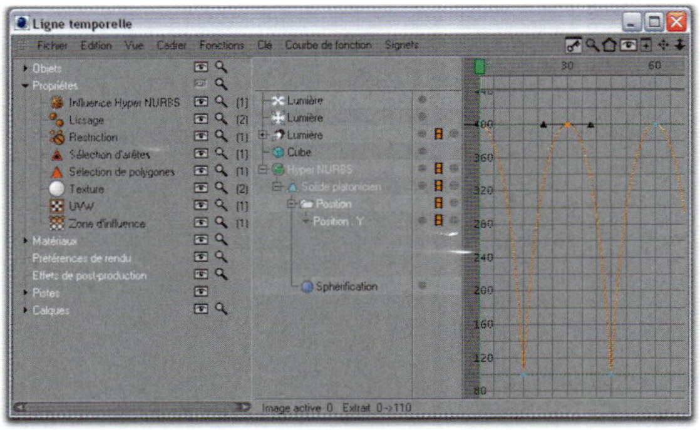


**Figure 4.18 :** *Courbes F et amélioration de la visibilité*

piste POSITION.X en cliquant sur son nom et supprimez-la en appuyant sur la touche [Suppr]. Faites de même avec la piste POSITION.Y (voir Figure 4.17).

L'animation ne s'est pas modifiée, mais l'interface a gagné en clarté.

Vous avez certainement remarqué les icônes situées en haut à droite, dans le prolongement de la barre de menus. Vous en connaissez déjà, telle celle du zoom ou celle de navigation. Elles fonctionnent ici selon le même principe, et s'appliquent à la partie droite de la fenêtre.

Vous en avez aussi déjà vu certaines ailleurs, telle celle figurant une fenêtre pour ouvrir un autre gestionnaire, celle de masquage/affichage d'un champ de recherche, ou encore celle de visibilité.

Par contre, la première est nouvelle. Elle permet de masquer temporairement les images-clés et les pistes, et d'afficher un grossissement des courbes d'éléments sélectionnés. Comme le montre la Figure 4.18, le travail avec les tangentes s'en retrouve plus confortable et précis.

À l'aide de [Ctrl]+clics, vous pouvez aussi sélectionner différents éléments et afficher leurs courbes dans la fenêtre. Cela peut faciliter la comparaison des courbes F (c'est ainsi que l'on désigne aussi les courbes d'interpolation).

Dans la Figure 4.18, une liste supplémentaire a été affichée par l'intermédiaire de l'icône figurant l'œil. Elle permet de contrôler la visibilité d'éléments ou d'empêcher la recherche. Son fonctionnement est semblable à celui du gestionnaire d'objets et contribue grandement à la visibilité de la fenêtre. Par exemple, dans la Figure 4.18, tous les symboles de propriétés ont été masqués, car dans notre exemple ils ne sous-tendent de toute façon aucune image-clé.

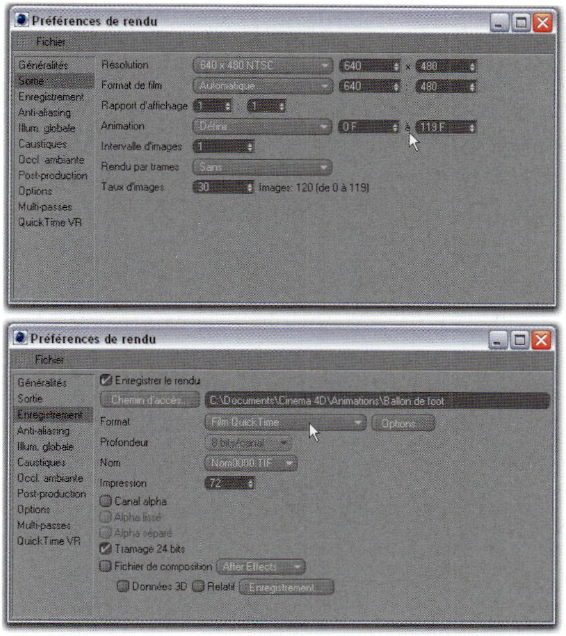


***Figure 4.19 :*** *Calcul du rendu de l'animation.*

Vous pouvez aussi travailler avec la ligne temporelle dans un autre mode. Par défaut, elle fonctionne en mode automatique et liste tous les éléments disponibles, qu'ils soient ou non animés.

Si vous sélectionnez l'option Afficher les éléments animés du menu Vue, seuls les éléments animés seront alors listés.

Si l'option Mode automatique est désactivée dans le menu Vue, vous devrez vous-même faire glisser les éléments à afficher depuis, par exemple, le gestionnaire d'objets jusqu'à la ligne temporelle. Vous contrôlez vous-même ce qui doit apparaître.

Un élément peut être éliminé de la liste en cliquant dessus du bouton droit et en sélectionnant Supprimer les objets sélectionnés.

## Calcul et enregistrement de l'animation

Le moment est venu de calculer le rendu de l'animation et de l'enregistrer. En principe, il y a peu de différences avec la configuration à faire dans les Préférences de rendu pour les images fixes. En principe, seuls les paramètres de durée et de vitesse de défilement sont à ajouter (voir Figure 4.19).

Pour le paramètre de durée (option Animation), il faut spécifier les première et dernière images de la séquence. La vitesse de défilement (localisée par Taux d'image) indiquée ici peut différer, mais elle devrait être cohérente avec la valeur indiquée dans les Préférences de projet du menu Édition.

Comme déjà expliqué, une animation peut se composer d'une série d'images fixes. C'est la méthode la plus courante d'ailleurs, pour permettre le traitement de matériaux de qualité dans un logiciel d'édition ou d'effets spéciaux pour la vidéo.

Puisque nous disposons déjà d'un film prêt à être rendu, choisissons dans la page Enregistrement un format de film comprimé. Je choisis ici le format QuickTime car il offre des options supplémentaires pour le choix du codec en cliquant sur le bouton Options.

Le calcul de l'animation se déroulera comme d'habitude dans le Visualiseur où vous pouvez suivre la progression du processus. La Figure 4.20 donne une idée de l'animation rendue.

*Figure 4.20 : Séquence de l'animation.*

## Netteté des mouvements

Lorsqu'il s'agit de visualiser des objets en mouvement, notre œil fonctionne différemment que pour des scènes statiques. Plus un objet bouge rapidement, plus il nous semble flou. Ceci est dû à l'inertie de notre perception visuelle.

Même les appareils photo modernes connaissent encore ce phénomène, surtout lorsque la lumière est insuffisante. Dans ce cas, le diaphragme doit rester ouvert plus longtemps pour absorber davantage de lumière. Pendant ce temps d'ouverture, un objet se déplaçant rapidement apparaîtra flou dans la photographie.

Comme nous devons vivre avec cet effet, il faut le prendre en compte lors du rendu de mouvements rapides pour nous rapprocher le plus possible de la réalité.

Il existe pour cela diverses méthodes avec diverses exigences en termes de temps de calcul. Le meilleur résultat qualitativement parlant, et aussi le plus long à calculer par comparaison, est celui que livre l'effet Flou directionnel de scène. Vous pouvez le choisir dans la page des effets appelée Post-production.

Le paramètre le plus important de cet effet est la valeur Échantillons. Il spécifie le nombre d'images individuelles à calculer pour une image de l'animation. Le logiciel calcule alors des images entre les images normales pour les prendre en compte dans le résultat. Avec une valeur d'échantillons élevée, l'effet est très naturel.

Puisque cet effet accroît fortement le temps de rendu, on fait appel à d'autres solutions. Parmi elles figure l'effet Flou directionnel d'objets. Il a l'avantage de pouvoir être limité à certains objets et n'a donc pas besoin d'être calculé plusieurs fois pour toute la scène.

Cet effet analyse les positions d'objets passées et leur position actuelle et calcule un effet d'estompage. Il présente quelques inconvénients. Par exemple, il n'est pas possible de rendre avec réalisme un mouvement de rotation. De plus, il n'est pas visible par reflet ou par transparence. Seul le Flou directionnel de scène le permet. En contrepartie, ce type de flou de mouvement est très rapide à calculer.

Le troisième type de flou de mouvement est le Flou directionnel vectoriel, qui fonctionne avec davantage de précision que le précédent. Il analyse les mouvements et les rotations et peut rapidement calculer des effets réalistes. Comme dans le cas du flou d'objet, il peut être assigné à des objets individuels par l'intermédiaire d'une propriété Flou directionnel. La pondération du flou est réalisée par l'intermédiaire de la valeur Angle d'obturation qui commande indirectement le temps d'exposition de chaque image.

Il ne s'agit ici pas de luminosité de l'image, mais seulement de la distance temporelle entre deux images, qui doit être intégrée au résultat.

Un angle d'obturation de 360° entraîne de plus la lecture du déplacement total d'un objet entre deux images. Nous voulons aussi utiliser cet effet pour notre animation et choisissons un effet de flou directionnel vectoriel avec un angle d'obturation de 180°.

Comme le montre la Figure 4.21, il faut assigner au ballon une propriété Flou directionnel dans le menu Propriétés > Propriétés CINEMA 4D.

Le bas de la Figure 4.21 illustre bien l'effet du flou sur une image de l'animation.

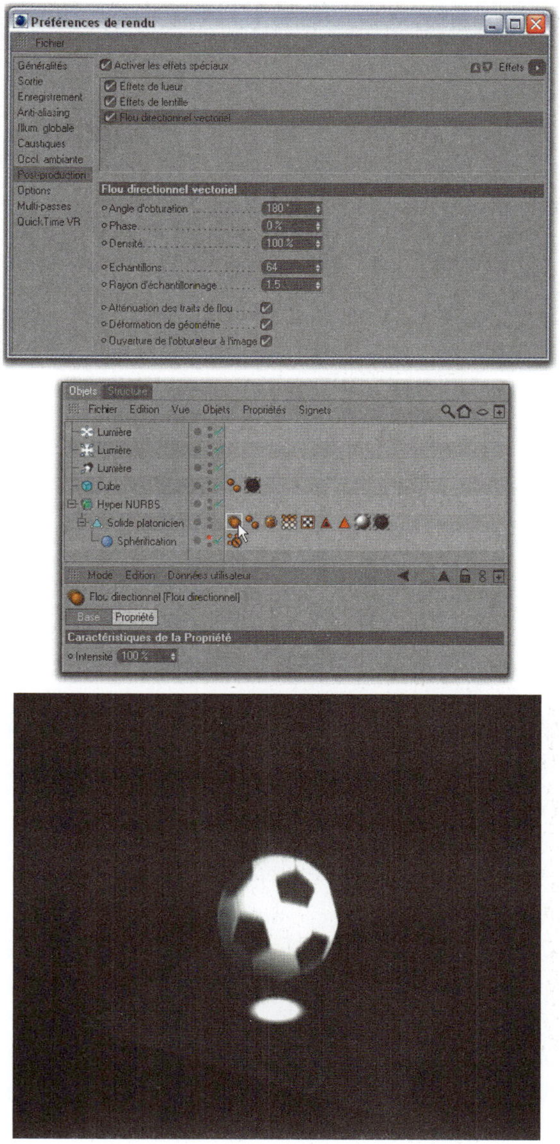


***Figure 4.21 :*** *Flou directionnel vectoriel.*

## Connexion de paramètres avec XPresso

Un autre outil très puissant dans CINEMA 4D est l'interface XPresso. Il s'agit d'une sorte de langage de programmation graphique permettant de créer par simple clic des expressions mathématiques ou des associations entre objets et paramètres, à l'instar d'un système de construction modulaire. Si le sujet vous intéresse, sachez que vous disposez également d'un éditeur de scripts pour la création de macros, de petits programmes, et de fonctions, ainsi que d'une interface COFFEE pour la création de plugins. COFFEE est un langage de programmation maison intégré à l'interface de CINEMA 4D.

Je sais d'expérience que seul un faible pourcentage de concepteurs graphistes s'intéresse à la programmation, aussi ne ferai-je que survoler ce thème. Comme vous allez le découvrir, CINEMA 4D simplifie grandement le processus de définition de connexions et de nœuds XPresso. Sachez en outre que si vous souhaitez travailler avec le module Thinking Particles, vous ne pourrez éviter une immersion intensive dans le système XPresso car les effets de particules sont exclusivement contrôlés par son intermédiaire.

Pour illustrer le fonctionnement de XPresso, nous allons ici faire rebondir notre ballon à l'intérieur d'une spirale qui se déformera en conséquence. Invoquez pour commencer une spline Spirale, une spline Cercle et un objet Extrusion contrôlée NURBS (SweepNURBS). Ajustez les rayons de la spirale de sorte qu'ils soient plus petits que le ballon et créez un ressort en subordonnant les splines au NURBS.

Dans le powerslider, trouvez une position où le ballon est entièrement contenu dans la spirale et subordonnez à celle-ci un déformateur Dilatation/Contraction. Augmentez l'intensité du déformateur jusqu'à ce que la spirale entoure le ballon. La Figure 4.22 illustre cette scène avec la déformation de spirale voulue.

Pour que cet effet soit également plausible dans l'animation, le déformateur doit toujours se trouver à la même hauteur que le ballon. Le moyen le plus simple d'y parvenir serait de copier la piste Position.Y du ballon pour l'appliquer au déformateur, mais cela pourrait conduire à deux problèmes.

D'un côté, il faut savoir que toutes les valeurs d'images-clés pour la position, la rotation et la taille sont enregistrées dans le système de coordonnées local. Lors d'échanges entre objets animés dans une hiérarchie, cela pourrait conduire à des problèmes, car la position de l'objet parent dans l'espace se modifie et entraîne par conséquent que l'objet animé saute vers un autre emplacement.

Dans notre exemple, cela signifie que même si le déformateur et le ballon appartiennent à des hiérarchies différentes, la transmission d'images-clés de l'un à l'autre ne produirait pas forcément des positions identiques.

En outre, des modifications apportées aux tangentes ou aux paramètres d'un objet requerront des changements sur l'autre objet pour que son animation soit synchronisée.

Dans ce type de situations, il est plus judicieux d'utiliser une connexion pour transmettre la valeur animée d'un objet à un autre objet. Il suffit ensuite de ne s'occuper que des images-clés d'un objet, par exemple notre ballon, et l'autre, le déformateur Dilatation/Contraction en reprendra automatiquement l'animation.

CINEMA 4D facilite la création de ce type d'associations car elles peuvent être mises en place directement par l'intermédiaire d'options de menu sans nécessiter de connaissances en programmation.

Sélectionnez dans le gestionnaire d'attributs le ou les paramètres qui doivent être transmis à un autre objet. Dans notre cas, c'est la valeur de Position.Y qui nous intéresse. Dans l'onglet Coord. des propriétés de l'objet Solide platonicien, cliquez du bouton droit sur la terminaison .Y et choisissez dans le menu contextuel Animation > Paramètre contrôleur.

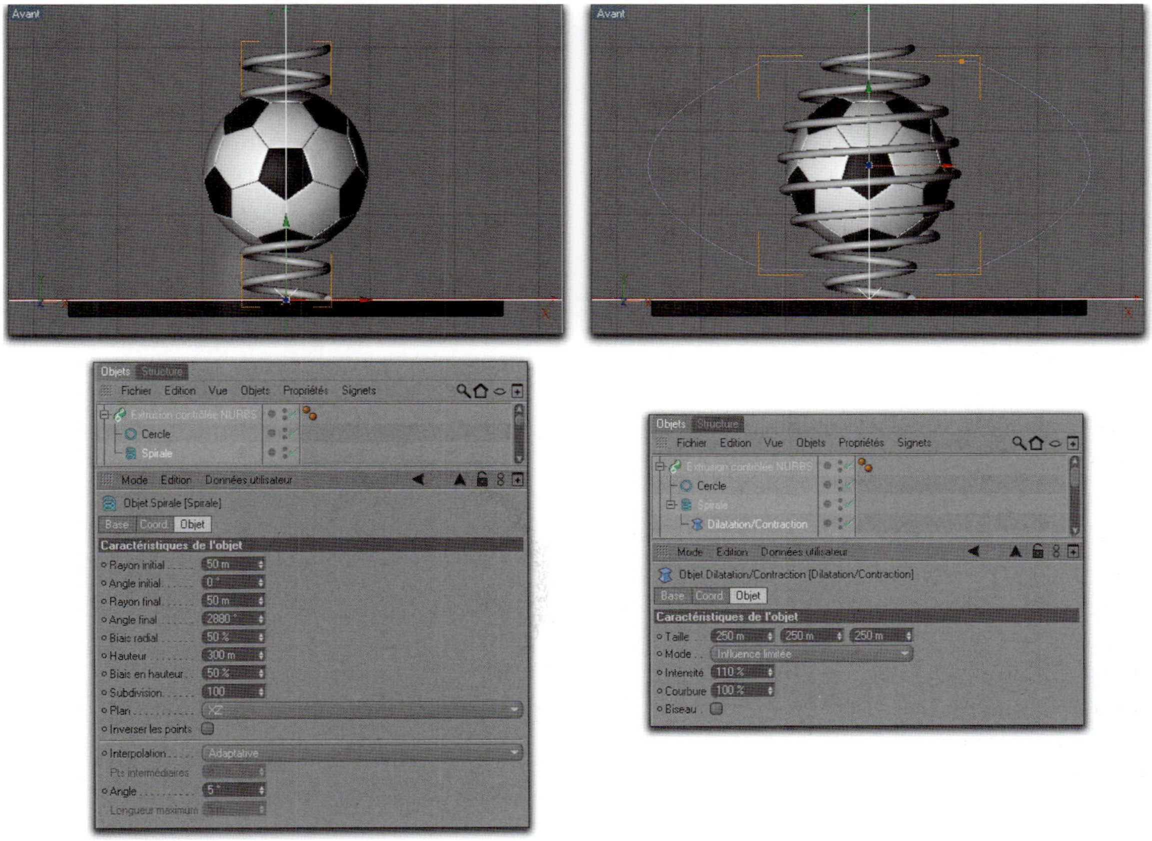


***Figure 4.22 :*** *La spirale déformée.*

Dans un deuxième temps, nous devons déterminer le paramètre auquel cette valeur sera transmise. En principe, n'importe quel paramètre acceptant une valeur en virgule flottante ferait l'affaire.

Vous pouvez, par exemple, utiliser la position X d'un objet pour contrôler la valeur de rayon d'une spline Cercle, ou le vecteur de rotation d'un objet en tant que vecteur de couleur dans un matériau.

Nous n'adopterons cependant pas une démarche aussi radicale. Nous choisissons donc également dans le gestionnaire d'attributs la terminaison .Y de position du déformateur, et invoquons cette fois dans le menu contextuel Animation > Paramètre contrôlé (valeur absolue). Cette action, qui a généré automatiquement pour nous une connexion XPresso derrière l'objet Dilatation/Contraction, est illustrée Figure 4.23.

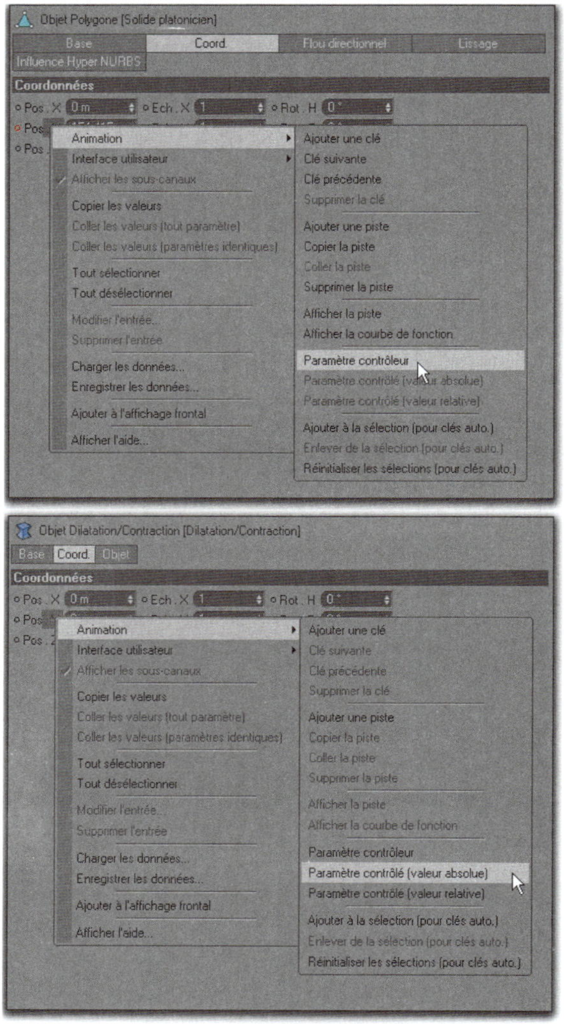


***Figure 4.23 :*** *Mise en relation de paramètres.*

Cette connexion entraîne que la hauteur de la balle est constamment transmise au déformateur. Nous n'avons pas besoin de nous occuper de quoi que ce soit d'autre. Cela vaut aussi dans le cas de modifications que nous apporterons ultérieurement à l'animation du ballon.

## *Nœuds XPresso*

Si cet exemple a éveillé votre curiosité au point de vouloir savoir comment fonctionne une telle association, double-cliquez sur le symbole de propriété XPresso derrière l'objet DILATATION/CONTRACTION. L'éditeur XPresso s'ouvre avec un schéma de connexion automatiquement généré (voir Figure 4.24).

Comme promis, je ne vous ennuierai pas avec le thème de la programmation. Je souhaite juste vous présenter le fonctionnement de l'éditeur XPresso. En principe, vous pouvez vous-même concevoir très aisément ce genre de connexion. Il vous suffit d'avoir un symbole de propriété XPresso que vous pouvez assigner à n'importe quel objet. Pour l'ajouter, sélectionnez-le dans le menu PROPRIÉTÉS > PROPRIÉTÉS CINEMA 4D.

Un double-clic sur le symbole de propriété XPresso provoque l'ouverture de l'éditeur où vous pouvez créer vos connexions.

Les éléments participant à une connexion s'appellent des nœuds et ils ne sont pas tous conçus de la même manière. À côté de la ligne de titre comportant le nom du nœud, figurent une surface bleue et une surface rouge.

Un clic sur la surface bleue affiche une liste des entrées disponibles du nœud. La surface rouge représente les sorties. Lorsque vous voulez assigner une valeur à un objet, utilisez une entrée bleue. Pour lire une valeur, utilisez le côté rouge.

À chaque fois que vous invoquez une entrée ou une sortie, un cercle coloré, appelé port, se forme sur la partie correspondante du nœud.

Les ports des divers nœuds peuvent être connectés directement avec la souris. Il suffit de tirer une ligne entre deux ports à l'aide d'un clic maintenu. Ces lignes de connexion transmettent la valeur d'un port de sortie à un port d'entrée. Un clic sur cette ligne la libère. Pour supprimer un port, un double clic est nécessaire.

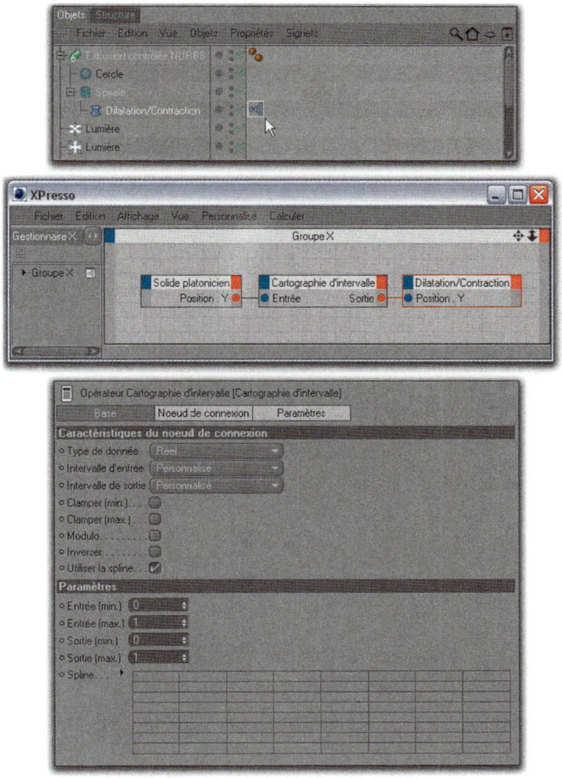


***Figure 4.24 :*** *Création d'une connexion XPresso.*

Au cas où ce serait nécessaire, CINEMA 4D se charge de la conversion des valeurs entre les nœuds. Vous pouvez, par exemple, guider le résultat d'un calcul mathématique vers l'entrée d'une spline de texte. Dans un cas normal, on cherche plutôt à éviter la conversion des valeurs.

Un port de sortie peut être connecté à plusieurs ports d'entrée. Un port d'entrée ne peut cependant être alimenté que par un seul port de sortie. En outre, il n'est pas permis de connecter le port d'entrée au port de sortie d'un même nœud.

Vous créez des nœuds d'objets par glisser-déposer des objets voulus depuis le gestionnaire d'objets jusqu'à l'éditeur XPresso ouvert.

Tous les autres nœuds, par exemple utiles pour des calculs mathématiques, sont accessibles à partir du menu contextuel qui s'ouvre dans l'éditeur XPresso après un clic droit.

À cet effet, le nœud convertisseur de plages (localisé par Cartographie d'intervalle) est le plus utilisé. Dans notre exemple de connexion, il a d'ailleurs été généré automatiquement (voir Figure 4.24).

Ce nœud fonctionne telle une règle de trois, et il assure la conversion de plages de valeurs. La conversion d'un déplacement d'objet entre les coordonnées Y 0 et 100 en un angle situé entre 50° et 90° devient un jeu d'enfant.

Il suffit d'utiliser les valeurs d'entrée et de sortie de ce nœud dans le gestionnaire d'attributs pour définir les deux plages de valeurs à mettre en correspondance. Vous disposez de plus d'une spline pour réaliser une conversion non linéaire.

Pour reprendre l'exemple de conversion cité précédemment entre des valeurs de position et des valeurs d'angle, cela signifie une configuration des champs Entrée (min) et Entrée (max) dans le gestionnaire d'attributs avec les valeurs 0 et 100, respectivement. Les champs Sortie (min) et Sortie (max) doivent respectivement recevoir 0.87 et 1.57.

Ces valeurs curieuses ont leur raison d'être car dans les schémas de connexion, tous les angles sont par défaut donnés en radians.

Pour la conversion d'un angle en degrés, il faut multiplier cette valeur par Pi, puis diviser le résultat par 180. Par conséquent : 90° = 90 × 3,1415 / 180 = 1.57 radian.

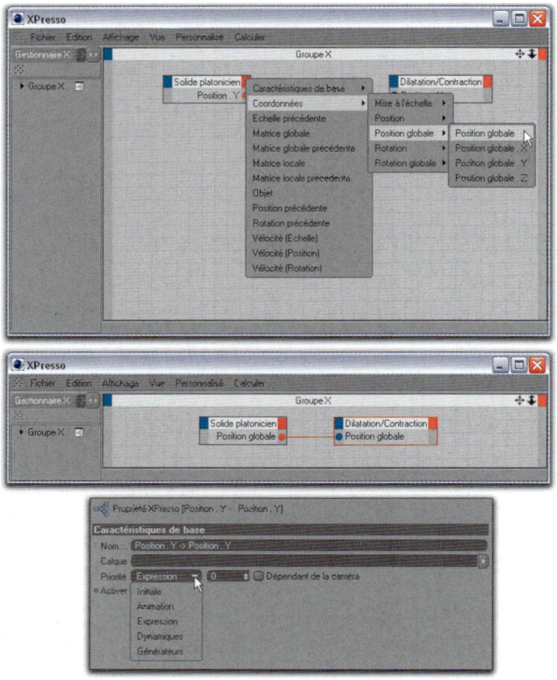


*Figure 4.25 : La connexion actualisée.*

## ➤ Modification d'une connexion

Sachez que l'action Paramètre contrôleur/Paramètre contrôlé exécutée précédemment a servi à connecter les valeurs de position Y locales des objets, les valeurs globales n'étant pas affichées dans le gestionnaire d'attributs.

Dans notre cas, la connexion fonctionne néanmoins car il se trouve que le système de référence du ballon (l'objet HyperNURBS) et celui du déformateur Dilatation/Contraction (le SweepNURBS) occupent la même position dans l'espace et possèdent également la même orientation.

Pour plus de sécurité, il est préférable de transmettre ici la valeur globale pour que les objets impliqués soient indépendants de leur ordonnancement dans la hiérarchie.

Supprimez par conséquent le nœud Cartographie d'intervalle en utilisant la touche [Suppr] après avoir cliqué sur son intitulé, et supprimez également les deux ports sur les nœuds restants en double-cliquant dessus.

Côté sortie du ballon, choisissez le port pour la position globale, et faites de même côté entrée du déformateur. Reliez ensuite les deux ports avec la souris pour activer la connexion et la rendre opérationnelle (voir Figure 4.25).

## ➤ Réglage de la priorité de calcul

Un aspect auquel vous devez faire attention lorsque vous créez des connexions est la priorité de calcul. Lorsque les valeurs courantes d'objets animés sont lues et transmises à d'autres objets ou paramètres, il est très important qu'elles soient à jour et qu'elles ne proviennent pas, par exemple, d'une image précédente de l'animation.

Pour obtenir les données les plus actuelles d'une connexion, celle-ci doit être traitée après le calcul de l'animation. Vous pouvez contrôler cette séquence de calcul *via* le menu Priorité de la propriété XPresso dans le gestionnaire d'attributs (voir Figure 4.25). Plus la priorité choisie est faible, plus la connexion sera calculée tardivement. Pour que le calcul ait lieu après la lecture de l'image-clé, il faut choisir au minimum l'option Expression.

## ➤ Adaptation de la scène

La représentation de la spirale SweepNURBS peut être améliorée en lui appliquant un matériau rouge légèrement luminescent et transparent. Pour renforcer également l'impression qu'elle émet de la lumière, créez une spirale avec des paramètres identiques à l'exception des rayons. Ceux-ci doivent être suffisamment grands pour que la spirale puisse contenir la balle sans nécessiter de déformation. Cette spirale servira uniquement à éclairer le ballon.

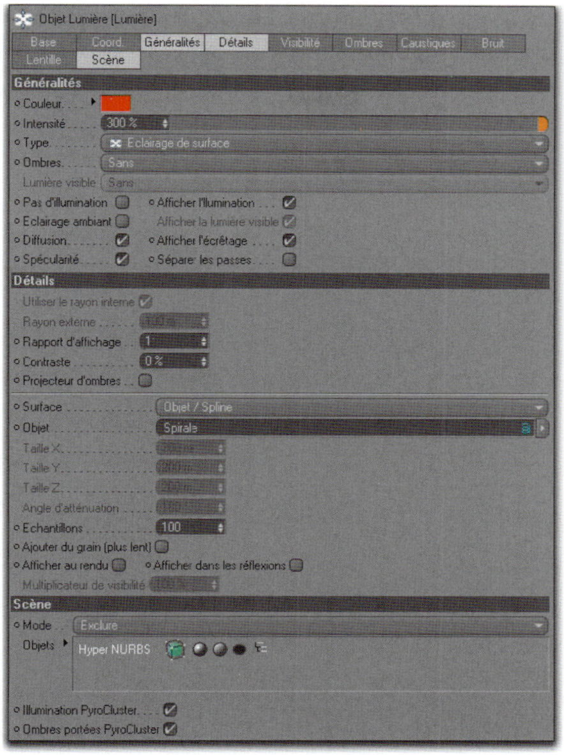


***Figure 4.26 :*** *Configuration de la source de lumière.*

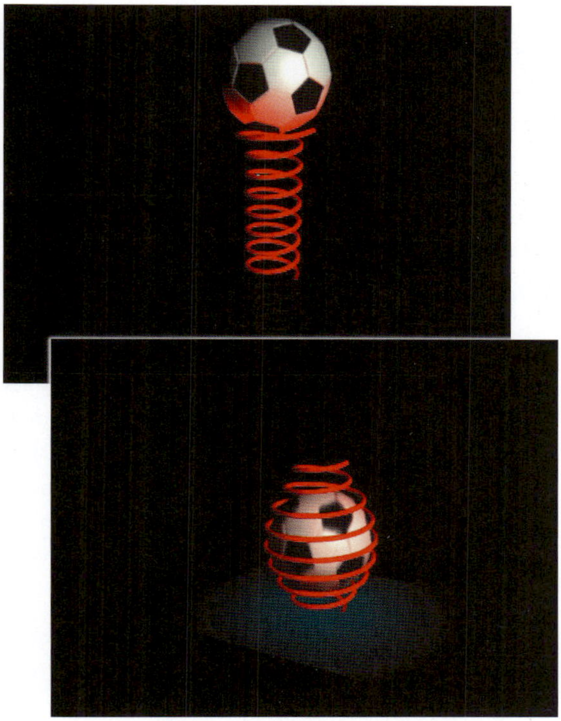

***Figure 4.27 :*** *L'animation terminée.*

Dans les propriétés de la source de lumière hémisphérique de notre scène, changez sa forme pour Objet/Spline et faites glisser la nouvelle spirale dans le champ Objet (voir Figure 4.26). Dans l'onglet Scène, choisissez le mode Exclure et faites glisser dans le champ associé l'objet HyperNURBS auquel le ballon est subordonné.

Modifiez la couleur de la lumière en choisissant un rouge intense pour l'adapter à la couleur de la spirale déformée. Il convient ensuite de vérifier l'intensité de cette source en procédant à quelques tests. Pour conclure cet exemple, la Figure 4.27 illustre deux images issues de l'animation terminée.

Après avoir appris à définir des image-clés pour des mouvements et des paramètres, à travailler avec les courbes F et à utiliser des connexions XPresso, vous disposez de bases suffisantes pour créer vos propres animations. Dans la version actuelle de CINEMA 4D, le module MOCCA a subi beaucoup de changements. J'aimerai donc également vous présenter un exemple les illustrant.

Ce module a trait essentiellement à l'animation, et dispose d'outils et d'objets conçus spécifiquement pour la création et la manipulation de hiérarchies et de structures complexes, comme dans le cas de l'animation de personnages. Le personnage que je vous propose de préparer pour l'animation doit auparavant être modélisé. Vous trouverez sur le CD-ROM un chapitre de bonus décrivant pas à pas son processus de modélisation. Je vous conseille donc de l'étudier avant de poursuivre ici.

## Animation d'un personnage avec MOCCA

Le module MOCCA offre une large gamme d'outils et de propriétés qui visent surtout à simplifier les techniques de cinématique inverse et de morphing. Dans cette section, nous allons donner vie au maître de karaté modélisé dans le chapitre de bonus en lui ajoutant une hiérarchie d'os et d'articulations et en lui appliquant des pondérations (influences) et des contraintes.

Les techniques et termes évoqués à l'instant ne représentent qu'un mince aperçu des nouveautés qui vous attendent. Le thème lui-même est aussi complexe que passionnant et des ouvrages entiers lui sont consacrés. Nous nous concentrerons par conséquent sur les points essentiels plutôt que de passer en revue toutes les possibilités du module.

### *Os et articulations*

Pour l'animation d'objets organiques, l'emploi d'os et d'articulations a fait ses preuves. Ces deux types d'objets sont pris en charge par le module MOCCA, bien que sous une forme différente. Les os sont en réalité des déformateurs et se voient donc subordonner d'autres objets, à l'instar du déformateur Incurvation par exemple.

Les articulations sont des positions dans l'espace. En les agençant de façon hiérarchique, il est possible de créer des chaînes le long desquelles la surface d'objets peut être déformée. Comme il ne s'agit pas de déformateurs, aucun objet ne doit être placé sous leur dépendance.

On utilise à la place des pondérations appliquées aux objets ainsi que le déformateur Peau pour relier ceux-ci aux articulations. Cette approche procure, entre autres avantages, plus de souplesse pour animer les objets. Vous pouvez, par exemple, animer plusieurs personnages au moyen d'un seul et même squelette d'articulations.

### *Création d'un squelette d'articulations*

Chargez le personnage du chapitre de bonus dans une nouvelle scène. La première chose à faire est de lui ajouter des articulations pour qu'il puisse se mouvoir ultérieurement. Nous commencerons par la colonne vertébrale car elle se trouve sur l'axe de symétrie du personnage, et d'elles partiront les autres extrémités.

Pour créer une chaîne d'articulations, invoquez l'outil Articulations à partir du menu Personnage (voir Figure 4.28). Pensez à toujours vérifier la configuration de cet outil avant de l'utiliser. Comme vous le voyez, ses options sont en nombre relativement limité.

Le menu Os indique comment relier les articulations. L'option choisie a des répercussions sur l'action des articulations, sur la géométrie à déformer et, par exemple aussi, sur la façon dont seront calculée les pondérations automatiques de la géométrie.

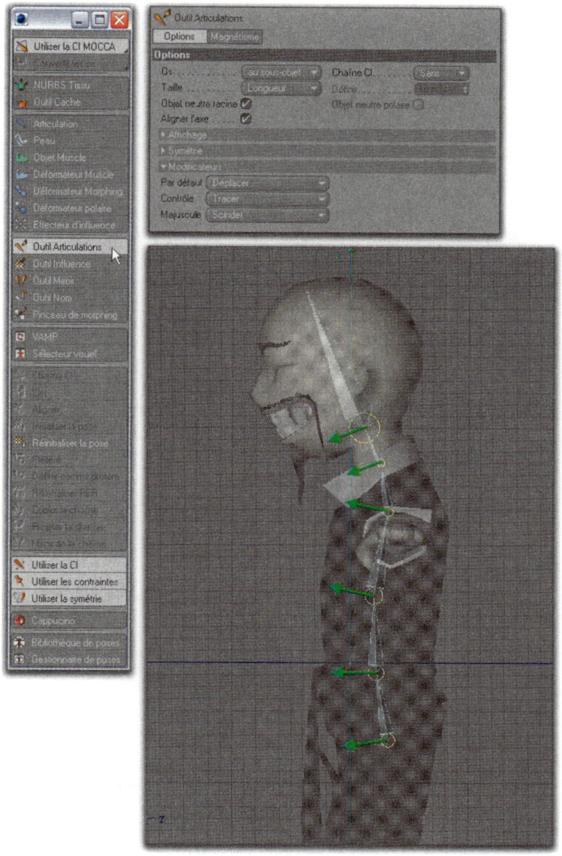


***Figure 4.28 :*** *Création d'une chaîne d'articulations.*

L'option par défaut Au sous-objet calcule les pondérations toujours de l'articulation parent vers celle enfant. Avec l'option Du parent, elles sont appliquées dans le sens inverse. La déformation qui en résulte n'est pas différente, cette option étant surtout importante pour préparer le personnage en vue d'un traitement subséquent dans un programme externe.

L'option Axes fonctionne de manière analogue au système d'os des anciennes versions de CINEMA 4D. Là aussi, l'os va de l'articulation parent vers celle enfant, mais sa longueur peut néanmoins être définie individuellement, permettant d'introduire avec les articulations.

Vous pouvez en règle générale conserver l'option par défaut.

Le menu Chaîne CI place automatiquement des objets de référence sur les articulations une fois que vous en avez terminé avec l'outil. La hiérarchie d'articulations est de ce fait animée d'emblée. Le plus souvent, vous préférerez cependant adapter le système de référence aux articulations individuelles, c'est pourquoi ce menu convient seulement pour les configurations simples.

Vous avez notamment le choix entre les modes 2D et 3D, qui définissent la liberté de mouvement de la chaîne. À de nombreux endroits du corps, comme au niveau des genoux ou des coudes, les mouvements ne sont possibles que dans un certain plan. Dans ce cas, il peut être utile de se limiter à une solution de calcul des mouvements en 2D afin de réduire les sources d'erreur.

Vous disposez également du mode Spline qui relie chaque articulation à un point d'une spline. La chaîne est alors animée en déplaçant les points de la spline, ce qui convient par exemple pour l'animation d'une queue ou d'une colonne vertébrale. Comme nous prévoyons de définir manuellement les relations CI, laissez ce menu désactivé avec l'option Sans.

Le menu Taille spécifie la longueur des os entre les articulations. Par défaut, les os s'adaptent automatiquement à l'écartement des articulations, mais vous avez aussi la possibilité de les dimensionner individuellement grâce à l'option Définir. Le mode automatique convient généralement.

L'option Objet neutre racine crée un objet neutre additionnel comme point de départ de la hiérarchie d'articulations, ce qui n'a de sens que dans le mode Axes. L'option Aligner l'axe a pour effet d'orienter automatiquement l'axe Z de l'os vers l'articulation subordonnée et devrait toujours être activée. L'option Objet neutre polaire fonctionne uniquement en conjonction avec le menu Chaîne CI activé. Il crée un objet d'aide permettant de contrôler le plan de mouvement de la hiérarchie.

La rubrique Affichage concerne seulement la représentation des os dans l'éditeur. Les os sélectionnés peuvent apparaître soit en surbrillance, soit dans de petites boîtes. La rubrique Symétrie est intéressante lorsque vous créez, par exemple, les articulations d'un bras et voulez que l'autre bras soit généré automatiquement. Nous reviendrons sur cette fonctionnalité plus tard.

La rubrique Modificateurs spécifie les actions qui peuvent être déclenchées directement au moyen du clavier et de la souris. Associée à un clic de souris, la touche [Ctrl] permet par défaut de créer de nouvelles articulations et la touche [Maj], de diviser un os en deux et de placer une articulation en son milieu. Le menu Par défaut concerne uniquement la souris. L'option Déplacer signifie que vous pouvez déplacer une articulation par simple cliquer-glisser.

Pour notre exemple, vous pouvez conserver toutes les valeurs proposées, même l'objet neutre racine. Commencez par créer une chaîne d'articulations allant du bassin vers la tête en cliquant dans l'éditeur avec la touche [Ctrl] enfoncée. La Figure 4.28 en donne une illustration. Pour désactiver l'outil Articulations, cliquez sur un autre outil, tel celui de déplacement.

Comme indiqué par les flèches vertes dans la figure, vous devriez tourner toutes les articulations dans la même direction en plaçant, par exemple, tous les axes Y dans le plan de symétrie. Cela facilitera l'alignement des os pendant l'animation.

## ➤ La mâchoire inférieure

Pour que la mâchoire inférieure puisse être animée simplement en réaction à la rotation d'une articulation, invoquez un objet Articulation *via* le menu Personnage et ordonnez-le sous l'articulation de la tête. Positionnez l'os associé sur le plan de symétrie de sorte qu'il se termine sous la lèvre inférieure.

Prenez le temps dès maintenant de nommer ces articulations. Cela facilitera notamment l'assignation d'objets d'aide pour la cinématique inverse. La Figure 4.29 montre les noms que j'ai choisis ainsi que la position de la nouvelle articulation.

## ➤ Les bras

Pour les bras, utilisez de nouveau l'outil Articulations, mais cette fois avec le paramètre Symétrie activé. Nous choisissons le mode Tracer pour obtenir deux chaînes indépendantes d'articulations (voir Figure 4.30). Pour les paramètres Origine et Plan, vous pouvez spécifier respectivement Monde et Monde-YZ puisque le personnage se trouve à l'origine du système Monde.

En utilisant la touche [Ctrl] comme précédemment, créez une chaîne d'articulations partant de l'épaule vers la pointe des doigts. Dans le gestionnaire d'objets, sélectionnez ensuite l'objet pour l'articulation du poignet et créez trois autres articulations pour le pouce.

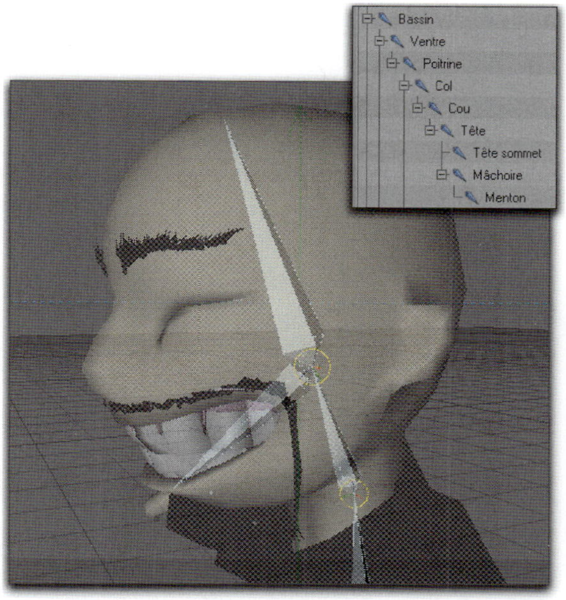


*Figure 4.29 : Ajout d'une articulation pour la mâchoire inférieure.*

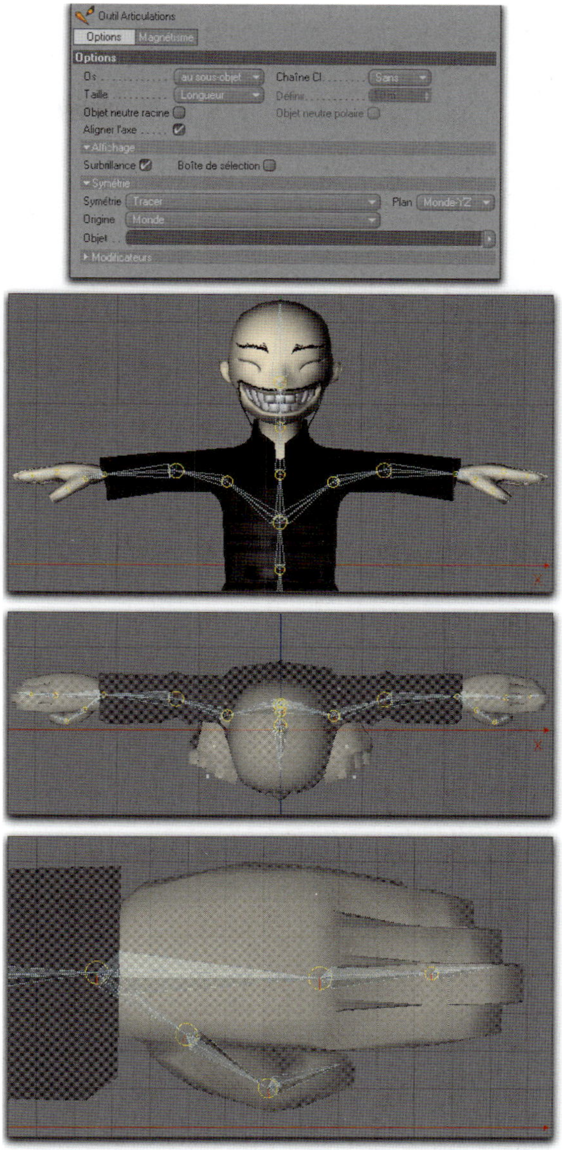


*Figure 4.30 : Les articulations des bras.*

Celles-ci sont automatiquement ordonnées et reliées comme il convient grâce à la sélection préalable.

Placez ces articulations dans la position appropriée en utilisant la souris. La Figure 4.30 illustre celles du bras et de la main gauches sous différents angles. L'ordonnancement automatiquement de l'articulation du pouce par symétrie n'a pas fonctionné et l'on se retrouve avec une hiérarchie séparée dans le gestionnaire d'objets pour les trois articulations mises en miroir. Vous devez alors la réordonner manuellement, ce qui est vite réglé.

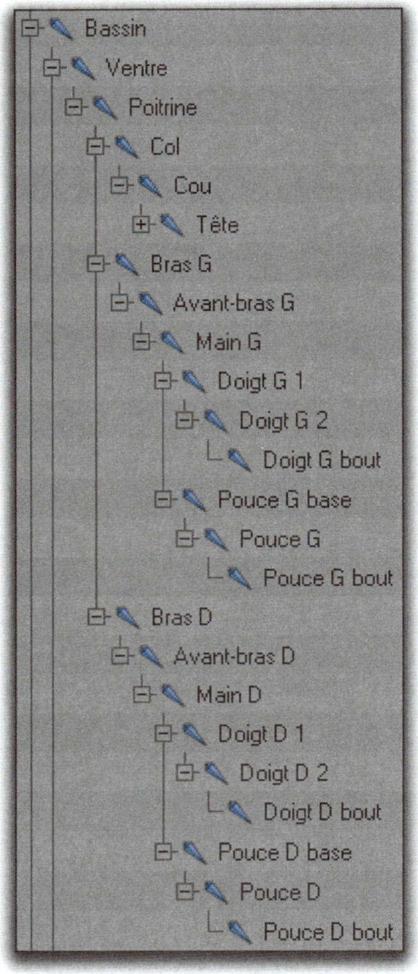


**Figure 4.31 :** *La hiérarchie d'articulations nommées.*

Regroupez pour terminer les chaînes des deux bras sous l'articulation de la poitrine. Pensez également à nommer les nouveaux objets. Vous pouvez employer comme moi les lettres G et D pour distinguer les éléments du bras gauche de ceux du bras droit (voir Figure 4.31).

### ➤ Les jambes

Les articulations des jambes sont créées selon le même principe. Pour reproduire de manière naturelle les possibilités de mouvement complexes du pied, notamment lors de son déroulement, nous avons besoin d'articulations distinctes pour la cheville, le milieu du pied et les orteils. Comme pour les mains, il n'est pas nécessaire de prévoir une articulation pour chaque orteil. Vous le feriez pour obtenir une modélisation très réaliste si le personnage devait par exemple marcher.

Après avoir créé les chaînes des deux jambes, subordonnez-les à l'articulation du bassin dans la hiérarchie d'objets. Le lien entre le bassin et les hanches se fait alors automatiquement. La Figure 4.32 illustre le positionnement final de ces articulations.

## *Application de pondérations*

L'établissement d'un lien entre les articulations et la géométrie à déformer passe par l'application de pondérations ou influences. Étant donné que chaque objet doit être traité séparément, nous allons commencer par la tête et descendrons ensuite vers le vêtement pour terminer par les pieds. Pour savoir exactement où vous en êtes à chaque étape, je vous recommande de ne garder visible que l'objet en cours de traitement et de masquer tous les autres.

Attribuez à la tête une propriété Influence par le biais du menu Propriétés > Propriétés Personnage du gestionnaire d'objets. Dans les attributs de la propriété, activez la rubrique Articulations. Elle consiste à ce stade en une liste vide dans laquelle nous allons faire glisser les objets Articulations qui sont censés avoir un effet sur cet objet.

Dans le gestionnaire d'objets, sélectionnez les articulations du col, du cou, de la tête et de la mâchoire. Comme nous avons utilisé l'option Au sous-objet pour ces objets, la dernière articulation de la chaîne est sans importance pour la pondération de la géométrie

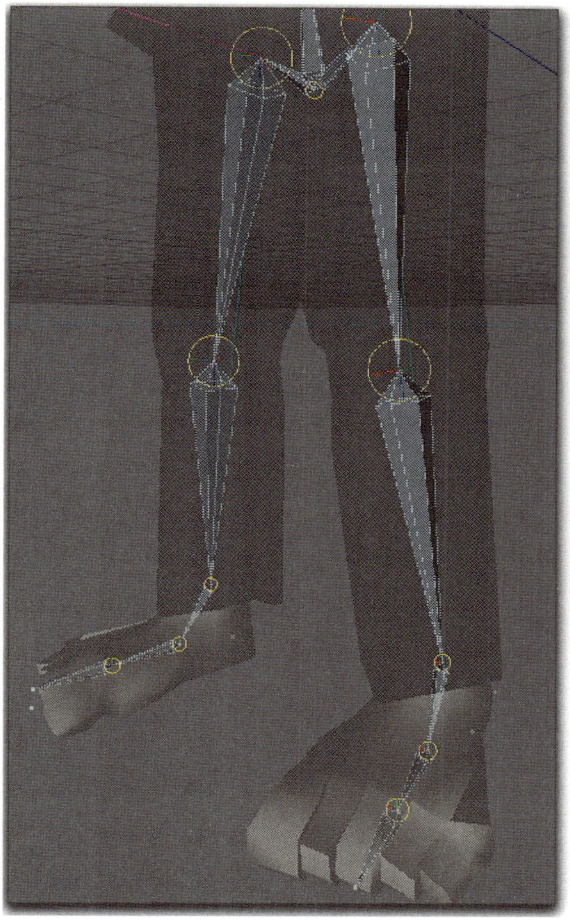

*Figure 4.32 : Les articulations des jambes et des pieds.*

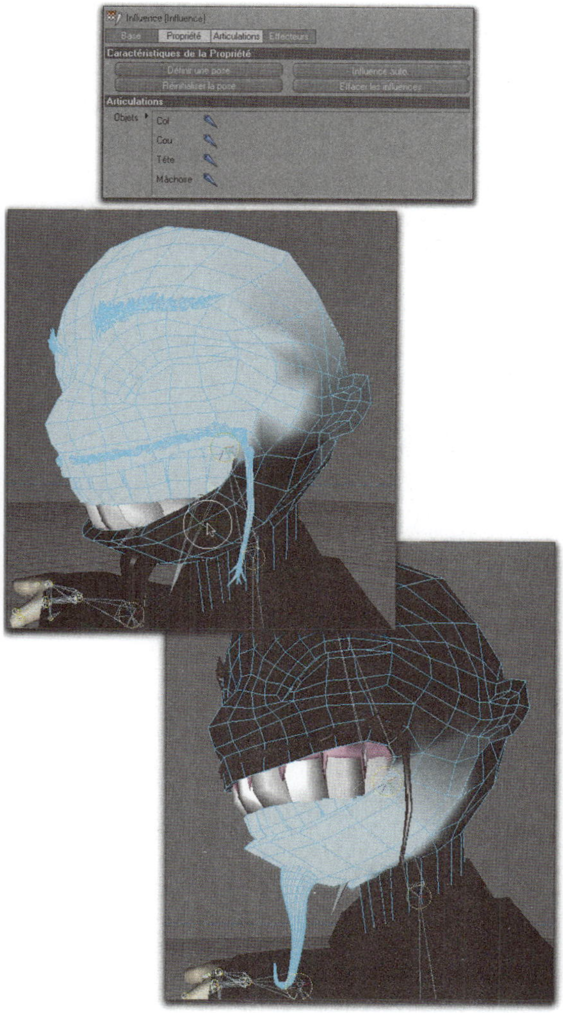


*Figure 4.33 : Pondérations pour la tête.*

et sert uniquement à déterminer la direction et la longueur des os entre les articulations. Vous pouvez donc ignorer la dernière articulation d'une hiérarchie dans la liste de la propriété Influence (voir Figure 4.33).

La géométrie sait à présent quelles articulations peuvent agir sur elle. Reste à définir quelles articulations contrôleront quelles parties de la géométrie, ce qui est justement le rôle des pondérations. La propriété Influence offre à cet effet plusieurs fonctions sous la forme de boutons.

La fonction Influence auto. est particulièrement commode puisqu'elle mesure l'écartement entre les points de la géométrie et les os, puis applique automatiquement les pondérations appropriées. Même si son résultat n'est pas toujours parfait, elle permet de gagner un temps considérable et vous n'avez ainsi plus qu'à apporter quelques corrections, le cas échéant.

La fonction Définir la pose correspond à la fixation des os dans les précédentes versions de CINEMA 4D et enregistre les positions et rotations courantes des articulations pondérées. Elle est exécutée automatiquement lors de l'application des pondérations. Si vous modifiez des articulations après-coup, vous devez l'exécuter de nouveau pour chaque propriété Influence concernée.

La fonction Réinitialiser la pose permet de rétablir à tout moment la configuration initiale des articulations.

## ➤ L'outil Influence

Jusqu'à présent, les pondérations étaient plutôt des grandeurs abstraites. Lorsque vous activez l'outil Influence à partir du menu Personnage et sélectionnez une articulation, sa pondération apparaît également sous la forme d'un dégradé de couleurs dans l'éditeur.

Le principe de pondération ressemble ici beaucoup à celui des maps de vertex déjà évoquées, qui permettent à chaque point d'un objet de recevoir une valeur de pondération entre 0 et 100 %. La différence est que les pondérations sont ici appliquées à des articulations et non à la géométrie. CINEMA 4D recherche alors dans les propriétés Influence disponibles les articulations correspondantes et peut à partir de là créer un lien entre les pondérations et les points. Une articulation peut ainsi agir sur plusieurs objets.

Revenons aux propriétés de l'outil. Outre l'affichage des pondérations existantes dans l'éditeur, il offre de très nombreuses fonctions pour leur application. Je m'en tiendrai ici aux principales.

### Onglet Options

La rubrique Options sert à définir les valeurs de pondération à utiliser. Le pourcentage lui-même est spécifié au moyen du paramètre Intensité.

Le menu Mode détermine la façon dont cette valeur doit être traitée lors de la peinture de la géométrie. Elle peut, par exemple, être additionnée ou prise comme valeur absolue. Vous disposez aussi d'une option Effacer pour supprimer les pondérations existantes. L'activation de la touche [Ctrl] pendant que vous peignez a pour effet de supprimer les pondérations.

Lorsque vous peignez des articulations et que d'autres articulations possèdent des pondérations pour les mêmes points, l'option Normalisation Auto. les égalise. La somme des pondérations pour un point est alors automatiquement établie à 100 % ou 0 %. Cela garantit que chaque point de la somme sera déformé ou déplacé avec la même intensité.

Les programmes tiers spécialisés dans l'animation de personnages emploient aussi souvent ce système. Les pondérations configurées dans CINEMA 4D vous épargneront par conséquent du travail supplémentaire si vous devez recourir à un tel logiciel.

### Onglet Peinture

Vous définissez ici le rayon du pinceau et le dégradé d'intensité des pondérations sur ses bords. Comme pour les outils de sélection, vous devez faire attention à l'état de l'option Uniquement les éléments visibles. Selon qu'elle est cochée ou non, seuls les points visibles seront sélectionnées ou bien également ceux cachés derrière des polygones.

### Onglet Affichage

Les options de cet onglet configurent la représentation des points peints dans l'éditeur. Dans certaines situations, l'option Afficher toutes les articulations peut être très utile puisqu'elle permet de représenter simultanément toutes les articulations qui possèdent des pondérations. Vous pouvez ainsi repérer plus facilement celles qui en sont dénuées et qui devraient en avoir et vérifier la répartition des pondérations entre les articulations.

### Onglet Articulations

Cet onglet énumère tous les objets polygonaux influencés par l'articulation sélectionnée. Vous pouvez sélectionner des objets individuels et les verrouiller pour éviter que leurs pondérations ne soient modifiées par inadvertance.

### Onglet Influences

Cette liste énumère également toutes les pondérations des objets concernés, mais cette fois sous forme de tableau. L'option Surbrillance des points permet d'afficher en couleur les points possédant une pondération supérieure à 0 %. C'est notamment très utile pour localiser d'éventuelles erreurs de pondération.

Il est en outre possible de sélectionner des points ou d'appliquer des pondérations à des sélections de points.

### Onglet Influence auto.

La seule différence entre cette fonction de pondération automatique-ci et celle de la propriété Influence est son plus grand nombre d'options. Vous pouvez spécifier, par exemple, le nombre maximal d'articulations pouvant agir sur un point grâce à l'option Articulations.

Le menu Mode définit les critères de calcul des pondérations. Lorsque l'option Distance est activée, le logiciel mesure l'espacement entre les os de l'articulation et un point, puis répartit la pondération proportionnellement entre l'os le plus proche et le suivant. Ces deux options combinées vous permettent de limiter cette répartition aux articulations et points sélectionnés.

Dans l'ensemble, je n'ai pas eu à changer grand-chose aux pondérations appliquées automatiquement au personnage. Les modifications concernaient principalement la tête. J'ai d'une part contrasté davantage la transition entre les pondérations de la mâchoire inférieure et de la tête et, d'autre part, après avoir sélectionné cette dernière, renforcé au moyen de l'option Normalisation auto. les pondérations de la lèvre supérieure et du nez de sorte que l'articulation du menton n'ait plus d'influence sur ces zones (voir Figure 4.34).

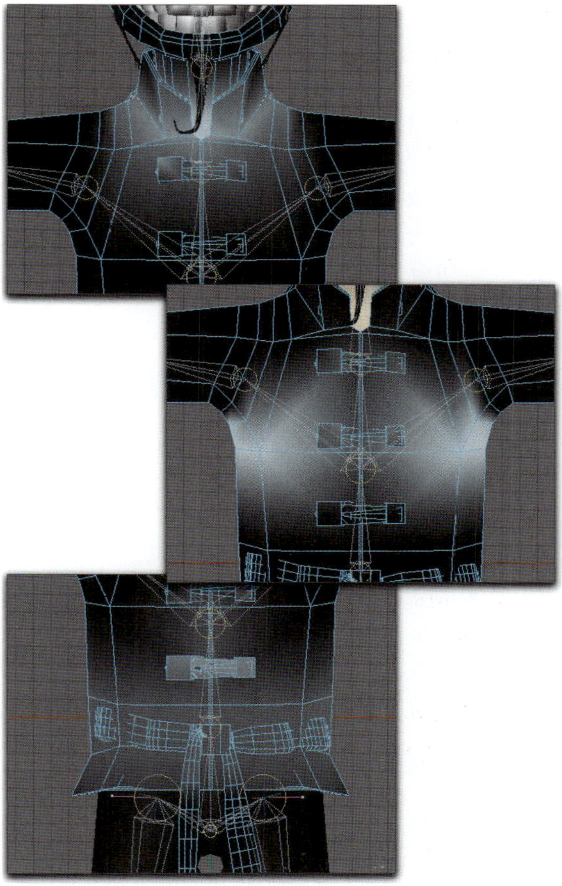

*Figure 4.34 : Pondérations pour le haut du corps.*

J'ai également modifié légèrement la veste sous les bras. Comme le montre la Figure 4.34 au milieu, la pondération des points des aisselles a été augmentée pour l'articulation de la poitrine afin que la veste ne soit pas trop pressée sur les côtés lors de l'abaissement des bras.

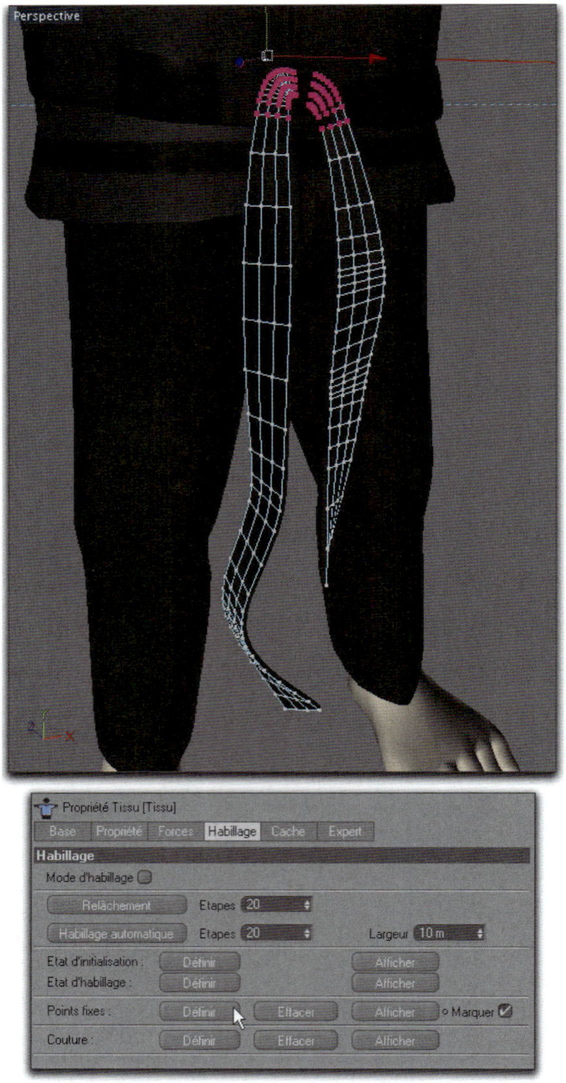


***Figure 4.35 :*** *Fixation de points du vêtement.*

## *Simulation dynamique du vêtement*

Il vaut mieux éviter de procéder par simulation du vêtement pour appliquer les éléments de la veste ou du pantalon car le tissu serait alors trop proche du corps. En revanche, pour les extrémités de la ceinture qui pendent à partir de la taille, cela peut se révéler très pratique. Nous utiliserons à cet effet le module Clothilde qui est très efficace.

Comme nous ne voulons pas animer dynamiquement la ceinture tout entière, il faut auparavant la subdiviser. Convertissez l'objet SweepNURBS correspondant et copiez les polygones des extrémités de la ceinture dans un nouvel objet. Réunissez également dans un même objet la partie cintrant la taille et le nœud stylisé.

Vérifiez ensuite les pondérations de la ceinture. Normalement, elles devraient toutes être intactes puisque seuls des polygones ont été supprimés. Les pendants n'ont eux plus besoin de pondérations et seront reliés automatiquement aux hanches du personnage. Retirez-les par conséquent de la hiérarchie et supprimez leur propriété INFLUENCE. Cette étape est nécessaire car la ceinture sera ultérieurement lissée au moyen d'un NURBS distinct et ne doit donc pas être lissée en plus par l'HYPERNURBS du personnage.

Attribuez aux pendants une propriété TISSU par le biais du menu PROPRIÉTÉS > PROPRIÉTÉS CLOTHILDE du gestionnaire d'objets. Sélectionnez les points des pendants à proximité de la taille (voir Figure 4.35, en haut), lesquels seront par la suite fixés au personnage.

La propriété TISSU inclut tous les paramètres requis pour configurer le comportement de l'objet, depuis l'élasticité de la matière jusqu'à la simulation de vent et même la reconnaisse de collisions. Là encore, je ne présenterai que les principaux.

Nous devons commencer par exclure de la simulation les points sélectionnés pour qu'ils ne soient pas tirés automatiquement vers le bas sous l'effet de la gravité. Pour cela, cliquez sur le bouton Définir du paramètre Points fixes de l'onglet Habillage (voir Figure 4.35). Lorsque l'option Marquer située en regard est également cochée, un marquage en couleur est appliqué aux points pour rappeler qu'ils ont été fixés.

Définissons ensuite le comportement du tissu. Dans l'onglet Propriété, il faut augmenter la valeur de Rigidité pour que l'objet soit moins sensible aux forces et aux mouvements extérieurs. Cela doit s'accompagner d'une réduction du paramètre Masse qui contrôle la rapidité avec laquelle le tissu réagit aux effets dynamiques. Cette valeur a davantage trait à l'inertie qu'au poids.

Comme son nom l'indique, l'onglet Forces permet de définir les forces à appliquer à l'objet. La gravité doit dans tous les cas être activée. Le vent n'est en revanche pas indispensable et présente un intérêt surtout pour les scènes d'extérieur incluant par exemple un drapeau. Ramenez la valeur de Gravité à –5 pour que la ceinture réagisse plus vite aux collisions avec elle-même et le pantalon.

Dans l'onglet Expert, activez l'option Auto-collision. Celle-ci rallonge le temps de calcul, mais le risque que les deux pendants de la ceinture s'interpénètrent étant très grand, il doit absolument être évité. La détection de collisions avec d'autres objets est activée par le biais d'une autre propriété, Collision, qu'il faut attribuer à la veste et au pantalon. Dans cette propriété, il suffit de cocher l'option Utiliser la collision (voir Figure 4.36).

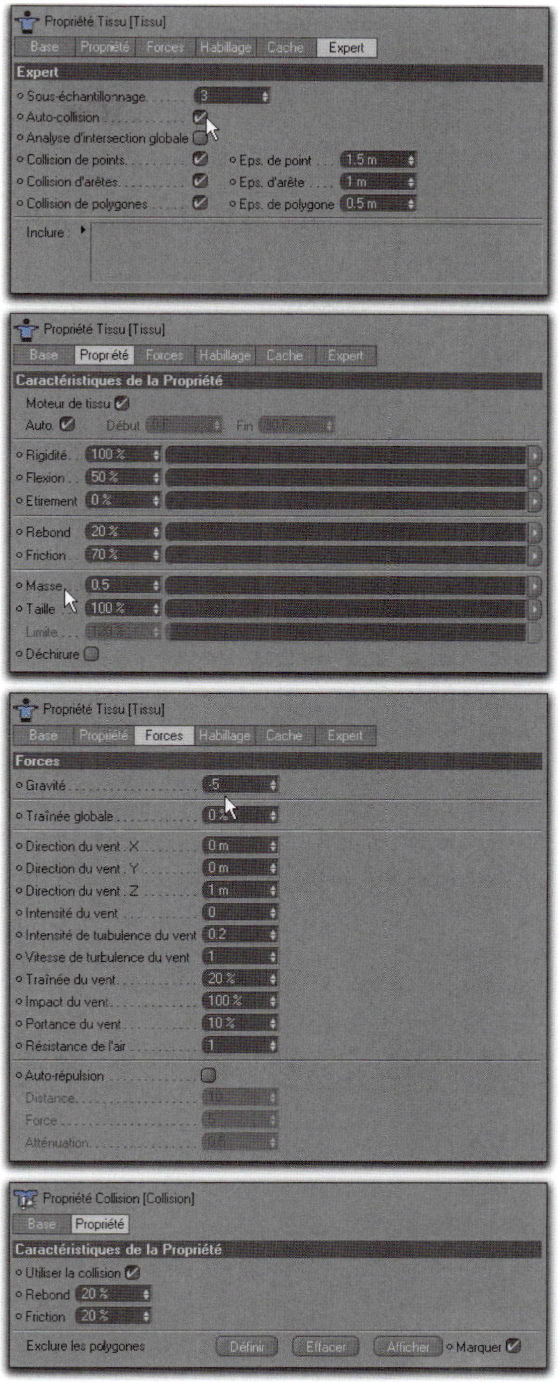


**Figure 4.36 :** *Configuration des propriétés Tissu et Collision.*

Pour tester la simulation du tissu avec toutes les forces, utilisez le bouton RELÂCHEMENT dans l'onglet HABILLAGE de la propriété TISSU. La simulation est alors calculée pour le nombre d'étapes indiquées. Vous pouvez aussi cliquer plusieurs fois de suite sur ce bouton. Pour rétablir la forme initiale, cliquez simplement sur le bouton AFFICHER en regard du paramètre ÉTAT D'INITIALISATION.

Une fois que les paramètres et le comportement du tissu vous conviennent, vous pouvez encore simplifier l'objet. Nous avons affaire ici à deux bandes de polygones possédant une épaisseur, soit une forme déjà simple. Le fait de la subordonner à un objet NURBS TISSU accélère en plus son calcul et empêche automatiquement l'interpénétration des faces avant et arrière des pendants.

Supprimez au niveau des extrémités inférieures de l'objet tous les polygones latéraux et arrière pour ne conserver que ceux avant. Procédez ensuite à une optimisation pour éliminer tous les points inutiles, puis cliquez sur le bouton DÉFINIR du paramètre ÉTAT D'INITIALISATION dans l'onglet HABILLAGE afin d'enregistrer la nouvelle forme.

Invoquez un NURBS TISSU à partir du menu PERSONNAGE et placez les bandes de la ceinture sous sa dépendance (voir Figure 4.37). Cet objet fonctionne comme un HYPERNURBS, sauf que les polygones lissés suivent toujours de très près les points. Il dispose en outre d'une fonction d'épaississement très commode pour simuler l'épaisseur du tissu. Utilisez le paramètre ÉPAISSEUR pour redonner à la ceinture son épaisseur initiale.

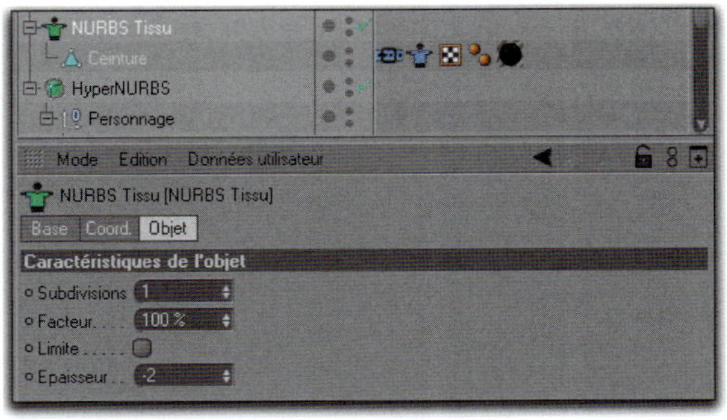


*Figure 4.37 : Épaississement et lissage du tissu.*

Il faut maintenant annuler la fixation des points en haut des pendants pour qu'ils puissent se mouvoir en même temps que le personnage. Cliquez pour cela sur le bouton EFFACER du paramètre POINTS FIXES dans l'onglet HABILLAGE (voir Figure 4.38).

Ces points doivent ensuite être fixés à la taille du personnage à l'aide d'une propriété CEINTURE, accessible *via* le menu de propriétés Clothilde. Assurez-vous qu'ils soient encore sélectionnés et cliquez sur le bouton DÉFINIR du paramètre POINTS de la propriété. Puis, dans le champ ACTIVER, assignez-leur l'objet représentant la partie de la ceinture qui entoure la taille.

Lorsque l'option MARQUER de cette propriété est activée, les points sélectionnés et les lignes qui relient à la taille les points qui n'y sont pas collés apparaissent en surbrillance. Cette propriété recherche en fait des points existants sur l'objet assigné et y relie ceux sélectionnés qui conservent dès lors leur écart par rapport au corps.

## *Cinématique inverse*

Le principe de cinématique inverse a déjà été évoqué à plusieurs reprises depuis le début de l'ouvrage sans qu'il ait encore été expliqué. Grâce à lui, le mouvement d'un élément à la fin d'une chaîne d'articulations peut également avoir un effet sur les éléments situés plus haut dans la hiérarchie. Par exemple, le déplacement du pied peut entraîner le soulèvement du genou et, du même coup, le pliement de la jambe.

Parvenir à simuler une succession naturelle de mouvements sans ce principe demanderait énormément de patience puisqu'il faudrait toujours faire pivoter les articulations du parent vers l'enfant. Pour une montée de marches, par exemple, il faudrait d'abord faire se lever la cuisse, puis se plier le genou, pour réaliser au final que le pied n'est pas positionné au bon endroit. Il faudrait alors recommencer jusqu'à placer correctement le pied sur la marche.

La cinématique inverse, ou CI, peut par conséquent accélérer et simplifier considérablement votre travail, la seule condition préalable étant la définition de chaînes CI exactes. Elle ne peut être calculée qu'entre deux objets définis. Des objets d'aide peuvent également être introduits, par exemple pour agir comme des aimants sur des articulations individuelles ou définir des plans de mouvement. C'est par exemple très utile pour l'articulation du genou car, du point du vue anatomique, la rotation ne peut normalement s'effectuer qu'autour d'un seul axe.

Elle peut être mise en œuvre au moyen de la fonction Chaîne CI du menu Personnage ou, manuellement, *via* la propriété CI-Spline du menu Propriétés > Propriétés Personnage. Nous illustrerons les deux méthodes.

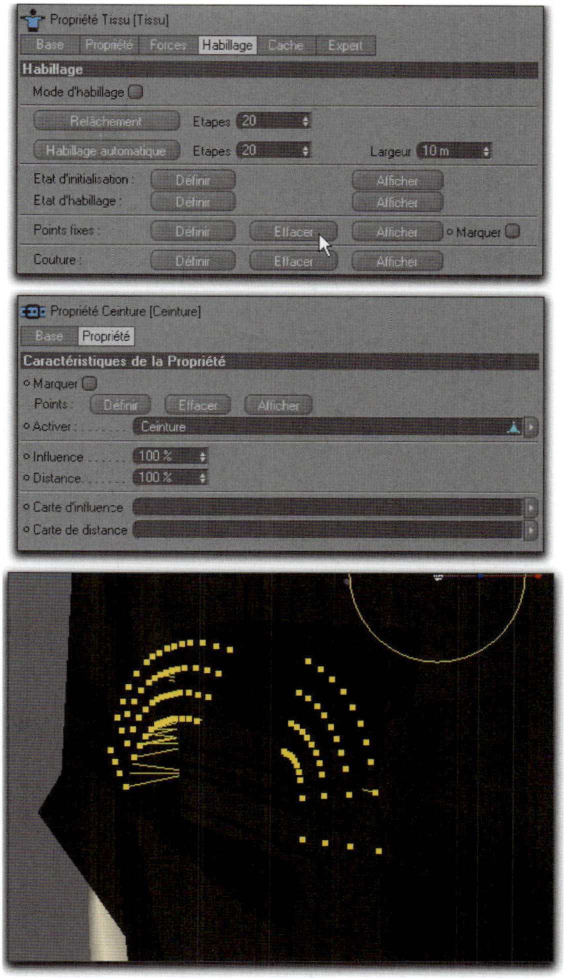


***Figure 4.38 :*** *La propriété Ceinture.*

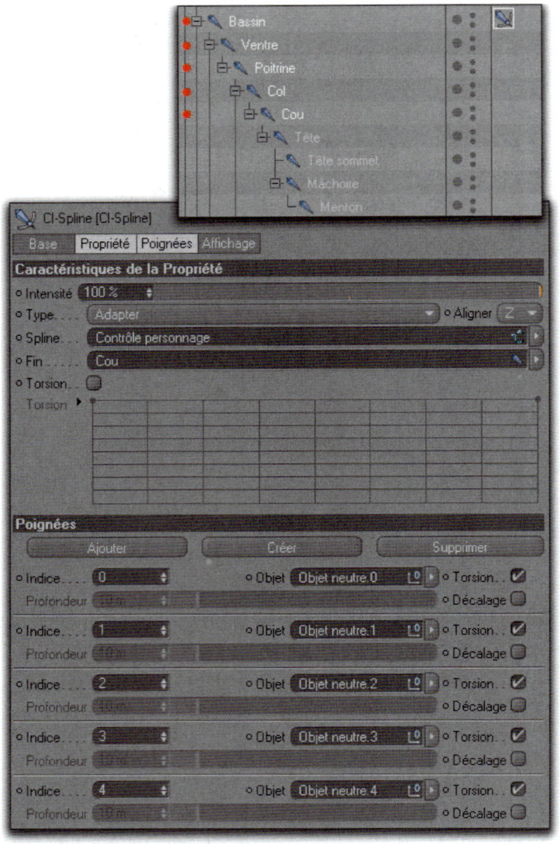


***Figure 4.39 :*** *Définition d'une spline CI.*

## ➤ Une spline CI pour le dos

Pour la colonne vertébrale, j'utiliserai une spline dont les points serviront à contrôler la position des articulations. Nous avons donc besoin au départ d'une spline avec un nombre suffisant de points. Comme notre modèle inclut cinq articulations entre le bassin et le cou, créez une spline linéaire avec cinq points et collez-les par magnétisme 3D aux axes des articulations existantes. Celles-ci sont marquées en rouge dans la Figure 4.39.

Attribuez une propriété CI-Spline à la première articulation de la hiérarchie et faites glisser dans son champ Spline la spline que nous venons de créer. Pour que la cinématique inverse puisse être calculée, il convient de spécifier la dernière articulation de la chaîne, ici celle du cou. Pour cela, faites glisser cette articulation dans le champ Fin de la propriété.

Le menu Type sert à contrôler l'alignement des articulations le long de la spline. Dans le mode Adapter, les os situés entre les articulations conservent leur longueur initiale. Dans le mode Égal, leur longueur est au contraire ajustée à la spline, ce qui peut entraîner un raccourcissement ou un rallongement de la chaîne. Cela peut être utile notamment pour les déformations extrêmes de personnages.

Lorsque l'option Torsion est cochée, vous pouvez faire pivoter les articulations en utilisant la courbe située plus bas. Vous pouvez aussi utiliser à la place des poignées externes que vous aurez associées auparavant aux points individuels de la spline. L'avantage est qu'il suffit alors d'animer la position de ces objets neutres et non les coordonnées des points de la spline avec PLA. C'est cette seconde approche que j'ai choisi d'illustrer ici.

Nous allons donc créer une poignée pour chaque point de la spline, ce qui est simple à réaliser avec la propriété CI-Spline. Dans l'onglet Poignées, cliquez d'abord sur Ajouter puis sur Créer. Un nouvel objet neutre est alors créé pour le point de la spline possédant le numéro d'indice correspondant (voir Figure 4.39). Procédez ainsi pour en créer quatre autres, puis vérifiez que les numéros d'indice ont été assignés en séquence du premier au dernier point de la spline.

Grâce à l'option Torsion de chaque poignée, la rotation de l'objet neutre peut être appliquée également à l'articulation. L'option Décalage introduit un léger écart entre la poignée et le point de la spline correspondant. Dans le cas d'une spline Bézier, cette option peut être utilisée en conjonction avec le paramètre Profondeur. La poignée se trouve alors à l'extrémité de la tangente du point de la spline et peut de ce fait agir encore plus précisément sur le tracé de la courbe.

Dans notre exemple, l'option Décalage peut rester désactivée puisque nous n'employons pas de spline Bézier. L'option Torsion doit en revanche être cochée pour toutes les poignées au cas où nous aurions besoin de faire pivoter la colonne vertébrale pendant l'animation. Pour le menu Type, j'ai choisi le mode Adapter afin d'éviter que le personnage ne soit déformé ou étiré dans la longueur.

Nous disposons à présent d'un contrôle suffisant de la mobilité du dos et pouvons nous occuper des jambes et des pieds.

## ➤ La configuration des jambes

Pour les relations CI des pieds et des jambes, j'expose ici l'autre façon de créer une chaîne CI. En maintenant la touche Ctrl enfoncée, sélectionnez dans le gestionnaire d'objets toutes les articulations d'une jambe pour lesquelles vous avez besoin d'objets de contrôle externes. Elles sont marquées en rouge dans la Figure 4.40. Sans relâcher cette touche, choisissez la fonction Chaîne CI dans le menu Personnage. Ces articulations se voient automatiquement assigner une propriété CI et un objet de contrôle externe.

Pour la propriété CI de l'articulation supérieure de la chaîne, nous allons activer en plus un vecteur de pôle. La position de cet objet définira alors le plan de mouvement de la jambe tout entière, évitant par exemple que le tibia ne se retrouve plié latéralement sous le genou.

Pour créer cet objet neutre additionnel, cliquez simplement sur le bouton Ajouter un pôle dans la propriété CI (voir Figure 4.40). Vous pouvez en fait créer vous-même n'importe quel type d'objet de contrôle et

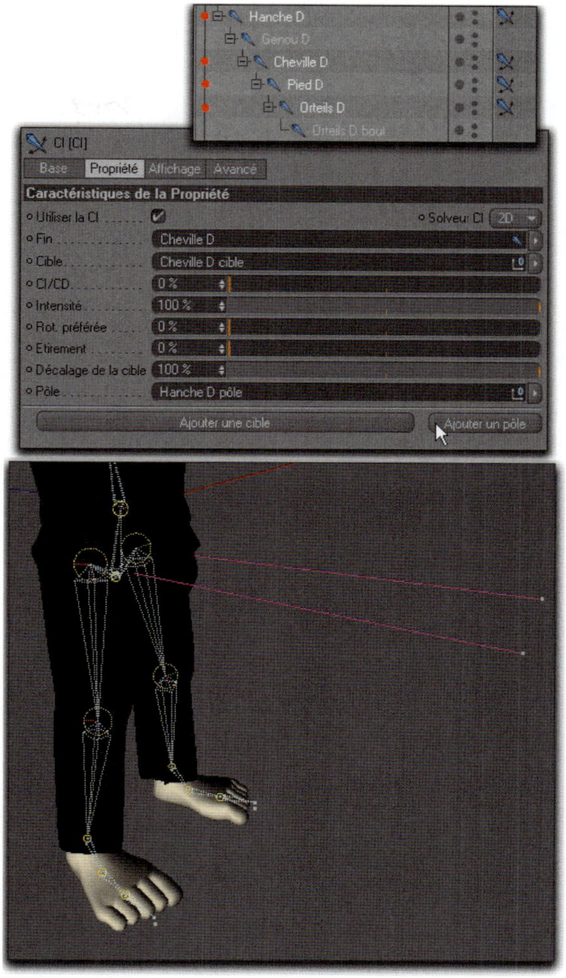


*Figure 4.40 : Configuration automatique des jambes.*

le faire glisser dans le champ correspondant de cette propriété. Il est ainsi possible d'utiliser d'autres objets en tant qu'objets neutres, si nécessaire.

Faites de même pour l'autre jambe, puis éloignez des hanches les deux objets de contrôle. Les lignes en couleur dans la Figure 4.40 indiquent leur position finale.

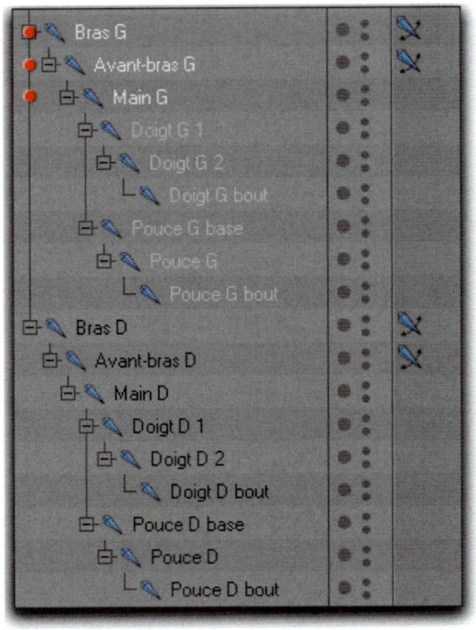


**Figure 4.41 :** *Les propriétés CI d'un bras.*

## ➤ La configuration des bras

Pour les bras, l'assignation de propriétés CI est encore plus simple puisque nous n'avons pas besoin de vecteur de pôle. Sélectionnez seulement les trois premières articulations d'un bras et invoquez la fonction CHAÎNE CI avec la touche Ctrl enfoncée. Comme vous pouvez le voir dans la Figure 4.41, elles reçoivent chacune une nouvelle propriété CI.

Les chaînes CI sont maintenant prêtes. Il nous reste encore à optimiser l'ordre des objets externes afin d'obtenir plus rapidement la pose voulue. Mais avant cela, nous allons faire un petit détour par le thème du morphing.

## *Morphing*

Par morphing, on entend typiquement la modification d'une forme ou, plus précisément, la modification de la position de points au sein d'un objet. Normalement, il n'est donc pas possible de fondre l'un dans l'autre par morphing deux objets dont le nombre de points diffère. Le module MOCCA dispose toutefois d'un déformateur spécial, appelé DÉFORMATEUR POLAIRE (*shrinkwrap*), qui permet cela.

Mais nous voulons ici animer un personnage, ce qui n'est pas le point fort de ce déformateur. Aussi nous contenterons-nous du morphing traditionnel, MOCCA offrant dans ce domaine également tous les outils qu'il faut. Plusieurs approches sont possibles, ainsi que vous allez le voir.

L'une d'elles consiste à créer une copie de l'objet à déformer et de lui donner la forme voulue. Bien que MOCCA soit capable de reconnaître et de traiter les subdivisions additionnelles introduites dans la copie, il est préférable de ne pas modifier le nombre de points.

Comme vous le voyez dans la Figure 4.42, j'ai créé trois copies de la tête initiale de notre personnage et les ai mises en forme individuellement, donnant lieu à trois états différents qualifiés de cibles de morphing : œil gauche ouvert, œil droit ouvert et forme alternative de bouche.

Heureusement, il n'est pas toujours nécessaire de spécifier tous les états intermédiaires conduisant à la cible finale du morphing. Nous pouvons à la place combiner plusieurs états au moyen de pourcentages afin d'obtenir, par exemple, un œil à demi fermé. Il est ainsi possible de créer des animations d'expressions très complexes avec peu de cibles.

*Figure 4.42 :* Les cibles de morphing de la tête.

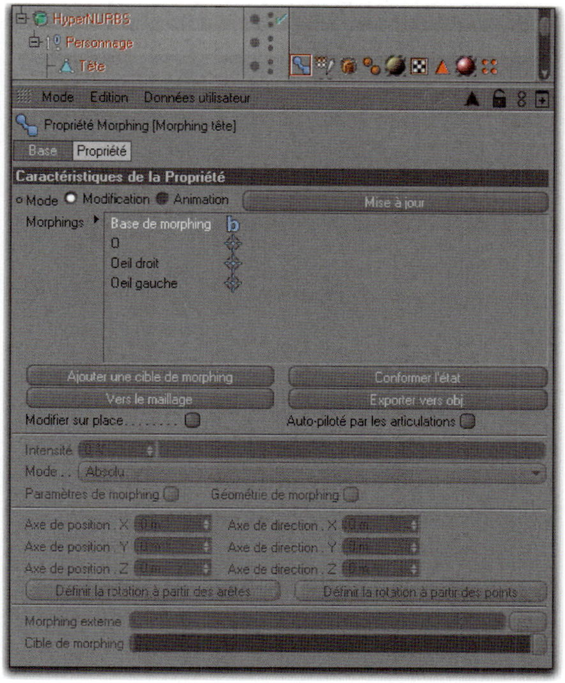


*Figure 4.43 :* La propriété Morphing.

Quel que soit le nombre de cibles, il convient de se limiter à un changement d'expression pour chacune, par exemple un froncement de sourcil ou un angle d'ouverture de la bouche différent, pour pouvoir plus librement mélanger les différents états.

Nous disposons de nos cibles et pouvons dès lors attribuer à l'objet représentant la tête une propriété Morphing *via* le menu Propriétés > Propriétés Personnage. Cette propriété offre tous les paramètres requis pour créer, enregistrer, appliquer et mélanger des cibles de morphing (voir Figure 4.43).

Vous disposez de deux modes de travail, Modification et Animation. Le premier concerne la définition et le traitement des cibles et le second, leur combinaison. Commencez par le mode Modification et jetez un œil à la liste intitulée Morphings. Celle-ci inclut par défaut une entrée Base de morphing, qui parle d'elle-même, et une première cible, Cible de morphing.

Étant donné que nous ne voulons pas créer nos cibles par l'intermédiaire de cette propriété puisqu'elles existent déjà sous la forme d'objets, supprimez l'entrée Cible de morphing en cliquant droit et en choisissant Supprimer. Dans le gestionnaire d'objets, sélectionnez ensuite les objets modélisant les différents états et faites-les glisser dans la liste Morphings.

Le logiciel vous demande alors si le morphing doit être calculé de manière relative ou non. Si vous répondez par la négative, seule une référence aux objets cible sera consignée dans la propriété. L'avantage est que vous pourrez leur apporter des modifications même après le début de l'animation, et le morphing sera automatiquement ajusté. L'inconvénient est que cela vous oblige à conserver ces objets dans votre scène jusqu'au bout. Si vous en supprimez un par inadvertance, le morphing ne pourra plus le représenter par le biais de cette propriété.

Le calcul relatif du morphing constitue une alternative plus élégante. Les modifications de l'état de base par rapport aux cibles sont alors enregistrées dans la propriété, vous permettant de supprimer les objets cible. Toutes les cibles nécessaires sont ainsi déjà définies. Elles peuvent être activées par un simple clic et mélangées à l'état de base au moyen du paramètre Intensité.

Le morphing relatif autorise également la modification des cibles. Il convient au préalable de sélectionner dans la liste la cible concernée et de régler l'intensité à 100 %. Vous pouvez ensuite déplacer des points directement sur la tête et les changements seront automatiquement reportés sur la cible. L'état initial de l'objet reste lui inchangé.

Comme vous pouvez le voir, la propriété Morphing contient encore d'autres options sous le curseur Intensité. Outre le mode standard qui implique le morphing de la géométrie, vous pouvez également activer le morphing de paramètres (options localisées de façon erronée par Géométrie de morphing et Paramètres de morphing). Il peut s'agir de paramètres tels que le rayon d'un arrondi de cube ou l'intensité d'une source de lumière.

Vous pouvez aussi configurer cette propriété de sorte que le morphing s'applique à différentes situations de lumière ou différentes focales de caméra. Sachez dans ce cas que le glissement d'objets dans la liste Morphings ne fonctionne pas toujours, vous obligeant à créer les cibles par le biais du bouton Ajouter une cible de morphing.

Poursuivons notre illustration des possibilités de morphing en définissant des propriétés Morphing et des cibles pour d'autres objets. Dans la Figure 4.44, cette propriété est utilisée pour raccourcir légèrement les dents de la mâchoire inférieure. Au lieu de créer plusieurs copies des dents, le morphing a été défini directement par le biais de la propriété et enregistré localement. Une cible de morphing listée peut être modifiée en appliquant, par exemple, l'outil Aimant ou Pinceau à l'objet. Pour en créer une nouvelle, utilisez le bouton Ajouter une cible de morphing.

Les sourcils aussi peuvent être déformés par morphing. J'ai créé pour chaque sourcil deux cibles, une pour l'état levé et une autre pour l'état baissé. La Figure 4.45 présente la propriété Morphing du sourcil gauche. Ces deux cibles ont été créées dans le mode Polygones. J'ai sélectionné d'abord tous les polygones d'un sourcil, puis j'ai positionné l'axe de modélisation sur le bord de la sélection situé au-dessus du nez pour pouvoir confortablement faire pivoter le sourcil, l'important étant de changer la position de ses points et pas seulement de déplacer l'objet.

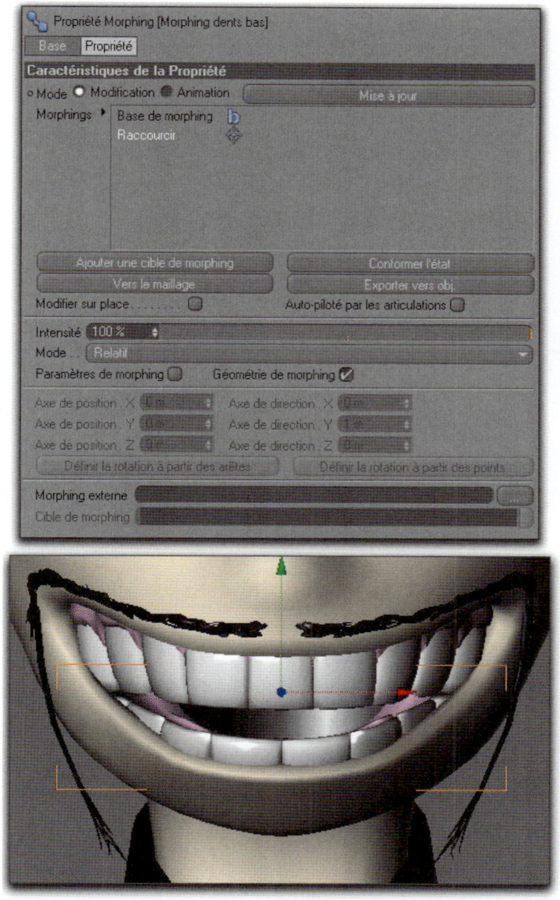


*Figure 4.44 :* Morphing des dents du bas.

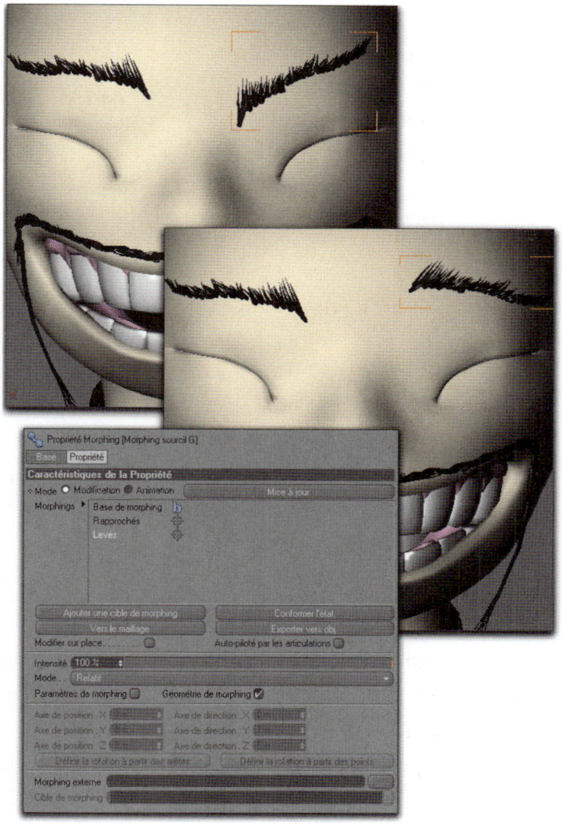


*Figure 4.45 :* Morphing des sourcils.

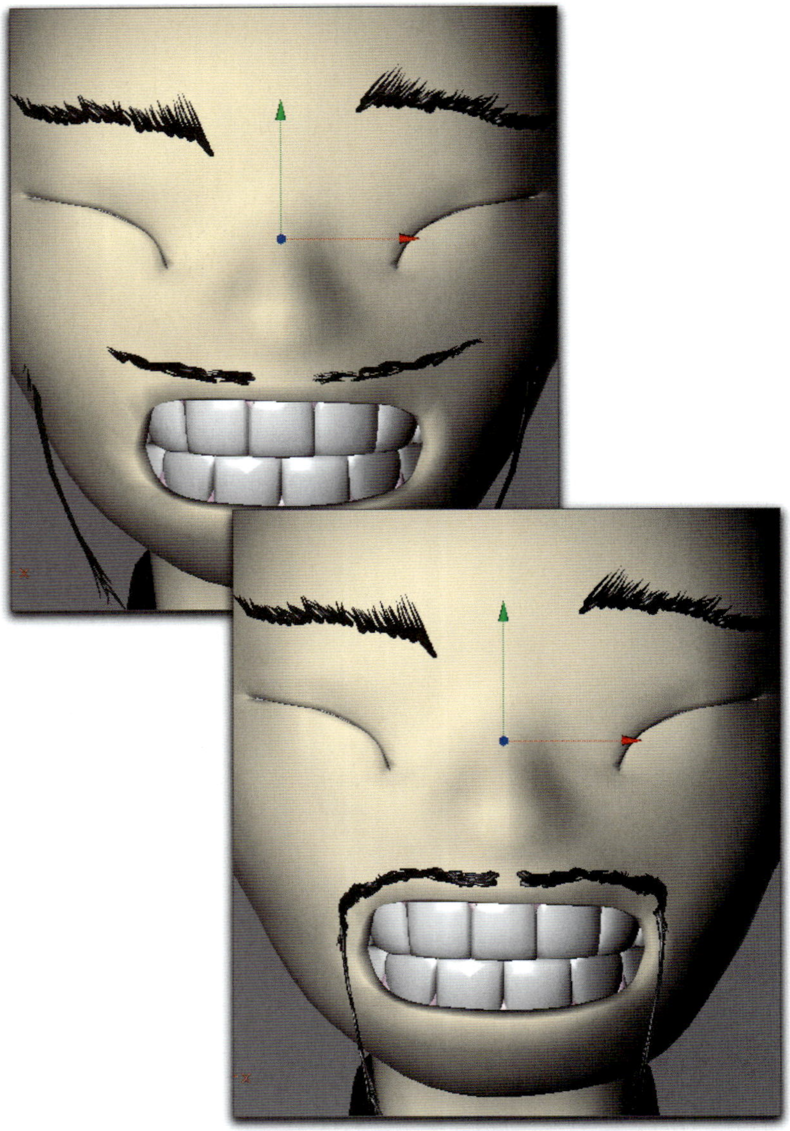

*Figure 4.46 : Morphing de la moustache.*

La propriété Morphing ne remarque que les modifications portant sur des points. Pour la moustache, il faut utiliser une cible représentant l'autre forme de bouche. Ajoutez cette cible à la propriété Morphing de la tête, puis attribuez à la moustache une nouvelle propriété Morphing. Dans cette dernière, modifiez la cible par défaut pour ajuster la moustache en conséquence (voir Figure 4.46).

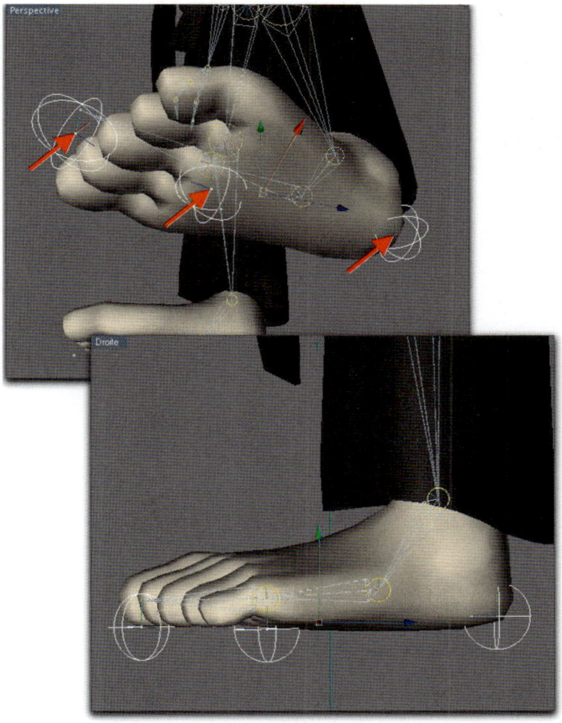


*Figure 4.47 :* *Groupes d'objets neutres additionnels pour le pied.*

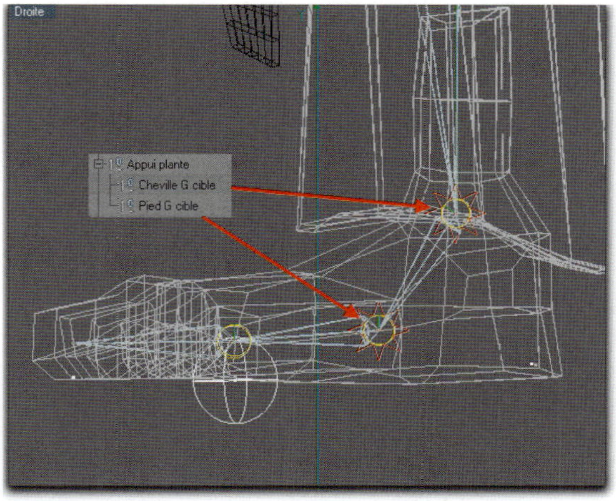


*Figure 4.48 :* *Hiérarchie de la plante.*

Après avoir sélectionné tous les polygones d'un côté de la moustache, j'ai déplacé là encore l'axe de modélisation et l'ai positionné au milieu de la lèvre supérieure où il est plus aisé de redimensionner et de faire pivoter l'objet.

## Groupement des objets cible

À ce stade, notre personnage est prêt à être animé. Pour simplifier le travail d'animation, il peut néanmoins être utile de regrouper auparavant les objets cible externes. Nous commencerons par un élément très important pour l'animation : le pied.

Lorsque la cinématique inverse ne fonctionne pas correctement au niveau du pied, celui-ci risque par exemple de glisser sur le sol lors du déplacement du personnage, produisant un effet très éloigné de celui recherché. Le pied peut aussi accomplir des mouvements très complexes, depuis se mettre en position sur la pointe jusqu'à se dérouler lors de la marche, en passant par monter des escaliers.

La première chose à faire est de créer trois objets neutres correspondant aux points d'appui typiques du pied, à savoir le devant des orteils, le milieu de la plante et le talon. Ces objets sont indiqués par des flèches rouges dans la Figure 4.47. N'oubliez pas de réaliser la configuration suivante également pour l'autre moitié du corps.

Subordonnez à l'objet neutre de la plante les objets cible externes de la cheville et du milieu du pied (voir Figure 4.48). Ainsi, une rotation autour de cet objet neutre lève le pied en laissant les orteils collés au sol.

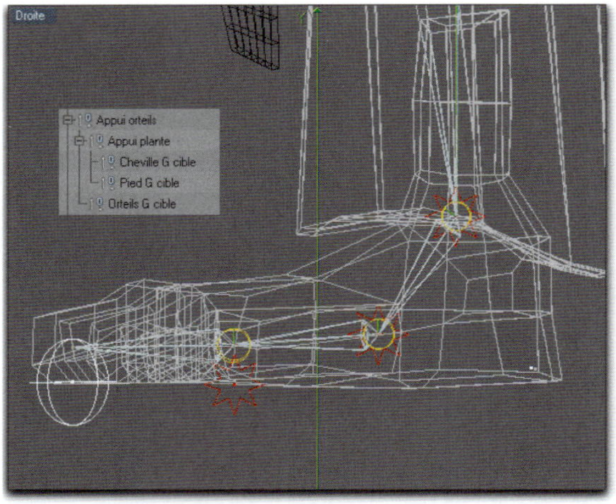


*Figure 4.49 : Hiérarchie de la pointe.*

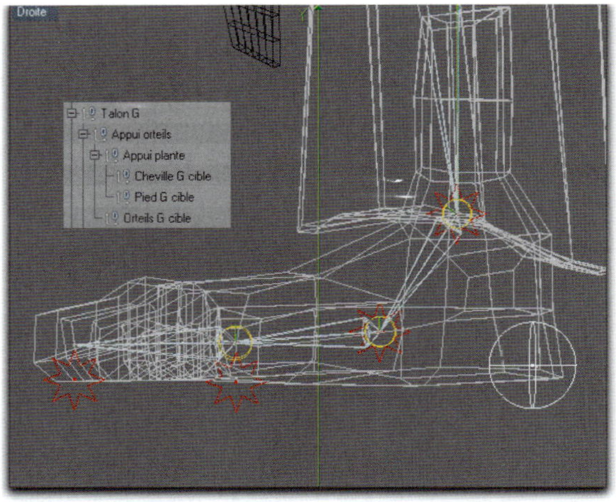


*Figure 4.50 : Hiérarchie du talon.*

Subordonnez ensuite à l'objet neutre de l'appui sur la pointe le groupe créé précédemment ainsi que l'objet cible représentant les orteils (voir Figure 4.49).

Le dernier groupe est celui du talon. Subordonnez à cet objet neutre celui de l'appui sur la pointe et celui du vecteur de pôle de la jambe (voir Figure 4.50). Par la rotation de cet objet, vous contrôlez le sens du genou et le soulèvement du pied. Son déplacement provoque entre outre un mouvement de la jambe tout entière.

Pour que les orteils puissent bouger indépendamment du reste du pied, subordonnez l'objet cible de leur pointe à une copie de l'objet cible de la plante (voir Figure 4.51). Ils pourront ainsi se lever et se reposer au sol sous l'effet d'une rotation de la plante.

Ce groupe doit enfin être subordonné au talon pour que le pied tout entier puisse se mouvoir lorsque le talon est levé. La hiérarchie terminée est présentée à la Figure 4.51.

## ➤ Objets d'aide pour les bras

Les objets cible des bras doivent également être organisés en groupes, mais heureusement leur hiérarchie est nettement moins compliquée. Étant donné que les mains et les doigts seront animés ultérieurement au moyen d'une autre technique, nous pouvons nous limiter ici à la partie supérieure du bras et à l'avant-bras.

Commencez par créer trois objets neutres. Positionnez-en un sur l'articulation de la poitrine d'où part l'os vers l'épaule, placez le deuxième sur l'articulation de l'épaule, et le troisième sur celle du coude. Subordonnez ensuite l'articulation de la main au nouvel objet d'aide du coude. Quant à l'objet cible initial du coude, subordonnez-le au nouvel objet neutre de l'épaule.

L'ordonnancement de ces objets est présenté à la Figure 4.52. Les marques de couleur vous permettent de repérer plus facilement leur emplacement sur le personnage. Pour l'instant, ne vous souciez pas des changements de position des bras et laissez-les pendre sur les côtés. Nous allons voir maintenant comment le personnage va se déformer en réaction à la rotation des objets d'aide.

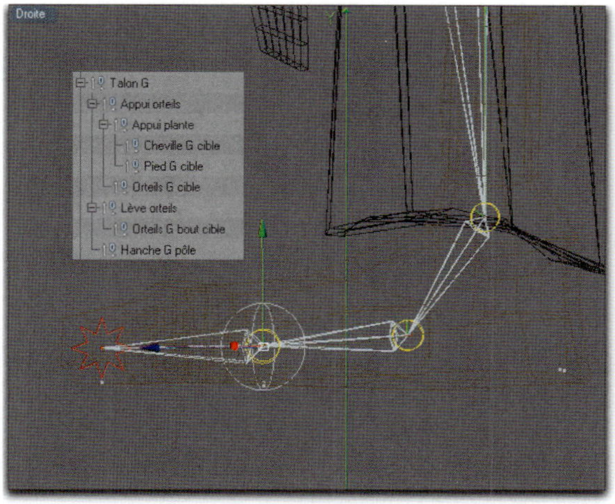


**Figure 4.51 :** *Hiérarchie complète.*

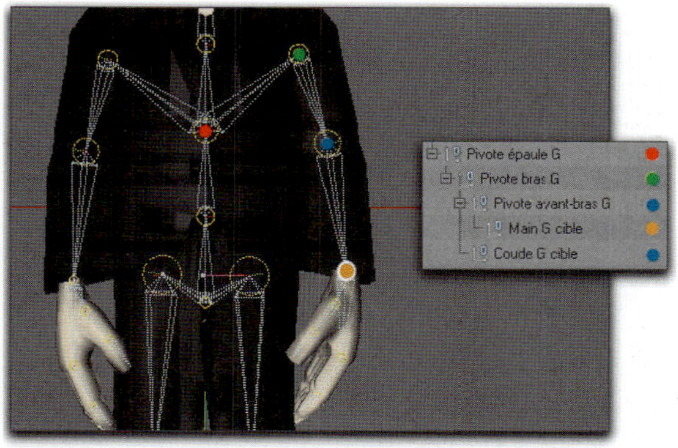


**Figure 4.52 :** *Les objets d'aide des bras.*

## Le déformateur Peau

Vous aurez peut-être déjà remarqué en déplaçant ou en faisant pivoter des objets d'aide et des objets cible que les articulations et les os bougent en réaction. C'est grâce aux propriétés CI et CI-Spline que nous avons appliquées. Pour que le personnage puisse être déformé lors du mouvement des articulations, des liens doivent être établis entre celles-ci et les propriétés Influence des objets. On emploie à cet effet le déformateur Peau accessible *via* le menu Personnage.

À l'instar des autres déformateurs, il fonctionne par subordination, c'est-à-dire que vous devez le placer sous la dépendance de l'objet neutre qui représente les différents éléments du personnage pour qu'il puisse agir sur eux (voir Figure 4.53).

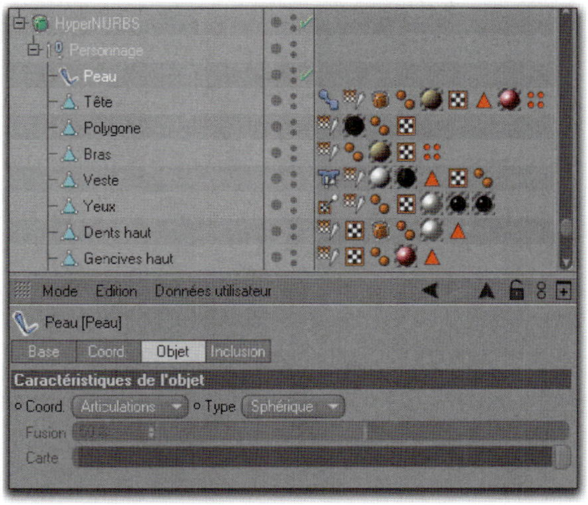


**Figure 4.53 :** *Le déformateur Peau.*

Il peut sinon aussi être placé en dehors de la hiérarchie, mais doit dans ce cas opérer dans un autre mode. Il faut alors énumérer tous les objets à déformer dans la liste de son onglet Inclusion et activer l'option Force.

L'avantage est qu'il est ainsi possible d'animer plusieurs personnages en utilisant le même squelette d'articulations. L'inconvénient est que les propriétés MORPHING ne fonctionnent plus dans ce mode, qui se prête en conséquence mieux à la déformation d'objets paramétriques et de splines.

Étant donné que nous allons l'utiliser ici directement dans la hiérarchie, il n'y a presque rien à configurer à l'exception du menu TYPE. Celui-ci sert à définir le rayon de déformation utilisé sur les articulations. Vous avez le choix entre les modes LINÉAIRE, SPHÉRIQUE et FUSION, ce dernier combinant les deux autres sous la forme d'un pourcentage.

Le mode LINÉAIRE correspond à la déformation des os supportée par les précédentes versions de CINEMA 4D et peut provoquer un rétrécissement de la géométrie aux articulations s'il est utilisé sans prendre certaines précautions. Avec le mode SPHÉRIQUE, cela ne peut pas se produire puisqu'un volume uniforme est préservé tout du long. Ce niveau de qualité rallonge malheureusement le temps de calcul. Toutefois, comme vous pouvez changer de mode à tout moment, vous pourriez choisir au départ le mode LINÉAIRE qui est le plus rapide et basculer ensuite dans un des deux autres modes.

Vous avez en outre la possibilité d'employer une map de vertex pour appliquer une déformation personnalisée à toute la surface de l'objet par le biais des pondérations définies pour ses points. Faites dans ce cas glisser la map dans le champ CARTE du déformateur.

## Le Mélangeur de poses

Outre la propriété MORPHING, j'ai déjà évoqué l'existence d'autres outils permettant de déformer la géométrie. L'un d'eux est le MÉLANGEUR DE POSES, disponible également dans les précédentes versions de CINEMA 4D. Il est accessible sous la forme d'une propriété *via* le menu PROPRIÉTÉS > PROPRIÉTÉS PERSONNAGE.

Il présente l'intérêt de pouvoir déformer des hiérarchies entières d'objets. Vous pouvez par exemple créer plusieurs positionnements pour les articulations des mains et les mélanger au moyen d'un curseur. Dans l'exemple suivant, nous allons l'utiliser pour animer deux copies des articulations d'une main, doigts y compris.

Nommez les copies de manière à pouvoir les distinguer facilement, puis modifiez l'une d'elles en repliant légèrement les doigts sur le pouce, à l'image d'un poing à demi fermé (voir Figure 4.54 en haut). Il ne s'agit ici que d'un exemple, mais vous devriez normalement procéder pareillement pour l'autre moitié du corps.

Assignez ensuite une propriété MÉLANGEUR DE POSES à l'articulation de la main dans la hiérarchie d'origine. Ce n'est pas absolument nécessaire car cette propriété peut être appliquée à n'importe quel objet. Dans notre cas, cela nous permet d'améliorer la vue d'ensemble de la scène étant donné que nous allons utiliser plusieurs occurrences de cette propriété.

Faites glisser dans le champ DESTINATION de la propriété la première articulation de la hiérarchie d'origine qui doit être déformée par le mélangeur. Il s'agit ici de la première articulation du doigt. Faites glisser dans le champ Pose par défaut l'articulation correspondante dans la hiérarchie dupliquée non modifiée. Le mélangeur pourra ainsi toujours rétablir la position initiale des doigts. Et faites glisser dans le dernier champ de la fenêtre l'articulation correspondante dans la hiérarchie modifiée.

Les options situées au-dessus de ces champs permettent de spécifier les attributs à déformer. Lorsque l'option Points est cochée, vous pouvez en principe également contrôler le morphing du visage ou des sourcils. Le seul inconvénient par rapport à la propriété Morphing est qu'il est ici toujours nécessaire de créer de véritables copies avec les états cible.

Pour le morphing des articulations, nous avons seulement besoin de l'option Rotation. J'ai néanmoins choisi d'activer également l'option Position au cas où nous voudrions par la suite rallonger ou raccourcir la main en déplaçant les articulations.

Procédez exactement de la même manière pour l'articulation du pouce. Cela nous permettra de déformer le pouce et les doigts avec des intensités différentes et à différents moments, et de limiter ainsi le risque d'interpénétration lors de la fermeture de la main. Tous les paramètres utilisés ici et les deux copies sont illustrés à la Figure 4.54.

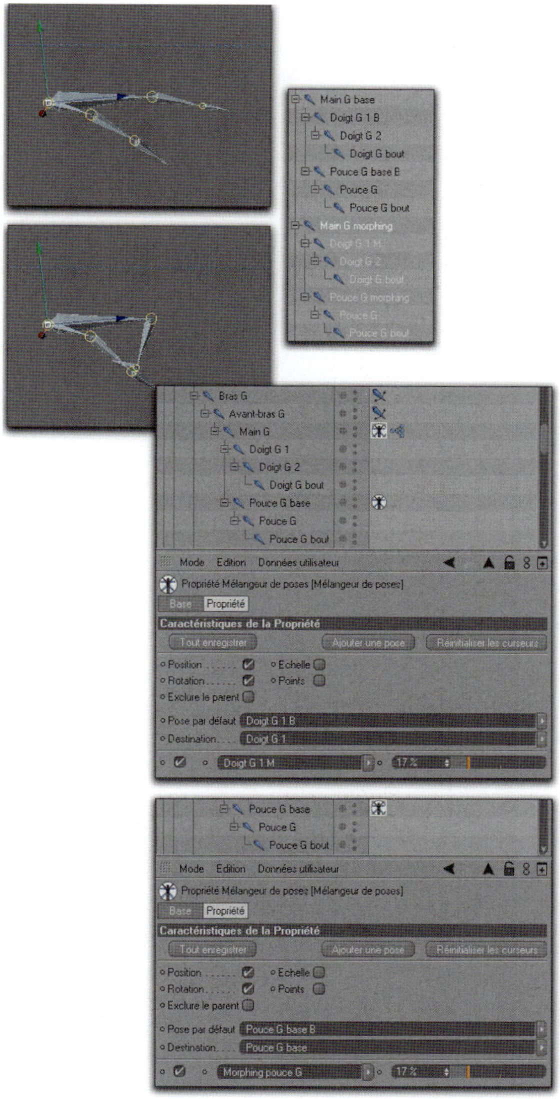


***Figure 4.54 :** Morphing avec le Mélangeur de poses.*

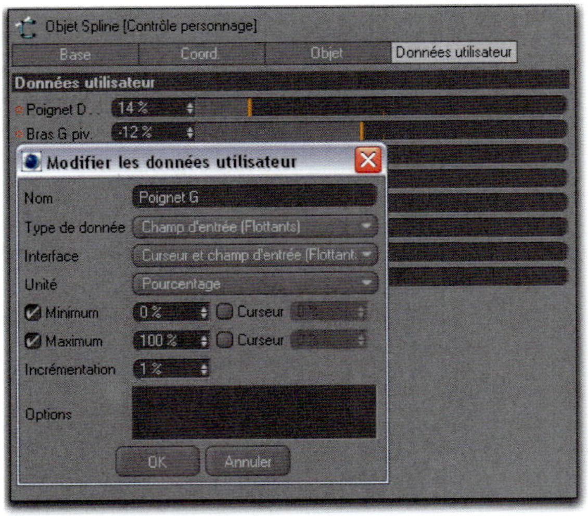


*Figure 4.55 : Spécification de données utilisateur.*

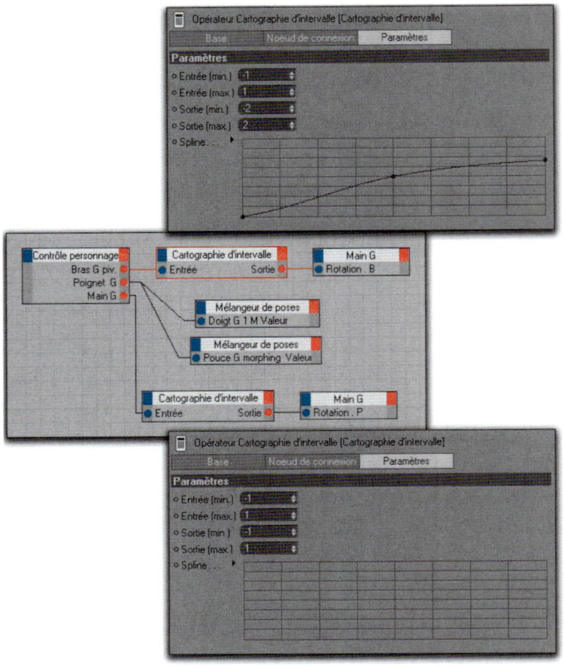


*Figure 4.56 : Connexions XPresso pour les bras et les mains.*

## Contrôle de connexions XPresso au moyen de données utilisateur

Vous avez découvert plus haut l'utilisation de connexions XPresso pour relier des paramètres et simplifier ainsi le processus d'animation. Sachez que vous avez également la possibilité d'introduire des données utilisateur dans ces connexions, ce qui rend cette fonctionnalité encore plus intéressante. Ainsi, vous pouvez par exemple élaborer une interface personnalisée pour contrôler les propriétés d'objets.

Sélectionnez la spline rattachée aux articulations de la colonne vertébrale de notre personnage et attribuez-lui un champ de valeur par le biais de la commande DONNÉES UTILISATEUR > NOUVELLE DONNÉE UTILISATEUR du gestionnaire d'attributs. La boîte de dialogue illustrée Figure 4.55 apparaît, vous permettant de spécifier le nom, le type et l'apparence de cette valeur dans le gestionnaire. Vous pouvez aussi définir des seuils minimal et maximal si la valeur doit être limitée à une plage spécifique.

Attribuez ainsi à la spline deux DONNÉES UTILISATEUR dans une plage de 0 à 100 % en les nommant de manière adaptée, sachant qu'elles serviront à contrôler le morphing de la main gauche et de la main droite. Après avoir fermé la boîte de dialogue, vous pouvez à tout moment modifier ces valeurs dans le gestionnaire d'attributs. Dans l'onglet DONNÉES UTILISATEUR de la spline, il suffit de cliquer du bouton droit sur le champ DONNÉES concerné et de choisir l'option MODIFIER L'ENTRÉE à partir du menu contextuel.

Définissez deux autres Données utilisateur pour chaque moitié du corps en les limitant à une plage de –100 à +100 %. Elles serviront pour la rotation des avant-bras. Pour que toutes ces entrées prennent effet, il faut les relier à d'autres paramètres (voir Figure 4.56).

Assignez pour commencer une propriété XPresso à l'articulation de la main gauche et double-cliquez dessus. Elle est accessible *via* Propriétés > Propriétés CINEMA 4D dans le gestionnaire d'objets. Dans la fenêtre de l'éditeur XPresso qui s'ouvre, faites glisser la spline depuis le gestionnaire d'objets. Côté sortie du nouveau nœud, activez les ports avec les valeurs Données utilisateur pour la main correspondante.

Insérez également les deux Mélangeurs de pose pour cette main. Côté entrée de ces nœuds, activez les ports avec les valeurs de morphing. Reliez ensuite ces ports à celui de la spline où se trouve la donnée utilisateur pour la fermeture de la main. La Figure 4.56 illustre cette connexion.

Introduisez ensuite l'articulation de la main et activez son entrée pour la rotation avec les angles P et B. Faites bien attention d'utiliser les ports pour les rotations locales et non globales. Ces ports doivent être reliés par le biais de deux éléments Cartographie d'intervalle aux données utilisateur pour la rotation de la main et du bras. Pour invoquer ces éléments, cliquez droit dans l'éditeur XPresso et choisissez Nouveau nœud de connexion > XPresso > Calculer.

Côté spline, connectez le port avec la donnée utilisateur pour la rotation de l'avant-bras autour de son axe en longueur à l'entrée d'un nœud Cartographie d'intervalle, puis reliez la sortie de celui-ci au port d'entrée pour la rotation B de la main. Le nœud Cartographie d'intervalle doit être défini avec

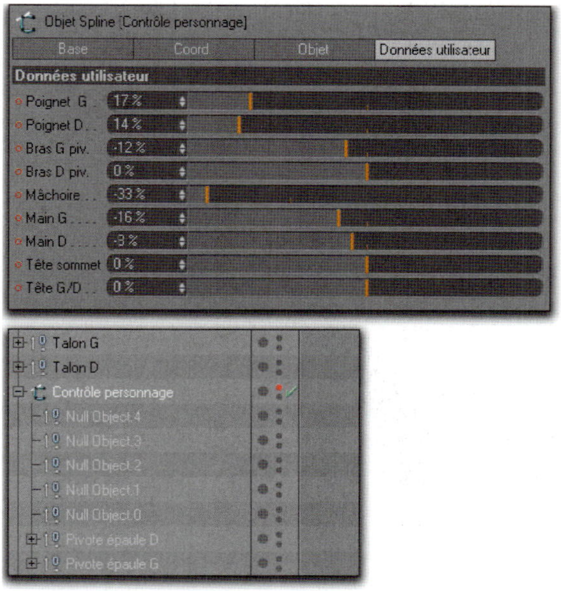


***Figure 4.57 :*** *Autres données utilisateur.*

une plage de valeurs en entrée allant de –1 à +1 car une donnée utilisateur de 100 % devient 1.0 dans une connexion XPresso. Sa plage en sortie dépend de l'amplitude de mouvement souhaitée pour l'avant-bras et la main. Ne perdez pas de vue que les valeurs en sortie sont des angles exprimés en radians.

Procédez de la même façon avec la valeur utilisateur pour les mouvements de montée et de descente de la main, c'est-à-dire la rotation P de l'articulation correspondante. Pour finir, les mêmes connexions doivent être créées pour l'autre main afin de pouvoir animer les deux séparément.

Vous pouvez ainsi contrôler toutes sortes de propriétés du personnage. Comme le montre la Figure 4.57, j'ai également ajouté des curseurs pour l'inclinaison de la tête et l'ouverture de la bouche en réaction à la rotation de l'articulation de la mâchoire inférieure.

Comme vous l'avez appris précédemment, les données utilisateur peuvent par simple Ctrl+clic sur leur cercle rouge être enregistrées en tant qu'images-clés et donc animées. Naturellement, tous ces paramètres et rotations d'articulations peuvent aussi être appliqués directement aux objets et y être enregistrés dans des images-clés. Toutefois, la première approche évite d'avoir à rechercher les objets et propriétés concernés dans la hiérarchie, et celle-ci peut même rester fermée pendant l'animation.

Nous en avons à présent terminé avec la structuration interne du personnage et sa préparation en vue de l'animation. Si vous le souhaitez, vous pouvez encore améliorer l'ordonnancement des objets d'aide externes dans le gestionnaire d'objets en les subordonnant à la spline de la colonne vertébrale.

Veillez toutefois à maintenir les deux groupes d'objets cible des pieds au sommet de la hiérarchie (voir Figure 4.57) pour faire en sorte que le personnage descende sur ses genoux lorsque nous tirons la spline vers le bas, tout en gardant les pieds fixés au sol virtuel. La Figure 4.58 illustre d'autres poses qui sont faciles à réaliser grâce aux préparatifs de ce chapitre.

**Figure 4.58 :** *Poses possibles pour le personnage.*

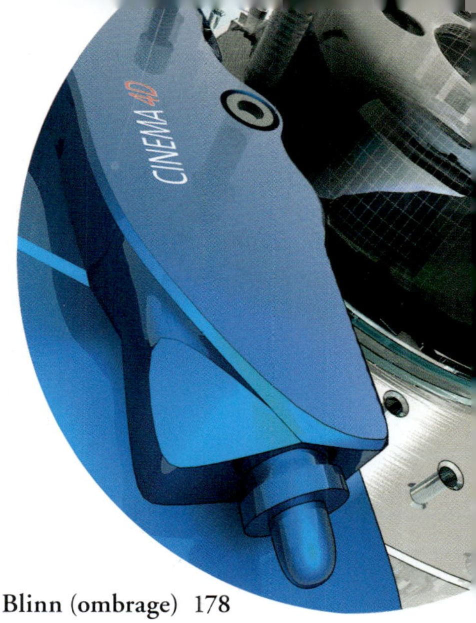


# Index

## A


**Activer le magnétisme 66**
**Advanced Render 160, 396**
**Affichage plein écran 20**
**Aide en ligne 138**
**Aimant 292**
**Ajouter des points 98, 308**
**Aligner les normales 62, 339**
**Alpha (canal) 168**
**Animation**
  cinématique inverse 453
  Clothilde 450
  d'un ballon 424
  d'un personnage 442
  dans un matériau 177
  de paramètres 427
  durée 426
  enregistrement 433
  groupement des objets cible 461
  ligne
    de déplacement 415
    temporelle 429
  Mélangeur de poses 464
  MOCCA 442
  morphing 456
  netteté des mouvements 434
  nombre d'images/s 415
  pondérations 446
  powerslider 416
  rendu 433
  vitesse de défilement 415
  XPresso 436
**Anisotropie 224, 277**
**Anneau de sélection 69**
**Annulation d'actions 27**
**Anti-aliasing 244, 274**
**Arêtes**
  arrondissement 63
  biseautage 63
  déplacement 89
  division 57
  écartement 74, 83
  extrusion 94
  pondération 422
**Arêtes (mode) 35**
**Arrondissement**
  d'arêtes 63
  d'une spline 123
  par ajout de subdivisions 90
**Articulation (objet) 444**
**Articulations (outil) 442**
**Autoriser les modifications 53**
**Axe de modélisation 86, 270**
**Axes d'objet (mode) 35, 87**
**Axes de texture (mode) 194**


## B


**Baking 401**
**Bandes de rotation 48**
**Bézier (spline) 251**
**Biseauter 63, 316**
**Blinn (ombrage) 178**
**BodyPaint 3D 184**
  interface 186
  outil Pinceau 188
  peinture sur un objet 190
**Boîtes (mode d'affichage) 34, 45**
**Booléen 93, 353**
  appliqué à des corps fermés 100
  champ d'action 97
  conversion 267
**Boucle de sélection 58, 269**
**BP 3D Paint (mode) 184**
**BP UV Edit (mode) 184**
**Brosser 298**
**Brouillard (canal) 165**
**Bruit (shader) 292**


## C


**Calcul de l'illumination globale 410**
**Calque (shader) 223**
**Calques 147**
  matériaux 157, 182
  nuages 399
  textures 176
**Caméras 255**

Canaux
  Alpha 168
  alpha lissé 241
  Brouillard 165
  copie de paramètres 158
  Couleur 222
  Couleur spéculaire 170
  Déplacement 172
  Diffusion 159
  Environnement 165, 228
  Illumination 178
  Lueur 170
  Luminescence 159, 227
  matériau Cheveux 298
  Normales 167
  Réflexion 164, 228
  Relief 166
  Spécularité 169
  systèmes de couleur 158
  Transparence 160
Carreaux 165, 197
Carrelage (shader) 273
Carte d'influence (shader) 233
Ceinture (propriété) 452
Cercle (spline) 97, 128
Chaîne d'articulations 442
Chanfreiner 98
ChanLum (shader) 294
Cheveux (matériau) 298
Cheveux (objet) 297
CI-Spline (propriété) 453
Cibles de morphing 456
Ciel 396
Cinématique inverse 453
Citerne 383, 394
CI (propriété) 455
Clothilde 450
Collision (propriété) 451
Colorisation (shader) 229
Cône 286
Conformer la texture (propriété) 401
Connecter 106, 268, 323, 352
Connecteur 380
Connexions XPresso 438
Conversion d'une primitive 53
Convertir en objet 297
Coordonnées UV 179
  adaptation 200
  génération 271
  mode BP UV Edit 184
  par défaut 193
  propriété UVW 180
Correction des normales 62
Couleur (canal) 222
Couleur (shader) 392
Couleur spéculaire (canal) 170
Couleurs (systèmes de) 28, 158
Courbes d'interpolation 419
Couteau 68, 310, 383
Couture 329
Créer un contour 104
Créer un polygone 61, 306, 352
Cube 52
Cylindre 92, 354

## D

Déconnexion 84, 275
Déformateurs
  Dilatation/Contraction 286, 436
  Incurvation 252, 289, 376
  Peau 463
  Polaire 456
  Sphérification 421
  Torsion 253
Dégradé (shader) 293, 406
Déplacement
  d'arêtes 89
  de points sur des arêtes 91
  du système local 87
Déplacement (canal) 172
Déplacement (outil) 37
Déplacement sous-polygonal 173
Diffusion (canal) 159
Dilatation/Contraction (déformateur) 286, 436
Dimensionnement (outil) 37, 74
Dispersion subsurface (shader) 294
Disque 210, 332
Diviser les arêtes 57, 274, 320
Données utilisateur 466
Doublement de splines 104
Dupliquer 285, 351, 380

## E

Eau (shader) 229, 294
Échantillons stochastiques, IG 409
Échiquier (shader) 268
Électrique (bruit) 400
Enregistrement
  d'une scène 91
  d'une sélection 78, 208
  préférences 239
Environnement (canal) 165, 228
Étiquettes d'information 46
Étoile (spline) 127
Extrusion
  d'arêtes 94
  interne 76, 322
  normale 72, 312
Extrusion NURBS 99, 318

## F


**Faces fermantes 73**
arrondissement 105
optimisation 120
**Fermer le trou polygonal 63, 275, 322**
**Fermeture d'une spline 132, 283**
**Fil de fer (mode d'affichage) 33, 46**
**Fleur (spline) 124**
**Flou directionnel (propriété) 435**
**Forme libre (spline) 64**
**Fresnel 161, 388**
**Fusionner 420**


## G


**Gestionnaire**
de calques 148
de ciel 396
de commandes 23
de structure 54
**Gestionnaire d'attributs 39**
historique 140
méthodes de sélection 141
modes 139
modification conjointe de plusieurs
éléments 143
paramètres 142
verrouillage 140
**Gestionnaire de matériaux**
menu Fonctions 181
modes d'affichage 182
**Gestionnaire d'objets 39**
affichage des propriétés 145
calques 147
filtres d'affichage 144
méthodes de sélection 143
préréglages 149
recherche d'objets 146
signets 150
**Glissement de points 91, 335**
**Gouraud 33**
**Grille 50**
**Groupement**
d'icônes 24
d'objets 43
**Guide, SweepNURBS 122**


## H


**HAIR 288, 297**
**HDR (*High Dynamic Range*) 401**
**HPB 39**
**HyperNURBS 110**
lissage 91
optimisation du lissage 121
pondération 113
représentation dans l'éditeur 111


## I


**Illumination (matériaux) 178, 406**
**Illumination globale**
modes
standard 409
stochastique 408
paramètres de matériaux 410
préférences de rendu 408
**Images 50**
chargement dans l'éditeur 303
HDR 401
texture baking 401
**Images-clés 415**
création 417
interpolation 419
ligne temporelle 429
manipulation 417
optimisation 431
paramètres 425
tangentes de courbe d'interpolation 419
**Incurvation (déformateur) 252, 289, 376**
**Influence (outil) 448**
**Influence (propriété) 446**
**Informations sur la sélection/structure 54**
**Interfaces 17**
**Interpolation d'images-clés 419**
**Interpolation des points d'une spline 102**
**Inverser les normales 62**
**Isolignes (mode d'affichage) 33**


## J


**Joindre les segments 283, 350**


## L


**Ligne temporelle 429**
**Lignes (mode d'affichage) 34**
**Lignes cachées (mode d'affichage) 34**
**Linéaire (spline) 287**
**Lissage HyperNURBS 91, 111**
**Lueur (canal) 170**
**Lumas (shader) 223, 276, 389**

**Lumières**
- animation 427
- Éclairage de surface 258, 394, 412
- forme 258
- générateur d'ombres 265
- Lumière infinie 265
- occlusion ambiante 263
- ombres 218, 258
- Spot 241
- taille 261
- types 216

**Luminescence (canal) 159, 227**

## M

**Magnétisme 66, 307**
**Maps**
- de normales 167
- de vertex 233, 421

**Masques d'ombres 218**
**Matériaux**
- affectations 181
- application 179
- calques 157, 182
- carreaux 165, 197
- Cheveux 298
- débordement 391
- limitation à une sélection 209
- projection 193
  - caméra 199
  - cubique 199
  - cylindrique 198
  - frontale 199
  - interactive 203
  - planaire 195
  - polaire 200
  - radiale planaire 224
  - sphérique 194
- propriété Texture 193
- qualité de représentation 180

**Médiathèque 150**
**Mélangeur de poses 464**
**Menu popup 22**
**Menus flottants 25**
**Miroir 282**
**Mise à jour en temps réel 58**
**MOCCA 442**
**Modèle (mode) 35**
**Modèles de référence 303**
**Morphing 456**
**Morphing (propriété) 457**

## N

**N-gones 308**
**Naki (bruit) 399**
**Navigation dans une vue 31**
**Nœuds XPresso 438**
**Normales**
- alignement 62
- correction 62
- influence du canal Relief 166

**Normales (canal) 167**
**Nuages 399**

## O

**Objet neutre 217, 290**
**Objets**
- chargement dans une scène 267
- coordonnées UV 200
- création à partir de splines 97
- groupement 43
- mise en miroir 117
- optimisation 60
- paramétriques 29
- polygonaux 53
- recherche 146
- visibilité 44

**Occlusion ambiante (shader) 263, 396**
**Ombrage**
- Blinn 178
- constant 34
- Gouraud 33
- Oren-Nayar 178, 224
- Phong 41, 178
- rapide 34

**Ombres 218, 258**
**OpenGL 26, 180**
**OpenGL HQ 49, 180**
**Optimiser 60**
**Options d'affichage 32, 45**
**Oren-Nayar (ombrage) 178, 224**
**Os 442**
**Outils**
- de déplacement 37
- de dimensionnement 37
- de rotation 37
- de sélection 35

**Ouverture d'une spline 132**

## P

**Peau (déformateur) 463**
**Peau NURBS 135, 282, 326**
**Personnalisation de l'interface 17**
**Phong 41, 178, 314**
- adaptation de l'angle 216
- amélioration de l'ombrage 76
- angle d'ombrage 85

**Pinceau, BodyPaint 3D 188**
**Plan (objet) 325**
**Plume (objet) 288**
**Poignées de manipulation 38**
**Pointeur de sélection 56**

**Points**
arêtes, glissement 91
déplacement 67
déplacement sur des arêtes 91
écartement 86
intermédiaires, splines 102
optimisation manuelle 329
splines 98
taille 50
**Points (mode) 35**
**Points intermédiaire, splines 124**
**Points UV (mode) 194**
**Polygones**
collage de points à une spline 307
correction des normales 62
création manuelle 61
déconnexion 275
fermeture d'un trou polygonal 63
liaison 114
séparation 73
**Polygones (mode) 35**
**Polygones UV**
manipulation de sélections 207
représentation à plat 205
sélection 202
**Polygones UV (mode) 194**
**Poncer le maillage 338**
**Pondération HyperNURBS 113, 421**
**Ponter 114**
**Ports XPresso 438**
**Powerslider 416**
**Pré-passe, IG 409**
**Préférences**
de projet 29
de rendu
animation 433
anti-aliasing 244
enregistrement 239
généralités 236
illumination globale 408
de rendu *(suite)*
multi-passes 247
options 246
sortie 238
générales 26
**Préréglages 149**
**Primitives 29, 53**
**Projecteur (shader) 229**
**Projecteur d'ombres 265**
**Projection**
de matériaux 193
UV 201

## R

**Raccourcis clavier 21**
**Radiance 402**
**Randomiser 285**
**Rectangle (spline) 64, 97, 128, 289**
**Rectangle de sélection 59**
**Réflexion (canal) 164, 228**
**Relief (canal) 166**
**Rendu**
animation 433
déclenchement 249
interactif 273
préférences 236, 408
préparation de la scène 248
tests 412
visualiseur 249
**Répartition 376, 386**
**Restriction (propriété) 422**
**Rétro-éclairage (shader) 294**
**Révolution NURBS 128**
**Rotation**
angle HPB 39
bandes (de) 48
**Rotation (outil) 37**

## S

**Scission 74, 322, 352**
**Section, SweepNURBS 122**
**Sélection**
conversion 59
des éléments cachés 67
enregistrement 78, 208
groupe d'outils (de) 35
interversion 125
manipulation 207
par anneau 69
par boucle 58, 269
pointeur (de) 56
rectangle (de) 59
**Sélection (objet) 301**
**Sélection de polygones (propriété) 79, 208, 275**
**Séparation de polygones 73**
**Shaders 210**
**Signets 150**
**SKY 396**
**Sol 387, 407**
**Solide platonicien 420**
**Spectrale (shader) 224**
**Spécularité (canal) 169**
**Sphère 42**
**Sphérification (déformateur) 421**
**Spirale (spline) 284**
**Spline (shader) 391**
**Splines 64**
ajout de points 98
arrondissement 123
chanfreinage 98
CI 454
connexion 106, 130
copie 71
décalage de points 292
déplacement 71
de contour 304

**Splines** *(suite)*
doublement 104
duplication d'objets
(le long de) 284
fermeture 132, 283
jonction de segments 283
modification de la séquence de
points 130
ouverture 132
points intermédiaires 102, 124
tangentes
contrôle numérique 131
manipulation 123
**Squelette (mode d'affichage) 35**
**Standard (mode IG) 409**
**Stochastique (mode IG) 408**
**Subdiviser (fonction) 90, 420**
**Subdivisions 68, 73**
**Suppression d'éléments 59**
**Supprimer les n-gones 308**
**SweepNURBS 122, 287**
**Symétrie 387**
**Symétrie (objet) 117, 282, 316**
**Systèmes**
de couleur 28, 158
HPB 39
local 37
Monde 37

## T

**Taille des points 50**
**Tangentes d'une courbe d'interpolation 419**
**Tangentes d'une spline 123**
**Terminateur 266**
**Textures**
animation 177
baking 401
bitmap 162
création 191
paramètres 175
shaders 210
**Texture (propriété) 193**
**Tissu (propriété) 450**
**Tore 122**
**Torsion (déformateur) 253**
**Transparence (canal) 160**
**Tube 376**

## U

**Unités de mesure 28**
**UV (coordonnées) 179**
**UVW (propriété) 180, 272**

## V

**Vecteur de pôle 455**
**Vectorisation (spline) 378**
**Visibilité des objets 44**
**Visualiseur 249**
**Vitesse de défilement 415**
**Vues de l'éditeur 30**

## X

**XPresso 436**
actualisation d'une
connexion 440
connexions 438
données utilisateur 466
nœuds 438
ports 438
priorité de calcul 440
**XPresso (propriété) 467**

## Z

**Zone d'influence (propriété) 233, 421**
**Zone de rendu interactif 273**